希腊人

古希腊世界的历史、文化与社会

[美] 伊恩·莫里斯（Ian Morris）
巴里·B.鲍威尔（Barry B. Powell） 著

陈恒　屈伯文　贾斐　苗倩　译

THE GREEKS
History, Culture, and Society
THIRD EDITION

中信出版集团 | 北京

图书在版编目（CIP）数据

希腊人 / (美) 伊恩·莫里斯, (美) 巴里·B. 鲍威尔著；陈恒等译. -- 北京：中信出版社, 2024.10.
ISBN 978-7-5217-6835-0

Ⅰ. K125

中国国家版本馆 CIP 数据核字第 2024XC4196 号

The Greeks: History, Culture, and Society (THIRD EDITION)
Copyright © 2022 by Oxford University Press
Copyright © 2010, 2006 by Pearson Education, Inc.
The Greeks was originally published in English in 2006. This translation is published by arrangement with Oxford University Press. CITIC Press Corporation is solely responsible for this translation from the original work and Oxford University Press shall have no liability for any errors, omissions or inaccuracies or ambiguities in such translation or for any losses caused by reliance thereon.
Simplified Chinese translation copyright ©2024 by CITIC Press Corporation
ALL RIGHTS RESERVED
本书仅限中国大陆地区发行销售

希腊人

著者：　[美]伊恩·莫里斯　[美]巴里·B. 鲍威尔
译者：　陈恒　屈伯文　贾斐　苗倩
出版发行：中信出版集团股份有限公司
（北京市朝阳区东三环北路 27 号嘉铭中心　邮编 100020）
承印者：　河北鹏润印刷有限公司

开本：880mm×1230mm 1/32　印张：27.75　字数：746 千字
版次：2024 年 10 月第 1 版　印次：2024 年 10 月第 1 次印刷
京权图字：01-2024-2688　书号：ISBN 978-7-5217-6835-0
审图号：GS（2024）3336 号（本书地图系原书插附地图）
定价：169.00 元

版权所有·侵权必究
如有印刷、装订问题，本公司负责调换。
服务热线：400-600-8099
投稿邮箱：author@citicpub.com

*The farther you can look into the past,
the better you can see into the future.*

— Ian Morris

总序　人类历史发展的两大主线

葛剑雄
复旦大学文科特聘资深教授

　　由中信出版集团出版的伊恩·莫里斯教授的系列著作，包括《西方将主宰多久》《文明的度量》《战争》《历史的偏见》《地理即命运》《希腊人》六本。我受邀为该系列图书作总序。

　　翻阅这些书，我发现其时间跨度从一万年前直至2103年，空间跨度几乎遍及全球，涉及人文、科学、自然、社会各领域，覆盖大多数学科，各方面都远远超出了我的研究范围和认知能力。尽管如此，直觉告诉我，作者的研究和论述抓住了人类历史发展的两条主线，相当深刻又非常形象地揭示了人类文明的发展规律。

　　人类处于地球表层极其复杂多样的环境中，人类历史的发展是各种因素综合作用的结果。但从人类诞生至今，一直到可以预见的未来，始终贯穿着两条主线：一是人类与自然的互动和协调，即人类不自觉地或自觉地适应地理环境；二是人类不断克服自身的生物性、兽性，形成人性，并逐步确立人类共同的精神标准和价值观念。

　　人类诞生于非洲，在此后相当长的阶段内都不具备生产能力，只能靠采集和狩猎为生。尽管自然界的野生植物、动物丰富多样，但可供史前人类觅食并用于维生的种类和数量还是有限的。特别是在同一个空间范围内,因此史前人类会本能地扩大采集和狩猎的范围,且一旦在新的区域内生存下来,就不再返回。总有些史前人类比同伴有更强的好奇心,他们会在食物并未采尽时就迁入新的区域,这些人或许会因为采集和狩猎所得不足以维生而灭绝,或许就此完成了一次迁徙。

人类就这样走出了非洲,并最终走到地球上大多数适合人类生存的地方。但这一过程极其漫长,而且最终能走到新的定居地的人或许只是少数。那时的人类由于完全不了解外界的环境,再次向外走的时候往往没有选择的余地,只能一次次地试错,其中的无数支迁徙人群会以灭绝告终。有幸迁入一些自然条件相对优越地方的人,则获得了更好的繁衍条件,并逐渐创造出文明。

孕育了早期文明的地方,如肥沃新月地带、爱琴海周边、希腊沿海平原、地中海中的岛屿、尼罗河三角洲、黄河中下游地区等,都具有较好的自然条件。地球上可能被人类驯化为粮食作物的 20 余个品种,大多数生长在地中海式气候带。环地中海地带的人类最早驯化了小麦、豌豆、橄榄等优质作物,生产出充足的食物,为人口聚集和阶层分化提供了稳定的物质基础。又如黄河中下游地区是黄土高原和黄土冲积形成的平原,土壤疏松,原始植被易于清除,五六千年前气候温暖,降水充足,形成大面积的农田,文明曙光在这一带发展成华夏文明的核心绝非偶然。

因各种原因而迁入自然条件较差地区的人群,不得不选择游牧、狩猎、饲养、采集等生产方式,一般难以形成充足而稳定的食物供应,人口数量有限且分散,阶层分化出现得较晚,且层次简单,以至长期无法形成城市或行政中心。等到他们演化到足以改变生产方式,或有能力发展定居型农业时,近处的宜农地域早已被其他人群占有。在从事不同产业的人群交错分布的地区,由于农耕人群具有更强的生产和生存能力,采用其他生产方式的人群往往会被压缩到自然条件更差的空间,他们或者被迫外迁,或者被并入农耕人群。例如先秦时在黄河中下游地区还有不少以牧业为主的戎、狄部族,到公元前 221 年秦始皇统一六国，在长城以内已不存在聚居的牧业部族。

在总生产力相对较低而管理成本相对较高的条件下，统治阶层要维持自己的权力、地位和利益，必定会采用专制的办法，早期的政治实体、酋邦、国家基本采用专制政治体制，并先后转为世袭制。但由于地理环境不同，每个地区的专制集权程度不一，统一的范围也各异。如中华文明形成于黄河中下游地区，以黄土高原和黄土冲积平原为基础，这些基本属于宜农地区，面积大，中间没有明显的地理障碍，便于统治管理，行政成本低，很早就产生了大一统的观念和理论，并在公元前221年由秦始皇首先实现，建立了中央集权的专制政治体制，延续到20世纪初的清朝末年。但在希腊半岛，由于仅在沿海地区有狭窄的平原，其他都是山岭、峡谷、山地，交通不便，对异地的统治管理行政成本太高，因此形成了一个个独立的城邦，整个半岛从来没有出现如秦朝那样的中央集权专制政权，即使是在国力最强盛时，也只是主要城邦间的松散联合。上埃及与下埃及之间也只是联合，而不是中国式的中央集权。波斯帝国、亚历山大帝国、罗马帝国、拜占庭帝国、奥斯曼帝国，没有一个产生过"大一统"思想和理论，没有一个建立过真正意义上的中央集权政权。

游牧部族一般只能生产出勉强维持生存的食物，一旦出现不利的气候条件，往往只能选择迁徙。由于他们掌握的地理信息有限，迁徙大多是盲目的，因此其中一部分会以部族的灭绝或被其他部族吞并而告终。在迁徙遇到人为阻力时，他们别无选择，只能以武力对抗，结果可能获得依靠生产无法获得的食物、其他生活物资和财富。这无疑会诱发他们本来就难免的贪欲、野心和兽性，转而以掠夺、杀戮为手段获取更有利的生存条件。在耕地不足、气候不利或遭遇天灾人祸时，农业部族也不得不部分或全部迁徙。他们的最终命运取决于能否获得足够的土地和包括人文、自然两方面资源的基本生存条件。

而像古代中国这样拥有辽阔的疆域和足够的农田、能够生产出足够的食物和其他生活物资供养其人口的国家，在不利的气候条件或异常灾害面前,具有充分的回旋余地,通过内部的人口迁移和资源配置就能解决,如人口从北方迁往南方,从平原进入谷地、山区,由黄河流域转移到长江流域,开发尚未开发的区域。所以,从西汉至明朝,统治者尽管拥有足够的军事控制能力,却始终没有在蒙古高原、青藏高原和东北地区设立正式的郡县(州县)制度。开疆拓土或坚守边界,更多的是出于国家安全的考虑,或者是反击入侵的结果。对于新获得的疆土,统治者仅实施军事监护和象征性的行政管理,一旦国力衰退或鞭长莫及,就会轻易放弃。

有人将不同群体、不同民族、不同国家、不同文明之间的差异和特点归因于血统、基因,甚至认为存在优劣之分。但遗传学研究已经证明,人类出自同一个祖先、同一种基因,今天的不同人种、不同遗传基因是同一祖先的后裔散布到地球各地后长期演变的结果。而导致这些演变发生的主要原因,是各地不同的地理环境,而不是当初已经存在遗传基因的差异。

随着生产力的发展,特别是在工业化以后,一些人陶醉于科学技术的长足进步和物质财富的迅速增加,一度产生"人定胜天"的观念,提出征服自然的号召,造成某些资源的枯竭、某些物种的灭绝,并对局部区域的环境造成难以消除的污染和不可修复的破坏。殖民主义、帝国主义、垄断资本推波助澜,加剧环境恶化,引发社会危机。一方面,科学技术的发展达到空前的高度;另一方面,人类与自然的和谐共生共存也受到严峻的考验。

人类历史的另一条主线,是人类不断克服自身的生物性、兽性,并不断完善人性的过程。

在人类的祖先还在非洲以及走出非洲的过程中,绝大多数人都还只有生物性、兽性,与其他动物没有明显的区别。他们的发声、觅食、饮食、避热、御寒、集群、争斗、交配、生殖、育雏、病痛、死亡、迁徙等,与其他动物无异。与此同时,其中个别人或少数人,由于超常的生理发育,或脑功能的进化,或迄今我们还无法理解的原因,产生或强化了好奇心、羞辱感、舒适感、荣耀感、判断力、思维力、表达力、感染力、想象力、模仿力，并且不断克服自身的生物性和兽性。但多数人并不具备他们这样的能力，而且不认同他们的行为方式和表达出来的感情，视他们为异类，甚至加以驱逐或杀害。但其中有的人依靠自己的体力和智力，成为部落的首领，通过暴力强制或劝导示范，使部落成员接受他的生活方式、是非标准、行为规范，增强了部落成员的人性。这一过程是漫长的、曲折的、反复的，但最终结果是，一些部落形成了比较共同的人性，结为更大的部落联盟或部族，进而形成酋邦、政治实体和早期国家。

早期人类在面对变幻莫测又威力无穷的自然界和无法对抗的敌对群体时，无不寄希望于神灵、祖先，产生广泛的多神崇拜，形成越来越隆重丰盛的祭祀。由于所崇拜和祈求的是拟人化的神灵，所以他们就按自己的标准和理想来准备祭祀用品和殉葬品——动物、植物、鲜血、器官、心脏、头颅、奴隶、俘虏、美女、异人等和各种珍贵的物品。中国秦汉时的观念是"事死如事生"，所以皇帝的陪葬品应包括他生前所需要的一切。随着人类自身的物质需求、审美标准和价值观念的变化，食物、鲜花和精心制作的祭祀器物才逐渐出现，伴随以音乐、舞蹈和隆重的仪式，殉葬品也逐渐改为俑、器物、模型、图画和象征性器物。

由于种种原因，包括迄今我们还不能了解的原因，特定区域（一种说法是在亚美尼亚一带）的人类产生了语言，随着人口的迁徙而产生不同语系的分支和更多不同的语言。有了语言，杰出的、先知先觉的人，无论是对部落的其他成员强制推行人性还是教化感化，都有了更有效的手段。一万年以来，地球上先后产生了不同的文字。文字的使用和传播，使人类的思想和精神生活得到记录和推广，也使人的生活方式、行为规范、好恶程度、是非标准、价值观念等得到准确的记录和表达，又通过家庭、家族的权威和政权的权力，形成规则、惯例、法令、制度、法律等。

统治者和统治阶层拥有丰厚的物质条件和强大的行政权力，可以有效地推行他们所认可的人性，尽管他们自己未必真正践行。一方面，他们可以通过家庭、学校、社会等各种途径对民众进行教化；另一方面，他们也会用规则、法律限制乃至严刑峻法加以强化、强制。在宗教盛行后，统治者还会借助于宗教。只要他们想推行的"人性"得到宗教信仰的肯定，被列入信仰的范围，或被解释为信仰的表现，统治者不需要付出任何行政成本，就能获得最大的效益，但统治者实际推行的"非人性"，也在这种政教合一的条件下被推向极致。

虽然宗教是创造人本身的人性的理想化、完美化和神秘化的产物，但一旦形成宗教信仰，信众就丧失了本来的人性，而必须完全接受神、上帝或主赐予的"人性"，方能弥补自己与生俱来的罪愆。宗教领袖、神职人员假神的名义，或者依照他们自己对神谕的理解，推行他们的"人性"。任何宗教信仰本质上都是排他的，在形成世俗的世界秩序和国际条约之前，宗教之间不可避免地存在难以调和的冲突，引发持久的、激烈的宗教战争。政教合一、宗教战争，曾经使欧洲相关宗教信仰地区经历了人类历史上最黑暗的时代。所以现代社会必须实行政教分离，在保证宗教信仰的同时，也要求宗教不干预政治、教育、科学和学术。

在生存资源有限、人类的生存能力不可能及时提升的条件下，群体之间为争夺生存资源引发的斗争和战争不可避免，无论胜负，都可能激发人固有的生物性、兽性，使有些个体或群体以掠夺、侵略代替生产，甚至以杀戮为乐趣。一旦兽性强的人掌握了权力，或者成了大群体的首领，更会不顾后果地持续发动战争。另外，人性的张扬也使有些个体或群体以正义的战争守卫自己的财物，维护自己的权益，以战止战。当拥有足够的实力时，他们还会用人性规范战争，并感化或强制对手遵守这些规则。如中国春秋时代的宋襄公，在敌强我弱的情况下还坚持不攻击正在渡河、未布好阵势的敌军和头发斑白的老年人，在兵败身伤时仍然坚持。在古希腊、古罗马时代，一些决斗、战争的规范初步形成；而在中世纪后，欧洲也逐渐产生规范战争行为、战场救护、善待战俘、保护平民的国际条约。

生产力和科学技术的进步，武器和战争手段的发展，人口的增加，使掌握国家权力的战争狂人具有无限的杀伤力，其兽性的膨胀会给全人类带来浩劫。但人性也凝聚着另一些人类群体、民族、国家，为了自己的利益、尊严、独立、自由、民主进行并坚持正义的战争。在二战中，大多数国家和人民结成同盟，打败了侵略者，消灭了法西斯，建立了联合国，确立了国际关系的准则，制定了相关的国际法。但时至今日，一些人的兽性依然得不到抑制，膨胀为侵略、掠夺、反人类行为、恐怖活动，并因拥有最先进的武器和战争手段给全人类带来巨大的灾难。

人类的精神活动对物质条件的依赖性很低。一位天才、一位杰出人物，只要他（或她）尚未进入脑死亡状态，就能运用思维，就能保持和提升人性，就能创造精神财富。当然，这一切只有被记录、被传播，才具有社会意义和实际意义。所以人类的精神境界、人性的高度，并不一定随着时间的推移和物质基础的改善而同步提升。某位天才、杰出人物曾经创造的精神境界、达到的人性高度和纯度，或许永远不可能被复制和超越。

任何一种人类文明，作为某一特定的群体在特定的时间和空间范围内创造的物质财富和精神财富的总和，其形成和发展、兴盛和衰落，离不开基本的物质条件。但在群体摆脱了物资匮乏状态，特别是进入富裕社会后，文明的命运在很大程度上就取决于精神财富，取决于人性。人类的未来、人类命运共同体的精神基础，就是中国共产党提出和倡导的全人类价值共识，即"和平、发展、公平、正义、民主、自由的全人类共同价值"，这是全人类人性的升华和结晶。

由于主观和客观条件的局限，作者没有涉及这两条主线的全部，在涉及的部分也未必都能做出圆满的阐述，但这套书的贡献已足以奠定作者里程碑式的地位。我谨将这套书介绍给各位读者。

推荐序一　希腊人为什么重要

——读莫里斯和鲍威尔的《希腊人》

晏绍祥

首都师范大学教授

1846年，英国思想家密尔在评论当年刚刚出版的格罗特《希腊史》（本文所说"希腊史"均指"古希腊史"，"希腊人"也都指"古希腊人"，下同）第1—2卷时，如此写道：

> 对希腊史的兴趣没有枯竭，也不会枯竭。作为纯粹的故事，真正的历史中，几乎没有任何一个部分可与之竞争。它的人物、形势以及那一些事件的进程本身，都是史诗般的。那是一篇英雄的史诗，其人物是那些民族。就我们了解如此之多的历史而言，那也是对如今仍活着的我们具有最深远影响的。欧洲民族的真正祖先，不是他们因之获得血肉之躯的那些人，而是他们因之获得最丰富遗产的那些人。马拉松战役，即使作为英国历史上的事件，也比哈斯丁斯战役更加重要。如果那天的结果不同的话，布雷顿人和撒克逊人或许还在丛林中游荡。[1]

---

[1] John Stuart Mill, *Collected Works of John Stuart Mill*, vol. 11, edited by John M. Robson, Toronto: The University of Toronto Press and Routledge, 2014, p. 271.

密尔这么写当然有他的理由。工业革命后兴起的英国不仅是世界上最大的殖民帝国，也刚刚经历过1832年的议会改革，英国政治似乎正不可逆转地向民主方向迈进。在这种情况下，希腊史，尤其是它的民主政治，恰当地吸引了英国人的目光。通过工业革命富裕起来的那部分英国人，也希望通过把孩子送入公学接受古典教育，将财富资本转化为文化资本，因此即使观点保守、不太对英国自由主义者胃口的米特福德的《希腊史》，也流行一时，并吸引诸如马考莱、格罗特等很多大牌学者和思想家的注意力。额尔金勋爵运回英国，后卖给大英博物馆的帕提侬神庙的雕刻，更是让英国人着迷。密尔那句"欧洲民族的真正祖先，不是他们因之获得血肉之躯的那些人，而是他们因之获得最丰富遗产的那些人"，直接从文化上把希腊变成了西方文明的祖先，因此只是有了希腊人，才可能让英国走向文明。正是在这个意义上，密尔才说马拉松战役对于英国历史的意义，要远超诺曼征服中的哈斯丁斯战役。因为如果那天让波斯取胜，希腊的自由将随之丧失，随后雅典的黄金时代也将不复存在。没有了雅典创造的文化，当然也不可能有现代西方文明了。

但随着20世纪的来临，即使在西方，希腊史也变得不再那么有吸引力了，最直接的表现是美国的许多大学陆续取消了入学时对古典语言的要求，甚至英国的剑桥大学和牛津大学从20世纪中期起，也不再把希腊语和拉丁语作为入学的必需资格。至于希腊罗马史，乃至一般的研究希腊罗马文明的古典学，则成为知名大学中古典学系学者们的研究对象，而且随着研究的深入，艰深的专著越来越多，呈现的方式也越来越专业，表现之一是艰深的专业术语越来越多，注释越来越长，可读性就慢慢被牺牲掉了。因为对希腊史整体的把握难度越来越大，脍炙人口的通史性著作也就变得越来越少。偶尔有尝试的，经常也得不到必要的肯定。20世纪中期英语世界出版的两部通史性希腊史著作，一部是哈蒙德的《希腊史：迄至公元前322年》（以下简称《希腊史》），一部是美国学者塞利的《希腊城邦史》。前者在学界看来是不可靠的，后者则直接被某些学者称为"糟糕"。[1]因此直到20世纪末，学者们在选择希腊通史时，仍更愿意选择由伯里撰写、后由梅格斯修订的《希腊史》。由此导致的，是希腊罗马史的读者在西方越来越少。如果说从文艺复兴到启蒙运动时代，西方人要主动到古典世界寻求灵感和支持，那么到了20世纪和当下，则变成了古代史学者需要主动向读者表明，虽然希腊史距离我们越来越远，但我们的研究对社会还是有价值的。

虽然如此，希腊史从来不曾从西方人的视野中消失。当齐默恩批评英国设计的阿尔伯特纪念塔过于丑陋时，他提到了雅典制度最大的优势是能够人尽其才：帕提侬的雕刻不仅源自菲狄亚斯的天才，更在于能够利用菲狄亚斯天才的社会制度。阿尔伯特纪念塔之所以丑陋，不是因为英国没有那样的设计人才（事实上组委会收到过一份更好的设计），而源自"主导这一建筑的社会和工业制度"埋没了更好的设计。[2]一战爆发后，英国人和德国人为鼓舞士气，都选用了伯里克利在雅典国葬典礼上演说的片段，来劝导人们为捍卫"文明"而战；英国报纸和伦敦公交车上也印刷上了国葬典礼演说的句子，以证明征兵的合法性。[3]1947年，美国国务卿马歇尔宣称，一个没有认真思考过伯罗奔尼撒战争和阅读过修昔底德的人，很难对二战后的国际形势有正确的理解。[4]到新世纪，当美国哈佛大学教授格拉姆·阿里森希望说明世界历史上一个守成的霸主和新兴霸主之间的竞争大多以武装冲突

---

[1] 笔者曾与英国牛津大学已故的伊丽莎白·罗森和美国宾夕法尼亚大学的格拉姆先后谈及这个问题。前者直言哈蒙德的《希腊史》不可靠，后者则称塞利的书"糟糕""可怕"。

[2] Alfred Zimmern, *The Greek Commonwealth: Politics and Economics in Fifth-Century Athens*, New York: Modern Library, 1956, pp. 378-379, note 1.

[3] Neville Morley, "'Freedom is the Sure Possession': Modern Receptions of Pericles' Funeral Oration", in David M. Pritchard, ed., *The Athenian Funeral Oration after Nicole Loraux*, Cambridge: Cambridge University Press, 2024, p. 414.

[4] W. Robert Connor, *Thucydides*, Princeton: Princeton University Press, 1984, p. 3.

告终时,他使用了"修昔底德陷阱"的比喻,并因此引起国际关系和世界古代史学界异常广泛的讨论。[1] 近代希腊民族国家建立之时,古希腊传统,包括中学教育中对修昔底德等人所著的古代文献的阅读曾发挥过重要作用。[2] 即使到今天,西方人仍然对希腊史怀有浓厚的兴趣。当某个城市成为某个国家的文化中心时,西方人还是经常会说,某城相当于某国的雅典。

有些时候,古代历史会突然走上前台,成为国际舞台上的焦点。南斯拉夫解体后,原属南斯拉夫一部分的马其顿社会主义共和国宣告独立。由于新生的马其顿共和国民族成分复杂,宗教信仰也相当不同,亟需树立自己的民族认同,因此马其顿意欲以当时在韦尔吉纳刚发现的可能属于古代马其顿王室的徽章(类似星星或太阳)为国旗标志,并且宣布自己的国名为马其顿。但这一做法当即遭到希腊的强烈反对。希腊人的理由是,那是古希腊的遗产。如果马其顿使用据称属于马其顿王室的徽章,且定国名为马其顿,那意味着希腊将失去它作为古代马其顿继承者的地位,并且有可能引起境内马其顿人的民族问题,甚至面临马其顿提出的领土要求。为证明自己作为马其顿传统继承者的正统地位,希腊不仅坚决反对马其顿以马其顿的国名加入联合国,还在1992年把塞萨洛尼基机场改名为亚历山大大帝机场。[3] 经过长期谈判,马其顿和希腊终于达成协议,以北马其顿作为国名。然而就在2024年5月12日,当北马其顿总统达夫科娃宣誓就职时,竟然在就职演说中直接使用马其顿而非北马其顿作为国名。此举引发希腊严重关切。出席就职仪式的希腊外长耶拉彼得里蒂斯当场离席。13日,希腊总理米佐塔基斯发表声明,称达夫科娃的做法违背了两国之前达

---

1 晏绍祥:《雅典的崛起和斯巴达的"恐惧"——论"修昔底德陷阱"》,《历史研究》2017年第6期。
2 陈莹雪:《修昔底德的苏醒:古史写作与民族认同转型》,商务印书馆2020年版。
3 Andrew Erskine, ed., *A Companion to Ancient History*, Oxford: Blackwell Publishing Ltd., 2009, pp. 561-562.

成的协议,不可接受。虽然达夫科娃宣称她的做法符合欧洲价值观和原则,但欧盟委员会主席冯德莱恩和欧洲理事会主席米歇尔双双发文指出,达夫科娃的做法并不合适。如果北马其顿希望加入欧盟,首先要做一个能够充分尊重具有约束力的协议的国家。这件事估计不会引起太大的国际纠纷,但它清楚地显示了希腊史对于相关国家乃至欧洲的重要性。

在中国,希腊史意外成为世界古代史学界的宠儿。中华人民共和国成立时,希腊史作为世界古代史的一部分,是论证人类历史发展具有规律性的一个重要例证,而且和古罗马一道被作为发达奴隶制的典型。在20世纪50—60年代,斯巴达的希洛人到底是奴隶还是农奴,曾引起王毓铨、郭沫若、童书业和林志纯(笔名日知)先生的争论。时至80—90年代,古希腊城邦的特点及其实行的民主政治,再度成为中西比较的焦点。"文革"及其引起的灾难,促使人们不断反思中西历史的差异。顾准的遗作《希腊城邦制度》曾在国内引起广泛讨论。他对希腊城邦及其主权在民制度的推崇,以及对专制制度的批判,获得过很多人的认同。以林志纯为代表的学者则力图证明,在古代,最典型的城邦制度出现在西亚和先秦时代的中国,印度也不例外,列国时代仍有城邦。史诗《吉尔伽美什与阿伽》、《左传》和《论语》等,则成为城邦制度最重要的文献。[1] 进入新世纪后,虽然学界对中西比较的兴趣不再那么强烈,但以雅典为代表的古代希腊民主制度,以及以雅典为中心的古希腊灿烂的文化,仍然对读者有强大的吸引力。近年关于古代东方文明与希腊文明的关系、希腊人的东方主义、中希文明交流与互鉴等,也不断强化中国读者对希腊这个文明古国的兴趣。市面上不断出现的各种类型的希腊史著作,成为中国公众持续关注希腊史最明显的例证。

---

[1] 关于新中国成立以来中国学界对希腊史的兴趣,见晏绍祥:《中国的古希腊史研究:过去与现在》,《华中师范大学学报》2024年第2期。

新世纪以来,据笔者不完全的了解,仅翻译出版的古希腊通史著作已经有格罗特的《希腊史:从梭伦时代到公元前403年》、伯里的《希腊史》、哈蒙德的《希腊史》、库济辛的《古希腊史》、波默罗伊等的《古希腊:政治、社会和文化史》以及莫里斯和鲍威尔的《希腊人:历史、文化和社会(第二版)》。这些著述各有特点,不少书是名作。格罗特的和伯里的著作延续19世纪的传统,基本是政治史,很少触及经济和文化等方面。尤其是格罗特,作为一个资产阶级自由派,对雅典民主极其推崇,古典时代的希腊史到他的笔下几乎变成了雅典民主的发展史,而且他认为,到公元前4世纪,雅典民主政治已经失去活力,因而其简版只保留公元前403年以前的部分内容,剔除了关于公元前4世纪希腊的所有内容。伯里的著作基本也是政治史,叙事到亚历山大大帝在巴比伦去世止。其中前两章,即关于爱琴文明的部分经过梅格斯修订,其他部分,梅格斯的贡献主要在注释上。哈蒙德的《希腊史》叙事到公元前322年即雅典民主政治被安提帕特废止。该书相对综合,有专门章节论及经济和社会,并且部分叙述了伯里克利时代雅典的文化,但总体上还是以政治史见长,其最大的长处是提供了相关叙述的古典文献出处。库济辛主编的《古希腊史》叙事到希腊化时代末期。该书继承苏联史学传统,对社会经济给予了相当程度的注意,试图从社会经济包括奴隶制的发展解释希腊城邦的兴衰。该书还从苏联学者特有的视角出发,注意到黑海周边希腊人的历史。这部分内容,除少数专业学者外,很少有人关注(现可以参看《剑桥古代史》第6卷第2版)。《古希腊:政治、社会和文化史》出自四位各有专长的学者之手,分别是以研究古希腊女性史知名的波默罗伊、以研究早期希腊史见长的唐兰、以研究雅典为主的罗伯茨和希腊化史专家伯斯坦,叙事到托勒密埃及王朝被罗马征服。四位作者在写作中各展所长,吸收了20世纪以来西方学者最新的研究成果,在内容叙述上,也较之前的著作更有综合性,尤其是对经济、社会和政治的相互影响的阐述颇有可观。最后是莫里斯和鲍威尔的《希腊人:历史、文化和社会（第二版）》，叙事到公元前30年，即最后一个主要的希腊化世界国家——托勒密埃及王朝被罗马征服。对于该书的两位作者，虽然葛剑雄教授已经在丛书总序、译者陈恒教授在译后记中都有所说明，笔者觉得还有必要略微补充两句。

莫里斯原本是英国人，在伯明翰大学获得学士学位，导师是研究阿尔戈斯早期历史的托姆林森。毕业后他前往剑桥大学攻读博士学位，师从著名古典考古学家、剑桥大学教授安东尼·斯诺德格拉斯。斯诺德格拉斯主攻早期希腊，著有《希腊的黑暗时代》（1971）、《古风希腊：进行试验的时代》（1980）和《考古学与希腊国家的兴起》（2006），他的重要主张之一，是将考古学与历史学紧密结合，以解释古典世界的变革。他通过对墓葬等资料的回顾，论证公元前8世纪希腊世界出现了重大的人口增长，由此引起了后来殖民和城邦形成等一系列重要变革，进而提出古风时代是希腊历史上最重要的时代的论断。莫里斯显然受到了斯诺德格拉斯的影响，也选择早期希腊考古作为自己的博士论文选题，并且致力于根据考古资料解释古风时代的历史发展。但他的博士论文、后来正式出版的《埋葬与古代社会》（1987）挑战了其导师的观点，指出公元前8世纪的希腊并没有斯诺德格拉斯设想的那么剧烈的人口增长，而是人口结构发生了变化：一些原来没有资格被埋葬于墓地的人获得了身份，因而可以被今天的考古学家们发现。他的主要论点是，墓葬的变化与其说反映了人口增长，不如说更多反映了社会结构的变化，他由此进一步提出所谓8世纪革命的论断，认为正是从那时开始的社会变革导致了希腊城邦的兴起。在希腊城邦兴起问题上，他提出希腊人的民主源自"强势平等原则"。此后他再接再厉，在早期希腊考古和历史领域继续耕耘，出版了《作为文化史的考古学：铁器时代希腊的词与物》（1991）、《古典时代的死亡仪式与社会结构》（1992）等重要著作，还与他人合作，先后主编《荷马新指南》（1997）、《民主政治2500周年？问题与挑战》（1997）、《剑桥希腊罗马世界经济史》（2007）等众多著作。他在古代史领域的成就获得广泛认可，博士论文在其毕业当年就在剑桥大学出版社出版，刚刚毕业就受聘于芝加哥大学。1995年，他转任斯坦福大学教授，曾担任考古中心负责人、古典学系系主任、人文与科学学院高级副院长等职务，同时拓宽自己的研究领域，陆续出版《西方将主宰多久》(2010)、《文明的度量》(2013)等著作，成为美国知名历史学家。

巴里·鲍威尔先后毕业于加州大学伯克利分校和哈佛大学，是威斯康星大学麦迪逊校区荣休教授。他对荷马和书写研究情有独钟，先后翻译过《伊利亚特》《奥德赛》《赫西奥德的诗歌》等，著有《荷马与希腊字母的起源》(1991)、《书写：文明技术的理论与历史》(2009)、《希腊神话》(2014)等，提出过一些特立独行的看法，如他宣称希腊字母是某个希腊人为了记录荷马史诗发明的，苏美尔人的楔形文字和腓尼基字母并非源自早期的图画文字等。这些看法虽然未能得到学界的完全认可，但提出了一些重要问题，引起了对相关问题的研究。

两人曾在1997年合作出版《荷马新指南》。该书根据最新的研究成果，系统总结了荷马研究的方方面面，尤其是米尔曼·帕里和洛德的口传诗歌理论，也考虑到荷马史诗中的西亚元素，全面更新了荷马研究，基本取代了沃斯和斯托宾斯主编的《荷马指南》(1962)。本书则是两人第二次合作，而且显然相当成功。该书英文版2005年初版，2009年再版，2021年由牛津大学出版社推出第三版。在图书市场竞争如此激烈的前提下，一本学术书竟然在16年间出了3版，足见读者的认可。撮其要者，本书有以下几个重要特点。

本书是一部综合性的希腊史，希望比较全面地展现古希腊人生活的全貌。就像一千个读者有一千个哈姆雷特一样，古希腊人也以他们的创造性，让人们可以从不同侧面对它加以解读和描绘。18世纪欧洲的许多学者，尤其是英国学者，把希腊作为英国的参照，希腊人的纷争和不幸成为反衬英国混合政体优越性的镜子。格罗特、齐默恩等人反其道而行之，把雅典当成了人人可以各展才华的民主政治天堂。19世纪初的黑格尔曾经认为，希腊相当于人类的青年时代，民主政治是它天然的政体形态。稍晚的博克却发现，雅典人存在严重的弱点，特别是穷人靠国家养活，造成了希腊后来的衰落。在19世纪末德国学者科修斯的笔下，希腊成了文化上最有创意、景色令人向往的所在；但稍后的迈耶和贝洛赫，则在希腊看到了无产阶级和资产阶级的尖锐冲突。从20世纪初的霍尔姆，到20世纪中后期英国的琼斯和芬利，希腊再度成了民主政治的代表，而且与在格罗特笔下不同，公元前4世纪的雅典民主更值得肯定。从此之后，希腊人的民主政治，连同他们创造的文化，如同在密尔那里一样，再度成为西方文明值得借鉴的样板。不过，在马克思主义者看来，希腊不过是人类历史长河中的一个阶段，是人类曾经历的奴隶社会的一个样本，那里对奴隶的压迫令人厌恶，但也是人类走到今天必须经过的一步。而在人类学家多兹眼中，希腊人思想中包含着太多非理性。在女性和性别史研究兴起后，希腊社会又呈现出典型的男权社会面貌，而且越是民主的城邦，对女性的压抑就越是严重。

在当今以出版专著为上的时代，希腊人的方方面面都获得了不同程度的关注。从横向看，希腊人的城邦制度、多种政体的试验、社会生产、经济状况、家庭结构、奴隶制、思想、文化、族群认同、东方主义、希腊化之后的希腊等，都得到了不同程度的揭示。从地域上看，过去人们大多关注雅典和斯巴达这两个最著名的城邦，但今天越来越多地意识到，雅典和斯巴达实际上是希腊城邦中的特例，更多的城邦往往在历史文献中难得一见，大多数城邦，除西西里的叙拉古等少数例外，只有在与雅典或斯巴达发生联系时，才会偶尔闪现在历史文献中。不过近代以来考古学、碑铭学和纸草文献学等辅助学科的发展，也使得人们越来越有可能更全面地认识阿提卡和拉哥尼亚之外的地区，因此人们写出了诸如西西里史、彼俄提亚史、阿卡狄亚史、克里特史、米利都史、早期阿尔戈斯史等诸多地方史著作，向我们展现出一个更加复杂多样的希腊世界。在这个世界里，城邦是不是希腊人国家的主要形式，甚至都成了疑问。希腊文明汲取的西亚、埃及文明元素，到底发挥了怎样的作用，也变成了争论十分激烈的问题。从时间序列看，格罗特时代的希腊史还只能从第一届奥林匹亚赛会算起，谢里曼的考古揭开了希腊青铜时代的一页，伊文思在克里特的发现和研究把希腊文明史进一步上推到公元前第二个千年初期。考古学的进展，又把从迈锡尼文明灭亡到公元前8世纪的所谓黑暗时代，转变成希腊城邦兴起的关键时期。与此同时，雅典和斯巴达衰落之后的希腊化时代，成为最近数十年来学术研究的热点。

对推进我们全面理解希腊史，这些断代史、地区史和专题性著作固然功不可没，但也不可避免地造成了碎片化的倾向，使得对整个希腊史的综合变得越来越困难，以个人之力写出一部综合性的希腊史，变成一种近乎令人绝望的任务：谁也不可能把握如此众多的二手文献，了解所有领域的前沿动态。由此导致的结果是，20世纪后期以来人们对希腊史的认识越来越深入和具体，但综合性的希腊通史则变成了似乎遥不可及的梦想。在这样的背景下，少数学者仍敢于大胆尝试，尽力汲取学术新成果，把希腊史研究的最新进展以相对平易的面貌展现给读者，本身就值得肯定，其必要性也越来越得到学者认可。就本书而言，两位作者力图全面地呈现古代希腊人的总体面貌，如他们在开篇所说：

> 在本书中，我们尝试将古希腊看作一个整体：不只是对历史事件的陈述和对文化的概览，而且是将历史与文化综合在一起。从古希腊衍生出一种现代观念：通过公开讨论和运用理性，由自由公民组成的社会能解决挑战它的问题。在希腊史上的某个时期，有一个遵循这种方式运转的社会产生出了不朽的文学、艺术作品以及理性思想。但与此同时，它也发动了可怕的战争，犯下了无数残暴的罪行。如果我们能理解过去，我们就能更好地活在当下，然而过去并

不容易理解。(第1页，凡引本书，只夹注本书页码。下同。)

也就是说，作者们给自己规定的任务基本是三项：将历史与文化综合在一起；揭示古希腊衍生出的现代理念，以及从这种现代理念中衍生的文化作品和理性思想；希腊人犯下的各种罪行。这几个方面大致代表了希腊人在古代的面貌。

作者给自己规定的第一项任务是，不仅叙述历史和文化，而且要在叙述具体内容的同时，揭示两者之间的联系。这件事说来容易做来难，有时就只是一种理想，因为对于历史上的国家和社会，我们很难做到均衡地理解并从整体上把握。时至今日，希腊社会的基本特征仍有争议。两位作者的处理办法是，尽量运用古希腊人自己的资料，将希腊历史上最重要的历史现象置于恰当的历史语境中，以争取达成全面理解。比如在谈到古风时代希腊的文化变革时，作者们首先强调城邦制度和社会结构的影响：城邦是一个开放型社会；民众拥有评议掌权的寡头的权利，而且越来越多的人加入评议者的行列；海外新文化，特别是西亚和埃及文化的输入，给希腊文化提供了养料（第242页）。这些方面，在随后关于米利都学派、毕达哥拉斯、史学、艺术等的具体叙述中，都得到了不同程度的体现。如在讨论古风时代希腊艺术的进展时，本书指出：

> 一种强烈的能量推动了人们对物质和社会的现实进行思考，并激发了新的诗歌表演形式，这种相同的能量同样推动了希腊物质文化领域的革命。东方知识分子在引进新的思想方式方面起了重要作用，移民过来的匠人在引进新的艺术形式方面同样扮演了重要角色。不过，在艺术领域一如在哲学领域，近东传统的移植（被移植到城邦与众不同的社会情境中）推动了艺术在史无前例的一些方向上的发展。（第256页）

这里既点出了物质文化领域革命发生的城邦背景，也考虑到了西亚和埃及元素的重要影响。希腊城邦制度催生了新的抒情诗歌，提尔泰、梭伦、巴奇利德斯、色诺芬尼等人的诗歌，都与斯巴达、雅典、小亚细亚希腊人的命运有密切联系。同样是城邦制度的开放性，让希腊人能够接纳来自东方的知识分子，并且乐于汲取对方在艺术、建筑、手工等多个方面的成就，连腓尼基字母也被希腊人几乎照单全收。但这些新的元素到达希腊后被接受了，并且引起物质文化领域的革命，又与希腊人自由辩论的思潮紧密联系在一起。这样，历史、思想和文化被紧密结合起来，成为古风时代希腊历史变革的重要反映。在之后有关古典希腊和希腊化时代思想文化变革的论述中，本书也都努力做到全面而综合。

  作者给自己规定的第二项任务是，找到希腊人中产生的现代理念：人们相信通过在公民中的公开讨论和理性辩论，而不是依靠神灵裁决或某个救世主，一个社会能够解决它自己遇到的各种问题。不过他们承认，直到公元前1200年之前，希腊和近东社会并无区别。也就是说，希腊并不一直是古典时代的样子。他们的重点是公元前750—前300年，也就是城邦时期。那么，这个通过公开讨论和辩论解决问题的社会是如何出现的？在作者们笔下，它是迈锡尼文明崩溃后，希腊社会随后几百年里社会组织、宗教和文化发生的变化的结果，其中最明显的是人口的增长、农业的变化、贸易和殖民、字母文字的引入、奥林匹斯宗教等。经过数百年的累积，到公元前8世纪，希腊世界已经迥然不同于近东：

> 公元前10世纪，强大的国王、宫殿在西亚复兴，但在希腊没有。尽管公元前9世纪有复兴迹象，希腊的黑暗时代却延续至公元前8世纪，而那时出现的城邦与大多数近东社会非常不同。城邦有强烈的共同体意识，以至即将成为统治者的那些人不能声称是神选中了他们。在这个富于创造的时代，出现了新形式的宗教、艺术和诗歌表现形式。地中海、黑海周围的新生城邦革新了希腊的经济，

并为社会试验提供了空间。公元前8世纪的希腊人按自己的意愿进行商品交换,取代了青铜时代中央集权的再分配经济。(第124页)

这种以个体为基础的商品交换,或许是城邦经济和社会不同于西亚、埃及再分配型经济的本质,它有助于公民之间在平等基础上讨论社会和国家的事务。古风时代的发展,虽然包含社会分化、内部冲突和奴隶制,但也强化了公元前8世纪已经显露出来的自由人之间公开讨论政治、追求平等的趋向:

>在某些方面,古风时代的希腊与其他古代社会很相像,比如,它的经济基础是农业,存在等级制度,性别差异很大,以及信奉多神教。不过,在其他一些重要方面,古风时代的希腊是不寻常的,甚至是独一无二的。比如,它的等级结构不稳定,几乎不存在国王或强大的神职人员,也没有为国家利益服务的文书阶层。占据统治地位的贵族能够掌握政权,其原因是他们控制了政治机构,而非他们拥有财富和军事上的优越地位、与神的亲近性乃至对文化的垄断。一种独特的文明正在兴起。(第241页)

希腊的与众不同之处,就在于自由人之间的平等,政治的公开化,以及通过对话解决自己社会所面临的问题的能力,斯巴达和雅典这两个我们了解最清楚的城邦提供了公民平等的案例。斯巴达人对财富和奢侈的拒绝是古老平等原则的体现。虽然政治权力被一小撮精英阶级把持,但公民名义上拥有平等的财产和政治地位,并参与最重要的和战大事的讨论和决定。至于雅典,则从公元前7世纪危机,经历梭伦改革和僭主政治,到克利斯梯尼改革最终确立民主政治,即德谟科拉提亚(人民的统治或人民的权力):

>德谟科拉提亚发展了古风时代的传统,但又打破了传统。共

同体意识在早期希腊是非常强烈的，这里的贵人从没有真正使自己远离贱民，并总是对贱民负责。希腊人摈弃神圣王权，越来越多地转向公众讨论来解决问题。克利斯梯尼和其他城邦的民主改革家扩展了这些原则。先前，贵族对人民负责，但宣称作为保护者而行动。公元前6世纪晚期，公民开始怀疑贵族在智慧方面是否真有优势。有时，富人会提出好想法，但有时穷人也会提出好想法。因为所有公民都拥有智慧，所以管理国家的唯一明智方法是使其机构尽可能开放。（第307—308页）

公元前5世纪雅典的所有发展，几乎都与雅典对古风时代传统某种程度的背离有关：让所有公民都分享智慧，并向他们开放所有的国家机构。正是在民主政治下，雅典击败了斯巴达的干涉，在马拉松打败波斯入侵军，并根据地米斯托克利的建议建立强大海军，为萨拉米战役和米卡尔海战击败波斯立下头功。而海军的强大，让雅典的第三尤其是第四等级的公民觉得是他们创建了雅典帝国，维护了帝国的秩序，因而要求相应的政治权利，由此导致了公元前5世纪中期进一步民主化的变革。政治的民主化激发了雅典人的活力，让雅典进入了伯里克利时代的全盛时期。人力和物力大规模向雅典等地集中，由此造成了公元前5世纪希腊文化，主要是雅典文化的繁荣：

> 公元前5世纪，资源、人才向叙拉古尤其是雅典集聚，推动了狂热的文化实验。这两个城邦都是在不断扩张的民主城邦，它们都视自己为希腊的救世主。戏剧家、历史学家、哲学家、雕刻家、绘画家还有建筑家试图用各自不同的方式，展现一种新的愿景，即将胜利的人类置于宇宙的中心。他们问：希腊人怎么才能公正地行使权力，他们怎么才能明辨是非，伟大而有才华的男性怎样才能适应成功、平等的男性公民共同体？尽管2 500年过去了，这个世界已变得截然不同，但是就人类重点关注的一些问题，

希腊古典时代取得的成就仍能给人以直接的教益。(第442页)

　　的确，公元前5世纪雅典民主进入伯里克利时代之前，真正让全体普通公民掌握权力的城邦，即使有也很少，至少在目前的文献中很难见到。[1]但雅典的政治试验，包括对盟邦的统治、民主政治的推进，都与斯巴达等其他城邦形成了鲜明对照。同样引人注目的是，雅典人竟然在占人口多数的穷人掌权的情况下，迸发出巨大的创造力，不仅成功统治雅典帝国70年，而且集中了希腊世界大量的财富，还能欣赏埃斯库罗斯、索福克勒斯和欧里庇得斯的悲剧，阿里斯托芬的喜剧，也能长期容忍苏格拉底等一众哲学家，并接受了希罗多德，产生了修昔底德和色诺芬，以及各色演说家。雅典既是希腊世界的政治中心，也是希腊世界的经济中心，吸引了名为智者的学人纷纷从希腊世界各地来到雅典，使雅典成为伯里克利口中"希腊人的学校"。正是在民主政治的刺激下，希腊的戏剧、史学、演说、政治和哲学思考都发展起来。如果说米利都学派是小亚细亚希腊人得东方风气之先的结果，则从公元前5世纪中期起，希腊世界最重要的两个民主城邦雅典和叙拉古也分别成为希腊世界两个最重要的政治、经济和文化中心。如此剧变不可能不刺激哲学家和思想家思考，而民主制度的宽容使得苏格拉底、柏拉图、修昔底德和色诺芬那样反对民主政治的人，也能开展教学和写作，思考人类与世界之间、不同地区的城邦之间、不同群体的公民之间的各种关系，并对如何公正地行使权力、天才人物如何适应社会的一般需要，各种政治体制的优劣在独立思考后做出比较。因而在苏格拉底和柏拉图之前，西方的政治学早已在悲剧、喜剧、诗歌、历史学等诸多作品中，得到多个角度、多个层面和不同程度的思

---

1 罗宾逊曾经搜罗雅典之外民主政治的例证，但努力的结果令人失望，有些城邦是否实行民主政治，都有疑问。但罗宾逊至少证明，希腊世界的民主并不只有雅典，而是希腊世界的普遍现象。Eric W. Robinson, *Democracy beyond Athens: Popular Government in the Greek Classical Age*, Cambridge: Cambridge University Press, 2011.

考和讨论。也正是在这里，诞生了西方最早的政治思考和政治思想著述。[1] 而希腊人提出的问题，诸如如何界定正义、在多数人的权力和少数人的权利之间如何平衡、什么样的政体最适合公民社会、强者与大众的关系等，真的是百花齐放，百家争鸣。他们的理论学说，至今仍影响政治学、国际关系学、历史学、哲学、文学等诸多学科领域的发展。或许正如作者所说，这是希腊人在 2 500 多年后的今天，仍需要我们关注的原因。

作者给自己规定的第三项任务是，揭示希腊人犯下的各种残暴的罪行。这应当主要是针对各种把希腊人，包括希腊民主理想化的反动，也是历史地展示希腊人整体面貌的需要。希腊人的确在政治、思想和文化等许多方面有独特的创造，但他们也存在这样那样的弱点，犯下许多错误，其中有些是希腊人特有的，有些则是那个时代人类普遍的做法。在一个以农为本、生产力低下的时代，希腊人并不富裕，营养状况较差，人均寿命很短，大多数人在 30~40 岁就故去，能够活到 60 岁的人不过 1/6；能活到 70 岁的，则只有 5%（第 26 页）。社会分工的实现，很大程度上仰赖于一部分人被剥夺权利、被剥削。在希腊，它表现为臭名昭著的奴隶制，还有对女性的压制。这种制度几乎贯穿希腊人整个历史。奴隶制产生于克里特-迈锡尼文明时代，延续到荷马时代，那些英雄家中经常有各种身份的奴隶。古风时代后期，伴随着城邦公民权利的发展和奴役本邦公民变得非法，奴役外族奴隶的做法广泛流行开来。尽管不是所有城邦都有奴隶，更不是所有公民都是奴隶主，即使在奴隶制最发达的城邦，大多数公民也是那种既不剥削别人、也不受人剥削的独立小生产者。然而如芬利指出的，希腊人发明了自由，但也发明了奴役制度；那些公民自由程度最高的城邦，恰恰也是奴隶制最发达的地区。

---

1 参见黄洋：《西方政治学的前史：公元前 5 世纪希腊的政治思想》，《历史研究》2020 年第 1 期。

自由和奴隶制在希腊携手并进。[1] 与之相应，古希腊社会也是几乎所有学者都承认的、历史上典型的奴隶社会之一。

对女性的压迫，可以说是所有农业社会共同的现象，希腊人也不例外。[2] 在希腊现存最早的系统文献《荷马史诗》中，女性已经成为被奴役和被侵犯的对象。阿喀琉斯公然与他抓获的女俘同床共寝；阿伽门农可以为了远征的需要，把自己的女儿拿去祭神；当他被妻子谋杀后，儿子俄瑞斯忒斯为父报仇，弑杀了自己的母亲。在女神雅典娜主持的法庭上，因为诉讼双方各有理由，审判团竟然出现平票。女神亲自干预，竟然以自己支持父权为由，投下了决定性的一票，使俄瑞斯忒斯无罪开释。古风时代以降，城邦制度的发展和完善，反而使女性相对于男性公民群体，地位进一步下降。赫西奥德通过潘多拉的故事，将女性描绘为社会必要的罪恶。"女性的劣根性和她们的危险动机是宙斯惩罚邪恶人类的宏大计划的一部分。"（第45页）古典时代的雅典女性，在家从父，出嫁从夫，夫死从子，那些只有女儿的家庭，在父亲不幸去世后，女儿只能与某个愿意与自己结婚的近亲男性结婚，以延续父亲的香火。斯巴达女性似乎享有更多的自由，也可以拥有财产，但即使在那里，女性也不过是丈夫传宗接代的工具。丈夫甚至可以不经妻子同意，将她赠送或转让给他人。对于女性的无权地位，本书作者有清醒的认识，第三章有关家庭的讨论重点叙述了女性地位。在有关古典时代和希腊化时代社会的讨论中，有关女性的内容也占有显著地位。用本书作者自己的话概括，"在今天看来，雅典的德谟科拉提亚是不民主的，因为德谟是不包括女性、儿童和奴隶的"（第306页）。

希腊人的另一重要罪过，是他们不断发动战争。的确，希腊人

---

1 M. I. Finley, "Was Greek Civilization Based on Slave Labour?", *Historia*, Bd. 8, H. 2 (Apr., 1959), p. 164.

2 关于希腊女性的无权地位，参见裔昭印：《古希腊的女性——文化视域中的研究》，商务印书馆2001年版。

几乎所有的作品都与战争有关。《伊利亚特》叙述了传说中希腊人发动的特洛伊远征；提尔泰鼓励斯巴达人奋起勇气，征服麦西尼亚；希罗多德记录希腊人与波斯人之间的冲突；修昔底德宣称他记载的是希腊历史上最大的骚动——伯罗奔尼撒战争；色诺芬续作修昔底德，也见证了底比斯的兴衰，在叙述了门丁尼亚战役后，他告诉读者，更大的混乱在等待着希腊人；提奥庞普斯的《腓力史》的主线是马其顿的崛起；埃弗鲁斯作为库麦人，当库麦实在无事可记时，他会补充一句"库麦的人民生活在和平中"，易言之，大多数年份里，库麦人可能都要经历内外冲突；波里比阿希望证明罗马的崛起和一统地中海源自罗马优秀的制度；阿利安记录的是亚历山大大帝对波斯的征服。以上所述都是希腊世界的大战，至于城邦之间的冲突，似乎无时无刻不在发生。我们或许可以说，整个希腊世界完全和平的年份，在城邦兴起到希腊化时代的近1 000年中，大约没有哪一年是完全和平的。雅典和斯巴达那样的霸主城邦，更容易卷入战争。因此战争对于希腊人，似乎是他们日常生活中的一个基本事实。可是悲哀的是，对于这样一个基本事实，希腊人似乎很少思考发生的原因。[1]其结果是，古风时代已经出现若干以灭亡他国为目标的战争，中希腊的克里萨、伯罗奔尼撒的麦西尼亚、意大利的锡巴里斯等先后亡国；希波战争中希腊的胜利固然让城邦进入了鼎盛时代，伯罗奔尼撒战争却让希腊世界从此走向衰落，用修昔底德的话说，从来没有这么多的城市被攻陷，也从来没有如此多的人口死亡，各种各样的灾难一齐降临到希腊来了。公元前4世纪城邦之间的混战，不过是让更多的城邦被拖入战争泥潭，结果是所有势力都在此过程中耗尽力量，给马其顿的扩张和霸权准备了舞台。但希腊化世界并没有因为城邦的衰落变得更加和平，反而为了亚历山大的遗产不断冲突，直到它们最后都被罗马征服，成为罗马帝国的一部分。古希腊的历史，从此也进入了丧失政治独立、看罗马脸

---

[1] 晏绍祥：《古风时代希腊陆上战争的几个问题》，《华中师范大学学报》1998年第6期。

色过日子的时期。可以说,希腊城邦在一定程度上是个战士共同体,战争造就了希腊城邦的部分特性,公民大会每年要讨论的最重要的议题就是宣战与媾和。公元前5世纪雅典最有影响的政治家是将军。斯巴达国王最重要的职能是在战场上指挥军队。战争始终伴随着希腊人。对于希腊人好战的特性,本书也有自己的分析。如果检索的话,你会发现,"战争"是本书中出现频率最高的词之一,出现的次数可能超过了"民主"一词。套用作者的话说,希腊人在矛盾中兴起,也在矛盾中走向灭亡:

  从这许多冲突中——富人与穷人、自由人与奴隶、男性与女性、雅典人与斯巴达人的冲突,以及希腊人、波斯人、迦太基人、马其顿人、罗马人之间的冲突,一种引人注目的文化成长起来,取得胜利,并走向崩溃。(第19页)

  通过上述几个方面的叙述,本书基本达到了呈现希腊人总体面貌的目标。他们揭示了希腊人的贡献,也暴露了他们的缺点,"希腊人并没为我们勾画出如何生活的蓝图,我们从他们的失败中学到的教训和从他们的成功中借鉴的经验一样多"(第13—14页)。他们尽量展现了希腊人的社会结构、经济状况、家庭关系、政治创造、军事和战争实践、思想和文化成就、对奴隶的剥削、对女性的压迫、对东方的矛盾和复杂态度、希腊人相互之间的冲突,总之,希腊人的好和坏,都尽可能地在有限的篇幅中予以展示,组成了一幅比较综合性、多维面的古希腊人的生活图景。

  在具体叙述中,他们采用了两个重要方法,使本书富有鲜明的历史感:一是在地中海背景中观察希腊史,二是大量使用原始文献。前者有助于破除西方学者心目中的"希腊奇迹"论,后者则是历史研究的基本要求,但近年来经常被一些学者在研究中忽视。

  对于希腊历史的地中海背景,本书作者有充分的认识:

首先，我们特意将希腊人看作更大范围的地中海世界的一部分。过去的阐述只关注爱琴海地区，而忽略了西西里、意大利南部的希腊人。与此不同，我们力图展示希腊东部与希腊西部的发展有着极为紧密的联系。同样，先前的大多数著述把波斯人、迦太基人和地中海西部原住民这类非希腊民族塑造得很单薄，他们之所以被提及，或者是为说明他们击败了希腊人，或者是为说明他们被希腊人击败，仅此而已。而我们则力图阐明他们的行为动机以及他们对更宏大的历史所做的贡献。（第2页）

　　这里的意思有两层：一是他们希望写出希腊世界的历史，而非巴尔干地区希腊人的历史；二是他们希望给予在地中海地区活动的非希腊人以足够的分量。这里先谈希腊文明与非希腊文明的关系。

　　希腊史的地中海背景，希腊人自己有清晰的认识。当赫卡泰乌斯写《大地环游记》时，他的世界就是整个地中海。希罗多德的《历史》叙述希腊人与波斯人的冲突时，不仅写了本土希腊人抵抗大流士和薛西斯入侵的历史，也写了西西里的希腊人与迦太基的大战。修昔底德写《伯罗奔尼撒战争史》时，虽然将那场战争描绘为希腊人之间最大的一次骚动，但他提到战争尚未开始，雅典和斯巴达便纷纷遣使向波斯求助；叙述西西里远征时，他特别提到雅典对地中海西部领土的野心，以及斯巴达盟友、西西里其他城邦和意大利希腊人的参战；西西里远征后，波斯直接下场参战。这些事实表明，他心中的希腊世界，显然也包括西西里、北非和波斯。色诺芬的《希腊史》、波里比阿的《通史》也无不以地中海为基本舞台。最著名的当然是哲学家柏拉图那句"我们希腊人犹如地中海这座大池塘边的蚂蚁和青蛙"了。

　　然而，过去的学者们或因为文献，或因为认识，所写的希腊史大多以爱琴海为中心，尤其是当我们心中经常存着今天希腊版图的先入之见时。学者们很早就认识到了这一点。当西方学者把古代西亚和埃及历史作为其古代史的一部分时，他们事实上已经承认，希腊史是整个地中海古代史的一部分，或如《剑桥古代史》第一版的主编伯里所说，希腊和罗马从古代埃及和西亚借鉴了太多东西，以至他们只能到西亚和埃及，而非克尔特人那里，寻找希腊和罗马文明的起源。20世纪80年代，美国学者贝尔纳的《黑色雅典娜》把这个问题彻底凸显出来，虽然他不免矫枉过正，但希腊文明接受了大量东方文明元素，似乎成为学界的共识。如瑞士学者伯克特在《东方化革命》中所说：

> 文化不是一株孤立地从种子中长出的植物，而是一个受好奇心和实际需求、实际利益引导、不断学习的过程。愿意从"他者"，即奇异的和外来的事物中获取养分，尤能促进文化发展；像东方化革命时期这样的变革阶段恰恰为文化发展提供了机遇。"希腊奇迹"不仅是独特天赋所产生的结果，有这个奇迹还由于希腊人在西方人中最靠近东方这一简单的事实。在公元前8世纪的特殊情况下，他们能够参与当时的每一项发展，而不至像毗邻的叙利亚人和安纳托利亚人那样附带地成为军事毁灭行动的牺牲品。[1]

伯克特这里是就古风时代早期即公元前8—前7世纪立论，但希腊文明汲取东方文明的营养，绝不限于东方化时代。简要回顾一下，我们就会发现，克里特-迈锡尼文明时代，希腊就深受埃及、塞浦路斯和小亚细亚的影响。随后的黑暗时代之所以黑暗，一个重要原因是希腊与东方的联系近乎中断。希腊复兴的第一个迹象，就是它与东方的联系开始恢复，最早的征候是希腊人到达阿尔明纳。稍后，希腊人去了西西里和意大利，并在那里定居。古风时代希腊的许多文化人，包括他们的政治家，如传说中的斯巴达立法家来库古、雅典立法者梭伦等，都曾到过东方；最早的哲学家，如泰勒斯和毕达哥拉斯等

---

[1] 伯克特：《东方化革命：古风时代前期近东对古希腊文化的影响》，刘智译，上海三联书店2010年版，第126页。

人，据说也与巴比伦或埃及有联系。吕底亚、巴比伦和埃及，在希腊人面前展现了一个神奇的新世界，大量衣食无着或富有冒险精神的希腊人去了东方，或作为商人，或作为雇佣兵，或作为医生，或作为求取知识的学生，或作为政治流亡者，到那里寻求新的冒险和机会。波斯崛起后，希腊与东方的接触更加频繁。希腊的地理学和历史学，很大程度上受益于波斯崛起的刺激，最早的地理学家和历史学家都出自波斯统治时代的小亚细亚，或许并不奇怪。希波战争后，希腊和波斯之间的文化交流从未中断过。传说斯巴达摄政王波桑尼因私通波斯被审判；雅典将军地米斯托克利在受到雅典和斯巴达的联合追击时，最后的选择是逃亡波斯。希腊人对波斯文化的吸收，没有因为希波战争的冲突而停止，反而使双方的来往更加频繁。伯里克利在雅典建造的宏伟音乐厅，竟然犹如波斯大王的营帐。波斯的服装、美食等在雅典也很受上层阶级欢迎。到公元前4世纪，波斯大王的金钱成为希腊政治和外交中的一个重要元素。与此同时，波斯统治下的小亚细亚、塞浦路斯、腓尼基，也不同程度地受到希腊文化影响，出现程度不等的希腊化倾向。因此，当亚历山大征服波斯、大批希腊人前往东方时，他们踏上的不是处女地，而是他们的祖先早已多次到过的世界。希腊化时代的与众不同之处，是马其顿-希腊人成为原波斯帝国的统治者，希腊人无论在政治上，还是在经济和文化上，都更深刻地受到东方文明影响。在这个世界里，托勒密埃及国王虽然是马其顿人，却不能不戴上传统埃及法老的王冠；塞琉古王国的国王的行为，更像波斯大王而非希腊城邦的政治家；连马其顿统治者，也因在东方宫廷中长大，行事也更像专制君主。至于希腊化文化，则显著地融合了东西两者，进而形成新的传统，并且对世界历史的发展产生了重大影响。用本书的话说：

    认为雅典黄金时代后的希腊化文化腐化、衰落的观点是幼稚的。在医学、科学和工程学方面，希腊化思想家取得了远远超出古典时代的成就。在艺术、文学和哲学方面，他们在一个彻底改变的世界里重新诠释了他们非同寻常的古典遗产。亚历山大及其继承者将希腊文化带到阿富汗和印度，而希腊语成为雅典、迦太基、罗马的受教育人士所使用的通用语。非希腊民族热情地接受和适应了希腊文化，而希腊文化对犹太人、罗马人产生了深远影响。（第721—722页）

因此，本书力图展示地中海地区希腊人的历史，把相当多的笔墨给予西西里、意大利和北非的希腊人。例如，希腊的气候是地中海式的，希腊人的饭食主要是地中海的三样：谷物、橄榄和葡萄酒。爱琴文明时代，"希腊与近东那些古老、辉煌的文明相距不远，与地中海东部统治者的接触有助于爱琴海的统治者巩固他们的权力"（第64—65页）。一旦希腊人与地中海世界分隔，希腊就不可避免地陷入衰退。但公元前8世纪"地中海东部的发展成就将改变边远、褊狭希腊的面貌"（第104页）。古风时代希腊的复兴，首先表现为希腊人在地中海世界的广泛移民、贸易和殖民。波斯的崛起对希腊历史产生了根本性的影响。在古典时代，除雅典帝国外，本书更多地叙述了叙拉古霸国的兴起，以及叙拉古作为文化中心的地位，甚至将叙拉古与雅典并列为公元前5世纪希腊世界的两个文化中心。对于希腊化时代东方地区的希腊化国家及其文化贡献，也有相当多的叙述。"从许多方面来看，公元前3世纪都是希腊的'黄金时代'（这个词经常被赋予公元前5世纪的雅典）。希腊从未如此人丁兴旺、经济繁荣。希腊的城市已拓展至阿富汗。希腊文化从印度边界传播至大西洋沿岸，希腊科学家、工程师创造了令人叹为观止的奇迹。"（第12页）所以，这是一部地中海希腊世界的历史，基本破除了过去希腊史以雅典和斯巴达为中心的面貌。

相较于之前的希腊史著作，大量引用古代文献，是本书的一个重要特点。这些引文大多出自古希腊人的手笔，不仅提供了一般著述中观点的史料基础，也使整个叙事更加生动。这里只举几个例子，略作说明。

关于希腊人的共同身份，本书引证了两条材料，第一条是修昔底德关于早期希腊族名起源的说法。接着，本书又引用了希罗多德关于希腊人族性那句非常经典的论断：

> 我们共同的"希腊身份"，它源于一种共同的语言，并以我们共有的神庙、共同的祭祀以及源自共同祖先的风俗为基础。（第18页）

在讨论女性地位时，本书首先长篇引用了经由赫西奥德传下来的潘多拉神话，以说明希腊人的一般态度：女性在这个世界上是必要的，但又是罪恶的，因为她是宙斯为了惩罚人类而创造出来的。接着又引用了色诺芬《家政论》中伊斯科马库斯的言论，说明女性屈从于男性的地位：女性在婚姻中根本没有任何自主权，伊斯科马库斯的妻子结婚是因为她被伊斯科马库斯选中，且获得了父母的准许。从对话看，整个过程完全没有考虑她这个当事人的意见。由于结婚时她只有15岁，而她的丈夫已经30岁了，因此丈夫天然扮演了引导者的角色。用这位妻子的话说，"我怎么能帮助你呢？我有什么能力？不行，都得依靠你。我母亲告诉我，我的责任就是要谨慎小心"。随后丈夫派给妻子的职责，第一是生儿育女，第二是把谷物制作成面包，第三是缝制衣服。而她只能接受。然而随后作者提供的演说家安提丰的材料，却让人对伊斯科马库斯的妻子实际生活中的德行有了深刻认识：她居然和自己的女婿通奸，怀了身孕，险些害自己的女儿自杀。在奸情被曝光后，她可能回了娘家，但女婿后来又把她找回，两人共同抚养他们的孩子。这即使在今天，也够劲爆（第47—49页）。唯一遗憾的，是欧里庇得斯《美狄亚》一剧关于女性地位的演说虽然被提到，却没有被引证，这段话观点异常鲜明，道理也相当透彻：

在一切有生命有灵性的生物中，我们女人是最不幸的。首先，我们必须用重金购买一个丈夫，而比这更糟的是，他反而成了我们的主人。这里最重要的问题还要看我们挑选的是个好人还是个坏人。因为离婚于我们女人是不名誉的，我们又不能拒绝一个丈夫。其次，在进入一种新的风俗和习惯里时，一个女人必须成为先知，懂得在父家时没学过的本领，如何最好地和自己的丈夫相处。如果我们成功地做到了这一点，丈夫接受婚姻的约束，命运便是值得羡慕的，否则还不如死了。一个男人如果对家里的人厌烦了，他可以走出去散散心里的烦闷，或找朋友或找一个同年辈的人。可是我们女人就只能指望一个人。男人们说我们女人安居家中没有生命危险，他们却要拿枪打仗。这话没有道理：我宁愿手持盾牌三次上阵，而不愿生一次孩子。[1]

在叙述斯巴达、雅典、希波战争、古典时代希腊历史时，总之，是希腊历史的几乎所有事件时，本书大量引用了古典文献以及铭文史料。此外，本书还附有大量图片，包括关于考古遗址、地形地貌、神庙、陶器、房屋、墓葬、各类艺术品和知名人物的雕刻和绘画等。文字叙述、文献征引和考古实物合作，将古代希腊历史生动具体地呈现在我们面前。

总体上看，这是一部出自知名学者的精心之作，体现了两位卓有修养的古史大家深厚的史料底蕴和历史认识，相信读者们读完此书，不会感到后悔。

2024 年 5 月

---

[1] ［古希腊］欧里庇得斯：《欧里庇得斯悲剧》，载《古希腊悲剧喜剧全集》第 4 卷，张竹明、王焕生译，译林出版社 2007 年版，第 461—462 页。

推荐序二 从"他们"到"我们"
——我们为什么要读古希腊史

吴晓群
复旦大学历史学系教授

人类文明的发展，其早期如同由各个地区不同时段里的片段所组成的一幅拼图，各有其美；或许终有一天，人类会在懂得欣赏彼此相异之处的同时，以"和而不同""多样性之统一"的方式在精神层面汇聚在一起，成为真正意义的人类共同体。然而，这无疑将是一个艰难而漫长的过程。在这漫漫历程中，过往不同文明的成就既是人类共同的财富，值得世代被人们记住和珍惜，作为他者的其他文明更是一面照见自己的镜子，因为只有以古为镜、以他者为镜，我们才能在对彼此的凝视中达成相互同情的理解。因此，对其他文明的研究与学习就成为自我发展中必不可少的一门功课。

美国著名历史学家伊恩·莫里斯和巴里·鲍威尔合写的《希腊人》，就是这样一面能够让我们穿越时空隧道去了解古希腊文明的镜子。它讲述了大约从公元前12000—公元前30年的古希腊历史，其内容不局限于已有诸多讨论的古典思想与文化，还包括政治、经济、地理、气候、人口、宗教诸多方面，几乎是全景式地展现了古希腊人的公共空间、私人生活、战争场景、族群冲突与文化语境，等等。更难得的是，本书的写作力图兼顾年轻学子与业内学者两方面的阅读体验以及关注点。通常，这两方面的需求是比较难以统一的，但两位作者从表达方式和问题意识两方面入手，在历史知识的生产与解读、史学研究的方向与可能性两个层面进行了有机的融合。

为了达成这样的写作目标，首先，两位作者在前言中一开篇就明确地说："在本书中，我们尝试将古希腊看作一个整体：不只是对历史事件的陈述和对文化的概览，而且是将历史与文化综合在一起。"这样的学术视野突破了传统的理解范围，是对古希腊史的认识在时空上的扩展，既将希腊人看作更大范围的地中海世界的一部分，也把从史前史到公元前后的三个世纪（即希腊化时代）的历史纳入了其中；同时，这一视角更体现了去除西方中心论的当代思潮，因为两位作者是将对古希腊的关注置于整个地中海世界来考察，充分考虑到了古代东西方之间多层面的互动（包括冲突与协调），体现了人类文明的早期就是以多样化的相互渗透和相互依存为特征的，由此避免了原先西方研究中对其他古代文明单向度且居高临下的俯视。

其次，为了将两种貌似不同的读者面和关注点结合在一起，两位作者从一开始就进行了清晰的定位："在编写本书的过程中，有两类想象中的读者是我们所关心的对象。"然后，分而述之："第一类是我们的学生。为了他们，我们在避免使用专业术语的同时提供了了解古希腊史所需的名词、日期以及其他细节。我们将书中的重要词汇列出，标出了所在页的页码。"显然，两位作者在这方面的努力没有白费，因为该书一经出版就被西方学术界公认为一本受欢迎的教科书，美国、加拿大、澳大利亚等国不少高校都将其作为大学教科书使用。该书的简体中文译本自2014年在国内发行以来，就成为笔者时常向学生推荐的教科类参考书。该书之所以在国内外广受欢迎，与两位作者的写作方式有很大关系。因为要成为一本令人满意的教科书，不仅要满足初学者对基本知识点的掌握，还需要为其提供未来深入学习的参考意见和资料线索。而本书除了对相关内容的描述及以上有关专业术语的交代外,还在每章之中插入大量的图像资料、原始文献与相关表格,并给出了进一步的阅读书目和相关的文献出处。这样的处理方式为年轻学子的知识入门与深化学习提供了方向性的指引。

不过,仅仅是面对学生群体还不能满足两位作者的写作诉求,他们接下来说:"我们关心的第二类读者是古希腊研究专家,他们可能是很严厉的批评者……我们希望,即便是我们的专家同道,亦可发现我们是在以新方式思考老问题。"这意味着他们并非只是以一己之见来解释并传播知识,而是自觉地将个体的研究心得和问题意识放置在所有学术同行的检视之下,这既体现了两位作者对同行的尊重,也是对自身研究充满自信的表现。事实上,该书的确因其翔实的一手材料、生动的叙述、宏观的观照、新颖的角度以及对西方文明发展过程具有反思性的精神得到了业内的普遍好评。

时隔十年,该书的第三版中译本问世了,这得益于以陈恒教授为首的翻译团队持续不断的工作。陈恒教授多年来除了自己的研究工作以外,一直深耕学术译介,致力于将国外优秀的史学著作引入国内,惠及学界同仁尤其是广大青年学子,其专业的精神、勤勉的态度、广阔的视野以及富有眼光的挑选都是有目共睹的。

从第三版中,我们可以看到两位作者结合最新的前沿研究成果,对之前的内容进行了增补和扩充,尤其是对之前已有所关注但相对较单薄的史前、古风和希腊化时代的部分做了大量修订,进一步拓展了本书的视野,使之变得更加国际化。同时,他们还运用人文科技手段为学生在网上的学习提供了更加有益且方便的帮助和支持。而对作为古希腊史的他者的中国读者而言,从文明互鉴互参的角度看,两位作者提供了一个更好的读本,能够让我们加深对异质文化的理解与转换。我始终相信,一种文化与一个民族只有参照另一种文化和另一个民族,才可能更深刻地认识自身;而对他者和他文化的学习,既是一个消化吸纳的过程,又是一个观察自身、体悟内心的过程。进一步言,如果我们真的渴望未来的文明是一个全人类共同构建起来的文明，就必须在达到那一步之前更充分地了解和欣赏其他文明的姿态与内容，这样在一遍遍的阅读与理解中，在从"他们"到"我们"之间的一次次往复中，才可能相信并最终做到"各美其美，美美与共"，从而不断丰富完善人类的内在特性及内涵。

最后，衷心希望这本新版的《希腊人》能够给中国的古希腊史研究者、青年学生和普通读者带来新的阅读体验和思考世界的新角度。

2024 年初夏

目 录

前　言　　　　　　　　　　　　　　　　　　　001

第 1 章　狭小且偏远的土地　　　　　　　　　005
第 2 章　国家与民众　　　　　　　　　　　　020
第 3 章　家庭中的希腊人　　　　　　　　　　041
第 4 章　史前希腊人（公元前 12000—前 1200 年）　　058
第 5 章　黑暗时代和公元前 8 世纪的复兴（公元前 1200—前 700 年）　097
第 6 章　荷　马　　　　　　　　　　　　　　126
第 7 章　宗教与神话　　　　　　　　　　　　165
第 8 章　古风时代的希腊：经济、社会与政治（公元前 800—前 480 年）　209
第 9 章　古风时代的文化变革（公元前 800—前 480 年）　242
第 10 章　古风时代两座城邦的历史：斯巴达和雅典
　　　　（公元前 800—前 480 年）　　　　273
第 11 章　波斯和希腊人（公元前 550—前 490 年）　313
第 12 章　大战（公元前 480—前 479 年）　　355
第 13 章　民主与帝国：雅典和叙拉古（公元前 479—前 431 年）　386

I

第14章	公元前5世纪的艺术和思想	415
第15章	公元前5世纪的戏剧	443
第16章	伯罗奔尼撒战争及其余波（公元前431—前399年）	477
第17章	波斯和迦太基之间的希腊人（公元前399—前360年）	523
第18章	公元前4世纪的希腊文化	547
第19章	马其顿战神：腓力二世与亚历山大大帝	573
第20章	"神"王亚历山大	609
第21章	希腊化世纪的希腊诸王国（公元前323—前220年）	632
第22章	希腊化世纪的希腊诸城邦（公元前323—前220年）	659
第23章	希腊化文化（公元前323—前30年）	684
第24章	罗马的到来（公元前220—前30年）	723
第25章	结　语	768

致　谢	775
延伸阅读	777
关键词	803
译后记	831

前　言

在本书中，我们尝试将古希腊[1]看作一个整体：不只是对历史事件的陈述和对文化的概览，而且是将历史与文化综合在一起。从古希腊衍生出一种现代观念：通过公开讨论和运用理性，由自由公民组成的社会能解决挑战它的问题。在希腊史上的某个时期，有一个遵循这种方式运转的社会产生出了不朽的文学、艺术作品以及理性思想，但与此同时，它也发动了可怕的战争，犯下了无数残暴的罪行。如果我们能理解过去，我们就能更好地活在当下，然而过去并不容易理解。

我们按年代顺序组织材料，我们的出发点是最后一次冰期末期。我们的故事从迈锡尼宫殿、数百年黯淡的黑暗时代说到古风时代城邦的诞生。我们记述古典时代城邦的成功、它们在亚历山大大帝征服波斯帝国后的希腊化时代对大王国的臣服，以及它们最终在罗马铁蹄下的沦陷。当然，在罗马人的征服后，希腊史还在继续并绵延至今，不过，遗憾的是，这不在本书叙述之列。

在编写本书的过程中，有两类想象中的读者是我们所关心的对象。第一类是我们的学生。为了他们，我们在避免使用专业术语的同时提供了了解希腊史所需的名词、日期以及其他细节。我们将书中的重要

---

[1] 除特别说明外，全书中的"希腊"均指"古希腊"，"希腊人"均指"古希腊人"，"希腊史"均指"古希腊史"，以此类推，不再说明。——编者注

词汇列出，标出了所在页的页码。

我们关心的第二类读者是古希腊研究专家，他们可能是很严厉的批评者。专家的评论总是"没错，但是……"。在一本书中，会有无数个地方让专家们认为证据不够充分，或关键词的译法存在争议，或又有某些例外不合于我们的概括。专家们对复杂情况、学术争论的关心无可厚非，但最终，我们以自己的方式讲述了故事。我们希望，即便是我们的专家同道，亦可发现我们是在以新方式思考老问题，至少，我们希望他们会喜爱这本读物。

我们的叙述与现存很多优秀的希腊史通论有着很大不同。首先，我们特意将希腊人看作更大范围的地中海世界的一部分。过去的阐述只关注爱琴海地区，而忽略了西西里、意大利南部的希腊人。与此不同，我们力图展示希腊东部与希腊西部的发展有着极为紧密的联系。同样，先前的大多数著述把波斯人、迦太基人和地中海西部原住民这类非希腊民族塑造得很单薄，他们之所以被提及，或者是为说明他们击败了希腊人，或者是为说明他们被希腊人击败，仅此而已。而我们则力图阐明他们的行为动机以及他们对更宏大的历史所做的贡献。

其次，我们驳斥了一种偏见：有关希腊，值得我们了解的事情止于公元前404年伯罗奔尼撒战争的结束、公元前399年的苏格拉底之死，以及公元前338年的喀罗尼亚战役。但是，公元前的最初三个世纪对希腊史而言具有至关重要的意义。与伯里克利的深刻洞见、帕提侬神庙的美丽一样，希腊化亚历山大城的奢华和罗马军队不可阻挡地扫荡地中海东部的步伐也是这段历史的组成部分。

最后，由于古代历史的大部分内容是通过视觉的方式被我们了解的，因此，我们在本书中收录了大量地图以及风景、物体、建筑方面的图片。考古学家的发现改变了我们了解古希腊的方式，我们自始至终都强调物质文明。

我们常常尽可能地从古代作家那里引用大量文献，以此让希腊人言说自身。本书无须增加附录，以帮助我们理解"谁是希腊人""他们完成了什么功业"，来自荷马、历史学家、悲剧作家和抒情诗人的进阶阅读文献定会弥补本书的不足。在本书末尾，除了古代文献，我们在延伸阅读部分还为读者推荐了现代的学术成果。在我们所译的原始材料中，我们竭尽所能在现代资料与大量引用的古代文献之间达成平衡。

第三版的新变化

第一，对史前、古风、希腊化时代的部分做了大量修订。

第二，延伸阅读部分做了更新，以反映最新、最优秀的学术成果。

第三，重新配图，照片是全新的，地图完全是重新绘制的，线稿也与之前截然不同。

第四，读者可登录 Oxford Learning Link 网站（www.oup.com/he/morris-powell3e）获得幻灯片演示材料和一个与测试项目有关的文件。

伊恩·莫里斯
斯坦福大学维拉德讲席教授
imorris@stanford.edu

巴里·B. 鲍威尔
威斯康星大学麦迪逊分校豪斯–巴斯科姆古典学讲席荣誉教授
bbpowell@wisc.edu

第1章
狭小且偏远的土地

> 美丽的希腊！逝去的珍宝留下的悲伤遗迹！
> 不朽，虽已不复存在；伟大，虽已倾倒！
> ——拜伦勋爵：《恰尔德·哈罗尔德游记》
> （1812—1818年）第2章第73节

　　写作《恰尔德·哈罗尔德游记》时，拜伦年仅24岁。那时他英俊潇洒，是世界上最强大国家的一位富有的勋爵，且已是那个国家最有名的诗人之一。整个世界都在他的脚下。然而仅仅十年之间，他就将自己拥有的这一切统统抛弃。他渡海去了希腊，参加了反抗强大的奥斯曼帝国（图1.1）的起义。

　　拜伦勋爵死于1824年，死时远离家乡、亲人，他是在对希腊中部米索朗基（图1.4）的可怕围攻战中去世的。为什么拜伦对希腊有着如此深厚的情感，甘愿为它的自由献出自己的生命？为什么有成千上万的人跟随他的脚步？为什么现在有那么多人前去参观那些点缀了希腊国土的断壁残垣？人们又为什么用大量时间来研究希腊的历史、文化和社会？在本书中，我们会试着解答这些问题。

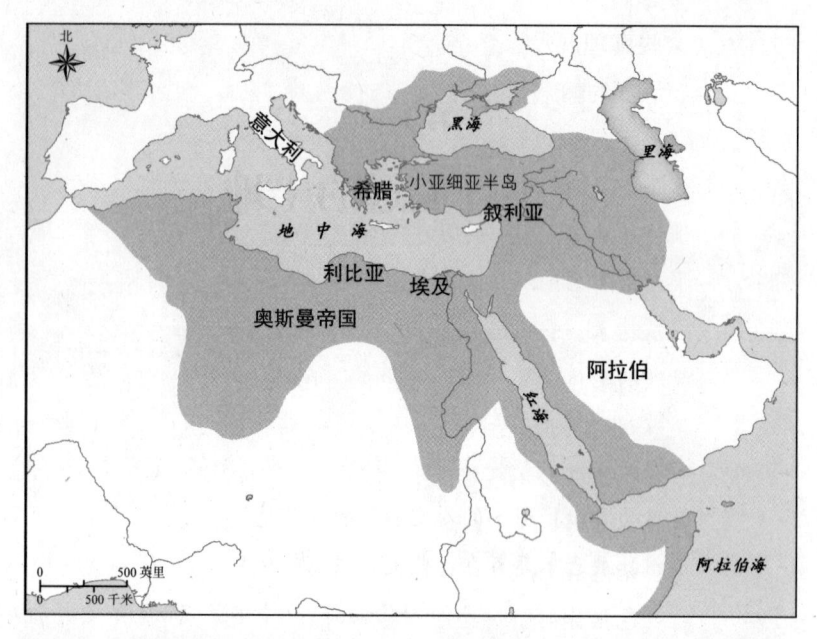

图 1.1 奥斯曼帝国（1299—1919 年）。奥斯曼帝国控制了古罗马帝国东部、南部疆域。尽管遭到部分人的嫉恨，但奥斯曼土耳其人仍是极具天赋的统治者。在他们的统治下，伊斯兰文化取得了一些辉煌成就

历史概述

公元前 800—前 200 年，希腊人进行了令人叹为观止的尝试。他们建立的社会是由平等的男性公民所组成的群体，这些人能系统地运用自己的理性解释这个世界。希腊字母将人类说话的声音大致呈现给读者，早先的书写体系未曾做到。希腊人利用此种革命性的字母，创作了很多文学杰作。他们的艺术、建筑在美感、写实方面具有革命性的意义。西方的民主、哲学、历史写作以及戏剧都始于古希腊，希腊人在前人无法想象的方向上发展了科学和数学。

200 年前，拜伦为了一个信念、一个古希腊精神的愿景而死。他的愿景是理想化的，他和他的同辈人从希腊艺术、文学中看到了永恒

的真理,这些真理展示了生命的意义。1820 年,在希腊独立战争的前夜,他的诗友约翰·济慈(1795—1821)认为,自己仅仅通过观赏希腊彩绘陶瓶(图 1.2)就掌握了世界的终极真理。

> 哦,雅典(Attic)★的形状!唯美的观照!
> 上面缀有石雕的男人和女人,
> 还有林木,和践踏过的青草;
> 沉默的形体呵,你像是"永恒",
> 使人超越思想:呵,冰冷的牧歌!†
> 等暮年使这一世代都凋落,
> 只有你如旧:在另外的一些忧伤中,
> 你会抚慰后人说:"美即是真,真即是美",
> 这就包括你们所知道,和该知道的一切。
> ——济慈:《希腊古瓮颂》(1820 年),第 5 节[1]

这些诗人看到了深刻的意涵。不过,得益于两百多年的学术成果,我们现在看到了更深刻的意涵。对拜伦、济慈而言,古希腊是一个简单纯粹的世界,充满爱与真理。而今天,我们对希腊有了更多了解。希腊文化确实令人惊叹,但如今我们知道希腊并非乌托邦。一些希腊人所取得的成就依赖于他人的辛苦劳作,这些人通常是从海外贩来的奴隶。希腊的民主将女性排除在外。他们发动了无数的战争,犯下了很多可怕的罪行。然而这些发现却远没有使人们厌恶希腊,反而使希腊变得更具吸引力。希腊人生活在一个严酷、真实的世界中,他们也和我们一样为了自由、平等、正义等基本问题而斗争。他们所面

★ 源于意为雅典周围乡村地区的"Attica"(阿提卡)一词。
† 指在乡村地区永不会变化的一幕景观(由此,它是"冰冷的"而非"鲜活的")。
[1] 查良铮:《穆旦译文集:第三卷》,北京:人民文学出版社 2005 年版,第 437 页。
　——译者注

图1.2 济慈的诗所指的并非某个特定的希腊陶瓶，在26岁死于罗马之前，他在英国博物馆观赏了成百上千个陶瓶，由此激发了灵感。图示双耳罐（双柄水壶）由著名陶工埃克塞基亚斯于约公元前540年制作。它便是济慈心中挂怀的那类陶瓶

资料来源：*Metropolitan Museum of Art, wikidata: Q160236*. Rogers Fund, 1917

对的困难也告诉我们：这些问题从来就没有简单的答案。

让我们将时光回溯至5 000年前，那时，伟大的青铜时代文明已在美索不达米亚（"两河流域"，今伊拉克地区）和埃及兴起。

美索不达米亚的国王宣称他们与神明有特殊的联系，如果不是他们在神与人之间进行调停，神明就不会对人类施以恩惠。埃及国王则更进一步，宣称自己就是神明。到公元前2000年，与上述两地的人相似的一些社会群体在希腊形成。他们的宫殿一直兴盛到公元前1200年，但之后和地中海东部地区的城市一起被烧成了灰烬。我们现在仍不知道这场灾难的起因，但其后果是严重的。在美索不达米亚和埃及，神明般的新式国王出现了，但在希腊，这样的情况（假如真的出现过的话）已经终结。公元前1200—前825年，书写文字从希腊消失了，这个国家的人口减少并与外界隔离开来。本书目前会重点关注公元前8世纪崛起于黑暗时代之后的希腊社会，这些社会创造了一个迥异于青铜时代希腊世界的新世界。

这个新世界有一些极为突出的特点。第一，大部分希腊人此时将自己组织到名为"*poleis*"（这是复数形式，单数形式为"*polis*"）的小城邦里而非王国之中；第二，随着公元前8世纪人口的增长，一些

希腊人驾船出海,在地中海沿岸建立了新的殖民地(图1.3);第三,希腊人逐渐将他们的城邦看作由平等、自由的男性组成的集体,它是西方公民概念的基础与来源;第四,他们拒绝相信神灵会给予任何个人或少数精英神圣的统治权。

这些特点为希腊人带来了其他古代社会所没有的问题,但也为其提供了机会。如果神灵没有派遣神圣的国王到大地上来指导人们该怎样做,那凡、圣之间到底是什么关系呢?大部分希腊人认为神灵是强大而睿智的,认为世界充满了精灵与鬼魂,并认为一部分神使和祭司拥有通达超自然力量的途径。尽管如此,此种能力却遭遇了公开的挑战,由此,这些神使、祭司不能以此控制他人。如果是这样的话,凡人怎样才能知道何为"真"呢?

此种情形引发了一个重大冲突,我们称其为"希腊问题",这是古代思想家不断做出努力要应对的难题。因为没有上帝或神明来揭示真理,很多希腊人都认为人类的理性是通向真理的唯一途径。如果没有任何统治者拥有获得真理的特殊能力,那么所有男性公民或许都同样有资格探讨真理,而且英明决策的唯一来源必然是整个男性群体(所有希腊城邦都将两性严格地区分开来,当希腊人提到"每个人""群体""人民"时,他们通常指所有生而自由的成年男性)。到公元前500年,平等禀赋的理论造就了世界上最早的一些西方民主政体("democracy"一词源于希腊文"dēmokratia",意为"人民的权力"),在民主政体下,所有男性公民都可对重大事件进行辩论与投票。

其他希腊人则从"希腊问题"中得出了不同结论。一些人认为精英阶层应当统治希腊,那些拥有强大家庭背景的最富者可以代表整个群体接受纯熟的理性训练。大众与精英(民主制与专家治国)之间的矛盾是推动希腊历史前进的动力,即使在今天,这种力量对我们而言仍不陌生。知识分子在民主政体下占有怎样的地位?财富应当怎样分配?平等与自由究竟意味着什么?

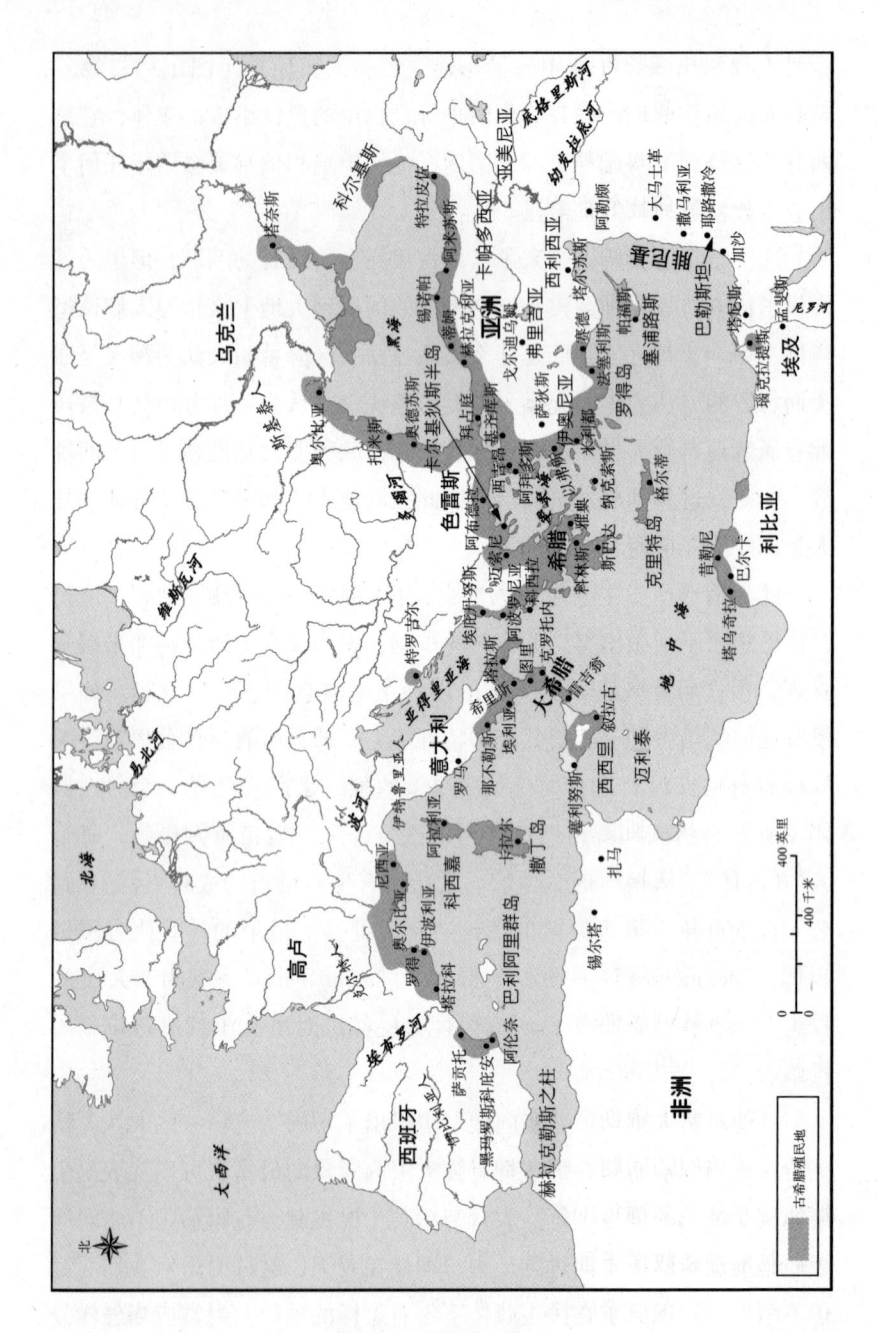

图 1.3 古希腊殖民地

不过，在这些哲学辩论激烈进行时，希腊人面对的仍是一个现实的世界。就像我们一样，他们的人口在不断增长，人们对资源的需求也在引发冲突。每个城邦的领导者都追逐着权力与财富，富人经常与穷人产生矛盾。比邻而居的不同城邦为了领地和其他资源而发动战争，它们有时经过分化组合，形成大的权力集团。希腊作为一个整体和中东的强大帝国波斯、贸易大城迦太基（位于今突尼斯）这类强权争斗。对于管理独立于神或其代理人的统治的文明社会，不同城邦有着不同的解决方法，但它们总是在巴尔干半岛南部的现实物质环境的背景下展开行动的。斯巴达建立了一个军事化的社会，基于安全方面的利益，禁止辩论。雅典则转向民主与多元化，并为自己的公开表达而自豪。西西里的叙拉古则在雅典式创造和专制僭主这两种状态间交替变化。

这些对"希腊问题"的不同反应造成了两个结果。第一个，由于不同城邦都在追求自己的利益，并对有序社会有着不同的愿景，所以城邦间的战乱不断。公元前5世纪时，雅典似乎能够击败所有竞争者，统一希腊，建立一个民族国家并成为其首都。然而公元前404年，斯巴达对雅典的胜利终结了这一可能性。战争频繁发生，其代价越来越高昂，破坏性也越来越强。

对"希腊问题"的接受与应对所产生的第二个结果更为积极一些。思想家不仅需要解释宇宙是怎样独立于神祇运行的，还要解释为什么它有如此丰富的多样性。早在公元前6世纪初，小亚细亚（位于今土耳其）西海岸伊奥尼亚的希腊知识分子就创造了宇宙运行机制的合理模型，并承认上帝创造了宇宙，但自然力的相互作用使得物质世界持续运转。他们的问题开启了希腊的科学与哲学，使得公元前4世纪柏拉图、亚里士多德写出了划时代的作品，公元前3世纪西西里的工程师阿基米德在数学方面做出了重大贡献。其他思想家则推动了逻辑的、理性的分析，探讨希腊城邦之间为什么会如此不同，整个希腊与波斯帝国和其他外邦民族为何那样相异。这些问题为我们贡献了希罗多德和修昔底德的著作,还成就了历史学、人类学以及政治科学的开端。与此同时,诗人、艺术家也在尽力定义人神关系。在黑暗时代末期的公元前9世纪末或者前8世纪初期间,荷马吟诵了他的《伊利亚特》和《奥德赛》,它们的时间背景是人神并存的远古时代。赫西奥德讲述了诸神自身的历史。公元前5世纪,伟大的悲剧作家埃斯库罗斯、索福克勒斯和欧里庇得斯重新讲述了希腊传说,以此探索深刻的道德问题。雕塑家菲狄亚斯用视觉的表现形式阐述了关于人在宇宙中的地位的新观点。此外,雅典人还创造了世界上的艺术杰作之———帕提侬神庙。

在古风时代(公元前7—前6世纪)和古典时代(公元前5—前4世纪),希腊的剧变、胜利和灾难都受到"希腊问题"——如果我们不能依靠神明来告诉我们何为"真",我们怎样知道要做什么——的推动。不过,公元前4世纪末,一些突然的、令人始料未及的变化开始让"希腊问题"变得无关紧要。腓力二世对马其顿这个徘徊在城邦世界边缘的大国加以现代化和集权化,并且利用其财富与人力击败了希腊诸城邦。然而,征服希腊仅仅是腓力二世的一个热身表演,他计划推翻波斯帝国。公元前336年他被杀害后,他精明能干的儿子亚历山大最终实现了父亲的心愿。

腓力二世和亚历山大的征服似乎是常人无法企及的。两位国王都确定无疑地认为自己的胜利类似于神的胜利,亚历山大还在公元前324年命令各城邦将自己奉为神明来崇拜。希腊的伟大试验——以理性为基础建立社会——演化出很多新的试验形式。从许多方面来看,公元前3世纪都是希腊的"黄金时代"(这个词经常被赋予公元前5世纪的雅典)。希腊从未如此人丁兴旺、经济繁荣。希腊的城市已拓展至阿富汗。希腊文化从印度边界传播至大西洋沿岸,希腊科学家、工程师创造了令人叹为观止的奇迹。这些成就似乎证明希腊人已经解答了那个关于真理来自哪里的问题,但在希腊化时代(从公元前323年亚历山大去世起至罗马兴起),希腊人要考虑的问题是:

我们要怎样与被征服者一起生活？此外，在公元前200年后，罗马军队已在地中海沿岸杀出一条血路，在此情况下，我们要怎样在只有一个超级大国的世界中生存？

为什么要研究希腊人

上述问题让现代人很感兴趣，因为我们与古希腊人有许多共同的问题。1500年前后，当欧洲中世纪结束之时，欧洲国王们宣称自己是通过神授权力进行统治的（正如古美索不达米亚的国王），他们得到了垄断真理的教会的支持（正如神庙保障了古美索不达米亚国王们的权力）。然而，在18世纪的欧洲启蒙运动期间，哲学家、科学家对这些信念提出了挑战，正如古风、古典时代的希腊人，他们也提出了疑问：如果不依靠君权神授的国王和全知的神职人员来指引自己，人类要怎样了解真理、管理自身？他们得出了和希腊人差不多一样的结论：只有通过理性的习得，不为人们对习俗传统的崇敬所缚，人们才能够找到自身前进的路。

美国独立战争和法国大革命将凡人所写的宪法提升到了比圣书更为重要的位置上。和很多古代希腊人所认为的一样，革命者指出，国家是由平等的（男性）公民在理性的基础上组成的，它以追寻幸福为目标。19世纪时，自由平等的公民进行自我统治的权利——民主——成为全欧洲的热点社会问题。和古希腊一样，广泛的讨论同样让革命性的哲学、科学、历史写作、文学及艺术蓬勃发展起来。人们再次思考要怎样通过理性的方式寻找世界的意义，他们发现，希腊人在很早之前就已经提出这些问题，不仅如此，还给出了令人信服的答案。在20世纪，民主的传播使得希腊经验具有了全球性的意义。到21世纪，我们发现，希腊化时代的希腊人早在2 000年前就预测到我们需要建立和生活在复杂、多样的社会中。

希腊人并没为我们勾画出如何生活的蓝图，我们从他们的失败中学到的教训和从他们的成功中借鉴的经验一样多。例如，他们认识到，从逻辑上说，男性公民的自由平等与奴隶和女性的从属地位是不相容的，但他们觉得没必要做出改变。相比之下，在1861—1865年，有67.5万美国人在内战中死去，主要是为了决定自由是否包括蓄奴权。希腊人可能已经意识到了美国的问题，但美国的解决方式一定会让希腊人大跌眼镜。

由此，我们可以说，希腊人是"很好的思考对象"。他们在自由、平等和理性方面进行了令人惊叹的试验，这些试验可与我们建立理性、公正社会的努力相比肩。

希腊人是什么人

但"希腊人"到底是什么人呢？从拜伦那个年代起，两百多年来，世界都是由民族国家构成的。支持民族国家的理论很简单：每个人都属于某个由共同语言、文化、世系传承所界定的族群。每个群体（德国人、美国人、日本人等）都是通过组成自决的领土国家的形式来掌控自身命运的。民族国家的边界与政治国家的边界是重合的，因此我们发现，在德国的是德国人，在法国的是法国人，在中国的是中国人，以此类推。

不过事实上，事情并不那样简单。在公元第三个千年的初始阶段，世界是一个错综复杂的民族大拼盘。例如，虽说世界上讲希腊语的人主要集中在雅典，但位居第二的是澳大利亚的墨尔本。你在芝加哥吃的希腊餐食和在希腊民族国家的任何地方吃到的一样美味。一些希腊人深信，阿尔巴尼亚南部人口在民族上属于希腊人（图1.4）。其他希腊人认为，希腊边界有太多阿尔巴尼亚族裔。

图1.4 现代希腊和巴尔干半岛

对"民族"下定义从来不是一件容易的事,尽管如此,"一个民族/一个国家"的等式却主宰了现代历史,由此产生了"种族大屠杀"和"种族清洗"。一个世纪以来,库尔德人建立自身民族国家的渴望已搅得中东动荡不安。在将阿富汗、伊拉克变为屠杀场,将巴尔干半岛变成暴力仇恨的地狱方面,民族自豪感是一股主要的推动力量。以民族认同为基础建立民族国家,这种信念是现代最为强大的力量之一。

如果我们问"民族"在古代是一种什么样的状况,那我们会看到,它的面貌与今日有很大不同。民族国家的概念在古希腊根本就不存在。

讲希腊语的人称自己为"希伦人"（Hellenes，奇怪的是，"Greek"一词源自罗马人对希腊人的称呼"Graeci"），他们散布于从西班牙到乌克兰的诸多城市（图1.3）。他们一致认为自己祖先的故乡是环绕爱琴海的赫拉斯（大约是今希腊再加上今土耳其的西海岸）。尽管居于不同地方，但西西里希腊人仍会和雅典希腊人一样认为自己就是"希腊人"。

所有希腊民族的人应在政治上统一起来，此种观念应者寥寥。最大的两个城邦雅典、斯巴达，它们的领土面积约为2 600平方千米，与此同时，只有上述面积1/10大的基亚岛却有三个分立的城邦。"希腊性"与从属于一个特殊的政治体没有任何关系。

那什么是"希腊性"呢？大多数现代民族是通过共同祖先、语言和文化来界定民族认同的。不过，这些信念有时很明显存在谬误，此外，在任何国家，人们往往会在有争议、相矛盾的不同故事选择符合当下需求的。在公元前400年前后进行历史写作的雅典人修昔底德描述了在希腊问题上的类似情形：

> 在特洛伊战争以前，我们没有关于整个希腊共同行动的记载。当然，我认为这个时候，整个国家甚至还没有叫作"希腊"。在丢卡利翁的儿子赫楞★以前，"希腊"的名称根本还没有；各地区以各种不同的部落名号来称呼，其中以"佩拉斯吉人"的名号占主要地位。赫楞和他的儿子们在希腊中部的泰俄提斯的势力增长，并且以同盟者的资格被邀请到其他城邦以后，这些城邦才因为和赫楞家族的关系，各自称为"希腊人"。但是经过很久之后，这个名称才排弃了其他一切名称。关于这一点，在荷马的史诗中可以找到最好的证据。荷马虽然生在特洛伊战争以后很久，但是他从来没有在任何地方用"希腊人"这个名称来代表全部军队。他只用这个名称来指阿喀琉斯部下的泰俄提斯人；事实上，他们就

★ 在神话中，他是所有希伦人（希腊人）的男性祖先，赫拉斯（希腊）因他而得名。

是原始的"希腊人"。其余的人,在他的诗中,他称为"得纳安奈人""阿尔戈斯人"和"亚加亚人"。他甚至没有用过"外族人"(barbaroi)★这个名词;我认为在他的那个时候,希腊人还没有一个统一的名称,以和希腊人以外的世界区别开来。

——修昔底德:《伯罗奔尼撒战争史》,1.2—3[1]

将理性应用于荷马的文本,修昔底德用这个方法得出了有关希腊之过去的结论:在荷马时代,希腊人并不是一个单一民族。在引出这个结论之前的一些字句中,修昔底德已阐明了雅典人声称自己与其他希腊人有不同的祖先。他们说自己是"土生土长的"——他们一直居于雅典。然而,我们了解到,还有一些雅典人相信他们的祖先是在某个时候从外部侵入这片土地的,他们与佩拉斯吉人(意为"海上民族")共同居住,而后又将其赶走。这些故事是相互矛盾的,它们只是展现了一种混乱的"希腊性"观念。在大多数情况下,古希腊人基本上将自己与自己所居的城邦等同起来。如果你在街上拦住他们,问他们是什么人,他们会回答"叙拉古人""雅典人""斯巴达人"等,但不会回答"希腊人"。

有时,共同利益会形成更大的身份认同,这种情况常在大战爆发期间发生。公元前431年,在雅典、斯巴达之间爆发可怕的伯罗奔尼撒战争后,认为自己是伊奥尼亚人[Ionians,伊翁(Ion)的后代,伊翁是他们传说中的祖先]的那些人站在雅典一边,自称"多利安人"(他们宣称自己的祖先是赫拉克勒斯,即赫丘利)的人们则支持斯巴达(图1.5)。根据神话,多利安人在遥远的古代曾征服希腊的大部分领土。

★ 希腊人将外族人叫作"barbaroi"["barbarian"(野蛮人)的词根],因为他们认为外族人说话就像人们说"bar-bar-bar"。

1 本书中的《伯罗奔尼撒战争史》的引文皆参照:[古希腊]修昔底德:《伯罗奔尼撒战争史(全两册)》,谢德风译,商务印书馆1985年版。对文字略有改动,下文不再说明。——译者注

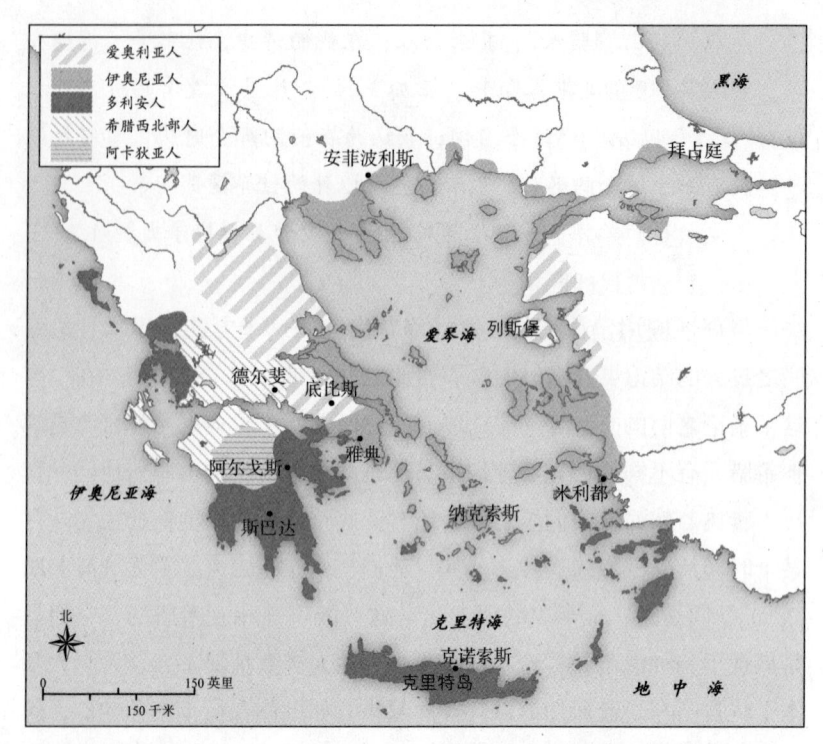

图 1.5 古典时代的希腊民族分布图。其中包括爱奥利亚人、伊奥尼亚人、多利安人、希腊西北部人和阿卡狄亚人，每个民族都有自己的语言

偶尔，人们会将地缘、亲缘身份搁置一旁，团结成为希腊人。不论赫楞是否的确存在，他在这种情况下都会成为一个强有力的象征。公元前480年，在波斯侵略希腊、迦太基侵略西西里的危急时刻，很多希腊人将自己的地方神话抛掷一边，以一份共同的传说遗产——他们是赫楞的子孙——为中心团结在一起。公元前420年前后在雅典写作的希罗多德描述了希波战争的一个关键时刻，他谈道：

> 我们共同的"希腊身份"，它源于一种共同的语言，并以我们共有的神庙、共同的祭祀以及源自共同祖先的风俗为基础。
>
> ——希罗多德：《历史》，8.144

血缘、语言、宗教以及风俗是现代民族国家的基础。希腊人经常会觉得和周围那些不说希腊语、生活习惯也不同的人有疏离感，与波斯、迦太基的战争更将这种感觉凸显出来。尽管如此，他们从未将此种意义上的"希腊性"转化为政治统一，而在公元前 300 年后，希腊人与外族人的差异更在一定程度上消解了。成千上万人从希腊移民到中东（研究古代的西方历史学家基于各种复杂的因由，更喜欢使用"近东"这一地名）和埃及。很少有人学习其移入地民众的语言，不过，至少在城市里，土生土长的埃及人、叙利亚人和其他人学习希腊语、取希腊名、说希腊语、用希腊文写作、穿希腊服饰，并采用希腊生活方式。谁能知道或确定在几代之后一个家庭可能会比另一个更"希腊"呢？到公元前 2 世纪、前 1 世纪罗马征服地中海东部时，"希腊性"已大范围扩展，并拥有了新的意义。

本书结构：历史、文化和社会

在接下来的 24 章中，我们将讲述希腊人的故事。首先，我们的叙事方式是历史叙述，我们重点关注的时段是公元前 700—前 200 年这 500 年。只有在历史背景下观察个人、事件以及思想发现，我们才能理解它们。其次，在叙述历史的过程中，我们强调希腊文化，是它使得这片狭小、遥远的土地变得如此重要。我们描述文学、艺术、哲学以及信仰，并把它们放在历史背景下考虑。最后，随着叙述的展开，我们对更广阔的希腊社会方面的情形、各时期的制度和经济状况，希腊人无休止的内战及其与其他强权的冲突进行审视，借以阐释希腊文化。从这许多冲突中——富人与穷人、自由人与奴隶、男性与女性、雅典人与斯巴达人的冲突，以及希腊人、波斯人、迦太基人、马其顿人、罗马人之间的冲突，一种引人注目的文化成长起来，取得胜利，并走向崩溃。

第 2 章
国家与民众

古希腊的生活是什么样的呢？在本章中，我们将了解古希腊生活的基本内容，包括地理、饮食、健康以及生活水平方面的状况。在第 3 章中，我们会对古希腊社会的基石，即家庭进行叙述。这两章为我们理解希腊的历史和文化提供了一个基础。

在古代，经济的变化通常非常缓慢，以至人们几乎察觉不到。尽管如此，到本书所述时代的末期，大多数希腊人都比其 500 年前的祖先活得更久、吃得更好、更健康、住着更好的房子，且比祖先拥有更多机会。用现代标准来看，希腊化时代的民众的生活条件仍然恶劣，他们贫穷、野蛮且寿命短暂，尽管如此，当时的希腊人还是远比黑暗时代的希腊人过得好。

希腊的地理、气候和农业

在公元前 4 世纪的雅典哲学家柏拉图看来，希腊人就像"池塘边的青蛙"一样生活。他的意思是：90% 的希腊人住在离地中海不到一日路程的地方，那里有最好的农田，而居于内陆的人们在很大程度上与外部世界隔绝开来了。据刻于 301 年的一块罗马石碑记载，相比于用马车往内陆运送 120 千米，用船将同量的谷物从地中海的一端运往另一端（约 1 600 千米）的花费要更少，这应了那句古谚语："陆地把世界分开，而海洋把世界连在一起。"海洋是希腊文明的生命线。

不论居于雅典、西西里还是西班牙，几乎所有希腊人都面对同样的气候、地理状况，它们今日被我们称作"地中海"环境。以爱琴海为中心，希腊人的故乡是由小型海岸平原组成的一个世界，这些平原为丛山所分割，并常常背靠险峻的山脉（图 2.1）。平原得到了深度开发，山岭上却遍布矮树、灌木丛（图 2.2）。有些山岭遍布松树林，其他的却寸草不生、没有生机。公元前 4 世纪 20 年代，在亚历山大大帝东征结束之后，希腊人也迁居埃及、美索不达米亚，在那里，他们遇到了尼罗河、底格里斯河、幼发拉底河这些大河。那里的耕作依靠引水灌溉，但在地中海北部地区，农民依赖雨水来浇灌庄稼。

图 2.1　希腊色萨利小村庄卡拉巴卡的景象。远处是崎岖的品都斯山脉上覆雪的夏季山峰，山脉有如横亘在希腊中部的脊梁，将大地分为面向大海的一块块小平原

资料来源：Luis Bartolomé Marcos（CC BY-SA 4.0）

图 2.2 肥沃的色萨利平原在一连串山脉（包括希腊最高的奥林匹斯山）前铺展开来。山脉北面是马其顿

资料来源：Luis Bartolomé Marcos（CC BY-SA 4.0）

因此，对大部分希腊人而言，很少有比降雨更重要的事物了。通过希腊作家对当地天气的评论，以及一些证据（如古代树木残片的年轮、存于湖床中的古代植物中的浸水花粉等），我们能推知，2 500年前地中海的气候与今日很相似。吸引现代游客到希腊海滩度假的炎热、干燥夏季对古代农民而言却是休闲的时光。7月、8月难得下雨，气温会达到32摄氏度。在风格独特的诗歌《工作与时日》（它是有关农事、道德的训诫）中，生活在约公元前700年前后的诗人赫西奥德告诉我们：

在菊芋开花时节，在令人困倦的夏季里，蝉在树上不停地振动翅膀尖声嘶叫。这个时候，山羊最肥，葡萄酒最甜；妇女最放荡，男人最虚弱。那时天狼星烤晒着人的脑袋和膝盖，皮肤热得干燥。在这时节，我但愿有一块岩石遮成的荫凉处，一杯腓尼基的俾布罗斯的美酒，一块乳酪以及老山羊的奶，未生产过小牛的放在林间吃草的小母牛的肉和初生山羊的肉。我愿坐在荫凉下喝着美酒，面对这些美馔佳肴心满意足。

——赫西奥德：《工作与时日》，582—593[1]

阴冷潮湿的冬天是繁忙的季节。低地平原在12月、1月甚至会降雪（但此事很少发生），山区则会降暴风雪。赫西奥德描述了希腊的勒纳伊翁月（它相当于我们的1月末、2月初）：

> 那时候，森林里有角无角的动物全都可怜地冷得牙齿打颤，穿过沼泽地而逃，一心只想找到一处浓密的树丛或一个岩洞作藏身之所。但是，他们都像手拄拐杖、驼背弓腰的老人一般，无处藏身以躲过冰天雪地的时光。
>
> 在这个季节里，为了保护自己的身体，你应该像我吩咐你的那样，穿一件软质上装、一件长袍。你的衣料应该在细细的经线上织上厚厚的纬线。穿着这种衣服，你周身的汗毛可依然如故，不至于冷得竖起来。你得系紧正好合脚的靴子。靴子要用牛皮做成，里面要衬一层厚厚的毛毡。霜天雪地的季节来临时，你得用牛筋线把初生山羊的皮缝好，穿在身上以防雨。头上要戴一顶毛毡制成的帽子，不让你的耳朵淋雨。在北风之神★已经降临之后，黎明时辰特别寒冷……为了避过这阵风，你要赶紧做完活儿及早回家，以免自天而降的乌云裹住了你，淋湿你的衣服而使你的身体着凉。要避过冬季，这是最艰难的月份。

——赫西奥德：《工作与时日》，529—557

雅典每年的降雨量平均只有200~610毫米，在距雅典西南方不到160千米、位于伯罗奔尼撒半岛中部的阿卡狄亚山区，年降雨量

---

[1] 本书中《工作与时日》的引文皆参照：[古希腊] 赫西俄（奥）德：《工作与时日》，张竹明、蒋平译，北京：商务印书馆1991年版。文字略有改动，下文不再说明。——译者注

★ 将北风拟人化的产物。

最多能达到3 000毫米，是上述值的5倍。尽管如此，平原地区的降雨不但量少，而且难以预料。种小麦的农民每四年就会有一年歉收，也就是说，收成还抵不上播种用掉的谷物。大麦更耐旱些，它每二十年里才歉收一次，因此，尽管雅典人喜欢小麦面包胜过大麦面包，但他们很可能还是要将就着啃大麦面包。

小型平原是谷物生长的主要区域，山岭上的稀薄土壤则适合橄榄、葡萄的生长。今天，在希腊远足的一大乐趣便是偶然发现在这些隐藏起来的高地山谷中的欣欣向荣的农场。但总体而言，在山区种的谷物很少，多数情况下，牧羊人利用山区，驱赶着成群的绵羊、山羊，在盛夏草场与隆冬的低地牧场之间放牧。山羊产出奶、奶酪、羊肉以及可纺成布料的羊毛。绵羊出产羊肉和羊毛。牛很少，因其喂养成本高，一般用于拉犁，偶尔也被用作肉食。

地中海的环境造就了希腊文明，但它也限制了人们的活动范围。希腊人总喜欢谈论自己有多么穷苦。公元前4世纪末，雅典喜剧诗人米南德如此描述一个人物：

> 可怜的人，他过着怎样的生活啊！这就是真正的雅典农民。他在生长着百里香、鼠尾草的贫瘠土地上辛勤耕作，劳心费力却毫无所得。
>
> ——米南德：《恨世者》，604—606

生活年代早于米南德400年的赫西奥德也告诫世人，只有不断地努力与异常辛苦地劳动，才能养家糊口：

> 诸神不让人类知道生活的方法，否则，你工作一天或许就能轻易地获得足够的储备，以致一整年都不需要为生活而劳作了；或许立刻就可以把船舵卸下置于烟上，牛和壮骡翻耕过的田亩又会变成荒地……

  出身高贵的佩尔塞斯★啊，要时刻记住我的忠告，无论如何你得努力工作。这样，饥饿或许厌恶你，头冠漂亮、令人崇敬的地母神†或许会喜爱你，用粮食填满你的谷仓，因为饥饿总是懒汉的亲密伴侣。活着而无所事事的人，神和人都会痛之恨之，因为其秉性犹如无刺的雄蜂，只吃不做，白白浪费工蜂的劳动。愿你注意妥当地安排农事，让你的谷仓及时填满粮食。人类只有通过劳动才能增加羊群和财富，而且也只有从事劳动才能倍受永生神灵的眷爱。劳动不是耻辱，耻辱是懒惰。

——赫西奥德：《工作与时日》，42—46，298—311

人口状况

  当我们想了解现代社会生活的种种事实，包括预期寿命、健康状况、人口时，我们会参考政府记录，但这类资料在古代是不存在的。此外，那些写出流传至今的文学作品的希腊人并不很关注这些事情。这些人创作悲剧、哲学作品和诉讼演说辞，但不写数据报告。尽管如此，通过将现存的提到日常生活的少量文献材料与考古学结合起来，并将古希腊社会与其他前现代社会做比较，我们可大体描绘出一幅可信的古希腊人口状况图景。

  人口学是对人类社会的生物方面的研究，包括人口规模、人口分布、人口增长、出生率与死亡率、婚姻、疾病。人口学家已经证明，在18世纪的西欧，人类生活的所有这些方面是怎样开始发生剧变，且此剧变怎样从西欧传播到了世界大部分地区的。在那之前，人口生育率、死亡率都非常高，人口出生时的预期寿命很短，但从18世纪以来，死亡率急剧下降。一时间，人口得以迅速增长，随后，人们通过晚婚与节育控制生育，造就了我们今日所熟悉的一种准平衡

★ 佩尔塞斯是赫西奥德的兄弟，这首诗就是写给他的。

† 即得墨忒耳，谷物女神。

状态——低生育率、低死亡率、很长的预期寿命（在美国超过了80岁）。在前现代社会，约有1/3的婴儿未满1岁便夭折，只有一半能活到5岁，那些活过孩童时代的孩子预计可以活到30来岁，但只有不到1/6的人能活到60岁，只有1/20的人能活到70岁。

从古代人体骨骼留下的证据来判断，上述数据大致适用于古希腊人。据公元前4世纪的哲学家亚里士多德观察，"大部分（死亡）发生在婴儿满一周之前"。墓地里埋了很多的婴孩、儿童，其数量让人心痛。在某些时期，幼童被很随意地埋葬，以至我们寻不出什么有用的蛛丝马迹。也许，面对这样大规模的幼童夭亡，人们通过轻描淡写的方式来减轻自己眼看着孩子死去的悲痛。古罗马时代的希腊作家普鲁塔克在作品中同样给出了如下建议：

> 我们不为死去的孩子祭酒，也不按惯例办丧事。因为他们未生存于世，也未参与尘世的事务。我们不为他们扫墓，不为他们立碑，不装殓他们的尸体，也不为他们守灵。根据习俗，我们不会为在这个年龄死去的人哀悼。
>
> ——普鲁塔克：《道德论丛》，612A

在我们的时代，新生儿的死亡可谓灾难，它会引起可怕的心理创伤。而在古希腊，这只不过是生活的一部分。1938年，人们在雅典发掘了一口井，但直到21世纪第二个十年才对其进行科学研究。井中掩埋了超过450具儿童尸体（还有150条死狗）。大多数儿童是在出生一周到两周的时间里自然死亡的。这意味着，希腊人对婴儿死亡习以为常，其缘由很可能是每个家庭都有不止一次的相关经历。

高死亡率要求高生育率。在一个婴儿死亡率高的社会，要保证人口数量的稳定，平均每个女性都必须生4~5个活产婴儿。考虑到一些女性不结婚，且在一些婚姻中夫妻一方或双方不育，很多女性必须要生七个或更多的孩子。不过,大多数古希腊女性在30来岁,不到40岁就死去了,她们能生孩子的时间不过18~20年,生养孩子由此占据了她们的生活。

虽然孩童夭亡在古希腊很普遍,但青少年、青年因自然原因死亡却不常见。希腊人将这个年纪死亡的人称作"*aôroi*",即"华年早逝者",并沉痛悼念他们的逝去。他们的魂灵不散,有时人们会将咒符(通常是刻有魔法咒语的铅块)同死者一起埋葬,或是将它丢到井中,从而让针对某个人的咒语拥有更强大的力量。一位年轻人战死沙场被赞为光彩、荣耀,但若丧生于疾病、事故之手就太不值得了。

古希腊留存的人体骨骼说明,大部分成年人在30多岁或40岁出头的年纪就死了,只有少数人活到60岁。不过我们或许不能那么痛快地把他们叫作"幸运儿",因为其中很多人经受严重的关节炎折磨。一些希腊诗人说他们想要长寿,但强调他们想要健康的长寿。一些人陷入绝望,并祈祷自己在变老之前死去。然而,最著名的那些希腊人一般都活到了70岁,如哲学家苏格拉底、柏拉图,剧作家索福克勒斯、欧里庇得斯(可能还有埃斯库罗斯、阿里斯托芬)。历史学家希罗多德、修昔底德,哲学家亚里士多德,政治家伯里克利以及雕刻家菲狄亚斯,他们都活过了60岁。或许,只有那些足够幸运也足够富裕,并能在很长时间里保持健康体魄的人才能树立声望、功成名就。

不过,人口状况并非静止不变。从石器时代到青铜时代,预期寿命有上升的趋势,而在黑暗时代又呈下降趋势,随后,在古典和希腊化时代达到顶峰。到公元前300年,相比500年前,成年人的寿命普遍增长了4~5岁。如果成年女性在其生育年限内活得更久,人口就有增长的潜力,而事实正是如此。综合从碑文、考古发掘以及考古调查那里得来的证据,我们能做出估计:公元前900—前300年,人口增长了约10倍。约公元前900年,希腊人口可能不到50万,他们主要环爱琴海西海岸而居。到公元前300年，有600万人自称为"希腊人"，遍布从西班牙到叙利亚的地中海沿岸，有些人甚至住在远至尼罗河上游和阿富汗的群山中。

是什么导致了上述长期性的人口变化呢？在下文中，我们将对三个可能的解释进行考察：移民、疾病以及营养状况。

移民

人口的增加可能是由于人口从外部移入希腊，然而这似乎充其量是部分原因。移民希腊的主要形式是被迫移民。自公元前6世纪起，引入希腊的非本土奴隶的数量急剧增加。大部分奴隶来自巴尔干半岛北部以及小亚细亚。雅典是奴隶的最大买家，在公元前4世纪奴隶贸易的最高峰时，雅典可能有5万~8万名奴隶，其中一些是父母被囚于希腊时生下的奴隶，但绝大部分是各个世代新引进的奴隶。如果将所有引进奴隶的希腊城邦都算在内，我们估计在公元前4世纪时，每年（最多）有2 500~3 000名奴隶被引进希腊。他们占希腊总人口的1%~2.5%，其人数虽多，但不足以解释人口增长。

事实上，移民的主要形式是希腊人从故土移出。约公元前750—前650年，在地中海西部进行殖民活动的希腊人可能包括3万名成年男性（我们假设这些人单身而去，娶当地人为妻），约占爱琴海地区成年男性的2%~3%。而在公元前330—前250年，另有10万~20万男性移民到新征服的埃及和近东，他们常常是作为雇佣兵去的。

这些都是重要的人口迁移，包括人口的移入和移出，但只是这一时期的人口变化的部分原因。要想知道人口增长的原因，我们必须考虑其他因素。

疾病

古代文献向我们展现了可怕的瘟疫肆虐希腊的历史。伯罗奔尼撒战争史学家、雅典人修昔底德（约公元前460—前400年）描述了公元前430年（伯罗奔尼撒战争之初）在雅典暴发的一场瘟疫，其时，斯巴达人正围攻该城。雅典的杰出领袖伯里克利死于这场瘟疫，修昔底德自己也染了病，但幸免于难。他的叙述展现了其可与希腊医学作家相媲美的非同一般的观察力：

> 瘟疫最初是在雅典人中间暴发的。据说，这种瘟疫过去曾在爱琴海上的利姆诺斯岛附近许多地区和其他地方流行过，但是在记载上从来没有哪个地方的瘟疫像雅典的瘟疫这般厉害，或者能伤害这么多人。起初，医生们完全无法医治这种病，因为他们不知道正确的医疗方法。事实上，医生死亡最多，因为他们经常和病人接触。任何技术或科学都毫无办法。向神庙祈祷，询问神谕等办法，都无用处；最后，人民完全为疾病所困倒，所以他们也不再求神占卜了。
>
> 据说，这种瘟疫起源于上埃及的埃塞俄比亚，由那里传播到埃及本土和利比亚，以及波斯国王的大部分领土内。它在雅典突然出现，首先得这种病的是距雅典约十一千米的比雷埃夫斯港口的居民。他们以为是伯罗奔尼撒人（斯巴达人）在蓄水池中投放了毒药。但是后来这种病在雅典上城区也出现了。这时，死亡人数大大增加。
>
> 至于这种病最初是怎样产生的，为什么这种病对身体有这样剧烈的影响等问题，我将留给那些有医学经验或没有医学经验的人去考虑。我自己只描述这种病症的现象，记载它的症状；如果它再发生的话，这些知识使人们能够认识它。我自己患过这种病，也看见别人患过这种病。
>
> 一般人都承认，那年没有其他的病；纵或有一些以前患过别

种疾病的人，但是结果都得了这种瘟疫。但是另外有一些人，似乎没有受这种病症侵袭的理由。

身体完全健康的人突然开始头部发烧，眼睛变红、发炎，口内从喉中和舌上出血，呼吸不自然，不舒服。

其次的病症就是打喷嚏，嗓子变哑；不久之后，胸部发痛，接着就咳嗽。之后就是肚子疼，呕吐出医生都有定名的各种胆汁。这一切都是很痛苦的。大部分时间是干呕，强烈地抽筋；到了这个阶段，有时抽筋停止了，有时还继续很久。

抚摸时，外表上身体热度不高，也没有现苍白色；皮肤略带红色和土色，出现小脓包和烂疮。但是身体内部发高热，所以就算穿着最薄的亚麻布，病者也不能忍耐，而要完全裸体。真的，他们大部分人喜欢跳进冷水中。有许多没人照顾的病人实际上也就这样做了，他们跳进大水桶中，以消除他们不可抑制的干渴；因为他们无论喝多少水，总是一样的。

于是他们长期患失眠症，不能安静下来。

在这种疾病达到顶点的时期，病人的身体并没有衰弱，表现有惊人的力量，能够抵抗所有的痛苦，所以在第七天或第八天的时候，他们还有一些力量留着；在这个时候，他们多半因为内部高热而死亡。但是如果病者经过这个危险时期而不死亡，其肠胃便会产生强烈的溃烂和不可控制的大泄；因而引起衰弱，后来多半就会死亡了。

因为这种疾病从头部起，依次感染身体的各个部分，纵或病者逃脱了最恶劣的影响，但是在身体的四肢还留下它的痕迹；它影响生殖器、手指和脚趾；许多病后复原的人丧失了这些器官的作用；也有一些人的眼睛变瞎了。还有一些人，当他们开始好转的时候，完全丧失了记忆力，他们不知道自己是谁，也不认识他们的朋友。

这种疾病的一般情景不是语言文字所能描写得出的；至于个

人的痛苦，它似乎不是人所能忍受的……

这些是这种疾病的一般情况，但是我省略了每个病人所发生的各种特殊现象。同时，在所有这个时候，没有任何其他普通疾病流行；如果有其他普通疾病发生的话，其结果也终于成为瘟疫。有人因为疏忽而死亡；有些人，虽经尽力医疗，也死亡了。可以说，还没有找到一个公认的医疗方法：对某些人有益的，对另外一些人是有害的。那些生来就身体强壮的人不见得就比身体衰弱的人更能抵抗这种疾病，强者和弱者同样地因这种疾病而死亡，就是那些医疗得最好的人也是一样的。最可怕的，是当人们知道身患这种疾病时，即陷入绝望；因此他们马上就采取一种毫无希望的态度；这样屈服了，就丧失了一切抵抗的力量。

由于看护别人而得病的人，像羊群一样地死去，这种情景也是可怕的。真的，这样死亡的，比因为任何其他原因而死亡的更多。因为人们害怕去看病人，病人即因无人照顾而死亡；真的，因为无人照顾的缘故，许多人全家都死光了。从另一方面来说，当人们真正去看望病人的时候，他们自己也丧失了生命。对于那些把这种礼貌当作有关体面的事的人，尤其是这样的。这样的人觉得考虑自己的安全是可耻的；他们时常跑到朋友家里去，虽然那时候死者的家属为沉重的灾难所压倒，以至放弃了哀悼死者的通常习惯。

但是，感觉到病者和垂死者最可怜的是那些自己得了瘟疫，后来病愈复原的人，他们知道这种病痛的情况，同时觉得自己安全了，因为没有人会第二次得这种疾病；或者，如果第二次得了这种病的话，也是不会致死的。这样的人得到各方面的祝贺；在他们复原的时候，他们自己也很得意，以至他们愚蠢地认为他们以后也不会因其他任何疾病而死亡。

——修昔底德：《伯罗奔尼撒战争史》，2.47—51

修昔底德还加了一段引人注目的信息:

> 使雅典人的情况更加恶劣的一个因素是他们把乡村居民迁移到城市里来,★这件事对于新来者影响特别不好。他们没有房屋住,事实上他们在炎热的季节里,住在空气不流通的茅舍中,像苍蝇一样死亡。垂死者的身体相互堆积起来,半死的人在街上到处打滚,或者群集于泉水的周围,因为他们想喝水。
>
> ——修昔底德:《伯罗奔尼撒战争史》,2.52

导致这场瘟疫如此严重的原因是雅典正处在围困中。人们挤在不卫生的场所,由此导致疾病肆虐。1995年,在雅典修建新的地铁站时,考古学家挖掘出了大约90具尸骨,它们杂乱地埋在一起,显然,死者是那场瘟疫的受害者。对他们牙齿的DNA(脱氧核糖核酸)进行研究后发现,他们死于通过被污染的粪便传播的伤寒,此病在当时这座拥挤的城市中十分常见。尽管如此,病原体经历了快速的变异,修昔底德描述的那种疫病不太可能仍存在于世。

在史上大多数时代,限制寿命的主要因素并非这样重大的疫病,而是在当今发达地区中已不再成为生命的主要威胁的日常疾病。以我们的标准来看,希腊人的废物处理系统很原始,且不利于健康。当时没有抽水马桶,在城里,人们的排泄物首先被倒在屋内或庭院中的盆里,而后再倒入房子附近的垃圾坑。当坑满了以后,排泄物会被卖给专门回收的商人,然后作为肥料再次出售。无论如何,肮脏的街道会被人畜的排泄物污染,四处觅食的猪则会把排泄物吞掉(猪的这种嗜好可能是人们禁食猪肉的原因)。

公共卫生基本上不存在。饮用水基本上不在人们的控制范围内,疾病很容易通过其传播。修昔底德描述了瘟疫患者跳入公共水池

★ 这是由斯巴达人的侵略造成的。

的景象，这种行为虽为特例，患感冒、腹泻以及其他传染病的人污染彼此的饮用水却很常见。如果这还不够的话，还有普遍存在的致命疾病——肺结核、疟疾（这些疾病在古代的形式与今日的形式很相像），此外，甚至小小的伤口都可能引发败血症并致命。财富、地位并不必然有用，在埃及，法老图坦卡蒙（约公元前1341—前1323年，他很可能是当时世界上最富有的人）似乎死于腿伤。幼儿的境况尤其危险，这解释了为何儿童死亡率很高。女性经常因分娩时的感染和并发症而死。对希腊人体骨骼的分析表明，希腊人一生中的很多时候都身体不适，他们饱受体内寄生虫的困扰，身体关节由于重体力劳动而疼痛，牙齿因为食用粗食而掉落（尽管由于食物含糖量低，他们蛀牙很少）。

上述情形解释了为何希腊人与现代人相比会死得那样早，但无法解释为何他们的人口数量在公元前800年后增长得如此迅速。至少对富人来说，或许希腊人相对先进的医术发挥了作用。希腊最著名的医生是生活在公元前5世纪末的希波克拉底，有关他的情况我们虽不十分了解，但他可能来自爱琴海西南区域的科斯岛，在古典时代、希腊化时代，此处曾有类似医院的场所，还有供奉医药神阿斯克勒庇俄斯的庙宇。据说希波克拉底写下了著名的《希波克拉底誓言》，该誓言至今仍为医者所崇奉：

以医神阿波罗、医药神阿斯克勒庇俄斯、健康女神海吉雅及所有有医治力量者为证，我宣誓，将尽己所能，遵守此约。我不会用我的知识伤害或冤枉任何人。

我不会开具或建议任何人使用致命药品，即使他们要求。我也不为妇人堕胎。我将在生活、职责中保持纯洁和虔诚。

凡患（肾）结石者，我不施手术，而留待专家处理。无论至何处，我的唯一目的，为救助患者，不做各种害人及恶劣行为，尤不做诱奸之事，无论男女，无论自由人还是奴隶。凡我所见所闻，无论于公于私，我将保守应保守的秘密。

倘我严守上述之誓言，请保佑我的生命与医术能得无上光荣；我若违誓，则身败名裂。

——希波克拉底：《希波克拉底誓言》

希波克拉底是希腊最伟大的医生，但他有很多的竞争对手（我们将在第 23 章进一步探讨希腊医学）。到公元前 500 年，波斯国王只任用希腊医生，并给他们重赏。顶尖的医生跻身希腊最富者的行列。约公元前 530 年，一个希腊岛屿的统治者赏给一名医生 100 明那（一种货币单位）的酬劳——这可是一名熟练工人 40 年的收入。

希腊医生擅长诊断与预后、将疾病分类、预测病程与结果。但在诊断病因以及治疗方面，他们技艺稍逊，在治疗方面，情况更是如此。他们没有显微镜，而在现代正是显微镜使疾病治疗发生了变革。他们对人体知识所知不多，对人体解剖也无甚兴趣。希波克拉底做了如下总结："生命短暂，艺术长久，机会易逝，实验危险，判断困难。"后于希波克拉底约 100 年的亚里士多德承认："身体，特别是人体的内在部分，是我们所不了解的。"

如果一个人在古希腊活过了童年，除却受伤或受恶性传染病感染的情况，他一般会活过 20 岁、30 岁。在 40 岁之后，人的生命状况稳步下滑。如果这个人很富有，医生可能会挡住某些对其生命的威胁，如果他是个穷人，就只能听天由命了。

营养状况

抗病能力有赖于健康，健康有赖于饮食。在很大程度上，更好的营养状况解释了公元前 800 年之后的人口增长。至于更好的营养状况，其很大一部分因由很可能在于气候变化。虽然相关细节仍不明确，但是，整个公元前 9—前 8 世纪，冬季降雨看起来呈增长之势。虽说增长并不明显，但可能足以对年际变化起到缓冲作用，让作物歉收的可能性降低。

即便如此，大多数古希腊人的饮食是很简单的，大麦面包是他们的主食。诗人把人称作"吃面包的凡人"，肉类是奢侈品，只有在公共祭祀场合才能偶尔吃到。谷物、肉类之间的能量转换比大概是10∶1，也就是说，牛肉的1卡路里能量需要耗费10卡路里的谷物来转换（在牛这类食草动物与狮子这类食肉动物之间也有10∶1的能量转换比，因此，人们不会为了吃肉而蓄养狮子）。在希腊，除却要求宰杀动物的宗教祭祀场合（图2.3），人们多为了畜力、奶而饲养动物，而不是为了吃肉。绵羊、山羊是主要的祭祀动物，因为它们与猪一道是最常见的家畜，尽管并不是每个地方都有绵羊、山羊。在希腊中部的彼俄提亚，常用的祭祀动物是大型鳗鱼。

图2.3 现代宰牲仪式中的宰羊献祭（宰牲是伊斯兰教朝觐结束和古尔邦节时的宗教仪式）
资料来源：TheAnimalDay.org（CC BY 2.0）

荷马史诗中的英雄是不屑吃鱼的，《奥德赛》（12.327—335）中的一则故事记载道，人们宁死也不吃鱼。但是，对古人骸骨的化学分析表明一些人以食鱼为乐，在古典时代，鱼是美味佳肴。在喜剧中，要刻画一个人颓废形象的标准方法就是写他吃很多的鱼。小沙丁鱼比

图2.4 橄榄丰收图，画家安提米尼（真名不为人知）在约公元前520年绘制的一个黑绘式双耳瓶（出土于意大利的武尔奇）。在图中，三名男性在敲树上的橄榄，第四个人将橄榄拾进篮子里

资料来源：©The Trustees of the British Museum

较便宜，沿海居民毫无疑问会吃很多。而住在内陆的人能够吃到的最好的鱼是咸鱼，像金枪鱼、鲭鱼、鲟鱼这类大鱼对任何人而言都是罕有的奢侈品。最重要的谷物佐餐是橄榄和葡萄酒（图2.4）。事实上，面包、橄榄和葡萄酒构成了历史学家所说的"地中海三食"，它们从公元前第三个千年到21世纪一直是希腊人的核心食品。到目前，考古学家基本上没发现什么显著证据，用以证明谷物、橄榄、葡萄酒这些食物种类在整个公元前第一个千年有什么变化。

日常饮食是单调的，其蛋白质含量也不丰富，不过，这种饮食比较健康，有时也很美味。甜品除蜂蜜外别无其他，盐也不易得到。在后古典时代，盐被用作货币，并成为"salary"（薪酬）一词的语源。大蒜、洋葱、葡萄、山羊奶酪以及一些香肠则很常见。富有的希腊人用酱、奶油给面包调味，到公元前5世纪晚期，他们发展出更丰富的菜肴。公元前4世纪，一位西西里厨师不仅赢得了国际声誉，他还写下了关于他的地中海烹饪之旅的仿史诗诗歌。

研究近代经济的历史学家发现，儿童的营养状况与他们成年时的身高有紧密联系。现代历史学家普遍会对给出了个体身高数据的翔实记录材料（如征兵或工厂招聘记录）进行研究，不过，古希腊并没有这类资料留存下来。虽然如此，我们还是能够根据挖掘出的人体骨骼计算出当时人的身高。古希腊人比较矮，在古典时代，男性一般高约1.68米，女性一般高约1.57米。回溯到黑暗时代，那时的希腊人更矮，男性、女性要比古典时代的男性、女性分别矮约4厘米和5厘米。公元前900—前300年，营养状况明显有所改善，食物供给变得稳定可靠，儿童由此挨饿的次数减少了。与现代的地中海人相比，古典时代希腊人的营养状况已经很好了。拿1949年来说，加入塞浦路斯军队的新兵比公元前5—前4世纪时的希腊人要矮。

从黑暗时代到古典时代，希腊人吃得更好，活得更长，人口也大量增长了。公元前4世纪的生活虽然艰难，但相比公元前9世纪好多了。

生活水平

物质生活质量的一个主要因素（可能是仅次于食物本身的最重要的因素）是住所。在黑暗时代，房屋很简陋，其中的绝大部分都是一居室结构。这些房子的尾部常常弯曲成半圆形状，这样就可以不修建墙角了。所有的活动，如做饭、吃饭和睡觉，要么在这样的单间屋里，要么在户外。这样的房子通常墙壁很薄，不足以支撑第二层楼。600年后的房子，沿用了石头地基加泥砖墙的基本建筑方式，不过新建了瓦屋顶和院子，由此，人们夏季可乘凉，冬时可避雨（图2.5）。每个房间都各有其功能，有厨房、餐厅，还有专用于饮酒的房间。很多房子都有铺好的地板和有时用作厕所的简单排水装置（但夜壶仍是常用的），还有通向二楼的楼梯。一般房子一楼有屋顶遮盖的部分占地约220平方米，这约等于现代美国居室的标准面积，是黑暗时代房屋面积的五倍大。如果楼上也有房间，则整体面积可能两倍于上述面积，无论怎么算，那都是很宽敞、舒适的了。

除了活得更久、吃得更好之外，相比黑暗时代的希腊人，古典时代的希腊人还有更贵重、更多样的家居用品。希腊的财富大大增加，一座公元前4世纪的房屋所需的工作量是一座公元前10世纪的房屋

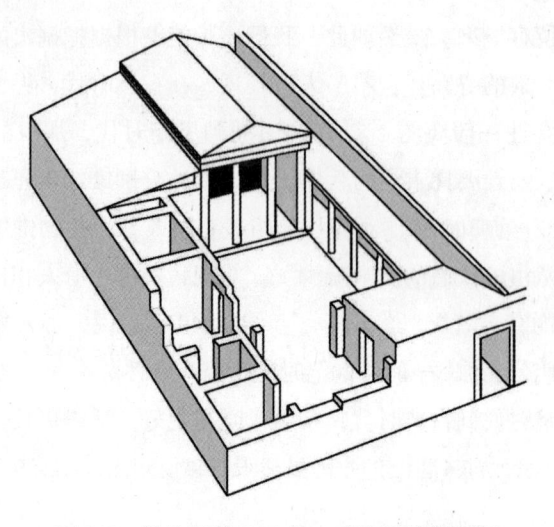

图 2.5　约公元前 350 年一座房屋的复原图

的 5~10 倍。

希腊城市的公共设施也有了巨大发展。到公元前 6 世纪，像雅典、叙拉古这样的主要中心城市都有了将饮水输送到市中心的地下管道。甚至小城市也有公共喷泉。宏伟的庙宇、美丽的雕像以及强大的防御工事遍布希腊。公元前 10 世纪时，雅典城市人口不到 2 000 人，到公元前 5 世纪，它的人口已达 4 万（公元前 4 世纪，叙拉古的人口规模两倍于此）。是什么使得希腊的物质生活基础有了如此大的改善？

古希腊的经济发展

在最近的 250 年中，人类生活经历了一次变革。18 世纪的欧洲人掌握了使用化石燃料的技巧，此事的开端即人们通过烧煤产生了蒸汽。随着这项技术的传播，发明家们实现了日益增多的重要突破。我们现在认为技术推动经济发展是理所当然的，但在古希腊，这一点并不是那么正确。在古典、希腊化时代，最基本的技术，如农犁和肥料、用于交通的船和马车、打仗用的青铜盔甲和铁制武器，都已存在数百年之久。小幅的改善一直稳步进行，但直到公元前3世纪，在埃及的希腊城市亚历山大城，科学家们才发明出能真正促进生产的种种技术（参见第23章）。不过，即便是在那个时候，它们也很少被用于实践。黑暗时代与古典时代之间的经济发展很可能是因气候变化而成为可能。不过，数百年里增长态势的维持依靠的是社会组织方式的改变，而非新技术。

这些变化并非有意识的经济计划的结果。即使是伟大的亚里士多德，对经济的理解也很粗浅。事实上，希腊人是在追逐其他目标的过程中不经意地为经济增长开辟了自由之路，而这条道路在其他古代社会受到了阻碍。在希腊人做出的这些举措中，最重要的一点就是希腊公民不断发展的个人自由。在古典时代，希腊的普通公民比其他古代文明的公民得到了更好的法律保护。富有的邻人或政府官员很难（虽然不是不可能）对普通公民进行欺诈，抢夺他们的财产或是将他们卖作奴隶。由于受到足够程度的保护，得免于遭受强横掠夺，希腊公民更有动力把精力、资源放在农事上，或通过贸易、手艺赚更多的钱。

古希腊人为自身自由而奋斗的原因是他们认为此举是道德上的正义之事，而非他们认为这会刺激经济发展。这种不经意的结果是历史研究中的重要主题。正如我们会看到的，公元前9世纪晚期，拼音文字看似是基于记录诗歌的目的而从腓尼基字母体系那里改造过来的，它也简化了商人们的记账工作。公元前600年前后，很明显是作为一种政治宣传手段被引进的货币同时使交易更加便利。约公元前425年，雅典人通过一项法律，要求帝国（提洛同盟）境内统一使用雅典人的计量单位和货币。毫无疑问，此举旨在使收缴帝国贡赋变得更容易，但与此同时，它也促进了城市间的贸易往来。渐渐地，希腊世界在经济上变得更加统一。小麦、大麦从西西里、乌克兰运过来，以满足雅典城市居民的食物需求，反之，精美的陶罐、橄榄油这类制成品则从雅典流出。雅典的港口城市比雷埃夫斯成为爱琴海最大的市场。公元前440年前后,一位雅典评论家(因其所持政治观点被称为"老寡头")写道,"不论是西西里、意大利、塞浦路斯、埃及、吕底亚、黑海、伯罗奔尼撒抑或其他任何地方,这些地方的美物莫不汇聚于雅典"。

随着财富的增加,人们在食物、住房上的花销也更多了。由于健康状况得到改善,儿童的死亡率随之降低。当这些事情发生时,人口增长了。增长的人口意味着更复杂的劳动分工。个人、城镇、一片一片的整个地区各自发挥所长,对不均衡的个人技艺和自然资源加以利用。劳动分工提高了工作效率、创造了更多财富,它让人们的饮食、居住条件更加优越,并进一步降低了死亡率(这进一步刺激了人口增长)……由此形成了一个自我强化的循环。据最乐观的估计,古典时代的希腊人平均消耗的财富量比他们黑暗时代的祖先要多出50%。

如果没有这样的经济增长,本书中所谈的文化成就也就不复存在了。但在结束本章前,我们要强调两点。首先,尽管公元前4世纪希腊人的生活比公元前10世纪要好,但以现代标准来看,他们的生活依然是很艰辛的。即使在其最好的时代,与现代发达国家中的人相比,他们也发育不佳、营养不良。经济发展在达到顶峰后,也变得缓慢并最终停滞。即便重新调整社会制度,它也只能发展到这个地步。没有技术进步的经济增长是有限度的。希腊人达到了他们的上限,从此再未前进一步。

其次,希腊的经济发展是与奴隶制联系在一起的。奴隶在希腊人中虽仅占一小部分,但他们的作用很重要。买得起奴隶的人可以在需要时为其事业增添劳力,并在随后开除那些不能带来利润的工人。一些富人购买成群的奴隶,并把他们租给企业主,去从事开矿一类艰辛、危险的工作。如果没有奴隶,古典时代的希腊文明将不会存在,奴隶的存在使得那些精英自由开创卓越的文明。就我们自身而言,我们会使用省力的机器以获得相对的闲暇时光,从而让我们有废除奴隶制的自由。然而,身处与希腊人不同的物质环境下,我们又怎么能评估他们的成就呢?

第 3 章
家庭中的希腊人

如果说土地是古希腊的经济基础，那么"*oikos*"[意为"家/家庭"，"economic"（经济）一词的词根]则是它的社会基础。相较"family"（家/家庭）的概念，"*oikos*"的含义更广，因为它包括奴隶、近亲、房屋以及房内物品。尽管如此，它的基本含义仍是一夫一妻制的男女组合，他们生下并抚养自己的合法儿女。由此，我们将希腊的两性关系作为我们的出发点。一如往常，我们的信息来源偏重于雅典（这是因为雅典文学在古希腊占据主导地位），而它们在很大程度上是来自古风、古典时代的文献。

两性关系：理想与现实

纵观整个希腊史，可以说，创作古代文献的所有男性作家在婚姻的某些方面看法一致。他们认为，男性应当在30岁左右成婚，女性则应在少女时出嫁。新娘应当是处女（但寡妇或离异女性可再婚），男性不应娶不是处女的年轻女性（希腊人把这样的女性叫作"破船"）。婚姻（图3.1）由新郎和其未婚妻的父母商议而成，女方父母会给女儿一份嫁妆，以帮助夫妻二人建立一个家庭。妻子当服从丈夫，不得独自行动，"*oikos*"场合除外；在家里，妻子负责做饭、育儿以及织布。不同城邦的法律虽有不同，不过一般而言，女性几乎没有房产这种基本经济资源。在大多数城邦，法律仅允许女性从事小额金钱交易，并拒绝她们进入男性独占的法律领域。一些古代作家认为丈夫殴打不听话的妻子是理所应当的。尽管没有资料确切描写殴打行为，但许多人还是风闻亚西比德（约公元前450—前404年）的殴妻恶事：在其妻子试图离婚时，恃强凌弱的亚西比德在法官面前殴打妻子（而后，他扛起妻子穿过集市，不久后，他的妻子很蹊跷地死去了，参见普鲁塔克：《亚西比德传，8》）。

图3.1 一位名叫塔利亚（喜剧缪斯女神之名）的女性在准备婚礼，绘于一只红绘式皮克西斯盒（装小饰物的一种陶盒），制于约公元前440年。一位仆人（位于图右侧，未在图中出现）递给新娘一个小盒子，里面可能装着化妆品，另一位名叫格劳科（意为"闪耀"）的仆人从后面走近，用一条丝带给新娘扎头发。墙上挂着的铜镜表明这是一个室内场景

当然，我们所有的资料都是男性写给男性看的著作。一些零碎的证据显示，绕过财产法，一些女性找到了门路，她们利用男性进入了法律领域。学者们仔细研究了非比寻常、几乎独一无二的女诗人萨福（约生活在公元前7—前6世纪）留下来的寥寥数行诗句，希冀

从中发现女性谈论性别问题的某些蛛丝马迹。然而，除了与同时代男性的腔调相似的一些话，萨福几乎没说什么。在少数流传下来的可怜残句中（最近发现的残留诗句于2004年、2014年出版），我们发现萨福将爱与婚姻赞为女性的心头大事（图3.2）。她的一些诗歌是写给其他女性的，向罗马时代以来的读者（但从未向希腊人）暗示，她颂扬同性之爱。由此而产生了"lesbian"（女同性恋）一词，因为萨福住在"Lesbos岛（列斯堡）。不过，她的观点绝不仅限于个人。她写诗是为了让人在婚礼上记诵并传唱，事实上，在一个正派女性的一生中，婚礼是唯一一个可以公开表达女性性欲而不必感到羞耻的场合。制定规则的是男性，执行规则的则是正派的女性——母亲、祖母、外祖母、伯（母）姑婶姨。

图3.2 图中女性可能是萨福，见于一只红绘式双耳罐的侧面，制于公元前440年左右，其时可能在萨福死后150年。图中人物坐在一把折叠椅上，读着纸草上的诗歌（我们无法看清文字）

资料来源：Creative Commons Attribution-Share Alike（CC BY-SA）

一些由男性创作的文献称赞女性的力量及其对社会的贡献，而另一些文献将女性描绘为邪恶力量，实则是一个单独的动物种类。这种厌女症是希腊文化中的重要主题。赫西奥德用一个故事论证了这一点：为惩罚人类接受从天上盗来的火种，众神之王宙斯创造了可怕的种族——女性（图3.3）。宙斯说：

图3.3 在潘多拉从泥土中生出时,普罗米修斯的兄弟厄庇米修斯拉住她的手,这个场景见于一个雅典红绘式调酒瓶,制于约公元前450年。在图的最左边,宙斯监督着他创造女性以惩罚人类的计划的执行。信使之神赫耳墨斯★手持权杖,戴着魔法帽,穿着魔法鞋

资料来源:©Ashmolean Museum

"我将给人类一件他们都为之兴高采烈而又导致厄运降临的不幸礼品。"

人类和诸神之父宙斯说过这话,哈哈大笑。他吩咐貌丑、瘸腿的匠神赫菲斯托斯(今以其罗马名"伏尔甘"更为人知)赶快把土与水掺和起来,在里面加进人类的语言和力气,创造了一位温柔可爱的少女,模样像永生女神。他吩咐战争和手工艺的处女神雅典娜(从宙斯头顶出生)教她做针线活和编织各种不同的织物,吩咐让男性神魂颠倒的美丽女神阿芙洛狄忒(罗马神话中的维纳斯)在她头上倾洒优雅的风韵以及恼人的欲望和倦人的操心,吩咐神使赫耳墨斯(百眼怪物阿勾斯的斩杀者)给她一颗不知羞耻的心和欺诈的天性。宙斯做了上述吩咐,神们听从了安排。

★ 为众神传信并掌管诡计、贸易和旅行的神(罗马神话中的墨丘利)。

跛足之神赫菲斯托斯按照宙斯的意图，用泥土创造了一个腼腆少女，明眸女神雅典娜给她穿衣服、束腰带，美惠三女神和尊贵的劝说女神给她戴上金项链，发髻华美的时序三女神往她头上戴春天的鲜花。信使将狡黠的心灵放在了她的胸膛中，宙斯称这位少女为潘多拉（意为"众神的礼物"），奥林匹斯山上的所有神都送了她一件礼物——以五谷为生的人类之祸害。

诸神之父既已布置好这个绝对无法逃避的陷阱，便派荣耀的阿勾斯斩杀者、诸神信使把它作为一份礼物送到厄庇米修斯那里。厄庇米修斯没有考虑普罗米修斯*嘱咐他的话——永远不要接受宙斯送给他的任何礼物，送来了也要退回去，以免可能成为人类的灾祸，他接受了这份礼物，后来灾害降临时他才明白，但为时已晚。

人类各部落原本生活在没有罪恶、没有劳累、没有疾病（它会招来死神）的大地上，在不幸中，人会老得很快。潘多拉打开了瓶†上的大盖子，让悲苦和不幸都飞散出来。唯有希望仍留在瓶颈之下的牢不可破的瓶腹之中，未能飞出来。在希望飞出瓶口之前，潘多拉就盖上了瓶塞，但其他一万种不幸已漫游人间。不幸遍布大地，覆盖海洋。疾病夜以继日地流行，悄无声息地把灾害带给人类，因为英明的宙斯已经剥夺了他们的声音。因此，没有任何可躲避宙斯意志的方法。

——赫西奥德：《工作与时日》，57—105

在赫西奥德笔下，女性的劣根性和她们的危险动机是宙斯惩罚邪恶人类的宏大计划的一部分，这些人类此前本是住在全由男性构成

---

* 凡人厄庇米修斯（意为"后知后觉"）是聪明的普罗米修斯（意为"先知先觉"）的愚蠢兄弟。普罗米修斯用茴香茎盗取了天火，送给人类，由于他的罪行，才有了潘多拉之惩。厄庇米修斯与潘多拉成婚，在大洪水中只有他们的女儿、女婿存活，换言之，所有人类都是他们结合所产生的后代。

† 很明显，这是宙斯的赠礼。中世纪误译为"潘多拉之盒"。

的乐土之中的（不过，赫西奥德没有解释这些人如何生育繁衍）。宙斯的计划包括造第一位女性，即可爱却欺诈成性、荒淫无度的潘多拉。赫西奥德说，"潘多拉"之名意为"众神的礼物"，因为众神赋予她各种天赋（她名字的真意是"一切的赐予者"，她在最初可能是一个慷慨的大地精灵），后来的希腊作家提供了更多与此略有差异的解释。有关这个问题，最有趣的著述是雅典贵族兼职业军人色诺芬在公元前400年后不久写下的，它是一个更长的故事（这个故事描述了聪慧的雅典人苏格拉底与伊斯科马库斯之间的假想对话）的组成部分，图3.4验证了色诺芬的叙述：

图 3.4 女性从井水房中取水，见于一只阿提卡黑绘式花瓶，制于约公元前530年。一位女性从狮口喷泉取水，灌入双耳罐中，另外四名女性在闲谈。其中两个女性头顶罐子，而第三名女性手上拿着一个罐子。取水是家庭妇女的日常家务

资料来源：Rogers Fund, 1906

"这正是我要请教你的事情。是你自己把你的妻子训练成为这样能干的人呢,还是当你把她从她娘家接来的时候,她就已经懂得管理家务呢?"

"哎,苏格拉底,在我娶她的时候,她懂得什么?她嫁给我时还不到15岁,而且在此之前,她一直受着约束,尽量少看、少听、少说话。如果她来的时候,只懂得怎样把交给她的毛布制成斗篷,只懂得给女仆们分派纺绩工作,那不正是意料之中的事吗?苏格拉底,至于控制食欲,她已经受到极好的训练了;我认为这种训练,无论对于男人或女人,都是极为重要的。"

"但是,伊斯科马库斯,在别的方面,你没有训练你的妻子使她能够执行她的任务吗……你教给她的头一课是什么?我宁愿听你说这些,而不愿意听那最高贵的运动比赛或赛马的事情。"

"苏格拉底,当我一发现她很温顺,并且已经习惯于家庭生活,可以进行谈话的时候,我就问她:'亲爱的,告诉我,你知道我为什么娶你,你的父母为什么把你交给我吗?你一定很清楚,找个人结婚并不难。但是,我关心的是,在组建家庭和生儿育女方面,究竟谁最合适,而你父母也是这么为你考虑的。他们选择了我,而我选择了你。现在,如果神赐予我们儿女,我们就要想出最好的教养办法。因为我们将来共享的幸福之一,就是在老年能够得到最好的帮手和最好的赡养;现在我们先来共同享有我们这个家庭。因为我把我所有的东西都放到我们共有的财产里,而你也把你带来的一切都加了进去。我们并不要计算我们谁实际拿出来的更多,但是我们必须知道:谁能证明自己是更好的合作者,谁的贡献就更重要。'

"苏格拉底,我的妻子回答如下:'我怎么能帮助你呢?我有什么能力?不行,都得依靠你。我母亲告诉我,我的责任就是要谨慎小心。'

"'当然,亲爱的,'我说,'我父亲也这样告诉我。但是,无论对于男人或女人来说,所谓谨慎小心就是要尽可能使他们的财产不受任何损失,而且要尽可能用正大光明的办法来增加他们的财产.'

"'可是你怎么知道我能帮助你增加我们的财产呢?'我的妻子问。

"'唔,我说,当然你必须尽可能努力做好神让你能做的事,以及法律许可的事.'

"'请问,都是什么事?'她问。

"'我认为都是很重要的事情,除非女王蜂在蜂房里所管的是不重要的事情。我觉得神聪明睿智地把所谓的男性和女性配合在一起,主要就是为了使他们结成完美的合作关系,互相帮助。因为第一,各种生物要传宗接代,他们就得结成婚姻,好生儿育女。第二,这种结合为他们养儿防老提供了条件,至少对于人类来说是这样。第三,人类不能像兽类那样生活在露天地里,而显然需要遮风避雨的房屋。然而,人们如果想要取得生活必需品以充实他们的住所,就得有人去从事露天的工作;因为耕耘、播种、栽植、放牧都是这种露天的工作,而这种工作提供人类所必需的食物。而且,这些东西一旦存入住所之后,就得有人保管它,并做一些必须在室内做的事情。哺育婴儿需要有房屋,把谷物制成面包需要有房屋,用毛布缝制衣服也同样需要有房屋。由于无论室内工作或户外工作都需要劳动和注意,所以,我认为,神从一开始就使女人的性情适宜于室内的工作,而使男人的性情适宜于户外工作。

"神使男人的身心更能耐寒耐热,能够忍受旅途和远征的跋涉,所以让他们做室外的工作。而女人呢,由于他使她们的身体对于这种事情的忍耐力较差,所以,我认为,他就让她们做室内的工作。而且,神知道他已经给女人创造了养育婴儿的任务,并使她们担负这一任务,所以他分给女人的对于初生婴儿的爱要比男人更多些。由于他还使女人担负照管粮食衣物的任务,知道对于这种任务来说,胆子小一些是不无好处的,所以他就分给女人比男人更多的畏惧心理。'"

——色诺芬:《经济论》,7.4—20[1]

与赫西奥德不同,色诺芬并未把女性描述为对男性的惩罚,他转而相信神让男性比女性更优越:男性更强壮、更有纪律性、更适合户外生活。尽管如此,婚姻却是一种合作关系。丈夫虽然掌权,但他必须和妻子同心协力。品格美好的丈夫会教育妻子,以能让她对家庭的贡献与自己相等。在《经济论》中,苏格拉底因为他沾沾自喜地插入的一句话而让我们印象深刻:"真的,伊斯科马库斯!照你这样说,你的妻子与男人一样有脑子!"

在另一位雅典作家安提丰(公元前4世纪)的笔下,伊斯科马库斯之妻则截然不同,他告诉我们她叫克莱斯拉。照色诺芬的版本,克莱斯拉幸福居家,她努力成为伊斯科马库斯心中的理想妻子。而在安提丰的版本中,她却和一位名叫加利亚斯的男性通奸,这个人是伊斯科马库斯和克莱斯拉的女婿。克莱斯拉曾与女儿和女婿住在一起。她的女儿悲痛欲绝,离开加利亚斯前,曾试图自杀,此时,加利亚斯抛弃了怀着他孩子的克莱斯拉。后来,加利亚斯又将克莱斯拉找回来,并抚养他们的儿子,最终,他们生活在一起(尽管可能并不幸福)。我们应该相信哪一个版本?安提丰版的克莱斯拉好像肥皂剧中的人物,注定在法律程序中身败名裂,而色诺芬也许将克莱斯拉理想化了,用以说明他(以及许多雅典男性)所认为的理想婚姻。我们永远无法得知确切情况。

---

[1] 参见〔古希腊〕色诺芬:《经济论》,张伯健、陆大年译,北京:商务印书馆1981年版,第22—24页。——译者注

性

伊斯科马库斯说，他之所以选择自己的妻子是因为她是能和他共享家庭、儿女的最佳人选。妻子是否成功，主要看她生儿子的能力。由此，如我们已看到的，要维持人口的稳定，每个女性至少要生四到五个存活的孩子，在公元前5世纪的人口增长时期，每个女性平均要生七到八个存活的孩子。月经初潮之后不久就结婚，结婚之后不久就怀孕，就大多数女性而言，她们在全部的婚姻生活中都在怀孕或哺育。

在男性作家笔下，婚姻中的性生活通常被描述为"工作"——繁衍后代的工作，并用农夫在田里撒种的情形来形容。男性可以有多种形式的婚外性行为，但女性绝对不可以。很多男性拥有奴隶，主奴（包括女奴、男奴）之间有性关系司空见惯，不过，和自由女性通奸是危险的。女性的监护人——她的父亲、丈夫、兄弟或儿子——可以（有时确实）杀掉通奸者，尽管他们通常会饶过女方。大多数城邦对通奸者施以重金罚款，以此阻止报复行为转变为流血冲突。拿雅典来说，对通奸的罚款两倍于强奸，很显然，强奸犯只是实施了一次性侵害，而通奸犯却让一名女性的心背离家庭，从而对另一位男性的财产、名誉造成长久的损害。更糟的是，红杏出墙的妻子可能会把通奸犯的儿子当作合法继承人，从而窃取夫家的财产。

男性获得性爱之乐的便易途径是嫖妓，在雅典、科林斯这类大邦，有很多妓女。希腊人将妓女分为两种：（1）交际花（*hetairai*），（2）娼妓（*pornai*，它是"pornography"的词根，后者意为"色情文学"）。伯里克利包养了一位叫阿斯帕西亚的交际花，她为他生了一个孩子，伯里克利在众人面前曾公开吻过她。她和当时很多优秀的学者有往来，柏拉图曾开玩笑说伯里克利的一些演讲稿是她代笔的。一些交际花从这个行当中赚了大钱，不过，大多数性工作者是娼妓（单数形式为 "*pornē*"），她们通常是奴隶，过着不光彩且危险的生活。

公元前5世纪雅典的喜剧作家将卖淫活动写得其乐融融，不过，我们偶尔也能一瞥它另外的一面。公元前4世纪的雅典演说家安多基德斯讲述了一个与主人发生性关系的女奴的故事。主人厌倦了女奴，决定将她卖给妓院。这位女奴惊惧之下将主人毒死，主人的一位访客也意外连带送了命。在罪行被发现后，这位女奴遭受酷刑并被处死。

关于希腊妓院，我们所知不多。在雅典，人们发现了一个场所，它可能是约公元前400年时的一家妓院，但仍有待确认。我们并不确定考古学家能找到证据证明这座古建筑是嫖娼的商业场所，尽管我们在罗马庞贝古城（毁于公元79年）的妓院墙上能看到装饰用的性爱画作和图案。这座雅典建筑有许多小房间，令人眼花缭乱，人们发现的遗物包括性爱女神阿芙洛狄忒的许多画作，以及来自小亚细亚、巴尔干半岛北部（希腊许多奴隶的来源地）的许多饰物。其他遗物提示我们，这座建筑是个旅店和纺织中心（根据一些文学作品，它们是妓院开设的其他一些营生）。

希腊成年男性会与男孩发生性关系，有时还会和同龄男性这样做。在现代西方，男性的同性之爱有时会被隐称为"希腊之爱"，但希腊人之间的同性恋行为和现代的同性恋行为是不同的。就希腊同性恋的通常形式（也是比较让人尊重的形式）来说，一位成熟男性会是性关系中的主动方，被称为"*erastês*"，即"施爱者"，未成熟的男孩会是被动方，被称为"*eromenos*"，即"被爱者"，被动方接受主动方勃起的生殖器在他两股间抽插（这被称为"股间性交"）。这样的"娈童之爱"（对男孩的爱）源自希腊宴饮的社会环境，在酒会中，男童负责斟酒，并习得成年男性的行为。但总体而言，男童在性成熟后依然居于被动一方是件可耻的事。公元前5世纪的喜剧作家阿里斯托芬辛辣讽刺了将自己当作女性的男性，也就是在与其他男性的肛交中处于被动地位的男性。尽管如此，据说公元前4世纪时的一支底比斯勒夫坎第精兵是由许多对同性恋组成的。根据传统，成年后的亚历山大大帝也与其发小赫费斯提翁保持着性关系。

在很多城邦，成年的"施爱者"会引介年轻的"被爱者"进入社交场所，以建立对后者以后的生活有所帮助的社会关系。如果"被爱者"很富有、有才华、来自有声望的家庭，或者非常帅气，那么其"施爱者"与有荣焉。一些希腊作家，如著名的柏拉图认为，上述两者的爱情关系应当保持神圣（由此有了"柏拉图式的爱情"的说法），它的重点在于精神境界的提升；其他人认为这种关系应当是明明白白的性关系，而当终止于"被爱者"成年、开始长胡子之时。在斯巴达，"娈童之爱"对男性来说是一种道德训练形式，它与斯巴达的军事训练紧密结合，且在人们的说法中不含公开的性表达的内容，这正是柏拉图所推崇的那种"娈童之爱"。

到这里为止，关于男性的性生活，我们知道了许多，但男性书写的文献对女性性生活着墨甚少。雅典法律要求被控犯通奸罪的女性必须与丈夫离婚，不论她们的丈夫愿意与否。出轨的女性声名扫地并被遣回娘家（如果她的双亲还活着的话）。她也被禁止参加公共宗教节庆，这相当于男性被禁止参与政治活动。由于找一个新丈夫的机会渺茫，通奸的女性由此可能无法摆脱耻辱和贫穷的枷锁。

有时，喜剧作家会调侃自由女性与男奴发生性关系，由此，在喜剧和瓶画中，有许多描绘女性使用假男性生殖器自慰的戏谑场面。很多色情画作流传下来，在这方面，只有日本艺术也显示了对性、情色描写的关注。这些插图证明希腊人对性并不是假正经，它们是在某些淫乱的饮宴场合为满足男性的视欲而准备的。的确，不同于早先的任何社会，希腊男性在艺术中被展现为裸体，不过这一传统并非为了引起性方面的兴趣，而是为了展示健美的力量。与男性相反，正派女性直到公元前4世纪时仍在绘画中着衣，因为女性被人看到裸体是可耻的。一些男性认为正派女性应在公众场合戴面纱。父母为子女的身体安全忧心，在男性、男童裸体且女性禁止入内的体育场，引诱行为是被严令禁止的。希腊情色艺术也许代表了希腊人对性的整体态度，这和当代情色作品代表了现代人的态度差不多。

成人和孩童

据公元前 5 世纪雅典的伟大悲剧作家欧里庇得斯说，孩童是生活的中心。"所有人都爱孩子，无论是最优秀的人还是无名小卒。尽管所拥有的财产不同，有的人富，有的人穷，整个人类却是爱孩子的。"（参见《疯狂的赫拉克勒斯》，633—636）一般来说，已婚夫妇在生命中的大多数时候都有数个孩子绕膝。

不同城邦对公民施加不同的教育、风俗，斯巴达尤为独特。我们将在第 10 章中详细讨论斯巴达的风俗。相比其他城邦，我们对雅典的了解要多得多，由此，通过对雅典风俗的研究，我们也许可对"希腊风俗"做些概括总结。

育儿重担压在母亲身上，色诺芬解释道：

> 丈夫赡养妻子，并尽可能丰富地为将要生下来的子女提供他所认为对抚养他们有用的东西。妻子受孕，忍受怀胎的苦痛，不顾生命的危险，把自己的营养分给胎儿，最后在怀胎足月分娩之后，哺育他，看顾他，尽管自己并没有事先得到任何好处；但婴儿并不知道抚养他的是谁，也不会向她表示自己的需要，只是做母亲的揣测到什么对婴儿的营养有益，什么是他所喜欢的，力图满足他的这些要求，长时期地抚养他，忍受日日夜夜的疲劳，一点也不知道自己会得到什么酬劳。
>
> ——色诺芬：《回忆苏格拉底》，2.2.5[1]

分娩和孩子出生后的那几天对母亲、婴儿来说是非常危险的。那时没有医院，更没有硬膜外麻醉（一种局部麻醉方法）、剖宫产手术。

---

[1] 参见［古希腊］色诺芬：《回忆苏格拉底》，吴永泉译，北京：商务印书馆 1986 年版，第 52—53 页。——译者注

不过，助产妇无疑拥有丰富的经验和得自经验的民间妙法。尽管如此，在悲剧作品《美狄亚》中，欧里庇得斯还是让他的女主人公说出宁可在战场上冲锋三次也不愿生一次孩子的话。

从理论上说，父亲有权决定是抚养新生婴儿还是任其死去。我们手头的信息有限，但是很明显，相较男婴，女婴被丢弃得较多。这些弃婴被丢在广为人知的会有奴隶贩子出现的地方，由此，这些婴儿要么死在荒野，要么被卖掉，做一辈子奴隶。许多妓女就是这样产生的，著名的俄狄浦斯神话的开头也是俄狄浦斯被丢弃在荒野。

被父母留下来并在出生几日后活下来的孩子会经历某些宗教仪式，这些仪式让他们正式成为一个群体中的成员。其中最重要的仪式是"命名礼"，也称"绕走"：父亲将婴儿抱在怀中，绕着灶台走，让孩子与女灶神赫斯提（意为"灶台"）见面。命名礼确定了婴儿的合法性及其未来的公民地位。朋友、邻舍会送来章鱼、墨鱼做礼物。如果孩子是个男婴，父母会在大门外悬挂一根橄榄枝；如果是个女婴，则悬挂一缕羊毛。不管是男是女，他们的父母都会在墙上涂上黑焦油，用来赶走被喜事引来的恶灵。

许多父母会在这些仪式的第五天给孩子取名，不过，有能力举行第二次庆生活动的家庭会将命名仪式延期到第十天，在那天，女性会跳舞，人们会享用蜂蜜蛋糕。与大多数现代社会不同，希腊人只给小孩取单名，它与孩子父亲的名字连着用，如"桑西波斯之子伯里克利"。一个家庭的头生子通常会取孩子祖父的名字，其他儿子取的名通常是他们父名的变形形式。和当今世界一样，希腊人的名字有时髦的，也有不时髦的。

在古代世界，希腊医学领先他国，但仍充斥着迷信。以 2 世纪著名的医生盖仑（参见第 23 章）为例，他反对给婴儿喂蛋白含量高的初乳（母亲在分娩前或分娩后最初几天内分泌的母乳，能防止传染病）。虽然母乳营养最好，但是有钱请乳母的家庭还是给孩子请乳母。婴儿通常会被裹在襁褓（防止婴儿乱动的裹布）中，尽管这有可能会使营养不良的婴儿骨骼变形。医生很少提出合适的断奶年龄,他们建议的断奶年龄要么太早(这很危险),要么太晚(这很奇怪)。对人体齿釉质的显微镜分析表明,大多数儿童都经历过营养不良的时期。

不论医疗条件多艰苦,孩子和乳母之间都会建立密切的联系。在埃斯库罗斯创作的一出戏剧中,一位乳母说:

> 可爱的俄瑞斯忒斯,我心灵的寄托,
> 我把他从母亲手中接过来抚育,
> 听见他惊哭,我常彻夜难眠。
> 我付出了多少辛劳,却全是白费,
> 新生的婴儿无心智,如同畜仔,
> 我得喂养他,猜测他的心理,
> 因为襁褓中的孩子还不会说话,
> 无论是腹饥口渴或是想撒尿,
> 孩子们只知道听从自己的肠胃。
> 这些我尚能猜测,但我也常常估计错误,
> 成了洗襁褓的女仆——既要做保姆,又得尽洗涤责任。
> 我一人就这样身兼双重的工作,
> 自从他父亲把俄瑞斯忒斯交给我。
> 可现在我不幸地听说他已经死去。
>
> ——埃斯库罗斯:《奠酒人》,749—763[1]

男孩和女孩是一起抚养的,直到他们5~7岁时为止,他们大部分时间和母亲待在一起。他们会帮忙做些家务。球类运动很盛行,尽

---

[1] 参见[古希腊]埃斯库罗斯:《奠酒人》,载《古希腊悲剧喜剧全集》第1卷,张竹明、王焕生译,南京:译林出版社2007年版,第424页。——译者注

管孩子们能得到的最好的球不过是充了气的猪膀胱。球不是很圆,但在火灭后的余烬上加热之后会圆一些。孩子们也玩棋类游戏,还有掷骰子、掷跖骨(大人的赌博工具)的游戏。

在孩子们还小的时候,婚姻就常常因死亡、离婚而结束。男性通常在四十多岁的时候就去世了,这时他们也才结婚不过 10~15 年。他们的遗孀要么搬回娘家住,要么再婚,这又会引起各种各样的法律纠纷。和当今世界相比,那时有更多的孤儿。富家孤儿有监护人照看他们的房产,这会产生激烈的争抢,在孩子成人以后,它会引起长年累月的法律诉讼。贫家孤儿要靠亲戚抚养,只有在他们的父亲战死疆场的情况下,他们才能得到社会的照顾。对大多数孤儿来说,生活是非常艰辛的。在城市里,他们很容易沦为下层社会里的妓女或小偷。

在 7 岁左右时,尚有父母抚养的男孩、女孩就开始分开生活了。此时,大多数男孩会花更多时间在田间劳作(如果他们够幸运的话,就和父亲一起劳作),女孩们则学习将来作为妻子应该掌握的纺织和持家技能。在富家门庭里,男孩(和一些女孩)会接受正规的字母教育,他们花大量心血背诵诗歌(尤其是荷马史诗),并在七弦琴的伴奏下吟唱(这在希腊语中被称为"*mousikê*",意为"缪斯之艺")。人们期望受教育者在这些领域有些技艺,但不需太多。即使在雅典这个到那时为止读写普及最广的地方,10 个男性中或许只有 1 人能阅读。大多数蒙学专家是奴隶,因此,没人想出类拔萃,以免被别人误认作奴隶。

受过教育的女陪护(奴隶)要一直陪伴富家受教儿童,并帮助他们学习。为了让这些孩子听话,这些奴隶以及教师费了很多功夫。体罚很盛行,虽然贵家男孩并不总是乐意被奴隶扇耳光。学生打老师的故事有很多,在希腊神话里,英雄赫拉克勒斯就用七弦琴杀死了自己的音乐老师,而后,他基于自卫的理由被免罪。

随着男孩和女孩在 14 岁左右步入青春期,上述学习生活就结束了。我们所认为的高等教育是完全没有的。在公元前5世纪末的时候，富有的年轻人可拜于知识分子门下，有的时候追随他们左右、听取教诲，其他时候花钱聘请他们。不过，很少有人会这么做。

在许多城邦，14~18岁的男孩至少要在成年男性的监督下接受两年的正规军事训练。这种训练包括戍守以及宿栖野外，其情形一如作战，它们在斯巴达早已发展成熟了（参见第10章）。

希腊文献中随处可见父亲与叛逆少年发生矛盾的故事，在一篇诉讼演说辞中，雅典演说家德摩斯梯尼提到了在夜间四处游荡、自称"硬汉"的少年犯袭击年长市民的事。喜剧诗人阿里斯托芬将这些人称为"父亲的克星"，仿佛人们对这类忤逆子耳熟能详一般。和大多数前现代社会一样，城邦是没有警察的，只能靠少年人的父亲、长辈亲人管教那些粗野难驯的青少年。相形之下，这个年龄段的姑娘通常已嫁为人妇，由丈夫和婆婆（如果她还活着）管教。

严格说来，男孩满18岁就是成人了，并被纳入公民兵的行列。在他们中间，只有不到一半的人的父亲到那时还在世，而有些人可能已自己当家很长时间了。

第4章

史前希腊人

（公元前12000—前1200年）

在第2章、第3章中，我们描述了古希腊生活的某些基础，包括环境、人口状况、生活水平以及家庭，但希腊人的生活环境一直在变。接下来，我们会从历史学家所称的漫长的"史前时代"开始追踪这些变化，我们没有关于该时代的文字信息记录，由此，我们的论据主要来自考古学。让我们回溯到15 000年前。

最后一个冰期的末期（公元前13000—前9500年）

气候有其历史。最近150年，地球的平均气温由于人类活动而逐渐升高。不过，在地质记录中，我们同样能验证自然界气候变化的存在。近250万年来，地轴变化、太阳黑子的活动导致了数个冰期的出现。地球平均气温下降仅约4摄氏度就会导致世界1/3的地方全年被冰雪覆盖。最后一个冰期大约从35 000年前开始，直到约15 000年前才结束。可是经过2 000多年的温暖期后，出现了一个小冰期，直到约公元前9500年时进入温暖、稳定的气候期（图4.1）。

比起欧洲其他地区，希腊气候保持在更为温暖的状态。不过，在公元前18000年前后，希腊进入最冷的时期，其冬天的漫长、寒冷成为远古希腊人最为头痛的事情。公元前15000年左右，雅典冬天的平

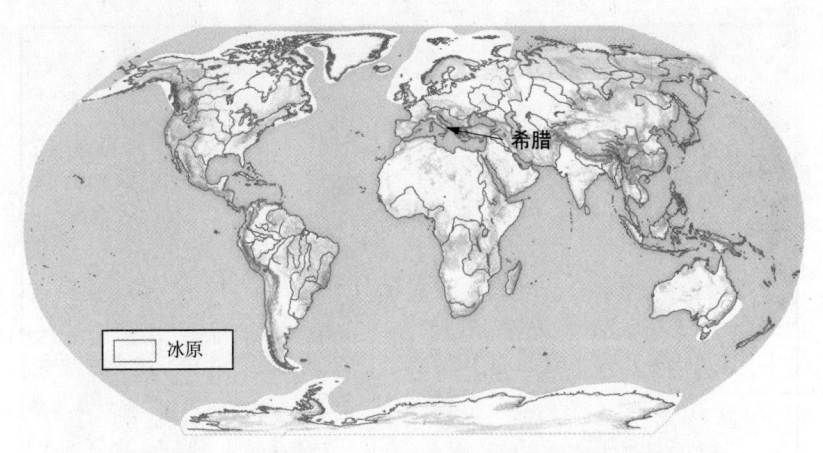

图 4.1　公元前 18000 年前后冰原的最大覆盖范围

均气温约为-1.1 摄氏度，而如今这个数值接近 10 摄氏度。

在希腊，人类留下的最早痕迹可追溯到 20 多万年前。其时，希腊的人口非常稀少。从人们发现的洞穴遗迹来看，人们居住在有 15~25 个成员的小社群里。可食用的野生植物只在夏天才能采到，稀少的人口只好不断迁徙，他们随夏天迁徙到山区、冬天迁徙到平原的动物而移动。每个小社群都需要大片土地以维持生存，所以，整个希腊可能仅够支撑几千人存活。

农业的起源（公元前 9500—前 5000 年）

到公元前 9500 年，希腊气温已稳定至与当前相近的水平。在接下来的数百年里，我们在第 2 章中所描述的稀疏、干燥植被取代了希腊的潮湿混合林，而在近东肥沃新月地带，正在发生将要改变希腊的那些变化（图 4.2）。

059

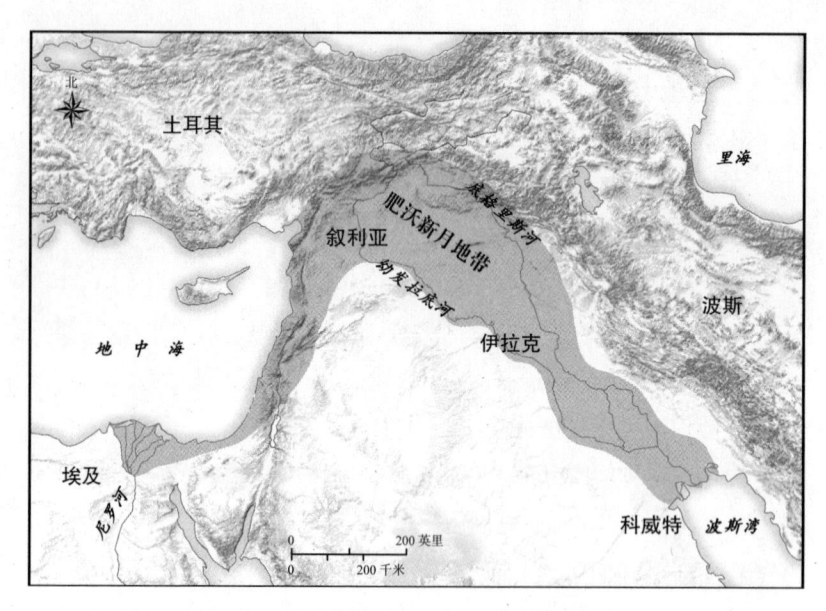

图 4.2 肥沃新月地带是灌溉状况良好的一条带状地区，它东起波斯湾（今科威特、伊拉克南部），沿底格里斯河—幼发拉底河（今伊拉克、叙利亚、土耳其东南部）向西北延伸，而后沿地中海海岸延伸至埃及

在今伊拉克北部、土耳其东部山区，随着气温上升，降雨量稀少但稳定（每年约250~300毫米），野生谷物不断进化。有些谷物的大种子能被碾成粉末，做成面包。与冰期相比，人们采集这类谷物能使每平方千米土地养活的人口更多。小社群规模扩大并分裂为更多的小社群，直到人口数量迫近土地的承受极限为止。在肥沃新月地带边缘山区的北部丘陵地带，居民们开始有选择地将野草培育成新品种，他们创造了最早的基因改良作物。在这个变革时期，他们开始驯化动物，驯化的对象有牛、绵羊和山羊。

食物供应方面的这些剧变要求生活方式同样发生剧变。肥沃新月地带的居民们无须再四处采集季节性的种子、浆果，他们开始长期定居于村庄，种植、除草、收割庄稼。相比采集、打猎，农事更辛劳，但是由于有更多、更可靠的收成，它产生了一种不可阻挡的"现代化"压力：饥儿嗷嗷待哺，谁能阻挡定居农业的发展？定居群体中的人口稳步增长，直到农民数量极大超过了因循原有生活方式的那些小社群的人口数量。当农民渴望占领以采集为生者居住的人口稀疏区时，后者几乎无还击之力。由于居民四处游走以采集不同食物，土地在一年中的绝大部分时候是闲置的。

定居人口的数量稳步增长，多种新驯养的牲畜成为他们生活中的亲密伙伴。在恶劣的卫生条件下，新的致命病毒开始出现。很多传染病源于动物，与动物生活在一起的定居农民就渐渐获得了对疾病的免疫力，而这些疾病在波及规模更小的狩猎-采集群体时却是毁灭性的。摆在人们面前的选择很清楚：可以选择作为狩猎-采集者继续生活下去，并死于疾病或饥饿；可以定居下来并成为农民；还可以远离农民。

到公元前 7000 年，叙利亚的村庄已有数百居民。到公元前 6000 年，土耳其的恰塔霍裕克约有五千居民，冰期希腊的全部人口可能与这个人口聚居地的居民数相当。我们将这多重变化的复合体——农作物、动物的驯化以及向定居村庄生活的转变——称为"新石器时代革命"。公元前 7000 年左右，在居民们收割早期形式的大麦、小麦，并圈养半驯化的绵羊、山羊时，新石器时代经济在希腊北部形成了。

新石器时代的社会和经济（公元前 5000—前 3000 年）

该时期人们的一个重要创新是犁的发明，比起手持式锄头或挖掘棒，犁能够帮助农民开垦更广阔的土地。但犁的缺点是农民需要牛来拉它，牛需要食物，这就意味着人们要开垦更多的土地、付出更艰辛的劳动。但额外的劳动在更高的产出上获得了回报，伴随人口增长，犁这种新工具很快传播开来。各地都有使用犁的印记，多瑙河流域大约始于公元前 4500 年；到公元前 3500 年，波兰、英格兰开始使用犁；西班牙则始于公元前 3000 年以前。在希腊，人们何时开始使用犁尚不清楚，但到公元前 3000 年以前，它的使用可能已经很普遍了。

为吃肉而饲养家牛的农民往往在牛还未长成时就把它杀掉,从出土的动物骨骼来看,直至约公元前 3500 年大多数希腊人就是这样做的。但而后,也就是犁被引进前后,希腊农民开始将动物驯养更长时间。养殖动物更多的是为了利用畜力、牛奶和羊毛,而不仅仅是肉,这种变化被考古学家称为"副产品革命"。

犁让大面积的谷物种植成为可能。在希腊,到公元前 3000 年,我们在第 2 章中描述的"地中海三食"(谷物、橄榄和葡萄酒)开始形成。健康的饮食增加了热量产出,改善了身体状况,并支持了人口增长。它还让农业成为劳动密集型产业。到公元前 2500 年,农民比公元前 6500 年左右的狩猎-采集者要辛劳得多,进步带来了收益,也让人们付出了代价。

对于无形的社会制度,考古学家理解它的方式是进行类比,也就是将过去的社会与处在相同技术发展阶段的某些当今社会做比较。现代的狩猎-采集社会实行公有制,人们几乎没有私有财产(因为没有什么可以拥有的东西),等级制也几乎不存在。与此相反,农业社会需要承认包括土地在内的私有财产,以激励其所有者投入繁重的劳动来清理大片的树木、石头和杂草。家庭成为核心组织,性别、年龄和等级上的差别越来越凸显。

犁具标志了一个关键性的转折点,因为大量土地突然变得珍贵起来,人们渴望拥有良田并将其传给子孙。确定合法继承人变得非常重要,与更简单的经济体系不同,男性开始关心女性的贞操,因为他们想确定继承田产的是自家子孙。

拥有良田的家庭与同样条件的家庭联姻,最好的土地便集中在少数人手上,由此创造了长期性的财富不平等。当某些人无地可种时,他们生存下来的唯一方式就是耕种富人的田地。他们不仅吃得比其他人差,而且辛劳一生,另一些人则过着悠闲的生活。狩猎-采集者游荡在空旷地区,如果族群中的成员争执起来,一部分人可以离开,到其他地方采集种子和浆果,但以农业为基础的社会不能像他们那样行事。农民需要种子、劳力、动物以及食物储存地，以维持生计，直到下一年收割季节的到来。他们需要组织。村庄能够提供"组织"，尽管如此，村民还必须找到共处方式。

人类学家发现，十几人的狩猎-采集群体有时非常暴力，但他们可通过面对面讨论的方式处理大多数问题。而人口数量一旦达到数百人，有些个体就开始对其他人发挥影响力；在1 000人的村庄，常设村首开始出现。到公元前4500年时，在希腊某些地方，比其他人房屋大的村首房屋开始出现。

到公元前3000年，一些人（可能就是这些村首）利用余粮供养工匠。我们已发现早至公元前6000年的陶器，不过，到公元前3000年左右，它们有了飞速的进步。

青铜时代早期（公元前3000—前2300年）

在青铜时代早期，工匠们学会了用铜混合着锡或砷制造远比铜坚硬的青铜，该时代由此得名。不过，该时期早期出土的绝大部分青铜、黄金都来自少数墓葬。在公元前第三个千年早期，社会精英阶层从民众中分离出来，并掌握了权力和财富。

青铜时代早期在建筑方面也取得了成就，比寻常房屋要大的新石器时代的房屋转变为大规模的建筑。在勒拿（图4.3），约建于公元前2500年的泥瓦宫约24米长、12米宽。之所以叫"泥瓦宫"是因为其房顶由泥瓦覆盖，它有几间储藏室并有两层。我们在房间里发现了许多黏土印块，这些小泥块由雕成的石印印于泥版而成，石印通常用于封印文件或储存食物。这座泥瓦宫可能是当时的行政中心，它有粉刷墙，还有木门、木梯以及设计精准的墙角。在小亚细亚的特洛伊和克里特岛，也有该时期的许多大型建筑，而在勒拿附近的梯林斯，有一座奇特的圆形建筑，其直径约27米，泥砖墙厚约1.5米。

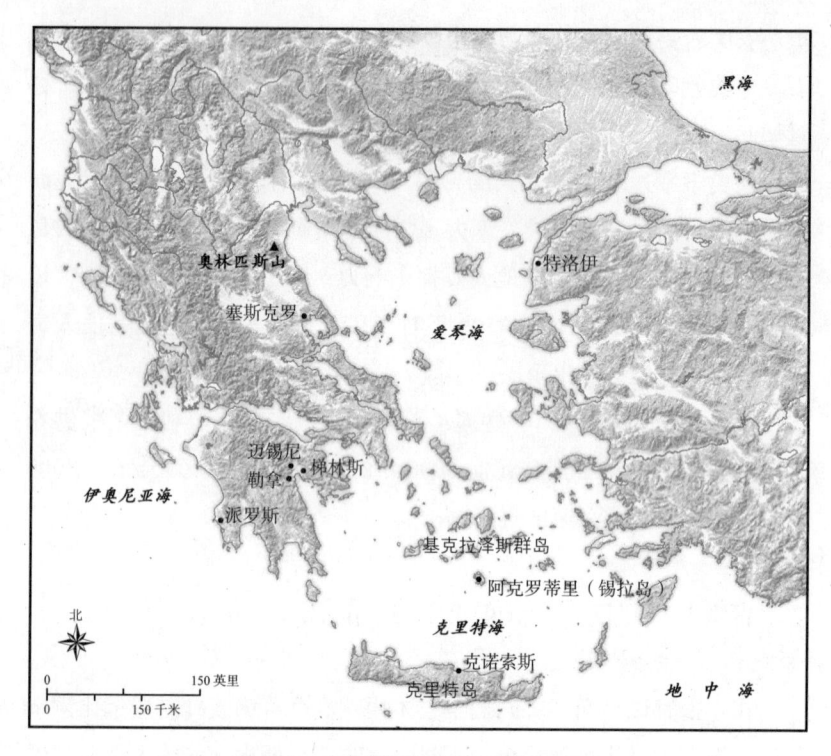

图 4.3 本章提到的希腊的一些地方

当群体内部出现财富不平等时，群体之间的不平等也会随之而来。泥瓦宫有高高的围墙（墙上布满护卫泥瓦宫的塔楼），海岸据点通常守卫森严，它们反映了军事上的紧张局面。这里有可掠夺的财富，就会有准备用暴力来掠夺的人。

青铜时代早期的文化

辛勤劳作、战争、不平等，如果这些都是文明的产物的话，那我们何必自找麻烦呢？野心勃勃的聪明男性会强迫别人为他们劳作，并利用武力将不同群体兼并。但是，赤裸裸的武力绝不会永远奏效，要强迫每个人服从是很难的。由此，统治者必须劝服被统治者相信，尽管存在不平等，他们仍过着非常好的生活。希腊与近东那些古老、辉煌的文明相距不远，与地中海东部统治者的接触有助于爱琴海的统治者巩固他们的权力。随着农业的引进，对那些生活在拥有堡垒、金属武器和军队的社会攻击范围内的人来说，不可能继续简单的生活方式。

在美索不达米亚，早期统治者的很多权力来源于他们所号称的自己与神的密切关系。在埃及，国王在某种意义上是神。宏伟的宗教建筑如塔庙（美索不达米亚高耸的塔形建筑，顶部建有寺庙）、金字塔（法老之墓）不仅能取悦神以利众生，而且为社会领导人的权力、巨大财富提供确证。统治者与神的特殊关系为大型纪念碑的修建提供了正当理由，反过来，他们修建大型纪念碑的能力确证了此种特殊关系。这种循环逻辑为公元前2585年左右埃及胡夫大金字塔的修建提供了基础。在长达3 000多年的时间里，该塔一直是世界最高的建筑，其体积约为260万立方米（在历史上，唯一比它更大的人工建筑只有纽约的垃圾填埋场）。信息很明确：只有神才能显示出这样的力量，而非普通人。几千年后，希腊人才有足够的财富或组织来建造这种大型纪念碑。

即使这样，到公元前2500年，相比小乡村的生活，勒拿人生活的节奏变得更快，其内容变得更复杂多样、更令人兴奋了。那时可能有了音乐、盛典、游行和建筑以娱人眼目。在基克拉泽斯群岛，我们发现了像谜一般的美丽的大理石塑像，由此将它们称为"基克拉泽斯塑像"，在它们身上，我们找到了有关青铜时代早期文化的直接证据。这些塑像大多数是女性塑像（图4.4），只有一尊是拉七弦琴的男性塑像（图4.5），这种乐器后被用于为荷马史诗的吟诵伴奏。小心翼翼的考古挖掘并未发现多少这样的塑像，博物馆藏的塑像有很多是赝品，由此，很难推断它们的功能。塑像的简洁线条和抽象对称十分引人注目并启发了英国现代主义雕塑家亨利·摩尔（1898—1986），不过，最初的塑像是有眼睛、嘴巴、生殖器和其他雕塑内容的。基克拉泽斯人的航海技术高超，经常往返于基克拉泽斯群岛、克里特岛和大陆。一些器物上保留了多人驾驶长船的画面。

许多这类塑像只在少数墓葬中被发现，这表明它们属于有能力获得

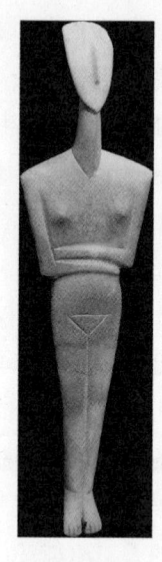

图 4.4 基克拉泽斯大理石女性塑像，制于约公元前 3000—前 2500 年。塑像上雕刻了会阴部以及女性形象的风格化展示，使许多人认为这些塑像体现了生殖崇拜

资料来源：©2016-18 Museum of CycladicArt

图 4.5 发现于基克拉泽斯群岛的克罗斯岛的大理石塑像，一名男性在演奏七弦琴，制于约公元前 3200—前 2200 年，表明诗歌吟诵是希腊人生活的一部分

资料来源：Jean-Pierre Dalbéra（CC BY 2.0）

美物、与大众区别开来的社会上层人士。对来访的埃及人来说，或许希腊文化在他们眼中是原始了些，不过，文明正在改变希腊人的生活方式。

青铜时代中期（公元前 2300—前 1800 年）

公元前 2300 年左右，泥瓦宫与希腊大陆的许多主要人类定居点一道被烧成瓦砾。到公元前 2200 年，雕塑已从基克拉泽斯群岛的墓地中消失。到公元前 2000 年，人类定居点缩减至少数几个地点。无人再修建纪念碑，长途贸易事实上趋于消逝。

公元前 2300 年左右发生了重大变故，它毁灭了希腊大陆、基克拉泽斯群岛丰富多样的社会事物，不过，我们会看到，毁灭未发生在克里特岛。青铜时代早期希腊大陆与群岛上的复杂精英阶层走向消失。在公元前2300—前1800年这500年间，人们过着更简单的乡村生活。对于"青铜时代中期"（一个令现代学者困惑且社会组织化程度较低的黑暗时代），我们所知甚少。

一个解释是，公元前2300年左右，有新来者侵入希腊，公元前2000年左右，可能有第二波入侵者进入。我们发掘的公元前2300年后的陶器、青铜、房屋以及墓穴与之前的大不相同，由此，暴力征服可能是勒拿及其他人类定居点衰落的原因。在安纳托利亚也发生了剧变，有证据表明，有一个时期气候非常干旱，它导致了大规模的人口迁移。我们必须求助于考古学，了解该时期的情况。不过，首先，我们需要简短地讨论一下另外的问题。

1783年，即美国宣布独立七年后，一个名叫威廉·琼斯的人从英国前往印度，就任英国殖民政权的高等法官。琼斯决定学习梵语——最古老的印度文献所用的语言。他早已精通英语、希腊语、拉丁语。在开始学习梵语时，他惊奇地发现，这种语言的语法乃至许多词汇与他早已精通的古典语言高度相似。很快，他便发现爱尔兰语、哥特语和早期波斯语遵循着相似的法则。在1786年的一次演讲中，他宣布这些语言构成了一个单一的语系，也就是我们现在所说的"印欧语系"。

现代欧洲的主要语种和亚洲的一些重要语种都属于印欧语系，但在欧洲还存在另外一些不相干的语言（图4.6），而在包括希腊在内的所有国家都有非印欧语系的地名存在。对此最简单的解释是：在史前时代的某个时期，存在一个讲原始印欧语的族群，这种语言不知以何种方式成为后来所有印欧语支的祖先，而该族群穿过欧洲、南亚进行迁徙，该族群与该语言取代了这些地区更早的居民和他们的语言。

在长达150年的时间里，考古学家竭尽全力，试图发现古印欧语于何时开始扩散，古印欧人源自何方。考古学家在希腊发现了公元前2300年以后的新式陶器、金属制品、房屋和墓葬。它们或许表明了入侵者的到来，这些人带来了新的族群特征、新的语言；不过，它们

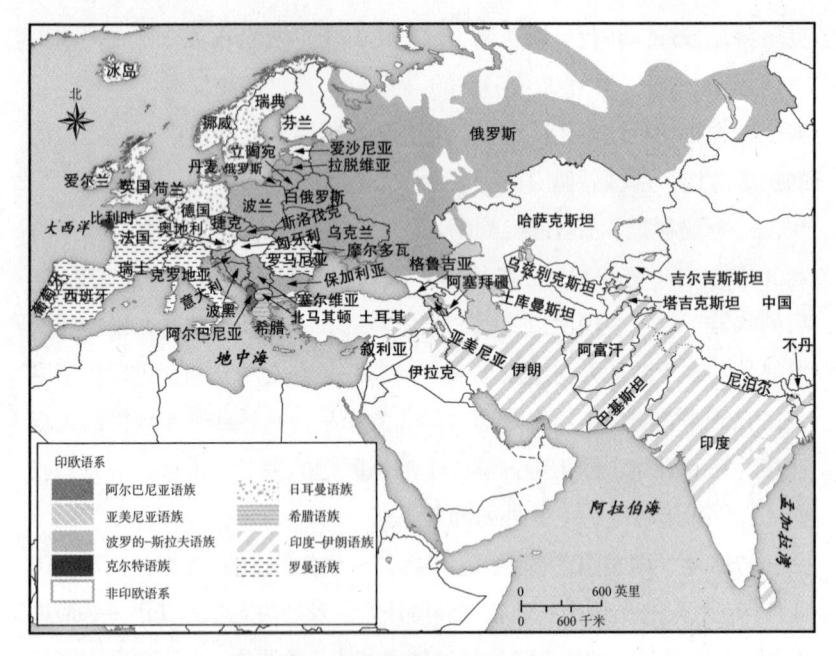

图 4.6　印欧语系的分支

并不必然意味着情况是这样。结果，没有人能解决围绕以下问题所产生的争议：公元前 2300 年前后是否有大规模的入侵？讲印欧语的人是否与此有关？这是否表明了希腊人祖先的到来？

情况在 2015 年发生了改变。这一年，遗传学家利用科学上的进展从古代骸骨中提取出 DNA，取得了重大发现。欧洲大部分地区的人口在约公元前 2500—前 2000 年发生了大规模更替，先祖来自中亚的移民取代了已在此处的农民。在某些地方，比如不列颠群岛，多达 90% 的当地人被新来者取代。而在希腊大陆，这一比例很可能低得多；在克里特岛，这一比例更低。不过，如今看来，约在公元前 2300 年移居希腊大陆者所说的语言比古希腊语更为古老，与被毁灭的遗址有关的证据表明：他们的到来带来了腥风血雨。

不过，起源并非希腊人故事的唯一组成部分。最重要的问题是：在希腊人到来与古典时代之间，社会是如何发展的？

米诺斯王宫时代(公元前 2000—前 1600 年)

青铜时代中期希腊大陆的衰落对克里特人的影响很小。倘若衰落影响了他们,那么希腊文化的发展将会是另一番面貌。在与大陆相隔 120 千米的克里特岛上,始于新石器时代的中央集权和艺术、庆典方面的发展没有中断。公元前 2000 年左右,克诺索斯和一些其他地方的人建造了很大规模的建筑,它们与近东建筑极为相似,以至我们称它们为宫殿(图 4.7、图 4.8)。

这些宫殿延续使用了多个世纪,因后期的地基和地下室严重损坏,而摧毁了最早阶段的遗迹。克诺索斯可能在公元前第三个千年兴建了可与勒拿、梯林斯媲美的华美宫殿,但这些建筑消失了。最早的宫殿有强大的储存能力、宽敞的庭院和精致的外观,欧洲最早的文字尝试开始于此。约公元前 2000 年,这里出现了最早的文字,这种难以辨认的书写文字系统由 135 个通常意指可辨识事物的符号组成,它们绝大部分出现在印于泥版上的石印上。我们无法解读这种文字,甚至没法说它是哪种

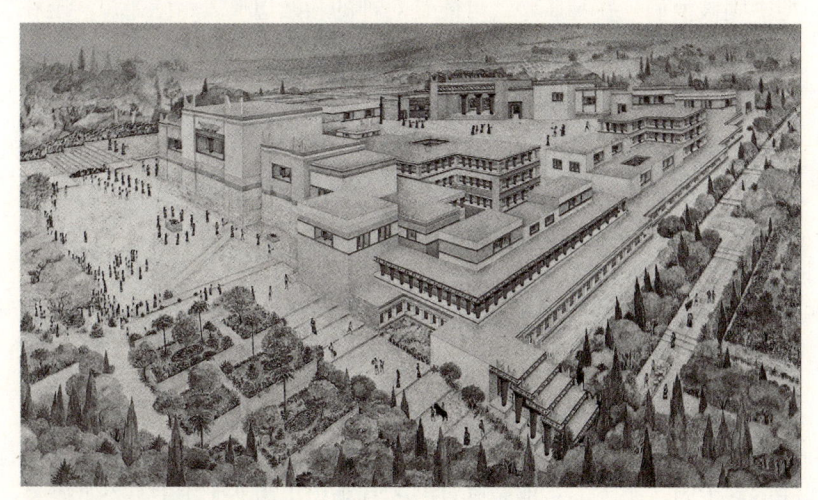

图 4.7 克诺索斯王宫复原图,宫殿可能建于公元前 1500 年左右,有数百间房屋,占地数万平方米
资料来源:Mmoyaq / Wikmedia Commons.(CC BY-SA 3.0)

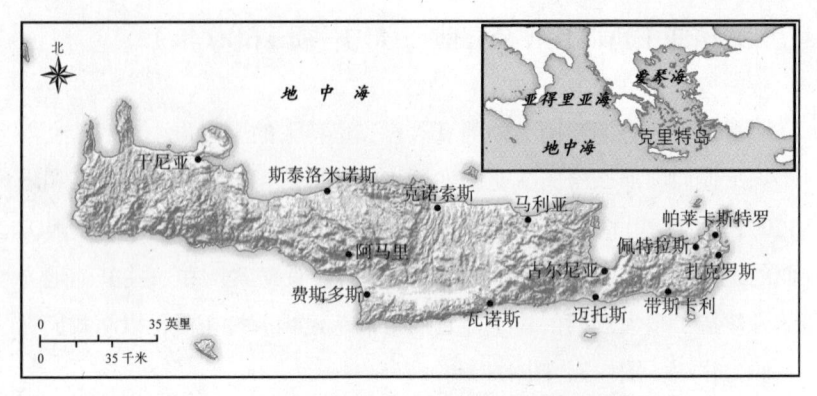

图 4.8 克里特岛地图，显示了发现米诺斯王宫遗址的地方

语言的书写符号。不过，尽管米诺斯人在基因上与大陆的迈锡尼希腊人极为接近，其文献所用的语言很可能不是希腊语。

与最早的宫殿同时出现的是另一项成就。一些克里特人开始登山，并在山上修建祭坛，他们在此将陶器、塑像敬献给神。一些塑像被他们推入深谷，可能是献给地下的神灵，其他的（特别是人的四肢的模型）则被他们悬在神庙中，可能是对神的救赎恩典表示感谢（甚至在今天，我们还能在希腊乡村教会中看到这种景象）。一些山巅神庙有着精致、花费不菲的建筑，宗教和庆典强化了中央集权。

青铜时代研究中的一个重要问题是：如何理解希腊人在 1 000 年后即古典时代写的关于青铜时代那些故事。许多希腊人认为，克里特岛曾被伟大国王米诺斯统治，我们有时以他的名字将克里特岛的青铜时代文明命名为"米诺斯文明"。这些故事为我们提供了考古学家未能提供的一些细节，尽管它们并不总是很可信。据最有名的一个故事，米诺斯有一次未给海神波塞冬敬献一头白毛公牛，愤怒的神由此让米诺斯之妻（太阳神之女帕西淮）爱上了那头公牛，她藏在一头木牛里，那头公牛骑在木牛上，他们奇特的交合生出了半人半牛的食人怪弥诺陶洛斯。随后，米诺斯建了拉比林斯迷宫，将弥诺陶洛斯安置在里面。考古学家曾认为，迷宫神话是人们为了解释克诺索斯谜一般的宫殿遗址而做出的尝试，而神话中的弥诺陶洛斯源于人们对克里特宫殿跳牛游戏（图 4.9）的扭曲记忆。

图 4.9　来自克诺索斯王宫的跳牛壁画，绘于约公元前 1500 年，包括边框在内，该画高约 64 厘米。一个红色的人物形象在奔牛背上保持身体平衡，显然，他要翻筋斗投入一个白色的人物形象的怀中，与此同时，另一个准备翻筋斗的白色人物形象抓住了牛角。白色的人物形象似乎是女性，而红色的人物形象似乎是男性，这遵循了从埃及那里借来并流行于整个古代的艺术传统

资料来源：Lapplaender / Wikimedia Commons（CC BY-SA 3.0 DE）

　　将神话与考古证据做比较显示了理解过去的困难，并提出了历史研究中的一个方法问题。有时候，我们手头上的文献资料是确实生活在资料所述年代的人创作的，我们把这些文献称作"一手资料"。任何可靠的历史叙述必须依据一手资料。在其他时候，我们手头上只有一些不在现场的人所创作的文献，他们不在现场，要么是因为住在其他地方，要么是在事情发生那天不在事件发生地，要么是因为他们像我们一样生活在事情发生很久以后的时代。雅典著名历史学家修昔底德写到了米诺斯国王，但他无法获得有关后者的一手资料。在缺乏这些资料的情况下，他不得不承认："由于年代久远的关系，我发现获取有关遥远过去乃至我们当前时代以前的历史的真实、确切的知识是不可能的。"（修昔底德，1.1）

071

我们将那些非一手资料的文献称作"二手资料"。每当我们看二手资料时，必须要问的问题是：作者是如何知道这一切的？作者能看到一手资料吗？如果不能，作者能否得到本身引用了一手资料的二手资料？对于这些问题，除非我们能给出肯定的回答，否则，我们没有任何理由相信二手资料所说的任何东西。

米诺斯神话非常有趣，但它们是二手资料，由此，考古发现仍应是关于青铜时代克里特的主要信息来源。从在1899年开始克诺索斯挖掘工作的考古先驱阿瑟·埃文斯开始，经过一个多世纪的研究，我们掌握了有关克里特岛经济、生活方式的真实信息。克诺索斯统治者管辖的是一个复杂、迷人的世界。他们的工匠制造了精美、薄如蛋壳的陶瓶（图4.10），并在宫墙上描画几何图案和航海题材图画。上层人士戴着精美的黄金饰品，墓葬表明即使是普通民众也拥有青铜饰物。公元前1800年后，米诺斯的普通房屋变得大多了，并修得很好，人们的生活水平也很高（以古代的标准去衡量）。

到公元前1800年，米诺斯宫廷主要通过叙利亚北部地中海沿岸的大贸易城市乌加里特（图5.1），与近东地区直接联系。米诺斯宫廷与近东宫殿看起来很像，而一块出自青铜时代大城市马里（叙利亚城市，位于幼发拉底河岸）的公元前18世纪的泥版可能首次提到了爱

图4.10 "章鱼陶瓶"，来自克里特岛的帕莱卡斯特罗的双耳瓶，制于约公元前1500年，高约28厘米。在米诺斯艺术中，海洋题材很常见，反映了他们与海洋关系密切及对海洋的控制

资料来源：Wolfgang Sauber（CC BY-SA 3.0）

琴海。泥版提到，乌加里特王将来自卡普塔拉（可能就是克里特）的武器、布料、凉鞋、陶罐作为礼物送给马里王。来自马里的另一块泥版记载道，卡普塔拉经由乌加里特运到马里的一些礼物（包括一双凉鞋）被送给了著名的巴比伦王（图5.1）汉穆拉比，他在公元前18世纪制定了世界上最早的法典之一。

克里特人在近东外交中只是次要角色，但对米诺斯精英来说，与其保持联系至关重要。他们的使臣一定带回了锡（没有它就不能制造青铜），还有来自遥远富裕王国的奇异物品。克里特统治者沉迷于宫中的奢侈品，其他克里特人（或者是统治者本身）则在山顶与神交流，不过，在青铜时代中期的公元前1750年左右发生的一些剧变中断了某些这类活动。一些考古学家认为发生了地震袭击（数条地震断层线贯穿克里特岛），另一些考古学家认为内战毁灭了克诺索斯王宫，战后重新组织起来的克诺索斯人击败了所有其他人，建立了一个单一的米诺斯国家。我们不知道发生了什么事情，但是王宫很快重建起来，其规模之宏大甚至超过以往。

第二宫殿时期（约公元前1700—前1450年）是米诺斯史上最著名的时代。克诺索斯王宫的占地面积有两个足球场那么大。在进宫殿前，参观者要穿过一个宽敞的院子，从而来到建造精致的两层宫门前（图4.11）。我们可以确定，这座宫殿给克里特农民和来自希腊大陆更原始村庄的商人留下了深刻印象，而住在此类宫室中的人看似比纯粹的凡人更接近神。

通过宫殿的宏伟入口，人们被引向一条曲折的走廊，穿过走廊，一个地面平整、长约46米、宽约23米的庭院突入眼帘，院子四围是高耸的围墙。这些似乎也是为了让游客心生赞叹。隐藏在一个角落里的是王座室，内里立着一把高高的石椅，画有狮身鹫首怪兽（近东常见的绘画主题）的壁画（图4.12）装饰于两侧。

宫殿最引人注目的地方不对游客开放。在这里，有带排水系统（它可将人类排泄物冲洗干净）的浴室，在世界范围内，这是我们已知

图4.11 阿瑟·埃文斯对克诺索斯王宫的部分城墙（建于约公元前1400年）进行了重建。此举虽激起了批评，但也让人们了解了这座雄伟宫殿的可能原貌
资料来源：Harrieta171 / Wikimedia Commons（CC BY-SA 3.0）

图4.12 在克里特岛的克诺索斯王宫的王座室里，有一张大理石王座，带扇形靠背，上有雕刻图案，建于约公元前1350年。王座立于两条石凳之间的石台上，石凳与墙平行。王座两侧是重修的壁画，画的是卧在莲花丛中的狮身鹫首怪兽，它们是王权的象征。地板上有一个献祭用的碗
资料来源：Lapplaender / Wikimedia Commons（CC BY-SA 3.0 DE）

最早的此类设备。宫殿里还有前厅、储藏室、等候室、更衣室、进光孔、阴暗的地下室、带穹顶的楼梯和地窖（图4.13）。墙壁、地板乃至天花板都绘上多彩炫目的颜色，海豚、鸟、猴子、鱼、章鱼以及衣着华美的统治者等美丽的景观常常出现在上面（图4.14）。

然而，在所有这些华丽外表下，隐藏着王宫真实的经济状况。堆满陶器的窄屋、储藏东西的石仓随处可见，除金属、木材和战争物资外，每座宫殿还储存着大量的粮食、油和酒。统治者用一种我们称为"线形文字甲种"（图4.15）的新文字将所有这些事物记录下来。"线形"意味着文字符号是由线条构成的，而"甲种"是为了区别于后来出现的一种线形文字——线形文字乙种。我们没有足够的文字标本来破译此种文字，不过，大多数泥版的内容似乎是经济方面的记录。

图4.13 重建的中央宫殿天井，它可使阳光照到下面的楼层，这些楼层由典型的上粗下细的米诺斯石柱支撑。注意走廊中重修的"8"字形盾牌（这种盾由柳条编成，蒙以牛皮）壁画，它们在希腊大陆的艺术品中也能找到。此外，门周围的玫瑰花饰是常见的米诺斯绘画主题
资料来源：O. Mustafin / Wikimedia Commons（CC0 1.0）

和近东宫殿一样，米诺斯宫廷也是财富的再分配中心，而线形文字甲种让统治者能运行一种中央集权的计划经济。从理论上来说，这种经济是这样运转的：如果一个山谷很适合小麦生长，那就全部种植小麦；如果一个山坡适合橄榄生长，那就全部种植橄榄（实际上，计划经济的运作并不总是这样顺利，它很难命令人们到底种植何物）。收割的粮食上交宫廷，并在此登记入册。官员们用线形文字甲种进行记录，挑选出统治者所需之物，而后将选出来的一部分货物（统治者所认为的地方民众所需之物）返送回各个村庄。当然，宫廷并未控制全部经济。他们干预对自己来说具有最重要意义的部门，比如冶金、

图 4.14　阿瑟·埃文斯复原的王后寝宫中的海豚壁画，位于宫殿下层（有些考古学家认为该壁画可能是从上面的楼层塌陷下来的）。在富于自然、奇幻、动感气息的图景中，海豚在金枪鱼群中间游动。该画让米诺斯艺术品成为青铜时代留存下来的最令人愉悦的一些艺术品。壁画底部是常见的玫瑰花饰

资料来源：Armagnac-commons / Wikimedia Commons（GFDL）

纺织、食物以及像香水等高端产品的制造，而在其他方面则任民众各行其是。地方商品交易体系和乡村市场是可能存在的。尽管如此，在公元前 2000—前 1400 年甚至更晚的几百年里，在没有货币（它直到公元前 600 年左右才产生出来）的情况下，克里特人一直运行着一种富裕、复杂的计划经济。

图 4.15　线形文字甲种的字符，见于来自克里特岛扎克罗斯的一块破碎泥版，刻于约公元前 1500 年。这些字符可能表示某种商品，但这种文字仍未被破解

资料来源：Olaf Tausch / Wikimedia（CC BY 3.0）

值得注意的是，克里特遗址中没有发现防御工事，这与希腊大陆迈锡尼人防护状况良好的住所大不相同。一些考古学家得出结论：米诺斯人是和平的民族；其他考古学家则认为，某个宫殿（很可能是克诺索斯）掌控了其他人。公元前 5 世纪的历史学家修昔底德把米诺斯国家称为"海上王国"。或许，克诺索斯所掌控的不仅有克里特本岛，还包括爱琴海的许

多地区。

公元前18世纪和前17世纪是米诺斯文明的巅峰时期。普通房屋都建得既大又很好,在克里特的许多山顶,别墅星罗棋布,它们通常饰有壁画(就像宫殿壁画),珍奇宝物琳琅满目。相比以往,米诺斯人与东方有着更多的联系。埃及绘画展示了所谓的克弗悌乌人(几乎可以确定他们就是克里特人)敬献礼物的场面,米诺斯风格的壁画(其中一幅甚至是描绘跳牛场景的)则见于埃及、叙利亚和以色列的宫殿。

米诺斯文化传播到整个爱琴海地区。基克拉泽斯群岛的圣托里尼岛(古锡拉岛)上的阿克罗蒂里是米诺斯的庞贝,当它在公元前1600年被埋在火山灰下时,城市奇迹般地保存下来,这给了我们独一无二的探查米诺斯人的日常生活的机会。这里的人有时间带着贵重物品逃离,不过他们被毁的两层高的房屋(有绚丽的彩色墙壁)却遗留下来了(图4.16、图4.17)。在阿克罗蒂里和基克拉泽斯群岛的其他地方,考古学家已发现了很多米诺斯陶器,以至我们可以推断:这

图4.16 圣托里尼岛阿克罗蒂里挖掘出来的部分房屋,泥砖墙上下建有抗震横梁。该岛火山在约公元前1600年爆发,将该城埋在了火山灰下(一些人认为这场灾难是亚特兰蒂斯传说的源头)
资料来源:Olaf Tausch(CC BY 3.0)

077

图4.17 阿克罗蒂里一所房屋的壁画描绘了船只驶入背靠多层房屋的港口的情景，这印证了修昔底德说米诺斯人的克里特岛是海上霸主的描述。港口居民从窗户中、在屋顶上看着船队归来

资料来源：{{PD-Art}}

里原是克里特人的贸易港口或殖民地。

那么，米诺斯人的国家是一个帝国吗？后来的希腊作家认为"是"，尤其是修昔底德：

> 根据传说，米诺斯是第一个组建海军的人。他控制了现在希腊海（爱琴海）的大部分；他统治着基克拉泽斯群岛。在这些大部分的岛屿上，他建立了最早的殖民地；他驱逐了加里亚人★之后，封他的儿子们为这些岛屿上的总督。我们很有理由料想得到，他必尽力镇压海盗，以保障他自己的税收。
>
> ——修昔底德：《伯罗奔尼撒战争史》，1.4

★ 加里亚是安纳托利亚（今土耳其）东南部的一个地区。基于某种原因，修昔底德认为加里亚人是基克拉泽斯群岛最初的拓居者。

然而，由于没有一手资料，修昔底德不能确定那么久远的事情，而当我们从经济、文化状况转向政治情形时，考古学又无法给我们太多帮助。在阿克罗蒂里和基克拉泽斯群岛的其他地方已发现了许多线形文字甲种的泥版，它们可能是殖民统治的证据，不过也可能是以米诺斯为榜样的独立官僚统治存在的证明。

迈锡尼时代希腊的崛起（公元前1750—前1500年）

公元前1750—前1700年，在米诺斯的实力达到顶峰时，希腊大陆的迈锡尼城却发生了一些奇事。人们在岩石中开凿出巨大圆圈，边缘用石块砌筑，宽约23米，我们现在将它称为"墓圈B"。在接下来的一个半世纪里，迈锡尼人在墓圈中挖掘的竖井墓里埋葬了35个人。最富丽的墓葬由两块墓碑标明，其中一块被雕塑过。该墓葬中埋着4个成年人，其中有一个约1.8米高的男性，他在公元前1700年已算得上是巨人了。对巨人人体骨骼的化学分析表明，他食用了大量的肉和一些鱼。竖井墓中有40只陶罐，陪葬品有14件青铜武器、1个青铜花瓶、2个金杯、佩戴在死者衣服上的黄金饰物、镀银的木盒，特别是一个非比寻常的用琥珀金（自然形成的金、银合金）制成的死者面具，除此以外，还有许多贵重的小物品。即便在泥瓦宫的鼎盛时代，希腊大陆也从未出现过这样的财富和工艺。

富有、好战的统治者统治着迈锡尼。他们可能通过与克里特通商致富，也可能通过领导人们抵抗克里特赢得了权力。不论他们的财富从何而来，约公元前1650年，在墓圈B仍在使用中时，他们建造了第二座墓葬工程——墓圈A，它与山脚间的距离有130多米（图4.18）。1876年，特洛伊最初的挖掘者考古学家海因里希·谢里曼发现了这些墓葬。至今为止，这仍是最惊人的考古发现之一。

图 4.18 墓圈 A，建于约公元前 1600 年—前 1400 年，1876 年由海因里希·谢里曼发现。墓圈中有 6 个竖井墓，共 19 副男女骨架，并有大量黄金手工艺品和精美武器，是迄今为止发现的最伟大的考古宝藏之一。在个人墓葬中，以饰有征战画面的石灰岩嵌板标记。迈锡尼人在墓葬周围建了一个防护圈，之后将整个建筑群围在城内

资料来源：Qwqchris（GNUFDL）

图 4.19 迈锡尼的黄金死者面具。据说，当海因里希·谢里曼看到这个有着贵族面容、络腮胡、短髭的面具时，他给希腊国王发电报说，他"注视着阿伽门农的脸"（事实上，这个墓葬的建造时间先于阿伽门农时代约 4 个世纪，里面葬的不可能是阿伽门农的尸体，所以，谢里曼可能从未说过这句话）

资料来源：Xuan Che（CC BY 2.0）

在墓圈 A 中，有六个竖井墓装满了黄金、珠宝、白银、青铜器和陶器。人们在墓圈发现的五副用黄金制成的死者面具（图 4.19）由雅典国家考古博物馆珍藏，至今仍让参观者驻足柜前，惊叹不已。从此地出土的珍贵文物数量之庞大，使博物馆没有足够空间一一展出，其中有制作极为精良的镶宝匕首刀身（图 4.20），刀上的宝石被雕得非常细小，以至肉眼几乎辨认不出来。许多这类珍品是米诺斯风格的，或是受了米诺斯艺术的影响。不过，区别于米诺斯艺术中的和平海洋、节庆主题，搏斗和战争这些军事主题在此时变得很普遍。在克里特宫廷的势力达到顶峰时，一个凶暴、好斗、嗜杀的敌对王朝已在希腊大陆出现，并很明显地控制了迈锡尼。

图 4.20　出土于迈锡尼墓圈 A 的匕首，制于公元前 17 世纪。这把青铜匕首上镶有黄金、铁和琥珀金，长约 22 厘米。图中，一些士兵手持盾牌（其中有 8 字形的米诺斯风格盾牌）攻击狮子

资料来源：Sailko / Wikimedia Commons（CC BY-SA 3.0）

我们将米诺斯之后的迈锡尼文明（因其最著名的古城得名）称为"青铜时代晚期文明"（约公元前 1600—前 1200 年）。与此同时，其他地方也取得了相似的成就。到公元前 1600 年，在迈锡尼西南方约 120 千米处，一座大城市已在派罗斯发展起来，城中的几代富有贵族死后都埋葬在被称为"圆顶墓"的圆顶石室中，这种墓葬与地下蜂巢很相像。公元前 16 世纪，富有的迈锡尼君主们也修建了类似的坟墓，不过规模要大得多。这些墓室在很久以前就遭到劫掠，不过，最初下葬的财物应是非常可观的。有一块源自约公元前 1450 年的印章石设计巧妙、造型优美，上面描绘了两个短兵相接的士兵。它是 2015 年人们在派罗斯遗址的一座墓葬中出土的，很可能出自米诺斯匠人之手（图 4.21）。

图 4.21　描绘了战斗场景的派罗斯玛瑙。这块源自迈锡尼时代的米诺斯小型印章石（制于约公元前 1450 年）雕刻了两个士兵肉搏的情景。它出土于涅斯托尔宫附近的狮鹫战士墓。该玛瑙雕工精致，被认为是在克里特岛制成的。画面中，一个士兵已经打败躺在他脚下的一个敌人，还抓住了手持 8 字形盾牌的另一个敌人的羽饰，其时，该士兵将自己的剑刺入对方的脖子
资料来源：Sharon Mollerus（CC BY 2.0）

　　到公元前 1500 年，即希腊大陆人正在建造宫殿之时，他们采用的是一种源自米诺斯线形文字甲种的书写体系——线形文字乙种。人们已发掘出大量用线形文字乙种写成的泥版（图 4.22）。1952 年，英国建筑师迈克尔·文特里斯破译了这种文字，并出人意料地证明这种文字构成了早期形式的希腊语。文特里斯并非专业古典学者，不过他酷爱解读文字，引为至趣。与每个符号代表一个单音的英语字母不同，线形文字乙种由 80 个左右的符号构成，每一个符号代表一个音节（如 ba、be、bi、bo、bu）。因此，此种文字的口语意义与其文本意义可能有很大的差别。大多数泥版记录的是作为经济记账体系组成部分的各种事物。在成千上万个泥版中，只有一个完整的句子留存了下来，此外没有任何种类的文学作品幸存。迈锡尼人将记录一种未知语言（一定不是希腊语）的米诺斯线形文字甲种改造成线形文字乙种（记录的是一种早期形式的希腊语），以帮助他们管理、记录自己的再分配经济。

图4.22 发掘于派罗斯的约公元前1200年的线形文字乙种泥版。线形文字乙种是从左向右读的，沿着水平线书写。最早的希腊文字可追溯至约公元前1450年，是从早期的米诺斯线形文字甲种改写而来。照片中的泥版记录的是经济账目，绝大部分是某一年的商品清单，尤其是将牛皮、猪皮、鹿皮分配给皮革工人的信息。约公元前1200年，在宫殿被大火烧毁时，这些泥版因被火烤硬而意外得以留存

资料来源：Deutsches Archäologisches Institut Athen Neg.Nr.DAI-Athen-Mykene

新贵在整个希腊取得了统治权，他们虽很有可能是残暴的战争狂，但也是米诺斯极品艺术的鉴赏家、官僚制度价值的理解者。这些国王在线形文字乙种中被称为"*wanaktes*"（单数是"*wanax*"），由于泥版中的文书是有意写给已知国王身份的其他书记员看的，所以这些泥版能告诉我们的有关国王的信息很少。尽管如此，米诺斯、迈锡尼的宫廷建筑和宫墙上的壁画艺术表明，和近东一样，国王可能已劝服臣民们相信国王比任何人都更接近神灵。国王将希腊分割成许多王国，我们可以从派罗斯的泥版文字中得知，以该地为基础的一个王国面积达2 070平方千米。

约公元前1600年，迈锡尼文明尚在米诺斯文明的福荫之下。不过，到公元前1350年，克诺索斯的人们已开始使用线形文字乙种，迈锡尼人此时已入主克里特王宫。而这又是如何发生的呢？

米诺斯文明的终结（公元前 1600—前 1350 年）

约公元前 1600 年或之后不久（以加利福尼亚狐尾松的年轮来判定，这些树与格陵兰岛采样冰芯中的高酸度有关），地质学家所知的史上规模最大的火山爆发之一摧毁了基克拉泽斯群岛的圣托里尼岛的中心。该岛起初是圆形的，但火山爆发将它变成了岛环。（如今，这里的海岸已成为旅游胜地。）厚达六米的一层灰将圣托里尼岛上的阿克罗蒂里城埋在地下，一些考古学家认为，风将炽热的灰尘带到了远至克里特岛的地方。当死神从天而降，巨浪冲击内陆之时，米诺斯人定然度过了一段暗无天日的时光，但米诺斯王宫显然逃过了此劫。一些人将这一地质事件与亚特兰蒂斯传说（最早由哲学家柏拉图讲述）联系起来，但这一关联无法得到验证。

在公元前 1450 年前后，米诺斯王宫被火烧毁，这可能是敌人干的。只有克诺索斯王宫（可能还有西部的干尼亚）幸存下来。米诺斯文明从基克拉泽斯群岛消失了，取而代之的是迈锡尼文明。可能是火山爆发沉重打击了米诺斯文明的力量，之后的内战或起义或更严重的自然灾害让希腊大陆的迈锡尼人有了可乘之机。虽然我们永远不知道真相，但很可能说希腊语的人在此时占领了克诺索斯，而将其他宫殿付之一炬。而后，克诺索斯王宫在约公元前 1400 年被焚毁，恰巧使大量写有最早的线形文字乙种的泥版被烤硬而留存下来，并向我们证明，当时统治宫廷的是说希腊语的人。渐渐地，公元前 18—前 17 世纪精美的城市房屋建筑开始衰落，人们的生活水平也有所下降。古代米诺斯的社会秩序永远地消失了。

迈锡尼人的希腊：考古学、线形文字乙种和荷马

由是，到公元前第二个千年中期，迈锡尼希腊人统治了爱琴海地区。他们的宫殿看起来与非希腊式的米诺斯王宫有所不同：其宫殿建

图4.23 1898年,维多利亚时代的游客参观迈锡尼时期的狮子门,这处大门建于约公元前1250年。著名考古学家威廉·德普费尔德从左上角的一个墙洞里探出头来,他在土耳其特洛伊遗址取得了重要发现。照片中的雕塑是希腊最古老的建筑雕塑,可能是王权的象征。雕塑图案是两头狮子(很可能是母狮)立于一根柱子的两侧。王为"狮"是近东古老的艺术主题,其表现形式就是两只动物守卫着一个中心形象

资料来源:Blegen et al.1966. The Palace of Nestor at Pylos, Volume I (the watercolor reconstruction of the Throne Room at Pylos by Piet de Jong)

在山顶上,并建有坚固的防御设施,克里特岛的建筑与迈锡尼著名的狮子门完全不同(图4.23)。

  米诺斯王宫都是围绕着中央庭院设计的,相比之下,迈锡尼宫殿的重点是中央大厅,这是一种前有门廊、中间有一个环形火塘的矩形建筑(图4.24)。与米诺斯人一样,迈锡尼人也在宫墙上绘画,但他们既喜欢画战争场景,也喜欢画田园风格。米诺斯宫殿与迈锡尼宫殿的主要相似之处是储藏室和文字记载的突出地位。

图4.24 派罗斯的王座室复原图（源自佩特·德·容的画作）。王座室中间有一个圆形大火塘，立于由四根柱子支撑的透光孔下。王座室的墙壁饰有壁画

  有关迈锡尼宫殿，除物质遗存外，我们还有两个潜在的信息来源。第一个是写有线形文字乙种的泥版，是当时的人们在潮湿泥版上书写的临时记录，显然，这些文字要在后来转载到另一种形式的书写材料上，可能是来自埃及的纸草，但这种材料没有保存下来。文字信息一经转载，人们会将泥版弄湿、刮干净后重新利用。不过，在公元前1200年前后宫殿遭焚毁之时，肆虐宫廷的大火意外地将当时使用的泥版保存了下来，它们被烧得像陶器一样坚硬。虽然如此，这些泥版告诉我们的仅是宫殿被毁不久前发生的商品交易状况。

  大多数泥版记录的是枯燥的经济数据。举一个典型的例子，一块泥版记载"21个纺纱女工，25个女孩，4个男孩；一个*ta*"（没人知道"*ta*"是什么意思）。这些记录是做什么用的？究竟发生了什么事情？另一块泥版记道："20顶羊皮斗篷要煮透"。如此看来，貌似宫中财产、人手的每一个细节都需被记录在案。我们能从此类的泥版文字中了解到很多信息，例如，表4.1显示了克诺索斯—泥版上用线形文字乙种所记录的动物数量。

表 4.1　在克诺索斯发掘的线形文字乙种泥版上所记录的绵羊、山羊、猪、牛和鹿的总数量（只）

	雄	雌	未标明性别	总数量
绵羊	8 217	1 554	386	10 157
山羊	1 004	771	50	1 825
猪	57	234	249	540
牛	0	0	8	8
鹿	0	0	16	16

注：对于王宫行政机构怎样处理这些动物，泥版没有做出解释

即便从我们随机抽取的记录中，也能见到令人印象深刻的宫廷经济体系：一个由数十名官员（他们的名字、官衔见于泥版各处）管理着的复杂组织。在最高级别的国王之下是一个森严的社会等级框架，每个人在其中都有自己的位置。派罗斯的一块泥版列举道："16 个烧火工，10 个 *meridumate*，3 个 *mikate*，4 个装配工，5 个军械工；23 个烧火工，6 个 *meridamate*，5 个装配工，6 个 *mikata*，3 个军械工，3 个面包师，4 个 *porudamate*。服务对象是帕拉斯、普尔科罗斯、阿克索塔斯、普里阿米亚斯、埃尼奥西奥斯、普特攸里、寇塔沃、安萨斯、忒奥波坡斯。"虽然我们不理解其中许多词的意思，但可以看到职业得到了仔细划分，且每种职业的名称都被记了下来。这些泥版告诉我们，在迈锡尼社会，每个人都对上级负有义务，并从下级那里收取某些财物或得到某些服务。中央官僚机构基于自身利益诉求和促进社会发展的需要，竭力将一切纳入自己的控制。

有关迈锡尼人的第二个信息来源是公元前 9—前 8 世纪的伟大史诗诗人荷马。他的《伊利亚特》和《奥德赛》约 28 000 行，记述了希腊对特洛伊城的战争。据考古发现，荷马史诗中的主要希腊城市是青铜时代的主要中心城市，而作为希腊统帅的阿伽门农来自迈锡尼。尽管史诗没有历史时间的意识，但故事的时间背景似乎是迈锡尼时代。

不过，由于荷马生活在迈锡尼宫殿毁灭的 400 年后，他的记录在很大程度上是二手资料。公元前 1200—前 800 年的任何希腊资料都未留存，基于此，荷马没有青铜时代的一手资料，那他是如何知道青铜时代所发生的事情的呢？

在准备介绍征战特洛伊的亚加亚人（希腊人）的军备情形时，荷马将他的信息来源告诉了我们：

> 告诉我，缪斯，你们居于奥林匹斯山峰，
> 你们总是在场，知晓每一件事由，
> 而我们却一无所知，只能满足于道听途说的传闻。
> 告诉我，谁是得纳安奈人（希腊人）的王者，统领他们？
> 我不知大军规模，也道不出姓名，
> 即使长着十条舌头，十张嘴巴，
> 即使有一管不知疲倦的喉咙，
> 一颗青铜铸就的心魂，
> 除非奥林匹斯的缪斯，手持盾牌的宙斯的女儿们提醒，
> 否则我绝无法讲述统率船队的首领，
> 把航船的数目说陈。
>
> ——荷马：《伊利亚特》，2.484—492[1]

荷马是通过缪斯女神（参见第 6 章）告知信息而知道过去的！在第 6 章中，我们将用更多篇幅叙述荷马是如何创作他的史诗的。不过此刻，我们仅仅向读者指出一点：大多数历史学家认为荷马对青铜时代了解甚少，尽管他声称自己受到神的指引。经口头相传，很多零散的信息（如大人物的姓名、定居地）流传下来，不过，荷马告诉我们

---

[1] 本书中的《伊利亚特》的引文皆参照［古希腊］荷马：《荷马史诗：全八册》，陈中梅译，上海：上海人民出版社 2023 年版。对文字略有改动，下文不再说明。——译者注

的更多的是公元前 8 世纪诗人心目中的理想迈锡尼世界，而不是迈锡尼民众生活的真实状况。荷马向与自己同时代的人述说，借鉴了自己时代的经验，并通过夸张（英雄比今人更强健、勇敢、英俊）、想象（会说话的河流和马、神的仪表风度）的方式润饰史诗。

在将史诗与考古发现进行对比时，我们很快便能发现荷马的世界与迈锡尼人的世界有很大不同。举例来说，伟大英雄奥德修斯之子忒勒玛科斯曾想扬帆出海，打探已消失二十年的父亲的消息。荷马这样描写他的准备工作：

> 忒勒玛科斯走下父亲顶面高耸的宽敞藏室，
> 黄金和青铜在里面堆聚息躺，大量的衣服装填在箱，
> 另有芬芳的橄榄油，一坛坛醇酒站列一旁，
> 陈年、飘香，装着神圣、不掺水的酒浆，
> 贴着墙边依次排列，密密麻麻，等待奥德修斯，
> 在历经千辛万苦后许能折返回家。
> 双扇密合的门板将贮室关上，
> 由一位女人负责日夜看管，
> 机警、小心，监护所有的室藏，
> 是斐塞诺之子俄普斯的女儿欧鲁克雷娅。
> ……
> 她立刻把酒注入罐中，
> 从密针缝合的皮袋中倒出大麦，
> 忒勒玛科斯则走回房居，汇入求婚者之中。
> 其时，灰眼睛女神帕拉斯（即雅典娜）开始实施下一步计筹，
> 变取忒勒玛科斯的形象，她遍走全城，
> 站在每个人身边说话，要他们全都于晚间在快船边集中。
> 她对诺厄蒙开口，然后，
> 弗罗尼俄斯光荣的儿子满口答应，

借出一条快捷的船舟。

——荷马:《奥德赛》, 2.337—347, 379—387[1]

但是,青铜时代的宫殿不是这样的。那时的宫殿拥有很多储藏室,而不是只有一间。荷马眼中的奥德修斯宫殿的经济中枢是一个拥有两扇门的大房间,由一位老妇人守卫。宫中没有繁忙的官僚机构,没有成排的地下储物箱。在忒勒玛科斯获得物资供应时,看起来王宫中连一艘船都没有,而必须向邻居借!不管怎么说,《伊利亚特》《奥德赛》都是公元前8世纪的希腊人告诉自己的神话,但部分解释来自过去的、见于许多地方的遗址,如迈锡尼宏伟的狮子门。由此,荷马史诗是理解公元前8世纪希腊文化的重要资料,却不是理解迈锡尼世界的重要资料。

考古记录和写有线形文字乙种的泥版告诉我们,相比米诺斯,迈锡尼是一个好战、等级森严的社会。迈锡尼的国王是强大的统治者,他们治下的文明向北传播到奥林匹斯山区。人们在西西里岛、撒丁岛发现了迈锡尼时期的陶器,青铜时代的沉船残骸则说明迈锡尼人的希腊已参与到远洋商业网络中。船只运送各种类型的货物,从食物到青铜锭到书写用的泥版,不一而足。对国王、士兵和商人(普通的村庄居民不在此列)来说,这是一个国际性的大世界。安纳托利亚中部赫梯帝国的国家档案记载了对西方王国阿西亚瓦进行抱怨的内容,阿西亚瓦有可能是亚加亚的讹音,亚加亚是荷马后来用以指称希腊的三个名称之一。公元前13世纪,赫梯国王写信给与其地位平等的阿西亚瓦国王,对两人之间的分歧大加抱怨。迈锡尼在当时的国际舞台上扮演着重要角色。

---

1 本书中的《奥德赛》的引文皆参照:[古希腊]荷马:《荷马史诗:全八册》,陈中梅译,上海:上海文化出版社2023年版。文字略有改动,下文不再说明。——译者注

青铜时代的结束（约公元前 1200 年）

如果外星人在公元前 1300 年前后造访地球，他们可能会做出以下预测：富丽堂皇的迈锡尼文明会继续向北、向西扩张，进入欧洲。其时，迈锡尼人、赫梯人比以往任何时候都要强大，贸易路线则充满生命力。不过，在公元前 13 世纪，迈锡尼的金属工匠开始更节省地使用原材料，线形文字乙种文书也表明当时税收不足。重要地方的防卫工事得到扩建，人口则从易受攻击的乡村涌向有坚固防御的安全地带。随后，在公元前 1225—前 1175 年，大火吞噬了希腊全境的宫殿。特洛伊战争似乎发生在这个时段（假如真有这场战争的话）。在接下来的几个世纪里，尘埃覆盖了那些慢慢被埋葬的废墟，这些遗存而后被人遗忘，直至 19 世纪 70 年代考古学家揭开了它们的神秘面纱。

究竟发生了什么？修昔底德这样写道：

> 就是在特洛伊战争以后，希腊居民还是在迁动的状态中；在那里经常有迁徙和再定居的事，因而没有和平发展的机会。很久之后，希腊军队才从特洛伊回来。这一事实本身就引起许多变化。几乎所有的城市都有党派斗争；那些被放逐而流亡的人建立了新的城市。
>
> ——修昔底德：《伯罗奔尼撒战争史》，1.12

修昔底德认为，对特洛伊的十年围攻令希腊元气大伤，他还说："经过许多年，经历了许多困难，希腊人才得以享受和平与稳定，人口迁徙的时代才告终结。"荷马和修昔底德都把特洛伊战争看得很重要，但当我们仔细探究修昔底德的叙述（作于约公元前 400 年的二手资料）时，会发现他主要的资料来源是荷马（而荷马所写的也是二手资料）。荷马认为缪斯女神给了他灵感，修昔底德则复述了荷马的观点。

在宫殿走向毁灭之时被制作出来的线形文字乙种泥版是我们了解迈锡尼世界民众生活状况的唯一一手资料,尽管如此,从派罗斯出土的一份描述宗教仪式的长篇文献可能会告诉我们关于毁灭的一些情况。抄写员从泥版的一面开始书写,再划掉他刚写的内容,而后,他将泥版翻到另一面,匆匆写就数行后又将泥版翻回到原来那一面(文字已被划去的那一面),添上更多内容:

> 派罗斯:在波塞冬神庙和……城镇举行祭祀,并带上献礼和搬运礼物。献礼有一个金杯、两个女人……
>
> 派罗斯:在鸽子女神、伊菲美狄亚和迪维加的神庙举行祭祀,并带上献礼和搬运礼物的人。献给鸽子女神,一个金碗、一个女人。献给伊菲美狄亚,一个金碗。献给迪维加,一个金碗、一个女人。献给赫耳墨斯,一个金杯、一个男人。
>
> 派罗斯:在宙斯神庙举行祭祀,并带上献礼和搬运礼物的人。献给宙斯,一个金碗、一个男人。献给德里米奥斯(宙斯的祭司),一个金碗、一个男人(?)。
>
> 在航海月,派罗斯:在帕基亚奈举行祭祀,并带上献礼和搬运礼物的人。献给密斯翠斯[1],一个金杯、一个女人。献给魅娜莎,一个金碗、一个女人。献给安菲特里特,一个金杯、一个女人。献给三代英雄,一个金杯。献给居室之神,一个金杯。
>
> ——派罗斯 Tn 316 泥版

在后来的希腊神话中,波塞冬是海神,而此份泥版显示,波塞冬、赫耳墨斯、宙斯和赫拉已经是青铜时代人们的崇拜偶像(尽管我们不知道有关这些神的信仰在后来产生了多大变化)。在后来的时代,在

---

[1] 这里的"密斯翠斯"("Mistress")意指"女神",具体指哪位女神尚不清楚。在古典时代的希腊,"Mistress"(或"Potnia")通常用来指得墨忒耳、阿耳忒弥斯、雅典娜、普西芬尼几位女神。——译者注

此份泥版中被提及的其他神灵不再受到崇拜。向神献祭活人可能是为应对大危机而举行的人殉，也许正是这场危机毁灭了宫殿。

来自派罗斯的另一块泥版或许同样提到了一场呼唤紧急行动的燃眉之难：

> 守军防卫海岸地区，其情形如下。
> 马列乌斯坐镇奥维托诺：
> 安佩利塔万、奥雷斯塔斯、埃特瓦斯、科基翁。
> 来自奥维托诺的 50 名 suweowijo 守卫奥查利亚。
> 奈德瓦塔斯部：埃克米德斯、安菲埃塔、marateu、塔尼科。
> 来自凯帕伊萨的 20 名 kekide 守卫阿鲁沃特，
> 来自凯帕伊萨的 10 名 kekide 守卫埃萨勒维斯，科尔基奥斯随后赶到。
> 伊里夸伊塔斯、埃拉福斯、里米尼。
> 30 人从奥查利亚到达奥维托诺，20 名 kekide 从阿普卡赶来，埃科塔随后赶到。
>
> ——派罗斯 An 657 泥版

一些专家认为，这块泥版描述的是海岸地带针对入侵者所做的最后的布防，其他人则认为这 130 个人不过是常规部队。

宫殿废墟提供了更多线索。有的高大城墙坍塌或以奇怪的角度倾斜，有的房屋脱离地基，这些表明当时发生了地震。尽管如此，公元前 1225—前 1175 年，希腊宫殿的毁灭潮似乎处于蔓延的状态，由此，不可能只发生了一次巨大的地震。不过，地理学家所说的持续多年的地震风暴倒是有可能的。迈锡尼统治阶级会不会是在频繁灾难（这些灾难都引起了大火）的打击下失去了他们的控制力？

更多的线索带来的事实是，希腊的灾难只是更大的一种灾难的组成部分。公元前 1200 年前后，位于今叙利亚地中海岸的最大商业城市乌加里特也遭到破坏，从此一蹶不振。在同一时间，赫梯帝国也走向灭亡，在主要的古代王国中，只有埃及幸存了下来。卡纳克当时是埃及的首都，在今开罗以南 640 千米处，卡纳克城的一块石碑记载，在公元前 1209 年，法老梅内普塔击败了利比亚人及其盟友（也就是来自西部沙漠地区的民族）的入侵。随后，拉美西斯三世在自己陵庙中竖立的另一块石碑上写道，他在公元前 1177 年击败了一个入侵者同盟，这些人扫荡的正是考古学所揭示的在此时遭毁灭的那些亚洲之地：

> 在拉美西斯三世陛下治下的第八年……一些异国在其岛屿（基克拉泽斯群岛？）上进行了密谋。顷刻之间，诸多地方在争斗中被夷为平地，人民离散。没有一个地方能抵挡他们的入侵，赫梯人的赫梯王国（位于安纳托利亚中部）、科德（安纳托利亚南部的西利西亚）、卡赫美士（位于幼发拉底河沿岸）、阿尔萨瓦（位于土耳其西部）、阿拉什亚（塞浦路斯），一时间，所有这些地方均遭重创。他们在埃墨（位于叙利亚西部）安营扎寨，此地人民深受其害，这块土地沦为废墟。他们向埃及挺进，而愤怒之火正等待着他们。他们是由帕来塞特人（《圣经》中的非利士人）、特耶克尔人（？）、谢克莱什人（可能是西西里人）、达奴人（可能就是得纳安奈人，"得纳安奈人"是荷马用来指称希腊人的一个词）、温什密什人（？）组成的一个联盟。他们将手伸向地极之地，壮志满怀且坚信："我们的计划一定会成功！"
>
> 此时，众神之神垂爱的人（即拉美西斯三世）已做好准备，打算将敌人像鸟一样捕获……朕在贾希（位于黎巴嫩）组织前线部队，对侵略者严阵以待，前线部队有王公贵族、守卫军长官以及 maryanu（重要的军事指挥官）。朕将河口预备得就像铜墙铁壁（战舰、帆船、近海货船都全副武装），因为船只从头到尾都由拿着武器的勇士坚守着。骑兵部队由埃及的精兵组成，他们就

像在山顶咆哮的狮子。战车部队由飞毛腿、精兵、能征惯战的车兵组成。战马浑身躁动,准备将外国入侵者压碎在铁蹄之下。

那些踏入我边境的入侵者,他们将断子绝孙,心灵将永不得重生。这些从海上入侵的人,全盛的烈火在河口等着他们,绑满长矛的栅栏则将他们包围在海岸。他们被拖进来,陷入包围,在海岸被击溃,被杀掉,尸体成堆。他们的船和货物犹如石沉大海。

朕让这些国家甚至谈埃及色变,因为当它们在自己土地上说朕的名字时,其国土会被朕置于一片火海之中……朕夺走了它们的土地,将它们的领土纳入朕的疆域。它们的王、部落满心欢喜地归入朕的麾下,因朕正在执行全能神、威严神圣的父、众神之主(指阿蒙神,此时的埃及主神)的计划。

——拉美西斯三世的陪葬文书,哈布城(J.A.威尔逊,ANET,修正本)

历史学家将这些入侵者称为"海上民族",希腊毁灭之事可能也有他们的参与,派罗斯泥版所说的海上防御可能暗示了他们的入侵。海上民族包括帕来塞特人,他们可能是《希伯来圣经》中著名的非利士人(由是而有地理名词"巴勒斯坦")。在被拉美西斯三世打败后,非利士人在今加沙地带、以色列南部地区建立了五个城镇。其中部分城镇已被发掘出来,与公元前12世纪的希腊的风格极为相似。在今以色列发现的非利士人的骨骼中的古代DNA似乎为如下看法提供了支持:非利士人是迈锡尼希腊的流亡者,他们可能来自克里特岛或塞浦路斯。公元前1209年梅内普塔的石碑铭文也提到了一个很可能名为"阿维阿沙人"(Akaiwasha,我们几乎能将这个埃及语音文字的全部元音解出)的部族,"Akaiwasha"与赫梯文本中的"Ahhiyawa"(阿希亚瓦)极为相似。其他的埃及文本还提到了夏达纳人,他们可能来自撒丁岛。看起来,公元前1200年前后的那些年是灾难极为深重的年份,而希腊人既是灾难的推手又是其受害者。

后来的作家说多利安人〔他们是所有多利安希腊人(参见第1章)

所追溯的祖先］在特洛伊战争后进入希腊。不过，与此有关的考古证据仍是不明确的，古人的DNA表明：所有此类入侵对希腊人的基因组都只有微弱的影响。可能有一些规模不大但具有重要意义的人口流动与海上民族的劫掠有关。此次移民可能正巧与强烈地震和其他可能的自然灾害同时发生，面对经济崩溃和饥饿，成群的迈锡尼希腊人可能加入了一波更大规模的移民潮，和现代的任何一次难民潮一样，无法阻挡。随着一个个王国在这股潮流面前瓦解，此股浪潮变成了吞没近东文明的洪流，直到公元前1177年拉美西斯三世将其阻挡下来。

如果以上所言多多少少与真相接近，那么，我们想知道海上民族的迁移动因，以及他们的攻击为什么摧毁了防守坚固的阵地。对于这个问题，我们可以确切给出的答案只有：在约公元前1200年，一股暴力浪潮横扫爱琴海地区并涌入近东，所过之处，一切都变成了废墟。在希腊，没有宫殿，国王就失去了权能；没有国王及其官僚，线形文字乙种就消失了。国王们喜爱的艺术作品不复存在，人口急剧减少。到公元前1000年，迈锡尼文明的绝大部分痕迹已不见于旧权力中心，一个黑暗的时代降临希腊。

第5章
黑暗时代和公元前8世纪的复兴
（公元前1200—前700年）

对古典时代的希腊人而言，青铜时代是另一个世界，它的遗址遍布各地，有关生活在那些地方的英雄故事只在游吟歌手的口中流传。多亏了现代研究，我们才能真正了解大灾难后发生的事情，即便如此，公元前1200年以后的几个世纪对我们而言仍是神秘大过确定。

古老国家的崩溃

青铜时代末期，整个地中海东部地区处在危机之中。在安纳托利亚中部，赫梯人的崩溃为入侵者打开了大门，他们占领了乡村地区。不过，城市文明幸存下来，到公元前1100年，强大的新王国（西方的弗里吉亚和东方的乌拉尔图）兴起（图5.1）。

沿旧赫梯帝国的东南边界，一些小的"新赫梯"王国（其居民就是《圣经》中提到的赫梯人）在叙利亚北部形成。在亚述（在今伊拉克北部）——一个位于底格里斯河上游的青铜时代的重要国家，王室家族在公元前12世纪分裂成数个互相残杀的小派别。一位强人最终杀掉所有竞争对手，重新统一了国家，但在他于公元前1077年去世后，王国再次陷入无序状态。王统中断，直到约公元前934年，亚述才卷土重来。

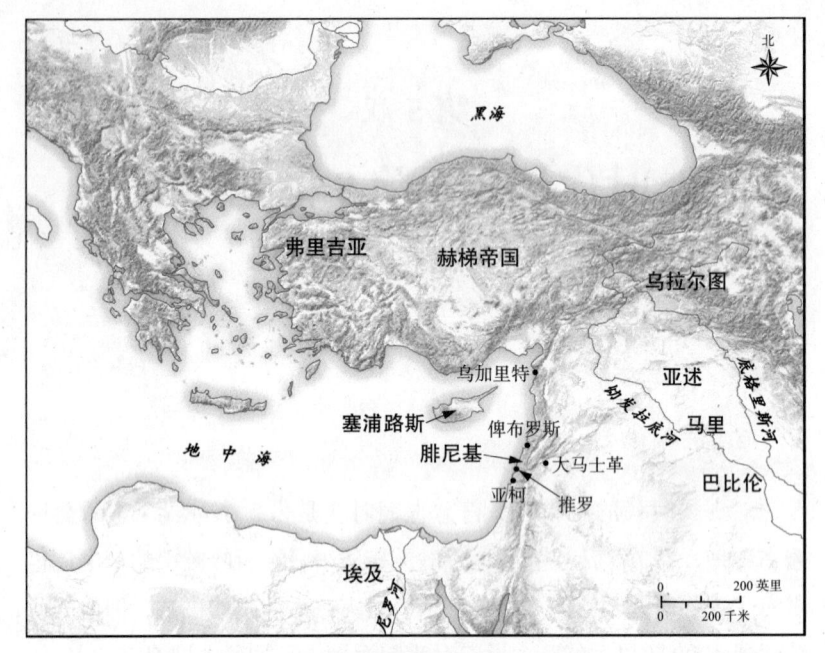

图 5.1 本章描述的地中海东部地区

公元前 12—前 11 世纪，近东地区发生了大规模人口迁移，海上民族是大规模迁徙人潮的一个组成部分。在长达数百年的时间里，同样因《圣经》闻名的闪语牧民（绵羊、山羊牧民）阿拉米人在叙利亚沙漠和定居平原之间来回迁徙。他们利用亚述衰落之机在大马士革（曾名为"亚兰"）定居，该城成为古代世界最伟大的城市之一。

尽管拉美西斯三世曾战胜海上民族，公元前 11 世纪，埃及还是丧失了它在黎凡特的帝国领土。通过两封书信的对比，我们能感知到其中的变化。第一封信由巴勒斯坦沿岸的一个小国王在约公元前 1350 年写给法老，其开头是："致国王、我的主人、从天上来的太阳神：您的仆人、王的臣仆、王脚下的灰尘、王踩踏的地面、亚柯国（今阿卡）国主扎塔特纳……七拜，恭谨问安！"在写于公元前 1100 年后不久（即 250 年后）的第二封信中，法老派一位担负外交使命的官员到腓尼基（约今黎巴嫩和叙利亚沿海一带）的俾布罗斯。俾布罗斯王坦率地告诉使者："我已经不是你的仆人，也不是派你来的那个人的仆人！"法老的官员显然对这位国王没有任何权力。随着帝国的瓦解，埃及分裂成许多小王国，有时这些国家被来自西部沙漠或遥远的苏丹南部的入侵者统治。

公元前12世纪和前11世纪，随处可见人口迁徙、国家衰亡、不计其数的谋杀、烧毁的城市、经济混乱。比起安纳托利亚、埃及、美索不达米亚、叙利亚的古老国家境遇稍好，希腊各国则衰落得最厉害、最彻底，恢复起来花费的时间也最长。它们开始时比较贫弱，后来景况更差。农业走向衰落，石头纪念碑也像文字那样消失了。人口涌入、移出希腊，长途贸易消退并成为过去。公元前1000年后，如果某地发生粮食短缺，没有人能想到靠从外地运输粮食来缓解。到公元前1000年，希腊人口或许只有公元前1300年时的一半或更少。一些考古学家更倾向于不用"黑暗时代"的说法，他们担心这是将现代人的判断强加给了一个消失的世界。但是，对于这样一个衰落的时代，没有别的更适合的名称。

遗址生活探秘

青铜制造者需要安纳托利亚东部或阿富汗（经叙利亚输入）的锡，不过，在公元前1200年后，锡的供应枯竭了。塞浦路斯的居民掌握炼铁技术已有数百年之久，不过他们很少炼铁，因为有丰富的铜矿。铁矿石广泛分布于地中海东部，不过，不像以铜为原料炼制青铜，铁的提炼需要很高的温度。铁在很大程度上取代了青铜。围绕相关缘由，人们产生了很多争论。但是最令人信服的理论是围绕原材料供应的变化展开的。随着锡贸易的衰落，塞浦路斯金属匠改进了冶铁技术：他们利用浸过焦油的松木来生很热的火，从而烧融铁矿石。到公元前1050年，铁成为耐用（但日渐稀少）的青铜的替代品，不久以后，将碳与铁矿混合从而增加金属强度、韧性的钢出现了。希腊的钢从来没有达到古代中国或中世纪欧洲的钢的水准。黑暗时代也是铁器时代，在该时代更大范围的衰退中，技术却迈步向前。

希腊黑暗时代最黑暗的一段时期是约公元前1025—前925年的100年。尽管建立了铁加工厂，但当时很少有从更广阔世界来的人到达希腊半岛。甚至在希腊内部，各地联系也是有限的，各个区域发展出了当地的行为方式。一如迈锡尼风格的墓葬仍盛行于希腊西部人口稀少的地区和旧迈锡尼世界的北部边缘地区，在克里特岛上，米诺斯-迈锡尼风格的房屋、墓葬、艺术、宗教在较小的范围内继续存在，特别是在偏远的山巅地区。不过，在爱琴海沿岸周围的古代权力中心，迈锡尼的遗产被遗忘了。一些最大的城市如希腊大陆的雅典、阿尔戈斯、底比斯以及攸卑亚岛上的勒夫坎第只有不到一两千人（图5.2），大多数希腊人住在只有几十个人的村庄里，在此地定居不过一两代人之前。

图 5.2 本章提到的希腊的一些地方

在这个与地中海地区隔绝的萎缩世界里，满目所见的迈锡尼遗址时刻提醒着人们时世已衰微得何等厉害，在此种环境下，一个新的社会在公元前11世纪末形成。我们只能通过考古学了解该社会的状况，但考古证据并不多，只有很少的墓葬，一些房屋的残存地基，以及一些可能是祭神贡品的沉积物。尽管如此，至少还有某些社会分化的证据留存了下来。大多数村庄都有一两个拥有最好的土地、牲畜的富户，而他们的邻人作为附庸艰难度日。在一些更大的城市如雅典，可能存在着像贵族一样的人。

公元前1200年前，线形文字乙种泥版提到了名为"*qasireu*"的地方官员，在荷马创作的史诗中名为"*basileus*"的群体首领是从迈锡尼的"*qasireu*"演变来的，它们常常被译为"国王"，但这种译法带有一些误导性。或许，在迈锡尼社会上层瓦解之后，"*qasireu*"是依然在希腊社会享有重要地位的最高贵的阶层。这些村首兼古迈锡尼中层管理者的后继者演变成一个小的贵族群体"*basileis*"（*basileus*的复数形式）。

黑暗时代的"英雄"

在丧葬方面，黑暗时代聚居群体的领导者将他们自己表现为一个同质的群体。他们的简单墓葬或朴素的单间房屋几乎没有什么差异。人们的宗教活动没留下什么物质遗存，他们继续探访青铜时代的圣地，但没有建造神庙或祭坛，也没在神殿留下什么祭品。

和往常一样，克里特岛的情况有所不同，米诺斯人生活当中的更多要素留存下来。甚至在大陆，也有例外的情况。1981年，在偏离希腊大陆东海岸的攸卑亚岛的勒夫坎第，考古学家有了重大发现，他们发现了一座约建于公元前1000—前950年的大型建筑的遗存，该遗存与发现于希腊各地的同时期遗存都不一样。该建筑采用的是黑暗时代房屋的典型设计方式，其长约46米，建筑面积是寻常房屋的5倍（尽管这与克诺索斯的米诺斯王宫的中央庭院相比不过是小巫见大巫）（图5.3）。房屋的地下有两个墓葬：一为一座男性的火葬墓，墓主骨灰装在青铜瓮（这是一件来自塞浦路斯、有200年历史的传家

101

宝）里，陪葬的还有一些铁制武器；一为一个戴着黄金珠宝的女性的土葬（也就是不火化的丧葬方式）墓。在一个黄金陪葬物几乎闻所未闻的时代，这个女性的陪葬物很引人注目。其中一件古物是巴比伦金胸衣，已有千年历史。她旁边还有一把象牙柄的铁刀。土葬在勒夫坎第很少见，由此推断，她可能是男死者的活祭品（这是第一个墓坑）。第二个墓坑埋的是四匹马。墓穴上有巨大的坟盖，由此推断，人们在葬礼结束后有意在大房间里堆满土并把它变成巨大的坟盖。

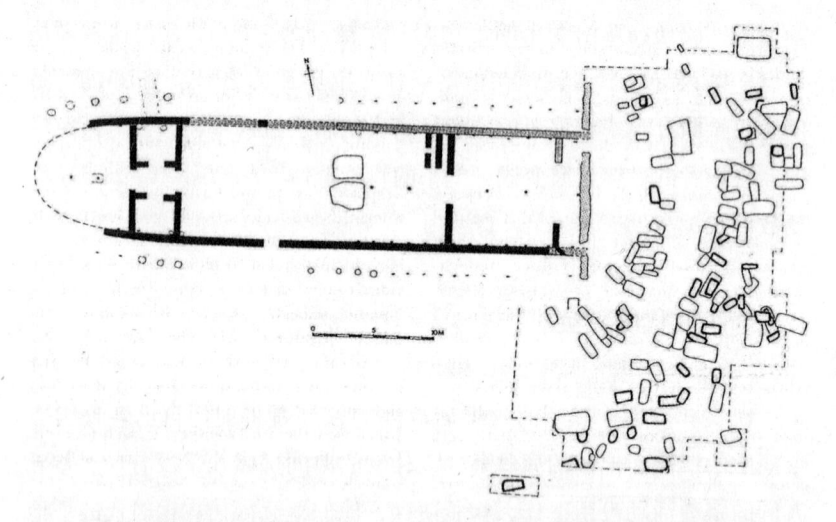

图 5.3　勒夫坎第大房子的布局。中心位置的长方形表示的是发现男性被火化、女性被埋葬的地方
资料来源：Lefkandi Ⅲ：The Toumba Cemetery, London: British School of Athens

这个非比寻常的遗址显得与黑暗时代的其他遗址都不一样，后来的希腊文学作品可能解释了个中因由。这些作品满是英雄的故事，英雄是神人结合的产物，而诗人宣称希腊曾是英雄种族所居之地。据可能生活于公元前 750 年左右的赫西奥德（事实上我们不知道他的生卒年，许多人认为他生活于更晚的时期）所说，神在地球上创造了五个连续的种族：黄金种族、白银种族、青铜种族、英雄种族、黑铁种族。他告诉我们，在神毁灭青铜种族后：

克洛诺斯之子宙斯又在富有果实的大地上创造了第四代种族，一个被称作半神的神一般的比较高贵公正的英雄种族，是广阔无涯的大地上我们前一代的一个种族。不幸的战争和可怕的厮杀，使他们中的一部分人丧生。有些人是为了俄狄浦斯的儿子战死在有七座城门的卡德摩斯的底比斯的土地上；有些人为了美貌的海伦渡过广阔的大海去特洛伊作战，结果生还者无几。但是，诸神之父、克洛诺斯之子宙斯让另一部分人活下来，为他们安置了远离人类的住所，在大地之边。他们无忧无虑地生活在涡流深急的大洋岸边的幸福岛上。

　　　　　　——赫西奥德：《工作与时日》，157—171

　　希腊英雄与特洛伊的战争在希腊神话中具有重要地位，它为荷马的《伊利亚特》和《奥德赛》提供了背景（参见第6章）。希腊人看似把英雄、特洛伊战争的时代背景设为迈锡尼宫殿时期。在希腊语中，"英雄"用以指称荷马史诗中活跃于多风的特洛伊平原的伟大勇士，但在后来的希腊语中，它总是指某些逝去的人。希腊人将该词的使用范围扩大为不仅指那些旧日的勇士，而且指他们自己时代的杰出死者，这些死者以不同的方式——光荣战死沙场、成功建立一个殖民地、在竞赛中获得大胜，或者有时候只是基于神谕说某人应享有"英雄"荣耀的理由——受到承认。

　　希腊乡野散布着拥有重要地位的死者的坟墓神龛。正如勒夫坎第大房子中的情形，一个人可能被火葬，其骨灰被装进青铜瓮，以武器（可能还有他的马）陪葬。死者的坟墓上有一个土堆，有时，墓旁还会留下一块巨大的墓碑和一些供品。勒夫坎第的墓葬是我们已知最早的在死后配享"英雄"尊荣的墓葬，它也是整个黑暗时代最宏伟的墓葬。这位男性死者是谁，在希腊神话中是否留存着有关他的任何记载？我们很想知道问题的答案，不过我们永远无法得知。

黑暗时代的艺术和贸易

新的艺术风格兴起了。约公元前 1025 年，一些陶工——由于烧制陶器的耐用性，我们对他们有了很好的了解——发展出了一种高度抽象的名为"原始几何学"（最初的几何学）的风格，它因先于公元前 900 年左右出现的更线性的几何风格而得名。原始几何学陶器以同心圆、半圆为特征，它们是由可同时画出多条平行线的复合圆规画出来的。曾在迈锡尼器皿上出现过的人和动物的形象几乎消失了。新的风格简单、清晰、质朴，不过它取得的成果喜人。纺织工可能运用了类似的设计风格，不过只有一些编织残片留存下来。青铜匠做出了固定衣服的大而精美的铜针，不过除此之外，极少有其他形式的黑暗时代艺术品流传下来。

地中海东部的发展成就将改变边远、褊狭希腊的面貌。早在公元前 1200 年前，腓尼基就已是主要的贸易中心，此时它正在复苏。《圣经》记载，以色列王所罗门（约公元前 950 年）和腓尼基重要港口推罗的王希兰联合，与可能位于红海的俄斐国、大致位于西班牙南部的他施做生意。公元前 900 年前，可能由腓尼基人带来的近东物品已在希腊重新出现（尤其在攸卑亚岛的勒夫坎第墓葬、大陆的雅典和克里特岛的克诺索斯），在推罗（图 5.1）、从推罗往上的叙利亚海岸和加利利海周围的内陆，人们都发现了希腊陶器。希腊人被卷进一个不断扩张的经济体系，其中心位于黎凡特海岸的腓尼基，即今黎巴嫩（图 5.4）。一些冒险家有非同一般的影响力。在希腊已数百年未见的异域事物又可买到了。在某些地方，希腊人自青铜时代晚期以来第一次开始制造贵重的礼物献给神，尤其是在奥林匹亚，它位于伯罗奔尼撒半岛西部树木繁茂、几乎无人居住的偏远地区，后来是奥林匹亚赛会的举办地（图 5.2）。奥林匹亚最早的青铜制品很多都是在位处阿卡狄亚崎岖山区另一边的阿尔戈斯制造的（图 5.2）。翻过崎岖的山岭到遥远的奥林匹亚朝圣，富有的阿尔戈斯人以此展示自己的虔诚与富足。

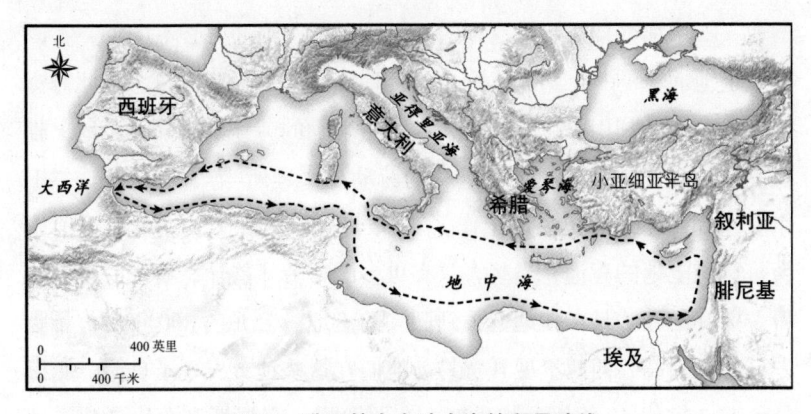

图 5.4　腓尼基人在地中海的贸易路线

随着城镇的发展、新富人的出现以及外国脸孔、语言、习俗在某些港口再次变得常见，公元前 9 世纪人们的生活节奏加快了。人们在艺术、房屋建造、墓葬以及敬神仪式上做了新的尝试，可是没有任何事物为即将到来的公元前 8 世纪的创新大爆发做了准备，其时，希腊的一次复兴宣告了黑暗时代的终结。

公元前 8 世纪的复兴：经济

公元前 8 世纪，从伊朗到西班牙的人口增长迅速。从极地冰芯、湖床/泽床沉积物、古代植物花粉中得到的证据显示：公元前 800 年后，平均气温下降了数摄氏度，冬季降雨量有所增加。这对在寒冷气候中生活的人来说是个坏消息，但让炎热、干燥的地中海盆地的农耕变得更加容易。农作物产量增加，人口死亡率下降。在这个条件稍好一点的环境里，公元前 8 世纪希腊的人口增加了一倍。黑暗时代的大多数希腊人在自己的小村庄里只有几十个邻居，可是到公元前 700 年，拥有 100 人的村庄很常见。像雅典、阿尔戈斯这样的城市发展到拥有 5 000 个居民。人口增长带来了许多好处，不过，在同样的土地上多喂养一倍人口意味着灾难，除非财产能够增多、重新分配或者农产量增加。如果那些拥有足够财产的人拒绝变革，则冲突必不可免。

土地面积的不足迫使人们更经常地施肥、犁地和锄草，以此对资源做更密集的利用，也就是说，通过更辛勤的劳作从相同的土地上收获更多的食物。赫西奥德将这样的劳动视作理所当然，他说道："工作堆积如山，还有更多的工作。"在条件允许时，人们会开垦以前认为是贫瘠土地的荒地，当然，只有更多的辛劳才能让岩壤供应人们所需。更好的办法是在新地方找到肥沃的土地。公元前800年时，希腊人已与意大利、西西里展开贸易，他们在这些地方发现了良港、肥田。公元前8世纪40年代，腓尼基人在西西里、突尼斯和西班牙建立贸易港口，航海的希腊人在遥远的西部与他们竞争并建立了联系。公元前800年之前，来自攸卑亚岛的希腊人定居皮特库塞岛（"猴子岛"，为什么这么称呼不得而知；图5.2），这是一座位于那不勒斯湾的小岛，即今伊斯基亚岛。皮特库塞岛是希腊西部的第一个拓居地，它很可能是贸易者的家园。从当地陶器上腓尼基文字的短篇刻文来判断，腓尼基人与希腊人一同住在那里。

公元前734年，其他希腊人移向西西里东海岸，他们有时占领无人居住的地区，有时赶走或奴役当地居民。公元前750—前650年，约三万名希腊男性向西挺进，安顿下来后可能娶了当地女性。许多殖民群体从德尔斐阿波罗神庙那里获取殖民何处的建议。该神庙是有关外国情形的信息交换所，在出发前，新群体的建立者常去德尔斐，以获得神的许可和帮助。在其他功能之外，这位多能神阿波罗还成了殖民之神。到公元前700年，殖民者已在西西里、意大利南部创造了一个新的希腊世界。在《奥德赛》这首关于在危险海域航行的诗中，荷马描述了渴求土地的希腊人看到资源未被密集开发时会有何感受：

> 那里有一座不大的海岛，从港口伸延，
> 既不远离独眼巨人波吕斐摩斯的居地，亦不靠近它，
> 丛林罩覆，数不清的野山羊生聚那边，

既无凡人来往，惊扰它们的悠闲，
亦无猎人出没，在深山老林里含辛茹苦，
猎捕在大山的峰巅。
那里没有牧放的羊群，此外，亦无农人往返，
亘古，无人开垦，从未种植，人迹不到，
却哺育结队的野山羊，咩咩叫唤。
波吕斐摩斯没有船首涂抹紫红的海船，
亦无造船的工匠，在他们中间，
为他们制作凳板坚固的航船，
使他们得以驶访凡人栖居的每一个城邦居点，
像别地的人们那样，互访，驾船穿走大海，
使这座岛屿成为繁荣昌盛的地界。
这是个不坏的地方，万物都适季生长繁衍，
成片的草地，傍临灰蓝的大海，
丰泽、松软，可以生长葡萄，长青不败，
还有平展的可耕地，使人们总能足量收获庄稼——
因为土地极其肥沃——季季不断。
岛上还有一座良港，无须锚系，易于停船，
不用投出锚石，亦无须紧系的绳缆，
人们只需登临海岸，静等水手们的心愿驱使行船，
海风亦会徐徐吹来。

——荷马：《奥德赛》，9.116—141

  按照惯例，我们将海外的希腊拓居地称为殖民地，但它们与近代早期英国、西班牙、法国在北美建立的殖民地完全不是一回事。从一开始，它们就是独立的城邦，而非其母邦的卫星国。它们不必向母邦效忠，有时，它们会激烈地争吵，公元前431—前404年的伯罗奔尼撒战争就是由母邦与其殖民地的争执引起的。与其母邦相比，一些殖民

107

地发展成更大的规模，变得更为富有。它们占领的土地使希腊控制下的良田规模翻番，且它们选择良港作为居地，如荷马所描述的岛屿。

起初，希腊殖民地的地位很不稳定，一些定居点未能站住脚从而不得不重新选址，一些定居点则完全消失了（就像 16 世纪美洲的罗阿诺克）。那些幸存下来的定居点在第二代人手上兴旺起来，人们建造了更大的房子、壮观的庙宇。很多移民陆续到来，而一些殖民地如西西里的叙拉古，又派生出自己的次殖民地。新的殖民地让希腊人扩散到地中海周围和黑海北岸的膏腴之地。

在这个人口迅速增长的时期，希腊人也能够通过另一种方式，即窃取邻国土地扩大生产。公元前 8 世纪晚期，有很多争夺土地的战争，其中最著名的是斯巴达对麦西尼亚的侵略。麦西尼亚是位于斯巴达以西、山脊另一端的地区（图 5.2）。在长时间的争斗后，斯巴达人吞并了麦西尼亚，奴役当地人口，并瓜分了这片土地。此后，麦西尼亚人为斯巴达人耕种土地，上交绝大部分收成。将麦西尼亚人降为奴隶是应对人口增长的极端措施，斯巴达的这一举措在希腊城邦中绝无仅有（参见第 10 章），而许多希腊城邦是用小规模军队控制有争议的边境地区。

另一个应对人口增长的措施是更有效的组织。公元前 1200 年前，通过创造书写形式和模仿近东读写经济体的官僚结构，米诺斯人和迈锡尼人提升了自己的组织水平。他们没有对整个经济进行管理，但是在某些关键部门，他们告诉某些人要种什么才能获得最大收成，与此同时，他们安排其他人到工场里去。宫廷指定各个专业群体所负责的产业类别，试图通过劳动分工提升工作效率。这些宫廷通过中央集权达到的成就，公元前 8 世纪的希腊人通过市场就达到了。由此，古风、古典时代的希腊迥异于青铜时代的希腊。公元前 8 世纪，人们自由决定要种什么、制作什么或交易什么，除了被奴役的麦西尼亚。我们可以说，自由的希腊人有自由行动的权利，他们受市场的力量统治。结果其效率超过了青铜时代。人口增长了，生活水平更高了。不过，这些应对人口增长的措施是有社会成本的，有些成本还很高。

公元前8世纪的复兴：社会

为了更密集地开发土地，希腊人需要增加他们投入每块土地的劳动量和资本（牲畜、肥料、灌溉沟渠以及更好的犁等）。坐拥大量土地的富人需要穷人来耕种，而穷人希望有足够的土地，以便有效运用自己的劳力。如果富人能将所有土地集中在自己手上，穷人将不得不为他们耕作；如果穷人能得到更多土地，就能成为自力更生的农民。

西西里某些殖民地可能实行过某种社会实验，赋予每个人相等的土地和权利，不过，丧葬形式表明，在公元前8世纪，平等主义的理想在各地都获得了发展。在黑暗时代，贵人葬礼比穷人更尊荣，而在公元前750年后，大多数人开始在死后获得平等待遇。随着社会权利从富人向穷人的转移，祸乱古风希腊的分化开始形成，两群人——一群人认为一小撮贵族应当控制土地、劳力和战争权力，一群人认为城邦里的所有男性在这类事务上拥有平等的发言权——之间的冲突亦开始出现。

扩大耕种面积带来了更多食物，不过它也要求更多劳力，与此同时，占领他人的土地要求武力和使武力有效的才干。政治边界，即领土分界线变得更加重要，也更加明确。对土地的争夺使希腊人更加意识到自己属于特定的群体（如"雅典人""科林斯人"），在新形式的组织性暴力下，这种竞争变得空前危险。武器、盔甲有了重大改进，公元前700年左右，自迈锡尼时代以来首次出现精美青铜盔甲（图5.5），防御工事则大量增加且变得更坚固。

图 5.5 一个墓葬出土的胸甲，造于约公元前 650 年。胸甲艺术化地表现了男性的胸肌和腹肌的形状
资料来源：Jerónimo Roure Pérez（CC BY-SA 4.0）

战争有利于集权：征战者不得不召集士兵、策划战略并实现令行禁止。在这种新氛围里，操控公共政策、使用垄断暴力的基本国家制度出现了。在某些情况下，战争日益增长的重要性使得黑暗时代的酋长成为具有决策权的国王。希腊会回到青铜时代的君主制下吗？

　　从荷马和赫西奥德那里，我们了解到有关这些强人的大量信息，他们称这些人为"国王"(*basileis*)。诗人认为，国王的权力部分源于其与神的亲密关系。对荷马来说，奥德修斯是"像神的人"，且许多在特洛伊作战的英雄都是神人结合所生。公元前8世纪一些最有权力的人可能声称自己是神圣的统治者，而赫西奥德说，在他自己的时代（公元前750年？），国王们受到了缪斯女神的青睐，女神将雄辩术和随之而来的权力赋予了他们：

> 伟大宙斯的女儿们尊重宙斯抚育下成长的任何一位国王，看着他们出生，让他们吮吸甘露，赐予他们优美的言辞。当他们公正地审理争端时，所有的人民都注视着他们，即使事情很大，他们也能用恰当的话语迅速做出机智的裁决。因此，国王是智慧的。当人民在群众大会上受到错误引导时，他们和和气气地劝说，能轻易地拨正讨论问题的方向。当他们走过人群聚集的地方时，人们对他们像对神一般地恭敬有礼；当人民被召集起来时，他们鹤立鸡群，是受人注目的人物。缪斯给人类的神圣礼物就是这样。
>
> ——赫西奥德：《神谱》，80—93

　　无疑，赫西奥德明白如何取悦他的读者（即这些国王）。不过，国王们从未像青铜时代的强力国王那样强大。事实上，在公元前7世纪，大多数城邦与王权一起消亡。

　　在农业社会，支撑更大规模人口的农产量增长有赖于统治者强大到能保护产权（以此而使人们放心地在土地上投入时间和资源），但又不强到他们能轻而易举地损人自肥的地步。在赫西奥德讲述的一个故事中，我们清楚看到了国王们无力提供安全，由此，这样的失败种下了这些统治者衰灭的种子。赫西奥德说，他父亲想让他和兄弟佩尔塞斯均分遗产。但是，佩尔塞斯对该遗嘱有异议，为占得大份而贿赂国王们：

> 我们已经分割了遗产，并且你已获得并拿走了较大的一份，这极大地抬高了乐意审理此类案件热衷于受贿的国王们的声誉。这些傻瓜！他们不知道一半可以比全部多，也不知道以面包为生有什么幸福。
>
> ——赫西奥德：《工作与时日》，37—41

国王们的软弱意味着希腊国家的形成走的是一条特殊道路。组织变得更强大、有效，但群体中的普通民众抵制意欲成为国王、傲慢贵族者的野心。荷马《奥德赛》开头处所讲述的一个特殊情形为此提供了一个很好的例证。故事如是说：伟大的英雄奥德修斯是伊萨卡的好国王，不过，在特洛伊度过10年后，神让奥德修斯在回家路上失踪了10年。在长达20年的时间里，伊萨卡没有国王统治。大多数伊萨卡人推测奥德修斯死了，他们继续过自己的日子。然而，一群贵族求婚者来到奥德修斯家，争相求娶按理已是寡妇的美丽的珀涅罗珀。他们大肆挥霍奥德修斯储存的财富，并与他的侍女睡觉。在奥德修斯离家的第20个年头，他长大成人的儿子忒勒玛科斯决定摆脱这些贵族求婚者：

> 阿伽门农命嘱嗓音清亮的使者，
> 传令长发飘洒的亚加亚人聚会一处，
> 信使们奔走呼号，人群很快汇合集中。
> 当人群集聚，在一个地点汇总，
> 忒勒玛科斯走向会场，手握枪矛青铜，

并非独行，由两条腿步轻快的犬狗伴从。
　　雅典娜给他抹上迷人的丰采，
　　所有人观望，诧视着他走来，注目。
　　他在父亲的位子就座，长老们避让，退步。
　　壮士埃古普提俄斯首先对他们发话，
　　一位躬背的长者，睿智，经验多得难以说述……
　　"听我说，伊萨卡人，聆听我的叙述。
　　我们再也没有集会，或者聚首碰头，
　　自从卓著的奥德修斯走后，乘坐深旷的船舟。
　　今天，是谁出面召集我们？是何种需要，
　　促使我们的长者，或许年轻的后生？
　　难道他已听知军队回归的消息，
　　先于别人，现在打算详告我们？"

——荷马：《奥德赛》，2.6—16，25—32

　　荷马理所当然地认为，那些生于权贵之家的人，如忒勒玛科斯，在政治上是人们的关注焦点。奥德修斯甚至在公民大会上有自己的座位。埃古普提俄斯说，自奥德修斯在20年前离家去往特洛伊后，公民大会再未召集，由此我们可以推断，奥德修斯主宰着伊萨卡的政治。而埃古普提俄斯不知道哪个伊萨卡人召集了此次公民大会，由此，非常明显，除国王外的其他人可以召集公民大会。埃古普提俄斯认为伊萨卡人是一个负责公共福利的群体。

　　忒勒玛科斯起立并解释了是他召集了此次会议。他描述了求婚者的暴行：

　　"日复一日到来，骚乱我们的宫房，
　　宰杀牛羊，对我们肥美的山羊行凶，
　　摆开丰奢的宴席，暴饮闪亮的醇酒骄横。

> 我们的财物已被大部耗空,
>
> 家中无有一位像奥德修斯那样的汉子,
>
> 把此番恶虐挡离宫中。
>
> 我们做不下此事,懦弱,难以胜任:我们不曾久战疆场建功。
>
> 我会保卫自己,若有力量,我能。
>
> 这帮人无恶不作,难以容忍,全然不顾体面,放任——
>
> 我的家居已被破损。你们应该羞责自己,
>
> 重视居家周围的乡里乡亲的评论,亦应惧怕神的愤慨,
>
> 免得,出于对恶行的震怒,神明惩罚你们。
>
> 我恳求各位,以奥林匹斯大神宙斯的名义,
>
> 以召聚和遣散集会的忒弥斯的名义陈述:
>
> 停止吧,朋友们,
>
> 让我独自一人被苦涩的悲痛耗损——除非奥德修斯,
>
> 我那高贵的父亲曾经出于盛怒,
>
> 恶对胫甲坚固的亚加亚人,
>
> 由此引发你们的怒气,有意报复,
>
> 怂恿这帮人害我,恶狠。然而如此于我有利,更甚,
>
> 让你们耗糜我的财产,吞食牛身。
>
> 倘若你等吃尽它们,将来就要赔偿补救。"
>
> ——荷马:《奥德赛》, 2.55—76

在伊萨卡,国家机构软弱,国中没有警察。由于没有第三方执行正义,忒勒玛科斯没有能力亲自对抗求婚者,他由此诉诸群体的道德良心。他们应为允许这样的事情发生在伊萨卡而感到羞耻,并担心诸神会惩罚他们。忒勒玛科斯对伊萨卡人能容忍这样的行为感到惊讶,他假装怀疑奥德修斯是否做了损害他们的事情,以此为他们的无所作为寻找理由。忒勒玛科斯声称自己是正义的拥护者,他主张群体有权审判他们中最尊贵的人,包括那些年轻、富有、傲慢的求婚者。

一位求婚者站起来回应道，忒勒玛科斯所说的都不是他们的过错。忒勒玛科斯应把母亲送回娘家，由此而使求婚者可以就再婚一事与他外祖父商量。忒勒玛科斯谴责了他们的如意算盘，宙斯降下一个征兆：两鹰斗于空中。一个老人说，这预示着奥德修斯将要归来并惩罚这些求婚者。但是不像高度文明的亚述、埃及，伊萨卡没有专职的解卜人（尽管有很多业余爱好者）。一位求婚者欧律马科斯说：

"回去吧，老先生，对你的孩子卜兆，
免得他们将来遭劫难逃。关于这些事情，
我能做出更妙的卜释，比你的老到。
阳光下众多的鸟儿四处飞绕，
并非所有的它们都在显兆。
奥德修斯死了，在那遥远的地方，
我真想你和他死在一道。
这样，你就不会唠叨这些个卜释，
也不会挑唆忒勒玛科斯生事，眼下正在气恼，
寄望于替自家争得一份礼物，兴许他会对你犒劳。
不过我要直言相告，此事将会见晓：
倘若你凭着年老，所知丰奥，
唆使一个年轻人，使他动怒，用话语激挑，
那么，首先，此举对他更为糟糕，
这些个话语不会使他成事分毫。
而对你，老人家，我们会惩罚索要——这会使你揪心，
当你付掏，你的悲愁将会老大不小。"

——荷马：《奥德赛》，2.178—193

与忒勒玛科斯不同，欧律马科斯的话语充满了威胁，他蔑视众神，认为前者所说的征兆毫无意义。另一个伊萨卡人门托尔悲伤地说：

"听我说,伊萨卡人,聆听我的说讲,
从今后,让手握权杖的王者不要温和慈善,
心里别再把公正忖想,
让他永远严厉,做事专横凶霸,
既然他统治的属民中无人怀念奥德修斯,
神明一样,像一位父亲,和善。
现在,我不想斥责高傲的求婚人,
他们肆意横行,心里规划邪恶的念想,
拿性命冒险,凶暴地吞食奥德修斯的家产,
自以为他不会回返;
我要抱怨的是你等众人,你们静坐此地,
木然,一言不发,不用话语驳斥阻止求婚者,
虽然他们人少,你们人多成帮。"

其时,欧厄诺耳之子琉克里托斯对他答话:
"门托尔,你乱放厥词,胡思乱想,鼓动他们阻止我等,
说了些什么怪话!难呢,即便人再多些,
多过这帮,也难能斗打我们的宴享。
就算伊萨卡的奥德修斯本人回来,
眼见高傲的求婚人饮食在他的厅堂,
心急火燎,想把他们赶出宫房,
他的妻子也不会高兴于他的归家,尽管思盼,
亚想——他会撞遇凄惨的命运,
倘若和人多势众的我们斗打。
你的话不对,白讲。
这样吧,全体散会,各回自己的居家,
他言罢,匆匆中止集会,解散,
众人离去,回返,朝着各自的居家,

115

而求婚者们则折回神样的奥德修斯的宫房。"

——荷马:《奥德赛》, 2.229—259

  门托尔认为,群体应该阻止这些为富不虔的求婚者,但伊萨卡人什么也没做,而一个求婚者粗暴地将所有人都遣散了。荷马理所当然地认为伊萨卡应有一位国王,但他也认为这位国王必须公正行事,伊萨卡人应有权决定什么可算作公正的行为。从理论上说,公民大会可以谴责精英,但与会者让步了。机构软弱,由此,求婚者准备抵挡任何攻击他们的人。尽管求婚者保住了控制权,在伊萨卡大众(包括代表礼义的道德领导者)和追求私利的自私贵族之间却已拉开战线。当然,这只是一个故事,但大多数历史学家怀疑,对伊萨卡事件的描述反映了公元前9世纪末或公元前8世纪初荷马所处社会中的类似战线。

  同样的社会分化也见于赫西奥德的诗歌《工作与时日》当中,尽管他是从非常不同的角度看待问题的。他将自己描述为提供幸福生活益方的辛劳农民。我们之前引用过他对国王们受贿的批评,在这之后,他继续写道:

  佩尔塞斯,你要倾听正义,不要希求暴力,因为暴力无益于贫穷者,甚至家财万贯的富人也不容易承受暴力,一旦碰上厄运,就永远翻不了身。反之,追求正义是明智之举,因为正义最终要战胜强暴。然而,愚人只有在受到痛苦时才能领会这个道理,因为誓言之神紧随错误的审判。贪婪贿赂、用欺骗的审判裁决案件的人,无论在哪儿强拉正义女神,都能听到争吵声。正义女神身披云雾跟到城市和人多的地方哭泣,给人们带来灾祸,甚至给那些把她赶到对她说假话的地方的人带来灾祸。

——赫西奥德:《工作与时日》, 213—224

  赫西奥德谴责他生活的阿斯科拉(距底比斯不远)小村中的国王

们的不公正。他们藐视正义女神，他们的不虔敬导致神遗弃人类。赫西奥德赞美像他一样温和、平凡的农民，这些人有明确的是非意识，并以公正的方式追求财富：

> 一个人如果以暴力夺取巨大的财富，或借狡猾的辞令进行骗取，正如良心为贪婪所蒙骗、羞耻为无耻所抛弃时常常可以看到的那种情形：神灵贬斥他，让他的房屋枯朽，财富在他手里瞬即消失。
> ——赫西奥德：《工作与时日》，320—325

大概在同一时期，《希伯来圣经》中的先知们因类似的不义行为谴责以色列、犹大王，并预言上帝会对他们不公正的行为进行惩罚。类似的情绪在埃及和美索不达米亚的文学作品中出现得更早，不过，荷马与赫西奥德跟近东的创作者不同。希伯来先知阿摩司、以赛亚认为他们应指出统治者的错误，而埃及文书希望法老纠正不义行为，希腊作家相信普通民众有权利匡扶正义——决定何为善、何为正当，并抵制邪恶的国王们正是农民群体的权利。从这种非同一般的看法中，演化出了古典时代雅典男性公民的民主。

公元前 8 世纪的复兴：文化

公元前 8 世纪的社会冲突与文化发展密切联系在一起。自公元前 3000 年以来，近东国王就在尘世与神之间扮演沟通者的角色，王权来自上天。不过，这时希腊人将宗教从社会权力中分离出来了。

当黑暗时代的希腊人献祭神明时，他们聚集于一个特别场所，宰杀一头牲畜敬献神，他们把供奉的酒（祭酒）倒在地上，在火上烧烤牲畜的绝大部分肉并吃掉。留给考古学家的东西与寻常房屋的残留物没有什么差别，因此很难确定信仰状况。只有在少数特殊的遗址，尤其是在奥林匹亚，黑暗时代的希腊人才留下了特殊的宗教祭品。但是，约公元前 750 年，全希腊的人开始建造用于献祭的石坛，还在数百个规模更小的庙宇奉献特殊的祭品。根据希腊传说，奥林匹亚赛会发端于公元前 776 年。获奖者的名单表明：参与最早的体育项目的运动员都来自奥林匹亚附近地区。但到公元前 6 世纪时，参赛者来自希腊各地。运动会献给宙斯神庙的贡品颇丰，到公元前 700 年，这些贡品包括青铜、白银和黄金。

在同一时期，希腊人开始建造神庙——安置神像的庙宇。神庙起初很简陋，尽管它们比周围的房子大一些、好一些。大点的城市如攸卑亚岛的埃雷特里亚建造了百尺神庙。公元前 700 年后不久，奥林匹亚、科林斯、阿尔戈斯建造了全石料的百尺神庙。公元前 7 世纪的希腊神庙令当时所有其他的建筑物黯然失色，继迈锡尼宫殿后，它们是人们在资本、劳力和雄心方面最大的投入，其灵感或许源自希腊人在埃及和近东所见的建筑。

黑暗时代的飨神礼演化为精致的祭礼、宴会，仪式上有大量贡品敬献给神。在战争过后，胜利者可能拿出 1/10 的战利品献给神。一些大的神庙像奥林匹亚神庙、德尔斐神庙和提洛神庙由此堆满了这样的贡品。祭司们会定期清理神庙，挖洞埋藏古老而神圣的贡品。在许多神庙，考古学家都能发掘出公元前 8 世纪和公元前 7 世纪的贡品。自我意识不断增长的城邦划出神的领地，也就是体现地方认同和荣耀的公共神庙。大多数城邦修建两座主要神庙，一座在主城中心，一座在有助于本邦确立区别于邻国的身份、巩固领土要求的边疆地区。

在宗教建筑花销上升的同时，昂贵的随葬品减少了。公元前 700 年后，一个想炫富的人是不会通过建造巨型墓碑或埋葬成套盔甲的方式做这件事情的，这只会荣耀一家，他会采用在公共神庙为神奉上贡品的方式，这会给整个社会带来好处。公元前 700 年前不久，尚有某些人建造跟现代美国人的房屋一样大的房子，它们有时占地约 230 平方米，甚至有二层。而到公元前 700 年后，这样的大房子消失了，直到公元前 4 世纪才再次出现。

此时，在某些地方，人们开始在青铜时代的墓旁留下祭品，他们可能是为了纪念逝去已久的英雄种族。在重新思考自己与神的关系的同时，公元前8世纪的希腊人也重新思考了自己与祖先的关系。瓶画领域的晚期（约公元前750—前700年）体现了另一种变化，具象艺术由此得到复兴（纺织工人或许做了同样的事情，尽管他们的作品没怎么流传下来）。这一趋势或许与对神、英雄的新看法有关。自青铜时代末期以来，在很长一段空白里，人们在希腊艺术中没发现什么人物形象画，而晚期几何学绘画展现了战斗、丧葬中的人物形象（图5.6）。我们很难说这些场景令我们想起的是逝去已久的英雄种族还是当时的风俗习惯，或者说两者兼而有之。很多著名的希腊神话都是在这个时代被创造出来的，它们的形成可能受到了大量涌入的布料、金属品（如盔甲、碗）上的近东图画（布料上的图画今俱已失传）的推动。

到此时为止，最伟大的文化创造是希腊字母的发明。如我们先前所见，书写希腊语的线形文字乙种在公元前1200年后已彻底消失了。公元前825年左右，在至少自公元前1100年来就在黎凡特使用的一种早期闪米特文字的基础上，一位不知名的希腊人或近东人（不过，在传说中，他以"帕拉墨得斯"之名为人所知）创制了一种新文字。它有时被叫作"腓尼基字母"。作为希腊字母

图5.6 迈锡尼时代以来最早展现丧葬、战斗场面的人物形象艺术作品。在这只来自公元前750年雅典的晚期几何学风格的调酒瓮的顶部绘画层，有一具尸体躺在棺材上，棺材两边，哀悼者撕扯着自己的头发。在下面的绘画层，战士驾驶着战车

资料来源：Rogers Fund, 1914

119

的基础，它有些奇怪，其中的每个字母都代表一个辅音加一个隐含元音，具体是哪个元音，由说此种语言的人决定（为区分腓尼基文字与希腊字母文字，一些学者称腓尼基文字为"辅音文字"）。然而，腓尼基字母并不只属于腓尼基人，它是名为西闪米特语的某文字家族的组成部分，这个由密切相关的多种文字组成的文字家族通行于包括叙利亚、腓尼基、巴勒斯坦在内的黎凡特全境。近来，在埃及南部，人们已发现该文字家族的可能的早期语言，它们包括希伯来文字，其年代最早可追溯至公元前1800年。

阅读用西闪米特语写成的东西需要足够的技巧和经验。这种文字具有革命性，因为它只需要22个符号，且人们有一种学习该语言的独特方法，即记忆固定序列的名字、符号——这是《字母歌》的古老祖先（在字母发音中，符号的辅音∧，而不是元音Λ形成了该符号名称的第一个音）。我们可以举英文中的一个类似例子："A代表'apple'（苹果），B代表'brave'（勇敢），C代表'cat'（猫）……"由于没有形成元音声，你只有成为说这种语言的人，才能拼读西闪米特语（包括希伯来文字）。与此形成鲜明对比的是，任何人都能拼读用希腊字母写成的文本，即使此人并不了解文本的含义。希腊字母是最早保留语言近似音的技术。

许多学者推断腓尼基人基于商贸记账的缘故发明了他们的文字，不过没有直接的证据证明这一点。这也不太可能，因为腓尼基人直到很晚才有一套计数系统，这是他们从希腊人那里借用的。不过，西闪米特语看似已被人们用于记录政治活动、家族历史、向神明的祷告以及行为规则。留存下来的西闪米特语文本（包括早期形式的《圣经》）可能由口述而非现代形式的静默创作而成，因为这一点，西闪米特语很注重发声，从而忽略了更早的美索不达米亚楔形文字、埃及象形文字所使用的多种非发音辅助交流手段。《希伯来圣经》有一小部分的创作时间最早可追溯至公元前1000年，其他绝大部分则创作得很晚，某些更迟至约公元前200年。尽管如此，《希伯来圣经》还是反映了黑暗时代庞大的西闪米特语族所留下的记录、文学作品的广泛性，在这些记录、文学作品中，只有《希伯来圣经》流传下来。

考古学家在克里特发现了最早可追溯至公元前900年时的刻有腓尼基文字的物品，但直到公元前825年以后，某些人才在前述的各种动荡状态下改造这些文字，以适应希腊语的发音方式。这些文字被特别用在诗歌诵读上（表5.1）。

腓尼基文字的改造者、希腊字母的发明人无疑生活在双语制的社会里（可能是四方人士往来的攸卑亚岛，不过，最近的考古挖掘也表明了其他的可能性）。文字改造者将腓尼基音节符号分成两类：一类代表元音（元音在希腊语中意为"发音之物"），另一类代表伴随元音的音，或辅音（意为"随他物发音之物"）。在希腊字母序列末了，这些人还加进了一些新音符。文字改造者真正的创造并非引进了元音符号，它们早已存在于包括线形文字乙种的早期文字中，而是发明了拼写规则，即元音类音符应当伴随着另一音符类辅音的音符。如若一个腓尼基人写下"Th mn sng t m, Ms, vrstl / n hs mn ws, w wndrd fll fr ftr h / hd sckd th scrd ctdl f Try"，译成英文就是"The man sing to me, O Muse, versatile/in his many ways, who wandered full far after he/had sacked the sacred citadel of Troy"（告诉我，缪斯，那位精明能干者的经历，在攻破神圣的特洛伊高堡后，飘零浪迹），这是荷马史诗《奥德赛》的头几句话。实际上，希腊字母是第一套一旦习得发音规则便可发音的文字系统，无论你是否懂得文字的含义。故此，它能被用来记录任何语言。自它诞生以迄于今，此种语言的罗曼语形式（世界上使用范围最广的文字）记录了从土耳其语到汉语拼音的成百上千种语言。

为什么文字改造者要发明带两类音符的文字，并定下两类音符必须一起使用的规则？我们可以确信，他们的目的并不是像迈锡尼书记员那样，是记"羊毛斗篷要煮透"等事物清单，也不是创造一种能记录所有人类语言的文字系统。辅音文字、音节文字乃至象形文字都可以记录诗歌，在长达2 000年的时间里，近东人、埃及人就是这么做

121

表 5.1 腓尼基、希腊文字系统

腓尼基字母（约公元前 700 年）	闪语名称	接近的闪语发音	希腊字母	现代希腊字母	希腊语发音
	'aleph	喉塞音（阻音）		A	'alpha
	beth	b		B	beta
	gimel	"glory" 中的 "g"		Γ	gamma
	daleth	d		Δ	delta
	he	h		E	epsilon
	waw	w		—	wau, digamma
	zayin	z		Z	zeta
	heth	"重" h 音		H	eth
	teth	"重" t 音		Θ	theta
	yod	"yellow" 中的 "y"		I	iota
	kaph	k		K	kappa
	lamed	l		Λ	lambda
	mem	m		M	mu
	nun	n		N	nu
	samekh	S		Ξ	xi
	'ayin	喉音（塞音）		O	omicron
	pe	p		Π	pi
	tsadhe	ts		—	san
	qoph	"粗" k 音		—	qoppa
	resh	r		P	rho
	shin	sh		Σ	sigma
	taw	t		T	tau
	waw	w			upsilon
		ph		Φ	phi
		ks		X	chi

（续表）

腓尼基字母 （约公元前 700 年）	闪语名称	接近的闪语发音	希腊字母	现代希腊字母	希腊语发音
		ps	Ψ	Ψ	psi
			Ω	Ω	omega

注：希腊字母在两处使用了"waw"符号：一为"digamma"，它有英文中"w"的音；一为新出现的五个元音之一"u"。后来，希腊人放弃使用"digamma"，不过，它通过拉丁字母表（希腊字母的西方形式）作为字母"F"流传下来。和"qoppa"与"k"相似一样，"san"是"s"音的替代符，不过，"qoppa"作为英文字母"q"保存下来（它只用于字母"u"前面）

的。不过，希腊语尤其是希腊诗歌使用了不能由上述文字体系表达的大量复杂元音。大量证据促使我们相信，无论腓尼基文字的用途如何，早期希腊字母文字都是用来保存诗歌文本的。虽然令现代人感到惊讶，但这一事实表明诗歌在希腊社会中具有特殊的重要性，远远超过了其

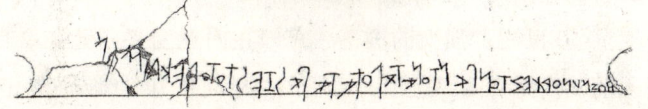

图 5.7　迪普隆酒坛，1871 年出土于雅典，制于约公元前 740 年，瓶肩附近的刻文属最古老的希腊字母铭文之一（由巴里·鲍威尔抄录）。铭文从右向左读是一句完整的六音步（荷马史诗的韵律）诗，句末有些不明字符。铭文中可辨识的部分意为："凡跳舞的，其舞无不欢快……"显然，这个酒坛是体育竞技的奖品。从一开始，希腊诗歌就用字母来记录
资料来源：Wakantanka / Wikimedia Commons（CC BY-SA 4.0）

123

在更早的读写文明中的影响力。诗人之于希腊人正如先知之于希伯来人，或祭司之于埃及人，他们规定了希腊的文化及其价值观。荷马似乎生活在希腊字母发明的时代，他的诗歌可能是最早用这种革命性的文字系统记录下来的文本（图5.7）。

字母表赋予希腊人以记录最伟大诗人之话语的手段，从这时起，文学作品（直至公元前450年，它们几乎都以诗歌的形式存在）越来越多地留存下来。希腊字母的发明和荷马诗歌的记录是希腊史前史（黑暗时代）与希腊史（古风时代和古典时代）的分水岭。

结论

直到公元前1200年，希腊社会与地中海东部并无很大不同。到公元前6000年，新石器时代革命已从近东扩展至希腊，至公元前3000年，副产品革命到来，而后迅即兴起了多个复杂的社会。公元前2300年左右，希腊大陆的多个社会瓦解，但到公元前2000年，大型宫殿出现在克里特，宫廷使用线形文字甲种管理复杂的官僚机构。公元前18世纪和公元前17世纪，米诺斯社会富裕而成熟，普通民众享有很高的生活水平，米诺斯式制度传到了基克拉泽斯群岛。到公元前1700年，好战的社会群体在大陆上获得了大量财富，在某种程度上占领了克里特。不过在公元前1200年左右，他们遭受了不明灾难，大陆上所有的迈锡尼中心都被烧毁了。

公元前10世纪，强大的国王、宫殿在西亚复兴，但在希腊没有。尽管公元前9世纪有复兴迹象，希腊的黑暗时代却延续至公元前8世纪，而那时出现的城邦与大多数近东社会非常不同。城邦有强烈的共同体意识，以至即将成为统治者的那些人不能声称是神选中了他们。在这个富于创造的时代，出现了新形式的宗教、艺术和诗歌表现形式。地中海、黑海周围的新生城邦革新了希腊的经济，并为社会试验提供了空间。公元前8世纪的希腊人按自己的意愿进行商品交换，取代了青铜时代中央集权的再分配经济。

公元前700年左右,按照近东的标准,希腊城邦又小、又穷、又弱。城邦内部因贵族内斗、贵族与大众之争而四分五裂,此外,由于争夺资源,城邦之间也不和睦。在第6章和第7章中,我们将要探讨支撑新框架的两大文化支柱:荷马的诗歌与希腊宗教。

第6章
荷 马

在第4章和第5章中,我们多次引用荷马的作品。荷马是我们已知的欧洲第一位诗人,他对希腊人是如此重要,以至我们必须暂停叙述,以便更密切地关注围绕他展开的各种争论,以及他所讲述的故事,这些故事在多方面塑造了希腊人的思想和文化。在探究有关过去的真实情况的过程中,我们必须能够鉴定我们的文献材料,以便从中获取信息。不过,文献材料的来源和含义可能非常模糊,荷马的诗歌更是如此。由此,评价荷马诗歌中出现的问题可为评价其他古文献中出现的问题提供借鉴。在本章中,我们将考察与荷马诗歌起源有关的问题,就它们作为文学作品如何发挥作用(因为从其神秘出现时起,这些诗歌就成了西方文明和西方文学的典范)发表一点看法。

荷马是希腊教育的基石(图6.1),至今,他仍在西方高中、大学课堂上为人所广泛阅读。他也是我们最好的材料来源,让我们知道古风时代早期的希腊人在想什么,以及他们互相征战、穿越危险海域在异域创建新城邦的状况。荷马是谁?他生活在什么年代?他的著作如何写就?他的诗歌涉及什么问题?他似乎来自虚空,像一束火光突然照亮了黑暗时代,并照亮了一个新世界。上述这些问题构成了荷马问题,在过去长达200年的时间里,这是人文领域研究中的一个重要问题。

图6.1 一个男孩给他的老师背诵史诗，老师照书检查学生的背诵情况。图画来自一个雅典红绘式酒杯（酒爵），制于约公元前480年。在老师身后，另一个学生正在练习七弦竖琴，这是一种为吟唱伴奏的乐器。墙上挂着一把竖琴、一些酒杯、一个装纸草的盒子

资料来源：©bpk Bildagentur / Staatliche Museen zu Berlin / Johannes Laurentius / Art Resource, NY

荷马问题

《伊利亚特》和《奥德赛》现存最古老的完整文本源于1100年左右，它与诗人所生活的年代相隔近2 000年。这些文本是学者们在东罗马帝国的首都君士坦丁堡（今伊斯坦布尔）制作的。至于荷马的古代文本，则有一些片段在埃及干燥的沙漠中保存下来，荷马受到此地说希腊语的人的喜爱，这些人是在公元前332年亚历山大征服尼罗河河谷后定居此地的。史诗的某些纸草残片可追溯至公元前3世纪，比起其他史诗，留存下来的《荷马史诗》纸草残片是最多的，而《伊利亚特》的残片数是《奥德赛》的两倍。有些纸草残片有某些未在此前的文本中出现的诗句，但总体而言，它们非常相似。

对于这些纸草残片之前的荷马文本，我们几乎一无所知。我们也没有关于荷马的生平的一手资料，比如他生活在哪里或哪个年代，尽管源于公元前5世纪的传说说他生在小亚细亚海岸地区，或该海岸附

近的开俄斯岛。今日的学术著作通常写荷马是来自小亚细亚的伊奥尼亚人，但事实上，我们对此没有一手资料。

弗里德里希·奥古斯特·沃尔夫

甚至在古代，知识分子就注意到，关于荷马没有任何确切可知的信息。他是一个谜，一个彻底的谜，不过近代形式的荷马问题是在1795年随着一本名著《荷马引论》的出版而成形的，该书由德国学者弗里德里希·奥古斯特·沃尔夫用拉丁文写成。沃尔夫深受那时正对《圣经》进行的革命性分析的影响。学者们问道，《圣经》从何而来？《圣经》有多久的历史？它的作者是谁？它所记的事情是否在历史上发生过？在《希伯来圣经》的前五卷（"摩西五经"）中，给出了不同形式的上帝之名。以《创世记》为例，学者们还证明，它由四条可辨识并在某种程度上彼此区别的主线构成。由此，我们可解释其中的不一致之处，比如女性被造两次——一次是在上帝造物的第七天作为男性的同伴被造，另一次是用亚当的肋骨造的。据现代的《圣经》研究成果，很明显，在公元前6世纪被流放到巴比伦的希伯来学者将原本分散的书面记录融合起来，从而创作出《圣经》这样的作品。

同样，荷马史诗也包含着奇怪的不一致。例如，在《伊利亚特》第9卷中，亚加亚人的指挥官派一队人到愤怒的阿喀琉斯那里去，恳求他重返战场，因为他们即将战败。他们选出的代表有以劝服能力闻名的奥德修斯、最伟大的勇士之一大埃阿斯，以及阿喀琉斯的老师菲尼克斯，随行的还有两位信使。不过，在数行诗句之后，荷马告诉我们"他们两位沿汹涌澎湃的海边行走……"，尽管"他们"有五个人（即使不算信使也有三个人）。在另一段诗句中，一位勇士死了，而后他重新出现，在狂风大作的平原上再次战斗。

史诗中的这类前后矛盾之处有许多，与《圣经》研究学者所面对的问题一样。沃尔夫强调，荷马笔下的战士并不了解文字。荷马只提到过一次文字，而且是以一种杂乱无章的方式，他似乎并不明白这是什么。沃尔夫问道，如果荷马生活在一个没有文字的世界，他怎么可能写出他的诗歌呢？

"庇西特拉图校订本"

从公元前4世纪的柏拉图开始，许多作者就把雅典僭主庇西特拉图（约公元前600—前527，参见第10章）与荷马史诗的表演（可能还有它的形成）联系起来。柏拉图（或某位冒他名的人，参见喜帕恰斯228 B）提到一类被称作"诵诗者"的表演者，他们被庇西特拉图要求"继前人未竟之功"。"诵诗者"可能意为"持杖歌手"，因为他们在吟诵时手持长杖（图6.2）。有些"诵诗者"是专业朗诵者，他们在四年一度的雅典节日——泛雅典娜节（意为"全体雅典人的"）[1]——上朗诵并表演荷马史诗。庇西特拉图用这个节日来推进其文化事业，稳固其政治地位。

图 6.2 "诵诗者"吟诵史诗，见于一只雅典红绘式双耳瓶（双耳水罐），制于约公元前470年。"诵诗者"念出一行诗的一部分："曾经在梯林斯……"

资料来源：ArchaiOptix / Wikimedia Commons（CC BY-SA 4.0）

荷马世界不存在读写。人们还流传，在公元前6世纪的雅典，某些事情发生在了《伊利亚特》《奥德赛》身上。这两个因素结合起来

---

[1] 泛雅典娜节每年都举行。相传，公元前1600年前后，第一届泛雅典娜节起于迈锡尼时代，到后来，每四年举行一次大的泛雅典娜节。——译者注

促使沃尔夫得出结论：荷马史诗是庇西特拉图时代编纂活动的产物，类似于犹太领袖被囚于巴比伦时产生了早期《圣经》经卷的那种编纂活动。学者们将沃尔夫的理论称为"庇西特拉图校订理论"。罗马演说家西塞罗在公元前1世纪（荷马时代以后700年）时说的话为该理论提供了佐证，他宣称，庇西特拉图将先前分散的荷马文本汇集在一起，从而形成了我们现在看到的版本。

沃尔夫认为，原来一定存在着许多零散的诗歌，某人将它们组合起来，形成我们现在看到的史诗。与"写下"《圣经》前五卷书（它们提到了摩西的死）的摩西不存在一样，荷马也是不存在的。照这种思维方式，我们可以相信，"荷马"是"将事物组合在一起的那个人"的名字，只是冠于由不知名编辑者"组合起来"的那些文本之上的一个人名。沃尔夫有证据，还掌握了在《圣经》研究上取得丰厚成果的现代批判方法，当今所有学者都接受"摩西五经"是由不知名编辑者编纂出来的作品，它们可能形成于公元前6世纪，其成书时间至少在摩西时代之后600年。大多数严谨的学者都接受了沃尔夫的结论，并试图去辨明文本中的某首起始诗歌在何处结束，下一首诗歌在何处开始。这类学者被称为"分析派"（Analysts，这个名称源于指称"分解者"的希腊词语）。他们把史诗分成"早期"部分和"晚期"部分。伟大的德国文豪沃尔夫冈·冯·歌德（1749—1832）和其他人提出反对意见，认为隐藏在文本背后的是统一的诗意，这一观念有奇特之处，但仍被当作浪漫派业余爱好者的臆想而受到忽视。不过，尽管分析派采用了科学的方法，但他们在如何将诗歌划分成合乎沃尔夫要求的不同部分的问题上存在分歧。在长期的激烈争论中，他们仍未能解开荷马史诗之谜。

米尔曼·帕里和口诵诗歌

通过加利福尼亚人米尔曼·帕里（1902—1935）的工作，荷马问题的研究状况得到改变。他是一位研究希腊的学者，34岁时被枪杀于洛杉矶的宾馆房间里（可能是意外，或是遭到谋杀）。早在大学时代，帕里就注意到有关荷马史诗风格的一个难以解释的事实：每行诗包括六个单元，每个单元含长-短-短三节拍或长-长两节拍，此种格律名唤"长短短六音步"（"长短短"意为指状的，因为手指有一个长关节和两个短关节，"六音步"则意味着包含六个组成部分）。作为每个"诗行"结尾的第六个单元总是长-长拍的。英诗中的一个例证是亨利·沃兹沃斯·朗费罗《伊凡吉琳》（1893年）一诗的首行诗句："This is the forest primeval. The murmuring pines and the hemlocks..."（这里是原始森林，松树和铁杉喃喃低语……）在这种高度格式化的韵律风格中，出现了大量与人名搭配的固定短语，如"捷足的阿喀琉斯""盔甲闪亮的赫克托耳"。这些固定短语是荷马史诗风格的突出特征，在大多数英译文中留存下来。在将近三千年的荷马研究史上，帕里第一个认识到，不同的描述性饰语（如"捷足的"）不是用来帮助人们了解戏剧场景（在故事中所发生的事情）的，其用法取决于它们出现在诗行的哪个位置。

举例来说，当诗人需要填充诗行的后五拍时，奥德修斯被称作"神样的"；当需要填充诗行的后七拍时，他被称作"足智多谋的"；当需要填充诗行的后九拍时，他被称作"饱受痛苦的、神样的"；当需要填充诗行的首七拍时，他被称作"降生于神的"。相似的饰词也用在其他英雄和神身上。很少有可供选择的其他饰词，诗行中的每个位置只能用一个饰词。这种语言程式系统无法用我们熟悉的诗歌创作规则来解释，后来希腊、拉丁文学中荷马的模仿者和现代英语作家也无法对此做出说明。这个程式成了口诵诗歌的决定性特征，它是文学批评史上的一个重大发现。

帕里推想，在没有书写的情况下，无读写能力的诗人用公式进行创作。20世纪30年代，在一位名叫艾伯特·洛德的研究生的陪同下，帕里旅行至位于希腊西北方的南斯拉夫，此地的口诵歌手在那时仍很活跃。由于唱歌时拉一种名叫古斯里的单弦乐器做伴奏，这些歌手被称为"古斯里歌手"（图6.3）。帕里和洛德结识了一些古斯里歌手，他们询问这些人的生活状况，写下他们的唱词，并使用靠福特T型汽车的电池提供动力的装置，在铝盘上录下歌曲。他们发现，没有读写能力的古斯里歌手是通过长时间与年长歌手接触（也就是学艺）的方式学会创作韵歌的。我们可以将歌人以此方式学得的韵律语言比作某种特殊语言，在此种特殊语言中，重复的韵律是语法的一部分，是对交流具有重要意义的结构要素，但如果不进行文学分析就无法看出这点。

由于不能读、写，古斯里歌手在吟唱时并不考虑单个词语的含义。他们用同一个塞尔维亚-克罗地亚语词表示词语、短语、句子、诗行、段落甚至整首歌曲。由于不识字，他们不知道一个"词语"是什么意思，不过他们坚持认为，只听一遍，他们就能准确地将一首歌、一个词语复述出来。在我们看来，这些话实实在在地告诉我们，尽管不能将原样的准确词语复述出来，但

图6.3 古斯里歌手为众人献歌，该图源自《塞尔维亚民族诗选》（武科·斯特凡诺维奇·卡拉季奇于1823年在莱比锡出版）。武科是塞尔维亚作家、语言学家，也是现代塞尔维亚语的改革者，以其塞尔维亚民间故事以及用改进过的语言创作的首部塞尔维亚语词典闻名。该图的创作受到了武科的指导

资料来源：Vuk Stefanović Karadžić（1823）Narodne srpske pjesme: Pjesme junačke najstarije, U štampariji Brejtkopfa i Eršla, p.8

他们能把握相同的事件顺序和主题顺序。和荷马一样,虽然古斯里歌手不懂以书写为基础的"诗行"观念,他们却创作了有韵律的诗歌。同样,和荷马一样,他们常常用固定短语组成诗行,并重复整行整行的诗句:在荷马史诗中,有 1/8 的诗行在别处重复出现。

从对荷马史诗风格的分析中,米尔曼·帕里提出一个观点:荷马史诗并不像我们所认为的那样是史诗创作的产物。他由此提供了一种以原始田野调查为基础的"民族学类比法"。在他看来,荷马应该与南斯拉夫古斯里歌手很相像:作为一个文盲诗人,在某种(从更早的大师那里学来的)特殊语言的帮助下进行口头创作。

帕里的早逝和二战延迟了其理论的传播,但在 20 世纪 50 年代和 60 年代,阿尔伯特·洛德出版的著作让这些理论成为理解荷马史诗的权威方法。帕里和洛德发现,在口诵诗歌中,出现深深困扰分析派的那类不一致细节是非常情有可原的,因为现场听众并不会注意或关心这些不一致,而且听众也没有可用于对照歌词的文本。在口诵诗歌中,不同的类型场景重复出现,如战士准备战斗的武装场景、男性聚在一起讨论问题并做出决定的集会场景以及饮宴场景。这些类型的场景让诗人能在故事层次上快速创作,一如程式让他们能在诗行层次上快速创作,这对于娱乐焦躁的听众至关重要。

最重要的是,帕里发现不存在固定文本这样的东西。"同一首歌",诗人每次唱都是不同的,因为没有任何成形的东西可供记忆。相比用书写方式创作诗歌,口诵诗歌的创作与爵士乐、布鲁斯歌曲、摇滚乐或说唱乐之类的音乐流派的演奏形式更为相似。口诵诗人听他人吟唱,并记下其基本情节、主题——通常是高度格式化的情节、主题,这正像乐队吉他手耳听多次从而挑选歌曲主歌、副歌的和弦序列(也是高度格式化的)一样。口诵诗人心里熟记某些有用的程式,然后将它们用在诗行中的适当位置,这正像吉他手知道某些标准的简短乐句,然后将它们塞进独奏中,使演奏可以顺畅进行,或为歌曲增添活力。最重要的是,口诵诗人和即兴表演的乐师都知道如何以新的方式把熟知的短句结合起来，以及如何创造新短句。有些诗人、乐师不过是才能平庸、拾人牙慧的人。不过，也有一些人是创造天才，他们发明了强有力的新表达方式，并为经典表达方式赋予新的含义。荷马就是这种人。

男性诗人（事实上所有的希腊口诵诗人都是男性）在其游走四方时用一种特殊语言进行创作。每当吟诵一个故事时，他通常都会遵循相同的主题顺序，但使用不同的词句。在表演中，口诵诗人需不断迎合听众的要求，这些听众会集中注意力，也会分心，会觉得有趣，也会感到无聊。口诵诗歌的平均长度约700行，对应的表演时间有好几个小时。但《伊利亚特》有近16 000行！帕里在其与古斯里歌手所做的试验中，记录了一首差不多一样长的歌曲，当时他鼓励歌手尽可能地唱下去。在以口述的方式录制这首歌时，歌人无须承受现场观众的压力，从而能够连续不断地说下去。荷马史诗的起源或许与此类似：在某个人的引导下，诗歌通过口述被记录下来，此人鼓励荷马将存于脑海的一切和盘托出。诗歌的记录者或许就是发明希腊字母的那个人，他调整了原有的西闪米特音节，用来给诗歌的复杂格律标记符号。

无论如何，只有书写才能保存口诵诗歌的歌词，但它不能保存强调语气、声调、伴奏音乐、姿势，乃至口诵诗人表演中的许多其他的细微交流特征。我们可以再次对比一下口诵诗歌与摇滚乐。我们认为在录音棚里录制的歌在某种程度上是标准件，而观看一次精彩的乐队现场演出则是与此完全不同、感受更丰富的体验。书写从口诵诗歌中产生出了某种与吟唱不同的新事物，即标有符号的物质对象——文本，人们用这些符号将口诵诗歌中与人类语言接近的那部分内容表达出来。我们从来不能说一首口诵诗歌一字不差（也就是逐字逐句）地从一个歌手传到另一个歌手那里，因为它的每一次吟唱都是一次全新的创作。诗歌一字不差的重复有赖于文本，没有文本就无法实现。由此，荷马史诗是独一无二的特殊表演记录，在其从口头表演转为书写文本那一刻之前还是之后，我们都没有听到过以上述方式进行的这类特殊吟唱。

荷马史诗中的口诵诗人

希腊人称口诵诗人为"*aoidoi*",即"歌手"〔单数形式为"*aoidos*",是"*ode*"(颂诗)一词的来源〕。在奇怪地体现了荷马本人自我意识的《奥德赛》中,荷马描写了两位歌人,其中一位叫菲弥俄斯(意为"著名的")的口诵诗人被迫为包围奥德修斯宫殿的求婚者表演。在接下来的段落中,化装成海商的雅典娜来到伊萨卡岛奥德修斯的宫殿,给急欲向这位生客表示善意的奥德修斯之子忒勒玛科斯出主意:

> 高傲的求婚者们全都走进屋内,
> 在靠椅和便椅上入座,依次成排,
> 信使们倒出清水,淋浇他们的双手,
> 女仆们送来面包,堆填在筐篮,
> 年轻人将醇酒满注兑缸,供他们喝灌。
> 众人伸出双手,抓起面前佳美的肴餐。
> 然后,当他们满足了吃喝的欲望,
> 求婚人于是把兴趣移开,移至舞蹈和歌唱,
> 二者乃盛宴的随伴。
> 信使将一把精致的竖琴放入菲弥俄斯手里,
> 他为求婚人歌唱,出于被逼无奈。
> 他拨响竖琴,口诵动听的诗篇。
>
> ——荷马:《奥德赛》,1.144—155

求婚者对佳肴、美酒、妙曲的喜爱无疑反映了公元前8世纪荷马同代人的真实品位,当然,这些人道德败坏,且将为他们的罪行付出惨重代价。荷马对这些人中的歌手的描写应该也反映了真实的习俗。在这方面,文学文本充当了理解历史的材料。

海因里希·谢里曼和特洛伊战争

我们在早前指出，大多数历史学家认为荷马告诉我们的更多的是他所生活的那个时代的社会状况，而不是发生了特洛伊战争的迈锡尼时代的情形。毫无疑问，公元前9世纪晚期和公元前8世纪早期的口诵诗人无法获得数百年前的一手资料。因此，如果荷马确实知晓青铜时代的社会状况，唯一的可能是口诵诗人把风俗、文化细节原封不动地保存了数百年。考虑到他们的创作方式，这不太可能。

人们常常会问，特洛伊战争真的发生过吗？即便荷马对迈锡尼社会了解甚少，战争故事本身是否可能建立在真实发生的冲突的基础上呢？就历史问题而言，很少有像这样得到深入分析并使用了现代语言学、文学研究、历史方法、考古学等一整套工具的。比较证据至今仍模糊不清。20世纪塞尔维亚的古斯里歌手经常传唱1389年在基督徒、奥斯曼土耳其人之间真实发生的科索沃战役，不过他们把所有细节（包括赢家是谁）都搞错了。《罗兰之歌》是创作于1100年前后的著名法国史诗，它主要叙述778年真实发生的龙塞斯瓦耶斯战役，这部史诗（它有许多版本）同样将很多细节甚至是参战军队搞得乱七八糟。正如现代电影所做的，口述传统歪曲了有关过去的信息，因为对观众来说，细节不如故事所引起的观感和兴奋情绪重要。

到19世纪60年代，分析派已使学界相信"荷马"是不同诗人的合称，而特洛伊战争是虚构的，不过一位叫海因里希·谢里曼的德国人并不这样认为。谢里曼从小诵读荷马史诗，被诗中的故事深深吸引。他在经商致富之后，成为美国公民，之后很早退休，并准备向专家们证明特洛伊战争并不是虚构的。早先，在土耳其西北的希沙立克（在土耳其语里意为"堡垒"）山上，一位当地的英裔居民已挖掘了一些地坑，但发现的大多数是罗马时代的物质遗存。通过阅读荷马史诗，谢里曼确信希沙利克就是古代特洛伊所在地，于是，他在1870年带一帮工人来到此地。按现代标准来看，谢里曼是一位粗心的考古学家,在报告自己的发现时,他有时显得不够诚实。不过,他从地下挖掘出了数量惊人的青铜时代的宝贝。在特洛伊,他在远眺斯卡曼德平原、赫勒斯滂海峡时,发现了包围一座城堡的大城墙,正如荷马描述的那样。由此,谢里曼和许多其他人得出结论:特洛伊战争是真实发生过的。

作为一位"超级表演家",谢里曼将其年轻的希腊娇妻佩戴珠宝(他宣称正是特洛伊的海伦的珠宝)的照片寄回国(图6.4)。这些珠宝在二战中被苏联士兵从柏林盗出并珍藏起来,在20世纪90年代重现于圣彼得堡的一座博物馆。在谢里曼时代,考古学是一门很新的学科,以至没人真正认识到谢里曼发现的是什么。我们现在知道,希沙立克城确实在公元前1200年(也就是古代学者倾向于认为的特洛伊城陷落之时,没有记录,他们只是猜测)遭到了严重的毁坏,可能毁于战争或地震。以美索不达米亚一种楔形文字用赫梯语写成的一块泥版提到了一个名叫维鲁萨的地方,它可能相当于伊利昂(特洛伊的希腊名)。另一块赫梯泥版提到了某个叫"亚历山大"的人,这是一个希腊人名,在荷马史诗中

图6.4 佩戴"特洛伊金饰"(精致的金冠、项链)的索菲亚·谢里曼。这些金饰自1945年被苏联军队从柏林运走后,人们一直认为它们遗失了,直到近年,人们才在圣彼得堡的一座博物馆里再次发现它们。这些珠宝的历史可追溯至约公元前2500年,那时特洛伊的海伦根本不存在

资料来源:Elizabeth Simpson / Public Domain

是帕里斯的别名。在希腊传说中，就是这个帕里斯与海伦私奔，由此引发了特洛伊战争。

在青铜时代晚期，有希腊人生活在特洛伊吗？我们在前文提到了赫梯对可能是亚加亚人之地的阿西亚瓦的抱怨，除此之外，我们发现赫梯文献中的许多人名与希腊传统人名有相似之处。20世纪90年代，在特洛伊进行的新考古挖掘发现了一枚青铜印章，上面用赫梯文刻着两个人名的部分内容。考古学家在城市周围发现了一条排水沟，可能还有一座城墙。这些发现引发了争议，但知名学者们已经对此置之不理。

在特洛伊可能确有一场大型围攻战，许多故事围绕这座城市展开也必定有某种缘由。不过，荷马的叙述与真实发生的战争的关联即使有也甚少，由此，即便荷马史诗保存了一些古代史实，我们也永远不知道是哪些。他的史诗取得了成功，其原因是，它们娱乐了民众，鼓舞了希腊人鲜活的道德行为意识，并促使希腊人将世界看作一个道德冲突的舞台。这些史诗是古典教育的基础，它们得到了受过教育的男性（偶尔还有受过教育的女性）的严肃对待。事实上，没有荷马史诗，我们无法想象希腊历史和文化。

悲剧史诗《伊利亚特》

在历史上产生过巨大影响的荷马史诗究竟是怎样的呢？《伊利亚特》的故事发生在特洛伊战争第10年，历时53天，不过从第2卷到第22卷（全书共24卷），只过去了短短5天时间。尽管史诗规模庞大、内容芜杂，它的主题，特别是时间却是紧凑的。史诗中最重要的词语是"愤怒"，它预告了一个关于这种人类所熟知的可怕情绪所带来的消耗性、自毁性后果的故事：

歌唱吧女神，歌唱珀琉斯之子阿喀琉斯招灾的愤怒，

> 它给亚加亚人带来了无穷尽的痛楚,
> 把众多豪杰强健的魂魄打入了冥神的冥府,
> 而把他们的躯体作为美食,扔给狗和各种兀鸟,
> 从而实践了宙斯的意图——开始吧,
> 从初始的那场争斗,卓越的阿喀琉斯和
> 阿特柔斯之子、民众的王者阿伽门农闹翻分手。
>
> ——荷马:《伊利亚特》,1.1—6

每个人都会感到愤怒,但这种情绪对那些刀口舔血的人来说尤为熟悉。在战场上,愤怒可能是一种保命的力量,它能增强人们在战斗中的勇气,但在团队中,愤怒会给个人带来毁灭。这就是荷马史诗的主题。受辱的阿喀琉斯知道自己是对的,他的伙伴们也知道,而他正当的怨愤情绪所产生的结果却是自己最好的朋友帕特洛克罗斯的死,以及即将来的阿喀琉斯自己的灭亡。荷马对愤怒的描写深深打动了那些最初的听众,他们通常也是战士。

荣耀和奖赏

要对错误的事情感到气愤,你必须对正确的事情有坚定的信念。就道德体系而言,存在着从耻感文化到罪感文化的一个谱系,荷马笔下的那类英雄社会通常属耻感文化系列。

耻感产生的根源是没有达到理想的社会行为模式。如果你的同伴看不起你,你就"丢了面子",如果丢脸的程度极其严重,你就会感觉到生活已丧失意义。二战期间,在南太平洋与日本人作战的美军悲哀地认识到,宁死不辱的战士是多么顽强。就罪感来说,它是违反内心规诫(它们常常被西方理解为上帝的律法)的产物。耻感的约束是外在的约束,它是有形的、可触知的、物质的,一如奖章或奖杯。相形之下,罪感的约束是内在的约束,它是人在做错事时所怀的不安情感。

在《伊利亚特》所述的耻感文化中,一人在他人面前享有的

地位被称为"timê"（荣誉、荣耀或价值、价格）。每位战士都在争取荣耀。荣耀有形的外在标志是"geras"（奖赏），它通常是某种有形的物质体。一个人不能有荣耀而无奖赏，它们是联系在一起的。

这首诗的开头很突兀，阿波罗的一位名为克律塞斯的祭司来到希腊军中恳求他们放归其女克律塞伊斯，后者是在希腊人发动的一次突袭中被抓获的。我们前面指出，荷马并未将特洛伊的围攻者称为希腊人，而是把他们叫作亚加亚人（这可能是迈锡尼人的自称），或得纳安奈人（达那俄斯部族的后代），或阿尔戈斯人（来自阿尔戈斯的人，青铜时代的迈锡尼城即坐落在阿尔戈斯平原）。聚会议事的希腊人力主返还女俘，以免与那位危险的祭司发生冲突。不过，在先前的战利品分配中，领头的国王阿伽门农已赢得该女俘做他的女奴。她是他的奖赏（战利品），失去她就会失去荣耀，失去建功立业的全部理由：

> 亚加亚全军发出赞同的吼声，
> 表示应该尊重祭司，收下光灿灿的礼物，
> 然而此事却未能愉悦阿特柔斯之子的心胸，
> 阿伽门农用严厉的命令粗暴地赶走了老人：
> "老家伙，别让我再见到你，傍临我们深旷的船舟！
> 将来不许再来，今天也莫要逗留，
> 否则，你的节杖和神的条带将不再为你保佑。
> 我不会交还姑娘，很快她会变老，
> 在远离故乡的阿尔戈斯，我的房宫，
> 她将与我同床，和布机作伴，巡走穿梭。
> 去吧，保全你的性命，不要惹发我的怒火。"
>
> ——荷马：《伊利亚特》，1.22—32

荷马用"闪亮的""捷足的"或"胳膊粗壮的"等程式化的饰词

描绘他笔下的人物，而从未详细描述人物内在性格。不过，他在人物的行动中展现一个人，通过他们的言行揭示出他们是什么样的人。在荷马史诗中，足有一半篇幅是记述人们的话语（常常还有人们相互争辩的话语）的直接引语。在上述事例中，阿伽门农拒绝接受祭司克律塞斯的赎金，维护了自己的荣耀，却危及了整支远征军，因为克律塞斯有能力伤害他们所有人。克律塞斯向瘟疫之神阿波罗祈祷，令大量亚加亚人死于非命。

身为众多国王中的一员，阿喀琉斯和他的手下组成了希腊军队，他在第二次集会时发言，力主众国王向卜师问计，寻求解决瘟疫的良方。阿伽门农对此提议不满，因为卜师总是反对他，但他仍然容许卜师卡尔卡斯说话。正如阿伽门农所担心的，卡尔卡斯宣布瘟疫起于阿伽门农拒绝将他的奖赏即克律塞斯之女交还其父——瘟疫之神阿波罗的祭司。

阿喀琉斯之怒一触即发。阿伽门农陷入了自己造成的两难困境中。如果放弃该女俘，他将失去荣耀；如果他拒绝放弃，最终也会因不关心远征军将士的安危而失去荣耀。阿伽门农虚张声势，孤注一掷，宣布将用他人的奖赏代替自己要失去的奖赏，因为作为头号国王和远征军统帅，他丧失荣耀是很不体面的：

乌黑的心里注满潜溢的愤恼，
双眼熠熠生辉，宛如喷射出燃烧的烈火，
凶狠地盯着卡尔卡斯，从他下手，对他说道：
"灾难的卜者，你从未对我卜过一件吉好，
总是心仪预言灾难，对此津津乐道，
你从未说过吉利的话，没有带来一件成真的喜兆。
现在，你又对集会的得纳安奈人卜释起神的意志，
声称远射手之所以使他们备受煎熬，
是因为我不愿接受光灿灿的赎礼，
把姑娘送回克律塞斯的怀抱。

是的,我确实想把她放在家里,
我喜欢她胜似克吕泰涅斯特拉,
我的妻姣,因为此女半点也不比她逊色,
无论是身段体形,还是内秀和手工的精巧。
尽管如此,我仍愿割爱,倘若此举佳好。
我祈望军队得救,而不是它的毁破。
不过,你们得给我找一份应该属于我的礼物,
以免在阿耳吉维全军中唯我两手空空,如此不妥。
你们都已看见,我失去了属于我的礼获。"

其时,捷足和卓越的阿喀琉斯对他答话,说道:
"阿特柔斯之子,最尊贵的王者,世上最贪婪的人儿,
心胸豪壮的亚加亚人眼下何以能支给你另一份战获?
据我所知,库里的堆藏已存货不多。
得之于劫扫城池的战利已被散发,
而要人交还分得的东西,我想此举不算稳妥。不!
现在,你应把姑娘交还阿波罗。
将来,我们亚加亚人会以三倍、四倍的酬礼回报,
倘若宙斯允许,让我们荡劫墙垣坚固的特洛伊城堡。"

——荷马:《伊利亚特》,1.103—129

  阿喀琉斯的政治权力比阿伽门农小,因为他管治的子民更少,不过由于他战绩辉煌,他本应获得比阿伽门农更多或至少与之相当的荣耀。我们看到,荷马笔下的伊萨卡是一个无政府社会,那里的人必须靠自己和家庭的力量办事。与此类似,亚加亚人的军队也几乎没有我们所说的军纪。阿喀琉斯毫不避讳地告诉阿伽门农应如何处理战士生涯中最重要的问题——荣耀。

阿喀琉斯的愤怒

阿伽门农被阿喀琉斯的话激怒，威胁着要拿走阿喀琉斯本人或另一位战士的奖赏。这种过激行为深深冒犯了阿喀琉斯，这位暴怒的勇士拿起利剑，想在大庭广众之下砍倒阿伽门农。整支远征军将在失败中崩溃。大危机已然到来，荷马《伊利亚特》的头几百行诗中飞快地描述了这一点。这是文学史上不朽的开篇之一。

只有神的介入才能阻止不可避免的事情发生。雅典娜从天而降，她抓住阿喀琉斯的头发，阻止了他。只有阿喀琉斯能看到她。她承诺，只要阿喀琉斯能克制自己，在将来他会收获三倍于现在的荣耀。虽在盛怒之下，阿喀琉斯还是听从了女神的劝解，收回了自己的剑。他说出了许多人在与不公正的上级发生冲突时的想法，这些话足以给他们带来杀身之祸：

> 捷足的阿喀琉斯恶狠狠地盯着他，答道：
> "啊哈，你已被彻底的无耻包裹！狡诈的心窝！
> 你怎能让亚加亚人心甘情愿，
> 听从号令，为你征伐，或对强敌拼剿？
> 就我而言，我来到此地，
> 并非出于和特洛伊枪手战斗的愿望。
> 他们没有做过对不起我的事情，
> 从未抢过我的牛群、骏马，
> 从未在土地肥沃、人丁强壮的弗提亚★践踏过我的庄稼
> ——我们之间隔着广袤的地域，
> 有投影森长的山脉、呼啸的海洋。
> 为了你的利益，真是奇耻大辱，
> 我们跟来此地奔忙，你这狗头，

★ 阿喀琉斯的故乡，在色萨利（位于希腊中部）南部。

为你和墨涅拉俄斯从特洛伊人那里争回荣光。
对这一切你却满不在乎，以为应当。
眼下，你倒扬言要亲往夺走我的份子，
我为她苦战拼搏，亚加亚人的儿子们给我的酬赏。
每当亚加亚兵勇攻破特洛伊人丁兴旺的城防，
我的所得从来不曾和你的相仿，
惨烈的拼搏中，苦活总是由我承担。
然而，当分发战礼的时机来临，
你总是吞拿大头，而我却只能带着那点珍爱，
丁点的所得，拖着疲软的身子，走回船舫。
好了，我要返回弗提亚；这是件好得多的美事，
能够乘坐弯翘的海船回家。我不想忍受侮辱，
待在这里，为你积聚财富，增添佳宝库藏！"

——荷马：《伊利亚特》，1.148—171

不过阿喀琉斯并没回家，他转而乞求其神明母亲忒提斯，让她劝说宙斯使战局对希腊人不利。他们将会因坐视阿伽门农欺负自己而后悔！阿伽门农的手下到阿喀琉斯营房，带走了他的奖赏——名叫布里塞伊斯的女孩，一如阿伽门农所威胁的。阿喀琉斯没有抵抗，他闷闷不乐地等待着他所谓的朋友（亚加亚战士）开始走向死亡。

劝说团与阿喀琉斯的冲突

利用阿喀琉斯未参战的空当，荷马大幅描述了战争的背景，包括所有船舰、船舰指挥官的名字以及每条船所载的人数。数场激战后，拜宙斯所赐（他答应了忒提斯的请求），战局变得不利于希腊人。

对战局感到心焦如焚的阿伽门农召开会议，他与其他军事统帅决定劝服阿喀琉斯回来参战，否则他们所有人都必死无疑。能言善辩的奥德修斯、骁勇善战的大埃阿斯、年长的菲尼克斯（阿喀琉斯儿时的

老师）组成劝说团，乞请阿喀琉斯返归战场。如果阿喀琉斯止息愤怒并返回战场，阿伽门农就给他丰厚奖赏，包括一返回希腊就将自己的女儿嫁给他（到时候他就是阿伽门农的女婿了）。雅典娜所许诺的时刻到来了，在阻止阿喀琉斯用暴力对付阿伽门农时，她曾许诺阿喀琉斯会获得三倍于原来的荣耀。

令众人惊讶的是，阿喀琉斯轻蔑地拒绝了劝说团的说项：

"尽管像狗一样勇莽，他不敢对我的脸面盯瞧。
我再也不会和他一起行动，一起商讨。
他骗我，伤害了我，
别让他再用花言巧语迷惑——做下的已经够多。
让他在舒怡中败毁，他的心智已被精擅谋略的宙斯抢夺。
我厌恨他的礼物；在我眼里，这些就像须末。
不，哪怕他给我十倍、二十倍的东西，
像他现在拥有的这些，哪怕他增添别的更多，
无论是倾囊俄耳科墨诺斯★的库藏，
还是敛聚在底比斯†的珍宝，
那里有最多的财富，堆积居所，
拥有一百座大门，从每门冲出二百名武士，
驱赶驭马，驾乘战车。
不，哪怕他给出礼物，多似沙粒尘土，
即便如此，阿伽门农也休想说动我的心魂，
直到他偿付揪我心灵的屈辱，彻底偿报！"

——荷马：《伊利亚特》，9.372—387

★ 底比斯勒夫坎第附近的一座城市，该地有重要的青铜时代遗址。
† 不是与此同名的希腊城邦底比斯，而是埃及的一座宏伟城市，该城在新王国时期（约公元前 1650—前 1150 年）为王国首都，位于开罗以南 600 多千米。

阿喀琉斯年迈的老师菲尼克斯提出请阿喀琉斯参战的其他条件，他担忧阿喀琉斯会因为固执失去所有的荣耀。但阿喀琉斯拒绝了：

> 尊敬的老人，宙斯宠爱的菲尼克斯，
> 我无需这份荣誉，
> 我以为，我已受誉宙斯的谕令，
> 它将伴随我，在这弯翘的船边，
> 只要生命的魂息驻留胸膛，只要我的双膝还能站立。
>
> ——荷马：《伊利亚特》，9.607—610

阿喀琉斯的伙伴对他的拒绝感到惊讶，阿伽门农提出给他大量财富以及随之而来的荣耀。不过，在荷马重点关注的价值观冲突（这种冲突可能引起了荷马同代人的反响）中，阿喀琉斯拒绝了作为英雄文化根基的那套价值体系。他将自己的价值观念化入内心，而并不在乎人们怎么看他，因为他从宙斯那里接受自己的荣耀。阿喀琉斯在耻感文化的海洋里构建了自己的个人罪感文化孤岛。

作为价值观冲突的焦点，阿喀琉斯的姿态具有令人惊奇的现代意味。在拒绝阿伽门农提出的条件后，他从此生活在自己的个人世界中，与同伴疏远。在孤立中，他成为悲剧英雄的典型——是样板，也是源头；他日渐孤立，直到他彻底一个人，独自面对即将到来的死亡。

帕特洛克罗斯和赫克托耳之死

在特洛伊人的进攻空前猛烈之际，阿喀琉斯的伙伴帕特洛克罗斯（在后来的传说，人们认为他是阿喀琉斯的情人，但荷马史诗中没有这样的说法）谴责他对战友的遭际漠不关心。他乞求阿喀琉斯让他突击，以粉碎特洛伊人的进攻。阿喀琉斯极不情愿地答应了，他把自己的盔甲借给帕特洛克罗斯。起初，帕特洛克罗斯杀敌无数，而后攻到特洛伊城下。不过，最伟大的特洛伊王子赫克托耳杀了他并剥去其盔甲。

听闻帕特洛克罗斯之死——这是因阿喀琉斯拒绝阿伽门农之请而造成的，阿喀琉斯陷入深深的悲痛，然后，他将满腔怒火倾泻在杀害自己朋友的凶手赫克托耳身上。他单枪匹马攻击特洛伊军队，一个离奇的史诗段落甚至说他与斯卡曼德河作战，以尸体阻断了河流。阿喀琉斯将赫克托耳逼到特洛伊城下并将他杀死，赫克托耳的父亲普里阿摩斯、母亲赫卡柏，即特洛伊的国王、王后站在城头目睹了这一幕。阿喀琉斯将赫克托耳的尸体绑在战车上，拖回自己的军营。

赫克托耳被赎与阿喀琉斯息怒

阿喀琉斯在帕特洛克罗斯死后接受了阿伽门农的礼物，不过他对此毫无兴趣。阿喀琉斯已将怒气从阿伽门农转移到赫克托耳身上，但在后者死后，他心中仍充满厌恨。他每天用战车拖拽赫克托耳的尸体，以惩罚这个杀死他朋友的人的肉体。如果他自己返回战场的话，帕特洛克罗斯就不会死。

在充满了下到阴间的暗示的一幕场景中，普里阿摩斯老国王载着一车赎金，在赫耳墨斯（将灵魂引向地府的向导）的护送下，于夜间穿过平原来到阿喀琉斯的营地。普里阿摩斯国王突然现身自己的营帐令阿喀琉斯感到惊讶，作为杀友仇人的父亲，阿喀琉斯理应将他杀掉。不过，在这位丧失了多个儿子的可怜父亲的身上，阿喀琉斯看到了自己父亲的影子。根据阿喀琉斯即将死亡的预言，他自己的父亲很快就会失去他唯一的儿子：

> 高大的普里阿摩斯走进，不为众人所见，
> 站临阿喀琉斯身边，展臂抱住他的膝盖，亲吻他的双手，
> 这双可怕、屠人的大手曾杀死他众多的儿男。
> 像有人陷入极度的迷乱，在故乡杀人，事后逃到别国避难，
> 求援一位富人，使旁观者惊异一般，
> 阿喀琉斯惊讶，望着普里阿摩斯，神样的凡胎；

众人亦面面相觑，表情诧然。

这时，普里阿摩斯开口，说出祈求的话语：
"念想你的父亲，神一样的阿喀琉斯，
他和我一样老迈，跨站暮年痛苦的门槛。
居舍边的乡里邻人想必会窘迫骚扰，
而家中却无人挺身而出，为他挡离破毁和苦难。
然而，当他听知你还活在人间，
喜悦之情会在心里荡开，满怀希望，一天一天，
想望见到心爱的儿子，从特洛伊返回家园。
而我，我的命运充满艰险，我有过最好的儿子，
在特洛伊地面，然而，告诉你，他们无一存还。
我有五十个儿子，当亚加亚人进兵前来，
十九个出自同一个女人的娘胎，
余下的由别的女人生养，在我的宫殿。
强悍的阿瑞斯酥软了他们中大部分人的膝盖，
但给我留下一个，保卫我的城邦和人民安全。
此儿已经被你杀害，当他为保卫故土而战，
赫克托耳，为了他我来到亚加亚人的船边，
带来难以计数的财礼，打算从你手中把他赎还。
敬畏神明，阿喀琉斯，体恤我的老迈，
念想你的父亲，而我比他还要可怜。
我忍受了世间无人忍受过的苦痛，
用双唇贴吻别人的双手，他杀死我的儿男。"
他言罢，在对方心里激起伤悲，哭念亲爹。
阿喀琉斯握住老人的手，把他轻轻推还，
两人忆想死者，哭泣，普里阿摩斯坐着，
悲悼屠人的赫克托耳，缩蜷在阿喀琉斯脚边，

而阿喀琉斯则时而哭念他的父亲，

时而又为帕特洛克罗斯举哀；

悲惋的哭声在营棚里传开。

——荷马：《伊利亚特》，24.477—642

阿喀琉斯劝普里阿摩斯与他共餐，他们惺惺相惜。阿喀琉斯收下赎金，把赫克托耳放在马车上，让他被带回特洛伊。史诗以"驯马的赫克托耳"的葬礼结束。阿喀琉斯仍然活着，特洛伊城也未陷落。

由此，阿喀琉斯放下了对战友、对最痛恨的敌人的愤怒。荷马笔下的阿喀琉斯拒绝了其他人赖以生存的以荣耀和奖赏为基础的那套价值观体系，而直至数百年后的古典时代，希腊人仍通过"帮助朋友，伤害敌人"的能力来评判一个人。怀着一种早熟的道德意识，荷马让我们看到，阿喀琉斯在普里阿摩斯国王和他自己父亲身上都找到了一种共同的人性，这种共同的人性由人类生活带来的可怕痛苦凝结而成。

荷马与情节的创造

虽然荷马史诗是现存最古老的西方文学样本，不过，除超绝的情节外，荷马史诗中没有什么东西是在更早的近东文学中找不到先例的。在近东文学（可能从未通过口头方式被创作出来）中，事件一件一件地接在一起，好似用线串起来的珠子。然而，荷马是第一位运用可辨识的、现代意义上的情节的诗人。在公元前4世纪从事创作、同时身为荷马的细致研究者的亚里士多德最先注意到，一个情节包括三部分：起始、中间和结尾。在一部名为《诗学》的诗论著作中，他说道：

> 一个完整的事物由起始、中段和结尾组成。起始指不必承继他者，但要接受其他存在或后来者的出于自然之承继的部分。与

之相反，结尾指本身自然地承继他者，但不再接受承继的部分，它的承继或是因为出于必须，或是因为符合多数的情况。中段指自然地承上启下的部分。因此，组合精良的情节不应随便地起始和结尾，它的构合应该符合上述要求。

——亚里士多德：《诗学》，1450b[1]

文学给我们的印象是"像生活"，不过它与生活并不相同。文学有其自身的规则，而亚里士多德描述的那类文学有情节，这是荷马的一个创造。用现代术语来说，我们可以这样表述：情节始于场景布置。在布景中，我们得知谁是主角，他或她的戏剧性需求是什么，他或她想获得、追求、成就什么。在情节文学中，人物角色由他们的戏剧性需求确定。在《伊利亚特》中，阿喀琉斯是主角，他的戏剧性需求是发泄愤怒——首先是对阿伽门农，其次是对赫克托耳的愤怒。布景也确定剧情背景，即主角行动的背景，就《伊利亚特》来说，这个背景就是在围困特洛伊的第十年陷入困境的亚加亚军营。

随后，有某件事情发生改变了故事发展的方向，从而开启了亚里士多德所说的情节中段部分。中段通常是篇幅最长的部分，用现代故事片的情节用语来说，它是由一个剧情转折点导入的，剧情转折点就是某事发生从而改变故事发展方向的时间点。在一部通常有120分钟长的故事片里，第一个剧情转折点总是出现在第30分钟处。在《伊利亚特》中，第一个剧情转折点则出现得很早，是在阿喀琉斯退出战场并乞求母亲报复亚加亚人的时候。到这时，中段部分的人物行动舞台搭设好了，由此而开始了真正的故事——阿喀琉斯的愤怒产生作用。

冲突支配着情节的中段部分，它展现出主角与阻碍其戏剧性需求实现的各种力量进行争斗的场面。在现代故事片中，中段部分的长度是开头（场景设置）部分的两倍，且有它自身的剧情转折点或中间

---

[1] 本书中的《诗学》的引文皆参照：[古希腊]亚里士多德：《诗学》，陈中梅译注，北京：商务印书馆1996年版。对文字略有改动，下文不再说明。——译者注

点，该点将中段部分的两半联结起来（这个点在电影放到一半，即约第 60 分钟时出现）。在《伊利亚特》中，中间点在遭赫克托耳沉重打击的亚加亚人派出一个劝说团乞求阿喀琉斯返回战场时到来。劝说团是沟通前面的战斗与后面的战斗的一座桥梁，不过，基本的剧情仍未改变。阿喀琉斯拒绝了劝说团，这让他的报仇愿望进一步产生作用——更多的战斗、更多的死亡、以前的朋友遭受更多的痛苦。

和开头部分一样，情节的中段部分也结束于一个剧情转折点、一个再次改变故事发展方向并把冲突引向解决的事件。在《伊利亚特》中，帕特洛克罗斯之死就是第二个剧情转折点。在故事结尾，希望发泄怒火的阿喀琉斯杀死了赫克托耳，在最后一幕中，他放下了愤怒。随着归还赫克托耳的躯体，阿喀琉斯放下了让他自己和周围的人"备受煎熬"的愤怒。史诗中最重要的词语是"愤怒"，而史诗的最后一幕让我们看到，阿喀琉斯怎样通过对所有人类体验的统一的直觉，放下了自己的愤怒。

喜剧史诗《奥德赛》

精彩的《奥德赛》也有三部分情节，不过相比直线叙述，它的展开更为盘旋曲折。《伊利亚特》刻画了一个与自己所在的社会发生冲突的孤独者，《奥德赛》——这部著作中最重要的希腊词语是"男人"（不是"人"，而是特指"男性的人"）——则描写了一个远行千里、历经磨难后回到了自己在社会中的正当位置的人。与《伊利亚特》描写人物日渐与社会疏离的叙事模式相对，《奥德赛》的叙事模式是重生和重新融入社会。依据人们理解荷马史诗的老套路，《伊利亚特》是悲剧史诗，《奥德赛》是喜剧史诗。在日常会话中，我们用"喜剧"来指代"幽默"，不过文学评论家在说"喜剧"时，他们指的是以和谐、认同告终的故事。在《伊利亚特》中存在着许多幽默，而幽默不是喜剧，《奥德赛》中的幽默则很少。由于婚礼能最好地展现社会和谐,由此,喜剧(如莎士比亚的喜剧)常常以婚礼结束。《奥德赛》也是这样,它以奥德修斯与珀涅罗珀的假意再婚结束。

在《伊利亚特》中,阿喀琉斯关心的是不惜一切代价赢得荣耀,而在《奥德赛》中,英雄不惜一切代价为归家和恢复自己先前在家乡的地位而努力。阿喀琉斯用暴力对付阻碍,他威胁要杀死自己的上司,而后,他杀掉了最伟大的特洛伊勇士;与他相比,奥德修斯也克服了障碍,不过其手段是智取、耍诈和伪装。在《奥德赛》的首行诗中,他是一个"多才多艺"的男人,他能从不同角度解决问题,在史诗中的其他地方,荷马用"狡猾""聪明""诡诈"来形容奥德修斯。阿喀琉斯痛恨这些品质,并在对劝说团所说的话中表达了这样的意思。从这些方面来看,《伊利亚特》和《奥德赛》是完全不同的,尽管如此,它们却以一种惊人的方式相互补充:在《伊利亚特》中叙述过的任何事件无一在《奥德赛》中重复,而后者为我们提供了前者所缺的有关特洛伊战争的大量信息,包括特洛伊木马的故事、阿喀琉斯的葬礼、墨涅拉俄斯和海伦返回斯巴达。基于这个原因,或许所有荷马研究学者能真正达成共识的唯一一件事情是:《奥德赛》创作于《伊利亚特》之后,且出自一个熟悉《伊利亚特》的男性之手。由于在公元前8世纪没有图书馆或读者群,这个男性只能是荷马自己。

追求真理

流浪男儿的故事并非希腊人原创,早在荷马出生的2 000年以前,美索不达米亚《吉尔伽美什史诗》中的英雄就离家远行,翻越玛舒山到太阳,然后涉过恶鬼居住的水域,寻找摆脱死亡的道路。甚至《吉尔伽美什史诗》的开篇文字都与《奥德赛》的相似:

> 发现万物的人,我会让他的名传扬万国;
> 历经万事的人,我会将他的故事告诉所有人。
> 他踏遍四方土地。

> 他经历万事，获有完全的智慧。
> 他发现隐秘之事，揭开隐藏之物。
> 他在大洪水未到时带来讯息。
> 他游走远方，足迹遍地，
> 他归来疲倦，最后歇脚停息。
>
> ——《吉尔伽美什史诗》（译自达利英文译本）

吉尔伽美什是有关死亡意义的探求者，而在《奥德赛》中，虽然表现得不是很明显，但那位英雄同样是一位探求者：

> 告诉我，缪斯，那位精明能干者的经历，
> 在攻破神圣的特洛伊高堡后，飘零浪迹。
> 他见过众多种族的城国，晓领他们的心机，
> 心忍了许多痛苦，挣扎在浩渺的洋域，
> 为了保住自己的性命，也为朋伴返回乡里。
> 但即便如此，他却救不了伙伴，尽管已经尽力：
> 他们遭毁于自己的愚蛮、粗劣，这帮蠢货，
> 居然把赫里阿斯·赫披里昂[*]的牧牛吞咽，
> 被日神夺走了还家的天日时机。
> 诵述这些，女神，宙斯的女儿，随你从何处讲起。
>
> ——荷马：《奥德赛》，1.1—10

诚然，奥德修斯在旅途中什么都没学到。不过，《奥德赛》本身就是探寻真理、在游历中追求知识的一个典范，尽管在游历结束时，英雄知道的并不比游历开始时多。

---

[*] 日神。
[†] 缪斯女神。

《奥德赛》和历史

荷马可能从近东的古老记载中继承了流浪者的故事，尽管如此，他的故事带有古风时代早期希腊生活的浓厚色彩。我们在第 5 章中所描述的殖民运动格外重要。约公元前 775 年，希腊人在那不勒斯湾创建了皮特库塞岛殖民地，该殖民地可能有五千个居民，对如此偏远的地方来说，这是一个庞大的数字。但更早的时候，肯定有过探索性的航行。而在公元前 730—前 650 年，可能另有三万希腊人拓居西西里、意大利。乘坐敞篷船从希腊到意大利异常凶险，《奥德赛》中所描述的波涛汹涌的大海中潜藏着怪兽和神奇生物，不足为奇（图 6.5）。

图 6.5　一个雅典黑绘式饮杯（酒爵）杯沿上的战船，约绘于公元前 520 年（创作者是画家安提米尼）。相比公元前 8 世纪的船，该船更为先进，尽管如此，它仍是两侧有桨手、单桨单帆、舵手持桨（船右侧）站在小甲板上的敞篷船。注意左边的野猪状撞击装置。该船看起来像是航行在"黑色的酒洋"（杯子里的酒）上

资料来源：©RMN-Grand Palais / Art Resource, NY

拓居西方的希腊人不是为探险去那里的，他们的目的是获利，在《奥德赛》第 1 卷中，当雅典娜化作海员门忒斯来到伊萨卡宫殿时，这个动机显现了出来：

"听着，我会把你问的一切准确答全。
我乃门忒斯，恕我称宣，
聪颖的安基阿洛斯的儿男，

154

> 统治欢爱船桨的塔菲亚人,
> 如今来临此地,带着海船伴友,如你所见,
> 扬帆酒蓝色的大海,前往忒墨塞★,
> 他们操讲异邦的语言,换取青铜,我用闪亮的灰铁载船。
> 我的船停驻那里,在远离城区的乡间,
> 泊靠林木繁茂的内昂山下,在雷斯荣†港湾。"
>
> ——荷马:《奥德赛》, 1.179—186

奥德修斯的宫殿坐落在伊萨卡小岛上,它正好处在从希腊到意大利的海上航线上。早期的希腊探险家穿过伊萨卡与附近的凯法利尼亚岛之间的狭窄通道,在停驻伊萨卡岛南端的海港后,继续向北行驶到科西拉岛(今希腊西部科孚岛)。公元前733年,科林斯人在科西拉岛创建了一个殖民地,作为人们熟悉的希腊世界与该世界以外的"野蛮"世界之间的某种中转站。早在公共前5世纪,修昔底德就认为科西拉岛是荷马所说的淮阿喀亚岛,在抵家之前,奥德修斯曾在此停留,并讲述了他流浪的著名故事。

来自科西拉的航海水手穿过宽阔的海域,抵达意大利最南端(早在公元前800年,希腊人就与该地土著进行贸易),然后沿意大利海岸朝南航行,直至他们转向北方、穿越危险的墨西拿海峡。很久以前,该海峡被认为是荷马所说的斯库拉和卡律布狄斯(图6.6)。

从那里,他们沿着海岸向北航行至那不勒斯湾,希腊人在此与腓尼基航海人杂居,并与罗马北部神秘的伊特鲁里亚人有了早期的接触。如果荷马亲自进行了这样的航行的话,也不足为奇:这显示了他对伊萨卡岛非常熟悉(间或有一些含混不清的地方),看起来,他对该岛有第一手的认知。

★ 不知是何地,不过可能地处意大利北部。
† 雷斯荣可能是今伊萨卡的某个海港;至今仍有一座山叫"内昂山"(可能是出于《奥德赛》的缘故)。

图6.6 现代渡轮从西西里一边（图左边）的现代墨西拿城穿过墨西拿海峡。图右边是意大利靴状国土的脚趾尖，在该地附近曾坐落着古希腊人的殖民地勒吉乌姆（今雷焦）。长期以来，海峡的湍急水流被认作荷马笔下的斯库拉和卡律布狄斯在现实世界中的原型。早期的希腊殖民者穿过海峡，向北航行至希腊人在那不勒斯湾建立的第一个殖民地，它位于皮特库塞岛（今伊斯基亚岛）

资料来源：GFDL

《奥德赛》和民间故事

作为一个耍诈能手，奥德修斯在世界各地的民间故事中都能找到自己的同路人。遵照一种共同的模式，英雄奥德修斯沦落到社会最底层，乔装成乞丐归家，在克服诸多阻碍（有一百多个求婚者反对他）后，他成为国王并与王后结婚。尽管如此，从内在含义上说，《奥德赛》讲述的是到达别的世界并重生返归的一个男人的故事，这也是民间故事的一个主题。在奥德修斯著名的冒险故事中，同样有许多强大的民间故事构成要素，例如，奥德修斯最大的敌人是死神，他遭遇多种伪装形式（食人怪、怪兽、妖妇、女巫和吞噬一切的海上洪潮）的死亡。女性人物持续不断地威胁或帮助他，史诗也是对女性类型（积极或消极）的研究。与《伊利亚特》一样，《奥德赛》的大背景是同一个英雄世界，其中出现了许多相同的英雄人物，但荷马将自己的关注重点放在伊萨卡的日常生活上，那里居住着乞丐、奴隶、侍女和缺乏教养的贵族。

民间故事包含指导人们行动的民间道德标准，它们提倡的人类本能是惩罚或毁灭邪恶。在史诗开端，荷马在叙述奥德修斯的同伴"遭毁于自己的愚蛮"时宣示了这一主题，在民间故事中，违反禁令常常导致毁灭。同伴死亡的原因是："他们居然把赫里阿斯·赫披里昂的牧牛吞咽"，而这是他们被告知不应该做的。

对、错、惩罚在史诗中占有突出地位，这在史诗开头处的宙斯发言中表现得很清楚。故事说，波塞冬赶去与无罪的埃塞俄比亚人（埃塞俄比亚是多雾的南方某地）举行宴会，而宙斯与其他神明坐在奥林匹斯宫殿里，思考埃癸斯托斯的命运。埃癸斯托斯是阿伽门农的表亲，他与后者之妻克吕泰涅斯特拉通奸，并在阿伽门农从战场返回后帮助他的妻子谋杀了他。阿伽门农和克吕泰涅斯特拉之子俄瑞斯忒斯长大成人后，杀死了埃癸斯托斯和自己的母亲，为父亲报仇：

> 神和人的父亲首先发话，在他们中说及，
> 心里想着雍贵的埃癸斯托斯，
> 被阿伽门农声名远扬的儿子俄瑞斯忒斯击杀。
> 心想着此人，他对长生者们发话，说起：
> "此事可耻，不宜，凡人太会怪罪神明，
> 说是错恶来自我们，实则应该归咎自己，
> 是他们的愚蛮招致悲伤，超越命运的限定，
> 一如不久前埃癸斯托斯的作为，僭越命运，
> 奸娶阿伽门农之妻，杀他在归返之际，
> 尽管他知晓此事会招致败毁暴戾——我们已先行告明，
> 派遣赫耳墨斯，眼睛雪亮的阿耳吉丰忒斯，
> 要他莫杀此人，也不要追娶他的发妻，
> 因为俄瑞斯忒斯会来复仇，为阿特柔斯之子*，

---

* 阿伽门农。

> 一经长大成人，思盼回返故里。
> 赫耳墨斯如此告诫于他，但此番深切的愿望善好，
> 却不能使埃癸斯托斯回心。他已足付代价，如今。"
>
> ——荷马：《奥德赛》，1.29—43

宙斯的评论在后来的希腊文学中很常见，他说，凡人要对自己的行为负责，因此在事情变糟时，他们不应责备神明。在《伊利亚特》中，我们找不到这类评论：在这部史诗中，每天都有人死去，其原因仅仅是命运女神的谕令或他们的战士身份，而不是因为他们做的某些恶事。赫克托耳犯过什么恶呢？这种强烈的道德立场是民间故事的一个特征，它隐藏在《奥德赛》中求婚者遭到毁灭的宏大叙述下。奥德修斯对一百多人的残忍屠杀可能让某些人震惊，但求婚者做了他们不该做的事，他们就不能指望有什么好下场。这些求婚者愚蠢地侵犯了奥德修斯的财产权利，他们罪有应得。

奥德修斯之子忒勒玛科斯

宙斯表示，人的命运是由自己决定的，雅典娜随即在诸神大会上起身反驳，她说正直的奥德修斯已被监禁在大海中央的美丽岛屿，即加里普索（意为"隐藏者"）的岛上七年之久。宙斯同意派赫耳墨斯去解救奥德修斯。

然后，荷马把故事转向伊萨卡岛。忒勒玛科斯被想娶他母亲并成为新国王的无礼求婚者包围，化装的雅典娜力劝忒勒玛科斯离开其父亲的宫殿，到各地去询问其父亲的下落。忒勒玛科斯可能乘船到了希腊大陆海岸的派罗斯城，该地由在特洛伊与奥德修斯并肩作战的涅斯托尔国王统治。或许他知道一些事情，虽然战争已过去十年之久。在旅途中，忒勒玛科斯事实上没探得有关父亲行踪的任何消息，但增进了对自己的了解。借助在现实世界的经历，他本人成长为一个男子汉，从而能很好地帮到父亲，并适于继承父亲的宫殿和权力。

奥德修斯的历险

在《奥德赛》中，我们最先知道的是伊萨卡的概况与故事中的人物角色，包括不在场的奥德修斯，每个人都在谈论他（这是场景设置）。而后，荷马改换场景，将故事转向奥德修斯，他准备逃离偏远的加里普索的岛屿（这是第一个剧情转折点）。奥德修斯乘木筏出海，但他的敌人海神波塞冬认出了他，并兴起一场大风暴，冲碎了筏子，奥德修斯在波涛起伏的大海中游了三天，然后才游到淮阿喀亚岛岸边，该岛的统治者是阿尔喀诺俄斯（意为"内心强大"）国王。尚未出嫁的瑙西卡（意为"船女"）公主在海岸碰到奥德修斯，把他带回宫。

很多天过去了，没人询问这个神秘的陌生人是谁。在一次宴会上，这个神秘人士请歌手吟唱特洛伊木马的歌曲。这是奥德修斯想出来的计策。听歌时，奥德修斯感动不已，潸然泪下。"你为什么哭呢？"国王问道。他回答说："因为我就是奥德修斯。"在《奥德赛》中，有二十多处这样自报家门的场景，这是民间故事的常用手法，而在《伊利亚特》中没有一处这样的场景。

对坐在宴会上入迷的淮阿喀亚听众，奥德修斯讲述了自己的流浪经历，这些故事为全世界熟知。不过，这些故事只占了《奥德赛》1/6 的篇幅，奥德修斯的旅途经历是用三种形式展现出来的：先是两个短篇故事，然后是一个长篇故事。

离开特洛伊之后，奥德修斯和自己的手下乘 20 条船来到位于特洛伊西北的色雷斯人领地，但许多人在一次袭击中丧生。奥德修斯一行人离开此地，却被一阵风暴吹到吃忘忧果的人所在的岛上。忘忧果是一种迷药，一旦食用，就会令人忘记自己归家的使命。再后来，奥德修斯一行人漂流到独眼巨人的洞穴，被监禁其中，他的部分手下被巨人生吃了。奥德修斯骗巨人波吕斐摩斯说自己的名字是"没有人"。他把巨人灌醉，用一根棍子刺瞎了他的独眼。波吕斐摩斯大声向邻居呼喊，说"没有人"刺伤了他，于是，邻居们让他回去睡觉。奥德修斯又耍了一个花招，逃出了洞穴（图6.7）。

在一次接近成功的归家之旅（蒙风神之助）和一次短暂却差点丧命的冒险经历（与更危险的食人巨人相遇）后，奥德修斯来到喀尔刻（意为"鹰"）居住的岛屿。传说中从特洛伊出发的20艘船中，只有奥德修斯的船幸存下来。女巫喀尔刻将他的手下变成了猪，不过，奥德修斯在赫耳墨斯的帮助下打败了她，喀尔刻给他的手下解了咒。奥德修斯和手下在岛上度过了轻松愉快的一年，直到最后手下提醒他归家的使命。喀尔刻告诉奥德修斯，首先，他必须穿过环绕世界的俄刻阿诺斯河，并问询死去的祭司忒雷西阿斯的魂灵，以知晓有什么东西在前方等着他。奥德修斯拔锚起航，并在一个烟雾缭绕的地方登陆。他用羊羔血填满了一个坑，而后与聚集在坑周围的魂灵说话，包括忒雷西阿斯和阿伽门农的魂灵。被谋杀的阿伽门农的魂灵先赞扬了奥德修斯的忠贞妻子珀涅罗珀（她与他自己的弑夫妻子极为不同），再转而提醒他女性的本性，他回家时也要小心！

奥德修斯一行继续航行，他们经过塞壬居住的岛屿，她们的歌喉美妙，没有人能抵抗诱惑。奥德修斯用蜡封住手下人的耳朵，把自己绑到桅杆上，以抵抗塞壬的诱惑：他是唯一一个听到歌声而活下来的人（图6.8）。

图6.7 奥德修斯率手下将棍子插进波吕斐摩斯的眼睛，奇怪的是，奥德修斯被画成白色（白色通常代表女性）。图画见于厄琉西斯出土的一个大双耳罐，绘于约公元前670年，它是我们可以确定的最早的希腊神话图画之一（图9.11）。波吕斐摩斯手里拿的酒杯对应故事中的一个细节——奥德修斯在刺瞎他之前将其灌醉
资料来源：Davide Mauro（CC BY-SA 4.0）

160

图 6.8 奥德修斯与塞壬,见于一个雅典红绘式双耳罐,约公元前 470 年烧制。在塞壬的歌声响起时,奥德修斯被绑在桅杆上,他的手下则用蜡封住耳朵,将船划过塞壬的岛屿。注意船头那个避邪眼
资料来源:Jastrow / Wikimedia Commons(PD)

而后,奥德修斯必须闯过斯库拉和卡律布狄斯这两关。斯库拉吃了五个人,而其余的人逃脱并来到太阳神赫里阿斯·赫披里昂的岛上。喀尔刻警告过奥德修斯不要吃太阳神牧养在那里的牛,但奥德修斯那些饥肠辘辘的手下违抗了命令。早在前面的介绍中,我们就把这件事情描述为注定不得好下场的不道德行为、民间故事中"违反禁令"主题的原型。

当他们驶离太阳神的岛屿时,宙斯击毁了他们的船,以惩罚他们的不敬。只有奥德修斯一人抓住船舵,得以活命,他被卷到卡律布狄斯掀起的旋涡,险些丧命。最终,他到达加里普索的岛上,也就是史诗开始的地方。不同于直线叙述的《伊利亚特》,《奥德赛》情节的展开是迂回曲折的,史诗中反复出现当人物角色回忆从前发生的事情时故事闪回原点的桥段,就像现代的很多电影一样。

奥德修斯历险故事中的重要主题

奥德修斯的历险故事是具有自身渊源的民间故事,荷马将其改

编进自己的史诗。奥德修斯的第一大敌是大海和海神波塞冬。作为生命之源的广阔大海,在此却成了生命的对立面,迷失在海上好比死亡。在波塞冬毁坏筏子后,奥德修斯游到淮阿喀亚海岸,赤身裸体,如同婴儿一般。他藏在一个像子宫一样的黑暗灌木洞里遮身。一心想结婚的年轻女性瑙西卡把他从沉睡中唤醒,他赤裸着身体出现在她面前。过后,他说她"给了他生命"。和《奥德赛》中的其他地方一样,象征性的重生描述在这里的叙述中占据了主导地位。与此相反,《伊利亚特》从未借助有象征含义的行动来讲述故事。

一如大海摧毁一切,睡神(死神的兄弟)、忘忧果(迷魂果)也横亘在奥德修斯和他的返乡之旅中间。离开风神后,他在距伊萨卡海岸仅咫尺之遥时睡着了;当自己的手下吞食神牛时,他正好在赫里阿斯的岛上睡觉;在被带到伊萨卡海岸时,他同样处在沉睡之中。

和大多数民间故事一样,奥德修斯的历险故事保留了孩童眼中的一个嗜吃成性的世界,在这个世界中,吃和被吃是生活中的重要经历。波吕斐摩斯和奥德修斯后来碰到的怪物拉斯忒吕戈涅斯吃了奥德修斯的手下,喀尔刻的猪(它们曾经是人)和真正的猪一样是可吃的,虽然荷马没这么说。斯库拉则吃了奥德修斯的五个手下。在荷马时代的希腊本土社会,人们应用尊礼、食物款待一位社会地位高贵的流浪者,这被叫作"好客礼",即"热情待客"。波吕斐摩斯改变了好客礼的习俗,他没有给客人安排食物,而是把他们当作食物!求婚者们同样违反了好客礼,他们未经允许就从别人的库房中拿东西吃。民间故事中充满了怪兽,在《奥德赛》中,我们同样发现了这一点。除此之外,我们还发现了魅惑、诡诈的蛇蝎女性,她们阻碍男性实现心愿。在现实世界中,弑杀亲夫阿伽门农的克吕泰涅斯特拉是致命的不忠女性的代表。在奥德修斯漂泊的那个陌生世界中,喀尔刻希望利用自己的美貌,引诱奥德修斯上床,使其失去人性。至于塞壬,她们有着让人无法抵抗的美妙歌声(就像荷马自己的美妙歌声一样),奥德修斯用计才逃过一劫。斯库拉也是女妖。

与此相对的是"好女性"。尚未出嫁的瑙西卡公主在海岸发现了奥德修斯，她的母亲、淮阿喀亚王后热心助他返归伊萨卡。在天界，雅典娜偏爱奥德修斯。而在现实世界，有珀涅罗珀这位仁善之妻避挡贪婪的求婚者，并在阴谋诡计中活下来。和埃癸斯托斯与克吕泰涅斯特拉同床一样，男人们想同珀涅罗珀上床，此外，和克吕泰涅斯特拉一样，珀涅罗珀有一个十几岁的儿子。与前者不同的是，珀涅罗珀抵挡住了通奸和谋杀亲夫的诱惑，并欢迎丈夫回来再上婚床。

奥德修斯与荷马

在奥德修斯回到伊萨卡（第二个剧情转折点）后，我们看到了国王复仇的后果，自史诗开篇就酝酿着冲突的解决方案。在《奥德赛》中，伊萨卡的场景占了足足一半的篇幅，这一半篇幅献给了亚里士多德所说的三分情节结构中的第三部分。在电影院里待惯了的现代观众，没有一个会容忍这样轻松的故事结局，虽然荷马为使故事生动用了不少手段：许多虚构的故事、奥德修斯秘密潜入家中、对年轻求婚者们的大屠杀。故事中重复出现多次自报家门的场面，例如，奥德修斯在最后脱掉他像洋葱皮一样的伪装，以显示自己是拉厄忒斯之子、真正的国王和王后真正的丈夫。最初，他向岛上偏远地区一位忠诚的猪倌显露身份（奥德修斯是自己财产的主人），然后向从国外返家的儿子忒勒玛科斯显露身份（奥德修斯是自己儿子的父亲）。在他来到宫殿时，殿里的狗阿尔古斯认出他（奥德修斯是高贵的运动员）。在殿中，老奶妈在给奥德修斯洗脚时从腿上的伤疤认出了他（奥德修斯是宫殿的主人）。当他给自己那把有力的弓上弦（珀涅罗珀宣布，谁能做得此事，她便选谁为下一任丈夫）时，求婚者们认出了他，就是用这把弓，奥德修斯开始了大屠杀（他再次成为伊萨卡的国王）。看着求婚者们的尸体，珀涅罗珀感激地命奶妈把奥德修斯的床搬出来，让他休息。这是一个诡计，奥德修斯抗议说，"这不是我的床"，"因为我自己在长在地面上的一棵橄榄树周围造了我的床"。由此，奥德修斯向珀涅罗珀证实他是她真正的丈夫，随后他们退到床上休息。史诗以不让人满意、刻意为之的父子相认和一场人为制造的短暂冲突（与死去求婚者的亲戚的冲突，它被宙斯的一阵雷鸣打断）告终。最终，秩序又回到了家庭和世界，呈现出一派亲人相认的乐观喜剧气象。《奥德赛》中正义对邪恶的喜剧性大胜利冲散了悲剧史诗《伊利亚特》中灰暗的不确定性，是《奥德赛》而非《伊利亚特》构成了无所不在、需要一个皆大欢喜结局的现代电影情节的原型。

如上所述便是荷马所创作的故事，它们界定了独特的希腊文化。受过教育的希腊人逐渐了解它们，并在他们的艺术中一次又一次地将其呈现出来。它们对荣誉、正确行为、道德行为的问题进行了许多思考，使其成为整个文化给予大量关注的问题。就此而言，它们构成了西方文明的根基。

第7章

宗教与神话

在第1章中,我们提出,理解宗教对理解希腊人具有重要意义。与大多数其他古代社会不同,希腊人普遍拒绝相信任何人有通达超自然力量的特权(这种特权授予人统治人类社会的权力)。由此产生的"希腊问题",即没有神的指引,人如何知道要做什么,在本书所述的故事中发挥了很大的作用。

希腊古典宗教有深厚的渊源,但主要形成于公元前8世纪。不像希伯来人、基督教的《圣经》或伊斯兰教的《古兰经》,它的教义并未编撰成书,事实是,希腊人讲述了我们称为"神话"却不具有神圣地位的故事。"myth"(神话)源自希腊文"*mythos*"。不过对希腊人来说,"*mythos*"含义广泛,例如,在早期文献选本中,我们将"*mythos*"翻译成(宙斯的)"思想"和(阿伽门农的)"命令"。它也可仅指一句"话",到公元前5世纪,它又可指称故事情节。除以上外,希腊人也没有一个和"religion"(宗教)意义极为相同的词。和大多数社会一样,希腊人通常并不把宗教认作一个与日常生活本身分开的范畴。因此,讨论希腊宗教、神话就意味着追寻希腊人自身并不容易意识到的种种事实。"宗教""神话"这些现代范畴仍是有用的,不过必须得明白我们在什么意义上使用这些词。

宗教和神话的定义

宗教和神话都是象征性的思维方式，其主要表达方式是言语，此外，视觉艺术、音乐和舞蹈也可发挥这个作用。罗马人以三种方式解释了"*religio*"，即"religion"的词根。第一，它源于"*re-ligo*"，意为"绑住某人手脚让他无法做某些事"，也就是确立禁忌［和"ligament"（系带）、"ligature"（绳索）一样，拉丁文"*obligatio*"（"obligation"，即"义务"）也以该词为词根］。第二，它源于"*re-lego*"，意为一遍一遍地"重复"某种魔力程式，以使其发挥作用。第三，它源于"*re-linquo*"，意为"不理会"，也就是对待事物的一种特殊方式。相比罗马人，我们对"*religio*"的衍生情形并不更清楚，但在实际的使用中，这个拉丁词语指代不同的含义：一种外部力量、一种内心情感、一种崇拜习俗或一种禁忌。它从没有"religion"一词所代表的信仰、仪式、道德行为准则结合体的意思。

基督徒、穆斯林的"宗教"观念源于他们各自在传统上进行的使自身有别于对方、犹太教徒的努力。每种宗教都不相同，但我们可把任一宗教看作以超自然力信仰为基础的一套习俗。与同样能鼓舞行动的政治信念不同，宗教信念意味着接受通常不可见的非人类力量的实在性。通常而言，这些强大的存在知道我们的所作所为，并能对我们加以评判，也能伤害或帮助我们。

大多数文化中的人都持有类似观点，不过，"特定信仰——将某些不可证明的事物作为行动基础——是宗教的核心"的现代观念源于早期基督教会的需要，即决定，在对耶稣的历史生活、令人疑惑的多种教义和使命的众多解释中，哪些是正确的。举例来说，某些人认为耶稣是神圣的，故而，他未死在十字架上，由此而引发了一场持久、激烈并引起分裂的争论：耶稣是只有单一神性（一性论），还是具有人、神两性？4世纪的《尼西亚信经》(*Nicene Creed*，该信经的多个版本至今仍为众基督教会所吟诵)是用希腊文写的，之所以被称为"creed"（信经），是因为其拉丁文译文以"credo"（我相信）开头。信经对有关耶稣的本性、使命、教义的正确或正统（源于意为"看起来正确"的希腊词语）观点做了确定性叙述，而将其他看法斥为非正统（"看起来错误"）或异端（"选择"错误的看法）。《尼西亚信经》宣布，圣子与圣父同在，从而驳斥了有影响力的"圣子低于圣父"的理论（即"阿里乌主义"，得名于生活于250—336年的亚历山大城司铎阿里乌斯）。

正如我们的宗教观念会让古希腊人感到迷惑，我们将"神话"独立出来作为论题也会令他们不解。希腊文"*mythos*"在从荷马开始的诗人的著作中频频出现，不过它从来没有"包含神或超自然力，有解释、评判或娱乐功用的奇妙故事"的现代意义。"神话"的这个意义可追溯到18世纪的欧洲启蒙运动和一本有影响力的故事集《神话起源》那里，该书由法国科学家伯纳德·丰特奈尔创作，出版于1724年。公元前5世纪时，知识分子就已将我们所说的"历史"（对有关过去的事实的理性研究）与神话（未宣称使用理性方法探求真理的故事）区别开来。就我们所知，修昔底德是最早将虚构故事描述为"神话"的人：

> 在描述战争中所发生的事件时，最好的做法不是记录我遇到的第一件事或根据概率复原事情经过，而是记录我亲自看见的，或我从那些亲自看见这些事情的人那里听到后，经我仔细考核过了的。即使这样，真理还是不容易发现的：不同的目击者对于同一个事件，有不同的说法，要么出于偏袒某一边，要么由于记忆残缺。我这部历史著作很可能读起来不引人入胜，因为书中缺少类似神话的元素。但是如果那些想要清楚地了解过去所发生的事件和将来也会发生的类似的事件（因为人性总是人性）的人，认为我的著作还有一点益处的话，那么，我就心满意足了。

——修昔底德：《伯罗奔尼撒战争史》，1.22

在对神话的轻蔑描述中，修昔底德似乎批评了希罗多德的《历史》，该书略早于《伯罗奔尼撒战争史》，包含了许多奇幻的故事。早期基督教神学家思考耶稣生死的意义，他们继承了修昔底德的思想：通过理解过去而努力知晓真理。我们也一样，举例来说，今天的许多学者为特洛伊战争故事中的真假史实绞尽脑汁。神话可能包含历史元素，但它们并不关注过去的真相。

宗教是以对非人类的、不可见力量的信仰为基础的一套习俗，神话则是虚构的故事，它们有时涉及那类"不可见力量"，有时又没有。事实证明，人们对神话本质的长期探索是徒劳无功的，就我们的目的而言，我们可以认为神话是在一个人类群体中发挥重要作用的虚构故事，它们基于这个原因被反复传诵。杀父娶母的俄狄浦斯的故事就是一个很好的例子，荷马说起它就好像家常便饭一样。

有一种常用的方法将神话分为三类。第一类是神明故事，在这些故事中，神具有重要作用，他们创造宇宙并确立宇宙的法则。这类故事阐明了世界的起源。第二类是传奇（或称"萨迦"[1]），是有关英雄和人类过去的故事，类似于我们的历史。第三类是民间故事，类似于我们的小说和故事片，这类故事被认为是虚构的，尽管它们可能包含道德劝诫。这些分类是有用的，尽管神话有时不容易归类。

神话和宗教都涉及围绕并影响我们的外部力量，因此很容易混淆（众神在神话中非常突出，并被赋予了人格和意志）。由于神话和宗教会聚焦于同样的问题，即"怎样通过智力理解、通过语言表达从其他方面来说不可理解的现象"，这就加剧了混淆。

神话也能对宗教习俗产生重要作用。埃及人讲述了一个神话，说的是奥西里斯如何借助伊西丝的魔法死而复生。埃及祭司用象形文字讲述了这个故事，并将文书放在木乃伊身旁，他们通过这个方式帮助死者像奥西里斯那样复活。希腊人也讲述了一个疯狂的故事，是关于

---

[1] 萨迦是英雄散文故事中的一类，主要讲述中世纪时挪威或冰岛的英雄故事。——译者注

底比斯勒夫坎第国王彭透斯否认酒与饮宴之神狄俄尼索斯的神力从而殒命的事。这个故事似乎是说，这就是拒绝神明起死回生之力的人的最终下场。尽管宗教本身并非神话而是习俗，但二者密不可分地交织在一起。

与神的起源有关的赫西奥德神话

宗教试图与看不见的力量建立良好关系，并提供抵抗不幸的保护力量，不过在哲学出现之前，只有神话解释了宗教为何是必不可少的、万物为何是这样的。解释这类问题就是赫西奥德诗歌《神谱》的全部目的，该作品可能创作于公元前8世纪。诗歌开篇提出了神话中的真实与谬误的问题。赫西奥德说，缪斯赠给他咏唱的天赋，不过并非缪斯唱的所有东西都是真实的。由此，在希腊文学诞生后不久，就出现了诗歌可能"只是一个神话"的观念：

> 曾经有一天，当赫西奥德正在神圣的赫利孔山下放牧羊群时，缪斯教给他一支光荣的歌。也正是这些神女——神盾持有者宙斯之女，奥林匹斯的缪斯，曾对我说出如下的话，这是她们最先对我（赫西奥德）说的话：
>
> "荒野里的牧人，只知吃喝不知羞耻的家伙！我们知道如何把许多虚构的故事说得像真的，但是如果我们愿意，我们也知道如何述说真事。"
>
> 伟大宙斯的能言善辩的女儿们说完这话，便从一棵粗壮的橄榄树上摘给我一根奇妙的树枝，并把一种神圣的声音吹进我的心扉，让我歌唱将来和过去的事情。她们吩咐我歌颂永生快乐的诸神的种族，但是总要在开头和收尾时歌唱她们——缪斯自己。
>
> ——赫西奥德:《神谱》，22—34

赫西奥德之所以区分真假故事，是因为他想强调自己的故事是从神那里得到灵感的真故事。在他自己的故事中，赫西奥德将描绘宙斯如何获得权力并建立构成我们所知世界的种种规则，从而展现宙斯的伟大。

"光荣属于你们，宙斯的孩子们！高唱美妙的歌曲赞颂永生不死的神圣种族吧！……你们，住在奥林匹斯的缪斯，请你们从头开始告诉我这些事情，告诉我，它们之中哪一个最先产生。"

——赫西奥德:《神谱》, 108—115

据赫西奥德在缪斯启发下诵成的诗歌，太初有三个生命出现。第一个是卡俄斯，意为"缝隙"或"裂口"，就好像某物张口或一物成二。第二个是盖娅，即负载事物的大地，总在大地之下的冥界（塔尔塔罗斯）也衍生自卡俄斯。第三个是爱欲之神厄洛斯，即驱使所有生命创造新生命的永无止息、不可阻挡的能量，它也源于卡俄斯。

盖娅创造了自身的配偶乌拉诺斯，即天空之神，从而组成了第一对清晰的二元神：向上之神和向下之神、在上之神和在下之神。盖娅/大地造了诸山、自然女神栖居的峡谷，而后创造了蓬托斯/大海。男性的天空之神在上，女性的大地之神在下。蓬托斯/大海像精液一样是潮湿的，也是雄性的，他奋力冲击着大地，怀抱着她。赫西奥德的比喻明显具有性的意味，因为世界和人类是相像的。只有通过交合和从交合而生的世世代代，世界才能生长、变化。神族与被繁衍、繁衍、奋斗、胜利而后消逝的人类统治者的种族是一样的。神在这个世界之中，而不在它之外。

第一对二元神盖娅/大地和乌拉诺斯/天空在最初的性交中结合，从他们的结合中，产生了一群角色不清、意义不显的后代——泰坦神族。大多数泰坦神未在希腊宗教中享祭，他们是完全的神话角色，其中的两位神——克洛诺斯、瑞亚对赫西奥德的故事至关重要。乌拉诺斯/天空是一个糟糕的父亲：

在地神（盖娅）和天神（乌拉诺斯）生的所有子女中，这些人最可怕，他们一开始就憎恨自己的父亲，因为他们刚一落地就被其父藏到大地的一个隐秘处，不能见到阳光。天神十分欣赏自己的这种罪恶行为。但是，广阔的大地因受挤变窄而内心悲痛，于是想出一个巧妙但罪恶的计划。她即刻创造了一种灰色燧石，用它做成一把巨大的镰刀，并把自己的计谋告诉了亲爱的儿子们。她虽然内心悲伤，但还是鼓动他们，说道：

"我的孩子，你们有一位罪恶的父亲，如果你们愿意听我的话，让我们去惩罚你们父亲的无耻行径吧！是他最先想出做起无耻之事的。"她说了这番话之后，孩子们全被恐惧所支配，无人敢于开口。但狡猾强大的克洛诺斯鼓起勇气回答了亲爱的母亲：

"母亲，我答应你做这个事情，因为我看不起臭名昭著的父亲，是他最先想出做无耻之事的。"

听了克洛诺斯这样的回答，地神盖娅欣喜万分，安排他埋伏在一个地方，交给他一把缺口如锯齿的镰刀，并向他和盘托出了整个计划。

广大的天神乌拉诺斯来了，带来夜幕，他渴求爱情，拥抱大地盖娅，展开肢体整个地覆盖了大地。此时，克洛诺斯从埋伏处伸出左手，右手握着那把锋利的大镰刀，飞快地割下了父亲的生殖器，把它往身后一丢，让它掉在他的后面，而不是白白地从他手里脱落。

——赫西奥德：《神谱》，154—182

表面上看，赫西奥德的宇宙神话讲的是家庭纠纷（它常常也是希腊神话的要素），不过，在家庭暴力的故事下，隐藏的是创造即分离的表述——这体现在"卡俄斯"（意为"缝隙"或"裂口"）一名中。我们可以说，赫西奥德的神话试图通过寻常的思维范畴，对无法通过其他方式加以解释的事物进行解释。

乌拉诺斯／天空和盖娅／大地孕育了孩子，但孩子们无法出娘胎，因为天空之神不允许他们从大地之神的子宫中出来，看起来，天空之神和大地之神被锁定在永远的性交抱合状态中。乌拉诺斯／天空的过错在于他天性喜爱性交，此即盖娅／大地、克洛诺斯所称的"无耻之事"，造成此事的元凶是最初的三大生命之一厄洛斯，即爱欲之神。除非宇宙间的吸引力被打破，否则女性和男性将永被捆绑在性交状态中，导致世界无法诞生。克洛诺斯割掉亲父的生殖器（它使乌拉诺斯／天空与盖娅／大地连成一体），从那时起，乌拉诺斯一直在上。最初的一体之物——被锁在永恒抱合状态中的一对男性和女性（乌拉诺斯和盖娅）——此时成为分离的两个生命，在他们之间有一个合适的空间，可以发生变化。不过，在子对父的残忍阉割中诞生的世界将危险、猜疑、恐惧和仇恨传了下来。

大地浸满了克洛诺斯阉父的鲜血，从中生出了：复仇女神（"厄里倪斯"），即愤怒的惩罚女神，她们尤其针对谋杀自己家人的人；巨人族（"地生者"）——一个总有一天会推翻宙斯及其亲属的嗜血种族；覆盖地面的树神（因为和献祭一样，只有地上的血才能将生命带给力量强大的树）。

最可怕的当数阿芙洛狄忒。该名意为"生于泡沫"[源自一个错误的词源：希腊文"*aphros*"等同于"foam"（泡沫）]，"泡沫"是在乌拉诺斯被割掉的生殖器落入海里时围绕着它形成的。围绕被割掉的生殖器形成的泡沫就像性交中围绕男性生殖器形成的泡沫，只不过前面那个生殖器被割掉了。这就是阿芙洛狄忒：其凶猛的性吸引力来自血腥，并带来血腥的灾难。性吸引力和女性的危险是希腊神话和希腊文化中的重要主题：女性以性吸引力为武器来对抗男性。

正如赫西奥德所说，克洛诺斯与母亲同谋对付父亲，他犯下的可怕罪行衍生出更多的罪恶。事实证明，克洛诺斯与乌拉诺斯一样是个邪恶的父亲。乌拉诺斯把他的孩子们推回盖娅的身体里（就像用他的生殖器塞满盖娅的子宫一样），克洛诺斯却是一个食人怪，把自己的孩子全部吞掉。妻子是丈夫的送命神：盖娅与自己的儿子克洛诺斯推翻了自己的丈夫乌拉诺斯，如今，克洛诺斯的妹妹兼妻子瑞亚同样摧毁了自己丈夫的权力。瑞亚用襁褓裹住一块石头给克洛诺斯吞下，从而救下了她最小的孩子宙斯。愚蠢的克洛诺斯中计，宙斯在克里特岛的一个山洞中被秘密抚养长大。

当宙斯长大成人后，他推翻了克洛诺斯，自立为王，尽管赫西奥德并未告诉我们事情是怎样发生的。宙斯的权力也受到了威胁，不过他击败了强敌，与他的父亲和祖父不同的是，他确立了对我们现今所居世界的永久统治权。一切赞美都归于伟大的宙斯——诸神与人类的主宰！赫西奥德这样结束了他的诗歌。

神话不仅解释了事物是如何形成的，而且解释了事物为何如此，赫西奥德的复杂故事（我们对它的一部分内容做了审视）为我们解释了构成世界的巨大力量的起源及其所发挥的作用。

历史上的希腊宗教

赫西奥德讲述了宙斯是如何推翻父亲（这位父亲以前推翻了他自己的父亲）从而掌握权力的。这是一个故事，它不需要行动。希腊宗教与神话大不相同，并在很大程度上独立于神话之外，尽管有时会通过讲故事来解释宗教活动。希腊宗教是多神（"拥有多神"）和拟人化（"将神想象成人类的样子"）的宗教。围绕我们的诸种力量有它们自己的意志和心理，它们神秘莫测而又与我们相似。希腊宗教是一种典型的宗教形式，这种宗教形式在其他古代文化中亦可发现，尽管如此，你必须了解一些宗教史，以理解宗教是如何产生作用的。

所有人都有宗教信仰，即便是那些否认宗教信仰的人。通过自己的幻觉，人类将自身的宗教恐惧情感附在任何类型的可想象出来的人、地点或事物身上，他们希望通过颜色奇异的石头、天空中灿烂的球体、从地底来的可怕魂灵或奇人异士,从无穷尽地折磨他们的各种力量下解脱出来。

宗教可分为两大类:进化宗教和启示宗教。进化宗教囊括某社会群体在某时所畏惧的全部事物,它没有特定的起源。和希腊宗教一样,进化宗教总是多神教,尽管并不必然是拟人化的宗教。进化宗教随人类对周围敌对世界所做的不断变化的反应而演变,尽管此类宗教有道德行为的要求,就其本身而言,它们没有道德上的教义。古希腊宗教是一种进化宗教,著名的埃及宗教是另一种进化宗教。埃及宗教是灵物(具有灵力的物体)、魔法、咒符、神和诸种力量凑成的大杂烩,这些事物和平共存;它有诅咒、仪礼方面的书籍,不过没有圣书,此外,神话也很少。希腊宗教与埃及宗教不同,不过它们共有这些总体特征。

相形之下,启示宗教有创立者,也就是与神有特殊关系的人。最古老的启示宗教是埃及法老阿蒙霍特普四世(阿顿的侍奉者,约公元前1379—前1362年在位)所建立的宗教,他声称与独一神阿顿有特殊关系,并取缔了长时间统治埃及、保证人们身后幸福的多神进化宗教。与此相类,耶和华[1]给摩西启示,摩西创立了以色列宗教(尽管以色列种族源于亚伯拉罕)。圣保罗和众使徒基于耶稣的生平创立了基督教。琐罗亚斯德在伊朗建立了一个宗教,释迦牟尼创立了佛教(如果我们认为它是一种宗教而非哲学的话)。启示宗教是一神教或与一神教相近的宗教(基督教是一神教,不过它承认三位一体)。从来没有先知从山上下来,对受苦的人类宣告:"这里有很多神。"启示宗教与书面文献,如"摩西五经"、《古兰经》、《新约》等有关,也有不依赖文献的启示宗教(如19世纪晚期内华达的派尤特人先知沃沃卡的宗教),但如果没有文献是不会长久的。最接近启示宗教的希腊宗教是名为"俄耳甫斯教"的宗教运动,该教拥有书籍、教义和传说中

---

[1] 有学者认为,犹太教主神的通译名"耶和华"当译为"雅赫维",因该神的希伯来原名为"Yahweh",而非中世纪基督教神学家所还原的"Yahoveh"(耶和华)。——译者注

的创教者（参见之后的"狂喜、神秘的宗教"部分），不过，该教信众仅限于哲学精英，它与我们所认为的宗教崇拜尚有一段距离。

希腊进化宗教包含各种力量与恐惧。正如我们所看到的，它的神明存在于并非由他们创造出来的世界里。这些力量（神、自然女神和其他神灵）通常不会死亡，但他们是被生出来的。希腊人的神有他们垂青的凡人且介入人间事务，不过他们并未住在人们心中。他们很强大，但他们的力量是有限的。包括宙斯在内的所有神都臣服于命运（拉丁文为"fatum"，指"已被宣之于口的事物"），这就是事物存在的必然方式。

希腊宗教活动的形式

进化宗教和启示宗教有同样的宗教活动，尽管不同宗教有不同的侧重点。下面，让我们考察一些最重要的宗教活动，从而为我们理解希腊宗教提供一个背景。

魔法

我们与支配生活方方面面的巨大力量的联系决定了仅有感情和思考是不够的。魔法是"术士之技"，术士乃波斯的宗教仪式专家，希腊人很早便与其有所接触。魔法能驱使这些力量完成我们的心愿。一些学者将魔法与宗教区分开来，不过两者是难以分开的（我们会认为魔力有赖于驱使神灵达成自己心愿的魔法师，而宗教中的神灵却按照自己的意志行事）。在希腊文学和希腊社会中，有魔法的踪迹出现，不过，相比许多其他的进化宗教，魔法在此显得并不那么重要。撰写希腊文学作品的那些受过教育的精英普遍认为魔法的地位在文学之下，尽管如此，仍有一些希腊人践行魔法，他们还留下了念符使咒的证据。

第一种魔法形式是，通过模拟想达到的效果发挥作用。如果我想伤害你，我就制作一个蜡娃娃，用针扎它。一些希腊人就是这样做的，在做完这些动作后，他们把蜡娃娃与罪犯的尸体一同埋葬，以增

175

加蜡娃娃的伤害能力。在一些坟墓中，考古学家已发现这样的蜡娃娃。第二种魔法形式是，以小动作达成大效果，举例来说，泼一桶水会带来一场大雨，而在一个雅典节日上，人们在祈雨仪式上洒水。第三种魔法形式通过唤名发挥作用，它假设事物的名字与事物本身是同一的，据此，警察在黑暗的胡同里追捕罪犯时会大吼："我以法律的名义命令你站住！"此外，人们会通过名字进行诅咒或祝福。通过呼唤神的名字，我们可驱使其服从我们的意愿，流传下来的大量希腊颂歌显示，它们的目的是通过给神起名、讲述有关他们的故事来吸引神明的注意。《圣经》中不可妄称神名的戒律就是这样来的。在犹太教中，由于神的无上权力，人们写下的上帝之名仅记辅音字母而不记元音符号。相比我们所认为的宗教，魔法可能更近于所依据的原理不够坚实的原始科学，尽管如此，它在所有宗教崇拜和许多神话中都留下了痕迹。

劝说

魔法可以迫使不可见的力量屈从己意，但在与十分强大的力量打交道时，通过献祭劝说、取悦神可能就是更受欢迎的手段了，因为这些力量就像我们自己一样，会受到奉承、贿赂和羞耻心的影响，我们能劝服他们这样做或那样做。荷马《伊利亚特》第 1 卷中克律塞斯的故事（参见第 6 章）就是一个很好的例子。故事说，在阿伽门农拒绝释放克律塞斯之女并把他赶走后，这位祭司劝说阿波罗惩罚亚加亚人：

> 阿伽门农言罢，老人感到害怕，只能听从，
> 沿着涛声震响的海滩，默默行走，
> 离去之后，开始一次又一次地祈求，
> 向王者阿波罗，由美发的勒托所生：
> "听我说，克律塞和神圣的基拉的护神，
> 用你的银弓，强有力地镇领着忒奈多斯，鼠神，
> 如果我曾立过你的庙宇，欢悦你的心胸，

烧过裹着油脂的腿件，公牛或山羊的腿骨，
使你开怀，那就请你兑现我的祈祷，发自由衷：
让得纳安奈人赔报我的眼泪，用你的箭镞复仇！"
祷毕，阿波罗听闻他的祈诵。
身背强弓和带盖的箭壶，天神从奥林匹斯山巅下扑，
大步流星，怒气盛宏，
箭枝敲响在背上，呼呼隆隆；
他来了，宛如黑夜降落。他在对面止步，
遥对着海船下蹲，放出一支箭镞，
银弓发出的啸响揪人心魂。
他先射骡子和迅跑的猎犬，
然后放出一枚撕心裂肺的利箭，对着人群，将其击中；
焚尸的柴火经久不灭，到处是烈火熊熊。

——荷马：《伊利亚特》，1.33—52

　　克律塞斯行使唤名魔法，吸引神的注意：他呼唤的不是别的阿波罗，而正是镇护克律塞、基拉这两个不为我们所知的村庄、闻名遐迩的那个阿波罗。这个阿波罗也是靠近特洛伊平原的忒奈多斯岛的守护神。他还是鼠神（显然，这样称呼是因为阿波罗能带来或消灭老鼠造成的瘟疫）。这类地名锁定了混沌宇宙中的阿波罗，与我们拨打一个电话号码差不多。这些地名吸引了神的注意，并提醒他消灭亚加亚人——他们冒犯了他的祭司。

　　随后，克律塞斯解释了为何他能享有神的厚爱。第一，他在阿波罗的圣所建了一座房子；第二，他在阿波罗祭坛上焚烧了动物的腿件。由此，阿波罗因克律塞斯的奉献而欠他一些人情，克律塞斯因为这样而呼唤阿波罗的标记——箭镞。阿波罗被说服了，并让克律塞斯如愿以偿。

　　荷马的描述展示了神话、宗教和魔法之间的关系是多么密切，多么容易混淆。这些诗句是我们得知的有关最受尊崇的古代神灵之一阿

波罗的最早信息，我们得到了阿波罗的什么信息呢？他是一个弓箭手，肩上背着一个箭壶。他像黑夜一样到来，迅速而黑暗，杀气腾腾。首先，动物死亡，然后，人类死亡，这就是阿波罗的威力，就是克律塞斯想要的、所祈求的以及他举行一项宗教仪式（在阿波罗神殿祭祀并盖房子）的原因。克律塞斯就像一个借阿波罗之手发挥出自身威力的魔法师，祭司是危险人物，因此最好不要招惹。尽管如此，这些特别的细节却是神话、特洛伊战争故事的组成部分。从这段诗句中，可以得出手持弓箭的阿波罗图像（图 7.1）。

图 7.1 赫拉克勒斯盗取了阿波罗的三脚架，这是赫拉克勒斯的冒险经历之一。无须的箭神阿波罗左手拿着自己的弓箭，箭套则在身体的一侧。赫拉克勒斯身着狮皮，狮头当作头盔；他右手拿着自己那标志性的棍子，左手抓着刚偷来的三脚架。他腰间系着刀鞘，肩头扛着装有箭头的箭筒（赫拉克勒斯也是弓箭手）。他们的名字记在人像旁。这件雅典黑绘式陶器出自画家泰勒伊德斯之手，制于约公元前 520 年

资料来源：Campana Collection, 1861

荷马以神话的方式描述了他的读者所理解的瘟疫，他说，动物和人神秘地死去，其情形一如军事行动中常发生的事。这件事是魔法师与在希腊全境遍享祭祀的阿波罗共谋的（图 7.2）。

图7.2 希腊主要圣地之一——德尔斐的阿波罗神殿。在众多希腊神话（如神谕所预示的杀父娶母的俄狄浦斯王的故事）中，此地都占有重要地位。中心位置可见神殿遗存，其中有一些重修的石柱。左上方是一座露天剧场，从那里出发，沿一条小路（前景处）上山，可达一个体育运动场。背景山脉的那一边是科林斯湾

资料来源：Bgabel / Wikimedia Commons（CC BY-SA 3.0）

祭祀

《伊利亚特》后面的部分谈及，在遭灾的亚加亚人同意归还克律塞斯的女儿，以便阿波罗消除他们的疾病时，他们通过祭祀修复了与阿波罗的关系。祭祀也就是杀牲或献上贡品，它是古代世界最常见的宗教活动形式。祭祀是希腊宗教的仪式（图7.3）。"sacrifice"（祭祀），由"sacra"（圣物）与"facere"（去做）组合而成。拉丁文"sacer"（单数）似乎是指"脱离人类日常使用"（移交给神）之意。"sacred"（神圣的）"consecrate"（奉献）、"sacrifice"（牺牲）、"sacrament"（圣事）、"sanctify"（使神圣化）、"saint"（圣人）都由此而来。拉丁谚语"*do ut des*"（"我给你，你才会给我"）概括了人们的祭祀心理。亚加亚人献祭给阿波罗，后者允诺放他们一条生路：

他们抛出锚石，系牢船尾的缆绳，

足抵浪水冲刷的滩沿,迈步行走,
引着丰盛的牲品,献给远射手阿波罗的祭酬。
克律塞伊斯亦从破浪远洋的船上下来,
足智多谋的奥德修斯引着她向祭坛靠拢,
将她送入父亲的怀抱,对他开口说话:
"克律塞斯,受民众的王者阿伽门农遣送,
我交还你的女儿,并将举办一次神圣的祭酬,
代表得纳安奈兵勇,以求平慰阿波罗的愤怒,
这位王者给阿尔戈斯人堆聚苦难,带来悲愁。"
言罢,他把姑娘送入老人的怀抱,
后者高兴,迎回心爱的女娇。众人整治神圣的祭肴,
献给神明,有条不紊,将坚固的祭坛围绕。
接着,他们净洗双手,抓起供撒的大麦,
克律塞斯高扬双手,用洪亮的声音祈祷:
"听我说,克律塞和神圣的基拉的护神,
用你的银弓,强有力地保护着忒奈多斯,
如果从前你曾听过我的诵告,
给我荣誉,狠治了亚加亚人,将他们摧捣,
那么请你再次满足我的愿望,我的祈告,
终止凶毒的瘟孽,使得纳安奈人不受煎熬。"
祷毕,福伊波斯·阿波罗听闻他的祈诵。
当众人做过祈祷,撒出祭麦,
他们首先扳起祭畜的头颅,割断喉咙,然后剥去皮张,
剔下腿肉,用成片的油脂包裹,
双层覆盖,铺上精切的碎肉。
老祭司将肉包放妥,在劈开的木块上焚烤,
洒上闪亮的浆酒,年轻人手握五指尖叉,一旁守候。
焚烧了祭畜的腿件,品尝过内脏,

他们把剩余部分切成小块，挑上叉头，
仔细烧烤后，脱叉备用。
其时，一切整治完毕，盛宴已经摆妥，
他们开始用餐，人人都有足份的佳肴。
当大家满足了吃喝的欲望，
年轻人在调酒缸里注酒，先在众人的杯里略倒，
作为祭奠，然后斟满各位的酒盅。
整整一天，他们用歌唱平息神的愤恼，
年轻的亚加亚兵勇唱起动听的歌谣，
赞美远射的弓手，后者听闻，乐陶。

——荷马：《伊利亚特》, 1.436—474

图 7.3 将特洛伊王普里阿摩斯之女波吕克塞娜献祭给阿喀琉斯之墓。人物名字记在人像旁。阿喀琉斯之子涅俄普托勒摩斯把尚未出嫁的公主当动物一样，割开了她的喉咙，将其血滴进火里。不过，这种人祭在古希腊是很少见的
资料来源：Marie-Lan Nguyen 2007（CC BY 2.5）

我们可以征引其他信息对荷马的叙述加以补充。首先，作为重要祭品的牛环绕祭坛站成一圈（圆圈是一种具有魔力的形状），牛很贵重，把它们献给神会给神留下深刻的印象。随后，主祭人员开始净

身，有人端来一碗水（"他们洗净自己的手"）。净化仪式在宗教中具有重要意义，因为人们不停地受到污秽的排泄物以及性交、分娩所产生的液体的玷污。女性尤其容易不洁，从而危及宗教仪式。在古希腊和其他地方，排便、撒尿、性交、分娩、月经和死亡（死亡会产生令人厌恶的液体）在宗教区域内被严厉禁止。撒在牲畜身上的大麦粒执行了和水一样的神奇净化功能，成熟、蕴含生命的种子撒落，如同雨下。大麦粒洁净了牲畜，并赋予其神圣性。

牲畜的死亡会把生命带给人类，"*do ut des*"（"我给你，你才会给我"）。从其他材料中可以得知，祭刀被藏在盛满种子的篮子里（种子从篮子里撒出去），等着被祭司取用，人们在撒种时将想要的回报告知神明。人们把牲畜的头往后扳，以使其向上看，它们的脖子被伸直，做同意被放血状（图7.4）。希腊宗教（和大多数其他古代宗教）中的祭司也是屠夫，他们习惯于宰杀、剥皮、分解牲畜。

图7.4 雅典的泛雅典娜节上被牵引着用于献祭的一头公牛，它昂头，将颈露了出来（这是好兆头）。这是在菲狄亚斯指导下雕刻的一尊大理石雕像，立于帕提侬神庙，刻于公元前5世纪40—30年代

资料来源：Black II of the Nortgh frieze of the Parthenon, Acr. 857 © Acropolos Museum, 2012, photo: Socratis Mavrommatis

人们把牲畜剥皮，砍下其大腿骨后用油脂包裹成三明治状，把牲畜各个部位的肉块撒在油脂上（正如荷马所述）。撒肉的油脂三明治代表了整只牲畜，饥饿的人吃掉好肉，把不愿吃的肉和无法食用的骨头献给神。克律塞斯在一个劈开的叉子上烤油脂三明治，并把酒洒在上面。

与此同时，有人烘烤内脏。人们把牲畜剩下的部分切成薄片，用叉子烧烤。许多希腊人只在祭祀时才有肉吃，这是平素极为贫乏的饮食中重要的蛋白质来源。宰杀大型牲畜的兴奋；人们的祈祷；血从牲畜喉中喷出，落入祭坛火中，四处飞溅，发出一股难闻的气味（或者，血首先被收集到一个碗中）；烧烤血、骨、油脂时升起的浓密香烟；烤肉的气味……从青铜时代起，这些就是希腊宗教的基本内容，直至圣保罗传扬耶稣的自我献祭，才消除了用人畜献祭的必要。希腊历法在很大程度上是祭祀各路神仙的节日的大循环，人们在这些节庆上享用祭肉。公共祭祀团结了共同体，巩固了人们的价值观，并为饮食增添了蛋白营养。寻常希腊人是通过祭祀而非其他宗教活动方式体验宗教的。

赫西奥德的祭祀神话

赫西奥德讲述了一个神话，它解释了在希腊祭祀中为何人获得好肉，神却分到最差的：

> 当初神灵与凡人在墨科涅*发生争执，普罗米修斯出来宰杀了一头大牛，分成几份摆在他们面前。为想蒙骗宙斯的心，他把牛肉和肥壮的内脏堆放在牛皮上，放在其他人面前，上面罩以牛的瘤胃，而在宙斯面前摆了一堆白骨，巧妙堆放之后蒙上一层发

---

* 位于伯罗奔尼撒半岛东北部的西息昂的旧名。

亮的脂肪。这时凡人和诸神之父对他说：

"伊阿珀托斯★之子，最光荣的神灵，亲爱的朋友，你将每个人该得的份分得多么不公平啊！"

智慧无穷的宙斯这样责备了他。但是，狡猾的普罗米修斯微微一笑，没忘记诡诈的圈套，说："宙斯，永生神灵中最荣耀、最伟大者，你可以按照自己的心愿，随便挑取任何一份。"他这样说着，心里却想着自己布置的圈套。智慧无穷的宙斯看了看，佯装没有识破他的诡计，因为他这时心里正想着将借此实现的惩罚凡人的计划。宙斯双手捧起白色脂肪时，看到了巧妙布置用以欺骗他的白骨，仍不由地大怒起来——正是由于这次事件，以后大地上的凡人遂在芳香的祭坛上焚烧白骨献祭神灵。

——赫西奥德：《神谱》，543—558

有一类神话解释了某些事物的缘由（希腊文为"*aition*"）（以上引文谈的是祭肉分配），它们被称为"起源神话"，赫西奥德神话堪称此类神话的一个极好案例。赫西奥德的《神谱》（"神的源起"）本身就是一部解释宙斯如何取得统治宇宙的权力的起源神话。神话通常向我们解释事物为何是这样的；涉及牲畜的宰杀和食用的宗教则关乎实践，是一种行为方式。

至此，把所有好东西带给人类的祭祀，其基本条件已然具备；人类生活的基本事实都与祭祀有关；祭祀把我们带到神的世界，并确保我们会得到神的赠予。

诸神和其他神秘力量

许多学者将希腊宗教活动分成两大类。第一类是直接以奥林匹

★ 一位泰坦神，普罗米修斯之父。
† 在希腊神话中，摩伊拉是命运三女神的合称，命运也就是每个人该得的份。

斯神为对象的宗教活动，在奇幻的诗歌中，这些神住在马其顿与色萨利之间的奥林匹斯高山上，该山是古希腊最高的山（高约2 900米）。第二类是冥界崇拜（chthonic cult，"chthonic"意为"与土地有关"，即埋葬死者之地），它直接指向鬼魂、地底灵魂以及各种半超自然的存在，如英雄。尽管有所区别，这两类宗教活动形式都服务于相似的目的，它们在实践中是重合的，不过为了讨论的方便，我们在此分别对它们进行讨论。

希腊多神教

指称神的希腊文是"*theos*"［意为"对神的研究"，"theology"（神学）的词根］，该词意为"光明"。从同样一个词根中，可能衍生出了"*Zeus*"（宙斯）这个人名以及拉丁文中的"*Jupiter*"（朱庇特，宙斯在罗马神话中的名字）和"*deus*"［意为"天主、上帝"，"deity"（神）的词根］。"*theoi*"（*theos*的复数形式）意为"闪光者"，可能是因为神有时以闪光的形象出现在人前。鬼魂都是生者逝去的气息，诸神的起源和性质则千差万别。

让我们再看看赫西奥德的《神谱》（有关希腊宗教，这是我们最重要的早期信息来源），从中，我们可以略知"神"这个范畴是多么复杂。在下面的引文中，我们用粗体标示赫西奥德提到的每个神（或神族）：

> 让我们从赫利孔的**缪斯**开始歌唱吧，她们是这圣山的主人。她们轻步漫舞，或在碧蓝的泉水旁或围绕着全能的**克洛诺斯之子**的圣坛。她们在珀美索斯河、希波克林泉（马泉）或俄尔美俄斯泉沐浴过娇柔的玉体后，在至高的赫利孔山上跳起优美可爱的舞蹈，舞步充满活力。她们夜间从这里出来，身披浓雾，用动听的歌声吟唱，赞美**宙斯**——神盾持有者，赞美威严的**赫拉**——阿尔戈斯的脚穿金凉鞋的女神，以及神盾持有者**宙斯**的女儿明眸的**雅典娜**，还有福伊波斯·**阿波罗**、喜爱射箭的**阿耳忒弥斯**、

大地的浮载者和摇撼者**波塞冬**、可敬的**忒弥斯**、眼波撩人的**阿芙洛狄忒**、金冠的赫柏、漂亮的**狄俄涅**、**勒托**、**伊阿珀托斯**和狡猾的**克洛诺斯**、**厄俄斯**、伟大的**赫里阿斯**和明亮的**塞勒涅**，她们也歌颂盖娅、伟大的**俄刻阿诺斯**、黑暗的尼克斯，以及其他永生不朽的神灵。曾经有一天，当赫西奥德正在神圣的赫利孔山下放牧羊群时，缪斯教给他一支光荣的歌。

——赫西奥德：《神谱》，1—23

希腊人在谈"缪斯"时，有时指的是多位女神，有时指的是某一位女神（图 7.5）。缪斯女神是某种神秘力量的化身，这种力量能让歌者弹拨竖琴，并用韵歌讲述迷人的故事。我们将这类能力归为灵感的作用，灵感也就是"将神灵引入体内"。缪斯女神垂爱一些人，不喜欢另一些人，不过，真实的歌唱力量从不是为个人所有的，希腊人从不像现代诗人那样在自己的诗歌中"表达自己"。

缪斯女神或许是来自天上且影响人类生活的神明，不过在最初时，她们在很大程度上是歌颂艺术力量的一种方式，在她们身上，很好地体现了诗歌在早期希腊形塑宗教表达方式的能力。作为具有浓厚地方色彩的神明，她们并不住在天上或遥远的地方，而是住在彼俄提亚南部阿斯科拉小村上方的赫利孔山上，公元前 8 世纪的某些时候，赫西奥德居于这个小村。就像赫西奥德村里

图 7.5 某个缪斯女神（可能是掌管历史的克利俄）在读卷轴。装着纸草的盒子敞开放在地上。雅典红绘式油罐，制于约公元前 435—前 425 年

资料来源：Collection of Samuel Jean de Pozzi, 1919

的年轻姑娘，缪斯女神浴于少有人知的珀美索斯河里。方圆数千米之外的人不可能听说过这些地方，也不可能听说过希波克林（可能是赫利孔山上的清泉）的泉鸣，女神们围着跳舞的宙斯祭坛从未被探明。

因此，赫西奥德在献给宇宙之神宙斯的赞歌的开头，唱了一首献给当地缪斯女神的赞歌，而这些女神自己歌颂宙斯，口中诵出一长串其他神灵的名字，这是我们所见到的最早的希腊神表（除了在线形文字乙种泥版中出现的某些神名）。现在我们逐一讨论这些神。有些神可能在古希腊文化中出现过无数次，其他神明则不为人所熟悉。

奥林匹斯诸神

在赫西奥德的神表中，"明眸的雅典娜""福伊波斯·阿波罗""喜爱射箭的阿耳忒弥斯"，连同赫拉与宙斯，都属于后来形成的十二大权威主神中的成员。十二主神正表到公元前5世纪早期已然形成，它可能被刻在了在雅典设立的"献给十二位神"的祭坛背后。这里列出了雕刻在帕提侬神庙中楣（图7.6所示为中楣的一部分）上的十二个奥林匹斯神：

宙斯	阿耳忒弥斯
波塞冬	阿波罗
得墨忒耳	雅典娜
赫拉	赫耳墨斯
阿瑞斯	狄俄尼索斯
阿芙洛狄忒	赫菲斯托斯

图 7.6 帕提侬神庙中楣上的主神,图片中间年轻、无须的狄俄尼索斯(或阿波罗)转过头和图左的波塞冬说话,与此同时,图右的得墨忒耳注视着行进的队列。这组大理石塑像刻于约公元前 5 世纪三四十年代
资料来源:Gianni Dagli Orti / Shutterstock

在这十二个神中,赫西奥德神表未包括得墨忒耳、阿瑞斯、赫耳墨斯、狄俄尼索斯和赫菲斯托斯,他们分别司掌谷物、战争、旅行、酒和金属锻造;也未包括哈得斯(冥神,非奥林匹斯神)。赫西奥德在其他地方谈到了这些神灵,但他似乎并不知道十二主神正表。

宙斯和赫拉

奥林匹斯诸神之首是持神盾的宙斯,神盾(Aegis)意为"山羊皮",指的是一种神奇的兵器,它可能是宙斯手里的一面盾牌,该盾牌可能象征着雷云(不过在艺术作品中,手持这面盾牌的通常是雅典娜)。据赫西奥德所述,缪斯女神围着跳舞的未被人们所发现的宙斯祭坛肯定是在赫利孔山巅,因为"位处高地"的这类祭坛是主管全地中海的气象之神的居所,他们因其力量和影响而不受希伯来先知们的欢迎。这些神的神殿经常位处山巅,因为那里是雷雨聚集之地。风暴之神有很多名字,在叙利亚他被称作"哈达",在巴比伦他被称作"马尔都克",在赫梯人中间他被称作"泰舒布"。不过,不管名字怎样变化,他始终像宙斯一样是天空中的大能之神,在用雨凌虐大地、击毁树木山石的暴风大雨中为人所感知(图7.7)。

(a)

(b)

图 7.7 (a)三位赫梯神与斗牛。居于中心的神很可能是风暴之神泰舒布。类似的雷神(有时持斧,有时持三叉戟)形象出现在从公元前第三个千年到古代晚期的近东艺术品中。此赫梯饰板制于约公元前 1300—前 1150 年
资料来源:Photograph by Rama, Wikimedia Commons(CC BY-SA 3.0 FR)
(b)宙斯右手持自己的特殊武器雷霆,左手托着他的神鸟雄鹰。此雅典红绘式花瓶制于约公元前 460 年
资料来源:©2016 RMN-Grand Palais(Louvre museum)/ Stéphane Maréchalle

赫西奥德给宙斯设定的配偶是"地位尊崇、穿金凉鞋的阿尔戈斯的赫拉",这位女神因自己的能力而成为伟大的女神,我们已在前面的线形文字乙种泥版中提到过她。赫西奥德还提及,赫拉在阿尔戈斯附近有一座重要的神殿。和缪斯女神一样,赫拉也有地域上的起源,不过她的权力传布四方。一如公牛象征宙斯,赫拉的象征是体现了女性丰育原则的母牛,在希腊宗教中,她是婚姻的守护神。

与自身职责未由一条共同的线统一起来的男神（社会中的男性也一样）不同，古代女神的身份是由她们与丰育、繁衍的关系决定的（社会中的女性也如此）。在宗教中，赫拉是一位获得宏伟神殿、享有丰盛祭品的重要女神。不过，在荷马的神话中，她是一个不断找麻烦、爱管闲事的妻子，总是与她那自命不凡、拈花惹草的丈夫宙斯作对。在下面一段引文中，赫拉抱怨宙斯背着自己与另一位女神谋划事情，帮助赫拉厌恶的特洛伊人：

"狡猾的宙斯，刚才又和哪位神祇谋划来着？
背着我诡秘地思考判断，这些永远是你的嗜好。
你从来没有这份雅量，把你的心想，
打算要做的事情直率地告我。"

其时，神和人的父亲答话出声：
"赫拉，不要痴心妄想，试图了解我的每一分心衷，
这些于你太难，虽说你是我的妻从。
任何念头，只要适合于你的耳朵，那么
不管是神是人，谁都不能先你听闻。
但是，要是我想谋划点什么，避开众神，
你便不要一味寻根刨底，也不许诘察盘问。"

如此，牛眼睛天后赫拉对他答诉：
"克洛诺斯最可怕的儿子，你说了些什么？
说实话，过去我可从未对你诘察盘问，
你可随心所欲地思考，按你自个儿的意图……"

汇集云层的宙斯对她答话，道说：
"好你个夫人，你总是满腹猜忌，我的言行绝难躲过。

但你的作为何益，还不是一无所获，

只能进一步削弱你的地位——这将于你更为不利——在我心中。

如果说你的话不假，那是因为我愿意使其成真；
去吧，静静地坐下，服从我的命令。否则，
当我施展不可抗拒的臂力，走近击打，
奥林匹斯山上的众神将绝难帮忙，哪怕倾巢出动。"

——荷马：《伊利亚特》，1.549—567

雅典娜、阿波罗与阿耳忒弥斯

在希腊宗教和神话里，雅典娜、阿波罗和阿耳忒弥斯都是非比寻常的神。在宗教中，雅典娜是雅典和其他一些城市的守护神。她鼓励艺术，尤其鼓励女性织布。雅典在艺术创作方面是非常突出的。在神话中，雅典娜站在特洛伊战争中的亚加亚人一边，并在奥德修斯的返乡之旅中保护他（图 7.8）。在希腊瓶画中，她常常站在英雄的旁边，如珀尔修斯或忒修斯。

图 7.8 雅典娜站中间，她左侧是奥德修斯，右侧是瑙西卡公主及其一位朋友。她将矛尖向下，看着自己庇护的人。她头戴战盔，脖子上挂着神盾，奥德修斯正好从灌木丛中赤身出来，吓到了正在海边洗衣服的女孩们
资料来源：ArchaiOptix / Wikipedia Commons（CC BY-SA 4.0）

阿波罗是个复杂的神，在艺术家笔下，他通常以一个年轻、无须的贵族形象出现（图 7.6）。他是弓箭之神，不过（与姐姐阿耳忒弥斯不同），他从未狩过猎。阿波罗站在特洛伊人一边，并引导帕里斯射出的箭射杀阿喀琉斯。像《伊利亚特》中的祭司克律塞斯一样，阿波罗体现着贵族的价值观，是人类智慧力量的象征。他与人类内心世界的联系使他成为预言之神。作为神中的贵族，阿波罗把成功带给在精英酒会上唱歌、弹七弦竖琴的人（在艺术家笔下，阿波罗通常抱着一把七弦竖琴）。公元前 7 世纪的《荷马致阿波罗颂歌》赞美了他的歌声：

> 赞美你，阿波罗，
> 远射、在走进宙斯殿时颤抖众人的神。
> 你拉紧自己的弓，走近，所有人起离座位，
> 独坐者，唯有在喜悦雷击的宙斯旁边的勒托，
> 是她呀，松解你的弓，合上你的箭壶。
> 从你有力的臂膀上，卸下你的弓，
> 在父亲殿里的一个金挂上，她把它悬上。
> 她引你入座，父亲赐给你金杯的神之佳饮，祝酒，
> 随后，所有其他神灵入座，而勒托夫人心醉，
> 因她生了你，一个强有力的带弓之子……
> 无论在那生育小母牛的陆地，还是在那海岛，
> 福伊波斯啊，歌唱都是你的领地。
>
> ——《荷马致阿波罗颂歌》，1—13

喜爱射箭的阿耳忒弥斯在整个希腊世界享有大量神庙，数量远远超过赫拉。她是动物尤其是野生动物的助产神，不过，矛盾的是，身为一个丰育女神，她却是处女之身（因为处女比其他任何人更有能力生育后代）。在神话中，处女阿耳忒弥斯是阿波罗的双胞胎姐姐，尽

管没有人对此做出过解释。赫西奥德还提到了他们的母亲勒托。

阿耳忒弥斯在很多狩猎神话中出现。通常，人们以某种方式冒犯了她，而她回敬以可怕的惩罚。比如，卡吕冬国王俄纽斯在收获时忘了向她献祭，她便命卡吕冬野猪肆虐他的国土。阿耳忒弥斯偏好人祭，阿伽门农将自己的女儿伊芙琴尼亚献给她，以便顺风能把船队带到特洛伊。

其他神

赫西奥德笔下"大地的浮载者和摇撼者波塞冬"以及"眼波撩人的阿芙洛狄忒"是后来十二奥林匹斯神正表中的成员。波塞冬是地震之神和爱琴海的主人。在宗教中，他是水手和在肆虐地中海东部的地震灾难中逃过一劫者的保护神；在神话中，他为难过奥德修斯——这个人的敌人就是海洋、异域土地和死亡。至于阿芙洛狄忒，赫西奥德将她的名字与"*aphros*"（泡沫）联系起来，不过，这可能是近东的性爱、战争女神阿什塔特的讹变形式。到公元前900年时，这位阿什塔特女神已在塞浦路斯站稳脚跟，她是被腓尼基人带到这里的，因此，塞浦路斯岛被称作阿芙洛狄忒的家园，阿芙洛狄忒也常被称作塞浦路斯人。

除一些故事外，赫西奥德笔下"金冠的赫柏、漂亮的狄俄涅、勒托"很少见于其他地方。忒提斯是阿喀琉斯之母。赫柏是"不老女神"，她就是年轻的化身（赫拉克勒斯在成为不死之身后与她在奥林匹斯山成婚）；"狄俄涅"是"宙斯"的阴格形式，在其自身地位为赫拉所取代前的希腊宗教的更早阶段，她可能是宙斯的原配。缪斯女神以下列神明结束了她们的神表：三个人化的自然神——黎明之神厄俄斯、太阳神赫里阿斯和月神塞勒涅；几乎无人知晓的伊阿珀托斯（可能就是《圣经》中的挪亚之子雅弗）和诡计多端的克洛诺斯；接着，还有三个原始神灵——大地之神盖娅、大洋神俄刻阿诺斯和黑暗的夜神尼克斯。

193

在整理我们所见到的有关希腊多神教的最早证据时，赫西奥德从当时的世界秩序（在此种秩序中，宙斯、赫拉与其兄弟姐妹、孩子一起进行统治）回溯到一个更早的时代，那时的神更少有人格色彩，且不为在作者时代占据统治地位的希腊宗教所熟悉。在缪斯的颂歌中，赫西奥德把我们带回万物在大地、水和黑暗中发端的时刻。

冥界崇拜

崇拜是宗教背景下的人类行为，尽管如此，宗教崇拜并不总是指向人格化神灵（他们有与我们差不多一样的心理特征，但拥有更强大的力量），在他们之外，还有拥有人格、隐而未见、嫉妒成性、充满危险的鬼魂和魂灵。几乎所有古代人都相信鬼魂、魂灵的存在（许多现代人仍是如此），而我们所认为的宗教有很大一部分内容属于古代的冥界崇拜。

呼吸-灵魂

希腊文 "psyche"（复数为 "psychai"）可粗译为 "灵魂"，其字面意为 "呼吸"（就像拉丁语 "anima"、希伯来语 "ruach" 也被译为 "灵魂" 一样）。鬼魂-灵魂崇拜源于这样一个信仰：人死后并没有消失，只是改变了存在的形式。有关死尸，人们看到的显而易见的事实是它不再进行呼吸，"psychê" 逃逸了，死亡终究是非实体的呼吸-灵魂离开了肉体。

呼吸的灵魂拒斥肉体的享受，并对自己所受的伤害念念不忘，这些看不见的灵魂是非常危险的。为避免鬼魂的不悦，身着掩饰我们性本能（这是肉体享受的一个来源）的深色、低调的衣服，从而证明我们对死者的离去深表悲痛是非常重要的。活着的人可以这样做：要么禁食（吃会给人带来享受），要么邀请鬼魂来吃为纪念它而准备的饭菜。用其他方式折腾自己的身体会令鬼魂喜悦，如咬断手指（阿伽门农之子俄瑞斯忒斯在杀掉生母克吕泰涅斯特拉后就是这么做的）或剪掉头发，火化死者的遗产。人不应当从他人的死亡中获得好处。在祭品的诸多功能中，有一个是可以防止危险的鬼魂对拿走它财产的人感到不满。

奥德修斯和灵魂

荷马《奥德赛》提到了希腊人的鬼魂观念和向它们乞求的技巧。故事说，在住了一年后，奥德修斯和手下们想离开美丽的女巫喀尔刻的岛屿，女巫告诉他们怎样才能渡过俄刻阿诺斯河，从而向著名先知忒雷西阿斯的灵魂求询信息：

> 及达后，我们驱船靠岸，拿出羊鲜，
> 众人向前走去，沿着俄刻阿诺斯的水边，
> 直到行至那里，喀尔刻描述过的地点。
> 其时，裴里墨得斯和欧鲁洛科斯★
> 将祭畜抓住，我抽出利剑，从胯边拔出，
> 开挖一个陷坑，四边一个肘掌的宽度，
> 泼倒祭奠，给所有的死人，
> 先用奶液掺和蜂蜜，再倒香甜的醇酒，
> 然后添加清水，把雪白的大麦撒出。
> 我许愿死者，再三，对他们无力的头颅：
> 当我回返伊萨卡，将会献祭一头未孕的母牛。
> 最好的，在我的房府，在祭焚的柴垛上堆垒财富，
> 给忒雷西阿斯另备一只公羊，
> 全黑，我所拥有的羊儿中最棒的牲畜。
> 其时，当我用祀祭和祈祷恳求过死人的部族，

★ 他们是奥德修斯的同伴。

> 我抓住祭羊，在坑上割断它们的喉咙，
> 黑红的鲜血喷注。
> 死人的灵魂从冥界上来，拥聚在那个去处，
> 有新婚的姑娘，未婚的小伙，历经磨难的老人，
> 还有鲜嫩的处女，年轻的心灵承受痛苦，
> 连同许多战死疆场的斗士，被青铜的枪矛捅破，
> 仍然披挂带血的甲护。
> 他们从四面八方拥来，将坑口围阻，
> 发出揪心的嗥叫，彻骨的恐惧将我逮住。
> 其时，我对伙伴们叮嘱，要他们捡起倒地的祭羊，
> 已被无情的青铜杀屠，动手剥去羊皮，
> 对神灵祈诉，焚祀羊鲜，
> 向强有力的冥王哈得斯和可畏的冥后普西芬尼求助，
> 而我自己则拔出胯边的利剑，
> 蹲坐，不让死者无力的头脸贴近血边，
> 直到我对忒雷西阿斯问过。
>
> ——荷马：《奥德赛》，11.20—50

灵魂是肉体本形无力、虚弱的表现，它们丧失了通行血管的血液带给人体的活力，因此，在墓地祭祀中，将畜血倾倒在坟墓上是非常重要的（奥德修斯就在俄刻阿诺斯河的岸边将血倾入坑中，图7.9）。除了畜血，酒、牛奶、蜂蜜、水这些生命之液也很不错。在公元前8世纪开端时，希腊人在古墓上献祭品，或是向无名的英雄（有时候泛指"向英雄"）献祭。冥界崇拜与奥林匹斯神崇拜一并存在，希腊人并未着力对它们进行区分。总的来说，一些奥林匹斯神起初可能是鬼魂，在希腊宗教中，乞求无形力量的祭祀心理与乞求有形力量的祭祀心理是一样的。

图 7.9　奥德修斯与埃尔佩诺尔的鬼魂，后者在远征一行人要离开喀尔刻的岛屿时从屋顶摔下来摔断了脖子。未被埋葬的埃尔佩诺尔的灵魂出现了，其膝盖以下的部分被掩藏起来，它举起左手臂，抓住峭岩。奥德修斯坐在一头祭羊的皮毛边，一边哀伤地凝视着埃尔佩诺尔的眼睛，一边手持宝剑，准备赶走其他鬼魂。图画见于一只雅典红绘式陶罐，制于约公元前 440 年
资料来源：William Amory Gardner Fund

安抚死不瞑目的亡人与亡灵

尽管短暂易逝，鬼魂却不是省油的灯，它们可能会纠缠伤害它们的人。在公元前 458 年上演于雅典的埃斯库罗斯悲剧三联剧《俄瑞斯忒亚》，讲述了一个鬼魂纠缠人的例子。在第一联剧《阿伽门农》中，阿尔戈斯王后克吕泰涅斯特拉谋杀了从特洛伊凯旋的丈夫阿伽门农，在时间背景设于多年后的第二联剧《奠酒人》中，克吕泰涅斯特拉做了一个可怕的梦。为安抚阿伽门农的灵魂，她派了一群奴隶去，将奠酒洒在他的墓地上。不过，只有杀死克吕泰涅斯特拉本人，血债血偿，亡灵才会满足。

鬼魂，尤其是被谋杀的那些人的鬼魂，带来噩梦，不过，它们也会托梦给朋友。梦到鬼几乎是人类社会中的普遍现象，在做这种梦时，一个过世不久的人以一种不寻常甚至可怕的真实性出现在亲友面

前。在《伊利亚特》中，阿喀琉斯杀掉赫克托耳为自己的朋友帕特洛克罗斯报了仇，在那晚，后者的灵魂向他显现：

> 然而，珀琉斯之子却躺倒在惊涛拍响的滩头，
> 粗声叹息在慕耳弥冬人*之中，
> 在那滩边浪水冲刷的空净之处。
> 其时，睡感将他逮住，驱他进入甜美的模糊，
> 松缓了心头的痛楚——闪亮的肢腿确已疲乏，
> 为了追赶赫克托耳，朝着多风的特洛伊跑步。
>
> 不幸的帕特洛克罗斯出现，是他的魂魄，
> 一如生前的音容形貌，那双眼睛动人，
> 一身旧时的打扮，帕特洛克罗斯的穿护，
> 悬站阿喀琉斯的头顶发话，对他说诉：
> "你在睡觉啊，阿喀琉斯，你已把我忘除。
> 在我活着时，你可未有疏忽——现在我死了，对不？
> 葬我，越快越好，让我通过哈得斯的门户。
> 那些个幽魂，死人的虚影，将我拒挡远处，
> 不让我渡过阴河，汇入他们之中，
> 我只能游荡在宽大的门外，在哈得斯的家府。
> 伸出手来吧，我带着悲痛对你唤呼，
> 我不会再从冥府归返，一旦你们给我火焚的礼数。"
>
> ——荷马：《伊利亚特》，23.59—76

帕特洛克罗斯的鬼魂乞求阿喀琉斯将它从那个世界拯救出来，它仍在那里游荡，只有一场合适的葬礼能"安抚鬼魂"。由于某种原因，

★ 阿喀琉斯的手下。

阴河成了冥界与凡界的分界线、对《奥德赛》的意涵来说具有重要意义的一个符号，而帕特洛克罗斯需要渡过这片水域，在此之后，他才能到另一个世界。安抚鬼魂的职责通常由家人承担，不过由于身在异国他乡，阿喀琉斯为帕特洛克罗斯承担了这一职责。总的来说，家人（如克吕泰涅斯特拉）是最早接收到死不瞑目的亡灵的抱怨的。家人安抚鬼魂的需要构成了索福克勒斯的著名悲剧《安提戈涅》（公元前441年）的基础，在剧中，国王禁止人们安葬一位给所有人带来灾难的叛逆王子。希腊宗教的目的是增进集体而非个人的福利，而放任鬼魂游离所带来的惩罚会降临到死者一家甚至是整个世界头上。

血光之灾

前面我们看到，克律塞斯是如何通过魔法召唤阿波罗给亚加亚人带来灾难的。同样，流浪或复仇的鬼魂也会带来各式各样的厄运。鬼魂带来血光之灾（miasma，"臭气"，常被译为"血污"），任何与谋杀者沾边的人都可能受到它的追索，这就是西方历史上最著名的俄狄浦斯的故事的基础，见索福克勒斯悲剧《俄狄浦斯王》（公元前429年）。故事说，一位祭司在俄狄浦斯（底比斯勒夫坎第的强大国王）面前宣布灾疫已在城邦中暴发：

> 啊，俄狄浦斯，我邦的君王，请看这些坐在你祭坛前的人都是怎样的年纪：有的还不会高飞；有的是祭司，像身为宙斯祭司的我，已经老态龙钟；还有的是青壮年。其余的人也捧着缠羊毛的树枝坐在市场里，帕拉斯（雅典娜）的双庙前，伊斯墨诺斯庙★上神托所的火灰旁边。因为这城邦，像你亲眼看见的，正在血红的波浪里颠簸着，抬不起头来；田间的麦穗枯萎了，牧场的牛瘟死了，妇人流产了；最可恨的带火的瘟神降临到这城邦，使卡德

★ 也就是阿波罗，他在底比斯勒夫坎第伊斯墨诺斯泉旁有一座发布神谕的神庙。

摩斯的家园★变为一片荒凉，幽暗的冥土里倒充满了悲叹和哭声。

——索福克勒斯：《俄狄浦斯王》，14—30[1]

我们很快从神谕中得知，灾疫的起因在于前国王拉伊俄斯神秘地死于一个十字路口，而无人为他复仇。鬼魂游离在外，索偿血债。随着故事的展开，我们得知杀害拉伊俄斯的正是俄狄浦斯本人，而前者正是后者的生父，尽管当时他们并不知道这一点。更糟糕的是，俄狄浦斯娶了寡后，即他自己的母亲，她得知真相后在惊恐中自缢身亡。对自己的行为感到震惊的俄狄浦斯用取自妻子／母亲长袍上的别针刺瞎了自己的眼睛。索命是很容易的，拉伊俄斯的恶意使这件事变得更复杂了！

狂喜、神秘的宗教

在奥林匹斯神崇拜、冥界崇拜中，信众通过献祭、唱颂歌和祈祷获得自己想要的东西。寻常信徒在一旁观看，乐于遵从祭司转述的神谕。寻常信徒参与崇拜的方式就是适当地举行仪式。不过，在其他形式的希腊宗教崇拜中，崇拜者寻求与神直接交流，甚至是在神性中迷失自我。

厄琉西斯秘仪

很多人对希腊宗教一无所知，却听说过厄琉西斯秘仪。"mystery"（秘仪）一词直接源于人们对发生在一个神庙中的事情的记载，这座神庙是献给得墨忒耳和普西芬尼的，位于雅典西北郊的小镇厄琉西斯（距雅典城约八千米）。"*mystês*" 是一个"闭着眼睛的人"，他要求信众进入神庙的崇拜仪式。厄琉西斯秘仪进行了约 700 年，不过从未有

★ 底比斯勒夫坎第的皇家宫殿，从传说中的卡德摩斯那里传下来。
[1] ［古希腊］索福克勒斯：《索福克勒斯悲剧五种》，罗念生译，上海：上海人民出版社 2016 年版，第 73 页。——译者注

人描述过其中发生的事情，否则会被处死。

我们知道的是，每一年，有一支浩大的行进队伍从雅典出发，穿过乡村，到达神庙。通常情况下，希腊神庙是有神明塑像的神所，祭祀在庙外方向朝东的祭坛上举行。相形之下，在厄琉西斯秘仪中，信众进入由一片柱林支撑、独一无二的矩形建筑中（图7.10）。据后来一位评论者的说法，在秘仪中，有一束光射出来，它可能是火光，火光来自该建筑中心处的一块石头。所有希腊人，无论男性还是女性，自由民还是奴隶，都有资格参加这种宗教秘仪，它承诺在来世让人们过上更幸福的生活。

图7.10 厄琉西斯神庙（公元前5世纪遗址）。图中人物（本书作者之一巴里·B.鲍威尔）身后是参加仪式者的座位，在他前面的是射出那束光的小型建筑的地基。大厅近于正方形，房顶由七排石柱支撑

《得墨忒耳颂歌》（据说是荷马所作，事实上，它创作于荷马身后200年）讲述了厄琉西斯秘仪的诞生神话。死神哈得斯请求他的兄弟宙斯允许他娶自己的侄女——得墨忒耳之女普西芬尼，宙斯同意了。当普西芬尼与朋友在海滩一同玩耍时，哈得斯驾着他的战车从地下出

现，把她抓去了冥界。

谷物女神得墨忒耳四处寻女，她扮成一个老妇人来到厄琉西斯，成为国王、王后之子的奶妈。晚上，她将孩子放在壁炉火上，烧掉他身上的尘俗部分。一天夜里，王后发现了他们，失声大叫，得墨忒耳在惊恐不已的王后面前显现真身，并命其在当地给自己建造一座神庙。

与此同时，生命繁衍从大地上消失。忧心忡忡的宙斯做出安排，让普西芬尼能返回阳间，但条件是，她没吃过冥王宫中的任何东西。不过，她已吃下哈得斯给她的一颗石榴籽，因此，一年之中她只有 2/3 的时间能在阳间与母亲度过，另外 1/3 的时间，她要在地府陪伴自己的合法丈夫——冥王哈得斯。

这个神话与古时近东的生命繁衍神话相似，它解释了厄琉西斯崇拜是怎样形成的，但关于仪式具体过程，人们几乎一无所知。神话在普西芬尼回返阳间一事上承诺了新生命的诞生，不过也警示了死亡是必然的。得墨忒耳和普西芬尼被称作"双女神"，或径直被称作"女神"，她们是同一力量的两个方面：一个创造生命，一个创造死亡。

俄耳甫斯教

在厄琉西斯秘教宣称得墨忒耳为创教者时，俄耳甫斯教众，即"俄耳甫斯的信徒"说传说中的俄耳甫斯是他们的教主。据神话，俄耳甫斯是最伟大的歌手，他的歌声甚至感动了天地。在他成婚当天，新娘欧律狄刻被毒蛇咬伤死去，俄耳甫斯下到冥界，用他的歌声打动了冥后，从而赢回了欧律狄刻，条件是，在抵达阳间之前，他不能回头看自己的妻子。不过，俄耳甫斯未能坚持，因此，他永远地失去了自己的至爱（图 7.11）。

图7.11 俄耳甫斯在色雷斯人中间演奏。丧妻后的俄耳甫斯在色雷斯游荡，只与男性打交道，据一些记载，他诱发了同性恋。感到受冷落的色雷斯女性袭击了俄耳甫斯，将其杀害。在这幅图中，俄耳甫斯坐在岩石上，沉醉在自己的音乐中。图片中心的人物穿着典型的色雷斯服饰，右边的女性左手拿着一把镰刀，这预示了俄耳甫斯的悲惨命运。此雅典红绘式调酒碗制于约公元前440年
资料来源：Fletcher Fund, 1924

与厄琉西斯秘仪向所有人包括奴隶开放不同，俄耳甫斯教是一个自我封闭的小型团体，其成员可能全是男性。由于俄耳甫斯去过冥界并且回返，他的信徒宣称他知晓有关人类命运、我们与神明的联系以及人死后生活的信息。俄耳甫斯教更像哲学，而非宗教，其教义教导人们，神之光住在每个人心里，唯有过纯洁的生活（戒除性、某些食物，特别是玷污英雄的祭坛、神坛的血腥祭祀），信徒才能获得对被困锁在肉体坟墓中的神性自我的认知。

俄耳甫斯教是一种反文化运动，它对现实的理解不同于当时的大多数人。可以确定的是，他们对血祭的反对态度将其与众人区别开来。曾经有一些挂名"俄耳甫斯"的诗歌流传开来，现在几乎全部失传。不过，有一篇针对其中一首诗歌的评论留存了下来，1962年，人们在希腊北部的一个火葬柴堆中发现了该评论的部分内容，其日期可以追溯到约公元前340年，这是欧洲现存的最古老的"书"。俄耳

甫斯教所聚焦的核心在于一个故事。根据该故事，婴儿狄俄尼索斯被泰坦神们的一面镜子和若干儿童玩具所引诱。泰坦神们将其杀害，撕成碎片，吞入肚腹。但是，雅典娜把婴儿的心脏救了出来，带给宙斯。宙斯使这位神获得新生。宙斯用雷电重击了泰坦神，使他们化为灰烬，人类由此诞生。因此，人类具有双重性质：他们的肉体源自泰坦神化成的灰烬，神圣的火花则源自泰坦神所吞食的狄俄尼索斯。为了从与泰坦神有关的肉体凡胎中获得解脱，人们必须加入俄耳甫斯教，然后过一种灵性免受玷污的禁欲生活，为此，尤其引人注目的是，他们要严守斋戒（连一些豆类都在禁食之列）。而后，他们才能从转世轮回中获得解脱。俄耳甫斯教众还有一种特殊的宇宙进化论。其中，最早的存在名叫"法涅斯"（"出现者"），或"普罗多格诺斯"（"初生者"）。法涅斯是一个美丽、金翼、双性的存在，从一个宇宙之蛋中孵出，被一条蛇缠裹着。除此之外的自生者还有"必然"和"时间"。他们结为夫妇，毁灭了宇宙之蛋，由此而形成了由各部分组成的宇宙。法涅斯仍是王者，他将王杖交给爱女司夜女神尼克斯，后者又将它传给爱子乌拉诺斯／天空之神。之后，故事就像赫西奥德的宇宙进化论一样发展，除了宙斯掌权后吞噬了法涅斯，重新创造了世界。

尽管人数一直不是很多，该教却深深影响了柏拉图，而后者转过来又影响了早期的基督教牧师。柏拉图有关身体与灵魂的论述如下：

> 对我来说，"sôma"（"身体"）一词的来源看似有数种不同的解释，如果你将该词的拼法稍作变化，甚至是非常轻微的变化的话。有人说"sôma"是灵魂的"坟墓"（sêma）、暂时的栖埋之所……看起来，俄耳甫斯信众充分利用了这个词语（sêma），把它当作灵魂因自己的胡作非为而偿付赎价的地方，故此，身体就像圈禁灵魂的一个围场（sôzetai）、一座监狱。由于身体就像"sôzetai"之名所显示的那样是圈禁灵魂的一个围场，故此，灵

魂直到偿付它所欠的所有赎价时方得解放。

——柏拉图：《克拉底鲁篇》，400c–e

由此，就有了俄耳甫斯教的说法"sômasêma"，即"身体是一座坟墓"。

这种思想在公元前 5 世纪时得到了广泛讨论，并构成了灵魂陷在"烦恼尘事中"的现代观念的基础。在柏拉图对俄耳甫斯教、毕达哥拉斯派的思想进行完善之前，灵魂是痛苦、无形体的"psychê"，而在他之后，一些哲学家把灵魂当作一种超然、永恒、比肉体或尘世更为真实的光。不过，这从来只是少数人的观点。

狄俄尼索斯崇拜

奥林匹斯神都住在遥远的天上或山上，鬼魂则住在地下，靠近自己的躯骨。相比之下，狄俄尼索斯住在葡萄藤的黄色汁液、红酒的酒精里，他让白色的精液生子累累，令白色的牛奶滚滚流溢。在生机勃勃的树上，发出一根嫩枝，你就知道这是狄俄尼索斯来了（图 7.12）。

在对狄俄尼索斯（又名巴科斯）的崇拜中，信众撕碎野生动物，生吞它们。他们像野兽一样行事，甚至可以说，他们已经成了野兽。醉酒的信徒们抛弃了人类的道德。作为一种生命力量，狄俄尼索斯并非凡人，且对凡间事务没有兴趣。人们相信，女性特别容易受其权力影响。抛弃对丈夫、家庭责任的酒神女伴（Bacchae，"巴克科斯的女信徒"）追随酒神，成

图 7.12 弹琴的狄俄尼索斯，他头上缠了常春藤，身着飘逸的长袍。西勒诺斯随歌舞动，拍着响板。一人肩上披着兽皮，另一人手里抓着常青藤，藤蔓在人物背后扩散开来。此雅典红绘式酒杯制于约公元前 480 年
资料来源：Bibi Saint-Pol / Wikimedia（PD）

群结队地游荡在外,穿越野地。希腊人将她们的秘密庆典称为"*orgia*"["orgy"(狂欢),一词的来源]。醉酒和对性的许可唤醒了人们体内的酒神力量。

神话告诉我们,宙斯以满身荣光出现在狄俄尼索斯之母塞墨勒面前——醋意大发的赫拉骗塞墨勒向宙斯求取这一荣耀,塞墨勒被化为灰烬,狄俄尼索斯是从母亲子宫的灰烬中被拽出来的。年幼的狄俄尼索斯被自然女神们养大,他居于偏远之地,后来返回希腊。许多人反对他和对他的崇拜,此种崇拜让人们在狂喜中与超人类力量合一。这些人还不如反对海潮或飓风,因那些反对他的人会由于自己不理解他而以可怕的方式付出代价。

最著名的抵抗狄俄尼索斯的神话见于欧里庇得斯的悲剧《酒神的伴侣》(公元前403年)中,愚蠢的底比斯勒夫坎第国王彭透斯抵抗酒神,发了疯,当他试图观看酒神女伴们的崇拜仪式时,她们把他撕成了碎片。在戏剧中,合唱团歌颂酒神的力量:

> 谁在街上?那是谁?叫他进屋,别挡我的道。全体肃静,我要遵照我们的风俗,歌颂狄俄尼索斯。
>
> 幸福的是那样的人,他有福懂得神的教仪,过着清洁的生活,诚心加入狂欢队,带着被除污染的神圣祭品到山上敬礼巴克斯;他遵守众神的伟大母亲库柏勒*的教仪,手挥梯耳索斯神杖†,头缠常春藤,膜拜狄俄尼索斯。
>
> ——欧里庇得斯:《酒神的伴侣》,68—82 [1]

---

* 弗里吉亚的母神,狄俄尼索斯与她有密切联系。

† 一根男性生殖器状的拐杖,缠绕着常青藤。

[1] [古希腊]欧里庇得斯:《酒神的伴侣》,载《欧里庇得斯悲剧六种》(《罗念生全集》第3卷),罗念生译,上海:上海人民出版社2007年版。——译者注

不同于奥林匹斯诸神，狄俄尼索斯与其崇拜者成为一体。早期基督徒在坟墓中采用狄俄尼索斯的图像，来颂扬自己的宗教提供的重生承诺，就不奇怪了。

结论

希腊宗教与其他古代多神教（如埃及人、美索不达米亚人的多神教）有很多共同之处，而与依赖书写文献（这些文献坚持说它们直接反映了神的意志）的犹太教、基督教、伊斯兰教等启示宗教相异。希腊人意欲劝说奥林匹斯神做某些事情，意欲用献祭安抚充斥天地间的大量其他鬼神。在阅读荷马史诗或参观帕提侬神庙时，我们发现众神像人一样行事，这是我们得到的一种希腊宗教形式；从下述祭规一类的文献那里，我们可得到另一种极为不同的希腊宗教形式，在该祭规中，诸神只是列举出来的一串名字，与它们一道存在的是情况不明的地方神灵：

> 在波德罗米昂月（9月/10月）的普诺斯亚节上：为宙斯·波利俄斯（"城邦的守护神"）精心挑选了绵羊；妇女们为神欢呼，买了一头小猪，以备大屠祭*时用；祭司为信众准备了晚餐；刻法罗斯（雅典英雄），绵羊；普罗克里斯（雅典女英雄），一托盘贡品；索里科斯（索里科斯地方的人格化），一只绵羊；索里科斯的女英雄们，一托盘贡品；在苏尼翁（位于雅典附近）为波塞冬精心挑选了羊羔；阿波罗，一只山羊；考罗卓芙丝（"年轻人的养育者"），一头小母猪；得墨忒耳，一个发育成熟的活人；宙斯·赫启欧斯（家周围"家的守护者"），一个发育成熟的活人；考罗卓芙丝，一头小猪；在盐碱滩为波塞冬预备了一个

★ 燔祭整个活人之时。

发育成熟的活人；阿波罗，一头小猪。

——乔治·多克斯,《索里科斯降灵日历（盖蒂博物馆）》,
Antiquité classique 期刊 52（1983）122

上述祭仪只规定了某个德谟（deme，相当于村庄；阿提卡有140个德谟）一个月的祭事细节，而没有提到祭事在何处举行、费用由谁支付，因为每个人都知道。这些就是希腊宗教的日常情况。

希腊人将两项不寻常的元素引入了他们从其他方面来说相当传统的多神教。第一项创新是丰富的故事，以其原创性和经久不衰的吸引力引人注目。这些神话深深影响了希腊人，他们喜爱、用心记诵它们并在艺术中对其加以模仿。宗教是某种既是信仰又是行动的事物：希腊人向神祈祷，而后宰杀牲畜并食用祭肉。神话是故事，一件事先发生，然后，另一件事发生。由于希腊神话中的主角有时是宗教献祭的对象，希腊神话和宗教因此以一种迷人而又纠结的方式交织在一起。

希腊人的第二项创新是把宗教与社会权力分离，本书多次强调这一点。神、英雄、魂灵和鬼魂具有重要地位，而且频繁干涉人类事务（希腊人如此相信）。尽管如此，无人可利用通达超自然力量的特殊渠道为凡间的权力做背书，就像古近东国王所做的那样。我们将在第8章看到，这一奇异的分离给希腊社会带来了深刻的影响。

第8章
古风时代的希腊：经济、社会与政治
（公元前800—前480年）

在第6章和第7章中，我们讨论了早期希腊文化的两根支柱：荷马与宗教。在本章中，我们将考察，希腊在动荡不安的公元前8世纪到大战连绵的公元前480年之间是如何发展的，这段时期被历史学家称为希腊古风时代。我们之前描述过的希腊生活方式在这一时期得到了体现：生活水平提高了，平等的男性公民权成为社会组织的核心准则，信仰被系统化了，一次思想革命发生了。这是冲突密集爆发（有时还很暴力）的年代，它们既有城邦之间因争夺更大地盘的控制权而导致的冲突，又有城邦内部富人之间的个人、派系纷争和同时存在的穷人对富人的反抗。在本章和下一章中，我们将为读者展示一幅该时期历史、思想进展的广阔图景，其中有很多地方差异。

寡头统治

青铜时代的希腊人拥有强大的 *wanaktes*（国王），在黑暗时代，他们被更弱小的 *basileis*（国王）所取代。到了公元前8世纪，后者已被荷马、赫西奥德视为理所当然，他们甚至说前者"与神亲近"，但荷马和赫西奥德也认为国王（此小节中皆指 *basileis*）必须服从共同体的价值规范。拿伊萨卡来说，奥德修斯、忒勒玛科斯就不得不展示他们比觊觎国王头衔的其他贵族更强大。在人们眼中，国王通常只是一群相互冲突的部落首长中的头领而已。到公元前7世纪，城邦中国王的权力让渡给了寡头政体。

寡头政体的意思也就是"少数人的统治"。一个寡头集团可能是一小撮人，或是几百人的议事会。寡头统治将古风城邦与西亚的希腊邻居们区分开来，在这些邻国，典型的国家形式是君主制（"一个人进行统治"）。希腊城邦的富人喜欢自称为"agathoi"（意为"贵人"），而把穷人呼为"kakoi"（意为"贱民"），不过，尽管有分别的名号，希腊大多数寡头并不与普通公民差得天高地远。随着时间与城邦的变化，贵人和贱民之间的权力平衡有所变化，不过，从总体上说，出身低贱的希腊贫民比出身低贱的埃及或叙利亚贫民要更自信，在那两个地方，国家制度、阶级分化由来已久且得到了高度发展。从公元前7世纪到前6世纪，越来越多的权力转移到更为贫穷的公民手中。

而富人在公元前700年左右，即古风时代初期，就遭遇了严厉的批判。在第5章中，我们看到赫西奥德是如何痛斥欺诈他的那些地方国王的，他把他们称作"贪图贿赂者"和"傻瓜"。在他看来，社会应该存在等级，不过他也声明，人们有权在传统道德观的基础上评判国王的所作所为。一旦他们触犯了传统道德观这类律法，就会走向毁灭：

> 贪图贿赂、用欺骗的审判裁决案件的人，无论在哪儿强拉正义女神，都能听到争吵声。正义女神身披云雾跟到城市和人多的地方哭泣，给人带来灾祸，甚至给那些把她赶到对她说假话的地方的人带来灾祸……往往有甚至因一个坏人作恶和犯罪而使整个城市遭受惩罚的，克洛诺斯之子把巨大的苦恼——饥荒和瘟疫一同带给他们。因此，他们渐渐灭绝，妻子不生育孩子，房屋被奥林匹斯山上的宙斯毁坏而变少。宙斯接着又消灭他们的庞大军队，毁坏他们的城墙，沉没他们海上的船舰。啊，国王们！请你们也

要好好考虑这个惩罚。永生神灵就在人类中间,且时刻注意那些不考虑诸神的愤怒而以欺骗的判决压迫别人的人。

——赫西奥德:《工作与时日》,220—224,240—251

随着古风时代的发展,普通公民越来越反对单个人为整个社会做决定,无论这个人有多富有、多聪明。拿一份刻于公元前550年左右、来自开俄斯岛(图8.1)且保存状况不太好的碑文来说,它提到了一位身居要职的国王,但之后,它谈及一个人民议事会,它拥有听取上诉、进行罚款的重要权力。有关该议事会或其工作,上述碑文所述甚少,不过,到约公元前525年,我们听到了"德谟"(dēmos,意为"民众")一词,它作为一个整体(自由的男性公民)在多个城邦做出重要决策。

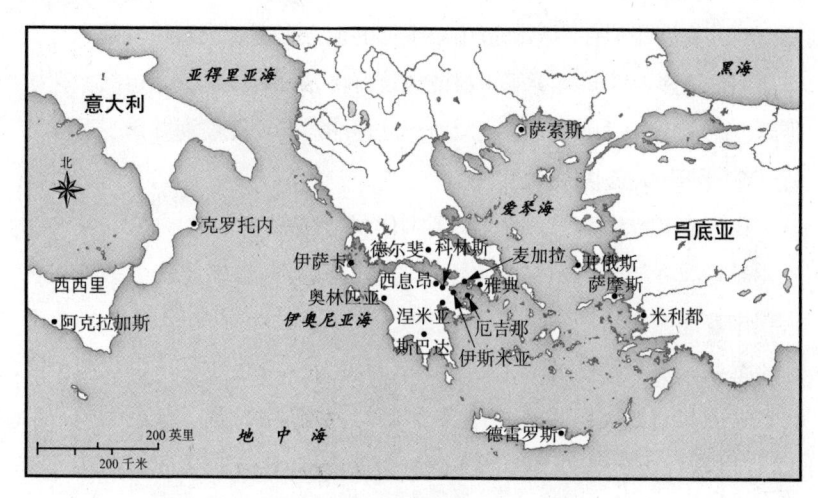

图 8.1 本章提到的一些地方

在希腊古风时代,与贵人相比,贱民相对弱小,主要有三方面原因:经济、军事和意识形态。下面,我们逐一进行分析。

经济

在希腊，土地和劳动力是财富的基础。如果一个人拥有大量土地和充足的劳动力，他就可以生产超出家庭所需的农产品，然后用多余的产品交换自家需要但无法或不愿自产的物品。这种交换可能是近距离的交换，如用食物去交换铁匠或木匠的工艺品；或者跨地中海运输农产品，以谋取利润。希罗多德讲述了一个故事：约公元前600年，一位商人被狂风吹离了航线，最终到达西班牙的大西洋海岸，他发现当地居民对他带来的希腊产品颇为热心，他发了一笔意外之财。

当然，累积财富的机会随地域条件的不同而不同。例如，萨索斯岛适宜种植酿酒的葡萄树，由此，所种葡萄产量超过自家所需的家庭可将剩余产品销往不适于种植此树的地方，或把自己的葡萄卖给专销商。到公元前700年，一种名为"双耳罐"（有两个把手的罐）、用于装酒和橄榄油的大型陶器在距离制造中心很远的地方出现。大多数城邦内有铁矿，不过很多城邦缺乏上好木材或建筑石块，只有少部分幸运的城邦如雅典、萨索斯有银矿。商品、原材料的运输需要为能航海并承受远洋贸易风险的那些人提供了机遇。

我们可以大略了解一下古风时代贵族的富有程度。在古风末期的公元前480年，一位名叫克雷尼亚斯的雅典人自费装备了一艘战舰。这意味着他掏钱打造船只、装配绳索，并担负180~200名战士3~6个月的军费开支。按雅典货币算，这笔开销为5~8塔兰特（古代两河流域及欧洲等地最大的重量单位及币制单位）白银，是一笔巨大的开销（足以供给有250~400人的村庄的一年所需）。讲述这个故事的希罗多德认为这是一笔惊人的开销，不过，他也知道，克雷尼亚斯并非希腊古风时代最有钱的人，在西西里岛上，可能有几十个希腊人比他更富有。相比雅典，西西里拥有更为充沛的降雨，也有更多可开垦的土地。西西里阿克拉加斯的统治阶层通过向迦太基（非洲北部海岸的大型腓尼基贸易殖民地，在今突尼斯境内）出售橄榄油、酒而富裕起来，公元前550—前450年，他们建造了一系列空前宏伟的神庙（图8.2）。

图 8.2 西西里岛南部海岸的阿格里真托（希腊名为"阿克拉加斯"）城的康考迪亚神庙是西西里规模最大、保存最完好的神庙，也是全世界保存最完好的希腊神庙之一，它建于约公元前 440—前 430 年。尽管在传统上以罗马和谐女神康考迪亚的名字命名，实则该名出自附近发现的一篇罗马时代的拉丁文铭文，与这座希腊建筑毫无关联。事实上，没有人知道这座庙宇是献给谁的。它在 6 世纪被改建为基督教堂，因此保存较为完好，尽管相关建筑已经变了样。包括这座神庙在内，阿克拉加斯人沿山脊建了七座大神庙，如今，相比爱琴海地区的神庙，西西里的许多希腊神庙保存得更完好

资料来源：Gerd Eichmann（CC BY-SA 4.0）

然而，相比他人，比如波斯帝国的小贵族，最富有的西西里希腊人只能算穷人。希罗多德说，就在克雷亚尼斯以自掏腰包买一艘战舰之举震惊了雅典人的那一年，波斯帝国最富有的臣民提出给波斯王进献 18 000 塔兰特白银，这可是远比 100 万磅还多的白银啊！波斯王赏赐宠臣，赐给他们巨额地产、一整座城市的税收，这令希腊人望尘莫及。

希腊没有宏伟的宅邸或壮观的陵墓，到公元前 600 年，大多数新

居都是围绕一个小庭院而建的三到四间房子。大多数坟墓是私人墓葬，它们没有打造精致的墓碑，陪葬品只有几个瓦罐。考古学家所做的最令人印象深刻的发现来自神庙。某些希腊神庙的藏宝令人振奋（参见第9章），它们的祭品包括少量的金银珠宝和大量的青铜盔甲、陶罐、装饰物。大多数城邦都有一到两个带石庙的大神殿，它们接收最好的祭品，此外还有数十个接受地方百姓进献陶器的小神庙。在希腊古风时代，贫富之间的差距相对较小，这是希腊贵族比东方发达社会中的贵族更弱小的一个重要原因。

军事

希腊古风时代贵族相对弱小的第二个原因是军事原因。希腊人发明了一种特别的作战方式，它在适当条件下可发挥极大威力，留给贵族们充当英雄领袖的空间却很小。公元前7世纪的斯巴达诗人提尔泰奥斯曾对希腊战术做过这样的描述：

> 让士兵站住阵脚，紧闭嘴巴，双脚分开，
> 用宽盾遮挡大腿和大腿以下的双脚，也遮护胸膛和双肩。
> 让他挥舞右手拿着的锋利长矛，让他将头盔戴到头上。
> 让他学会英勇作战，敌人矛箭射来，盾牌在手，毫不退避。
> 让他手持长矛或挥舞利剑，冲向敌人，重创并杀死他们。
> 让他与敌人脚趾对脚趾，盾牌对盾牌，盔顶对盔顶，
> 头盔对头盔，胸膛对胸膛，
> 让他紧握刀剑长矛，杀伤敌人。
>
> ——提尔泰奥斯：残篇，第11章，第21—34行

古希腊军队的主力是重装步兵（hoplite，源自 hoplon，意为"盾牌"）。这些步兵通常配备20~32千克重的青铜甲（包括护胫甲、坚固的胸甲、马鬃顶的封闭头盔、金属壳的木盾），手持一支1.8~2.4米长

的矛（图 8.3）。相比而言，希腊周边大多数国家的步兵手持柳条或皮革制的小盾牌，只要抓住这类盾牌中间的一个把手，他们就能挥动盾牌挡开攻击，不过无法挡住利矛的重刺。

重装步兵的圆盾与此极为不同，它们约有 0.9 米宽，由硬木制成，外覆青铜，除了最凌厉的攻势，它们能挡开一切攻击。圆盾重约 7 千克，单靠盾中央的一个把手，矮小、营养不良的古希腊人很难长时间举起它。于是，圆盾上安了两个把手，一个在盾沿，可以用手紧握；另一个是一条宽带，在盾中央，前臂可以穿过它（图 8.4）。

不过，这样持盾产生了一个新问题，因为盾只能护住战士左半边身体。由是，重装步兵肩并肩聚在一起，组成有六至八排纵深的密集方阵，这样，每个步兵都可以防护左侧战友（未受保护）的右半边身体了。唯一暴露自己的是每行士兵中最右边的那个人，站在这个位置上的人享有崇高的军事荣誉。只要重装方阵保持阵形，展现在敌人面前的就是一面有数层纵深的青铜盾墙和一片由致命的铁制矛尖组成的"森林"。

图 8.3 雅典红绘花瓶上的重装步兵像，花瓶制于约公元前 480 年，发掘于意大利卡西里。此人手持一面圆盾，肩披斗篷。这名年轻、无须的士兵拿着一根长矛，戴着有羽冠的青铜头盔。一件皮胸甲护住他的上身，青铜护胫甲覆盖了他的小腿、脚踝。他的盾牌上饰有号兵形象的图案

215

图 8.4 一个笛手在吹奏音乐，两方战士混战，见于约公元前 650 年的一个科林斯酒壶——齐吉瓶，高只有 10 厘米。对于图中所绘的是不是人们所发现的最古老的重装方阵，学者们意见不一，不过他们留意到，图左侧人物所持的圆盾有盾中条带、盾沿条带。还有，他们所携的不是剑，而是两根矛，一根用于投掷，一根用于戳刺。他们与荷马史诗中的士兵而非古典时代的重装奇兵相像

为保持阵形，重装方阵需小心地缓缓移动，由于每个人都希望躲在邻伴盾牌之后，方阵往往像螃蟹一样向右边蠕动。重装步兵与埃及、波斯步兵不同，他们经常在一起集训，不过即便是这样，重装方阵在崎岖地形上仍会失去阵形，从而使重装步兵暴露在可从侧翼包抄、轻装但富机动性的敌军的攻击之下。希罗多德借一位波斯将军之口嘲笑了重装步兵战，将军说：

> 我听说，希腊人由于自己的顽固和愚蠢，他们在作战时是胡来一通的。当他们相互宣战的时候，他们是来到他们所能找到的最好的和最平坦的地方在那里作战，因此结果胜利者在战斗结束时也同样会遭到巨大的损失，而战败者，那就更不消说，他们全部被歼灭了。

——希罗多德：《历史》，7.9

重装步兵几乎从不进行堡垒攻坚战或山间作战，他们在精心挑选的平地上交锋，就好像战争是一场体育比赛。不过，虽然战斗带有程式化的特征，但与体育并不相关。两个重装方阵小心翼翼地行进到距对方约180米的范围内，扯开嗓子唱歌，然后等待着，看敌人是否怯阵。荷马曾描述等待着从埋伏中出击的战士的状况，不过，他的话可能正好用于说明一次重装步兵战役前的紧张气氛：

> 贪生者的脸色会不断改变色调，
> 无法控制心绪，不能安然稳坐，
> 把重心压在这条或那条腿上，
> 最后在两条腿上蹲落，胸中的心脏剧烈跳动，
> 想到死的精灵将至，牙齿咯咯碰敲。
>
> ——荷马：《伊利亚特》，13.279—283

倘若任何一个重装方阵都未怯阵，双方便继续前进，此时他们跑起来，不过仍努力保持阵形。双方在最后几米的距离内冲锋，迎头相撞，前几排战士被后面的一大群人推向前，他们用矛猛戳对方，不久后便是血腥的交锋。大多数矛尖都会滑过护甲，不过有些会死死地刺进护甲里，或者是隐藏在盾墙下面，伺机攻击敌人暴露出来的咽喉或腹股沟。盾牌相互碰撞，矛裂成碎片，或是矛尖刺进敌人厚重的盔甲里。重装步兵战役是规模宏大的残酷混战。在拥挤的人群中，矛失去作用，这时，方阵前排的战士抽出短剑砍杀，他们拳打脚踢，累得气喘吁吁。头裹在封闭头盔中的战士们什么都看不见、听不见，他们奋力求生，与身旁战友合作杀敌，汗流浃背，在疯狂的杀戮中，血流成河。

这种战争根本没法指挥，人们能指望的只有纪律、力量和勇气。在最初的枪矛开路后，真正的两军交锋在两方前线都撕开口子，最前面的重装步兵突入其中。如果他们保持头脑清醒并稳住阵脚，便可

拓宽裂缝,越过倒下的尸体,深入敌方阵地。激战片刻或许多分钟后,一方可能开始撤退,其前方战士挤在一起,无法脱身。如果第五或第六排的战士突然遭到凶猛、愤怒的敌人的攻击,其后方会形成巨大的恐慌。在敌人从后方突入后,撤退方方阵瞬间散作陷入恐慌中的乌合之众,纷纷逃走。滞留的步兵会被已然获胜、蜂拥而上的敌人全数歼灭。战役结束,屠杀开始,正如斯巴达诗人提尔泰奥斯所描述的:

> 勇士肩并肩站着,携手迎战最前方的敌人,他们极少丧命,身后的战友也得到他们的保护。陷入恐惧的士兵,他们的战斗勇气毫无作用。没人能说清有什么厄运会降在行为可耻的人头上。激战正酣,如果有人逃跑,将矛刺入他的后背是何其痛快。他死在沙尘中,背上带着矛尖刺入的伤口,看到他,人们实在感到羞耻。
>
> ——提尔泰奥斯:残篇,第11章,第11—20行

在战斗的最后阶段,胜方后排的战士会越过筋疲力尽的战友,从后背砍杀丢弃重甲逃生的敌人。根据一条古老的格言,有一位斯巴达母亲在出征前将盾牌交到儿子手上,告诉他,"要么带着它(回来),要么躺在上面(回来)"——要么胜利,要么战死沙场。

一些历史学家认为,上述作战方式是经公元前9—前7世纪缓慢演化而成的,其他人则认为它随公元前650年左右重装盔甲的发明突然出现,并淘汰了旧式贵族战争模式(出现在《伊利亚特》中的战争模式)。总之,新战术有赖于日渐提高的生活水平,因为每个重装步兵都购买了自己的昂贵盔甲。到约公元前600年,一个典型城邦约有1/4或1/3的公民有能力负担自己的盔甲。公元前8世纪时,少数拥有青铜盔甲的富人比更贫穷的士兵更有优势,不过,在公元前7世纪和公元前6世纪时,贫富之间的差距消失了。在重装方阵里,贵族和

小农是一个同生共死的团队。古风时代的希腊贵族在经济和军事方面都无法使自己与广大民众区分开来。

如果希腊贵族富有到能组建一支强大的骑兵,那他们可能像中世纪的欧洲骑士那样,成为军事精英;如果拥有武装追随者或自费雇佣军,那他们可能已成为古风时代战争的主宰者。不过,由于他们无力负担这些经费,因此,他们就不能说共同体为了生存必须依赖他们。

意识形态

不过,古风时代希腊贵族相对弱小的最重要的原因是意识形态的原因。任何统治阶级,无论他们有多么富有或在战争中是多么不可或缺,都无法单靠强力维持自身权力。即使是极权政体,也会将宣传与强制结合起来,因为强迫人们始终听令行事的成本非常高昂。如我们在第 4 章中所看到的,青铜时代的近东统治者通过宣称自己与神有特殊联系来证明自己的权力,不过在希腊古风时代,这类说法不具有说服力。在公元前 570 年前后进行创作的诗人萨福曾想象自己和朋友们与神交流,诸人共享盛满酒的金杯,并坐在闪闪发光的餐桌前共进晚餐。她和其他诗人宣称自己与神和东方的大国国王平起平坐。不过,任何一位断言自己与神有特殊关系的希腊诗人,总会遭到另一位诗人的拒斥。神圣的荣誉和东方的奢侈品都是遥不可及、不可觊觎的。在近东、埃及,通常只有少数出生于权贵家庭的神职人员可以举行祭祀仪式,反之,在希腊,任何人都可以。希罗多德在游历波斯时惊奇地发现,只有在叫作"术士"的神职人员的主持下,才能进行祭祀。

经济、军事和意识形态相互促进。假使希腊贵族曾像巴比伦统治者一样富有,他们或许已通过荣华、盛况的展示使公民们相信他们与神有亲密关系。又或者,假使一位战士能突破敌人的方阵,他或许已被人们看作神一般的人。更进一步,假使一位精英控制了通达神的渠道,他或许已有能力获得更多资源,而且,可能没有什么人敢在战斗中与之作对。

在古风时代,最富有的人掌控着政治,但他们的控制通常是松散的。一些人以自己像神为由要求获得统治权,不过大多数贵人宣称的只是他们拥有卓越的品格、温和的气质和智慧,他们宣称自己应该获得特权,包括对政治决策的控制,其原因是他们的才能体现了一种恪守中道、不偏激的生活方式。不过,到公元前500年,在一些城邦,精英对政治的这种有限控制也被普通公民推翻了,而向男性民主政体迈进。在本章后面的部分,我们将探讨这些文化形式中最重要的那些方面。

精英文化

会饮

创作流传下来的文学作品的那些上层人士很少写到公共酒吧,不过,读诅咒石碑(通常写在铅板上,投入井中或与尸体埋在一起)上的文字让我们觉得它仿佛无处不在,例如:

> 我诅咒酒保卡里亚斯和他的妻子瑟瑞塔,那个秃子的酒吧及其附近的安塞米翁的酒吧(此处铅板损坏,字迹无法辨认),还有酒保菲洛。在这所有事物中,我诅咒他们的灵魂、生意、手脚、酒吧……还有索西美涅斯的仆人、酒保阿伽松……我诅咒泉水边的酒家女麦妮雅,还有埃勒夫西斯的亚里斯坦德的酒吧。
>
> ——转引自戴维森《交际花与炸鱼饼》,第55页

各式各样的人(自由人和奴隶、男性和女性、富人和穷人、年轻人和老人)都频繁光顾酒吧,尽管我们对他们所知甚少。顾客可以买

散装葡萄酒带回家,也可在酒吧饮用几杯。某些酒吧的气氛令人愉悦。雅典出土的一幢公元前4世纪的建筑可能就是一间酒吧,它空间很大,并含有来自希腊各地的双耳酒器残片。就连学识渊博的哲学家柏拉图也提到过公元前4世纪时一位酒保的技艺。

不过,贵人更青睐被称作"会饮"(symposia,意为"一起饮酒";单数形式为"symposium")的私人酒会。一般会饮包括九位男性。传统上,会饮在日落后开始,可能持续到次日清晨。赴会者聚集在一个被称作"andrôn"("男性的房间")的房间里,有时也会租一间房。围绕房子中间的餐台(仿自近东的一项习俗),多张卧榻靠墙而设。饮客们躺在榻上,享用支在卧榻上的桌子上的晚餐。而后,会饮开始。

会饮有精细的规则。饮客通过掷骰子选出一位宴主,由他决定两个重要事项:酒水比例和每位客人应喝多少杯。希腊人认为(未掺杂他物的)纯酒会使人发疯,鉴于会饮的时长和不同酒类的品质,以1∶1或1∶2的比例来兑配水和酒无疑是能令人保持头脑清醒的合理方案。关于每位客人应喝多少杯的这项规则的意思是让所有客人醉酒程度大致相等。随后,由宴主宣布奠酒仪式,也就是将少量酒洒在地上,献给神明。饮酒活动一般从奠酒仪式开始,甚至赫西奥德所说的盛夏在树荫下的独饮也不例外。

会饮中可能还有杂艺人员,包括乐师、舞者、杂技演员和小丑。许多城市甚至专门制定了法规,规定杂艺人员的报酬和轮班时间。在私人场合,贵族可以吟唱熟诵的诗歌,以此娱乐朋友。早些时候,我们看到了希腊会饮上性行为的事例。史料表明,性行为是很常见的,不论是饮客与妓女之间的性行为,还是成年男酒客与侍酒男童之间的性行为(图8.5)。

221

图8.5 会饮,见于公元前5世纪早期的一只雅典陶瓶。图中,一位衣着简单的高级妓女("交际花")吹奏双管长笛,娱乐男性酒客。四个参加会饮的人中有三个在玩一种名叫科塔博斯(kottabos)的游戏。饮客转动被称为酒爵的大型浅酒杯,随后将杯中残酒和酒渣(葡萄皮)抛向房间另一端,撞倒一尊小雕像(通常是萨提洛斯[1]的塑像)。第四位饮客似乎对妓女更感兴趣。卧榻前的桌子上放着食物

资料来源:Salamanca Collection(CC BY 2.5)

倘若酒会持续一整晚,与会者会喝得烂醉如泥。据一位雅典喜剧诗人说:

> 一杯酒下去有益健康,两杯酒增进欢爱,三杯酒促人入睡,四杯酒生发暴力,五杯酒引人咆哮,六杯酒大醉狂欢,七杯酒神志不清,八杯酒惹是生非,九杯酒吐出胆汁,十杯酒致人疯狂,乱砸椅子。
> ——尤布罗斯(转引自罗伯特·加兰《古希腊人的日常生活》,第101页)

---

[1] 在希腊神话中,萨提洛斯是有着尖耳人身(包括人脸)、羊腿羊角的森林之神,嗜好放纵无度的狂欢。——译者注

聚会可能以醉鬼们在街上游荡、斗殴闹事告终。尽管如此，会饮文化却是贵族身份标志的组成部分，那些在会饮中不知道要做什么和滴酒不沾的人会受到严重的鄙视。在一首诗中，公元前6世纪、可能住在麦加拉（位于雅典与科林斯之间）的诗人泰奥格尼斯描述了人们该怎样成为出色的宴主，这首诗可能就是为会饮而作的：

> 要离开的人，让他们走，想留下的同胞，也别赶他们。在我们用餐时醉酒做着美梦的，不要惊扰他们，清醒未醉的，也别强迫他们入睡，因为强迫的事情没有一件是美好的。想喝酒的，顺他的意，给他酒。至于我本人，可算饮酒适度，回家之前，我从未想望安枕入梦。我清楚地知道，酒乃饮中之王，我既非禁酒主义者，亦非嗜饮狂。一个人喝酒过度，会口舌失控，思想脱缰。他像傻子一样胡言乱语，令头脑清晰的朋友们面上无光。醉酒中的人万事不觉羞耻，清醒时虽思维敏捷，此刻却是傻瓜一个。由于这些，人不当饮酒过量，沉醉之前，当安静起身离去。别像劳累度日的平民一样，让胃口主宰了你。如你始终不断地口吐愚言"倒酒"，毫无疑问，你喝醉了！这里敬一杯酒，给朋友……那里喝一杯酒，打赌……还有献给神明的奠酒，以及……自己有酒在手，何乐不为呢？不过，真正赢得酒局的人，虽饮而尤能谈吐清晰。朋友们啊，觥筹交错之际，说话当保持知觉，要制住你心中的怒气。让你的话语怀抱全体，而不针对具体的个人。这样，你会享受美好的宴席。

——泰奥格尼斯，467—496

在饮宴上不能控制自己脾气的人和贵族的对立面（劳动者）差不了多少。令泰奥格尼斯感到震惊的是，下层阶级的举止、贱民影响了本应与他们不一样的有教养、有节制的人。在泰奥格尼斯看来，世界正走向败坏，其原因是出身贫贱、缺乏教养和良好品位的贱民接管了权力。

他向自己的年轻男伴基尔诺斯抱怨道,如今什么东西都可以出卖了:

> 基尔诺斯,由于我喜欢你,我要告诉你我自己在年轻时从贵人那里得到的教诲。第一,不要以作恶、行不义之事为代价,求取荣誉、奖赏和财富;第二,不要与贱民扯上任何干系,总要与贵人相交,要同他们一起饮酒,一起吃饭,一起坐,赞美他们,因为他们的力量强大。从高贵的人身上,你会学到高贵的习性,如你与贱民混在一起,你会毁了自己与生俱来的高贵气质。记住这些,与贵人待在一起,到时候,你会明白我给你的是何等美好的建议。
>
> ——泰奥格尼斯,27—38

真正的贵人会进行与政治、爱、神明以及其他崇高话题有关的智慧对话,且不像愚人那样行事。泰奥格尼斯热切地指出,他的对立阶级缺乏品格与尊荣。

当然,任何人都可以说,当他自己与朋友在家里喝酒时,他们是在进行一次会饮。或许,这就是会饮规则不断散播的原因,也因此,像泰奥格尼斯这样的人才能将自己既抬升于劳动贫民之上,又高过那些缺乏节制的豪饮者。到公元前5世纪和公元前4世纪,雅典人时常怀疑,会饮是贵族进行反民主策划的温床,也不怪他们这样想。

体育

体育是一些古风时代的希腊人努力将自身地位抬升于他人之上的又一重要途径。不同形式的体育活动在许多社会都存在,然而,古风时代的希腊人以不同寻常的方式发展了体育运动。除了观看体育比赛会感到愉悦,参加体育比赛会感到兴奋,希腊古风时代的体育运动还发挥着重要的社会功能。它们界定了希腊人自己的身份:只有希腊人才能参加四年一度在奥林匹亚举行的最盛大的运动会。由此,裁判员必须就"希腊人"的含义做出规定。另外,体育运动还界定了一个特殊的希腊男性阶层的身份：在顶级赛事中，只有那些有钱、有闲的人才能花足够的时间进行训练，从而获得胜出的机会。最后，竞技体育在运动员这样一个天赋群体中形成了等级：能获胜的只有少数人。

在荷马眼中的英雄时代，体育运动具有重要作用，但荷马史诗中的体育活动并不正式。在《伊利亚特》中，英雄帕特洛克罗斯的葬礼上有拳击、摔跤、射箭、标枪、竞走、骑马和驾车比赛，场面十分激烈，选手们几乎打成一团。在从特洛伊返乡的漫长旅途中，类似的比赛活动也愉悦了在淮阿喀亚岛用过晚餐的奥德修斯，当他拒绝参与赛事时，一个当地人羞辱了他，说他不是什么尊贵的社会人士。在奥德修斯最终抵家时，扮成乞丐的他被迫加入一场即兴举行的拳击比赛。

古风时代的贵族制定了竞技规则。四年一度的奥林匹亚赛会是如此严肃，以至在运动会期间，所有战争要因"神圣休战"而暂停。公元前480年，一支波斯军队已推进到希腊中部，一些城邦仍拒绝迎战，直至"神圣休战"结束。公元前6世纪时，其他一些泛希腊（pan-Hellenic，意为"全体希腊人的"）运动会在德尔斐（此地有阿波罗的神庙）、伊斯米亚（位于科林斯附近）、涅米亚（位于青铜时代迈锡尼城的废墟旁）兴起，它们轮流进行，由此，每个夏天至少举办一个重大的运动会。大多数城市都有自己的官方运动会，非正式的体育竞赛更是不计其数。

每个希腊男性都能参加体育比赛，此外，甚至还有一些专为未婚女性设立的赛事（尽管女性被禁止靠近奥林匹亚赛场）。我们不知道有多少希腊人接受过体育训练，不过，可以确定的是，体育场（gymnasia，意为"裸体之所"，这样叫是因为希腊古风时代男性是光着身子锻炼的）非常普遍，且标准非常高。阿拉齐翁是公元前564年奥林匹亚赛会自由搏击比赛（*pankration*，"自由式摔跤"，它仅有的两条规则是禁止咬人和戳眼睛，不过，斯巴达人认为这些规则太严格，他们允许勒杀之外的任何行为）的冠军，生活在3世纪的斐罗斯特拉图讲述了他的故事，它展示了参赛者在竞技时的行为限度（图 8.6）。

225

故事是这样的，阿拉齐翁的对手用大力抓住他，用腿缠住他的腰，还用手掐住他的脖子，同时用身体压住他。渐渐地，阿拉齐翁开始失去意识，不过，他成功地抓住了对手的一根脚趾。他将对手的脚趾扯离脚趾窝，并扭了一圈。阿拉齐翁虽然感到窒息，但其对手因无法忍受脚趾断裂的疼痛而举手认输。裁判跑过去宣布阿拉齐翁获胜，不过他们发现，就在胜利的那一刻，阿拉齐翁死去了。观众都为他的勇敢和毅力感到震惊，他由此成了民间英雄，人们画画、刻雕塑纪念他，这些作品在一千年后仍在展示。

来自意大利克罗敦的米洛是公元前6世纪的另一位运动员，他曾六次在奥林匹亚、六次在德尔斐、十次在伊斯米亚、九次在涅米亚赢得摔跤桂冠。米洛以自己巨大的食肉量闻名遐迩。据2世纪的罗马旅行家波桑尼（他在米洛死后700年观赏了其在奥林匹亚的塑像）说，米洛能够屏住呼吸使头部血管膨胀，而轻易地绷断缠绕在其头部的绳子。没有人能强大到可以弄弯米洛的一根小指头。

阿拉齐翁和米洛诚然是非同凡响的运动员，不过，他们有很多可与他们并肩的同道。刻苦的运动员每天花许多时间在体育场，在专业教练的指导下进行锻炼，甚至是普通人也会定期去体育场。体育运动的魅力使体育场变成了社交中心，在此，老人们在树下谈天，哲学家则进行论争。围绕这些裸体的锻炼，对男性身

图 8.6 两个裸体运动员进行自由式摔跤比赛，一名运动员抓住另一人的头，正要以双拳猛击对方。画外的一名教练正在发指令，可能想停止比赛。此画见于一只雅典红绘式陶罐，制于公元前 450 年左右

资料来源：1873: purchased from Alessandro Castellani（1823—1883）

226

体的崇拜发展起来，这表现为艺术作品中男性被普遍展现为裸体（即便他们做的是日常体育运动）。毫不奇怪的是，娈童恋与竞技训练紧密联系在一起：

> 娈童者在运动场内练得开心，然后回家，整日与美童缠绵。
> ——泰奥格尼斯，1335—1336

根据传说，运动员光着身子竞技（对摔跤、自由搏击选手而言，这是令人担忧的景象）的原因是，很久以前，有一位运动员由于被掉在地上的束带绊倒而输掉了奥林匹亚赛会的赛跑比赛。不论事实如何，裸体让运动员可以观察对手的身体，此外，虽然许多希腊人按我们的标准来看身材矮小且不健康，但他们的体质很好。某些人对运动员的敬仰甚至达到了非比寻常的地步。举例来说，在训练后，运动员会用橄榄油擦身，然后把油、汗、污垢的混合体刮掉，一些人相信这些残渣包含着运动员的内在力量，有些人甚至吃掉这些残渣，以分享那种近乎神的力量。女性仰慕竞技运动中的胜利者，公元前5世纪早期的诗人品达（约公元前518—前442或前438年）就写过运动员忒勒西克拉底，他是公元前474年德尔斐重装赛跑比赛的冠军：

> 在按期举行的帕拉斯节庆★上，
> 无声无息地，少女们注视着获胜的你，
> 每个人心中，怀揣着梦想，
> 希望你是如意郎君，或是亲爱的儿子，
> 哦，忒勒西克拉底——
> 她们在奥林匹亚的赛会上看你，
> 在爱心深沉的地神皮提亚†的赛会上看你，

★ 雅典泛雅典娜运动会上举行的节庆。
† 据说，在阿波罗到来之前，德尔斐崇拜的是地神。

乃至在你国土上所有的赛会上看你。

——品达:《皮提亚颂歌》,9.97—103

城邦会投票授予竞技冠军以公开荣誉,包括免费用餐、领取奖金、获得塑像。德尔斐的神谕处甚至要求,在一些运动员死后,应当享有和半神英雄同等的荣耀。到公元前500年时,包括品达在内的职业诗人很擅长写胜利赞歌,他们收取巨额费用,不吝笔墨,欲使运动员们的英名流芳百世。这些赞歌告诉了我们许多价值观念,贵族们将这些价值观念与超凡的竞技技艺联系起来。赞歌被配成音乐公开表演,还有合唱团的大型伴舞,用以娱乐观众。在一首赞歌中,品达将德尔斐摔跤比赛的冠军与被他击败的那些对手做了比较:

> 如今,你已四次大胜在你身下的对手,
> 他们情况不妙。对他们来说,
> 皮提亚赛会*不会判他们像你一样,
> 受衣锦还乡的待遇,在他们见到母亲时,
> 也不会有令人心愉的甜美笑容环绕着他们。
> 相反,他们蜷缩在穷街陋巷,躲避敌人,
> 并受到灾难的击打。

——品达:《皮提亚颂》,8.81—87

品达和其他的专业颂歌写手为能出价买颂的人效力,他们赞扬伟大运动员对与神明相似的品格的诉求,但他们也认识到这些诉求引起了敌意与怀疑,由此,他们向读者做出解释,说整个城市都可以为贵族们在赛场上的胜利感到骄傲。这些胜利者跻身自己时代最负盛名者的行列,他们的荣耀通常为他们在城市中赢得特殊的话语权,尽管他

★ 在德尔斐举行的运动会。

们可能会因为傲慢而受到批评。

联姻

古风时代的精英阶层也通过有选择的联姻显示自己的与众不同。令泰奥格尼斯感到恐惧的是，贱民的粗野行为正使有文化、有品位的贵人（他和他的朋友们）堕落，而金钱的重要性在此时超过了优良血统：

> 哦，基尔诺斯，我们要上好的驴、良种的马，因为质量存在于品种中。可是，如果一个出身贱民的姑娘富有资财，一个出身良好的男人在准备结婚时会挑她作妻子。同样，如果一位出身很好的姑娘爱钱甚过与一位贵人成亲，她就不会拒绝一位（有钱的）贱民。金钱主宰了一切！贵族与贱民成婚，贱民与贵人连亲。金钱败坏了血统！
>
> ——泰奥格尼斯，183—190

纵观许多时代，贵族们都极力将联姻严格限制在他们认为满足了自己的联姻标准的那些人的范围里，下面一段文字引自希罗多德，其时间背景为公元前6世纪60年代，它展示了人们对高品位、运动能力、血统以及婚姻的期望是怎样结合到一起的：

> 安德烈阿斯的儿子米隆，米隆的儿子阿利司托尼莫斯，阿利司托尼莫斯的儿子克利斯梯尼*，有一个女儿，名叫阿伽丽斯特，他想把她嫁给他在希腊所能物色到的一个最优秀的人物。因此，在当前举行的奥林匹亚赛会上，他取得了四马战车比赛的优胜的时候，克利斯梯尼便作了一个声明，要任何一个自认为够得上做他的女婿的希腊人在从当时算起的第六十天或是更早的时候到

---

* 科林斯附近的小城邦西息昂的僭主。

西息昂（图 8.7）来；而克利斯梯尼说，他将在西息昂地方从第六十天起的一年之内决定他的婚姻的诺言。于是所有对自身和他们的出身门第十分有信心的人们便都来向这个女孩子求婚了。克利斯梯尼为了选婿的目的，就为他们建造了赛跑场和角力场以便进行比赛。

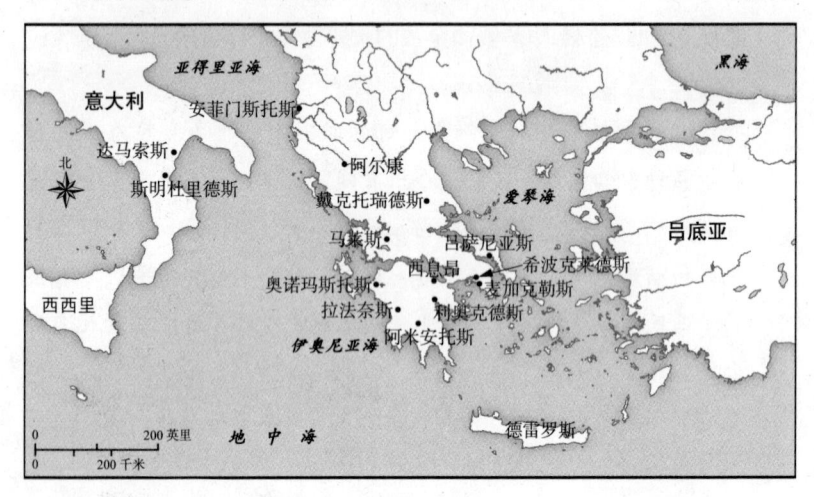

图 8.7 来自各个城市的贵族：阿伽丽斯特求婚者的来源地

叙巴里斯人希波克拉底的儿子司敏杜里代斯从意大利来了，他是当时生活得最阔绰豪华的人物（而且叙巴里斯当时又正是处于全盛时代），还有被人称为智者的西里斯人阿米利斯的儿子达玛索斯也从意大利来了。以上是从意大利来的人。从伊奥尼亚湾来的则有埃庇丹努斯人埃彼斯特罗福斯的儿子安菲涅斯托斯，从伊奥尼亚湾来的人只有这一个。从埃托里亚来的是玛列士，这个人是那个臂力冠绝整个希腊，但是却因厌世而离开众人隐遁到埃托里亚最边远的地带去的那个提托尔莫斯的兄弟。从伯罗奔尼撒来的是阿尔戈斯僭主庇东的儿子列奥凯代斯……此外还有特拉皮佐出身的阿卡狄亚人来库古的儿子阿米安托斯；帕伊欧斯市出身的阿塞尼亚人埃乌波利昂的儿子拉帕涅斯；根据阿卡狄亚的传说，这个埃乌波利昂曾在家里款待过卡斯托和波拉克斯，而从那时起便把大门对一切人打开了；还有埃利斯人阿伽依欧斯的儿子奥诺玛斯托斯。这些人都是从伯罗奔尼撒本地来的。从雅典来的是美伽克列斯，他的父亲阿尔克美昂曾拜访过克罗伊斯；在他之外还有提桑德洛斯的儿子希波克里代斯，这个提桑德洛斯是雅典最富有，而且风采也最好的人物。从当时十分繁荣的埃雷特里亚来的是吕撒尼亚斯，他是从埃雷特里亚来的仅有的一个人；从色萨利来的是克兰农地方司科帕达伊家的狄雅克托里戴斯；而从莫洛西亚来的则是阿尔孔。

上面所列举的就是向她求婚的人们。当他们在指定的日子到来的时候，克利斯梯尼首先便询问每一个人的籍贯和家世；然后他在一年里都把这些人留在自己的身旁，体察他们的德行、气质、教养和日常的行为。他的体察的办法是和他们个别的人，或是和他们全体交往，叫他们中间的比较年轻的人在体育上进行较量，特别注意在会餐时他们的一举一动。原来当他和他们在一起的时候，他在任何方面都不放过对他们照顾并且始终毫不吝惜地款待他们。但是，在求婚者当中最使他中意的却是从雅典来的几个人，而在这几个人当中他认为最好的又是提桑德洛斯的儿子希波克里代斯，这不仅是由于他的德行，而且由于就他的身世而论，他是属于科林斯的库普塞里达伊家*的。

当指定举行婚宴，和克利斯梯尼宣布他要在所有的人当中选择谁为婿的日子到来时，克利斯梯尼便举行了一次百牛大祭并且宴请了求婚者们本人和整个西息昂的人们。在宴会终了之后，求婚者们便相互比赛音乐并就某一题目相互进行辩论。当他们饮宴正酣之际，远出其他众人之上的希波克里代斯命令吹笛者给他吹奏，而当吹笛者遵命演奏的时候，他就开始跳起舞来，而且他是跳得极其尽兴的。

---

* 我们将在下文中讨论的另一个僭主家族。

但是克利斯梯尼看到这一切的时候,却对于全部事情产生了很大的疑虑。过了一会儿之后,希波克里代斯便命令人们带一只桌子过来,而桌子搬来的时候,他首先就在桌子上面跳了斯巴达式的舞蹈,然后又跳了阿提卡式的舞蹈,最后,他又把头顶在桌子上,用两腿朝天表演各种花样。这时克利斯梯尼在看到希波克里代斯的第一次和第二次舞蹈时,他便由于这个人的舞蹈和无耻,再也不忍想到希波克里代斯竟是他的女婿了。然而他克制住了自己,而不愿向希波克里代斯发泄自己的怒气。但是当他看到希波克里代斯两腿朝天表演花样的时候,他就再也不能保持缄默而喊道:"提桑德洛斯的儿子啊,跳得好,你连你的婚事都跳跑了。"但是希波克里代斯回答说:"希波克里代斯根本不在乎!"

——希罗多德:《历史》,6.126—130

通过邀请全希腊的求婚者,克利斯梯尼试图打造一个集财富、文化、修养、美容、教育与运动能力于一身的贵族阶层,它凌驾于广大普通公民之上,并超越了不同城邦之间的界限。公元前5世纪时,为避免这样一个非公民阶层掌控政治事务,一些城邦通过法律,禁止给予父母中只有一方是公民的男性公民权,由此而阻止跨城邦的王朝忠诚现象的出现。雅典的一个富有家庭仍可与雅典另一个富有的家庭联姻,不过,如果他们与西息昂的克利斯梯尼那样的人结亲,就得付出代价。

会饮、体育运动和联姻确实拉开了贵人与贱民之间的距离,不过,这些差距并不大,相比近东地区统治者与被统治者的天壤之别,它们要小得多。

僭主

贵族将他们之间的大部分竞争集中于竞技体育,但与真正的政治权力斗争相比,这些活动都是次要的。在第 5 章中,我们描述了公元前 8 世纪时不同人群之间日益增多的竞争如何推动了空前完好的组织和集权机构的产生,以及随着城邦力量的增强,控制公共职务能获得的好处如何变得更多。

《伊利亚特》中阿伽门农和阿喀琉斯的故事显示出,从很早的时候开始,希腊人就已意识到贵族之间的竞争会产生何等严重的危害。某些现存最古老的公共铭文谈道了避免权力争夺沦为暴力冲突的问题。有一篇难懂的铭文可以追溯至公元前 650—前 600 年,来源于克里特岛的德雷罗斯(图 8.1),它是我们所见到的最早的希腊法律文献,其中载有如下规定:

> 愿神恩待我们。城邦议决结果如下:若一人做"kosmos",十年之内,此人不得再任该职。若他再任该职,无论他做出什么决定,他自己都得承担双倍的责任,其有生之年将不再得到录用,而他作为"kosmos"所做的事情统归于无效。只有宣誓接受以上议决的人才能出任"kosmos""dêmioi"(意为"人民的仆人")和城邦二十人委员会的成员。
> ——R. 梅格斯、D. 路易斯主编,《公元前 5 世纪末以前希腊历史铭文选》(牛津大学出版社,1969),第 2 卷

"kosmos"看似指公元前 7 世纪时德雷罗斯的顶级官员,其他官员("dêmioi")以及城邦二十人委员会约定:每十年内,任何人只能担任一届"kosmos"。该决议正是我们所熟悉的那种程序法,它强制人们遵守议定的条款。如若一位地位显赫的人在任期结束后妄图继续把持权力,其他人将不会与他合作。只要人人按规则行事,就没人能篡取权力。大多数早期的希腊法律都采取了这种形式——程序重于实质。

绝大多数贵族都依规则办事,不过也有一小撮人极为冷酷、强势,

可以忽视其他人的想法。这些强人自立为独裁者，并蔑视法律，他们被称作"僭主"（"*tyrannoi*"，单数形式是"*tyrannos*"），"tyrant"（暴君）一词来源于此。

在一个极为缺乏常备军或治安力量的世界，成为僭主的一个方式是组建武装部队，并强迫其他贵族与自己合作。得到民众的支持有助于成为僭主，因此，有抱负的僭主常常将自己打造成反对贵族、捍卫普通公民利益的斗士。这种情形导致了"*stasis*"（"内战"的希腊文）。和往常一样，泰奥格尼斯从旧贵族的角度审视了这个问题：

> 哦，基尔诺斯，贵人从未毁灭过一座城邦，而贱民诉诸暴力手段，败坏民众，他们做出助长不义行为的审判，意图获取贿赂、权力，由此，我们可知，城邦将很快倾覆，尽管现在还风平浪静。贱民犯下如此罪行，公众的灾祸接踵而至，由此产生了血腥的内战和僭主的统治。愿这样的灾祸永不降临我邦。
>
> ——泰奥格尼斯，43—52

强人发现了数种聚集武装力量的巧妙办法。有些人假装自己受到攻击，以此为借口说服官员授权他们组建防身部队，然后发动政变。还有一些人招募雇佣军。有一个故事说，管理阿克拉加斯事务的贵族会议想造一座新神庙，会议依流程募集到资金，并雇用了能以最低成本按规格完成庙宇建设的人。投标胜出者拿到了这笔钱，却用它聘请了雇佣军，随后夺取了城市。此外，还有一种聚集武装力量的巧妙办法，就是与统治另一城邦的僭主结亲，然后招募外人回国，发动政变。修昔底德描述了公元前632年发生在雅典的一次未遂政变：

> 过去有一位名叫库伦的雅典人，他是奥林匹亚赛会的一个胜利者，出身于贵族家庭，他本人是有很大势力的。他娶麦加拉人特阿真尼之女为妻，特阿真尼是当时麦加拉的僭主。库伦到德

尔斐去问神,神的回答是要他在"宙斯的大节日"夺取雅典卫城。因此,特阿真尼给他一些军队,所以当伯罗奔尼撒的奥林匹亚节日到了的时候,他召集他自己的一些朋友和他在一起,夺取卫城,想自己做僭主,因为他认为奥林匹亚节日一定就是神谶所说的"宙斯的大节日",同时他也认为这是适合于他自己的情况的,因为他是在奥林匹亚赛会中获得了胜利的。神谶中所指的节日是在阿提卡或在其他地方,他根本没有考虑到,神谶中也没有任何启示……但是当雅典人发现这件事的时候,他们都从乡村中赶来,以全力抵抗库伦的党羽,把他们包围在卫城中。经过相当长的时间之后,雅典人对围城工作感到厌倦了,他们大部分散去,只留九个执政官在那里继续围城,他们有全权依照自己的意思处理一切事务。同时,被包围的库伦及其党羽,因缺乏粮食和饮水而感到痛苦。库伦和他的兄弟设法出逃,但是其余的人大受窘迫,事实上有些人饿死了。于是他们坐在卫城上神坛前面祈祷的位置上。防守着他们的雅典人看见他们将死于神庙中,劝他们离开那个地方,并且有一个谅解,不伤害他们的生命;但是雅典人引导他们出来后,就把他们杀死了。

——修昔底德:《伯罗奔尼撒战争史》,1.126

但即使库伦成功了,他的苦日子也才刚刚开始,因为组建一支军队并自立为独裁者(没人把自己称作"僭主",这是一个贬义词)是一回事,稳固自己的地位又是另一回事。希罗多德告诉我们,科林斯僭主佩里安德遣使去往米利都僭主特拉叙布洛斯处求询保持权力的良方:

特拉叙布洛斯把从佩里安德派来的这个人领到城外的一块谷地来,而当他经过这块谷地的时候,他便一再地询问来人有关于从科林斯前来的事情,同时却不停地把长得比别的穗子高的穗子剪下来抛掉。他便这样地走过了整块的田地并把谷物中所有最好的和收成最好的部分毁掉了。在这之后,他一言不发,便把使者打发走了。当使者回到科林斯的时候,佩里安德急于想知道他所带回来的忠告是什么,但是这个使者说,特拉叙布洛斯并没有给他任何忠告,他认为他被派去见的那个人是一个性情奇怪的人,因为他是一个精神失常的人,而且是一个毁掉自己财产的人。于是他把他看到特拉叙布洛斯所做的事情叙说了一遍。但是佩里安德明白了他所做的是什么事情并且认识到,特拉叙布洛斯是劝告他杀死他的城邦中最杰出的人们,并且从此要以非常残暴的手段来对待自己的臣民。

——希罗多德:《历史》,5.92

如果不把最杰出的那些人杀掉,那么僭主们可以与他们达成交易,赐官给那些人,与他们共治国家。不过,无论选择哪种方式,僭主都需将怀柔与暴力微妙地结合在一起。大多数僭主统治历经一两代人便垮台了,一般而言,僭主统治的创建者冷酷、大胆且才具过人,他们的儿孙辈却鲜有如此能干者。权力让他们发狂,史料重笔描绘了他们的许多性丑闻:僭主大发淫威,侮辱杰出人士(他们结成同盟反对僭主,迟早会驱逐或毁灭他)的妻儿。

修昔底德总结了僭主给希腊带来的影响:

希腊国家由僭主们统治。僭主们总是考虑他们自己、他们个人的安全和他们自己家族的光耀。因此这些政府的主要政治原则是安全,它们没有值得提及的成就——事实上,除了它们的直接地方利益以外,它们什么事也没有做。但西西里的僭主们是例外,他们扩张了很大的势力。

——修昔底德:《伯罗奔尼撒战争史》,1.17

公元前500年之后，僭主在很大程度上从希腊爱琴海地区消失了。原则上反对僭主的斯巴达时不时派出军队，帮助那些异见分子推翻他们。相互争斗的贵族们学会了在不给他人创造夺权机会的情况下处理矛盾，雅典人甚至创建了"陶片放逐"制度。这是每年举行的不受欢迎度大测验，通过它，公民们将有成为僭主倾向的人放逐十年（参见第10章）。

修昔底德将西西里岛挑选出来，作为他所说的通则（僭主无丰功伟绩）的一项例外。僭主于公元前580年前后出现在西西里岛，并大盛于公元前490—前465年，此时正值僭主在爱琴海地区消失之际。公元前400年前后，僭主又强势回归西西里。在本章中，我们已多次提到西西里城邦与爱琴海世界在经济、社会上的诸多差异，在后面的章节中，我们会详细谈论西西里僭主。

古风时代国家的结构

如果说古风时代希腊贵族阶层相对弱小的话，那么，他们控制的国家机构也是如此。我们已习惯于控制巨量金融资源的庞大官僚组织（现代政府设有管理就业、公益、教育、艺术、交通等事务的各种机构，且它们常常是一个国家最大的雇主之一）。然而，在20世纪以前，国家的机构数量极为稀少，且政府职责集中在少量的事务上。寡头和僭主只负责战争、宗教事务，以及为此筹集资金的事宜。

国防

在敌军威胁到城邦时，官员们会召集军队，这就意味着号令重装步兵在某个日子集合。公元前5世纪，国家可能出资负责粮草供应，并雇人搬运战士的盔甲，但古风时代的情况可能不是这样。一般来说，战争以一场战役决胜负。战事多发生在夏季农闲时分，持续一至两周，作战双方都需尽快结束战争，以在秋种前赶回家中。战争的耗费不大。

军队靠土地生活，取胜的一方常常能获得收益，至少他们可出售敌方阵亡将士的青铜盔甲。士兵会劫掠被占领的城镇。

由于所有战士都是业余军人，所以没有和平时期的常备军，国家也无须贷款或掏空国库来支付长期作战的费用。公元前5世纪80年代以前，海军的规模很小，最大一笔国家支出是修筑防御工事。这些防御工事很简单，但许多城市连这样的建筑都没有。对国家来说，战争不需要付出太大代价，但为了在激烈的战斗中稳住秩序，重装步兵不得不抽时间参加训练，因此付出代价的主要是个体公民。

宗教

宗教花费可能比战争更昂贵。约公元前750年以前，希腊人不建神庙，也不向神奉献大量祭品。相形之下，在公元前8世纪和前7世纪，他们修建了数百座神庙，并敬献了数百万件物品，不过个体公民再一次承担了绝大部分支出，国家官员主要参与建造超大型神庙和举办公共节日。到公元前700年，一些城邦拥有一个或多个"百尺神庙"，以之作为敬拜主保神明的中心地。公元前7世纪，富有的国家开始用石头建造带有瓦顶的神庙，到了公元前6世纪，奢华的塑像变得盛行起来。僭主们尤其喜欢建庙，以此来夸耀自己的权力，一些西西里城市还修建了宏伟的神庙大道。

一座大型石庙的耗费远超过一场重装步兵战争，不过这项花费可平摊到很多年中。雅典巨型的奥林匹亚宙斯神庙（图24.14）动工于公元前530年前后，不过，直到650年后，它才由一位罗马皇帝最终建成！神庙的修建与胜利的战争密切相关，劫掠为许多开支提供了费用。

节日同样耗费不菲。我们对古风时代的日常宗教活动知之甚少，不过我们知道，在古典时代，大量地方要人主持农村的节庆，他们筹集资金购买祭牲，主要是山羊和绵羊。许多公民只有在国家出资举办盛大节日时，才能吃上牛肉。通过将兽皮出售给皮毛制革商，国家能收回一些成本，不过，每年盛大节庆支出是超过军费的。

福利与基础设施

在古风时代，有两类显而易见的现代国家开支项目在很大程度上被忽视，它们是社会福利和公路、桥梁这类基础设施建设——这些事物使社会得以顺利运转。在古风时代，照顾病人和老人、教育子女是家庭的职责，如果一个人没有家，他将很难生存。无地者可能会发动革命，基于这项忧虑，古风时代的希腊所做的与国家对就业的干预最接近的两件事情是土地再分配，以及某些僭主向农民提供贷款。穷苦公民时常要求土地再分配，有时，国家会顺从他们的意愿。僭主的部分公共建筑工程为那些因农庄破产而流入城市的无业人口创造了工作机会，而创建海外殖民地的目的之一也是避免这类潜在的麻烦制造者生事。

一般来说，国家很少对基础设施建设有兴趣，尽管如此，科林斯的僭主仍在约公元前 600 年建了一条穿过约 6 千米长的科林斯地峡的石道，以便船只能免于绕伯罗奔尼撒半岛航行数百千米（也使科林斯能对使用道路的行商征税）。公元前 530 年左右，工程师欧帕里诺斯开凿了一条约 1 600 米长、2 米宽、2 米高的穿山隧道，将淡水引入萨摩斯城（图 8.1）。到公元前 500 年，简易的黏土管道在一些城市承担了同样的功能。不过，这类工程不常见。希腊的路况很糟糕，只有很少的城市（其中包括科林斯和萨摩斯）投资建设良港。

希腊国家对经济行为进行强力干涉的手段之一是铸币（图 8.8）。公元前 600 年前不久，小亚细亚的非希腊王国吕底亚开始发行统一的琥珀金币，上面印有保证重量的记号，公元前 600—前 570 年，很多希腊城邦效仿这一做法。最早的希腊钱币面额巨大，它们几乎没有日常用途，一些历史学家提出，造这些钱币的目的是彰显国家的权威，或可能是方便国家支付长期服役的雇佣军的酬劳。看起来，这些动机包含的政治用意与经济用意一样多。不过，在公元前 500 年以前很久，使用有固定金属含量的货币的经济优势逐渐显现，希腊城邦开始发行日常使用的小型红铜、青铜货币。

图8.8 一枚钱币的正反两面，它出自雅典附近海湾的厄吉那岛，铸于公元前485年左右。这种钱币因左侧的货币式样而得名"龟币"。在右侧钱币上，我们可以看见一个很深的压印，这有可能是为了显示钱币是由单一金属制成的
资料来源：O. Mustafin / Wikimedia Commons（CC0 1.0）

财政

2020年，美国联邦政府的开支几乎达到了其GDP（国内生产总值）的1/3，在英国，这个比值刚刚超过1/3，在瑞典则超过1/2。我们没有古风时代希腊的相关数据，不过，当时的政府支出很可能从未超过GDP的1%或2%。国家的全部收入几乎都来自公有财产、间接税（也就是入港税、关税、消费税、市场税，它们与以土地、收入为对象的直接税不同）以及"贿赂"。罪犯的财产常被没收归公，这类收入满足了军事、宗教上的许多花费。矿产通常属共同体所有，由此，采矿的部分收益也会进入公共财政。此外，献给神的1/10战利品也被用于支付宗教开支。

许多收入源于商品进出口，此外，还有行商为使用港口、市场而支付的费用。在科林斯这类沿海城市，这些税收在国家收入中占比很大。内陆地区在这方面占比稍低，不过，由于人们总有进行商品交换的需要，因此，他们被迫为国家给予商业的保护支付费用。在经济危机时，国家可能要求富有公民将自己的一部分财产献给公众，以支付

军费或修建神庙。某些负担，如支付节庆的部分开销可能会被分派给富有的公民们，他们可以通过赞助这些活动获得公众的尊敬。由于需要稳定的地位，并且想获得神明的好感，富人们常常乐意奉献。

最近50年来，现代西方国家的主要收入通常来自所得税。与此相反，古风时代的希腊城邦没有从这项税源（或者说，从遗产税、土地税、人头税）获得任何收入。某些僭主强征这类直接税，不过被视为对公民自由的侵犯（形同奴役），从而遭到强烈抵制。直接税同样难以评估、征收。间接税鼓励了走私，不过，由于这些税只需要小规模的官僚组织，因此它们比直接税更好地满足了城邦适当的财政需求。就此而言，城邦与20世纪前的许多国家类似。

结论

在某些方面，古风时代的希腊与其他古代社会很相像，比如，它的经济基础是农业，存在等级制度，性别差异很大，以及信奉多神教。不过，在其他一些重要方面，古风时代的希腊是不寻常的，甚至是独一无二的，比如，它的等级结构不稳定，几乎不存在国王或强大的神职人员，也没有为国家利益服务的文书阶层。占据统治地位的贵族能够掌握政权，其原因是他们控制了政治机构，而非他们拥有财富、军事上的优越地位、与神的亲近性乃至对文化的垄断。一种独特的文明正在兴起。

＃ 第 9 章

古风时代的文化变革

（公元前 800—前 480 年）

　　古风时代的城邦是小规模的开放社会。城邦中势力弱小的寡头从未提出过强有力的宗教权力诉求，普通民众拥有且确实行使了评议他们的权利。争论是被允许的。在大多数城邦，贵族们通过会议讨论做出政治决定，而在公元前 6 世纪期间，这些会议得到扩展，将更多公民纳入其中。

　　古风时代城邦的开放还体现在：某些城邦公民曾踏足远行，从海外带回了新观念。公元前 6 世纪，种种形式的开放融会结出了引人注目的硕果。数百年来，埃及和巴比伦（图 9.1）的博学之士思考这个世界，辑录材料并创制出了许多分析工具。在公元前 3000 年前的某个时候，埃及有人为了预测尼罗河每年的泛滥，制定了一个每年 365 天的历法，时至今日，人们也只是对它稍做了些改良。在公元前第二个千年，巴比伦思想家创造了一个六十进制的计数系统，它们直到今日仍在一小时的分钟数、罗盘的度数上得到使用。早在阿拉伯人从印度引进 "0" 的重要概念并规范了整个世界至今仍在使用的 1、2、3 这三个简单数字之前 2 000 年，可供选择的各种十进制系统就在公元前第一个千年的美索不达米亚产生了。运用自己的六十进制系统，美索不达米亚人发展了代数学，解决了平方方程，并拟定了对数表。到公元前 1600 年，他们已开始用数学语言记录对金星运动的观测结果。

在古公元前500年之前,他们已系统地运用数学理论来观测群星。古埃及人和巴比伦人将几何学发展到了较高的层次,能准确计算图形面积、体积,精确测量地界。著名的埃及金字塔就极好地证明了他们能将数学运算准确地化为物质现实。亚述帝国统治者是文化、巴比伦学术成果汇编事业的赞助人,不过,在公元前612年帝国衰落后,巴比伦学者四处流散。很明显,他们中的某些人到了爱琴海的东海岸。

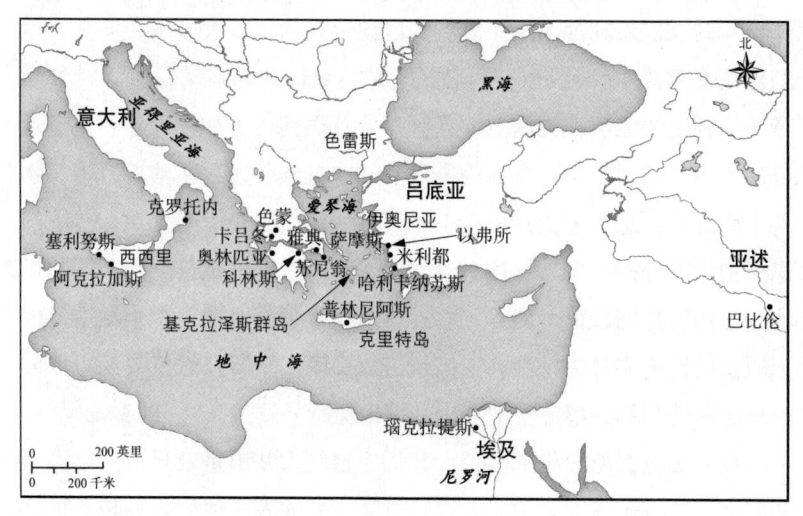

图9.1 本章提到的一些地方

米利都的自然哲学

在公元前第一个千年早期,希腊人就取道雅典(根据一个众所周知的故事)迁居到了今土耳其西部,以摆脱黑暗时代希腊大陆的种种危机。这些希腊人自称是"伊翁"(Ion)的后代,由此,他们将自己迁居的地方称为"伊奥尼亚"(Ionia)。公元前6世纪,在爱琴海沿岸,尤其是在米利都,古老的美索不达米亚学术与新的希腊习俗相结合,产生了我们现在所说的"伊奥尼亚启蒙运动"。学者们有意使用"启蒙运动"这个词,以促使人们将它与18世纪的欧洲启蒙运动做比较。

243

欧洲启蒙运动期间，科学思想取得了巨大进步，自然主义的解释替代了宗教的解释，理性、科学的批判被应用到了所有的生活领域。而在米利都，这类原则首次得到了明确的阐述。

米利都思想家以三种重要方式对美索不达米亚学术做了回应。其一，他们提出了许多不同的问题，他们问的不是事物如何运动，而是为何运动。知道行星如何在天空运动诚然有趣，但这种运动的原因是什么？其二，米利都思想家没有为巴比伦人的智慧大厦增砖添瓦，他们做的是移除工作——把神移走了。"行星像这样运动是因为神的旨意"这种说法无法令人满意。米利都人首次阐述了如下理论：基于自身的本性，独立于各式各样神灵之外的"自然原因"管辖着万事万物。科学就建立在这个理论的基础上。其三，他们将知识系统化。传统的思想把世界分割开来，亚述皇家学者在政府系统内被分配到不同的机构，他们所持的理论可能互不相容。而在米利都这样一个小城市，由于城里的老人们每天都聚在主广场进行交谈，解释自然世界某一部分的理论需要与那些解释其他事物的理论保持一致。

我们不应对所发生的事夸大其词。希腊人并不是最早追问宇宙运转因由、观察机械因果关系、进行系统思考的人，他们更不是最早进行理性思考的人。全世界的人都做了这些事情。他们也不是世界上最早的科学家。科学家今日的工作方式与公元前6世纪希腊人所做的少有共通之处。伊奥尼亚人何以变得独一无二？人们对相关因由仍有争论。虽然如此，他们的特异之处在于：通过使用全新的希腊字母，在详细说明推理背后的逻辑方面，他们开风气之先；他们也是最早参与围绕这个问题展开的公众讨论的人。一待希腊知识分子开始沿着这条路前行，其思考便不可避免地越来越正规化，直至公元前4世纪晚期的亚里士多德（公元前384—前322年）时代，某些希腊人真正对自然界做出了胜过以往任何人的深入分析。

米利都思想家的作品少有遗存，因此，我们在很大程度上依赖的是后世希腊学者，特别是亚里士多德谈及他们的资料。亚里士多德告诉我们那时有三个主要的思想家：泰勒斯、阿那克西曼德和阿那克西美尼。泰勒斯似乎没写过任何东西，而阿那克西曼德可能创作了最早的希腊文散文作品。据亚里士多德说，这三人及其诸多追随者意欲解释万事万物的自然根源，也就是世界从哪里来。他们是最早的自然哲学家。

可能是为了表述清晰，亚里士多德对问题做了极大简化，他说上述三人都把目光聚集在某种质料上，以之作为万物的起源。泰勒斯（活跃于公元前6世纪80年代）认为这种本原的质料是水。美索不达米亚神话认为，作为世界之源的创世神梯阿马特和阿普苏就是水。泰勒斯可能知道这些故事。他提出，一切事物都是以水的三种形态之一（固态、液态或气态）存在的。可惜，我们对泰勒斯所知甚少，只知道他在公元前585年预测了一次日食（我们猜想他以某种方式运用了美索不达米亚人的天文记录），以及根据埃及金字塔的阴影长度计算出其高度。

阿那克西曼德（活跃于公元前6世纪50年代）可能是在批评泰勒斯的过程中发展了自己的理论。泰勒斯提出地球是漂浮在水面上的，如果是这样的话，托起水的是什么呢？阿那克西曼德认为地球是自由悬挂在"虚无"中的，它与宇宙中的其他物质保持等距，以此来固定自己的位置。他认为根本的质料是"无定"（希腊文是"$apeiron$"）。据后世的一份材料，阿那克西曼德用艰深的语言做了理论阐述，说明了物质是如何从无定中产生的：

> 他（阿那克西曼德）认为从"无定"中产生出来的冷物质、热物质在世界形成时分离了。环绕包裹地球（"冷物质"）的空气，一种火球从"热物质"中产生出来，就像树皮环绕树干一样。当"热物质"散裂成一个一个的圆圈时，太阳、月亮和星星形成了。
>
> ——伪普鲁塔克：《杂记2》（译自 Kirk、Raven 和 Schofield）

泰勒斯已经提出万物来源于水。阿那克西曼德问道，水如何能转化为其他物质，譬如它的对立面——火。诸多材料指出，阿那克西曼德认为无定除无穷外别无其他属性，不过在它里面，有四种特质相互竞争，它们是热、冷、湿和干。起初，某种特质占支配地位，随后，另一种特质占据优势，变化就是从这种竞争中产生的。在相反的两种特质同时从无定中脱生出来时，水灭了火，而后炙热的太阳烤干了水。所有变化都是循环的，它反映了不同特质在主导地位上的更替，基于此，我们经历了春夏秋冬。无定处在不断的运动（一种摆动）当中，由于这种摆动，相反的两种特质能凝固下来，从而产生炙热、干燥的太阳和星星，以及寒冷、潮湿的土地。宇宙正是通过无定内在的摆动趋势产生的。生命源于温暖的黏液，因为热和湿创造生命。阿那克西曼德宣称，最早的生物是鱼，人是从鱼演化过来的。

阿那克西曼德的某些见解和现代理论有着惊人的相似性。依靠推理、逻辑推断以及少量证据，阿那克西曼德否定了更早的神创宇宙的故事，而专注于某种原初物质（无定）如何变成多种物质、这些物质如何转变成其他物质的问题。没有任何动力源推动了无定的运动，因为运动基于某种不明原因是无定的一种内在特质。不仅物质产生于无定，不可计数的多个世界也产生于无定。阿那克西曼德一定会欢迎现代对宇宙的描述。

借助天文观测，阿那克西曼德给出了第一个有关宇宙的力学理论。他认为地球的形状像圆柱，其宽度为高度的三倍，它悬挂在无定的中心处。在地球的周围有三个被雾气缭绕的火圈，不过薄雾有一些小缺口，透过它们，我们能瞥见火焰。最小的火环的直径是地球直径的9倍，我们把透过火环的大量缺口看到的火焰斑点称为"星星"。第二个火环的直径是地球直径的18倍，它有一个缺口，人们称之为"月亮"。第三个火环的直径是地球直径的27倍，它也有一个缺口，人们叫它"太阳"。对阿那克西曼德来说，空间关系具有很重要的意义，他创制了已知的第一幅世界地图。

阿那克西曼德的米利都同胞阿那克西美尼（活跃于公元前6世

纪20年代）接受了他的大部分思想，不过，对于旧物质如何转化为新物质，他找到了其他解释。他更精确地界定了无定（此时也就是空气）。他在理论上解释道，通过永不间断的稀释、浓缩过程，空气冷凝成液态水，液态水凝固为固态冰。热使这些过程逆转，将冰变成水、变成空气再变成火，因此，万事万物复归为空气。人的灵魂就是一种稀释形式的空气，它由宇宙的基本物质而来。如前所见，指称"灵魂"的希腊文"*psychê*"的意思就是"呼吸"。

对生活在阿那克西美尼之后200年的亚里士多德来说，上述理论显得幼稚。选择水或空气作为原初物质是武断之举，此外，米利都人没有很好地将理论与观察融合起来，更不用说发展实验方法了。对于他们借助自然力来解释自然界变化的尝试，我们可以将其称为"半科学"，而非"完全的科学"，尽管如此，它们仍比巴比伦人或埃及人的分析更进步。阿那克西美尼的稀释、浓缩过程不需要神的干预。另外，米利都人的理论模型是概括性模型，它们试图解释自然界的全部，而不只是它的一部分。所有理论必然是相互关联的，都可以接受理性的批评。

伊奥尼亚启蒙运动并不意味着每个希腊人突然之间都能坐而论道，谈论关于无定的话题。有能力理解这类艰深讨论的人是很少的，就好像今天大多数人都无法掌握理论天体物理学一样。相比现代物理学家提出的多重宇宙和无数无形维度的弦理论，阿那克西美尼的浓缩、稀释原理看起来几乎是常识了。不过到公元前500年，这类猜想产生的影响在于：这种理性探索模式延伸到了其他研究领域。

毕达哥拉斯：西方的哲学和社会科学

伊奥尼亚启蒙运动虽说始于米利都，但伊奥尼亚其他地方的思想家也参与其中，其中一位就是来自米利都附近的萨摩斯岛的毕达哥拉斯。围绕着毕达哥拉斯，产生了许多传说，因此，我们很难说他真正的教诲有哪些。不过，他似乎在以下三个方向上推动了米利都思想的发展：数学、神秘主义和政治。

公元前531年，毕达哥拉斯去国以避母邦萨摩斯的僭主，他定居在意大利南部的一个希腊城市克罗敦。毕达哥拉斯强调了神和人之间的区别和联系。和俄耳甫斯教众（他们与毕达哥拉斯颇有共通之处，或者可以说，俄耳甫斯教众与毕达哥拉斯学派是同一群人）所说的一样，毕达哥拉斯说，人的灵魂是一朵神性的火花。通过转生（即再度化成身体），同样的火花会寄居在一连串的肉身中，可能是动物的肉身，也可能是人类的肉身。由此，毕达哥拉斯及其追随者从不吃肉，因为他们担心吃掉神圣的火花。毕达哥拉斯说，每个人要做的是脱去包裹着神性火花（它在我们的身体里面，俄耳甫斯教众也是这么说的）的物质渣滓，通过精神净化和苦行将火花释放出来，使其再融入它在神圣无定中的源头。

毕达哥拉斯是第一位将"宇宙"称为"*kosmos*"的人，该词意为"有序的整体"。他将个人视为一个浓缩的宇宙，个人的目标是在微观层面上获得支配宇宙的那个秩序，数学则是理解该秩序的途径。希腊人用字母来表示数字，这使得天文学发展艰难，不过毕达哥拉斯及其追随者在有关空间、比例的几何思想方面取得了显著成就。他发现了以1、2、3、4之间的关系来表达和声音程的原理。例如，八度音的音频比是2∶1，如若你拨动吉他上的开放和弦，然后停在它的中间点上（往上走12品），由于八度音的关系，产生的两个音是和音。如果两个音的弦长比是3∶2，你得到的就是五度音，这在空弦上也是个和音。这些关系是和声学的基石，它们并非人的主观产物，而属宇宙本身所固有。音乐家并不需要知道美乐背后的数学理论，尽管如此，这种数学上的基础却是存在的，且不以人类评判为转移。

毕达哥拉斯将宇宙的真实结构展现在人们面前，数学证明了世界是一个有序的整体。毕达哥拉斯及其追随者得出了更进一步的发现，但至少有一个发现早已为美索不达米亚人和埃及人所知，也就是毕达哥拉斯定理（勾股定理）：在一个直角三角形中，斜边的平方等于两条直角边的平方和。数学揭示了现实是如何运作的,毕达哥拉斯学派相信自己揭开了宇宙奥秘。

毕达哥拉斯看到了在"宇宙"中起作用的两个准则:一为无形、产生坏作用的"不受限制"准则,一为产生积极作用的"受限"准则(有精确音程限制的弦会产生有序的和声就是一个例子)。毕达哥拉斯的信奉者可以下述方式达致完满状态:在自己的生活中用和声取代非和声(不受限制的音程),实现与宇宙融为一体,并使神圣的火花重新与无定会合。1(一元=点)、2(二元=线)、3(三元=一元+二元=平面)、4(四元=立体)加起来为10,这是宏观宇宙和微观宇宙(个体)的完全数。"10"是一个完美的和谐数字。

相比米利都人对事物的思考,这种神秘理论听起来不那么具体,不过,米利都人关注的是物质及其变化原理(宇宙是由什么组成的,以及事物之间是如何转化的),毕达哥拉斯关注的则是结构,即万事万物的秩序。数字是探秘各种层面(从宇宙到个体)的结构的钥匙,政治层面的结构也不例外。

希腊社会的开放性以及希腊字母的广泛应用让思想家更容易发展出系统的分析方法。毕达哥拉斯(或其追随者)占据了意大利的克罗敦和其他几个城市,以乌托邦式的方式重组了社会,以使其符合他们的数学理论。有关此事的细节,我们知之甚少,不过有一段时间毕达哥拉斯学派的贵族在希腊西部是最有权势的人。最终,毕达哥拉斯的多个乌托邦归于失败,引发了残酷的内战。尽管如此,科学抽象在自然和社会两方面的应用所产生的诸多影响已成定局。

赫卡泰乌斯、希罗多德和《历史》

到公元前500年,其他思想流派已在波斯治下的伊奥尼亚希腊城市以及意大利南部、西西里的独立城市发展起来。某些思想流派将米利都人的半科学与毕达哥拉斯对理性的运用融合起来,应用到对人类社会的探究中去。赫卡泰乌斯同样来自米利都,他是一位重要的创新者。此人的活跃年代在公元前500年前后,不过其作品只有残段留存下来。赫卡泰乌斯对启蒙(伊奥尼亚启蒙运动)玄想深感兴趣,改进了阿那克西曼德的世界地图,并写了两部重要的散文作品,其中一本是对美索不达米亚周围民族的系统描述,包括地理学、民族志、政治学方面的状况,另一本是家谱分析。当时,甚至在希腊,仍有一些贵族宣称自己出身神系,并编造故事加以证明。但赫卡泰乌斯这些故事提供了理性的解释。虽然并未否认神的存在,但赫卡泰乌斯强调了他们与人的分离,由此而增加了对人类行为进行理性叙述的需要。后世一位作家保存了他的家谱研究著作中令人难忘的起首语:"米利都人赫卡泰乌斯这样说。我将在我看来真实的事情记下来。希腊的传说虽多,在我看来却很可笑。"

赫卡泰乌斯似乎提倡一种新的调查类型来探寻人类事件发生的诱因,但其后继者希罗多德对波斯入侵希腊的描述是第一次系统地尝试用人类视角解释人类事件。希罗多德在公元前484年左右出生,那时正是古风时代末期,尽管他看起来好像在雅典生活和工作,但其实他来自米利都南部40多千米外的哈利卡纳苏斯。正如阿那克西曼德的著述回应了泰勒斯,阿那克西美尼回应了阿那克西曼德,希罗多德回应了赫卡泰乌斯,他在自己的著作中18次提到赫卡泰乌斯,通常是为了指正他的观点。希罗多德在其《历史》一书的开头是这样说的:

> 在这里发表出来的,乃是哈利卡纳苏斯人希罗多德的研究成果,他所以要把这些研究成果发表出来,是为了保存人类的功业,使之不致由于年深日久而被人们遗忘,为了使希腊人和外邦人★的那些值得赞叹的丰功伟绩不致失去它们的光彩,特别是为了把他

★ 希腊人称呼所有的非希腊人为"外邦人"。

们发生纷争的原因给记载下来。

——希罗多德:《历史》, 1.1

在希腊语中,"historiê"(历史)意味着"探寻",不过,"历史"一词在今天意味着对人类事件进行的理性、有序的探索。如今,我们用这个词来描述对过去的研究,不过对希罗多德来说,"historiê"也包含现在。

希罗多德的著作并不像大多数人所认为的那样是历史书。他希望保存有关人类丰功伟绩的记忆,这与荷马寄托在《伊利亚特》上的心愿很相像。与荷马一样,希罗多德也在故事的关键时刻编织对话,即使他不可能知道说了什么,甚至根本不知道是否有这次对话。比如,他想象了波斯国王和王后的床头对话!在创作目的、篇幅、雄心以及无所不包的好奇心(对世界和其中的事物所怀有的好奇心)方面,希罗多德的《历史》与荷马史诗颇为相似。如果说借人物之口编织虚构对话是说明问题的一种方式,希罗多德的《历史》正符合这种情况。

希罗多德兴奋地告诉我们众神将山推倒,压向波斯人,此时,众神的出现进一步将希罗多德的著作与现代历史著作区别开来。和其他伊奥尼亚启蒙运动的思想家一样,他接受了众神的真实存在。泰勒斯说过一句名言:"万物都充满了神。"不过,与泰勒斯及其后继者一样,希罗多德认为事件的原因和结果无一例外地存在于自然领域,可以进行系统的分析。在以前面引用的那句话开头后,他将诸多对波希冲突起源的半神秘解释联系在一起,并以特洛伊战争作为结束。之后,他加上了引人注目的一段话:

以上便是波斯人和腓尼基人的说法(关于波斯战争的神秘起源)。这两种说法中哪一种说法合乎事实,我不想去论述。下面我却想指出据我本人所知是最初开始向希腊人闹事的那个人,然后再把我所要叙述的事情继续下去。

——希罗多德:《历史》, 1.5

希罗多德从神秘的特洛伊战争跳跃到公元前6世纪,在这里,他能够依靠自己的学识对事实做出陈述。他相信诸神的存在,并在合乎情理之时给予他们应有的地位,不过,没有缪斯女神告诉希罗多德发生了什么事情,一如她们曾告知荷马的。希罗多德广泛游历,他像一个调查报告员一样提出问题,权衡所见所闻,并按照自己的理解来解释事件。确实,在第一个系统研究人类事件的人为根源的意义上,他是"历史之父"。

抒情诗歌

世界是由什么组成的?万事万物在世界中是怎样改变的?在有关这些问题的讨论正在进行时,诗人们正发展出极不相同的新型诗歌形式,它们被学者们笼统地称为"抒情诗歌"。昔日庞大的文库如今只有很少的片段留存,它们是以后世文法学者的引文、偶然发现的纸草残篇(经过再次利用,它们成为埃及木乃伊的裹尸材料)的形式流传下来的。我们知道约100位公元前7—前5世纪生活在希腊的诗人的名字。

我们已经提出希腊字母最初是被用来记录口述史诗的。掌握这项技艺的人是希腊的男性贵族,这些人的社交生活是以会饮、宴会上的饮酒作乐和政治冒险、性刺激为基础的。他们从不属于要求具备艰深书写技艺(在近东使用)的书吏阶层,他们只是对诗歌怀有兴趣的贵族。在学习了字母书写规则之后的100或150年里,待贵族们能将荷马与其他史诗诗人的诗歌再度搬上舞台时,他们开始以书写形式创造不为过去所知的、新的诗歌表达方式。这些诗歌中的大部分实际上是抒情诗歌。这些诗歌包含了以往未知且常常很复杂的韵律类型,并创造了不存在于希腊口语中的新词汇。在合唱抒情诗时,青年男女载歌载舞,歌词背后的节奏与舞步配合的方式我们现在还无法确定。以配合七弦琴[lyre,"*lyric*"(抒情的)诗歌由此而来]演奏的独唱曲而论,歌曲旋律同样以我们所不知道的方式配合了乐器演奏。希腊抒情诗歌常常因强有力甚至猛烈情感的表达而被人们用来说明"个体的兴起"或"个人情感的迸发",不过,我们应当记住,这类诗歌从不在室内独诵,而通常在会饮或节日上表演,就像我们现在体验流行歌曲那样。

最早且最负盛名的抒情诗人是生活在公元前 7 世纪的阿基洛库斯。20 世纪 70 年代,一首接近完整的诗歌在包裹木乃伊的一段纸草上被发现,该诗虽不好理解,但很明显是对一次性事活动的滑稽描述。阿基洛库斯是一个战士,并以此为豪:

> 我渴望同你一起战斗,就像一个口渴的人想要饮水。
> ——《前苏格拉底哲学家残篇》69,第尔斯(125 West)

他声称:

> 我是恩雅利俄斯★国王的仆人,
> 知晓缪斯女神的可爱礼物。
> ——《前苏格拉底哲学家残篇》,第尔斯(1 West)

他描绘了将尚武与对诗歌的热爱结合起来的贵族形象。不过,尽管是贵族,他并不害怕嘲讽装腔作势:

> 我不喜欢一个高个子的将军,
> 也不喜欢扎辫或以卷发为傲或刮过下巴的人;
> 一个人可能身材矮小,一双罗圈腿,

★ 战神阿瑞斯的别名。

但他可以充满自信,大胆前行。

——《前苏格拉底哲学家残篇》60,第尔斯(114 West)

生活在一个愤世嫉俗的时代,阿基洛库斯不能像阿喀琉斯一样行事,他重视自己的生命甚于荣誉。在最著名的一首诗歌中,阿基洛库斯自夸道:

有个色雷斯*人对我的盾牌喜爱不已,
我很不情愿地将它丢在一束灌木旁,
真的,那是一面很好的盾牌。
尽管如此,我却救了自己的命。
那面盾牌怎么样呢?让它见鬼去吧!
我会得到另一个一样好的。

——《前苏格拉底哲学家残篇》6,第尔斯(5 West)

阿基洛库斯没有矗立顶峰的野心,毕竟高处不胜寒。他赞赏一种重要的希腊理念——中庸之道:

巨吉斯†的事情引不起我的兴趣,
嫉妒的感情也未曾抓住我,
我不渴求神的功绩,成为一个伟大的僭主亦非我所望。
所有这些都不曾入我的眼……

——《前苏格拉底哲学家残篇》22,第尔斯(19 West)

他很了解会饮以及宴上饮酒作乐的机会:

---

* 来自巴尔干半岛的一个非希腊部落。
† 以富有闻名的吕底亚国王。

> 伴随长笛吹奏,她吞咽食物,
> 一个色雷斯人或弗里吉亚人饮酒入肚,
> 俯身从后面与人交合……
> ——《前苏格拉底哲学家残篇》28,第尔斯(42 West)

阿基洛库斯和其他许多抒情诗人的诗歌是为纯男性会饮场合的诵读、表演活动创作的,与此不同,著名诗人萨福(公元前570年左右生活在列斯堡)的大多数作品似乎是为婚礼而作的。这类诗歌被称为"祝婚诗"(*epithalamia*,意为"在卧室外唱的歌曲"),它是唯——种获准歌颂贤淑少女对性的渴望的诗歌。在萨福的诗歌中,只有一首完整保存至今,但是我们有她的其他诗歌的残段。在一首诗歌中,她将一位新娘与希腊传说中最著名的新娘(也是淫妇)海伦作比:

> 有人说,在这灰色的大地上,
> 最美好之事是拥有大量骑兵,
> 其他人则说是拥有一伙军队,
> 还有人说是拥有众多船只。
> 不过,我要说,它是人们所爱的事物。
>
> 让人们明白这一点是很容易的。
> 海伦,凡尘中最美丽的女人,
> 抛弃了自己最尊贵的丈夫,
> 千里迢迢远航特洛伊。
>
> 她不再思念自己的孩子,也不再思念自己的父母……
> (这几行只剩下几个字母)……这使我想起不在此处的阿纳克托利亚,

她的双脚可爱、光亮,

她的脸庞明丽照人,

我愿看这脸庞,胜过吕底亚人的战车,

或在沙场奋战的带甲矛兵……

——洛贝尔-佩吉编,残篇,16

什么是这个世界上最美好的事物?萨福回答道,不是财富、马匹、船舶或带甲的武士,而是人所热爱的任何事物——这是一种与婚礼相配的情感。我们不知道谁是阿纳克托利亚,她或许是在这首诗歌被吟唱时尚未露面的新娘。不难看出,在罗马时代和后世,人们将萨福看作女同性恋的颂扬者。但希腊人从未以这种身份来看待她。

希腊抒情诗只有很小一部分保存下来,因为在4世纪人们将文学作品从纸草卷上誊录到抄本(有书页、书脊的书籍)上时,几乎没人能理解其中晦涩的方言和词汇,此外,它们的社会背景对当时的人来说也是完全陌生的。基于此,只有很少的诗歌被传抄下来,几乎全部的诗歌失传了。在留存至今的少量诗歌中,我们管窥到了一个贵族的世界——政治上的装腔作势、性幻想、对醉酒的颂扬、友谊和忠诚的理想,它是这个时代在整个希腊语地区盛开的文化之花所结的硕果。

物质文化

一种强烈的能量推动了人们对物质和社会的现实进行思考,并激发了新的诗歌表演形式,这种相同的能量同样推动了希腊物质文化领域的革命。东方知识分子在引进新的思想方式方面起了重要作用,移民过来的匠人在引进新的艺术形式方面同样扮演了重要角色。不过,在艺术领域一如在哲学领域,近东传统的移植(被移植到城邦与众不同的社会情境中)推动了艺术在史无前例的一些方向上的发展。

雕塑

从青铜时代开始，近东和埃及的国王们就用石雕来美化自己。早期的希腊旅行者可能看见过这类雕像，不过，希腊的国王们既无财力又无权势让这类象征物发挥作用。自贫困的黑暗时代以来，最昂贵的希腊雕塑就是一些人和动物的小型青铜塑像，它们有几十厘米高，是敬献神殿的贡品（特别是在奥林匹亚）。最早尝试石雕的是克里特岛，那里一直深受近东的影响。约从公元前700年开始，这类雕塑的早期作品是刻在一些克里特坟墓顶部石灰岩上的浅浮雕粗糙头像和场景，它们有力地再现了亚述王国的艺术。随着一些群体花费更多的金钱在公共神殿上，他们借用近东的技艺（也可能雇用了近东的匠人），以更精细的手法来描画神明。在早期的神庙中，一块简单的木板或石头就可以代表神灵，而当希腊的雕刻匠在公元前650年左右开始制作独立式的石灰岩神像时，保留了石板状的外观。

一座名为"欧塞尔女神"（该塑像曾保存在法国欧塞尔的博物馆里，图9.2）的塑像就是一个很好的例子。该塑像事实上是一座二维塑像，它以正面姿势站立，双脚并拢，左手放在身体的一边，右手放到胸前。女神身着一件短披风，将竖直的有带束腰外衣裹住，她赤裸的双足则从衣底露出。她的头发理成浓密的山脊形，在额头上形成螺旋状卷发。裙子上有浅浅的矩形花纹（最初是彩绘）。近东人的容貌、僵硬的姿势和类似埃及人的假发是代达罗斯风格的特征，这个名字来源于传说中的雕塑家代达罗斯。代达罗斯为米诺斯国王建了一座意欲困住弥诺陶洛斯的迷宫，没想到米诺斯把代达罗斯和他的儿子伊卡洛斯囚禁在里面。这是一个奇怪的名称，因为如果代达罗斯在世的话，他应该生活在青铜时代，比代达罗斯风格的雕像早1 000年。尽管如此，艺术史家仍用"代达罗斯风格"指称带有原始特征的早期希腊艺术。

随着公元前7世纪晚期克里特神庙变得更加精致，代达罗斯风格迅速演化。在公元前620年或公元前610年前后游历克里特岛的近东旅客会发现，他们看起来眼熟的雕塑被用在奇怪的地方（比如神庙或

图 9.2 代达罗斯式青年女性雕塑,制成于约公元前 650—前 625 年。它得名于法国的欧塞尔镇。它曾在这里被展出,不过,我们几乎可以肯定该塑像是在克里特岛制成的。它代表的可能是一个信徒,或者是一个死者。塑像曾经涂过颜色,其发型体现出当时埃及文明的影响。
塑像高约 66 厘米

资料来源:Exchanged with the museum of Auxerre,1909

坟墓),而从不像在近东那样被用在宫殿上。在创新从克里特岛转向基克拉泽斯群岛和希腊大陆时,埃及的风格很快影响了希腊的雕塑。公元前 670 年前后,埃及统治者命国中所有的希腊商人在尼罗河三角洲的一个港口瑙克拉提斯(该地已被发掘)开展业务,这立即对希腊文化产生了影响。大陆、群岛、伊奥尼亚的诸多城邦都在那里建立了贸易点。到公元前 600 年,瑙克拉提斯已成为艺术风格和技艺从埃及转到希腊的主要通道。

在长达 2 000 年的时间里,埃及匠人都将塑像雕刻成标准的样式。他们取一块石料(常常是石灰岩),根据样式书,在石头的平面上将方形画出来,然后往里雕琢,图 9.3 所示的拉尼弗(Ranefer,意为"太阳神拉是美丽的")王子的塑像就是这样雕成的,它大约制成于公元前 2300 年。拉尼弗的双手在身体两侧紧握着,里面抓着物体(现已不存),左脚微微迈出。他穿着一件短裙,眼睛凝视前方。在将近 2 000 年后的公元前 6 世纪,埃及雕塑仍没有什么变化,事实上,直到又一个 500 年过去、罗马人征服埃及之时,埃及雕塑才稍有转变。这种艺术上的保守主义是由塑像的神奇用途决定的,也就是作为死者的"*ka*"(灵魂)的替身,以防木乃伊遭到破坏。

希腊工匠借用了埃及技艺,以创造出新的雕像类型,它们被考古学家称为"*kouroi*"(意为"青年男性塑像",单数形式为"*kouros*")、"*korai*"(意为"青年女性塑像",单数形式为"*korē*")。图 9.3 和图 9.4 之间的相似性显而易见。他们都有紧握拳头的笔直胳膊和不自然的姿势,其左脚都微微迈出,双脚都平放在地上,且身体重心放在直立的右腿上(这个姿势只有那些左腿比右腿长的人才能做出)。然而,与背后有平直石板支撑的埃及塑像不同,希腊塑像是独立式的。与此同时,它还是裸体塑像(埃及塑像则从无此例)。相形之下,早期的希腊女性塑像都是着装的。

埃及雕塑在 3 000 年的时间里几乎没有变化,而希腊雕塑风格每十年就会发生改变。由于不像自己的埃及同行那样服务于宗教阶级,希腊雕塑家可以自由实践。他们可以舒缓青年男性塑像不自然的肌肉组织,使人物的姿势放松,从地面上抬高其右脚后跟,并引进时兴的发型,图 9.6 所示的公元前 530 年左右的塑像就是个很好的例子。由该图可以看出,从埃及雕塑原型出发,希腊雕塑家已走了很远。他们观察人体,而不用画本进行描画。雕像的骨骼经过了调整,变得更自然,雕像脸部的描画也是如此。腹肌更接近真实的肌肉组织。雕像看起来栩栩如生,充满了埃及雕塑中少见的生命力。头发上还残留着涂料痕迹,下体的毛发也可能被涂过色。雕像的右腿向前。雕塑家达到了在石头上创造一个希腊理想裸体青年的高度。

与青年男性塑像相对的是青年女性塑像。青年女性塑像总是全身着装。在雅典卫城的一些深坑(在公元前 480 年波斯劫掠过城市后,雅典人将瓦砾推进这些坑里)中,人们发现了一系列非比寻常的迷人

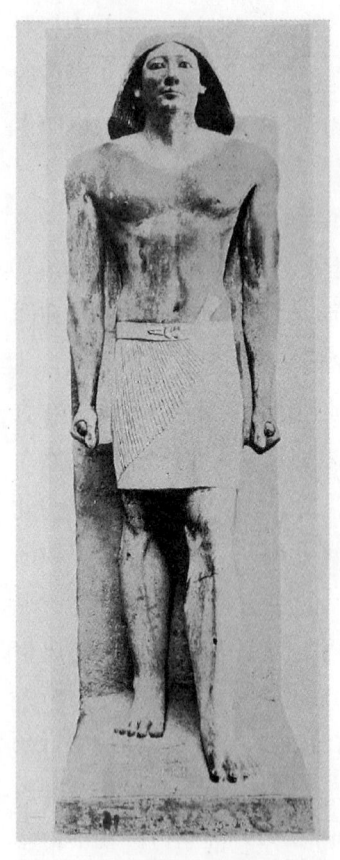

图9.3 埃及第五王朝官员拉尼弗石灰岩塑像,制于约公元前2300年,高约1.5米

资料来源:W.M.Flinders Petrie

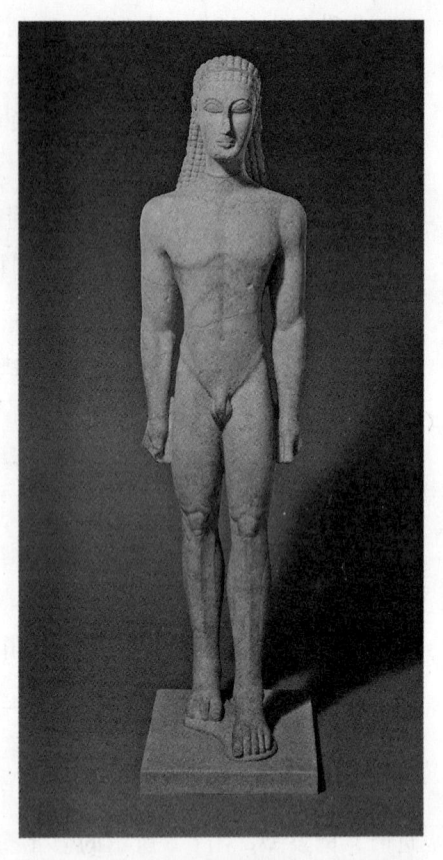

图9.4 纽约青年男性塑像,据推测来自阿提卡,制于约公元前600年,高约1.8米

资料来源:Fletcher Fund, 1932

雕像。图9.6中的雕像刻于约公元前530年,因其所穿的羊毛服装佩普罗斯得名"佩普罗斯少女塑像"。和青年女性塑像一样,该女性塑像有着"古风式的笑容",这是一种在大多数公元前6世纪的雕像上都能发现的笑容,其意义还不确定。女塑像的长辫染成红色,垂在胸部两边。束腰上方的佩普罗斯勾勒出其曲线。她的着装复杂、自然,面部呈沉思状。与青年男性塑像不同,该青年女性塑像双脚并拢站着。

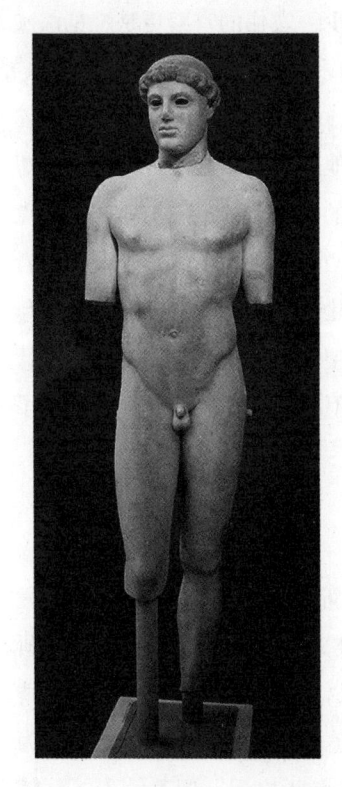

图 9.5 克里提奥斯男童大理石塑像，出土于雅典卫城，刻于约公元前 480 年，高约 117 厘米。很明显创作这座塑像的雕刻家名叫克里提奥斯

资料来源：Ricardo André Frantz（CC BY-SA 3.0）

图 9.6 佩普罗斯青年女性大理石塑像，高约 122 厘米，出土于雅典，刻于约公元前 530 年。佩普罗斯与人身等长，上端布料折至腰间，再整体对折后横向包裹全身，在两侧肩上固定

资料来源：Marsyas / Wikimedia Commons（CC BY-SA 2.5）

在该雕像中，通过装上一只伸出来的左手（现已丢失），雕塑家大胆地将塑像从石块中解放出来。

与自然哲学一样，将近东和埃及的做法移植到一个非常不同的社会环境中赋予了希腊人创新的自由。雕刻非常昂贵，只有富人才雇得起雕刻家，付得起巨石的搬运费用。在亚述，只有国王和贵族才能承担这样的支出，而在希腊，国王很少，宏伟的宫殿更是难觅踪迹。少数贵族将青年男性塑像、青年女性塑像立在自己的坟墓上（图9.4），不过大多数塑像被放在了神庙里（图9.5、图9.6）。希腊雕塑家从埃及、叙利亚习得基本技艺，不过，由于他们创造了新的规则以应雕塑的用途之需，他们并未感觉受到了传统的束缚。通过使用盛产于基克拉泽斯群岛和雅典的坚硬大理石，而非在埃及很常见的松软石灰岩，这两地的石匠进行了创新。古风希腊文化中激动人心的问题——"与神分离的人是什么样的"可能鼓舞了雕塑家思考构成人体的到底是什么。他们与哲学家面临着类似的问题，但他们用石头而非语言给出了回答。

建筑

社会环境的变化也推动了建筑革新，其中最重要的当数公元前700年左右宗教空间和世俗空间的分离。正如我们在第5章中所指出的，在黑暗时代，人们可能在酋长们的家中敬拜神灵。我们猜想，赫西奥德的看法反映了酋长们与神的特殊关系，赫西奥德认为宙斯对优秀的国王青睐有加。公元前700年之后，国王消失了，随着平等主义理想的发展，对众神的崇拜在很大程度上与凡人的居所相分离。

一些最早的神庙由一个露天的简单圣坛组成，这是人们宰杀、烹饪、食用牲畜的地方。到公元前750年，人们开始在圣坛附近为众神的神像加增建筑物。和黑暗时代的居所一样，最早的一些神庙有一头是弯曲的。到公元前700年的时候，一些神庙的长度已达"百尺"。公元前7世纪早期，工匠们学会了造黏土瓦的技艺，神庙建造者用优质材料取代了草盖的屋顶。重瓦需要坚实的墙壁来支撑，此时，人们常常用精心切割下来的石块造墙壁，并用柱子来承重。建筑被分隔为一个长主间（内殿，安放崇拜塑像之地）和一个不与内殿相连的短后廊（后堂，储存城邦财富之地），一排石柱排列在后廊中线两旁。还有更多石柱（柱廊）将建筑物围起来，整个建筑结构建在一个平台（柱座）上。

这些神庙需要很多木材和石料，照希腊标准来看，这些都是非常昂贵的。不过，赞助神庙修建的共同体往往很自豪。尽管只有简陋的起重设备，公元前 7 世纪的建筑师常常使用比后世所用的石块大得多的巨石，好像他们对自己肩负荣耀神、荣耀共同体的艰难任务感到乐此不疲似的。新的建筑形式让人们得以精心装饰神庙上部结构，用上了彩绘陶匾和模塑面孔。

到公元前 600 年，不同的神庙建筑形式逐渐形成，被叫作多利安式、伊奥尼亚式。这两个名字来源于两个主要的希腊族群。至于第三种有着毛茛叶精美柱头的神庙形式——科林斯式，我们会在后面谈到（参见第 18 章）。

不管建筑师依照什么样的风格来设计，神庙都由三个部分组成。第一个建筑元素是檐部（屋顶板），由倾斜的瓦顶、瓦顶下的装饰中楣以及额枋（主横梁）组成。在神庙前、后端，屋顶下有山墙（图 8.2），其上常有雕刻。

第二个建筑元素是圆柱，不同建筑样式的主要区别即在于此（图 9.7）。所有样式的圆柱都朝着顶部方向逐渐变细。不过，多利安式圆柱没有柱基，相比伊奥尼亚式圆柱少了些凹槽，且其柱顶为平面柱顶。多利安式柱顶被称为"海胆"（*echinus*，意为"海里的顽皮鬼"），因为柱垫的形状会让希腊人想起这种在他们的海滨上极为常见的生物。伊奥尼亚式圆柱有精美的柱头，柱头带曲状涡形（曲卷）。最华丽的柱头当数科林斯式圆柱的柱头了。

第三个建筑元素是神庙的柱基。圆柱立在一个柱座（圆柱框起来的空间）上，柱座立在一系列渐次变宽、构成了石阶的石座上，石阶最后连着平整大道。

多利安式、伊奥尼亚式与作为族群的多利安人、伊奥尼亚人没有什么关系。希腊人认为多利安柱式更具"男子汉气概"，在希腊大陆和西西里的伊奥尼亚、多利安城市，人们普遍喜爱这种样式（图 8.2）。更优雅或者说更具"女性柔美气质"的伊奥尼亚式在小亚细亚海滨的希腊城市更受欢迎（图 9.8）。最早的科林斯式圆柱出现于公元前 5 世纪中叶，不过直到罗马时代，这种圆柱才开始流行。

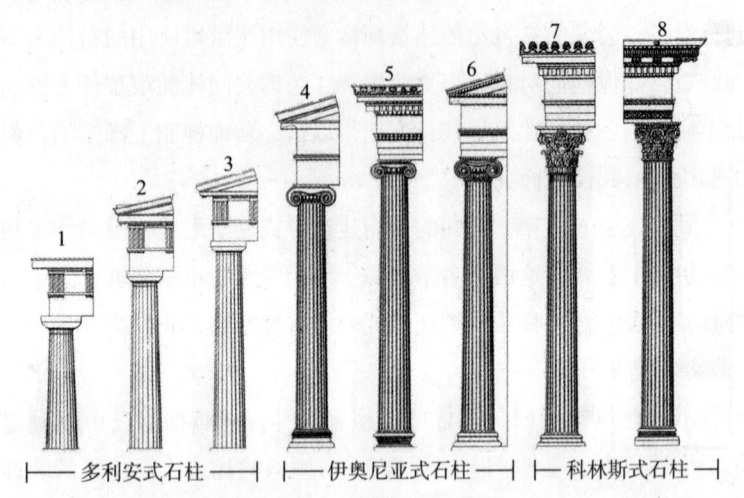

图 9.7　多利安式、伊奥尼亚式、科林斯式石柱，出自 19 世纪的一本德文手册
资料来源：Meyers Kleines Konversationslexikon, 1892

　　神庙的设计脱胎于黑暗时代的住宅设计，不过没有人会将公元前 6 世纪的神庙与私人住宅混淆起来，因为后者有自己的发展路线。到了约公元前 550 年，大多数新住宅有六间屋子，它们围绕着阴凉的庭院，有一扇小门通往街上。外面的人只能看到住宅空白的墙壁。神庙将这种设计颠倒过来，它们将光线晦暗的柱廊设在外面，每个人都可以在那里行走。公元前 6 世纪和公元前 5 世纪早期，住宅的装修逐渐变得更加简单，与此同时，神庙的装修却变得更加奢华。对公元前 6 世纪的贵族来说，为众神造像、将资金捐献给城邦用于建造新神庙是值得称赞的展示财富之道。这也是赢得地位的一种方式。通过捐赠，贵人们不仅能够彰显自己的名字，还能为整个城市赢得神灵的青睐，就像我们在第 8 章中讨论的奥运会胜利者一样。因此，神庙建筑得到了飞速发展。

图9.8 以弗所伊奥尼亚式阿耳忒弥斯神庙的重建微缩模型，神庙始建于公元前560年左右。展于土耳其伊斯坦布尔金角湾 Miniatürk 微观主题公园

资料来源：Zee Prime. CC-BY-SA-2.5; Released under the GNU Free Documentation License

最好的神庙拥有名家的山墙雕刻、大理石外观，并巧妙地运用弧度来吸引人们的眼球。城邦建造空前规模的建筑物来展示它们的财富和力量。原来的"百尺神庙"在长度超过"三百尺"（约90米）的神庙面前相形见绌。伊奥尼亚、西西里的富裕城邦尤其喜爱巨型建筑。我们可以追溯一下一些城邦在西西里岛上的竞争，在那里，塞利努斯和阿克拉加斯为奢华的神庙修建了许多大道。每当阿克拉加斯建造一座巨型神庙，塞利努斯就兴建一座比它长数米的神庙。阿克拉加斯别无他法，只得再建一座更长的神庙，这就好比今天的摩天大楼竞赛。图9.8展示了以弗所著名的阿耳忒弥斯神庙可能的形貌，这是希腊最大的神庙之一，同时也是古代世界的七大奇迹之一。历史上第一次，希腊建筑在规模、耗费上能与近东、埃及建筑一较高低，并在精致、美观上超过了它们。

绘画

古风时代少有可与青铜时代的美丽壁画相提并论的作品，在第4章中，我们已对后者的残片做过考察。部分原因是：我们缺少圣托里岛火山爆发这类的考古场景。此外，相比青铜时代，壁画在希腊古风时代似乎并不那么重要——这与希腊贵族朴素的生活方式是一致的。

尽管如此，还是有大量的彩陶遗迹留存下来。事实上，数以百万计的彩陶遗迹流传至今，其中绝大部分饰以素纹或实心的黑色画块。从公元前 750 年左右开始，一些陶器上画了场景。近东的影响在那时是如此强大，以至艺术史学家认为在希腊艺术中存在一个东方化阶段，它贯穿整个公元前 7 世纪。科林斯当时处于僭主赛普西里德的统治下，是希腊古风时代一个重要的贸易城邦，毫不奇怪，它也是东方化瓶画的主要中心。约公元前 725—前 625 年，原科林斯式绘画风格兴盛起来，最好的例子是一些小型画像（图 9.9、图 8.4）。不同于图 5.6

图 9.9　一个科林斯香水瓶，上部是狮头造型，制于约公元前 640 年。此瓶由绘制齐吉瓶（图 8.4）的同一位艺术家绘制。瓶肩可见花卉条纹，而后是三条人物带。基座部分可见射线图案。在顶端的人物带中，可见 18 个士兵战斗。每个士兵都戴有羽冠的头盔，腿部则有护胫，携带一面圆盾、一两根矛。图中较宽的人物带可见三位士兵站立，三位士兵倒地。上方站着的三位士兵盾牌上的图案从左到右依次是公鸡、螺旋、有翼怪兽（？）。下方倒地的三位士兵盾牌上的图案从左到右依次是公鸡、海兽、天鹅。在下面较窄的人物带中，可见赛马的画面。基座上更窄的人物带（难以辨认）呈现的是猎人和猎犬追逐兔子和狐狸的画面。该瓶高不足 8 厘米

资料来源：Caeceliusinhorto / Wikimedia Commons（CC BY-SA 4.0）

中晚期几何风格的人物形象，图9.9中的战士形象线条流畅且精力充沛，用多种色彩绘制而成。匠人的技艺非比寻常，画中的人物形象还不到三厘米高。科林斯的作坊生产了数百万个这样的容器，用来盛装运动员在体育场上使用的香油。希腊人将香水与奢华的东方联系在一起，这使得东方化装饰与香水容器十分相衬。

到公元前625年，科林斯绘画风格演进为成熟的科林斯式。这种风格偏爱受到东方启发的密集纹理（约公元前625—前550年，图9.10）。就像挂毯一样：动物在每一段条纹里重复出现，背景中充满了花纹装饰。图案没用颜料，而用一层薄薄的"泥浆"（一种水浆）

图9.10 科林斯酒壶（olpê），制于约公元前600年，高约46厘米
资料来源：Campana Collection; purchase, 1861

图9.11 埃莱夫西斯陶瓶，一只著名的原雅典式双耳瓶，制于约公元前675年。该瓶出土于雅典附近的埃莱夫西斯，它曾被用作孩童灵柩（图6.7展示的是该瓶的瓶颈部位）。高约145厘米
资料来源：Panegyrics of Granovetter / Flickr（CC BY-SA 2.0）

绘成，这种泥浆经烧制后会变成陶瓷的一部分。通过将氧气灌入窑内，然后封闭通风口，之后重新打开通风口，让氧化过程再次进行，那层薄薄的泥浆会变黑，而底色保留了黏土的天然颜色。经过煅烧，陶工用一种锋利的工具在黑色的图画形象、饰纹中画线条，人们通常用颜料给线条描上红色或白色这样的亮色。

相比之下，公元前 7 世纪，雅典发展出一种更粗犷的瓶画风格，叫作"原雅典式"（图 9.11）。这种风格的画匠将他们最精湛的技艺投注在大型容器上，图 9.11 向我们展示了最杰出的作品之一。我们看到，在陶瓶颈部（还见于图 6.7 中），奥德修斯刺瞎了独眼巨人波吕斐摩斯。在瓶肩，一头狮子袭击了一只野猪，瓶腹上的则是蛇发女怪，这种神秘雌性怪物的目光能将看到她们的人变成石头。不同于条理井然的原科林斯式陶瓶，图 9.11 的装饰图样排布得有些随意。图案的画笔松散，轮廓粗糙。雅典严谨的晚期几何风格演化成一种无序的绘画风格。在科林斯陶器流行的日子里，它们远远比雅典陶器成功，它们在整个地中海世界热卖，成为人们模仿的对象。不过，未来是属于雅典画匠的。

公元前 6 世纪早期，雅典画匠将原雅典式的创造性与科林斯风格的有序、精确融进一种非比寻常的新黑绘风格。雅典画匠继续描绘神话角色，他们学习并超越了科林斯画匠整洁、严密的创作手法。弗朗索瓦陶瓶是最有名的古代陶器之一（图 9.12）。瓶肩主画面展示了阿喀琉斯父母的婚礼，陶瓶颈部是阿喀琉斯之友帕特洛克罗斯葬礼上的竞技场景。瓶嘴则描绘了杀死一只巨大的野猪的场面，根据传说，在特洛伊战争之前的时代，这只巨兽曾让卡吕冬陷入恐慌。在主画面下的是酒神狄俄尼索斯的游行队伍，再下的是绕瓶一圈的有翼的狮身鹫首怪兽格里芬。陶瓶足部还有一个图像场景，描绘的是神话中侏儒与鹤的战争。画在陶器上的共有 200 个形象，其中有几十个是绘了名字的。我们可以读到"KLEITIAS EGRAPSE"（"克雷提亚斯绘"）、"ERGOTIMOS EPOIESE"（"俄哥提莫斯造"，尽管我们并不太清楚

"造"的意思是俄哥提莫斯是陶器的制作者，还是他是作坊的拥有者）。动物场景的地位此时降为附属装饰品，人物图像则成为瓶画匠人的主要题材。

图9.12 弗朗索瓦陶瓶，约公元前570年时的一只雅典黑绘式双耳罐，以其发现者命名，他于1844年在意大利一座伊特鲁里亚墓葬中发现此罐。克雷提亚斯和俄哥提莫斯在陶瓶上署名，并在上面绘上诸多神话场景和其中的人物名字。瓶高约66厘米
资料来源：Scala / Art Resource, NY

相比雕塑，陶器算是廉价品，但是到了公元前550年，一些雅典画匠将这种艺术表现形式升格为严肃的艺术品（图9.13）。在这些艺术家中，埃克塞基亚斯可能是最伟大的一个。图9.13展示了他对特洛伊战争故事中一个震撼人心时刻的再现。在阿喀琉斯死后，所有的希腊英雄都想得到他的盔甲。当其他希腊人拒绝将盔甲奖励给伟大的英雄大埃阿斯时，大埃阿斯因愤怒失去了理智。盛怒之下而狂性大发的他大开杀戒，但当他恢复理智的时候，他发现实际上他大肆屠杀的不过是一群羊，而不是正站在旁边嘲笑他的其他希腊人。他感到颜面尽失，于是将宝剑插在地上，扑上去自尽。这个故事是黑绘画匠常用的题材，不过，与绝大多数画匠相反（他们画的是大埃阿斯扑在剑上

刺穿自己、鲜血喷涌的场面），埃克塞基亚斯画的是充满悲剧将至气氛的场景。在画中，这位伟大而有着弱点的英雄抚平死亡之剑周围的土地，眉头深蹙。一棵棕榈树孤孤单单地立于图左，暗示着图画的户外背景，小心堆放起来的兵器位于图右，令人想起将大埃阿斯带上绝路的盔甲。这些构成了图画庄严的中心图景。大埃阿斯的盔甲没有眼睛，此时我们却看到，它冷漠地注视着这一切。只有一位伟大的艺术家才能用如此简单的手段营造出这样令人痛心的效果。

图 9.13 大埃阿斯自杀的情景，见于一只雅典黑绘式双耳罐，埃克塞基亚斯绘于约公元前 540 年。罐高约 25 厘米
资料来源：Ptyx / Wikimedia Commons（CC BY-SA 3.0）

顶级的雅典匠人竞相出售自己的制品并不断革新。人们将图像绘在泥浆上，使之成为黑色图像，而后，将陶器加以煅烧，以便在图画背景保留红色黏土原色的同时，绘色的泥浆经氧化作用转成黑色。公元前 530 年左右，一种新的红绘风格被创造出来。在这种风格那里，画匠简单地将绘图程序进行了前后颠倒。他们用泥浆绘制背景，而让图像保持陶器的色彩。通过使用不同密度的泥浆，他们能添加雕刻所不能刻画的更多微妙细节。最初，红绘可能是作为一种新颖的风格存在的，最早的这类陶器中，有一些在正反两面用黑绘、红绘展示着同一画面。但在数年之内，约公元前 520 年时，最优秀的画匠便转向了红绘。在图 9.14 中，画匠意识到了红绘画技的全部潜力，他们运用

不同线条、阴影、布料、裸体，加诸萨提洛斯、小鹿和信使之神赫耳墨斯身上，这种复杂的设计在黑绘艺术中是不可能实现的。此画欠缺埃克塞基亚斯最佳作品中的那种深度，但让我们看到了一幅令人愉快且具艺术鉴赏价值的画面。

图 9.14　一个雅典红绘式双耳罐上的赫耳墨斯、萨提洛斯、小鹿，画匠博林绘于约公元前 480 年。图高约 25 厘米
资料来源：ArchaiOptix / Wikimedia Commons（CC BY-SA 4.0）

公元前 6 世纪希腊的艺术和思想

从伊奥尼亚到西西里岛，公元前 6 世纪的希腊人已开始对人类境况进行引人注目的探索。在这样一个智性稀缺的环境中工作，只有极少一部分希腊人能够理解米利都自然科学家，而与此同时，雕刻家的艺术创造却有数以千计的人看到并欣赏。哲学家掌控着书面表达领域，

瓶画家则做艺匠，用心思考怎样获得最好的黏土，将烧窑内的火焰保持在恰当的温度。这些画匠来自希腊各地，甚至超出了希腊的范围。公元前550年，雅典的一位主要画匠在自己的作品上署名"Lydos"，即"吕底亚人"；而公元前480年的一个作坊主在自己的陶瓶上署名"Brygos"，即"布里吉人"。吕底亚是小亚细亚西部的一个王国，布里吉人则是一个色雷斯民族，其生活地在今保加利亚。这两个地区都为希腊提供了很多奴隶（图10.6），吕底亚人和布里吉人很可能都是以奴隶身份来到雅典的。

在东方王国，具象艺术在很大程度上局限于王室和其他上流圈子，观览装饰美丽的宫殿、神庙只是少数人的特权。相比之下，古风城邦则是向所有人开放风景线的城市：发人深省的雕塑、建筑、绘画随处可见。毕达哥拉斯把他的理论运用到政治中，希罗多德可能在公众面前朗诵自己用字母写成的作品。古风城邦薄弱的等级制度创造了一个非比寻常的开放社会。美索不达米亚和埃及古老的学问和艺术都经历了转化过程。在伊奥尼亚，新的知识创造了最早的自然哲学和半科学的社会分析法。到公元前500年，希腊社会看起来已与其邻近的社会全然不同，而且希腊文化吸引了从波斯到直布罗陀海峡的倾慕者。

第10章
古风时代两座城邦的历史：斯巴达和雅典

（公元前800—前480年）

在第8章和第9章中，我们回顾了古风时代整个希腊的发展，但实际上没有哪两个城邦遵循几乎完全相同的路线发展。我们在这章将详细考察两个文献记录最完备的城邦——斯巴达和雅典，它们统治着古典时代的爱琴海，是古风时代最不寻常的城邦。

像所有城邦一样，斯巴达和雅典也面临着统治阶级精英内部的冲突、精英和大众之间的冲突以及作为整体的共同体和近邻国家之间的冲突。为了应对这些问题，两个城邦都建立了内部平等的男性公民共同体，但方式截然不同。在斯巴达，被称为"希洛人"的公有奴隶负责耕地，而公民则在中央机构进行终生的军事训练。这一制度让斯巴达人得以腾出手来，建立势不可挡的军事霸权。雅典则鼓励市场和民主实践。一夫一妻制是雅典社会的核心制度，而在斯巴达，男性、女性在很大程度上是各过各的。当斯巴达男性忙于军事训练时，斯巴达女性也发展出与此相适应的全部由女性参加的团体。与此形成鲜明对照的是雅典人在家庭之中形成一定的界限，由年长男性担任一家之主。斯巴达人和雅典人都从种族的角度来定义公民身份，尽管斯巴达把自己视为统治土著希洛人的征服种族，但大多数雅典人认为他们一直居住在自己的土地上。斯巴达人把希洛人用作从属的劳动力，而雅典人则转向使用非希腊人的动产奴隶，这些人来自海外，属于私有。斯巴达人和雅典人都是希腊人,但他们作为希腊人的不同方式,以及各自的制度,撕裂了公元前5世纪的爱琴海世界。

斯巴达

古代历史学家通常抱怨史料有限,但是我们关于斯巴达的史料多得很。希腊人、罗马人喜欢撰写有关斯巴达的文本,创造了一个理想但并不真实的斯巴达形象,历史学家把这个形象称为"斯巴达幻象"。这一幻象是指在这个稳定的、有等级和秩序的国家里,人人各守其职的幻觉。希腊人通常喜欢将斯巴达与雅典做比较,雅典是无纪律、自由和混乱的典型。一些希腊人(像一些现代学者一样)不喜欢斯巴达威权主义的形象,另一些人则喜欢。但是斯巴达的刻板形象并不是真实的,斯巴达人有意掩盖自己真实的样子。

斯巴达幻象开始于来库古的故事,据说他为斯巴达创建了严酷的法律。根据这个传说,他让全体斯巴达人处于平等地位,规范他们的生活,把他们最终打造为终极战斗机器。大约在公元100年,希腊博学者普鲁塔克写了赞颂来库古的传记,但即使是普鲁塔克也承认:

> 关于立法者来库古,没有什么事情是不存在争议的:出生、旅行、去世,特别是他作为立法者和政治家所取得的一切成就。重要的是历史学家对他所生活的时代也看法不一。
>
> ——普鲁塔克:《来库古传》(《吕库古传》)[1]

我们不知道普鲁塔克和其他人所讲述的这些故事有多少是真实的,有多少是虚构的,但肯定有大量的虚构成分。这份想象中的来库古生平写于其死后800年,普鲁塔克在这份传记中所报道的事件没有当代文

---

[1] [古希腊]普鲁塔克:《希腊罗马名人传》(上),陆永庭、吴彭鹏等译,北京:商务印书馆1995年版,第120页。——译者注

献记录，引发了一代又一代人的猜测。普鲁塔克的这些信息大多数来源于雅典人色诺芬，色诺芬在公元前4世纪写作，他很熟悉斯巴达。但色诺芬与斯巴达政权种子萌芽的早期相隔了好几代人。

斯巴达人、庇里阿西人、希洛人

考古学揭示斯巴达是青铜时代的一个主要中心。在随后的传说中，来自斯巴达的海伦跟随帕里斯出逃，由此引发了特洛伊战争（参见第6章）。2008—2009年，考古学家开始挖掘斯巴达附近的圣瓦西利奥斯的一座青铜时代宫殿。和其他宫殿一样，这座宫殿大约被烧毁于公元前1200年。拉哥尼亚（斯巴达周围的地区）衰落了（图10.1）。

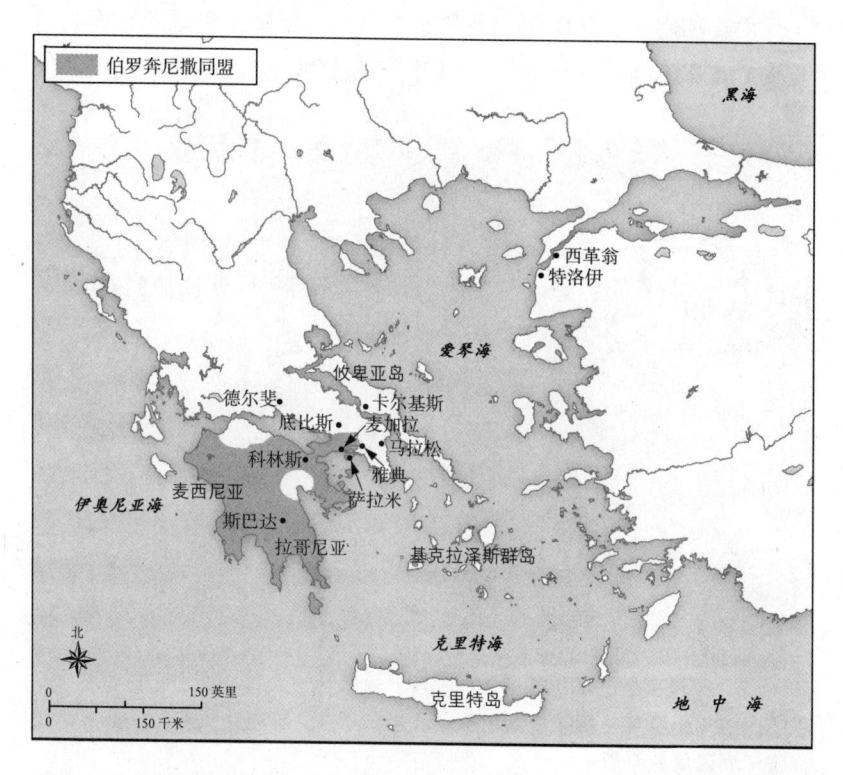

图10.1 本章提到的地区与地点。深色地区代表公元前6世纪的伯罗奔尼撒同盟

黑暗时代的拉哥尼亚几乎没有留下什么遗址，到了公元前900年左右，新的定居点才开始出现。

斯巴达人所说的希腊方言被称为"多利安语"，这种方言在雅典人听来比较怪异，但大体上能听懂。根据传说，多利安人是公元前12世纪入侵希腊南部的一个独特的民族，这个时间是在特洛伊陷落后不久（图1.5）。正如我们在第4章中所述，在长达一个世纪的时间里，考古学家一直在讨论多利安人的入侵是否属实，但没有达成共识。新的DNA证据表明：即使有入侵，规模也是很小的。就古风时代和古典时代的历史而言，最重要的事情是斯巴达人相信自己是征服者多利安人的后代，并且相信这种血统赋予了他们统治被征服的土著的权利。

大概在公元前9世纪，多利安斯巴达人征服拉哥尼亚，而且将当地人屠杀殆尽（图10.2）。比较幸运的拉哥尼亚人成为庇里阿西人

图10.2 崎岖不平的泰格托斯山区景观。这条经过泰格托斯山的道路将拉哥尼亚山谷与山脉另一侧的麦西尼亚平原连接起来。斯巴达人在公元前8世纪征服了麦西尼亚平原

资料来源：MARKA / Alamy Stock Photo

(*perioikoi*)，意为"边区居民"。他们居住在许多孤立的村庄里，向斯巴达人纳贡，在斯巴达军队中服役，但无权干涉何时何地开战。更加不幸的拉哥尼亚人成为希洛人，即公有奴隶。斯巴达全权公民被称为"斯巴达人"，构成了一个战士精英阶层，大约有5 000人，他们瓜分了土地，让希洛人为其耕作。公元前7世纪的斯巴达武士诗人提尔泰奥斯说希洛人是"像在重负下筋疲力尽的驴子：忍受令人痛苦的压迫，必须向他们的主人上交他们一半的耕种所得"（West，6）。

像庇里阿西人一样，希洛人拥有自己的村落，能够结婚，但受到重重限制。普鲁塔克称希洛人的制度是"最残酷的、最非法的体系"，另一些古代作家也同意这一看法。希洛人有时被迫穿滑稽衣服，被灌醉后在公共场合游街，被鞭笞。斯巴达官员每年都向希洛人"宣战"，靠杀戮希洛人来净化宗教，实际上是为了使谋杀合法化。为了清楚地说明这种残忍的关系，普鲁塔克这样解释：

> 一般情况下，行政长官不时地派一些最为谨慎的青年战士到乡下去；他们只带着短剑和必需的给养，白天绕开大路，分散地躲在荫蔽之处，悄悄地躲在那里。但是到了晚上，他们就来到大路上，杀死他们抓住的每一个希洛人。有时，他们还到希洛人干活的田野里去，屠杀最结实、最优秀的希洛人。
>
> ——普鲁塔克：《来库古传》，28

这种极端的制度的目的是恐吓希洛人，迫使他们服从（希洛人的数量大概是斯巴达人的5倍），只达到了部分目的。希洛人和庇里阿西人自然憎恨斯巴达人。色诺芬说，他们"表达得已足够清楚，任何时候提到斯巴达人，他们都想吃了他们，甚至是生吃"（《希腊史》，3.3.6）。希洛人一次次地起义（我们手上没有庇里阿西人起义的证据），斯巴达人对起义的恐惧反映在其社会生活的各个方面。

公元前8世纪，人口增长给资源带来了很大压力。精英内部之间的仇恨、富人和穷人之间的斗争、共同体之间的战争在不断扩大。一些希腊人开始外出殖民，但斯巴达人早期征服拉哥尼亚的胜利使他们相信战争是解决自身问题的方法。公元前740—前720年，斯巴达人征服了位于拉哥尼亚的斯巴达山谷西部那庞大且富饶的麦西尼亚疆域，这些地区横跨高山（图10.3）。斯巴达人将这里的人降至与希洛人同等的地位，斯巴达的统治下的疆土和劳力都翻番了。

占领麦西尼亚的土地和劳力使斯巴达人相对富裕起来。最大的挑战是怎样分配战利品。一些斯巴达人被排除在这些利益之外，一个被排斥的团体就是"*Partheniai*"（"处女之子"），他们计划于公元前706年政变。他们的名字或许意味着他们不被视为全权公民，因此无权分享战利品。不论细节如何，当政变阴谋被发现后，整个团体被放逐了。这些人从征服向殖民转变，他们航海到意大利南部，在那里建立了斯巴达唯一

图10.3 古希腊斯巴达剧场（建于罗马时代）遗存，建于约公元前20年，位于斯巴达城以北。它曾是世界最大的剧场之一，可容纳16 000名观众。越过剧场，赫然可见崎岖不平的泰格托斯山巅，翻过山脉便是麦西尼亚地区，也就是斯巴达人所奴役的希洛人所居之地

资料来源：Κούμαρης Νικόλαος

的海外殖民地塔拉斯（现塔兰托）。公元前700年之后，新的扩张战争仅取得有限的成功，对于重新分配土地的呼声不断高涨。一位斯巴达国王被谋杀，大约在公元前650年，麦西尼亚人的起义被残酷镇压了。提尔泰奥斯的军事诗歌（参见第8章）就是以这场战争为背景进行创作的。

普鲁塔克的斯巴达

斯巴达人通过成为全职战士来维持其公民内部之间的和平，以及对希洛人的压迫。他们认为来库古设计了这一制度，但是现代历史学家则怀疑这种制度是逐渐形成的，可能是在公元前9世纪征服拉哥尼亚时开始形成的，或者是公元前8世纪晚期第一次麦西尼亚战争期间形成的。公元前7世纪晚期第二次麦西尼亚战争之后，斯巴达已然军事化。就像我们将要看到的，这样的斯巴达战争机器和为支持它而建的社会在公元前6世纪、前5世纪达到巅峰状态，然后在公元前4世纪就衰落了。

有关斯巴达的社会细节，到目前为止最有影响的叙述见于普鲁塔克的《来库古传》。里面的问题很多，但我们在此做长篇征引，以便读者能自行判断其内容：

> 来库古第二个并且是异常果敢的政治举措是重新分配土地。在这方面存在着骇人听闻的不平等：城邦因充满了贫穷的、无依无靠的人而负担沉重，财富却全部集中在少数人手里。他决心要消除骄横、嫉妒、罪行、奢侈以及那更加根深蒂固地折磨着国家的弊病：贫富不均。他说服了同胞将所有的土地变成了一整块，然后重新加以分配；劝说他们彼此在划一的、生计上完全平等的基础上生活在一起，单凭美德去博取功名；使他们确信在人与人之间除了那种因行径卑贱而遭到谴责和因行为高尚而备受赞扬的区别以外，是不存在其他差别和不平等的。

他言行一致，将剩余的拉哥尼亚的土地划分为三万份分给了庇里阿西人，即当地的自由民；将属于斯巴达城邦的土地分成九千份，分给了同样数目的真正的斯巴达人……据说，后来有一次他外出归来，经过刚刚收获过的土地，看着收割的谷物，整整齐齐，大小一样地堆放着，他笑了，对身边的人说："整个拉哥尼亚看起来多像是刚刚将田地分给许多兄弟的一个大家庭啊。"

　　为了消除贫富不均和不平等的每一痕迹，他又着手分配他们的流动财产。他看出人们是不能容忍自己的财产直接从身边取走的，于是，就采取了另一种方法：用政治谋略去克服他们的贪婪。首先，他取消了所有的金银货币，规定只准使用铁币。然后，他使一大堆沉重的铁币只具有一点可怜的价值，十个米那斯★需要家里有一大间库房存放、需要两头牛搬运。这种货币通行的时候，许多罪恶便从斯巴达消失了。因为这种钱币既不便收藏，也不值得占有，不，甚至切成碎片也不能带来任何利益，还有谁要去偷窃它呢？据说，因为是用醋给赤热的铁淬的火，使它失去了韧性，因之变得易碎与难派用场，也就没有其他用处了。

　　为了更进一步地打击奢侈风尚和铲除致富的欲念，他采取了第三个，同时也是最为精心构思的政治措施，即公共食堂的制度。这样，人们可以相互结伴，共同进餐，饮同样的、指定的食物，而不是在家里，倚靠着华贵的睡椅，坐在华贵的桌前，让仆人和厨子侍候自己，像贪婪的动物一样，在昏暗中吃得脑满肠肥，屈服于每一种贪欲和各种饕餮之徒的恶习，并且需要长时间的睡眠、热水浴、充足的休息以及可以说是日常的护理和照料……

　　男孩子们也经常出入这些公共食堂，就像他们到正正经经的学校里去上学一样；他们常常在那里倾听政治辩论，领受开拓心胸的那些有益的教育典范。在那里，他们还习惯了娱乐和无伤大

★ 这些钱足够四口之家支撑三年。普鲁塔克的看法是，虽然你可以把十个米那斯的钱币放进口袋，但在斯巴达，这是一大笔钱财。

雅的玩笑，也容忍别人的逗笑，毫无愠色。容忍揶揄确实是斯巴达人性格上的特性，但是，倘若有人忍受不了，他只要提出要求，玩笑就会停止……斯巴达人的菜肴当中，酱色肉汤最享盛名。上了岁数的人甚至一丁点肉都不要，全让给年纪轻的人受用，自己却将汤倒来就他们的主食……斯巴达人适度地喝过酒后，都不拿火把就回家了。为了使他们能惯于在漆黑的夜晚勇敢地、毫无畏惧地行走，在这种情况以及别种情况下，他们都是不准持用火把的。以上就是斯巴达人公共食堂的风尚。

就教育而言，来库古把它看作是立法者的最伟大、最崇高的任务，他追根溯源，着手精心地调整婚姻与生育状况……对于妇女也给予了一切可能的关注。他让少女们锻炼身体：跑步、摔跤、扔铁饼、掷标枪，为了使她们将来腹中的婴儿在健壮的身躯里打下健壮的底子并更好地发育成熟，也是为了使她们自己健壮结实，怀胎足月，能够顺利地、轻易地对付分娩时的阵痛。他使得她们摆脱了娇柔脆弱和种种女性的娇气，让她们同青年男子一样习惯于运动时只穿着短袖束腰外衣，在某些欢庆节日里舞蹈、歌唱，青年男子则在四旁观看……

少女们衣着很少，却丝毫不失体面，因为轻浮放荡已一扫而尽，伴随着她们的是庄重贞节；不仅如此，这样还使她们养成了朴质的习惯和对身体健美的热烈追求。同时，这也使女性体验到了一种高尚的情操，因为她们感到在勇气和抱负这个领域里，自己也占有一席地位。她们就会情不自禁地像列奥尼达的妻子戈尔戈曾经做的那样去想、去说。据说事情似乎是这样的：某个外邦妇女对戈尔戈说："你们斯巴达妇女是唯一统治自己丈夫的女人。"这时，戈尔戈回答说："你说得对，我们是唯一生养战士的女人。"

此外，这一切都是促成婚姻的因素——我是指少女们参加节日游行与体育竞赛时，半裸着身体出现在青年男子的众目睽睽之下这类事情。因为这些因素受到了必然性的吸引，如柏拉图所说的"不是几何学的必然性,而是恋人们心领神会的那种必然性"(图10.4)。这还不是来库古所做的一切,他又给执意不婚的单身汉加上了一种公开的耻辱:不许他们观看青年男女的竞技活动。冬天,地方官吏命令他们只穿着内衣内裤,绕着市场列队而行,边走边唱着指定的一首关于他们单身汉的歌曲,收尾的叠句是说他们因为不服从命令,受到了公正的惩罚,等等。长者惯常享受青年的尊敬和谦让,他们的这种权利也被剥夺了;因此,尽管德库利达斯是位可尊敬的将领,却无人责难对他讲了这么一句话的人,即当他来到共同进餐的团体时,一个青年不愿意给他让座,反而对他说:"你还没生下将来有一天给我让座的儿子呢!"

说到斯巴达人的婚姻风习,新娘是用强力抢走的,当然不是在她们幼小、不宜结婚的年岁,而是正当她们大好年华、丰满成熟的时候。新娘被抢走以后,所谓的伴娘照应她,将她的头发贴近头皮剪短,给她披上男子的大氅、穿上男式便鞋,再将她安置在铺在地上的一张简简单单的小床上,让她独自躺在黑暗之中。然后,新郎既没有仗着酒力而疾步如飞,也没有饮食过度而软弱无力,而是既镇静又从容,像往常一样在公共食堂吃罢晚饭后,就悄悄地溜进新娘躺着的那

图10.4 奔跑中的女孩,青铜塑像(约10厘米高),制于约公元前520—前500年,发现于塞尔维亚,但极有可能制作于斯巴达。她并不像普鲁塔克所叙述的那样全裸,但坦露一侧乳房,露膝

资料来源:©The Trustees of the British Museum

间卧室，解开她的处女带，把她抱到结婚的床榻上。同新娘在一起度过短短一段时间之后，他便泰然自若地走开，回到他平时的住处，同其他青年男子睡在一起。打从这个时候起，他白天与同伴们一道度过，夜晚和他们住在一起，只能偷偷地、小心翼翼地去会见他的新娘；胆战心惊，生怕她娘家的人发觉他的造访。新娘也同他一道密谋策划，暗中订约，盼望一有机会就能幽会。他们不是短期内这么来往，对某些人来说，简直是太长了，一直要等到做了父亲，才能在白天看望自己的妻子。这样的相会，不仅仅锻炼了自我克制和节制，而且夫妻结合的时候，双方身体内部都充满了创造的能力，彼此的情爱高涨而又新鲜，没有毫无节制的房事造成的腻烦和迟钝，而且在他们内心总留存着一束相互渴念、相互爱慕、没有燃尽的火花。

来库古使得婚姻蕴含着节制和庄重的特色之后，又进一步把人们从充满嫉妒的占有欲望这种空虚的、女性的感情里解脱出来。他一面不让婚姻关系受到一切淫乱放荡行为的影响，一面又使得同其他高尚的人共享生养子女这件事受到人们的尊敬。他嘲笑这样一些人：他们把这个共有的特权视为不能容忍的事情，宁愿付诸凶杀和械斗，也不愿予以认可。比方说，一位年老而妻少的人，如果他看上而且器重一位俊美高贵的青年，老人就可以把他介绍给自己的妻子，把她同那么高贵的父亲生下的孩子当作自己的后代加以收养。再比方说一位受人尊敬的男子，因为某个妇女给自己的丈夫生下了健美的孩子，因为她作为妻子举止端庄而赞美她、爱慕她；只要那妇女的丈夫同意，他就可以得到她的欢心。这样，可以说是在能够结出美丽果实的土壤里播下了种子，给自己生下气度不凡的儿子，血管里当然流淌着高贵的人的血液……

父亲不能按照自己的意愿抚育后代。孩子生下后，做父亲的得将他送到一个叫作"勒斯克"的地方去,部族里的长者★在那里代表国家检查婴儿。如果孩子匀壮结实,他们就命令父亲抚养他,并将九千份土地里的一份分给那个婴儿;如果孩子瘦弱畸形,他们就把他丢在叫"遗弃地"的地方,即泰格托斯山脚下一个峡谷似的地方†。他们深信:倘若造物主一开始就没有把健康和力量赋予这条生命,它的存在于己于国都是毫无裨益的……

来库古是不愿意将斯巴达的孩子交给买来的或雇来的家庭教师去管教的,法律也不准许父亲随心所欲地抚养或训练自己的儿子。孩子一长到七岁,按照来库古的命令就全部由国家收养,编入连队。在连队里他们遵从划一的纪律,接受划一的训练,因而渐渐地习惯了彼此一道游戏和学习。判断能力卓越与格斗极其勇敢的孩子被推举为他所在连队的队长,其他孩子都密切注意他,服从他的命令,甘受他的责罚。斯巴达人孩童时代的训练实质是一种关于服从的实践。另外,上年岁的人经常观看他们游戏,还常常激励他们进行模拟的战斗与争执,从中精确地发现在斗争中、面临勇气和进取心这类问题时,他们各自的禀性究竟如何。

至于读书识字,他们仅仅学到够用而已。其他一切训练都在于使他们善于服从命令、吃苦耐劳与能征善战。所以随着年龄的增长,他们在体质方面的锻炼也增加了。他们头发剪得极短,惯于打着光脚,游戏时多半裸着身子。到了12岁,他们就不再穿短袖紧身外衣了,一年发一件大氅,肌肤干燥坚硬,很少知道洗沐和涂抹油膏。一年当中只有在很少几个固定的日子里,他们才能尽情享受这种快事。他们成群结伙地住在一块,睡在自己堆积的、用灯芯草穗子做成的地铺上,灯芯草穗子是他们用手(刀是

★ 城邦将本国公民划入名叫"*phylai*"(部落)的亲族群体中。多利安城邦有三个部落,伊奥尼亚城邦有四个。

† 20世纪70年代,这个峡谷被挖掘,人们在其中发现了许多婴儿的尸骨。

不准用的）从欧罗达斯河★两岸采折来的……

男孩子们长到这个年龄，有幸与一些眷爱他们的人交往，这些人皆是有声望的青年男子。就是老年人也非常关注他们，经常到他们操练的场地去，观看他们体力和智力的竞赛，并非出于好奇，在某种意义上说，倒是觉得自己是所有这些少年的父亲、师长和行政长官。这样，在任何适当时刻和任何地点，做了错事的孩子都会受到规劝或处罚……"埃壬"是种称号，指那些从少年班出去已经两年的青年……这位埃壬是位年方二十的青年，出则指挥他的部下进行模拟战，入则要他们侍候自己的饮食。他命令大点的孩子去弄木材，小点的去搞蔬菜。他们就去偷他们要弄的东西，有的到果园去，另一些则偷偷地、机警地溜进成人的公共食堂；但是，如果谁在偷窃时被抓住了，就会被以毛手毛脚、偷术不精的盗贼论处，挨一顿结结实实的鞭打。凡是能弄到手的食物他们都偷，还学会了熟练地袭击睡眠的或没有提防的人。但被抓住的孩子就得挨鞭打，还得挨饿。他们的饭食供应量是不足的，为了使自己肩负起对饥饿的搏斗，他们被迫变得胆大而又机灵。

斯巴达少年把偷窃看作一件异常严肃的事，正如传说讲的那样，一位少年偷了一只幼狐，把它藏在自己的大氅里，这畜生用尖牙利爪扒出了他的肠子，他还是强忍痛苦，宁愿死去，也不愿让人发现他的偷窃行径。今天斯巴达青年忍受苦难的情景，只能更加强了这传说的真实性。我就曾经目睹许多斯巴达青年在月神阿耳忒弥斯·奥提亚†祭坛阶下被鞭打致死。

宠爱少年的那些人，也分享少年们的荣辱；据说，某次某人因为他所宠爱的少年格斗时脱口喊出一句粗话，被行政长官罚了一笔款。这种钟爱在斯巴达人当中得到普遍的赞许，甚至少女们也在优秀高贵的妇女里面寻得钟爱自己的人；然而，此中毫无

★ 流经斯巴达的河流。
† 地方性女神。人们为了她举行带有暴力色彩的入教仪式。

嫉妒、竞争，相反，那些把他们的感情集中在同一少年身上的人，倒把他们的感情变成了彼此发展友谊的基础，通过坚持不懈的共同努力，使他们所钟爱的少年成为尽可能高贵的人。

斯巴达少年还学会了如何谈吐：说话辛辣而优美，言简而意赅。我在前面提到，来库古将斯巴达铁币造得分量极重，所含的价值却极微。但是他却使得像货币一样流行的语言使用时简洁凝练而旨深意远；他想用一般的沉默习惯使得孩子们答话时简练而又准确。如同毫无节制的房事通常会引起不能生育和缺乏后嗣一样，无休无止的高谈阔论也会使得语言空洞乏味。

——普鲁塔克：《来库古传》，8—19

普鲁塔克极度崇拜斯巴达，但他的叙述让现代读者震惊。他把斯巴达描绘成残酷的、民众饿得半死的地方，目不识丁的少年欺凌弱者，偷盗盛行，连基本的礼仪都没有。丈夫真的同意其他男性与自己的妻子睡觉，以生育出更好的战士吗？或者在婚姻的头一两年假装他们还没有结婚？斯巴达风俗可能承认几种不同的结合方式，几个世纪后，普鲁塔克在写作时误解了这些结合方式，并把它们糅成一种特殊的婚姻。当然，普鲁塔克把这些奇怪的风俗放在遥远的过去，总是宣称来库古想要斯巴达人做这做那，但古典时代则腐蚀了他的神圣制度。

色诺芬写斯巴达的时间比普鲁塔克早500年，但比来库古晚了很久，色诺芬也认为斯巴达人祖先的风俗正在消失。到公元前5世纪，一些斯巴达人富裕到足够赢得奥林匹亚战车竞赛的程度，这是财富多到顶峰的荣耀象征。尽管来库古压制财富和不平等的故事不可能完全真实，但它增进了斯巴达人对自己的了解。向"美好的昔日"献祭提醒斯巴达人作为斯巴达人意味着什么，并将不平等解释为近来发生的反常现象。

我们不能完全相信普鲁塔克的话，但古风时代的斯巴达肯定不同于大多数其他城邦，我们可以从普鲁塔克的叙述中得出一些一般性的结论。斯巴达宣称奢侈、财富和债务是最近才出现的现象，它背离了古老的平等传统，这种"斯巴达人是兄弟"的平等观念激发了全民的尚武精神。男孩在只有男性的准军事机构中长大，女孩则在家中长大，身边几乎没有男性。男同性恋盛行。女性比别处有着更多的权利，斯巴达人认为这样的行为将会生出更强壮的儿子。为确保男孩长大后勇敢、坚强、守纪，斯巴达人破坏了由父母和子女组成的核心家庭，而核心家庭在希腊世界其他地方是社会的基础。每个城邦都想拥有强大的武士，但没有谁愿意付出如此高昂的代价。

斯巴达政府

斯巴达有着不同寻常的政治制度，有四个主要的政治机构：双王、长老会议、监察委员会、公民大会。到公元前700年，大多数城邦废除了国王，但斯巴达总是与众不同，还保持着双王，分别出自阿基亚得和尤利彭狄德两个王族，这大概是斯巴达早期历史的某种折中的遗留。国王是军事统帅，也是最高宗教首领。这两位国王地位平等，在古风时代时常共同领兵出征。不过，在公元前506年反对雅典的战争中，一位国王带兵叛逃。由此而颁布的新法令规定每次只能由一位国王统帅。

两位国王与另外28位成员一起组成了长老会议。5位监察官（下文会讨论）监督长老会议，长老会议解决各种重要的法律诉讼，决定什么样的问题可以提交给由全体斯巴达男性公民参加的公民大会。由于刑法、民法没有成文，长老会议的权力比现代法官和陪审法庭合在一起的权力还要大。公民大会选举长老。当长老会议有空缺时，所有超过60岁的男性（这时他们已经不需要服兵役了）在斯巴达人面前列队，谁得到的呼声最高，谁就入选。

成为一名长老在斯巴达是非常荣耀的事。只有大约5%的人能够活到60岁，所以长老后备队伍的规模并不大。很少有长老能在长老会议中任职超过10年，但年轻时登基的国王可以在位40年或更长。不过，国王对长老会议的影响时强时弱。

每一年，公民大会通过呼喊的方式选举 5 位监察官。监察官的任期只有一年，而且不能再次当选。监察官监督、监视国王和长老，假如这些人违背未成文法的话，监察官有权控告或废黜他们。在战争中有两位监察官总是伴随国王左右，假如国王在战争中没有尽到应尽的义务，监察官甚至可以逮捕国王。监察官也监督公民大会。他们拥有令人敬畏的权力，大多数情况下还拥有否决权。在任职结束的时候，每一位监察官必须接受新的监察官的司法审查，所以监察官必须非常小心，不要在任职期间冒犯了谁。奇怪的是，我们至今不知道任何一位监察官的名字，而这种职位并不是名不见经传的低级职位。

公民大会包括年龄超过 30 岁的全体斯巴达人，每逢满月在室外聚会。长老提出提案，公民大会会员高呼赞成或反对，并不进行讨论。

斯巴达人以他们的平衡机制感到自豪，在这种制度下，不同的机构相互制衡。国王控制战争和宗教，长老掌管法律，监察官确保各方公义。在理论上，公民大会成员做最终的决定，尽管早在公元前 7 世纪，补充法律条款规定，假如国王和长老感到公民大会做出了"不恰当的选择"，就可以让公民大会休会，并在未经公民大会允许的情况下径自行动。

由此，政治权力被一小部分精英所把持。斯巴达人占拉哥尼亚人口数量不到 5%，能参与决策的人不到斯巴达人的 1%。因为在这种政治精英制度内，每个机构都彼此依赖，很难进行根本的变革，因此从公元前 7 世纪或公元前 6 世纪直到公元前 3 世纪，斯巴达政制是非常稳定的。等级制度的缺乏，再加上斯巴达对权威的服从（这是根深蒂固的），这就意味着有魅力的个人能够操纵制度并获得极大的权力。在战争和外交中表现优异的国王能把他们的影响延伸到公民社会中；当国王衰弱时，就激发监察官和长老把他们的影响延伸到战争和外交中。幕后交易、偏袒和背叛都是常见的行为。当斯巴达有强势领袖时，这种制度就运转良好；但当领袖弱势时，这种制度就运转不良。由于习惯于服从权威，斯巴达人往往犹豫不决，而不是果断行动。在许多情况下，当斯巴达的领袖不能够决定时，斯巴达依靠神谕，其他城邦则行贿赂之事，以神谕误导斯巴达人（他们的轻信可是出了名的）。不过，斯巴达从没有过僭主，这在五百年的时间里避免了惨烈的内战，一代代人在战斗中保持不败。在这期间的大部分时间里，斯巴达是希腊世界最强大的军事力量。

起初，斯巴达领袖一直实行扩张、吞并政策，这在泰格托斯山区以西的麦西尼亚产生了良好效果，但在公元前560年左右遭受挫折后，斯巴达人放弃了这一政策。自此以后，斯巴达与其他城邦的寡头合作，为他们提供军事支持以反对民众起义，反对在自己城邦内想成为僭主的人，也反对其他城邦的对手。作为回报，这些城邦加入斯巴达联盟，现代历史学家把这个联盟称为"伯罗奔尼撒同盟"（图10.1）。这些同盟者宣誓"有共同的朋友和敌人，不论斯巴达人去哪儿，都跟随他们"。同盟者无须缴纳贡赋，也不会被迫参战。同盟实行双议会，首先是斯巴达议会投票，然后同盟作为一个群体拥有否决权。即使是同盟大会同意进行战争，单个城邦仍旧能够拒绝斯巴达的计划。同盟基本上是防御型的，效果也有限，很少在科林斯地峡以北活动。不过，到公元前500年，该联盟的残暴和联盟重装步兵的数量意味着在希腊世界没有哪个城邦敢直接向它挑战。就像我们将在第11章和第12章中所看到的，就连最强大的外国政权（强大的帝国）这样做也要冒极大的风险。

雅典

古风时代的雅典面临着许多和斯巴达同样的问题，但应对措施则完全不同。结果是雅典和斯巴达都成了以平等的男性公民权为基础的城邦，但二者都以自己的方式定义公民和平等。这两座城邦在古代希腊世界极为不同。

公元前7世纪的危机

公元前8世纪，伴随着人口的增加，雅典和斯巴达都有更多的人口需要哺养。斯巴达依靠传统的军事扩张来解决这一问题，而雅典没有。雅典的邻邦比麦西尼亚人口多、富足，且更有组织性。这些邻邦不易征服。雅典也没有遵循邻邦的榜样，殖民西西里，但其中的原因无人知晓。人口增加给农民带来很大的压力。在古代不稳定的经济环境下，干旱、接连歉收、计划不周，或者仅仅是运气不好，都可能迫使农民寻求帮助。就像赫西奥德（约公元前750年）所解释的，失败农民所采取的第一个步骤是寻求亲属、朋友和邻居的帮助：

> 邻居对你有多好，你应该对他也有多好；或者，如果可能的话，应该对他更好些。这样，如果你以后需要帮助，你就一定能从他那里得到。
>
> ——赫西奥德：《工作与时日》，349—551

不过，假如你不能够偿还，结果会如何呢？

> 人家爱你，你也要爱他；人家来看望你，你也要去看望他；人家赠送你东西，你也要送他东西。人们都会对慷慨者大方，但不会有谁如此对待吝啬者。给予是善，夺取是恶，它会带来灭亡……你要劳动，去做诸神为人类规定的那些活儿，免得有一天你领着悲苦凄惶的妻子儿女在邻居中乞讨，而他们谁也不关心你。你或许能得到二三次施舍，但如果你再继续打扰他们，就会再也得不到什么了，你再说多少话都徒劳无益，你说得再可怜也没有人去理会你。
>
> ——赫西奥德：《工作与时日》，399—403

赫西奥德认为借款人和贷款人都是生活在边缘的农民。

失败的农民与其去向同样贫穷的邻居开口，不如向某些更富裕的人开口，富人要求以借款人的土地甚至人身作为抵押。假如借款人不能偿还的话，贷款人就能够没收他的土地，或者使他沦为债务奴隶。根据一份据说是亚里士多德（公元前4世纪）所写的重要文献，这就是公元前7世纪在雅典周围的阿提卡所发生的事情：

> 在此之后，发生了显贵阶层与大众之间长时间的派别之争。因为他们的政体在各个方面都是寡头制的，事实上穷人们连同其子女和妻室全都为富人们所奴役，他们被称为"附庸"或"六一汉"，因为他们按照这一比数为其所耕种的富人们的土地交租（所有的土地均为少数人所瓜分）。要是他们未能交纳地租，他们本人及其孩子就会被掳去，并且，所有的借贷均是以人身为担保，直到梭伦的时代为止；此人第一个成为平民的首领。就大多数人而论，在政体方面最为难忍和辛酸的事情就是身受奴役；非但如此，他们对其他各方面亦觉不满，因为他们可以说实际上处于没有分享任何东西的境地。
>
> ——亚里士多德：《雅典政制》，2[1]

将财富集中到富人手中引发了抵抗。正如我们所见，在斯巴达，公元前706年发生过一场失败的政变，但斯巴达人保持着凝聚力，并围绕胜利的重装步兵部队重组了社会。与此形成鲜明对照的是，在雅典，被称为贵族阶层的统治精英基本土崩瓦解了。他们因其财富和对政治的控制而遭到广泛憎恨。公元前632年，一位名叫库伦的奥林匹亚赛会获胜者，在自己岳父的帮助下发动政变，他的岳父是位于海岸边的雅典敌人麦加拉的僭主（我们曾在第8章引述过修昔底德对这件事的叙述）。当库伦失败时，雅典人违背放人离开的诺言而屠杀了他的追随者。随后发生的相互指责加深了雅典贵族的分裂，雅典公民大会诅咒阿尔克迈翁这个重要的家族，因为他们参与了谋杀上述战败者

---

1 ［古希腊］亚里士多德：《雅典政制》，颜一译，北京：中国人民大学出版社1997年版，第3页。——译者注

的行动——这在两个世纪后产生了意想不到的影响。

公元前621年,德拉古(Dracon)被授权制定新法律[因其所制定的法律中对几乎每一种罪行都处以死刑而著称,因此产生了"draconian"(非常严厉的)一词],但法律并没有缓解紧张局势。雅典四分五裂,无法提供爱国的士兵,在随后的20年间,雅典与几个邻邦之间的战争都以失败而告终。麦加拉攫取了雅典港口附近最大的岛屿萨拉米岛,这进一步加剧了雅典的土地短缺状况,加重了国内冲突。贵族惊慌失措,不打算夺回这个岛屿,甚至颁布法令,规定谁再谈及这场失败就处死谁。作为希腊殖民的新手,雅典人最终派遣殖民者到爱琴海北部殖民,但在公元前607年,这些殖民者被打败了,被屈辱地赶出来。在公元前7世纪,一点也没有显现出后来雅典那种伟大性的迹象来。

梭伦

雅典已经失去了疆土,雅典贵族因世仇而备受折磨,阶级战争就要爆发了。恐惧之中的贵族精英在公元前594年选举他们中的一员梭伦与起义穷人达成妥协。梭伦制定了一部新的法典,其内容像斯巴达人眼中的来库古法典一样全面。可以肯定的是,梭伦确有其人。他有大约300行诗文被后来的作家以引文的形式保存下来,刻有梭伦法典的木板在公元前5世纪的雅典卫城还可以看到。公元前4世纪,演说家喜欢宣称那些有利于其委托人的法律都是由梭伦制定的,以使它们听起来更有分量。围绕着他形成了大量传说,不过即便如此,梭伦改革的主要脉络还是足够清晰的。

像斯巴达人一样,梭伦把理想社会视为由一群兄弟组成的社会。斯巴达人通过盗窃邻居的土地,把原土地所有者转变为奴隶,打破家庭结构来支持战士的兄弟友情,以便运作他们的制度。梭伦没有采取这样的方法,他通过重新明确财产权来重组现存的经济与社会。

梭伦从雅典人对自己身体的所有权入手。从现在起,任何人都不能拥有另外一位生而自由的雅典人。所有债务奴隶都要被释放,所有被卖到海外为奴的人都要被赎回,禁止以人身担保进行借贷,所有未偿付的债务都被取消。然后梭伦又重新分配土地,尽管我们不能确定是怎样分配的。梭伦在一首诗歌里呼吁,"奥林匹斯神灵的强大母亲,黑暗大地,我在许多地方移走了她的界石;先前遭到奴役,现在她自由了"。但在另一首诗歌里,梭伦说,"如僭主那样暴戾行事不能给我带来快乐,在穷人和富人(*esthloi*,这是意为'贵人'的 *agathoi* 的另一种表达方式)之间平等地分享城邦的沃土也不能令我开心"。梭伦大概并没有像来库古在斯巴达所做的那样,把土地分为大小相等的地块,但把因不良信贷而被没收的土地发还给了以前的土地所有者。我们知道在公元前6世纪晚期还有大地主,但也有大量的自由农土地所有者。梭伦也捍卫没有后代的土地所有者的权利,他们可以将自己的土地出售、赠予或遗赠给任何人,而无须考虑他们亲属的想法。写过梭伦传记和来库古传记的普鲁塔克认识到,"这种法律的效果是确保每个人的财产真正属于自己"。

雅典人称梭伦的改革为"解负令"或"债务清除"。但仍旧有许多人没有足够的土地,简单地结束债务奴役很容易使事情变得更糟:假如穷人不能够以人身担保进行借款,那么富人在荒年就不愿意放贷,赤贫者会饿死。因此,梭伦促成了更健全的经济基础。他禁止阿提卡出口谷物。假如富裕的土地所有者能在国外以更高的价格出售小麦,那么歉收就会演变为饥荒,因此梭伦要求富人们在国内出售谷物。大多数雅典土地上不适宜种植谷物,但非常适合种植橄榄和葡萄,梭伦鼓励种植这些植物。梭伦明确了度量衡以简化交易,要求父母教授儿子某门手艺,也建立了鼓励工匠来雅典的机制。

考古发现反映出自梭伦以来雅典的繁荣。公元前6世纪早期的雅典雕塑和陶瓶画也到达了新的高度。公元前550年以后,用来装橄榄油的雅典黏土瓶——双耳长颈瓶在整个地中海世界流行起来,从西班牙到叙利亚各地都挖掘出雅典精细陶瓶。雅典也扩大了银矿开采，输出银币，进口越来越多的食物（图10.5）。雅典不仅度过了危机，而且欣欣向荣。

梭伦彻底改造了政治体系，根据财富把所有公民分为四个阶层。

（1）五百斗级（五百斗收成的人），指那些每年的收成超过500麦斗（一麦斗相当于34千克大麦或40千克小麦）的人。他们能够担任城邦中任何政治职务。

（2）骑士级，指那些每年的收成在300~499麦斗的人。除了财政官，他们能担任其余任何职务。

（3）牛轭级（大概意味着他们有足够的土地，从而需要一群牛），指那些每年的收成在200~299麦斗的人。牛轭级能担任低级别的政治职务，但不能担任财政官或执政官这样的领袖职务。

（4）雇佣级，"穷人"，指那些每年的收成少于200麦斗的人。他们不能担任政治职务，但可以出席公民大会，也可以担任陪审员。

几乎所有的雅典人都是雇佣级。跻身上层社会的要求是很高的。

图10.5 雅典银币的两面，铸于约公元前500年。左面是雅典娜女神，戴着其标志性头盔；右面是雅典的其他象征符号——橄榄枝、猫头鹰和雅典的希腊文缩写"Athe"。这些猫头鹰银币在整个地中海世界各地被发现，这证明雅典出口银币以偿付进口商品（特别是食物和奴隶）

资料来源：Numismati / Wikimedia Commons（CC BY-SA 4.0）

古典时代阿提卡典型的农民大约有 5 公顷土地，但如果要成为骑士级，一个人需要 10~20 公顷土地；如果要成为五百斗级，一个人至少需要 25~50 公顷土地，只有 1/10 的雅典人能达到这个层级。尽管以近东的标准来看，最富裕的顶层阶级仍很贫穷。

每年从前两个等级（五百斗级、骑士级）中选举 9 位执政官。其中一位担当首席执政官，拥有广泛的权力。一人一生中只能担任一次执政官，但履行完职责之后，他就成为战神山（"战神阿瑞斯的山"）议事会的终生成员，这是以雅典卫城西边下方的小山命名的，议事会在这里集会（雅典卫城是俯瞰雅典的堡垒山，这里的帕提侬神庙屹立至今）。由前执政官组成的上层社会团体审理重大案件，特别是谋杀，并进行全面的司法监督。

为了平衡战神山议事会的权力，梭伦建立了由各个阶层公民组成的陪审团，以审理诉讼。梭伦同意任何雅典男性（不管他属于哪个等级）都可以在陪审团面前起诉任何人。根据亚里士多德的说法，梭伦故意将法律措辞模糊化，以便陪审团可以完全控制法律的解释权（亚里士多德认为这是梭伦最民主的改革）。

公民大会向所有愿意参加会议的公民开放，可能决定战争与和平、选举执政官，也处理其他重要决策。在斯巴达，公民大会只对长老提出的议案呼喊同意还是不同意，假如长老不满意公民大会的决定，他们可以否决。梭伦设计出四百人会议，代表从四个传统的雅典部落中选出，每个部落选出 100 人（但雇佣级的公民不能作为代表）。这个四百人会议为公民大会起草议案。由于不管是谁控制了议事议程，就控制了会议，因此这条法令让前三个阶层享有政治发言权。

梭伦想在穷人和富人之间取得平衡，并限制精英之间的长期斗争。他建议富人：

> 你，让你胸中强大的内心平静下来，
> 已被所拥有的好东西驱使到满足顶峰的你——

> 让你的心灵处于中庸之道。
> 因为我们不会被说服，也不会
> 让每件事如你所愿……
>
> 我给了一般人民以恰好足够的权力，
> 也不使他们失掉尊严，也不给他们太多；
> 即使那些既有势力而又豪富的人，
> 我也设法不使他们受到损害。
> 我手执坚固的盾牌，站在两个阶级的前面，
> 不许他们任何一方不公平地占便宜。
>
> ——梭伦，残篇 4c, 5（West）

梭伦与斯巴达人的重大差异在于，他认为理想共同体是独立家庭的集合，在仪式、战争和政治中，这些家庭的男性家主聚集在一起构成兄弟般的关系。梭伦对斯巴达式的公餐制度不感兴趣，致力于加强家庭和男性家主的权威。普鲁塔克说梭伦限制嫁妆是为了阻止爱财的男性为了钱而结婚。梭伦坚持婚姻的性基础，规定"一个女继承人的丈夫必须每月到她那里去三次。因为虽然他们没有生孩子，这依然是一个丈夫对于贞洁的妻子敬爱的表示；它消除在这种情形中产生的许多烦恼，使他们不至于因不睦而陷于完全分裂"（普鲁塔克，《梭伦传》，20）。梭伦也规定了女性的行为举止和行动范围，将她们限制在男性控制的家庭范围内。和斯巴达人不同，雅典男性综合了丈夫、父亲、农民、战士、商人和公民的各种作用。雅典人通过自己的努力和私人奴隶的劳作来养活自己，而不靠公有奴隶希洛人来养活自己。

庇西特拉图和梭伦改革的后果

起初，梭伦的改革就像 30 年前德拉古的改革一样没有成效，公元前 590 年和前 586 年，精英之间的冲突日益激烈，以至选不出执政

官来。达玛西亚斯在公元前582年被选举为执政官，但在公元前581年拒绝下台，他可能想成为僭主，最后被迫下台。公元前6世纪70年代，形成了三个党派，分别是平原派、海岸派、山地派，这就把地区间的、阶级间的力量团结起来以支持个别贵族。亚里士多德说：

> 总的说来，人们持续处于相互倾轧的紊乱状态中，一些人以债务的取消为因由和借口（因为结果是他们变成了穷人），另一些人则由于发生了巨大的变故而对政体不满，还有一些是由于相互间的仇隙。
>
> ——亚里士多德：《雅典政制》，13.3

梭伦取消债务必定会让上层阶级陷入混乱，因为这会让一些人突发横财，另外一些人破产。许多人失去了他们认为属于自己的土地，大多数人无权强迫别人劳动。假如没有人耕种土地的话，就没有理由拥有大地产了。普通的家庭只能够有效地耕种几公顷土地——这种规模的土地是不足以成为牛轭级公民的，更不用说成为五百斗级了。梭伦的诗歌给人留下的印象是：几乎没有贵族阶层喜欢手推重型犁在烈日下劳作一整天。他们或许会雇用人手，但他们需要从出售的农产品中获得可观的利润以支付有竞争力的工资。在无地人口众多的情况下，劳动力的价格是低廉的，但通过把土地归还给穷人，梭伦有效地提高了劳动力的价格。人们更喜欢在自己的土地上劳作，而不是成为雇佣劳动者。当大地主最需要劳动力的时候（播种季节和收获季节），也正是小农需要在自己的土地上劳作的时候，这就使问题更加严重了。

雅典贵族在公元前6世纪早期通过进口外国奴隶解决了这一问题。公元前7世纪，把当地的穷人变为农奴要比进口和供养奴隶便宜得多，但到公元前6世纪，可以得到越来越多的奴隶，在雅典，奴隶成为社会结构性需要。市场上出现了来自巴尔干、乌克兰和安纳托利亚的廉价奴隶（图10.6）。当希罗多德列举色雷斯人（居住在现代的保加利

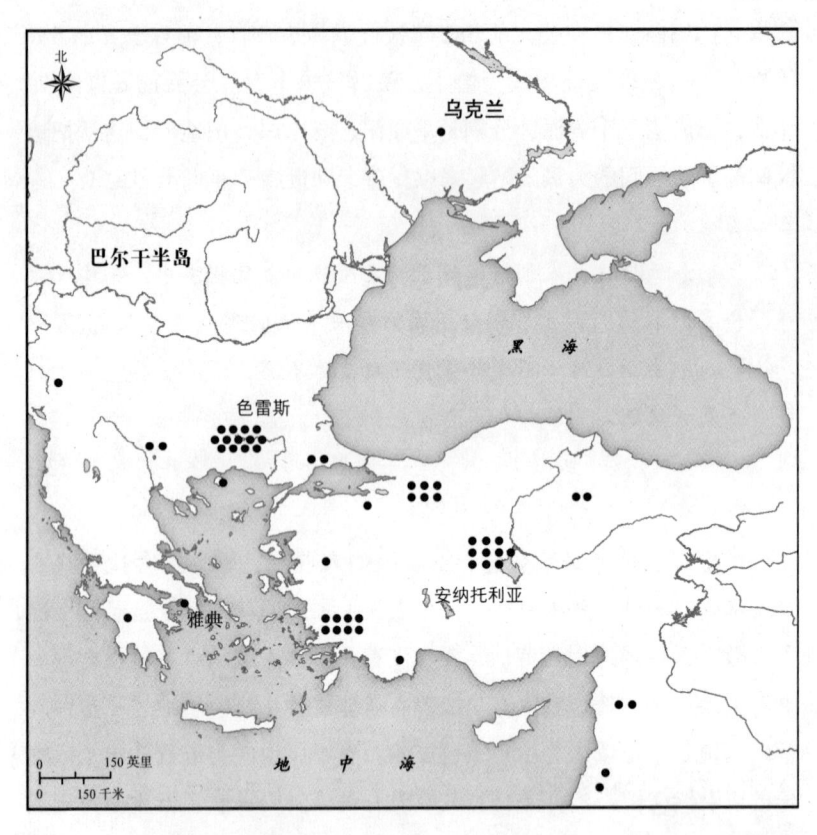

图 10.6 古典时代两组雅典铭文告诉我们 54 名奴隶的来源地。地图上的每一个点代表其中一位奴隶

亚）的风俗时，他实事求是地说，"他们的出口贸易就是自己的孩子"。

奴隶制度可以让富裕的雅典人继续奢华的生活，而不必把穷人逼入农奴的境地。具有讽刺意味的是，自由人和奴隶相互依存：自由的斯巴达人依赖成为奴隶的希洛人，自由的雅典人依赖进口奴隶。到公元前 4 世纪，阿提卡居民大概每四人中就有一人是奴隶。奴隶几乎遍布各行各业，特别是在手工业、采矿业和家政服务业。许多博学者（富家子弟的老师）也是奴隶。甚至不太富裕的家庭也拥有一个奴隶。

公元前 561 年，一位强大的贵族庇西特拉图发动了一场不流血的政变,成为雅典的僭主。庇西特拉图从雅典的对手麦加拉手中夺回了萨拉米岛,从而赢得了民心。就像在第8章所描述的,他追寻的是掌握权力的策略,因此他假装受到对手的攻击,从而让公民大会允许一个由棍棒武装的小型卫队随行保护他。像大多数城邦一样,雅典没有常备军或常备警察。庇西特拉图宣称他和他的棍棒卫队将接手防卫。无论如何,亚里士多德说,"他更像公民一样管理事务,而不像僭主一样管理事务",即通过政治联盟进行管理,而不是通过武力。

有时,僭主和最有影响的寡头之间的差别非常细微。公元前556年,两位雅典竞争对手——美伽克列斯(克利斯梯尼法庭中的一位起诉者,参见第8章)和来库古(不是斯巴达那位传奇人物)——把庇西特拉图推翻,但庇西特拉图仍旧待在雅典,并继续发挥政治影响力。不久之后,来库古把美伽克列斯晾在一旁,因此在公元前551年,美伽克列斯向庇西特拉图提出一个建议:假如庇西特拉图愿意娶美伽克列斯的女儿,美伽克列斯将帮助他重新成为僭主。关于这起奇异事件,希罗多德是这样说的:

> 庇西特拉图同意了,于是在这样的条件下二人缔结了一项协定。在这之后,他们便着手研究使庇西特拉图复位的办法。而他们在这里所想出的办法在我看来是历史上最愚蠢的办法(特别是考虑到希腊人从远古的时候起,便以较大的智慧和远非愚蠢简单而有别于异邦人),何况我们更应记起,他们所玩弄的这个花样的对象又不是一般希腊人,而是希腊人中间素称是最聪明伶俐的雅典人。在派阿尼亚这个德谟里有一个叫作佩阿的妇人,这个妇人在其他方面可以说是非常标致的,就是身高差三达克杜洛斯就要四佩巨斯[1]了。他们把这个妇女全副武装起来,并且预先教给她要怎样做才能把她这个角色扮演得最好,然后就叫她乘上战车

---

[1] 即接近1.83米。——编者注

到城里去。在她出发以前,曾派了报信的人到那里去,这些人进城后,便按照给他们的指示宣告了下面的话:"哦,雅典人啊!热烈欢迎庇西特拉图吧,把人间的最高荣誉给予他的雅典娜神亲自把他带回卫城来了。"(图 10.7)他们跑到四面八方去宣告这个消息,这个消息立刻又传遍了各个德谟,人们都说雅典娜女神正在把庇西特拉图带回来。城里的人也深信那个妇人是真正的女神,便向她这个凡人膜拜并且欢迎了庇西特拉图。

——希罗多德:《历史》,1.60

图 10.7 雅典娜常被绘成驾车者的形象。最右边,可见雅典娜驾车搭载阿耳忒弥斯参加珀琉斯、忒提斯婚礼的场景。阿耳忒弥斯身着华美长袍,手里拿着一张弓;雅典娜身着披风,但没戴头盔,身上也未见其他饰物。她们身旁刻着名字:"ATHENAIE"和"ARTEMIS"。在她们的左边,是其他刻有名字的神灵:阿耳忒弥斯的祖父,即有着鱼尾巴的海神俄刻阿诺斯(OKEANOS);他的妻子泰西斯(THEUS),还有分娩女神厄勒梯亚(EILETHUA)

资料来源:©Trustees of the British Museum

庇西特拉图似乎说服了其他雅典人相信他真的与某个神关系匪浅，正如荷马史诗中的英雄那样。一待掌权，他便依靠联盟维持地位，但不久就失去了美伽克列斯的支持。庇西特拉图忧虑的是，假如他和美伽克列斯的女儿生了孩子的话，可能妨碍他先前已经成年的儿子们。因此，

> 他便打算在他和新婚的妻子之间不生子女，因此之故，他便和他的妻子进行并不正常的交合。起初他的妻子没有把这件事情告诉别人，但是过了一段时间以后，不知是她的母亲问了她，还是什么别的原因，她把这事情向母亲说了。而她的母亲也自然便把这件事告诉了她的父亲。美伽克列斯觉得在庇西特拉图的这样一件事上受到了侮辱而非常激愤，于是在盛怒之下，他立刻便和敌对派言归于好而携起手来。庇西特拉图知道了对他会有什么举动，他便完全离开了那个地方。

——希罗多德:《历史》, 1.61

庇西特拉图再次被流放（他到了希腊北部），他与两个儿子希庇亚斯、西帕库斯仔细讨论了局势。庇西特拉图从别的城邦的僭主和富人那里筹募钱财、招募人马，雇用军队。公元前546年，庇西特拉图带领他的人马在阿提卡的马拉松海岸登陆（公元前490年与波斯人打的著名战役发生于此地）。心怀不满的各路人马都加入了庇西特拉图的队伍。雅典人一度没有重视庇西特拉图，雅典人最终派出了军队，但仍无心战斗，于是，当雅典人正在吃午饭并打盹时，庇西特拉图突袭了他们。庇西特拉图劝说他们撤军，并缴获了他们的武器。

庇西特拉图再次获得胜利，不过这次他的政权很巩固，雅典人后来回顾庇西特拉图这段统治时期时，认为是个安全与和平的黄金年代。考古学揭示，到公元前527年庇西特拉图去世时，雅典比梭伦时代富裕得多：雅典房屋建造得更加良好，公共设施得到了改进，雅典

的小工业和采矿蓬勃发展。雅典商品广泛出口。到公元前6世纪20年代，雅典黑釉酒器成为整个地中海地区最常见的贸易器皿。城邦的人口大概增加到25 000人，其中许多是工匠，这就意味着雅典农民现在能够为他们的手工产品找到买主了，同时，雅典手工产品的高价格也意味着，来自其他城邦的农民甚至希腊境外的农民能够将他们的农产品卖个好价格，从而值得把它们运到雅典。雅典农民用价格高的橄榄油交换进口食物。公元前7世纪的痛苦冲突在庇西特拉图的统治下逐渐平息。

尽管如此，庇西特拉图还是惧怕贵族的阴谋。庇西特拉图没有听从特拉斯布罗斯的建议杀死城邦中那些杰出的人物（参见第8章），而是与这些人分享他的成功事业，允许这些潜在的对手担任职务，从其统治中获益。庇西特拉图也提拔比较贫穷的公民，聆听公民大会，遵守法律。庇西特拉图建立新税种，这是人人都憎恨僭主的一些事情，但庇西特拉图利用税收为农民提供贷款来进一步开发他们的土地。庇西特拉图也建造了雄心勃勃的公共建筑。其中一些建筑，如公共喷泉和排水沟，使每个人都获益了。庇西特拉图彻底革新法律制度，创建直接向他报告的地方司法体系。在削减贵族权力的同时，加强了中央政府的机构。

公元前527年，当庇西特拉图去世时，他的儿子们作为一个小集团进行统治，其中年长的希庇亚斯手握实权。他和他的兄弟西帕库斯继续推动雅典成为文化中心，邀请伟大诗人来到宫廷。庇西特拉图创建了节日，包括复兴泛雅典娜节，在全本的基础上引进荷马史诗的公共吟诵（参见第6章）。雅典成为雕塑、绘画方面革新的引导中心。不过，在公元前514年，西帕库斯爱上了少年哈莫迪乌斯，实际上哈莫迪乌斯是年长者阿里斯托格吞的情人。哈莫迪乌斯粗暴拒绝了西帕库斯，而为了报复，西帕库斯则利用自己的影响力不让哈莫迪乌斯的妹妹在大泛雅典娜节参与提篮游行，这对哈莫迪乌斯家族来说是巨大的侮辱。哈莫迪乌斯和阿里斯托格吞决定谋杀僭主，但阴谋失败了。

希庇亚斯逃脱了，只有西帕库斯被杀死了。卫队当场杀死了哈莫迪乌斯。他们逮捕了阿里斯托格吞并将其折磨致死。

公元前5世纪，许多人把这个事件错认为政治行为，认为哈莫迪乌斯和阿里斯托格吞推翻了僭主（实际上没有）。许多人尊崇他们为自由的捍卫者，尽管他们真正的动机是性、愤怒和复仇。他们的后代被免除税收，有权利公费吃喝。多首赞颂意图行刺者哈莫迪乌斯和阿里斯托格吞为雅典救星的颂歌流传。公元前509年，在市集广场竖立了一些著名的铜像，这是最早用公共基金购买的铜像。这些铜像后来被当作战利品掠到波斯，亚历山大夺回了它们并运回雅典（图10.8）。

哈莫迪乌斯和阿里斯托格吞的刺杀引起了残酷的镇压。希庇亚斯处死或流放了许多贵族，不久就失去了那些重要家族的支持。公元前632年，阿尔克迈翁家族因在库伦事件中的所作所为而受到诅咒，希庇亚斯重提旧事，目的是流放这个重要的家族。阿尔克迈翁家族利用斯巴达对僭主的厌恶以及对神谕的信仰，

图10.8 哈莫迪乌斯和阿里斯托格吞雕像。公元前510年，希庇亚斯倒台，雅典人在市集广场竖立了哈莫迪乌斯和阿里斯托格吞的雕像。波斯人在公元前480年劫掠了原件（亚历山大后来夺回了），因此雅典人又竖立了新雕像。这些雕像现在都遗失了，这里展示的雕像是罗马时代的复制品，现存于那不勒斯。它呈现了两个英雄的理想样态：剃光胡须的哈莫迪乌斯右手持剑刺出，左手也握着一把剑（剑已不存）。阿里斯托格吞也挥舞着剑（剑已不存），他的左肩上披着一件披风

资料来源：©Photo: Wikipedia / Shakko

贿赂德尔斐祭司，他们让祭司对每一位来寻求建议的斯巴达人给予同样的忠告："首先让希腊人自由。"阿尔克迈翁家族也重建最近被大火焚烧的德尔斐阿波罗神庙，并自掏腰包购买了昂贵的大理石立面。斯巴达和希庇亚斯先前的关系一直很好，但希罗多德说斯巴达的态度是"没关系，神的旨意比人类的关系更重要"。

公元前511年，斯巴达首次劫掠雅典，但以失败告终：希庇亚斯在色萨利的朋友送了他一支1 000人的骑兵，这支骑兵打败了斯巴达重装步兵。第二年，斯巴达国王克里昂米尼率领大军返回，击败了色萨利人。许多雅典人此时加入斯巴达人的阵营，希庇亚斯撤回卫城。斯巴达人俘虏了希庇亚斯的儿子们，直到希庇亚斯答应永远流亡才释放了他们。僭主最终倒台了。希庇亚斯逃到遥远的波斯宫廷，很快就将协助希腊古典时代最强的敌人。

民主

在瓦解了雅典僭主政治之后（一般认为这是出于德尔斐神谕的旨意，实际上是雅典的阿尔克迈翁家族的授意），斯巴达国王克里昂米尼立即回国了（公元前510年），雅典又回到了庇西特拉图在公元前546年已经终结的那种混乱的贵族政治。在这种情况下，阿尔克迈翁家族中出现了强人克利斯梯尼。在整个古风时代，贵族一直鼓动普通公民推翻自己的竞争对手，让新的寡头或僭主取代他们的位置，但公元前525年之后，公民坚持要求自己掌握部分政府权力。秉承这种精神，克利斯梯尼把权力给予了普通的雅典人，以换取他们的支持。

克利斯梯尼所采取的第一个步骤是取消四个古老的部落，部落这种血亲群体是贵族政治力量的来源（这和梭伦所建立的四个财富等级不同）。克利斯梯尼把阿提卡分为三十个被称为"三一区"的单位。他调整了自公元前6世纪70年代起在政治上非常重要的地区分组，克利斯梯尼通过将这些三一区分为十个群体，形成十个新的部落，每个部落由三个三一区组成：一个来自海岸，一个来自内陆，一个来自

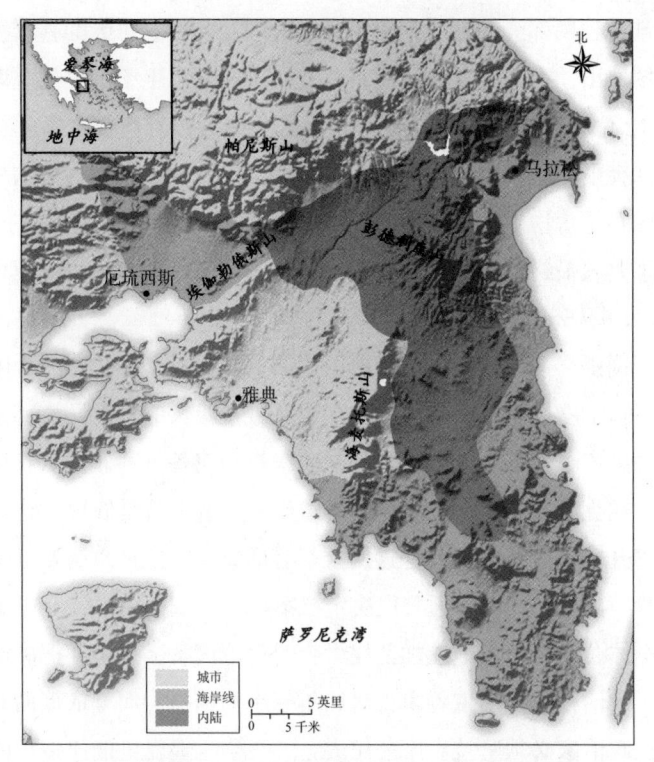

图10.9 克利斯梯尼改革所塑造的复杂政治格局。这幅地图显示的是城市海岸和内陆地区，并标出了雄伟山脉的名字

城市（图10.9）。每个三一区包含几个村落或城市街区，这些村落或城市街区被称为"德谟"（dêmos）（"人民"之意，但当被用来描述克利斯梯尼的这一单位时，历史学家把它翻译为"deme"）。从前，雅典人因自己的名字（他们只有名字）和其父亲的名字而被人知晓（比如"庇西特拉图之子希庇亚斯"）。从现在起，他们可以因其名字和德谟而为人知晓了（比如"科拉尔古斯的伯里克利"）。

梭伦的四百人会议（为公民大会起草议案）是由四个古老的部落各出100名男性代表组成的。克利斯梯尼以五百人会议代替这个组织，其代表是从10个新部落里抽签各选举出50名男性代表。会议代表必须年满30岁，任职一年，一生中只能任职两次。这意味着几乎

305

每位雅典公民都会在其一生中的某个时间点入选。每天的会议主席通过抽签选出。大概每4位公民中就有3位在其一生中担任过主席，大约每12位公民中就有1位在召开全体公民大会时担任主席。在这一天，社会最底层的公民也能很好地主持会议，数千同胞就诸如战争与和平或者是食物供应这样生死攸关的大事做出决定。

雅典人最终把他们这种激进的平等政治制度命名为"德谟科拉提亚"（dēmokratia），意为"人民的权力"。"democracy"（民主）来源于这个词语。在今天看来，雅典的德谟科拉提亚是不民主的，因为德谟是不包括女性、儿童和奴隶的。但从古希腊人的角度而言，这已经是一种进步了。五百人会议上的代表来自雅典各行各业，从农民到政治家。在克利斯梯尼会场座位的旁边坐着的或许就是农民，这个人从没有离开家超过一天时间，这两人都有话要说。这种政制要求全体公民都参与。雅典想让普通公民决定议案。

全体公民都自由地参加公民大会，讨论议案，投票并把决定付诸实践。政治权力并不依赖赢得每四年一次的选举，而是依赖面对面的辩论。政治家必须坚持出席公民大会，一票之差就可能使多年的努力付诸东流。政治领袖可以尝试贿赂和秘密交易，但公民掌握了雅典政府之后，真正的权力来自在公民大会上的精彩发言。假如有谁失去了人们的支持，公民可以罚款、放逐，或者甚至处决他。

雅典人认识到了个体领袖的重要性。在第8章，我们提到过著名的每年一度的不受欢迎测试，即陶片放逐法，旨在阻止任何人变得太受欢迎，并像庇西特拉图一样利用公民大会作为成为僭主的台阶。每一年，雅典人投票放逐一人达10年之久，这是一种预防犯罪的处罚（不过，由于遭受陶片放逐的人并未犯下实际罪行，流放期间其财产受到保护）。首先，公民大会投票决定当年是否要实施陶片放逐。假如有6 000名公民投票，并且大多数人说需要的话，每位公民就会拿一片破碎的陶片［古希腊文为"ostrakon"，"ostracism"（陶片放逐法）由此而来］，并在上面写下要放逐之人的名字。那些不能书写的人可以买事先写好的陶片（图 10.10）。无论是谁，只要他得到最多的陶片就必须离开城邦 10 年。

图 10.10 放逐陶片，上有著名人物地米斯托克利的名字和一个不明身份的人物名字：欧德戴乌斯。公元前 480 年，前者领导雅典人战胜波斯。在雅典卫城附近的一口井中发现了 200 多块刻有"地米斯托克利"名字的陶片，显然是用于分发给那些不会写字的人的
资料来源：Giovanni Dall'Orto

雅典人尽可能将教育、经验或人脉给某些人带来的政治优势降到最低。他们想让全体公民都参与影响群体的决定，甚至使用复杂的抽签机器来随机选择参与者。雅典人或许并不认为西方现行的政治制度是民主的。假如富人因其在政府、法律或商业方面的丰富经验而掌握重要决定权的话，这些制度就是寡头的，而不是民主的，即使在现在，由西方民众每四年投票选出的就是这类专业人士。

德谟科拉提亚发展了古风时代的传统，但又打破了传统。共同体意识在早期希腊是非常强烈的，这里的贵人从没有真正使自己远离贱民，并总是对贱民负责。希腊人摈弃神圣王权，越来越多地转向公众讨论来解决问题。克利斯梯尼和其他城邦的民主改革家扩展了这些原则。先前，贵族对人民负责，但宣称作为保护者而行动。公元前 6 世纪晚期，公民开始怀疑贵族在智慧方面是否真有优势。有时，富人会

提出好想法，但有时穷人也会提出好想法。因为所有公民都拥有智慧，所以管理国家的唯一明智方法是使其机构尽可能开放。

几乎没有希腊文本清晰地阐明这种新愿景，这是因为大多数有文化的人（贵族）对民主制度模棱两可，甚至充满敌意。我们将在第18章看到，柏拉图对民主尤其怀有敌意，不过，关于民主最清晰的陈述来自他的一篇哲学对话（大概写于公元前4世纪90年代）。在这篇对话中，智者普罗塔哥拉向苏格拉底解释了民主的逻辑（苏格拉底后来对民主提出了挑战）。普罗塔哥拉把这个制度作为神话来解释，而不是作为抽象的论点来解释。他说，当神灵创造世界时，他们让厄庇米修斯（"后见之明"）给动物赋予属性。他给了一些动物爪子和牙齿，给了其他一些动物有保护性的壳，还给了另外一些动物速度。到他想起人时，他已经没什么属性可以赋予了。但是他的兄弟普罗米修斯（"先见之明"）盗取了火，并从其他神灵那里盗取了诸如辞令、建筑房屋这样的艺术，并把这些艺术传授给人类，作为他们特有的禀赋：

> 得到了这些供养，人类起初一群群散居各处，没有城市。但是这样一来就产生了一个后果，即被野兽吞食，因为同野兽相比，他们在各方面都非常孱弱，他们的技能虽然足以取得生活资料，但不足以使他们与野兽作战，他们并不拥有政治技艺，而战争技艺就是其中的一部分。为了寻求自保，他们聚集到城堡里来，但由于缺乏政治技艺，他们住在一起后又彼此为害，重陷分散和被吞食的状态。宙斯担心整个人类会因此而毁灭，于是派遣赫耳墨斯来到人间，把尊敬和正义带给人类，以此建立我们城市的秩序，创造出一条友谊和团结的纽带。
>
> 赫耳墨斯问宙斯他应当以什么样的方式在人们中间馈赠这些礼物："我是否应该像过去分配技艺那样馈赠这些礼物，也就是说，只送给少数人，让一个人成为训练有素的医生，而让他去为

许多人服务？我在分配正义和尊敬同胞的时候也应当用这种方式，还是应当把正义和尊敬同胞分配给所有人？"

宙斯说："分给所有人，让他们每人都有一份。如果只有少数人分享道德，就像分享技艺那样，那么城市就决不能存在。此外，你必须替我立下一条法律，如果有人不能获得这两种美德，那么应当把他处死，因为这种人是国家的祸害。"

事情就是这样，苏格拉底，由于这个原因，在与建筑技艺相关，或与其他任何技艺相关的争论中，雅典人和其他人一样，相信只有极少数人能提供建议，如果在这些行家之外还有人要提出建议，那么就像你说的一样，雅典人对此不会容忍，我也认为这样做是对的。但若他们寻求的建议是关于政治智慧的，政治智慧总是遵循正义和节制的原则，那么他们会听取所有人的意见，因为他们认为每个人都必定拥有一份这种美德，否则的话城邦就不能存在。

——柏拉图：《普罗塔哥拉篇》，322B—323A[1]

假如普罗塔哥拉的逻辑成立的话，那么民主是管理社团唯一合理的方法。但对批评者而言，民主仅仅是把群氓的意见最大化。克利斯梯尼有什么权利把群氓带到政治舞台，为自己谋利？克利斯梯尼在雅典政治圈子主要的竞争对手伊萨格拉斯要求斯巴达国王克里昂米尼返回雅典，恢复应有的秩序。公元前508年，当克里昂米尼带领一支小部队进军并放逐700个家族时，克利斯梯尼逃亡了。伊萨格拉斯想建立三百人会议，以自己为首来统治雅典。他要求克里昂米尼废除现行会议为公民大会负责议案的制度，但城邦民众愤而起义。克里昂米尼和伊萨格拉斯逃到卫城，愤怒的民众在卫城的门外守了两天。第三天，

---

[1] ［古希腊］柏拉图：《柏拉图全集》第一卷，王晓朝译，北京：人民出版社2002年版，第443—444页。——译者注

克里昂米尼和伊萨格拉斯悄悄投降了，出卖了他们的朋友，以换取自己安全返回斯巴达。

雅典屈从波斯

新的民主制度摆脱了斯巴达亲寡头政客的干涉，但其未来却没有保障。斯巴达愤怒的国王克里昂米尼鼓动伯罗奔尼撒同盟进攻雅典，并且一反斯巴达反对僭主的传统，打算扶植伊萨格拉斯做僭主。克里昂米尼于公元前506年组织了三路进攻军队同时进攻：来自底比斯勒夫坎第和卡尔基斯的军队与斯巴达军队。雅典似乎在劫难逃，但斯巴达的科林斯盟友发现这个计划是为了让伊萨格拉斯成为僭主，万事皆休。科林斯人不愿意为这样一个目的而战斗。当与克里昂米尼共王的德玛拉图斯发现科林斯人撤退的原因时，他也厌恶地返回国内了。（斯巴达派遣两位国王同时奔赴战场的政策因此次冲突而发生了改变。）在混乱中，其他盟友也撤退了。雅典带领军队反攻，首先赶上了底比斯勒夫坎第人，然后又追上了卡尔基斯人，并彻底打败了他们。

克里昂米尼放弃了对伊萨格拉斯的支持，也放弃了使他成为僭主的计划，并邀请希庇亚斯（庇西特拉图家族最后一个统治者，克里昂米尼在公元前510年废黜了他）到斯巴达，答应替他恢复政权。公元前505年，克里昂米尼召集了第二支伯罗奔尼撒军队，但科林斯人再次拒绝加入，这个联盟也随之解散。底比斯勒夫坎第人去年因没有斯巴达的帮助而被打败，他们愚蠢地想在这次复仇，结果招致了第二次失败。雅典的胜利震惊了希腊世界：

> 雅典的实力就这样强大起来了。权利的平等，不是在一个例子，而是在许多例子上证明本身是一件绝好的事情。因为当雅典人是在僭主的统治下的时候，雅典人在战争中并不比他们的任何邻人高明，可是一旦他们摆脱了僭主的桎梏，他们就远远地超越了他们的邻人。

因而这一点便表明，当他们受着压迫的时候，就好像是为主人做工的人们一样，他们是宁肯做个怯懦鬼的，但是当他们被解放的时候，每一个人就都尽心竭力地为自己做事情了。

——希罗多德：《历史》，5.78

自梭伦在一个世纪之前进行改革以来，雅典已经取得了长足进步，但在公元前 508 年驱逐了克里昂米尼之后，希罗多德告诉我们，雅典人犯了一个可怕的错误：

在这之后，雅典人便派人去把克利斯梯尼和被克里昂米尼所放逐的七百家族迎了回来；然后，他们又派使节到萨狄斯*去，打算和波斯人结为同盟。因为他们知道，拉哥尼亚人和克里昂米尼是不会轻轻饶过他们的。当使节到达萨狄斯并且按照所吩咐的话说了一遍之后，萨狄斯的总督、叙司塔司佩斯的儿子阿尔塔普列涅斯便问他们，他们这些想和波斯人缔结联盟的人是何许人，他们住在什么地方，在他听使者说完之后，便给了他们一个答复：这一答复的大意是，如果雅典人把土和水献给国王大流士的话，那么他就和他们结成同盟，但如果不这样的话，他就命令他们回去。使者们在一起商量了一下，结果同意了他的要求，因为他们是一心想缔结联盟的。但是在回国之后，他们却因他们的做法而受到了很大的责难。

——希罗多德：《历史》，5.73

由于惧怕斯巴达，雅典情愿向波斯屈服，当时波斯是世界上前所未有的最大帝国。献土与水就是认可波斯的神灵阿胡拉·玛兹达是至高无上的神，波斯帝国国王大流士就是阿胡拉·玛兹达在人间的代理

---

* 位于土耳其西部的吕底亚（波斯帝国最西部的行省）首府（参见第 11 章）。

人，有权统治这个世界。屈服是最终的、永远的。怀有二心不仅是对波斯的背叛，也是对整个神圣秩序的违背，因此大流士必定会按照天道施以惩罚。事实上，公元前506年或前505年，波斯并没有帮助雅典，斯巴达的威胁也没有成为现实，这一切都无关紧要。雅典人不知道他们陷入了什么境地，不过他们很快就会发现答案。

第 11 章
波斯和希腊人
（公元前 550—前 490 年）

通过征服、殖民、贸易和城邦内部重组，古风时代的希腊适应了人口发展。希腊人学会了处理精英之间的世仇、富人和穷人之间的冲突、城邦之间的战争。到公元前 500 年，希腊人比以前更富裕，更稳定，更有创造力。但这些变化都是在希腊人没有遇到外在威胁的情况下发生的，而这种情况即将改变。

地中海盆地不断扩大的人口、贸易和财富使得城邦之间的竞争更加激烈。随着税收的增加，统治者在战争上开支更大，这迫使他们的邻国也不得不这样做。同时，残酷无情的国王们在西亚建立了帝国。公元前 6 世纪 50 年代，吕底亚要求伊奥尼亚希腊城邦纳贡，十年后，当波斯到达爱琴海地区时，斯巴达也卷入近东事务。公元前 6 世纪第二个十年，波斯军队渡过赫勒斯滂海峡来到了欧洲大陆，就像我们已看到的，波斯在公元前 506 年接受了雅典的正式臣服。公元前 490 年，波斯进攻雅典。同时，西西里希腊人日益强大，令腓尼基城市迦太基（今突尼斯）感到不安。公元前 480 年，波斯和迦太基都派出大军攻打希腊人，在东方和西方，紧张局势一触即发。希腊人胜利了，但争取这种结果的努力则彻底改变了他们的世界。

古代近东诸帝国

亚述

这些外国军队想做什么？他们为什么要进攻希腊人？为回答这些问题，我们必须简单地回顾近东的历史。公元前10世纪，希腊还是与外面庞大的世界相隔离，人口流动较频繁的小城邦，一个新帝国在近东兴起了。公元前10世纪30年代，亚述的农业人口——居住在底格里斯河上游沿岸地带，在今伊拉克北部（图11.1）——开始掠夺他们的邻居，在50年内，这些强盗国王就抵达了地中海沿岸。他们相信他们的神灵阿舒尔统治着天堂，并要求所有人都承认这一点。亚述贵族提供军队，国王以劫掠回报他们；发财之后的贵族则提供更多的军队，从而赢得更大的胜利。有了强大的新型攻城机械（图11.2）和可以供养庞大军队的补给系统，战争机器滚滚向前。亚述在被征服地区安插对自己友善的傀儡国王或者派遣亚述总督直接统治。一些统治者向亚述投降，缴纳贡赋，这样就可以避免战争的蹂躏，或许也可以加入亚述精英阶层，在地方争端中得到亚述的支持（图11.3）。

但一些民族是很难征服的。公元前739年，亚述攻占了美索不达米亚最伟大的城市巴比伦（图11.1），但人们不断地起义。以色列王国和犹大王国也进行了激烈的抵抗；一些以色列人愿意与亚述合作，而其他人相信他们的神灵耶和华比阿舒尔更善妒，是耶和华派亚述人来惩罚他们，因为他们不遵从摩西戒律。由于他们顽固不化，亚述人在公元前721年将以色列灭国，并让外邦人在此定居。外邦人与土著以色列人的后裔被称为撒马利亚人（因居住地而得名"摩西五经"的守护者），新约时代住在巴勒斯坦南部的犹太人极不信任撒马利亚人。撒马利亚人有自己的耶和华神庙，不接受耶路撒冷祭司的权威。公元前701年，亚述人几乎毁灭了耶路撒冷。公元前689年，亚述人把巴比伦夷为平地。

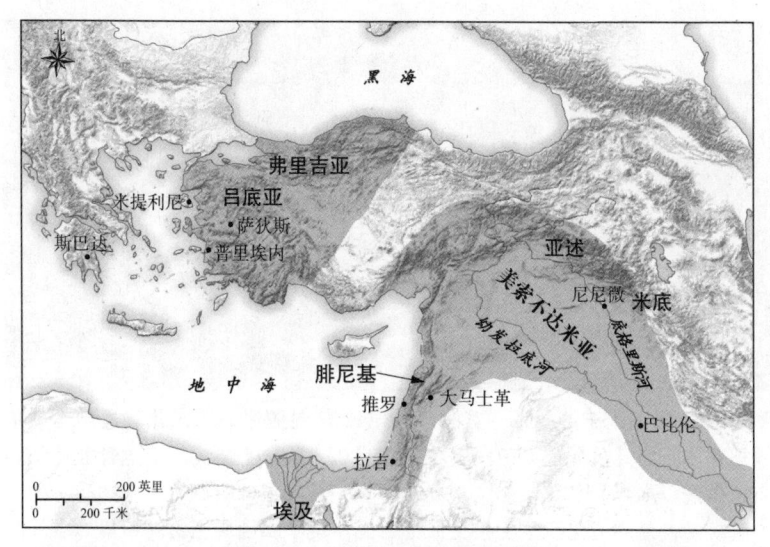

图 11.1 亚述帝国和吕底亚帝国

图 11.2 亚述攻城战，绘于提格拉-帕拉萨三世在尼姆鲁德的宫殿（约公元前 730 年）。一辆包裹着兽皮，配有攻城槌的轮式攻城车沿斜坡前进，准备攻破城墙（这种攻城车或许为特洛伊木马的故事提供了灵感）。左上方预示了城市居民的命运——被插在木桩上。右侧是站在柳条板后面的亚述弓箭手

资料来源：Mary Harrsch（CC BY-SA 4.0）

图11.3 以色列王国的耶户在公元前841年向亚述屈服，此场景刻于萨尔玛那萨尔三世（公元前858—前824年在位）的黑色方尖碑。这件亚述雕塑有许多浅浮雕场景和铭文。它曾立于伊拉克北部尼姆鲁德（古卡拉赫）的一个庭院中，从中可见亚述王接受亚述帝国全境下属臣民上贡的情景。中间跪着的是以色列王耶户（《列王记下》第9—10章），这是他仅存的一幅图像，他匍匐在萨尔玛那萨尔脚前。萨尔玛那萨尔身后站着两个太监，他们没有胡须。一个太监给王撑着华盖；另一个太监左手拿弓，右手持一根短杖。王的左手搭在剑柄顶端，右手则摆出奠酒之态。在耶户、萨尔玛那萨尔之间的是阿舒尔神和女神伊什塔，阿舒尔神被画作一个有翼的日轮，女神伊什塔则由一颗星来代表。耶户身后站着另外两个太监，他们是亚述廷臣。头一个太监手持蝇掸，还拿着一块布（？）。另一个太监拿着杖，双手在身前恭敬地紧扣着。上方、下方的亚述楔形铭文写道："暗利之子耶户上贡于孤：银子、金子、金碗、金汤盘、金桶、罐子、权杖、一根矛。"在围绕四方尖碑的另外三个面，可见耶户随从队伍携带贡品的情景。我们从其他材料可知：耶户臣服于萨尔玛那萨尔，换取亚述保护他免受大马士革王的迫害。此浮雕为黑色大理石材质，高约1.5米

资料来源：Steven G. Johnson（GFDL）

亚述人最恨的是那些臣服后又反叛的附庸，此举违背了对伟大的阿舒尔神的誓言。在下述铭文中，国王纳西帕二世（"亚述是太阳的守护者"，公元前883—859年在位）描述了他对一群叛军的所作所为：

> 我在起义者的城门对面立了一根柱子，把所有起义者首领的皮都扒下来，用来包裹柱子。我把一些人钉在柱顶上，其他

一些人则绑在柱子周围。我砍去那些起义的王室成员、官员的肢体。

我用火焚烧了许多被俘的人,我也活捉了许多俘虏。我把其中一些俘虏的鼻子、耳朵和手指砍掉,将另一些人的眼睛挖去。我竖立一根柱子安插活人,另一根安插头颅,我把他们的头颅绑在城市周围的树干上。我在篝火里焚烧年轻男女。我活捉二十个男子,把他们封堵在他们的城墙里面;我让他们其余的武士在沙漠中饥渴至死。

——纳西帕二世,(引自 D. D. 路肯比尔,*Ancient Records of Assyria and Babylon*,Ancient Records Series 1,转引自杰弗里·T. 布尔,*The City and the Sign: An Interpretation of the Book of Johah*,伦敦,1970,第 109—110 页)

国王们用这样的铭文装饰他们的宫殿,描述为尊崇阿舒尔神的暴力行径,并以浮雕刻下这些被征服民族的命运(图 11.4)。《希伯来圣经》记录了那些强大的亚述人引发的恐怖,亚述人成为"不可抵抗的力量"的代名词。开篇诗句引自拜伦对希腊的描写,他对以色列人所看到的场景进行了想象:

> 亚述人来了,像狼扑群羊,
> 盔甲迸射着紫焰金光;
> 枪矛闪烁,
> 似点点银星,
> 俯照着加利利波光浪影。
>
> ——拜伦勋爵,《西拿基立的毁灭》,1815,第一节

亚述以战争为生,其需求改变了西亚。为了向亚述纳贡,并躲避亚述劫掠,一群腓尼基人(闪米特人,航海民族,居住在今黎巴

图 11.4 公元前 701 年，亚述攻打朱迪亚境内的拉吉什城，其间，有一个犯人在城外被处决。这件来自尼尼微（今伊拉克摩苏尔）西拿基立王宫的亚述浮雕描绘的便是这一场景。亚述人以残暴著称。他们通常会将俘虏斩首、活剥皮或者钉在木桩上（图 11.2）

资料来源：Dr. Osama Shukir Muhammed Amin（CC BY-SA 4.0）

嫩沿海）加强与地中海西部地区的贸易往来。腓尼基人在西西里西部、撒丁岛，其中最重要的是在现代突尼斯附近的迦太基（腓尼基文意为"新城"）建立了海外殖民地。他们从西方把金属、食物、奴隶带回国内，用来交换纺织品、象牙雕刻、香料之类的便于运输的手工制品。腓尼基花钱购买亚述的保护，变得越来越富裕，迦太基成了地中海西部地区最伟大的城市。

公元前 7 世纪 60 年代，当亚述进攻埃及时，埃及国王雇用了令人敬畏的希腊重装步兵，但希腊人未直接与亚述人对抗，因为在公元前 612 年，巴比伦起义者和来自伊朗西部山区的战斗民族米底人焚毁了亚述首都尼尼微（靠近今伊拉克的摩苏尔，图 11.1）。这场动乱的一个后果在第 9 章提到过，美索不达米亚思想家逃难到小亚细亚西部沿海的伊奥尼亚。伊奥尼亚即将被卷入近东诸帝国的世界。

吕底亚

几乎没有希腊人见过尼尼微，但弗里吉亚（图 11.1）离希腊更近，它位于一条从安纳托利亚高地向西通向大海的古路上，离海岸大约 320 千米。希腊人讲述过关于弗里吉亚米达斯王的故事，依据一个著名故事，他可点石成金。米达斯确有其人（亚述人称之为"米达"），他统治的时间大概在公元前 700 年左右。20 世纪 50 年代，美国考古学家在约 46 米高的土丘下挖掘出米达斯完整的坟墓，发现了引人注目的文物和米达斯的遗体，法医专家甚至能够根据遗体重构他的面孔。

吕底亚（其首都位于同一通道的更西边）距离爱琴海仅 120 千米，离沿海的希腊人更近。吕底亚的财富让希腊人震惊，篡位者巨吉斯的传说也在希腊流传，这位篡位者在公元前 7 世纪 80 年代篡夺了吕底亚的王位。按希罗多德的说法，巨吉斯先前是国王的护卫。这位愚蠢的国王着迷于自己妻子的美貌，命令巨吉斯躲在柜子里窥视裸体的王后，从而了解国王是多么幸运。然而，王后发现了巨吉斯，并镇定地告诉他，为了平息她的愤怒，巨吉斯和国王必须死一个。不久，巨吉斯成为新国王，并娶了那位王后［柏拉图听过一个不同的传说（《理想国》, 2.359a—2.360d）：巨吉斯是一位牧羊人，他在一具超人的尸体上发现了一枚魔戒。这枚魔戒可以使佩戴者隐身。巨吉斯戴上这枚魔戒引诱王后，在王后的帮助下，杀死了国王，获得了王位］。

巨吉斯和其组织严密的继承者征服了伊奥尼亚人，并迫使他们纳贡。大约在公元前 590 年，当一个城邦拒绝缴纳贡赋时，吕底亚机械师靠着这座城邦的城墙堆起一个巨大的土堆。当这座土堆堆到城墙的顶部时，军队涌入城邦，屠杀了希腊人。考古学在 20 世纪 50 年代挖掘了这个遗址，巨大的围城土堆仍旧在那里。

获得胜利的吕底亚把希腊世界卷入不断扩大的国际世界中。一位希腊妓女前往埃及，在那里发了财；希腊雇佣军航行到尼罗河，把他们的名字刻在古老的塑像的腿上（当时是破坏行为，现在则是重要的历史材料）；大约在公元前600年，诗人萨福的兄弟作为雇佣军为巴比伦作战。

公元前560年，克罗伊斯登上吕底亚的王位。希罗多德谴责此人（而非巨吉斯）造成了以后的东西方之间的冲突：

> 下面我却想指出据我本人所知是最初开始向希腊人闹事的那个人，然后再把我所要叙述的事情继续下去……
>
> 吕底亚地方的人、阿律阿铁斯的儿子克罗伊斯是哈律司河★以西所有各个民族的僭主……据我们所知道的，这个克罗伊斯在异邦人中间是第一个制服了希腊人的人，他迫使某些希腊人向他纳贡并和另一些希腊人结成联盟。他征服的有亚细亚的伊奥尼亚人、爱奥利亚人、多利安人。但是他却和拉哥尼亚人缔结了盟约。直到克罗伊斯君临的当时为止，所有的希腊人都是自由的。
>
> ——希罗多德：《历史》，1.5—6

克罗伊斯把沿海希腊人纳入自己的帝国，向他们收取赋税，并设置了傀儡僭主来统治。希罗多德讲述了克罗伊斯的下一步征服计划：

> 这样他就成了亚细亚的一切希腊人的主人，并且迫使他们向自己纳贡；在这之后，他又打算造船来进攻岛上的居民。但是，当有关造船的一切都已准备停当的时候，根据某些人的说法是

★ 在安纳托利亚中部。

普里埃内*的拜阿司、根据另一些人的说法是米提利尼†的庇达卡斯把这个计划给打消了。因为国王问这个到萨狄斯（吕底亚首府，图 11.1）来的人，在希腊方面有什么动静没有，而这个人便回答说："国王啊，岛上的居民打算进攻萨狄斯来对你作战，因此他们正在雇佣一万名骑兵。"克罗伊斯把这个人的话信以为真，于是说："愿诸神使这些岛民竟想用骑兵来攻打吕底亚人的儿子们罢。"但是那个人却回答说："国王啊，看来您是热心期望能在大陆上拿捕马背上的岛民的，这个想法当然有道理。然而在岛民们听到您想造船以便攻打他们的时候，您想那些岛民所最期望的不正是在海上拿捕吕底亚人，并在那里为您在大陆上奴役的那些希腊人报仇吗？"克罗伊斯认为他说的话很有道理，于是就同意他的意见而停止造船并和岛上的伊奥尼亚人成了朋友。

——希罗多德：《历史》，1.27

克罗伊斯放弃了向西部扩张。东方的事件将吸引他全部的注意力。

居鲁士和波斯的兴起（公元前 559—前 530 年）

当克罗伊斯在公元前 560 年继承了吕底亚王位时，位于伊朗西南部的波斯还是米底（位于伊朗西北部山区）的一个小藩国。约 40 年之后，波斯统治着当时这个世界上最庞大的帝国，疆界从埃及一直延伸到阿富汗（图 11.5、图 11.6）。在接下来的两个世纪里，与波斯的交往将主导爱琴海的历史。

希罗多德生动多彩的叙述是我们的主要史料来源，米底国王阿司杜阿该斯梦到他的女儿撒了大量的尿，以致淹没了近东。有人警告

---

* 位于海岸的伊奥尼亚希腊殖民地。

† 与伊奥尼亚海岸相距不远、位于列斯堡的重要希腊城市。后来，希腊人将古风时代的七个智者放在一起封圣。拜阿斯和庇达卡斯就是其中的两位。

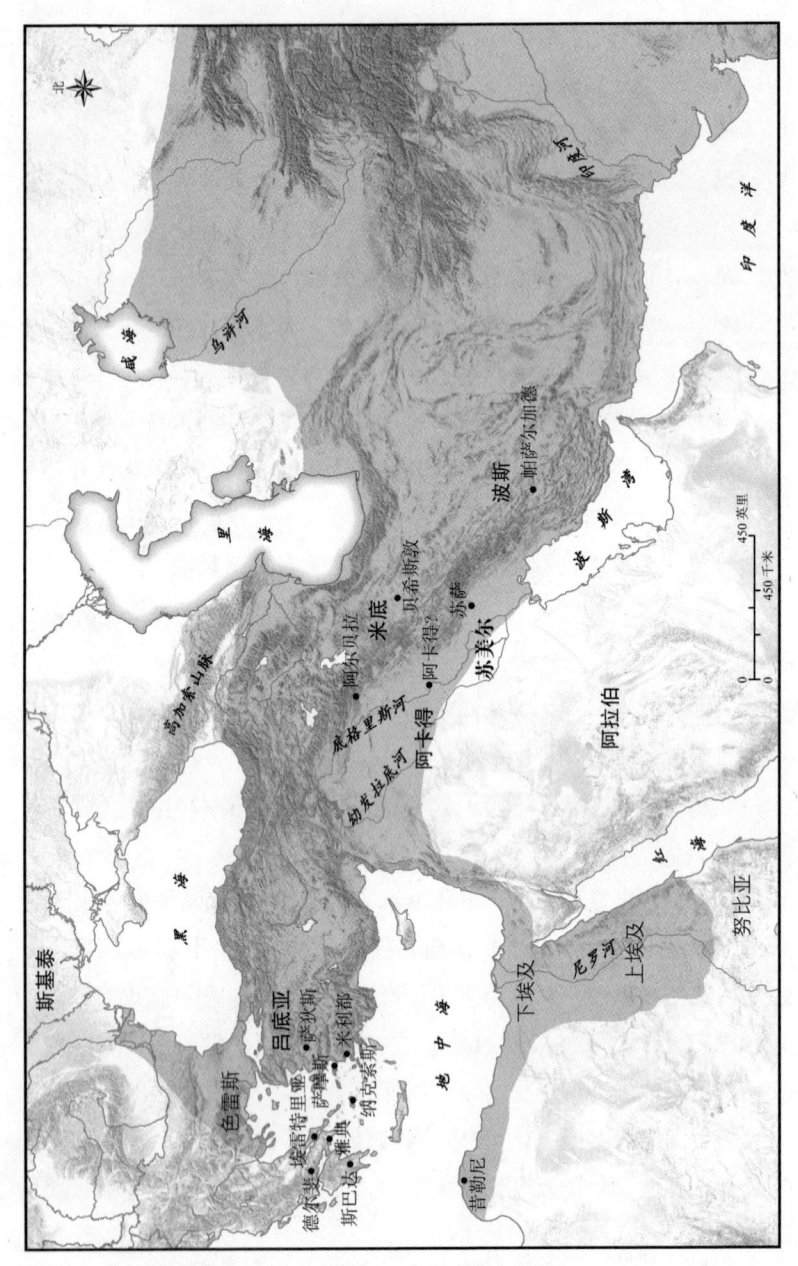

图 11.5 波斯帝国

图11.6 大流士一世（公元前558—前486年在位）端坐王位上。他一只手握着权杖，另一只手握着莲花，一位波斯贵族做出了服从的姿势。大流士身后站着他的儿子薛西斯，后者同样手握莲花。宫臣手持蝇掸、短杖以及权杖。在大流士与恭顺的贵族之间有两个香炉。这幅浮雕来自伊朗西南部的波斯波利斯王宫，于公元前330年被亚历山大大帝在一场狂热的宴会中烧毁

他：这预示着他女儿的后代将统治一个大帝国。阿司杜阿该斯遂故意把她嫁给了波斯的一个小人物。但在他女儿结婚后，阿司杜阿该斯又梦见他女儿的生殖器长出葡萄藤蔓来，吞没了他的帝国。占梦人说，这个梦意味着她的儿子将夺取阿司杜阿该斯的王位，因此阿司杜阿该斯命令他的亲信哈尔帕哥斯杀死这个孩子。但哈尔帕哥斯自忖，要是阿司杜阿该斯死后他的女儿掌权怎么办？他没有杀死这个孩子，而是把他给了一位牧羊人，并让这位牧羊人把孩子遗弃在野外。牧羊人并没有这样做，因为他的妻子刚刚产下一个死胎。这位牧羊人把孩子调包了，向哈尔帕哥斯出示死胎作为证据，然后把阿司杜阿该斯的外孙当作自己的孩子抚养。

十年后，当这个孩子在一场乡村游戏中扮演国王时，他扮演得很投入，甚至惩罚了违背规则的贵族之子。这种古怪的行为传到了阿司杜阿该斯那里。当国王意识到哈尔帕哥斯并未遵命杀害他的外孙时，阿司杜阿该斯假装原谅了哈尔帕哥斯，并邀请哈尔帕哥斯出席宴会，但要求他首先把他的儿子送过来：

哈尔帕哥斯听了这话之后便向他拜了拜，然后回到家中；他非常高兴地看到，他的违命对他竟成了一件有利的事情，而且他不单没有受到惩罚，反而应约赴宴来庆祝这一幸运的事件。在他到家之后，他就把他的大约十三岁的独生子叫了来，嘱咐他到宫中去，并按照阿司杜阿该斯所吩咐的一切去做。然后，他满心欢喜地到妻子那里去，把经过的一切告诉了她。但阿司杜阿该斯却在哈尔帕哥斯的儿子到来时把他杀死，把他的肢体割成碎块，烤了其中的一些，又煮了一些。等这一切都弄好之后，便把它准备起来待用。在赴宴的时间哈尔帕哥斯来了，其他的客人也都来参加了宴会。在阿司杜阿该斯和其他客人的面前摆的是大量的羊肉，但是在哈尔帕哥斯的桌上所摆的却是他儿子的肉，不过他的儿子的头、手和脚却放在一边的篮子里用东西盖着。当哈尔帕哥斯仿佛已经吃饱了的时候，阿司杜阿该斯便问他是不是中意他吃的菜。哈尔帕哥斯回答说他十分满意。于是那些要把装着他的儿子的头和手脚的盖着的篮子带给他的人便到他面前来，叫他掀开篮子并把他所喜欢的东西取出来。哈尔帕哥斯依照所吩咐的掀开了篮子，于是他便看到了他的儿子身上所剩下的东西。然而，他看了之后并没有被吓住，也没有失去自制力。在阿司杜阿该斯问他，他方才所吃的是什么兽类的肉的时候，他回答说他知道并且说他对于国王所做的任何事情都是感到满意的。这样回答之后，他便把吃剩下的肉块带回家中去了，我想他是打算把他儿子的全部遗骸收集起来埋葬掉的。

阿司杜阿该斯便使用这样的办法惩罚了哈尔帕哥斯。

——希罗多德：《历史》，1.119

阿司杜阿该斯现在让他的外孙（改名为"居鲁士"）去和其亲生母亲生活在一起。居鲁士长大后成为波斯（仍是米底的藩国）的统治者。哈尔帕哥斯则继续作为阿司杜阿该斯最重要的亲信待在宫廷，但他的内心燃烧着复仇的怒火,并秘密鼓动居鲁士起义。当居鲁士起兵谋反时,阿司杜阿该斯愚蠢地派哈尔帕哥斯率领米底军队去迎战。哈尔帕哥斯立即倒戈。公元前550年,居鲁士推翻了阿司杜阿该斯,并攫取了帝国,就像先前阿司杜阿该斯的梦所预示的一样。

这种荒诞不经的传说是典型的希罗多德笔法。对希罗多德而言,这个故事生动地说明了希腊城邦和东方帝国之间的本质差异。他认为,在城邦里,没有谁能凌驾于其他公民之上,残忍地对待其他人,而东方统治者(亚述人、米底人、吕底亚人或波斯人)则视这种地位上的差异为理所当然。希腊人认为,在波斯人的统治下,没人能获得真正的自由,这种想法在波斯人进攻希腊人时产生了严重后果。

在很大程度上,居鲁士掌权的故事很可能主要是虚构的,但我们的确知道,居鲁士掌权后,便迅速接管了米底位于伊朗高原和美索不达米亚的整个帝国。公元前546年,庇西特拉图在雅典发动了第三次政变,居鲁士越过阿司杜阿该斯的疆界进入安纳托利亚(在土耳其高原),并一路向西,威胁到吕底亚的克罗伊斯。克罗伊斯看到危险迫在眉睫,向两个希腊神谕使者(其中一个在德尔斐)请教,他之所以相信这些神谕使者,或许是因为这些人不归他管,也不对他负责:

> 把这些礼物护送到各个神殿去的使者们得到克罗伊斯的命令,要他们请示一下神托,问克罗伊斯可以不可以去和波斯人作战,而如果可以的话,他是否可以找一支同盟军和他一齐出动。因此,在这些人到达目的地并奉献了礼物之后,便请示神托,说了下面的话:"吕底亚和其他各民族的国王克罗伊斯相信这里的神托是世界上唯一真实的神托,而由于你的灵验,他把你应得的礼物奉纳在你的面前。现在他向你请示,他是否可以对波斯人作战,如果可以的话,他是否可以要一个同盟者也出兵来帮助他。"这就是他们请示的话。对于他的回答,两方面神托的说法是相同的,每个神托都向克罗伊斯预言说,如果克罗伊斯进攻波斯人,他就

可以灭掉一个大帝国,并且忠告他看一下在希腊人中间谁是最强的,然后就和他们结成同盟。

克罗伊斯在接到带给他的神托的这些解答以后,真是大喜过望了,他深信他一定可以摧毁居鲁士的王国。

——希罗多德:《历史》,1.53—54

克罗伊斯与斯巴达结盟,聘用雇佣军,出兵攻打居鲁士。公元前546年末,在一场不分胜负的战役之后,克罗伊斯返回萨狄斯,打算在来年春天扩大他的同盟。克罗伊斯认为居鲁士将在冬季停兵,这对古代军队而言是常规操作,为了节省开支,克罗伊斯解散了雇佣军。但居鲁士尾随克罗伊斯并突然兵临萨狄斯城下。慌乱之中,克罗伊斯给斯巴达写信,请求立即援助;但斯巴达人启程时,萨狄斯已经陷落了。

居鲁士抓住了克罗伊斯,根据希罗多德的记载,他决定活活烧死克罗伊斯。当克罗伊斯坐在柴堆的顶部等待火烧时(图11.7),他想起若干年前的一天,聪慧的雅典立法者梭伦曾拜访过他。梭伦曾说,"活着的人没有一个是幸福的",并且对克罗伊斯的权力和繁荣毫不在意。克罗伊斯曾认为梭伦是个傻瓜,现在他理解梭伦的意义了。"哦,梭伦,梭伦!"克罗伊斯哭诉。正在观刑的居鲁士想知道克罗伊斯的这种突然爆发是什么意思,下令把篝火扑灭。但火势已经很大了。克罗伊斯哭着祈求阿波罗来救他——毕竟,是德尔斐的阿波罗神谕指示他毁灭一个帝国的。突然,晴朗的天空下起了大雨,浇灭了篝火。

这些命运逆转的神话,在希罗多德有关东方帝国的故事中很常见。克罗伊斯奇迹般地得救了,成了居鲁士最亲近的顾问,并派遣急使去德尔斐,看看为什么(就像他所想的)神谕会撒谎。希罗多德记述了德尔斐女祭司的答复:

图 11.7 克罗伊斯在火刑的柴堆上,见于雅典红绘式人物花瓶,制于约公元前 490 年。克罗伊斯头戴常青藤冠冕,手握王杖,倾倒祭酒,仆人在点燃柴堆

资料来源:Bib Saint-Pol, Public Domain

  克罗伊斯也没有任何权利来抱怨他从神托那里得到的答复。因为当洛克西亚司告诉他,如果他攻打波斯人,他会摧毁一个大帝国的时候,如果想确实知道神的意旨的话,那么他就应该再派人来问一下这是指哪一个帝国,是居鲁士的,还是他自己的帝国。然而他既不懂得所讲的是什么话,又不肯再来问个清楚,那么今天的这个下场便只有怪他自己了……克罗伊斯听了之后,才承认这是他自己的过错,而不是神的过错。

——希罗多德:《历史》,1.91

  一些伊奥尼亚希腊人认为居鲁士毁灭了吕底亚或许会给他们带来自由。他们向斯巴达求助,但斯巴达人仅仅派了观察员。即使这样也引起了麻烦:

在听到使者的这番话的时候，据说居鲁士曾打听在他身旁的那些希腊人，对他发出这样的通知的拉哥尼亚人是怎样的人，他们的人数又有多少。当他听完了回答之后，他便向斯巴达的使者说："我从来没有害怕过这样的一些人：他们在城市的中央设置一块地方，大家集合到这块地方来互相发誓，却又互相欺骗。如果我好好地活着而不死掉的话，那么我相信这些人将会谈论他们自己的灾难，而不必再多管伊奥尼亚人的事情了。"

——希罗多德：《历史》，1.153

不过，居鲁士回到了美索不达米亚，进攻当时世界上最大的城市巴比伦。有关公元前539年巴比伦的陷落，有几种说法。根据希罗多德的说法，居鲁士击败了巴比伦军队，然后围攻这座城市。巴比伦人储藏了大量食物，可以让他们在长期围困中生存下来，因此居鲁士挖掘了运河，把幼发拉底河的水排入附近的沼泽地。巴比伦人并没有在沿河地带的城门设防，河道干涸后，居鲁士的军队得以通过。希罗多德补充说，城市如此之大，以至当居鲁士占领郊区时，城中心的人竟然还不知道。城内举办节日盛会，载歌载舞，寻欢作乐，直到灾难降临。这段叙述强调居鲁士的权力范围，这让居鲁士能够阻断世界上最大的河流之一，来占领世界上最大的城市。

不过，有关巴比伦陷落的另一种叙述是波斯官方的文本，这个文本以铭文的形式保存在黏土制造的圆柱体上（图11.8），这说明宗教在波斯的地位与在希腊的地位非常不同。在居鲁士自己的这份叙述中，他说并不存在战争。与此相反的是，巴比伦主神马尔都克想要居鲁士征服这座城市，以便改正巴比伦人宗教方面不当的行为：

马尔都克，伟大的神，其子民的保护者，愉悦地注视着（居鲁士的）善行和他的正直心灵，（也因此）命令居鲁士进攻巴比伦城。马尔都克让他出发去巴比伦，他像一位忠诚的朋友一样

图 11.8 居鲁士圆柱，高约 23 厘米，制于约公元前 539—前 530 年，1879 年在伊拉克被发现。上刻有阿卡德楔形文字，讲述了居鲁士对巴比伦的征服以及马尔都克对他的眷顾。人们是在位于巴比伦遗址马尔都克神庙底下的地基沉积物中发现它的

资料来源：Dynamosquito / Flickr（CC BY-SA 2.0）

> 陪伴居鲁士前行，减少巴比伦的人员伤亡。（马尔都克）把不崇拜他的那波尼都斯王送到居鲁士手中。巴比伦的全部居民以及整个苏美尔和阿卡得（即美索不达米亚）的居民、王子、官员都向（居鲁士）鞠躬，并吻他的脚，并为居鲁士（已经接受）王权而高兴。
> ——居鲁士圆柱铭文（J. B. 普里查德编，*Ancient Near Eastern Texts Relating to the Old Testament*，3rd.，纽约州普林斯顿，1969，第 315—316 页）

亚述人相信他们必须征服别的民族，以便使这个世界与阿舒尔神在天上的统治相匹配。但是，居鲁士竭力让人们相信阿舒尔神和其他神都想让波斯统治天下。居鲁士信奉琐罗亚斯德教（二元宗教，至今仍有很多信徒）。琐罗亚斯德教的早期形式难以重构，但先知琐

罗亚斯德似乎一直宣称宇宙是阿胡拉·玛兹达和安格拉·曼纽的战场：永久自在的创造者阿胡拉·玛兹达（智慧之神）是光明和善良之源，安格拉·曼纽（撒谎者）是黑暗神。阿胡拉·玛兹达已经选择居鲁士家族——阿契美尼德领导这个世界的战争。像亚述人一样，琐罗亚斯德信徒接受其他神灵的存在，但认为这些神承认阿胡拉·玛兹达的至高权威和重要性。波斯人不仅为征服和利益而战，而且为加速阿胡拉·玛兹达战胜安格拉·曼纽而战。每个人都应支持这么做。许多民族接受了这一观念。居鲁士让犹太长老回归耶路撒冷（在他们于公元前586年被强迁至巴比伦之后），此时，一些人认为他一定是耶和华选中的那个人。巨量军事资源和宗教信仰共同推动了居鲁士的快速征服，这让近东战争迥然有别于我们在第8章所描述的血腥重步兵战争。

冈比西和大流士（公元前530—前521年）

这个世界从来没有出现过像居鲁士这样的征服者。他把阿胡拉·玛兹达的名字传播到爱琴海和埃及边界，然后公元前530年在一场阿富汗战役中战死，他在这里与一个游牧武士部落的女王作战（图11.9）。

居鲁士的儿子冈比西延续了阿契美尼德王朝的扩张，于公元前525年进攻埃及。这个国家很快沦陷了。冈比西向西进攻到昔勒尼（一座在利比亚的希腊城市），向南进攻到努比亚（大体位于现苏丹）。他打算进一步远征，进攻迦太基和埃塞俄比亚，他称这些人为"世界上最高、最漂亮的人"。

就像居鲁士进攻巴比伦一样，冈比西进攻埃及也有多个记述版本，它们都提供了有关波斯帝国的信息。首先，我们看一下一篇很长的铭文，这是由一位名叫乌加霍列森尼的人在公元前6世纪第二个十年刻写的，此人在公元前525年之前一直担任埃及的将军。

图11.9 居鲁士坟墓,位于居鲁士在位时期的波斯都城帕萨尔加德(位于伊朗西南部,图11.5)附近,建于约公元前530年。相关报告说:居鲁士经防腐处理的尸体被放在黄金石棺里,石棺放在黄金长榻上,旁边是摆着财宝的黄金桌,但坟墓在很久以前就被盗了。7世纪阿拉伯人入侵后,这个空墓就变为一个清真寺(名为"所罗门之母的墓地")。坟墓面积为约1.4平方米,立在有台阶的石制底座之上

资料来源:Mbenoist / Wikimedia Commons(CC BY-SA 3.0)

域外所有土地的伟大首领,冈比西,来到埃及,各处域外土地的不同民族都归属于他。当冈比西完整地征服这片土地时,埃及人已经在这里建立了自己的统治,冈比西是埃及和域外所有土地的伟大的统治者。

国王陛下派遣我担任主治医生这个职位。他让我随侍他左右,并管理宫廷。

我向上埃及和下埃及国王★冈比西陛下请愿,把居住在奈斯

★ 自纳尔迈时代以来,这是埃及法老传统的头衔,纳尔迈是埃及第一位法老,其统治始于约公元前3100年。

神庙[*]的所有外国居民，驱逐出去，以便奈斯神庙恢复到以前辉煌的状态之中。国王陛下下令驱逐所有住在奈斯神庙里的外国居民，拆毁他们所有的住房，清除他们在神庙中所有不清洁的东西。

国王陛下下令像以前一样向伟大的母神奈斯和塞斯[†]的伟大的神灵们奉献神圣的祭品。国王陛下下令就像以前一样，举办所有的节日盛会，所有的节日游行。国王陛下这样做的原因是我已经让国王陛下知道塞斯的伟大，这就是说知道这座城市中的全部神灵，这些神灵可以永远在这里接受祭拜。

尊敬塞斯神的人、主治医生、乌加霍列森尼，他说：

上埃及和下埃及国王冈比西来到塞斯。国王陛下亲自来到奈斯神庙。就像每一位国王所做的一样，国王陛下在神灵面前进行祭拜。国王陛下像每一位仁慈的国王所做过的一样，向伟大的母神奈斯和塞斯的伟大神灵们做了隆重的献祭。国王陛下这样做的原因是我已经让国王陛下知道奈斯的伟大，她是太阳神拉神的母亲。

——乌加霍列森尼铭文 11—27（引自 M. 希德海姆，*Ancient Egyptian Literature III*，伯克利，1980，第 37—41 页）

这份铭文表明，在冈比西征服埃及之后，他在埃及的统治似乎没有发生什么变化，"像每一位国王一样"行事，并采用了"上埃及和下埃及国王"等传统的埃及皇室头衔。就像居鲁士在巴比伦所做的一样，冈比西也自称是传统诸神的捍卫者。乌加霍列森尼接受冈比西的说法，并归顺他，或许是希望他能够说服冈比西保护和完善奈斯神庙，这是乌加霍列森尼特别在乎的事。

---

[*] 尼罗河三角洲的早期战争女神，其标志是两支交叉的弓箭；大概相当于腓尼基女神坦尼特，或希腊人的雅典娜。

[†] 埃及尼罗河三角洲中部的一座城市，古时这里有奈斯神庙，公元前 664 年埃及摆脱亚述控制后，成为埃及的首都。

波斯需要像乌加霍列森尼一样的人来管理这个帝国，并帮助愿意归顺的当地贵族对抗他们的敌人，比如生活在奈斯神庙的外来者。一些人合作，另一些人反抗，在埃及和巴比伦尤其如此。这些富裕的地区有着强烈的种族身份意识，经常徘徊在起义的边缘。为了控制希腊人，波斯需要类似的合作者。

第二种说法来自希罗多德。他听到的是抵抗冈比西的祭司，而不是像乌加霍列森尼一样的合作者。希罗多德说冈比西的性格一直很奇怪，但在埃及时，他完全疯了。希罗多德说冈比西并不像乌加霍列森尼所赞扬的那样虔诚，冈比西侮辱埃及的神灵，甚至刺死了神牛，神牛之死预示着冈比西自己的命运。这两段记述可能都包含某些真实情况：冈比西奖赏那些与他合作的埃及人，惩罚那些不与他合作的埃及人，不同的人显然会讲述不同的故事。希罗多德说，埃及的神灵现在把冈比西推向了自我毁灭的境地。冈比西娶了自己的妹妹，后来在她怀孕时踢死了她。他将贵族头朝下活埋。他误解了梦，认为他的兄弟司美尔迪斯会返回波斯密谋反对他。当冈比西让人处死司美尔迪斯时，波斯的僧侣酝酿着反对他的阴谋。公元前522年，不可思议的是，其中一位僧侣也叫司美尔迪斯，长得很像冈比西被谋杀的兄弟，他冒充司美尔迪斯（司美尔迪斯之死一直被掩盖着）发动了叛乱。冈比西跳上战马返回波斯，但意外地戳伤了自己大腿，位置正好是他刺中神牛的地方。在途中，伤口化脓，冈比西死去了。

假司美尔迪斯返回波斯后统治这个国家七个月，直到贵族出身的妃子揭穿他的真面目。王室的观念认为，阿契美尼德王朝在这个世界上就是要为阿胡拉·玛兹达完善这个世界的，因此冒名顶替者会破坏整个宇宙秩序。七位贵族推翻了假司美尔迪斯，辩论谁应该取代他。他们同意用神兆解决这个事情：他们将乘马在市郊相会，在太阳出来后谁的马先嘶叫，谁就获得王位。但其中一位共谋者大流士（后以"大流士一世"之名为人所知）和他的马夫欧伊巴雷斯商定了一个计划：

在夜幕降临的时候，他带了大流士的马特别喜欢的一匹牝马到城郊去把它系在那里；然后他把大流士的马带到那里去，领着它在牝马的四周绕圈子，不时地去碰它，结果使大流士的牡马和牝马交配起来。

到天明的时候，六个人都按照约定乘着马来了。而当他们乘马穿过城郊并来到在前一夜里系着牝马的那个地方时，大流士的马便奔向前去并且嘶鸣了起来。与此同时，晴空中起了闪电和雷声。大流士遇到的这些现象被认为是神定的，并等于是宣布他为国王；他的同伴们立刻跳下马来，向他跪拜了。

有些人说这是欧伊巴雷司出的主意，（但波斯人却还有另外一种说法）这种说法是说他用他的手摩擦牝马的阴部，然后把手插在自己的裤子里，直到日出之时将要把马牵出去的时候；而当他把手掏出来放到大流士的马的鼻孔近旁去的时候，那匹马立刻喷鼻息和嘶鸣起来。

——希罗多德：《历史》，3.85—87

这听来不过是小道消息，但希罗多德对接下来发生的事情的叙述恰巧被大流士在美索不达米亚与波斯之间的山上竖立的巨幅铭文部分证实了（图11.10、图11.11）。这段铭文高出地面约104米，只有神能看见，以三种不同的语言和字体刻写，或许是为了让不同民族的神阅读。大流士在这块铭文上为他获得权力的合法性进行辩护，强调他的正统、虔诚和正义。他对自己如何获得王位讳莫如深，坚称自己是一位真正的阿契美尼德宗室成员，与安格拉·曼纽斗智斗勇，使这个世界更加完善。

我是大流士、伟大的王、众王之王、波斯王、各省之王、叙司塔司佩斯之子、阿尔沙米斯之孙、阿契美尼德宗室子孙。

大流士王说：我父是叙司塔司佩斯，叙司塔司佩斯之父是阿

图 11.10 贝希斯敦铭文,大约刻于公元前 520 年。铭文刻在从波斯通向美索不达米亚的山口石壁高处。这块长宽分别为约 23 米、约 15 米的巨大刻文石块记录了大流士在居鲁士死后获得王位所面临的斗争。贝希斯敦离从中国到巴比伦的丝绸之路上的德黑兰西南部 400 多千米。这块铭文位置太高以至常人无法阅读——只有阿胡拉·玛兹达和其他有兴趣的神能阅读

资料来源:Ziegler175 / Wikimedia Commons(CC BY-SA 4.0)

图 11.11 贝希斯敦铭文特写。据推测,阿胡拉·玛兹达被呈现为日轮中的带翼人物。他主导了大流士对其敌人的胜利,后者的形象是被捆缚在这位君王面前的哀求者。这位君王脚踏一个俘虏。他身后是两个武装侍卫

资料来源:Hara1603 / Wikimedia(PD)

尔沙米斯，阿尔沙米斯之父是阿里亚拉姆涅斯，阿里亚拉姆涅斯之父是铁伊司佩斯，铁伊司佩斯之父是阿契美尼德斯。

大流士王说：因此，我们称为阿契美尼德宗室。自古以来我们就是贵族。自古以来我们的亲属就是国王。

大流士王说：在我之前，我的亲属中有八人曾经做过国王。我是第九个。我们九个人连续为王。

大流士王说：靠阿胡拉·玛兹达之佑，我成了国王。阿胡拉·玛兹达赐予我王国。[1]

大流士对一连串觊觎王位者实行了惩罚：

大流士王说：萨卡尔提亚人特里坦塔伊赫米斯起来反对我。因此他对人民说，"我是萨卡尔提亚人，属于奇阿克萨*家族"。

我于是派遣波斯和米底军队；我任命我的臣民塔赫马斯帕达为将领。我因此对他们说："出发。你们应该歼灭那些不服从吾令的敌人。"塔赫马斯帕达立即带领军队出发了。他与特里坦塔伊赫米斯进行战争。得阿胡拉·玛兹达之佑，造反军队被打败了，俘虏了特里坦塔伊赫米斯，并被带到我面前。然后，我不仅割掉他的鼻子，而且割掉他的耳朵，并剜去一目。把他束于寡人宫廷入口处，让全体人民观之。后来，我在阿尔贝拉把他钉在尖桩上。
——大流士，贝希斯敦铭文，1.1—12；3.78—91（引自 R. 肯特，*Old Persian Grammar Texts, Lexicon*，纽黑文，CT，1953，DS of 22—58）

---

1 参见《贝希斯敦铭文》，李铁匠译，北京师范大学历史系世界古代史教研室编：《世界古代及中古史资料选集》，北京：北京师范大学出版社1999年版，第100—101页。——译者注

* 奇阿克萨（公元前625—前584年在位）是米底的阿司杜阿该斯的父亲，阿司杜阿该斯是居鲁士的外祖父。

割鼻、剜目、插尖桩、插十字架和活埋是标准的征服手段。近东诸王以其残忍自诩：这不仅震慑了其他叛乱者，而且也表明像神一样的"大王"可以随意行事。如此残暴似乎有诸多好处。然而，在希腊城邦这种公民共同体中，人们之间几乎没有财富和权力上的区别，此类行为是难以想象的。当每个人都是平等的人时，暴力侮辱别人，即使是侮辱奴隶都是狂妄的"暴力"，是要被惩罚的罪行。希罗多德很明智地看出，希腊城邦是完全不同于波斯的。

波斯的西北边疆和伊奥尼亚起义（公元前521—前494年）

公元前519年，大流士已经控制了帝国。居鲁士和冈比西都是伟大的征服者，但大流士认为有必要整顿内政。帝国有3 000万~3 500万人口（可能是希腊总人口的10倍）。大流士设立被称为"总督"的地方统治者，通过将费用分摊到诸位总督身上而降低行政管理费用。总督在其行省内部就是事实上的国王，只要他能保持这个地方的和平，能向大流士缴纳税收，按大流士要求提供军队就可以了。帝国是如此庞大，以至大流士要花费几个月时间或几年时间才能集结军队应对威胁或叛乱，因此，总督的职责就是快速、低成本地解决地方问题。当然，他们有机会中饱私囊。

自居鲁士在公元前545年与斯巴达的使节会晤以来，波斯西北部边疆一直是安静的，但大流士对这里抱有野心。他创建了波斯的第一支舰队，并开辟了连接地中海和红海的苏伊士运河的前身。希罗多德这样说：

> 大流士曾发现过亚细亚[*]的大部分地方。有这样一条印度河，这条河里面有许多鳄鱼，据说在全世界是占第二位的；大流士

---

[*] 这里指近东。

想知道印度河在什么地方入海,便派遣了他相信不会说谎话的卡律安达人司库拉克斯和其他人等乘船前往。这些人从帕克杜耶斯地区的卡司帕杜罗斯市出发,顺河向东和日出的方向下行直到大海;而在海上西行,他们在第三十个月到达了这样一个地点:埃及国王曾经从这个地点派遣上述的腓尼基人周航利比亚。在这次的周航之后,大流士便征服了印度★人,并利用了这一带的海。†这样便判明,除去日出方向的部分,亚细亚在其他方面也是和利比亚相同的。

——希罗多德:《历史》,4.44

约公元前521年,在巩固自己的统治之前,大流士攫取了富裕的希腊岛屿——萨摩斯岛,这个岛屿靠近小亚细亚海岸,接近米利都(图11.5)。希罗多德关于此事的故事广为人知。萨摩斯僭主波利克拉特斯以其富有著称,但担心其好运不长。在公元前6世纪20年代早期,也就是冈比西征服埃及之前,波利克拉特斯给他的朋友法老写信讲述他的忧虑,法老建议他毁掉他最喜欢的东西:自己有意伤害自己,从而消除未来的伤害。波利克拉特斯选择了一枚金戒指,并把它抛进大海。一条大鱼吞下了这枚金戒指,结果波利克拉特斯的一位臣民捕到了这条绚丽的鱼,并把这条鱼献给僭主,希望获得奖赏。当波利克拉特斯的仆人剖开这条鱼准备吃时,他们发现了金戒指,就又把这枚金戒指还给了波利克拉特斯,波利克拉特斯知道自己完了。果不其然,公元前523年,波斯总督设计逮到波利克拉特斯,并把他钉在烈日下的十字架上。

大流士逐步向北、向西推进。乌克兰的斯基泰游牧民族长久以来一直威胁着近东,公元前514年,大流士为了对付他们发动了大规模的惩罚性远征。大流士追击斯基泰人数月已久,但他的骑兵不多,因此无法迫使他们交战。随着补给减少,大流士决定撤军,而斯基泰人

★ 印度河河谷,大部分在今巴基斯坦。

† 指印度洋。

则发动进攻,切断了大流士的粮草供应部队。斯基泰人骑马赶到大流士唯一可能的逃生地点(多瑙河上的一座桥),并尽力说服护卫大流士的伊奥尼亚人背离他。斯基泰人鼓动说,假如大流士和他的军队被毁灭,希腊人能够起义并获得自由。

希腊人讨论了这一局势。雅典人米太亚得——此人后来担任马拉松战役中雅典统帅——恰巧在这个希腊护卫队里,或许是因为他来自希腊大陆而非伊奥尼亚海岸,他赞成斯基泰人的提议。不过,米利都的亲波斯僭主希司提埃伊欧斯则持反对意见,并指出:

> 他认为他们今日之所以各自成为自己城邦的僭主,正是由于大流士的力量,如果大流士的权势被推翻的话,他们便再也不能进行统治了,不拘是他在米利都还是他们中的任何人在任何地方都会如此,因为那时所有城邦都会选择民主政治,而不会选择僭主政治了。当希司提埃伊欧斯发表这个意见的时候,他们全体立刻赞同了这个意见,尽管他们起初曾同意了米太亚得的说法。

——希罗多德:《历史》,4.137

希司提埃伊欧斯的立场就和乌加霍列森尼的立场一样:做波斯统治下的僭主比做自由城邦里的普通公民要好。

为了愚弄斯基泰人,希腊人摧毁了部分桥梁,但所毁坏的部分波斯人很快就能修补好。在斯基泰人切断大流士的退路之前,大流士已经到达了这座桥。

> 波斯人……好不容易……才找到了渡河的地方。但既然他们是在夜间到达的并发现桥已经被毁,他们便非常害怕伊奥尼亚人已弃掉他们而逃跑。

大流士手下有一个埃及人,这个人的嗓子是世界上最高的。大流士命令这个人站在伊斯特河的岸上呼唤米利都的希司提埃伊

339

欧斯。埃及人按着他的话做了。希司提埃伊欧斯听到了并且服从了这个埃及人的第一次呼唤，于是他把所有的船派出去，把军队渡了过来并且把桥重新修复了。

波斯人就这样逃掉了。斯基泰人搜索波斯人，但是又一次地没有找到他们。他们对于伊奥尼亚人的看法是这样：如果把他们看成是自由人，则他们就是世界上最卑劣的胆小鬼；但如果把他们看成奴隶，他们就会最忠实于他们的主人，并且是最不想跑掉的。斯基泰人就是这样诽谤伊奥尼亚人的。

——希罗多德：《历史》，4.140—142

大流士清楚自己应奖赏希司提埃伊欧斯，问他想要什么作为报答。希司提埃伊欧斯请求得到爱琴海北部一小块树木茂盛的土地作为犒劳。然而，这很快就造成了大麻烦。大流士把军队留在欧洲，以便征服色雷斯（大概相当于今保加利亚）的游牧部落和爱琴海北岸的希腊城邦，当那位将军在公元前512年结束战争时，他注意到了希司提埃伊欧斯的新疆土。在他看来，这是一座天然要塞，他提醒大流士注意希司提埃伊欧斯或许在计划反叛。大流士因此给了希司提埃伊欧斯一道不能拒绝的命令：让他跻身特别顾问之列，这意味着迁往波斯本土的皇宫。"忘记米利都和这片新领土，"大流士说，"和我一起到苏萨（波斯首都）。我所拥有的也是你所拥有的。你将和我同桌吃饭，成为我的顾问官。"希司提埃伊欧斯不想离开米利都，但他知道拒绝就意味着死亡。他把这座城市的统治权转交给他的侄子阿里斯塔戈拉斯，踏上了向东的漫长旅行。

波斯帝国在爱琴海地区建立了牢固的统治，大流士的总督们急切地利用一切机会扩展他们的权力。事实上，当我们密切关注波斯的西北边疆时，会看到其他许多帝国的历史上常见的模式：扩张并非来自远在万里之外的苏萨的波斯大王的命令，而是实际负责者（将军、总督甚至是希腊臣民）的雄心，他们各自为了自己的利益在波斯的扩张中寻找机遇。这便是萨狄斯总督阿塔菲尼斯在公元前506年接受雅典人所献之土和水的理由。从技术角度来说，此举让雅典人成为波斯大王的仆从，以及阿胡拉·玛兹达所发动的斗争的参与者。

同样的动力驱使波斯在公元前500年深入爱琴海地区。一个民主党派获得了爱琴海中部的富裕希腊岛屿纳克索斯岛（图11.5），并将前寡头流放到帝国境内的米利都；那些前寡头一到达这里，就要求新僭主阿里斯塔戈拉斯（希司提埃伊欧斯的侄子）帮助他们复位。阿里斯塔戈拉斯表示同意，并要求萨狄斯总督派军队支持，为帝国攻占纳克索斯岛，并说他能够用这场劫掠所得偿还出兵的费用。阿塔菲尼斯同意了，但四个月后，阿里斯塔戈拉斯与波斯将军发生了争吵，围攻失败了。阿里斯塔戈拉斯吓坏了。阿里斯塔戈拉斯无法兑现先前答应给予总督的钱，他可能会因自己的错误而被处以极刑。

希司提埃伊欧斯（阿里斯塔戈拉斯的叔叔、米利都前统治者，现在被困在大流士的宫廷中）一听到这个消息，就决定孤注一掷：

> 既然他心里有这一切的顾虑，他就开始计划叛乱了。因为正好在那个时候，希司提埃伊欧斯的使者从苏萨来到那里，这是一个头上刺上了记号的人★，这个记号表示阿里斯塔戈拉斯应该谋叛国王了。因为希司提埃伊欧斯很想送一个记号给阿里斯塔戈拉斯要他谋叛。但是他没有其他安全的送信办法，因为来往的道路都是受了监视的。于是他就剃光了他的最信任的奴隶的头并在这个奴隶的头上刺上了记号，一直等到这个奴隶的头发再长起来的时候。头发一经再长起来，他便把这个奴隶派遣到米利都去，这个人没有带着他的什么别的信，他只是嘱告阿里斯塔戈拉斯在剃光这个奴隶的头发之后检查他的头部。刺在头上的记号是表示要他谋叛，这一点前面我已经提到了。希司提埃伊欧斯之所以这样

★ 希罗多德这么写的目的是使这个故事听起来像众所周知的事。

做,是因为自己被强制拘留在苏萨,对这一点他是感到非常不幸的。但是现在他却有了一个很大的希望:即一旦发生了叛变,他就会被派到海岸地带去,如果米利都那里不发生任何事情,那他便永远也回不到那里去了。

——希罗多德:《历史》,5.35

阿里斯塔戈拉斯开始向其他伊奥尼亚城邦谈论起义的事。伊奥尼亚在波斯统治下繁荣昌盛起来,但许多伊奥尼亚人仍对外来的波斯帝国及其残暴的傀儡国王心怀怨恨。阿里斯塔戈拉斯已经感觉到风向的转变,他利用这种情绪,把僭主权力交给普通公民,并帮助其他伊奥尼亚城邦推翻其僭主。然后他航行到希腊大陆,希望点燃希腊人与波斯斗争的普遍情绪。斯巴达曾在公元前545年警告居鲁士不要伤害希腊城邦,但拒绝施以援手,雅典则同意派遣20艘船只,尽管从实际上说,雅典是波斯的属国,因为该国在公元前506年向波斯献了土和水。附近攸卑亚岛上的埃雷特里亚(图11.5)又派遣了5艘船。就像希罗多德所观察到的,"这些船只是希腊人和蛮族人交恶的开始"。

伊奥尼亚人向内陆进军,出其不意地抓住了总督,并烧毁了萨狄斯。这场起义不久就扩展到地中海东部的塞浦路斯,但地方总督也在逐渐组织自己的力量。局势变得不利于希腊人,雅典人对伊奥尼亚人的无能非常失望,于是返回国内。同时,大流士对其总督的缓慢动作失去了耐心,开始集合庞大的帝国军队来应对这一局势。这是希司提埃伊欧斯的机会:他说服大流士派他回到爱琴海地区,帮助镇压起义。

公元前497年,有一些伊奥尼亚人开始后悔起义反抗波斯。阿里斯塔戈拉斯总是能观察到大家的情绪,他从米利都逃到爱琴海北部的一块土地,就是希司提埃伊欧斯原先从大流士那里获得的土地。不到几个月,阿里斯塔戈拉斯就被叛徒杀害了。希司提埃伊欧斯从波斯叛逃,但米利都并不想要另一位僭主,因此把他驱逐出城邦。经过一些冒险后,希司提埃伊欧斯成为某种海盗王,在希腊所建立的殖民地拜占庭（今伊斯坦布尔）一带活动。

但波斯人正在逼近。公元前494年，大流士命令他的军队进攻米利都，这个地方是起义的中心。伊奥尼亚人把一切都押在了海战上，推选小亚细亚伊奥尼亚最北端的弗凯亚城邦的富有经验的水手狄奥尼修斯来组织海上抵抗。

古代的海战就像现代的海战一样需要有效的组织。地中海海战中占主导地位的船只是三列桨战舰（图11.12）。这种战舰很可能源于腓尼基，其每侧都有三列桨，故名"三列桨战舰"。这些船狭长、没有龙骨，不稳定，但经过训练的船员能够快速灵活地划动。每一艘船都有弓箭手、投石手以及能够登上敌方船只的水手，不过他们主要的武器是撞角，即装在船头吃水线下的一根用青铜包裹的木头尖钉。基本的战术是全速向敌舰划去，用撞角撞穿敌船的船身。撞角上方的一个弯嘴勾能够防止与敌船纠缠在一起，撞穿后即可后退逃开，而水会从洞里涌入敌船。不过，要灵活地驾驶和打破敌人的防线，就需要毅力和纪律。无序的水手——像伊奥尼亚人一样，这些水手来自好几个独立的城邦，没有清晰的指挥组织——在有组织的敌人面前束手无策。

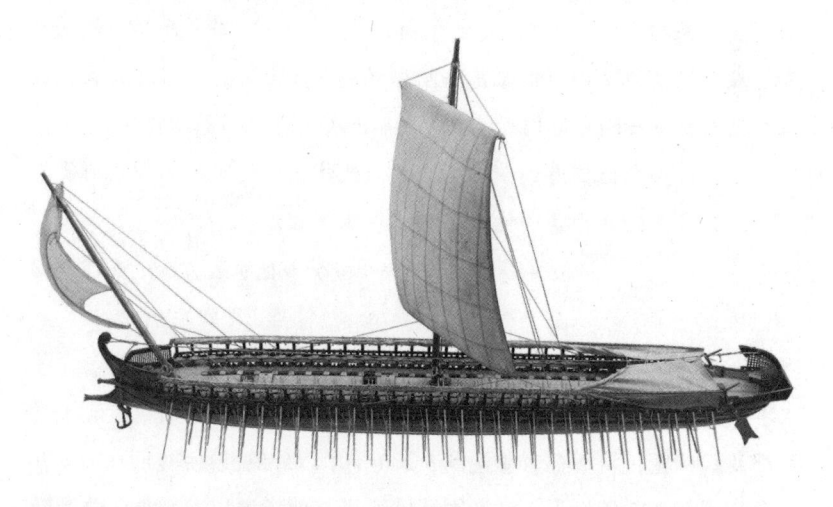

图11.12　希腊三列桨战舰模型。人们建造了全尺寸样舰"奥林匹亚斯"号
资料来源：Nachtbold / Wikimedia Commons（CC BY-SA 3.0）

希罗多德解释了当下发生的事情:

> 伊奥尼亚人……便把自己交到狄奥尼修斯的手里了。于是他着手每天使船只在海上列为纵队,他训练划船手使他们能够相互突入对方的队列并且使船上的人员做战斗的准备,而在一天其余的时间里都把船只用锚系起来;他整天都使这些伊奥尼亚人不停地工作着。在七天里他们都听他的话并按照他的吩咐去做了,但是过了这七天之后,他们不习惯这样的劳苦,而且因艰苦的工作和烈日的灼热而疲惫不堪,于是伊奥尼亚人便开始相互这样说:"我们是得罪了哪一位神,才叫我们吃这样的苦头呢?我们竟把自己交给了不过出了三只船的弗凯亚的吹牛皮的家伙,我们真正是精神错乱和发疯。这个人控制了我们之后,他就叫我们受到极其苛酷的虐待,结果我们中间的许多人已经病倒了,而许多人也快要病倒了。不管我们遇到什么倒霉的事情也比当前的苦头好些,即使是我们有受到奴役的危险,不管是多么苦的奴役(来自波斯人),也不会比我们现在受到的压迫再坏了。真的,我们不能再任凭他来摆布了!"这就是他们所讲的话。而从那一天起,就没有人再服从他了:他们像是陆军那样地在岛上给自己张开天幕,在里面躲避日晒,他们再也不肯到船上去,再也不愿意操练了。
>
> ……当他们看到伊奥尼亚方面乱作一团的时候……认为要想战胜国王的兵力是一件不可能的事情。
>
> ——希罗多德:《历史》,6.12—13

当波斯舰队进攻时,萨摩斯人逃亡了,希腊人的防线随之瓦解。一些水手逃跑了;其他一些人则英勇地战斗,但阵亡了。波斯人焚烧了米利都及其神庙,将幸存者驱逐到 3 200 千米以外的波斯湾。

公元前 493 年春天,波斯军队摧毁了其他伊奥尼亚城邦(萨摩斯岛例外,它因投敌而幸存下来)。成年男性被屠杀,美少年沦为太监,漂亮女性被送往王室后宫，其他人则被卖为奴隶。尽管大流士实施了野蛮的恐怖行为，但他也会倾听伊奥尼亚人的不满。他以民主派代替让人憎恨的僭主，建立地方法庭以镇压那些无法无天的行为，并进行全面的土地清查。但无论如何，伊奥尼亚那些在公元前6世纪曾是希腊世界最富裕的城邦，对哲学、诗歌有着原创贡献的城邦，再也没有从公元前493年的这场浩劫中恢复过来。

希司提埃伊欧斯的阴谋诡计给希腊人和波斯人都带来了如此沉重的灾难，当波斯人逮到他和他的海盗团伙时，他们自然不会有什么好下场：

> 希司提埃伊欧斯以为大流士不会因他这次的罪过而把他处死，便干出了这样一件表明他是多么爱惜性命的事情。在他逃跑之际被波斯人追上，被捉住并将被刺死的时候，他竟然用波斯语喊了起来，并且说明他就是米利都的希司提埃伊欧斯。
>
> 但是，如果他被俘并且被带到国王大流士那里去的话，我想他不会受到伤害，而国王是会宽恕他的罪过的。但是实际上希司提埃伊欧斯却被带到了萨狄斯去，在那里由于他自己的所作所为，以及由于害怕他会被赦免一死并再一次得到国王的恩宠，因而萨狄斯的太守阿尔塔普列涅斯和捉住了希司提埃伊欧斯的哈尔帕哥斯*，就地立刻把他碟杀，并把他的首级制成木乃伊送到苏萨地方国王大流士那里去。当大流士知道这件事的时候，他是不高兴这样做的人们的，因为他们没有把希司提埃伊欧斯活着带到他的面前来。他下令把希司提埃欧斯的首级洗过并收拾干净，并非常隆重地加以埋葬，就像对待一个对大流士本人和波斯都立过大功的人的首级一样。希司提埃伊欧斯的遭遇便是这样了。
>
> ——希罗多德:《历史》, 6.29—30

---

* 波斯将军，不是那位在公元前559年帮助居鲁士夺取政权的哈尔帕哥斯。

马拉松战役（公元前490年）

对希腊人而言，伊奥尼亚起义是一个转折点。雅典人现在公开宣称他们不信仰阿胡拉·玛兹达，也不向波斯臣服，他们也知道大流士会像惩罚伊奥尼亚人一样惩罚雅典。当一位杰出的剧作家普律尼库司创作出悲剧《米利都的陷落》（现已失传）时，希罗多德说，"全体观众都哭了起来。于是他们因普律尼库司使他们想起了同胞的令人痛心的灾祸而课了他1 000德拉克玛的罚金，并且禁止此后任何人再演这出戏"（《历史》, 6.21）。1 000德拉克玛是一笔巨款，一个工匠要用四五年时间才能挣这么多钱。

公元前492年，大流士派他的女婿马多尼奥斯带领一支舰队沿爱琴海北部海岸航行（图11.13）。大流士宣布他打算惩罚支持起义的

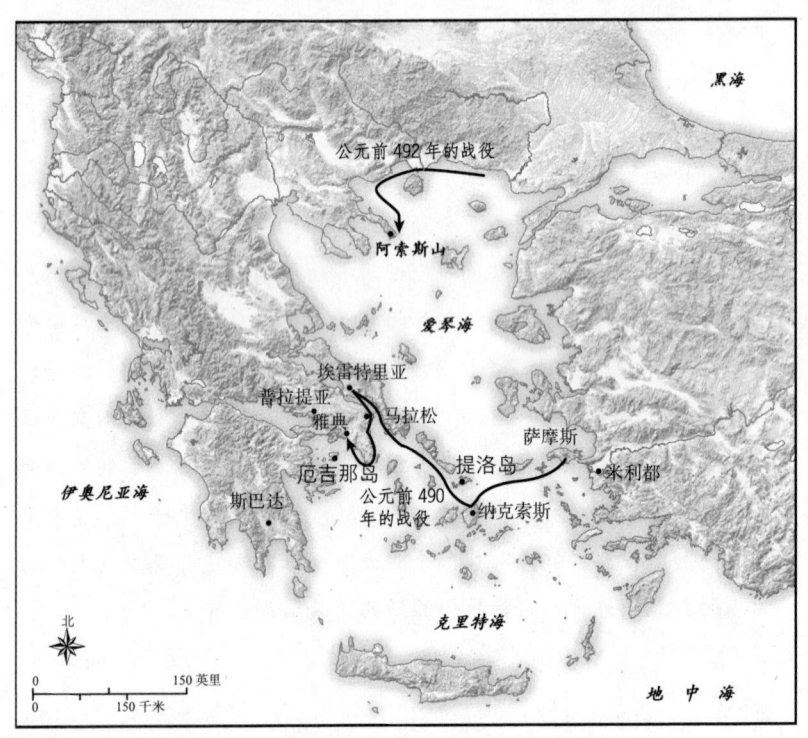

图11.13 公元前492年、前490年的波斯入侵

雅典和埃雷特里亚，但是事实上大流士也很可能打算征服尽可能多的城邦。马多尼奥斯所到之处人人降服，但这位舰队司令遇到了可怕的风暴，希罗多德说，"据说，毁坏的船总数达三百只，失踪的人数有两万多人。原来，既然阿托斯的这一带的海里有许多怪物，因而有一些人便是给怪物捉去，这样便失踪了。再有一些人是撞到了岩石上的。那些不会游泳的人溺死在水里了，又有一些人给冻死了。因此上述的一切便是水师的遭遇了"（《历史》，6.44）。

大流士没有被灾难吓倒：

> 大流士又去设法打听希腊人是打算对他作战，还是打算向他投降。因此他便把使者分别派遣到希腊的各个地方去，命令这些使者为国王要求一份土和水的礼物。他把这些人派到希腊去，又把另一些人分别派到沿海地方向他纳贡的城市去，命令他们修造战船和运送马匹的船只。
>
> 因此这些城市便着手进行这些准备工作。到希腊去的使节们得到了国王声明要求的东西。许多大陆上的住民是这样，受到使节的要求的所有岛上住民也是这样。
>
> ——希罗多德：《历史》，6.48—49

更多城邦屈服了。一些贵族宁愿在波斯统治下作僭主，也不愿意生活在自由的民主制度之下，厄吉那僭主希望对宿敌雅典进行复仇。与此形成鲜明对照的是，雅典人处死了大流士的使者（违反了神圣的风俗），而斯巴达人则告诉使者，假如他们想要水和土，他们应该自己去取，然后把他们头朝下扔进水井里。厄吉那和雅典开战了，而波斯人正在不断逼近。看起来，这样没有组织（甚至没有常备军）的民族不太可能抵抗当时世界上实力空前的帝国。

公元前490年夏季，大流士派遣大约3万人（按照波斯的标准来说是一支很小的军队，但和希腊相比较则规模庞大）径直通过爱琴海，避免先前波斯军队在阿托斯附近所遭遇的那种风暴。雅典人希庇亚斯——庇西特拉图的儿子，本人也曾是僭主——随行，大流士打算让希庇亚斯复位做雅典的统治者。波斯人停留于纳克索斯，并把这里夷为平地，因为这个地方是公元前499年起义开始的地方。波斯人占领了附近神圣的提洛岛。几天之后，波斯人达到了攸卑亚岛上的埃雷特里亚，这个地方距离雅典只有几千米远。雅典派遣4 000人保卫埃雷特里亚，这个数字已经接近雅典重装步兵的一半数量了，但是，

> 尽管有雅典人的帮助，埃雷特里亚的事态仍算不得乐观，他们自己人当中的意见还不是一致的。他们中间有一部分人的计划是离开城市而逃到攸卑亚高地去，但是另一部分人则打算进行背叛的行动，指望使自己从波斯人方面得到好处。于是身为埃雷特里亚的首要人物之一的诺同的儿子埃司奇涅斯，由于他知道这两个计划，便把当时的情况告知了前来的雅典人，此外还请求他们离开此地回到本国去，以免他们和其他人一样同归于尽。于是雅典人按照埃司奇涅斯的劝告回去了。
>
> 　　因此，他们便渡海到奥洛波斯去，从而保全了自己……埃雷特里亚人并没有出来应战的计划。既然他们中间是以不放弃城市的这个意见占上风，则他们最关心的就是守住他们的城壁，如果他们能做到这一点的话。城墙受到了猛烈的攻击，六天之内双方都有很多人阵亡。但是在第七天，两位知名的埃雷特里亚人阿尔启玛科斯的儿子埃乌波尔勃司和奇涅阿司的儿子披拉格罗斯却和波斯人勾结把城市出卖了。波斯人闯进了城市，他们劫掠和焚烧了神殿，用来报复在萨狄斯被烧掉的神殿，此外他们还遵照大流士的命令，把这里的市民变卖为奴隶。
>
> 　　　　　　　　　　　　——希罗多德：《历史》，6.100—101

雅典是下一个目标。波斯人顺海岸航行下来，公元前490年9月8日拂晓到达雅典东北部的马拉松海滩。波斯人在这里整肃部队，便于向内陆进军。

篝火在阿提卡干燥的山上蔓延，警告雅典人，雅典召集公民大会讨论这场危机。雅典人以民主方式管理军队，就像他们管理城市一样。雅典人每年选出十位将军，组成委员会，对战术进行表决。这些将军每天轮流担任委员会的主席，这容易导致优柔寡断和灾难，但在这种危急时刻，十将军中的一位米太亚得掌握了大权。在他的建议下，雅典的9 000名重装步兵抓起他们全部口粮，直奔马拉松。同时，将军们派遣士兵菲迪皮茨作为信使去警告斯巴达风暴已经来临：

但是现在，当他受到将军们的派遣并且说潘恩神曾对他显现的时候，这个菲迪皮茨在离开雅典*之后的第二天，便已经在斯巴达了。他到斯巴达人领袖们那里去，对他们说："拉哥尼亚人啊，雅典人请求你们给他们帮助而不要看着希腊的一个最古老的城邦陷到异邦人的奴役之下。因为现在甚至连埃雷特里亚都已经受到了奴役，而由于失掉一座名城，希腊就变得更加软弱了。"菲迪皮茨就按照命令这样向拉哥尼亚人报告了，于是拉哥尼亚人便决定帮助雅典人。但是他们并不能立刻这样做，因为他们不愿意打破他们的惯例：原来，那时正是一个月的第九天，而他们说，在第九天月亮还没有圆的时候，他们是不能出征的。

因此他们便等候满月的时候。而在波斯人这一方面，则他们被庇西特拉图的儿子希庇亚斯引导到了马拉松。

——希罗多德:《历史》, 6.106—107

---

* 这是一项非凡的成就，距离约240千米。1983年在同一条路线上举行了一场赛跑，获胜者在22小时内跑完了全程。

关于斯巴达是出于宗教虔诚还是希望使雅典蒙羞而推迟出兵，历史学家们意见不一。不过，雅典人比较幸运，因为他们有另外一位信使，他跑到了普拉提亚小城，它处于雅典和彼俄提亚城邦底比斯的边境。信使提醒普拉提亚人，30年前雅典从底比斯的进攻中拯救了他们，因此普拉提亚全部1 000名重装步兵立即出发，与雅典军队在马拉松会合。

雅典军整夜行军，大约黎明到达马拉松。要从海滩推进到雅典，波斯人必须通过雅典人占据的低矮山丘。雅典人很快建立了牢固的阵地，以阻挡波斯军队的前进。那天夜里或次日凌晨，普拉提亚人抵达了。两支军队静静等待。波斯人希望叛徒出卖雅典，把他们从攻打山丘的困境中解脱出来，而雅典人则希望斯巴达人施以援手。但随后菲迪皮茨踉踉跄跄地回到雅典，带来一个可怕的消息：斯巴达人要等一个星期后来。

雅典的十位将军平均分裂为两派。其中五位将军被波斯庞大的军队吓坏了，敦促撤回雅典，坐等围攻。尽管波斯步兵师装备简单，无法与希腊重装步兵抗衡，但这些希腊将军害怕，在发生肉搏战之前，波斯骑兵和弓箭手就会摧毁希腊方阵。以强硬的米太亚得为首的另外五位将军担心的是，假如他们不战而退，城邦将会沦陷，随之而来的是屠杀、奴役和死亡。第十一位官员是战争执政官，此次随军队而来，投了关键一票：决定开战。

双方的对峙持续了一个星期。即使是那些支持米太亚得的将军也犹豫不决，不愿承担实际战斗的责任，因此雅典人按兵不动，直到轮到米太亚得再次担任将军委员会主席为止。9月17日拂晓前，米太亚得召集了雅典人和普拉提亚人。为了避免被从侧翼包围，米太亚得在黑暗中将阵线延长至近两千米，与波斯前锋部队的战线一样长：

当雅典人在马拉松列队的时候，他们的队列的长度和波斯人的队列的长度正好相等，它的中部只有数列的厚度，因而这里是全军最软弱的部分，不过两翼却是实力雄厚的。

准备作战的队列配置完毕而牺牲所呈献的朕兆又是有利的，雅典人立刻行动起来，飞快地向波斯人攻去。在两军之间，相隔不下八斯塔迪昂。当波斯人看到雅典人向他们奔来的时候，他们便准备迎击；他们认为雅典人是在发疯而自寻灭亡，因为他们看到向他们奔来的雅典人人数不但这样少，而且又没有骑兵和射手。这不过是异邦人的想法；但是和波斯人厮杀成一团的雅典人，却战斗得永难令人忘怀。因为，据我所知，在希腊人当中，他们是第一次奔跑着向敌人进攻的，他们又是第一次不怕看到波斯的衣服和穿着这种衣服的人的，而在当时之前，希腊人一听到波斯人的名字就被吓住了。

他们在马拉松战斗了很长的时间。异邦军在队列的中央部分取得了优势，因为进攻这一部分的是波斯人自身和撒卡依人★。异邦军在这一部分占了上风，他们攻破希腊人的防线，把希腊人追到内地去。但是在两翼地方，雅典人和普拉提亚人却得到了胜利。而在这样的情势之下，他们只得让被他们打败的敌人逃走，而把两翼封合起来去对那些突破了中线的敌人进行战斗。雅典人在这里取得了胜利并且乘胜追击波斯人，他们在追击的道路上歼灭波斯人，而一直把波斯人追到海边。他们弄到了火并向船只发动了进攻。

但是在这次的战斗里，身为波列玛尔柯斯的卡里玛柯斯在奋勇作战之后阵亡了，将领之一特拉叙拉欧斯的儿子司铁西拉欧斯也死了；埃乌波利昂的儿子库涅该罗斯也在那里阵亡了†，他是在用手去抓船尾时手被斧头砍掉因而致命的。还有其他许多的雅典

★ 斯基泰人。
† 当日埃乌波利昂的另一个儿子悲剧作家埃斯库罗斯也参加了马拉松战役。在墓志铭上，埃斯库罗斯更加骄傲的是他参加的这场战役，而不是那些获胜的剧作。

知名人士也都阵亡了。

雅典人便这样地俘获了七只船；波斯军队则率领着残余的船只驶离了海岸。

——希罗多德：《历史》，6.111—115

希罗多德告诉我们："在马拉松的这一战役当中，波斯军当中阵亡的有 6 400 人左右，雅典人方面则是 192 人。"（《历史》，6.117）这两个数字意味着，雅典人认为他们每阵亡 3 个人，波斯就阵亡 100 人。但无论实际上丧失多少兵力，很明显未伤及波斯军队大部队，当军舰把波斯人安全撤离了海滩，雅典人也看到了从他们背后山丘上发出的亮光：一些人用抛光的盾牌作为镜子，反射太阳光，向波斯人发信号。显然，叛徒打算出卖城邦。波斯舰队希望趁雅典重装步兵仍旧在马拉松时到达雅典，在没有设防的情况下占领这座城邦，如此一来，尽管他们输掉了这场战役，但能赢得这场战争。

精疲力尽的希腊士兵立即返回雅典，这是一天内在高温下将近 42 千米的急行军。希罗多德并没有描述这个故事，但之后的文献表明，雅典人派遣一位信使跑步回到雅典。当他蹒跚地跑进市场时，气喘吁吁地说，"我们胜利了"，然后力竭而死。当 1896 年重新举办奥林匹亚赛会时，这位信使的行程激发了现代马拉松竞赛（现代职业运动员需要大约 2 小时可以跑完近 42 千米的赛程）。

城内的雅典人受到喜讯的鼓舞，积极准备抵抗，派人监察城门，等待敌人的到来。波斯人必须航行 110 多千米，以最快的速度也要花费 9~10 个小时。雅典人必须以"他们的腿能承受的最快速度"跨越近 42 千米的山路，按照希罗多德的说法，这需要同样多的时间。

当夜幕降临时，雅典重装步兵逼近城邦。他们既没有看见火光和浓烟，也没有看到遮挡海湾的波斯军舰。重装步兵在城外构筑工事，等待战争的爆发。波斯军舰驶入视野。波斯人现在必须再次与几个小时前刚刚屠杀他们朋友的人作战，才能上岸。水手依桨休息，指挥官在争执。随着夜幕的降临,波斯人驶回了亚洲。

在敌军众多,被斯巴达抛弃,被叛徒包围的情况下,雅典的业余军队竟然打败了带有传奇色彩的波斯军队。就连斯巴达人也为之折服:

> 在满月之后,两千名斯巴达人来到了雅典,他们是这样匆忙地赶路,以至在他们离开斯巴达之后的第三天*他们就到了阿提卡。虽然他们来得太晚,已赶不上作战,他们仍然想见到波斯人;于是他们到马拉松见到了波斯人。随后他们就称赞了雅典人和他们的成就,而后回国去了。
>
> ——希罗多德:《历史》,6.120

马拉松战役对于雅典是关键时刻。大约70年之后,喜剧诗人阿里斯托芬想表达雅典人对城邦的骄傲,他的歌队(年长者穿戴成马蜂的样子来象征他们的猛烈)重提往事:

> 我们这些带尾巴的人,
> 是唯一有权利被称为地生的阿提卡人;
> 我们英勇的种类,在蛮夷入侵、
> 放火烧城、暴力夺取
> 我们蜂房的时候,我们曾经
> 在战斗中为城邦效过大力。
> 我们立即拿起长枪,提起盾牌,
> 喝一口酸酒,愤怒地冲出去作战,
> 一个一个同敌人对峙,恨得咬牙切齿;
> 那时候,飞矢弥漫,不见天日。

---

* 他们日行80千米!

开战之前,有一只猫头鹰*在我们队伍上空飞过;

于是,我们在众神的帮助下,在夕阳西下时,把敌人击退。

我们追上去,像刺金枪鱼那样刺他们的大裤裆;

他们的下巴和眉毛被蜇了,他们逃跑了。

直到如今,在蛮夷之邦还到处传说,

再没有什么比阿提卡马蜂更勇敢的了。

——阿里斯托芬:《马蜂》,1077—1090[1]

雅典暂时得救了。

---

* 猫头鹰是雅典保护神雅典娜的象征。

1 [古希腊]阿里斯托芬:《马蜂》,载《古希腊悲剧喜剧全集》第6卷,张竹明、王焕生译,南京:译林出版社2007年版,第447页。——译者注

第12章
大　战
（公元前480—前479年）

当大流士在公元前490年审视自己辽阔的帝国时，马拉松之败看起来只是整个大局中的小挫折。公元前492年的风暴带来的伤亡比波斯军队的战场伤亡数还要多，并且远征已如大流士所愿惩罚了埃雷特里亚。尽管如此，战败仍旧是个挫折，大流士需要迅速行动来重新树立自己的权威。

希罗多德描述了波斯宫廷形势：

> 当叙司塔司佩斯的儿子大流士听到了马拉松之役的战报的时候，因雅典人攻击萨狄斯而对雅典人非常气愤的大流士就更加愤怒，因此他便更加想派一支军队去攻打希腊了。他于是立刻派遣使者到一切城市，命令它们装备一支军队，要它们每一个城市提供远比以前更多的船只、马匹、粮饷和运输船。由于这些通告，亚细亚忙乱了整整三年，精壮的人们都被征入了讨伐希腊的军队并且为这件事做了准备。
>
> ——希罗多德：《历史》, 7.1

但是雅典交了好运。首先，埃及发动了叛乱，这是一次超过了希腊问题的严重危机。而后大流士于公元前486年去世，巴比伦也起而反叛。大流士之子薛西斯镇压了这两场叛乱，但他有意不再干涉西部边疆。但一些近臣却怂恿他重开战端，其中尤以马多尼奥斯为最，他是公元前492年那次灾难性海上远征的指挥官。薛西斯采纳了他们的建议，过后又改变了主意。不过，他最终决定展开入侵（据希罗多德的说法，这是因为众神给他托了一个可怕的梦）。尽管如此，希腊已经赢得了至关重要的喘息时间。

西方：战云密布

关于公元前483年，西西里岛的狄奥多罗斯，一位生活在公元前1世纪的历史学家，向我们讲述了下述故事：

> 在马多尼奥斯的怂恿下，薛西斯想把所有希腊人赶出自己的家园。他派信使前往迦太基，建议双方结盟，由他去攻击希腊本土的希腊人，迦太基人在聚集大量军备之后，同时攻击西西里和意大利的希腊人。根据这项协议，迦太基人筹集了大量资金，并雇用来自意大利、法国和西班牙的雇佣兵。此外，他们招募了来自迦太基本土的公民和生活在利比亚全境的部族。经过三年的准备，他们集结了一支拥有30万步兵、200艘战舰的军队。
>
> ——西西里的狄奥多罗斯，11.1

希罗多德没有提到这个联盟，事情的真相可能是：希腊人在后来简单地认定波斯、迦太基同时发动攻击必定是事先说好的。确实，这两大强国都密切关注着希腊人。正如我们在第11章所看到的，斯巴达和波斯在公元前545年展开了激烈的争论；公元前499年，雅典人则支持伊奥尼亚的叛乱。在西方，希腊城邦不仅强大，还非常富有。和爱琴海相比，西西里的城邦较少，但是每个城邦的领土都很广大，土地优良，降雨量稳定。西西里的希腊人和斯巴达人一样，能够通过征服周围的土地来解决一些社会问题,到公元前500年,他们已经从当地西西里人手中夺取了最好的沿海平原(图12.1)。

图 12.1　本章提到的地中海西部的一些地方

西西里的希腊人将一部分土著赶往内陆山地,剩下的贬为农奴。通过将谷物出售到爱琴海的希腊、将葡萄酒出售到迦太基,西西里的商人变得富有起来。他们对通过自己港口展开的贸易征税,用以塞利努斯、阿克拉加斯(即今阿格里真托)和叙拉古建宏伟神庙,这些

357

神庙为我们留下了古代世界一些最出色的遗迹。或许是因为太富有了，西西里贵族比爱琴海贵族更疏远下层阶级（尽管远不及埃及人或波斯人那样疏远）。西西里也感受到了缔造了爱琴海民主的那些力量，但西西里贵族更强势，抵抗更为顽强。残酷的内战爆发了。尽管僭主统治于公元前500年后便在爱琴海消失了，一些超级富有的西西里人却利用持续的动荡局面，让那套制度延续下来。相比公元前6世纪爱琴海的僭主，公元前5世纪的西西里僭主更加强大，因为他们统治的邦国更为中央集权化、更为富裕。他们用这笔财富招募雇佣兵，这减少了他们对来自重装步兵公民的支持的需要，并使他们能以牺牲土著为代价向更内陆的地方推进。

公元前6世纪末期，在西西里西部，希腊人、当地人以及腓尼基人之间的关系很紧张（表12.1）。腓尼基人生活在三个独立的西西里西部殖民地：莫特亚、帕诺尔莫斯（今巴勒莫）、索罗伊斯（图12.1）。这些贸易中心与内陆土著伊利米人关系良好，与希腊人的关系却并不总是友好的。在公元前510年左右，一个斯巴达冒险家（克里奥蒙尼国王同父异母的兄弟）试图在莫特亚附近建立一个殖民地。西西里的腓尼基人与伊利米人联合起来毁灭了该殖民地，并杀死了它的领导者。同时，希腊海盗阻碍了腓尼基人的贸易。早在公元前535年，迦太基就在科西嘉附近的一场海战中击垮过这些海盗，但到了公元前500年，海上袭击变得比以前更严重。在公元前494年曾试图组建伊奥尼亚舰队的那个狄俄尼索斯遭受过海盗袭击。灾难发生后，他逃往西西里岛，并成为一个海盗头子，他只抢劫腓尼基人，从未对希腊人动手。

公元前5世纪90年代，西西里南部海岸小邦革拉（今杰拉）的僭主希波克拉特没有将攻击的矛头指向土著，转而指向其他希腊人。他很快接管了西西里东部的绝大部分地区，当他在公元前491年去世的时候，他的前骑兵队长盖隆接手了他的位置。公元前485年，在西西里东部海岸的伟大城邦叙拉古的穷苦人民与本土的农奴组成联军驱逐贵族时，盖隆率军恢复了贵族的地位，然后占领了叙拉古。

表 12.1　地中海西部大事记（公元前 535—前 480 年）

时间（公元前）	事件
535 年	迦太基人击败希腊海盗
510 年	斯巴达冒险家试图在莫特亚附近建立希腊殖民地
498 年	革拉僭主希波克拉特在西西里东部创建了帝国
494 年	弗凯亚的狄俄尼索斯移居西西里，并成为海盗头领
491 年	盖隆继希波克拉特为革拉僭主
485 年	盖隆成为叙拉古僭主，并将革拉交给他的兄弟希耶罗一世
约 483 年	盖隆将人口从卡玛里纳、革拉、麦加拉希布来亚和西西里的攸卑亚迁移到叙拉古
483 年	阿克拉加斯（在南部）僭主塞隆推翻希梅拉（在北部）僭主特里鲁斯
481 年	爱琴海希腊人派出的使团拜会盖隆
480 年	迦太基的哈米尔卡入侵西西里，希梅拉战役爆发

在他自己把叙拉古拿到手之后，他就把革拉的统治交给了他的兄弟希耶罗一世，不大管那里的事了。不过他却加强了叙拉古，他把一切的注意力都放到叙拉古上面了。那座城很快就成长和兴盛起来了。盖隆不单单把所有的卡玛里纳人都迁到叙拉古来，把公民权给他们，而把卡玛里纳城铲平，他还用同样的办法来处理一半以上的革拉人。而当麦加拉希布来亚人在受到他的围攻而和他缔结城下之盟的时候，他便把他们当中对他作战，因而理当被杀的富裕的那一部分人带到叙拉古来，使他们成为这里的市民；至于根本没有参与发起战争并且完全想不到会遭受伤害的麦加拉希布来亚庶民，也被他带到叙拉古来，并被卖到西西里以外做奴隶去了。对于西西里的攸卑亚人也以同样的差别待遇，做了相同的处理。他之所以对这两个地方的人民采取这样的做法，是因为他认为庶民是最难与之相处的人。由于以上的种种，盖隆就变成了一位强大的僭主。

——希罗多德：《历史》，7.156

盖隆行事更像亚述或波斯国王而不是希腊领袖，他整个地消灭其他城邦，将城邦的人民迁去建造他自己的城邦，他还毫不顾及公民的意愿，让他的兄弟统治革拉。与阿契美尼德王朝的成员一样，他把政治当作家族企业来运作。他与西西里第二大邦阿克拉加斯的僭主塞隆进行了政治联姻。盖隆统治西西里东部，塞隆统治西西里西部，而在公元前483年，塞隆驱逐了西西里岛北海岸的希腊城邦希梅拉的僭主特里鲁斯。这带来一场危机，因为特里鲁斯与迦太基关系很好。而取代他后，塞隆得以将腓尼基商人逐出西西里中部。

对于迦太基人如何理解这些事，我们知道的不多，因为虽然他们保存了历史记录，但实际上当罗马在公元前146年毁坏了这座荣耀之城的时候，他们所有的文献都散失了（参见第24章）。我们关于迦太基的少许资料都来自希腊、罗马作家们的敌对评论，以及从20世纪70年代开始的考古挖掘。尽管如此，我们还是能就此事谈论许多。迦太基处于寡头统治下，它的大港口为地中海东部和西部提供了一个完美的船运贸易中心。早在公元前508年，迦太基就与罗马（那时还是一个小国）签订了一份和约，规范意大利中部市场的准入事宜。它还与罗马北部更强大的伊特鲁里亚达成了类似的协议。因此，当阿克拉加斯的塞隆在公元前483年废黜了迦太基的盟友希梅拉的特里鲁斯时，迦太基不能容忍一个野心勃勃的希腊僭主来破坏其高利润贸易体系。迦太基的寡头并不想征服西西里岛，但是他们必须有所行动。应该给希腊人一点苦头尝尝，让他们知道自己算老几。

东方：战云笼罩

到公元前483年，西部和东部的希腊人知道战争即将爆发，是时候放下狭隘的内部争端了。合作在西西里岛比在爱琴海容易，因为西西里拥有的城邦较少，且叙拉古、阿克拉加斯的统治家族通过联姻，支配了整座岛屿，因此，规划不过是家庭内部事务。相反，在爱琴海,雅典和斯巴达都声称自己才是老大。它们未能在公元前490年展开合作,这使民众信心不足,很多城邦自愿投入大流士的怀抱。

当薛西斯在公元前483年开始集结力量的时候,斯巴达没有任何行动。雅典人地米斯托克利把握了时机(图12.2)。阿提卡有丰富的国有银矿,国家出租给私营业主,从收益中抽成。而在公元前483年或前482年,阿提卡西南部劳临的一次银矿开采给国家带来了100塔兰特白银的意外之财货,这是一笔巨额财富。和一个有预算盈余的现代政府一样,雅典人需要决定如何花掉这笔钱:

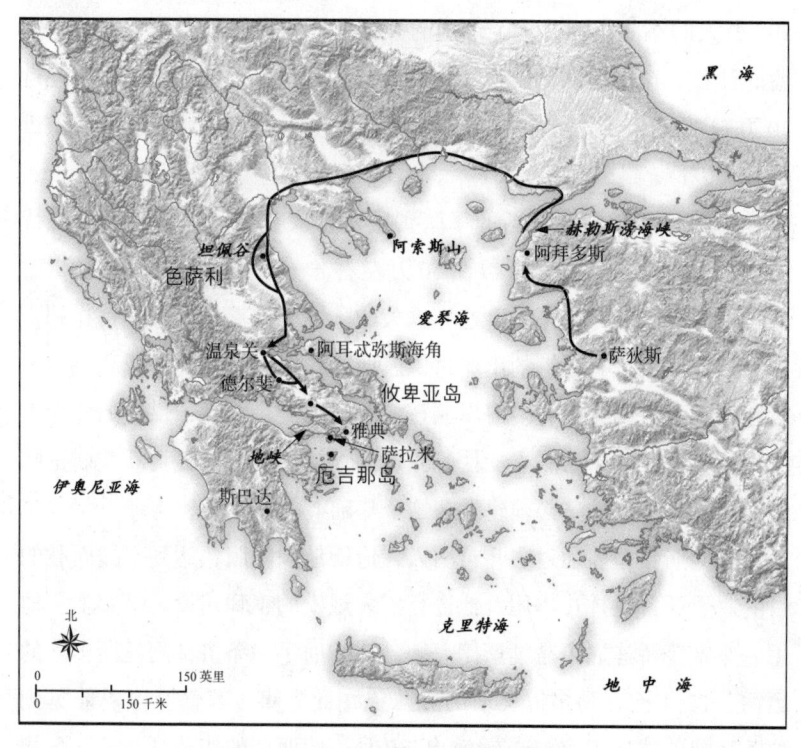

图12.2 公元前480年的爱琴海战争

当他们从这部分的钱里每人要分得十德拉克玛的时候,地米斯托克利便劝告雅典人不要分配这笔钱,而是用这笔钱修造二百只战船,也就是说,用来对厄吉那*作战。正是由于爆发了这次的战争,这才拯救了希腊,因为它使雅典人不得不从事于海上作战的准备。这些船只并未用于当初建造它们时的目的,可是在希腊需要它们的时候,结果却用上了。

——希罗多德:《历史》,7.144

当地米斯托克利活动于幕后以打造一支舰队,其他希腊人陷入慌乱时,薛西斯已准备妥当。希罗多德说薛西斯建立了一支拥有528万3 200人的军队(这还不包括太监、厨子、妓女)。这是不可能的,500万人的军队意味着整个帝国的大多数成年男性都入伍。据希罗多德的计算,这支军队每天消耗4 000吨粮食(三个月的战争需消耗近40万吨粮食),他们会把许多条河流的水全喝干,一顿饭就会让供饭的城邦破产。

我们并不知道薛西斯的军队到底有多大规模,但是大部分现代历史学家猜测这支军队人数在50万左右。尽管如此,这仍然是当时世界规模空前的一支军队。这样庞大的队伍无力携带足够的食物和水,并且,希腊也没有足够的出产可供波斯客人所需。因此,舰队成为决定性的因素,因为只有沿海岸航行的舰队能携带补给,供应如此庞大的军队所需。如果希腊人能使薛西斯的舰队瘫痪,就能切断波斯军队的补给,希腊的战略必须建立在这个基础上。

薛西斯希望能通过恐吓希腊人,迫使他们降服,达到不战而胜的目的。恐吓曾发挥过作用。他进行了大规模的工程建设。事实上,他用一座木筏桥连通了赫勒斯滂海峡,并开通了一条贯穿阿托斯半岛的运河,12年前,马多尼奥斯的舰队曾在此失事(我们至今仍能见到这条运河的遗迹)。公元前481年10月,薛西斯的使节抵达希腊。德尔斐神谕劝希腊人订立条约,一些重要的城邦献上土和水,以示臣服。

★ 雅典港口外的一个岛屿。

直到公元前481年11月薛西斯抵达吕底亚的萨狄斯时，斯巴达才召集希腊人起来反抗。只有31个城邦予以回应。

尽管相互之间怀有敌意，雅典人还是接受了斯巴达的领导。联盟派出一个使团赴叙拉古盖隆处求援。盖隆答应出动200艘战舰、2万重装步兵、4 000轻步兵、4 000骑兵，以及希腊人所需的所有粮草，但有一个条件：他要担任统帅。见爱琴海希腊人犹豫不决，盖隆收回承诺。

> 盖隆却害怕希腊人这样不能把波斯人制压下去，而作为西西里僭主的他，到伯罗奔尼撒去听候斯巴达人的摆布，却又是他认为难堪的、无法忍耐的事情。于是他就放弃在这个方针上打主意，而是采取了另一种办法。当他一听到波斯人渡过了赫勒斯滂的时候，他立刻派一个科斯人、司枯铁斯的儿子卡德摩斯乘着三艘五十桡船，带着大量的金钱和友谊的讯问到德尔斐去。卡德摩斯到那里去是为了注视战争的进行情况的；如果波斯军得到胜利，那就把金钱给他，同时代表盖隆统治的国土把土和水呈献给他；如果是希腊人得到胜利，那么就把这一切都带回。
>
> ——希罗多德：《历史》，7.163

西方的战火：希梅拉战役（公元前480年）

公元前480年，迦太基统帅哈米尔卡的野心不大。他不想征服西西里岛，而是想重新开放该岛进行贸易。他决定直接进攻该岛北部的希梅拉，在那里建立一个开放的港口。他筹集了巨额资金，雇了一支雇佣军。猛烈的风暴击沉了他的很多运输船，但他所剩的部下仍在西西里北海岸的希梅拉城外轻松击败了一支希腊军队，并围攻了这座城市。西西里岛南部的阿克拉加斯的塞隆对哈米卡尔的意图感到震惊，写信给叙拉古的盖隆，请他立刻前往希梅拉，阻止迦太基人。盖隆率领5万步兵和5 000骑兵动身。

哈米尔卡很难养活他数量庞大的军队，当盖隆到达希梅拉时，哈米尔卡的士兵已经分散开去寻找食物。盖隆的骑兵俘获了他们中的许多人。被围困在希梅拉的希腊人已随时等候着城破人亡，盖隆的成功点燃了他们的斗志。盖隆渴望一场决定性的战斗。生活在公元前1世纪西西里岛的狄奥多罗斯告诉我们：

一次意外事件让盖隆的机智发挥了作用。盖隆的既定方针是烧毁敌人的舰队。当哈米尔卡正准备在海军营寨中为波塞冬举行一场盛大的祭祀活动时，来自塞利努斯（位于西西里岛西南部）★的骑兵信使携带着重要文件前来，声称他们将依约派遣他们的骑兵团。而出兵日期正是哈米尔卡打算举行祭祀的日子。

盖隆因此派出自己的骑兵团，指示他们绕开邻近区域，并在破晓时到达敌军营地，假装他们是来自塞利努斯的骑兵。一旦进入木栅栏，他们就要杀死哈米尔卡并纵火烧船。他还派出了侦察兵登山瞭望。这些侦察兵将监视敌军营地，一旦骑兵进入围墙，他们就发射信号。盖隆自己则集结军队，静候来自侦察兵的信号。

破晓时分，骑兵抵达敌军营地，守卫认为他们是同盟者，允许他们通行。他们立刻疾驰去往哈米尔卡准备祭祀的地方，将他杀死。然后他们放火烧了船只。当侦察兵发出信号时，盖隆全军出击，攻击敌军营地。

起初，腓尼基军队的指挥者排出战斗队形，与西西里人展开激烈的肉搏战。双方都吹响了战斗号角，呐喊声此起彼伏，每一个人都想盖过自己的敌人。很多人阵亡了，战斗反反复复，直到燃烧着的船上突然有焰火蹿入空中，并且有消息传来说迦太基将领已然死去。希腊人气势大振，他们的士气因到处散播的谣言和

★ 西西里西部一个重要的希腊城邦，该邦总体奉行亲迦太基的政策。

取得胜利的希望得到鼓舞。他们更加努力地战斗，对抗来犯的野蛮人，而迦太基人灰心丧气，觉得胜利无望，转身逃离。

盖隆下令不留活口，对逃亡敌军进行大屠杀后，不少于15万的人*丢了性命。那些逃到一个坚固堡垒中的人起初还击退了进攻者，但是那个地方没有水，很快他们就因饥渴而向胜利者投降了。盖隆凭借他作为一个领军将领的能力赢得了一场重大的胜利，他的名望不只流传于西西里人，而是响彻整个世界……

希梅拉之役后，有20艘船逃脱，它们由于是满足哈米尔卡日常需要的船只而未停靠在海岸。在几乎整支军队或被杀或被俘时，这些船只却悄无声息地逃脱了。它们带上了很多幸存者，因为超载，在风暴中沉没了，船上所有人不幸遇难。

只有一小批人搭载一艘小船航行，回到了迦太基，他们在那里简单地告知全体市民："所有渡海去西西里岛的人都死了。"

——西西里的狄奥多罗斯，21—22，24

盖隆在希梅拉的胜利使他成为西西里最有影响力的人。他被誉为希腊人的救世主，他的话成了法律。然而，对迦太基人来说，这场战役是一场灾难。由于害怕盖隆会在那时入侵北非，迦太基人支付了大量赔款，以换取盖隆不对莫特亚、帕诺尔莫斯、索罗伊斯进行骚扰。成千上万的迦太基士兵穿越西西里内陆逃亡，阿克拉加斯通过奴役他们收获颇丰。狄奥多罗斯描述道："俘虏的数量如此庞大，以至看起来好像整个岛上都是利比亚（也就是北非）囚犯。"（西西里的狄奥多罗斯，11.26.2）

这就是哈米尔卡入侵的结局。直到70多年后，迦太基人才再次挑战西西里岛的希腊人。

---

* 该数字是不可能的，因为它相当于在马拉松的雅典军人数的15倍。

东方的战火：温泉关战役（公元前480年）

薛西斯比哈米尔卡更有野心：他想彻底征服希腊。他的策略非常简单——直接向雅典进军，烧毁它；然后对斯巴达采取同样的行动，迫使希腊人要么打（并输掉）一场决定性的战役，要么因恐惧而丧失斗志，举手投降。根据以往的经验判断，希腊联盟在实际作战之前就会瓦解。这是一个合理的策略，而且很可能会奏效。

希腊人的战略同样简单：让薛西斯的策略失败。他们不指望赢得一场阵地战，因此他们将守住一个海岸关口，这个关口是薛西斯与其供给舰队的联络之路。轻装的波斯军队无法与希腊的重装步兵抗衡，希腊人有理由期望守住关口。问题在于薛西斯拥有庞大的舰队，如果在一个关口受阻，他可以让军队上船，绕过关口，向雅典和斯巴达进军。

希腊人在三个地方可以牵制住波斯人（图12.2）。第一个是美丽的坦佩谷，它位于高耸的奥林匹斯山脉与色萨利北疆的奥萨山之间。一万重装步兵和一支匆忙聚集起来的舰队（包括200艘新的雅典三列桨战舰），匆忙向北朝坦佩谷行去。结果发现还有第二条道路通向色萨利，如果驻留山谷，他们就会被敌人包抄。由此，希腊人向南后退，将色萨利拱手让人。色萨利人向薛西斯投降。

第二个天然的防守地点是位于色萨利和罗克里斯地区之间的温泉关（"炎热之门"），那里看似不可逾越的山脉离海岸只有咫尺之遥（图12.3）。温泉关是合理的驻守地点，因为它位于雅典北方，希腊的舰队能够同时封锁紧靠海岸、狭窄的阿耳忒弥斯海峡，防止波斯人绕过屏障航行。另一方面，薛西斯可能会比希腊人提前抵达那里，或者派舰队绕过攸卑亚长岛的最南端航行，在阿耳忒弥斯海峡困住并摧毁希腊舰队。第三个选择就是完全放弃希腊中部，撤退到科林斯地峡。这意味着交出雅典，此举或许会毁灭整个联盟。无论如何，薛西斯都能轻易地包围地峡并在伯罗奔尼撒半岛上任何地方登陆。尽管如此，

图 12.3　温泉关。在古代，海岸线沿现代的道路延伸，更靠近山脉

资料来源：Fkerasar / Wikimedia Commons（GFDL）

斯巴达还是始终支持这个危险的计划。

在公元前 480 年起决定作用的那个春天，薛西斯的大军势不可挡地逼近，激烈的争论使希腊人陷入瘫痪。由于不能决定应该如何应对，希腊人只派出一小支部队前往温泉关——由列奥尼达国王率领的 300 名斯巴达士兵和约 5 000 名盟军。列奥尼达深信驻守温泉关的必要性，于是他在波斯人抵达之前急行军到那里。他修复了横跨这座狭窄关口的老城墙，与此同时，整个希腊舰队在阿耳忒弥斯海峡附近就位。斯巴达人在等待猛攻时，不堕自身威名表现出几乎不顾一切的勇气。有传言说波斯人的箭多至遮天蔽日。"好吧，"一个斯巴达人说道，"如果波斯人遮住了太阳，那我们就在黑暗里战斗。"

在这个危急时刻，希腊人求助于自己的神。一则神谕建议向北风神波瑞阿斯求救。好像是作为回应一样，一场可怕的风暴袭击了波斯人的舰队。薛西斯麾下船只众多，由此而不得不按八行纵深的队形抛锚停泊。在强风来袭时，400艘船撞在岩石上，被击得粉碎，数以千计的人被淹死。尽管如此，波斯舰队继续前进，却发现希腊人封锁了阿耳忒弥斯海峡。他们期望希腊人撤离并抛下温泉关毫无防护。不巧的是，联盟舰队的斯巴达籍指挥官欧里比亚德斯迷了心窍，正想这样做，（根据传说）直到攸卑亚人秘密地送钱给雅典人地米斯托克利，让他说服欧里比亚德斯在阿耳忒弥斯海峡作战，攸卑亚才得以幸存。狡猾的地米斯托克利拿出一些钱财给欧里比亚德斯，说服他留下作战，然后将剩余的钱财私吞。在达到自己军事目的的同时，他还发了一笔财。

希腊水手和薛西斯的腓尼基水手一样熟练，但是过了一周，一半雅典船只都损坏了。波斯人在阿耳忒弥斯海峡持续施压，并且正如希腊人所担心的那样，波斯派遣了一支庞大的海军绕过攸卑亚南端，将希腊人困在海峡中。在陆地上，薛西斯同时进攻把守温泉关的少数重装步兵。连续四天，他希望一醒来就发现希腊人已经逃跑，不过与此相反，他收到的报告是斯巴达人赤裸着身体在晒日光浴，细心梳理自己的长发。希罗多德说，薛西斯无法理解这一场景：“事情的真相（斯巴达人正准备赴死，并用自己全部的力量迎接死亡）超出了他的理解能力。”在第五天早上，对斯巴达人的行为感到惊奇的薛西斯下令发动正面进攻：

> 米底人★冲到前面向希腊人挑战，结果死了许多人，另一些人接上去进攻，他们虽然遭受了惨重的损失，却还没有被击退。而且他们明显地向所有的人，特别是向国王本人表示，他们的人数虽多，其中顶事儿的人却是很少的。战斗整天都在进行。
>
> 既然米底人受到这样的痛击，于是他们就退出了战斗，国王称之为"不死队"†，由叙达尔涅斯率领的波斯人代替他们上阵。

★ 虽然米底人与波斯人是完全不同的民族，希腊作家还是把前者当成后者的同义词。
† 由一万名步兵组成的精锐军队。

人们认为至少他们是很容易把这场战斗解决了的。可是当他们交上手的时候，他们一点儿也不比米底军高明而是一模一样，原来他们在狭路里作战，又使用比希腊人要短的枪，因此他们无法利用他们在数量上的优势。

可是斯巴达人的作战方式却大有值得注意的地方。他们的战术要比对方的战术高明得多。在他们的许多战术当中有一种是他们转过身去装作逃跑的样子。波斯军看到这种情况就呼啸着并鸣动着武器追击他们，可是当他们眼看就要给追上的时候，他们就回转身来向波斯军反攻，这样一反攻，就把无数的波斯士兵杀倒在地上了。这时斯巴达人当然也有被杀死的，不过人数很少。这样一来，波斯人发现他们不拘列成战斗队形或用任何其他办法进攻都丝毫无法攻占隘路，他们只得退回来了。

在进行这些次攻击的时候，据说眺望到这一切的国王由于替自己的军队担忧，曾三次从王座上跳下来。

——希罗多德：《历史》，7.210—212

第二天，薛西斯派了更多士兵攻击斯巴达方阵，屠杀仍在继续。列奥尼达让部队轮换上阵，以避免士兵感到疲惫。与此同时，波斯士兵的尸体堆积如山。薛西斯最精锐的士兵正在倒下，他派往南方绕行攸卑亚的舰队一去不返。他不知道的是，该舰队遭遇了另一场风暴，损失了数百艘船只。

希腊叛徒厄菲阿尔特扭转了局势。他告诉薛西斯，有一条穿过群山的小径能绕到斯巴达人的后方。当天晚上，叙达尔涅斯指挥"不死队"穿过这条小路，扫除了少数守军。一个送信人告诉列奥尼达这条通道已被攻占。意识到大势已去的列奥尼达送走了盟军。但是，他和300名斯巴达勇士还坚守此地，无论发生什么事情，他们都会信守自己的诺言。来自底比斯附近特斯皮亚小镇的700名勇士也拒绝撤离，他们与斯巴达人一道进行最后的战斗。

薛西斯和他麾下的波斯军就是这样进去的,但是列奥尼达麾下的希腊军是抱着必死的决心的,现在他们是比以前要远得多地来到峡谷的更加宽阔的地带了。原来在这之前,他们一直在保卫着垒壁,而在所有过去的日子里,他们也都是退守在狭路里面在那里作战的。但现在他们是从峡谷里面出来和敌人作战了。波斯军在那里被杀死的很多。波斯军的官长们拿着鞭子走在部队的后面,抽打军队使之前进。波斯军当中许多人掉到海里去淹死了,但是相互践踏而死的人们却要多得多,而且对于死者,根本没有人注意。既然希腊人晓得他们反正是要死在从山后面迂回过来的人们的手里,因此他们便不顾一切地拼起命来,拿出最大的力量来对波斯军作战。

这时,他们大多数人的枪已经折断了,于是他们便用刀来杀波斯人。在这次的苦战当中,英勇奋战的列奥尼达倒下去了,和他一起倒下去的还有其他知名的斯巴达人(图12.4)。由于他们的杰出的德行功勋,我打听了他们的名字,此外我还打听到了所有三百人的名字。在这次战斗里,波斯人方面也死了不少知名之士……

薛西斯的两个兄弟就在那里倒下去了。而为了

图12.4 疑为列奥尼达的大理石重装步兵塑像,制作于公元前5世纪

资料来源:Ticinese/Wikimedia Commons(GFDL)

列奥尼达的遗体,在希腊人和波斯人之间发生了一场激烈的冲突,直到最后希腊人发挥了自己的勇气,四次击退了他们的敌人,这才把他的遗体拉走。而且直到厄菲阿尔特率军到来的时候,这场混战才告结束。当希腊人知道他们到来的时候,从那个时刻起,战斗的形势便改变了。因为希腊人退到道路的狭窄的部分去,进入壁垒,而除底比斯人之外的全体在一个小山上列阵;小山就在通路的入口处,而在入口那里现在有一座为纪念列奥尼达而建立的石狮子。在那个地方,凡是手里还有刀的就用刀来保卫自己,手里没有刀的就用拳打牙咬的办法,直到最后波斯军用大量投射武器向他们压来的时候。他们有的人从正面进攻捣毁了垒壁,有的人则迂回包抄,从四面八方进去。

——希罗多德:《历史》,7.223—225

后来,在他们牺牲的地方,希腊人竖立了一座著名的铭碑:

去,过路客,告诉斯巴达人:
于此,践行了誓言,我们长眠。

雅典的陷落

受创的希腊舰队逃出了波斯人在阿耳忒弥斯海角设下的圈套,撤到萨拉米岛周围的海峡,萨拉米岛就在雅典港附近(图 12.2),与此同时,希腊陆军也撤至科林斯地峡。公元前 481 年,一则德尔斐神谕建议雅典人"相信本邦的木制城墙",地米斯托克利和其他大多数雅典人认为这指的是舰队,但也有人认为神谕是说他们需用厚木板来拱卫卫城。波斯人将火箭射入木墙之内,然后通过一条后方小路爬上了几乎无法攻克的卫城城墙。即便如此,雅典人仍坚持战斗:

当雅典人看到波斯人登上了卫城，他们就有几个人从城上跳下去摔死了。其他的一些人则逃到内部的圣堂去避难。攀登上来的波斯人首先到门那里去把它打开并且杀死那些请求庇护的人。当他们把所有的雅典人都杀死之后，他们便抢劫了神殿，然后又把整个卫城放火烧掉了。

——希罗多德：《历史》，8.53

雅典成了一片废墟。联合舰队的斯巴达指挥官欧里比亚德斯此时想要返航地峡，与陆军会合，在那里等待波斯人的进攻。另一方面，地米斯托克利明白希腊人胜利的唯一机会就是挑衅薛西斯进行海战：希腊人只有摧毁了波斯舰队，才有希望保住地峡。地米斯托克利推断，如果希腊人能将薛西斯引诱到环绕萨拉米岛的海峡中，则波斯军的数量优势就会被抵消，就像他们在阿耳忒弥斯海峡和温泉关的遭遇一样。这是一场豪赌。雅典已被摧毁。如果舰队获胜，这座城市或许可以重建；一旦失败，它将永远掌握在波斯人的手中。

地米斯托克利指责欧里比亚德斯：

如果你留在这里的话，则你就会由于留在这里而表示出你是一个堂堂正正的男子汉大丈夫；但如果你不这样做的话，那你就会把希腊搞垮，因为我们的全部作战力量都在我们的船上。考虑考虑看，还是听我的话吧。但是你如果不这样做，我们便不费什么气力带着我们的家小人等到意大利的那从古以来便是属于我们的西里斯去，而且神托也说，我们是必须在那里建立一个居民地的。因此，你们失去了像我们这样的联盟者，将来总会有一天想起我说的话来的。

——希罗多德：《历史》，8.62

欧里比亚德斯暂时服了软。

萨拉米海战（公元前 480 年）

薛西斯没有理由在萨拉米作战。在那里取得胜利将很快结束战争，但如果他驶向地峡，希腊人就会跟上来。他就可以用自己的方式来迎战他们。希罗多德说，这就是这场战争中唯一的女指挥官阿特米西亚给薛西斯的建议。

正当薛西斯考虑时，希腊的将军们指责欧里比亚德斯同意留在萨拉米。他们要求召开第二次会议。看到他们准备放弃萨拉米，地米斯托克利迅速派一个奴隶带着消息去见薛西斯：

> "雅典人的将领背着其他希腊人把我派来向你们报告（因为他是站在国王利益的一方面，故而他希望你们，而不是希腊人取得胜利），希腊人已经被吓得手足失措并正在准备逃跑了，而如果你们能防止他们逃窜的话，那你们就可以成就一项前无古人的功业。因为他们的意见既并不一致，又不想再对你们进行抵抗，这样你们将会看到在他们中间，你们的朋友对你们的敌人交起手来。"
>
> ——希罗多德：《历史》，8.75

薛西斯中了圈套，命令他的舰队前进，去切断希腊人的逃跑路线。萨拉米海战一触即发。地米斯托克利打了一手好牌：如果希腊人获胜，他将成为英雄；如果薛西斯获胜，地米斯托克利可以宣称前者的胜利是他一手促成的。

黄昏时，波斯人闯入海峡。380 艘希腊战船在数量上只及对方的一半。恐惧之下，希腊舰队畏缩怕战，不过已经退无可退。在希腊战线眼看要瓦解时，一艘希腊船只（战后，没有人能够记起该船到底是雅典的还是厄吉那的）冲上前去，撞上了一艘敌船，双方海军陷入混战。雅典最伟大的戏剧家之一埃斯库罗斯当天在希腊舰队中参加战斗，八年之后，在他的戏剧《波斯人》中，他笔下的一位信使从波斯人的立场出发描述了这场战事：

> 铜饰的船艏立即互相冲撞，
> 一艘希腊船首先开始撞击，
> 撞坏了一条腓尼基船的后艄，
> 其他船舰也开始互相冲撞。
> 起初波斯舰队的溪流般阵线尚能坚持，
> 但当狭窄的海面挤满了船只时，
> 便无法互相救援，
> 且自己的战船的包铜船艏撞击起自己的船舰，
> 把整个桡架撞毁。
> 希腊船舰清楚地看出了时机，
> 围住我们攻打，
> 一条条船舰被仰面撞翻，
> 大海看不见水面，
> 飘满了破船碎片和人的尸体，
> 海滩和礁石也处处布满了死者。
> 所有的船舰纷乱地划桨逃遁，
> 只有蛮族船舰上尚有人幸存。
> 希腊人如同拍打金枪鱼或落网小鱼，
> 用被折断的桨片或破碎的船板打击、砍杀我们，
> 呻吟和哀号声浑然一片，响彻整个海面，
> 直到黑夜降临，遮住一切。
> 苦难无数，即使连续十天不停地叙述，
> 也难给你叙说完。
> 你可以明白一点，

那就是从未曾在一天之内有那么多人死去。

——埃斯库罗斯:《波斯人》, 408—432[1]

希罗多德进行了中立的描述:

> 大量的船却在萨拉米沉没了,其中有的是被雅典人击毁的,有的是被厄吉那人击毁的。原来希腊人是秩序井然地列队作战的,但波斯军这时却陷入混乱,行动时也毫无任何确定的计划,因而他们遭遇到实际发生的这样一个结果那是很自然的事情。虽然如此,在那一天里,比起攸卑亚之役来,他们已完全不同,而且证明自己确实是勇敢得多了,每个人都拼命作战,他们都很怕薛西斯,而且每个人都以为国王的眼是正在看着他的。
>
> 希腊人方面阵亡的却不多。原来希腊人会游泳,因此他们中间失掉了船,却没有在肉搏战中丧命的人们,都游泳渡海到萨拉米去了;但是波斯军的大多数人却由于不会游泳而淹死在海里。而当最前面的船逃跑的时候,他们损失的人最多;原来列阵在最后面的人们想乘着船挤到前面去,以便使国王看到他们也是在勇猛地战斗,这样就跟自己前面逃跑的那些船只冲撞到一起了。

——希罗多德:《历史》, 8.86—89

波斯舰队残部四散而去。希腊人将那些受损和被俘的船只拖到安全的地方,等待着薛西斯重返战场,因为即便失去了数以百计的战船,他手中的船只依旧远远超过希腊。但是第二轮袭击没有到来。薛西斯担心希腊的舰队会从萨拉米突围出去,切断通往亚洲的通道。希腊人甚至可能捕获他。他的将军马多尼奥斯肯定会因劝说薛西斯进攻希腊而受到责备,他因此自愿带着精锐部队为薛西斯的撤退断后。第二天

---

[1] [古希腊]埃斯库罗斯:《波斯人》,载《古希腊悲剧喜剧全集》第 1 册,张竹明、王焕生译,南京:译林出版社 2007 年版,第 96—97 页。——译者注

晚上，波斯舰队撤退去保护赫勒斯滂海峡的大桥。希腊人兴高采烈地追赶他们。地米斯托克利怂恿进攻桥梁，但是欧里比亚德斯把他们放走了。为什么要重复薛西斯的错误，冒巨大风险与不顾一切的敌人进行不必要的战斗呢？像奥德修斯一样足智多谋的地米斯托克利给薛西斯送去了第二封密信，说后者能得以逃脱要拜他的主意所赐，以备日后在需要之时让薛西斯还他人情！

据希罗多德说，薛西斯让马多尼奥斯率30万大军驻守色萨利（大多数历史学家认为军队规模不及15万）。国王在雅典待了几天，然后开始撤退。由于没有运送补给的支援舰队，撤退演变成了溃败：

> （薛西斯）在四十五天里来到了渡口，但是带回来的军队可以说是几乎等于零了。在行军途中，不管到什么地方，不管遇到什么民族，他们对这些人的谷物都一概加以掠夺而作为食粮。而在他们找不到任何谷物的时候，他们便吞食地上生长的草，剥树皮，摘树叶，不管它们是人们栽培的还是野生的，一概不留。他们就饿得干这样的事情。此外，在行军途中，他们中间又发生了瘟疫和赤痢，结果使他们丧失了性命。薛西斯把一些病人留在后面，命令他在进军途中经过的那些市邑照顾他们，调理他们……
>
> ……但是经过色雷斯进军到渡口的波斯人却赶忙地乘着他们的船只渡海到了阿彼多斯★，原来他们发现桥梁并没有搭在那里，而是已经被一场暴风雨摧毁掉了。这样，他们的进军便被阻止在那里，不过他们在那里得到的食物却比他们一路上得到的食物要多。由于他们过度的贪食和他们改换了饮用的水，这就使剩下的军队中又死掉了许多人。其余的人等就和薛西斯一同来到了萨狄斯。

——希罗多德：《历史》，8.115—117

★ 赫勒斯滂海峡旁的亚洲城市。

这场战役是场灾难。薛西斯耗尽了波斯帝国的血液和黄金。数十万人丧生,舰队遭损毁。一切都是徒劳。

终局之战:普拉提亚战役与米卡尔海战(公元前479年)

60年后,希罗多德在写作时认识到,在萨拉米战役之后,希波战争已近终结:

> 在这里,我不得不发表自己的一个见解,虽然大多数的人是不会喜欢这个见解的。可是,如果在我看来是真实的见解,那我是决不能把它放在心里不讲出来的。如果雅典人因逼临到头上的危险而惊惶万状,从而离弃他们自己的国家,或者他们虽不离开,却留在那里向薛西斯投降的话,那么就没有任何人想在海上和国王对抗了。因此,如果没有人在海上和他对抗的话,我以为在陆地上就要发生这样的事情。虽然伯罗奔尼撒人在地峡上修筑了不是一层,而是好几层城壁作为他们的屏障,斯巴达人的同盟者还是会离开他们,直到最后只剩下他们自己。他们的同盟者离开他们不是自愿如此,而是不得已的,因为这些同盟者的城市一座座地被波斯人的水师攻陷了。既然这样地被孤立起来,他们就势必得对敌人大战一场并光荣地战死。这便是他们会遭到的命运,否则在他们看到希腊的其他部分都站到敌人一面去的时候,他们也就会和薛西斯缔结城下之盟了。上述两种情况不管是哪一种发生,希腊都是会被波斯人征服的。因为,当国王制霸海上之际,我看不出在地峡上修筑城壁会带来什么好处。但实际上,如果说雅典人乃是希腊的救主的话,这便是十分中肯的说法了。雅典人站到哪一方面,看来优势就会转到哪一方面。雅典人既然认为希腊应当继续保有它的自由,他们便激励剩下的没有向波斯人屈服的那一部分希

腊人，而且正是他们这些人，继诸神之后，击退了国王。

——希罗多德：《历史》，7.139

尽管如此，在公元前 480 年的秋天，上述事实还远未明朗。马多尼奥斯在色萨利仍然控制一支庞大的军队，并且所有希腊人都知道，薛西斯来年会带领一支新舰队来犯。马多尼奥斯希望利用希腊人的这种恐惧，并对雅典人提出慷慨的条件，促其转换阵营。雅典人对此做出了热烈的回应：

> 要知道，世界上没有任何地方有那样多的黄金，有那样美好肥沃的土地足以买动我们的欢心来站到波斯人的一方面来奴役希腊。甚至如果我们愿意这样做的时候，那也有许多许多的有力的理由使我们不能这样做。首先和最主要的，是我们诸神的神像和神殿被烧掉和摧毁，因此我们必须尽力为他们复仇，哪里还能够和干出了这样一些勾当的人们缔结协定；其次是，全体希腊人在血缘和语言方面是有亲属关系的，我们诸神的神殿和奉献牺牲的仪式是共通的，而我们的生活习惯也是相同的，雅典人如果对上述的一切情况表现出不诚实的态度，那是很不妥当的。如果你们以前不知道的话，那么现在你们要知道，只要是有一个雅典人活着，我们就绝不会和薛西斯缔结协定。

——希罗多德：《历史》，8.144

这番言辞慷慨激昂，但在春天来临时，马多尼奥斯再次烧毁了雅典。斯巴达人继续加强地峡防御，但除此之外什么也没做。雅典信使乞求斯巴达向北行军，他们的监察官每天都会说他们将在第二天答复。但在萨拉米海战之后，地峡已经安全了，那么斯巴达人为什么要为雅典冒生命危险呢？过了两星期，雅典人提醒斯巴达人到底是谁保卫了地峡。雅典人发出了最后通牒：尽管他们憎恨薛西斯，但如果斯巴达人不北上支援他们,他们就转投敌营。斯巴达人对雅典人的缺乏信用佯作震惊状。他们宣布,斯巴达军队已经出发,去搜寻并摧毁波斯军队。

当马多尼奥斯听说希腊军队向北行军时,他退至彼俄提亚,那里的地形有利于他的骑兵(图12.5)。希腊人在列奥尼达幼子的摄政王波桑尼的率领下,在彼俄提亚南部普拉提亚附近的山麓驻扎,希望该地的崎岖地形抵消马多尼奥斯骑兵的优势。

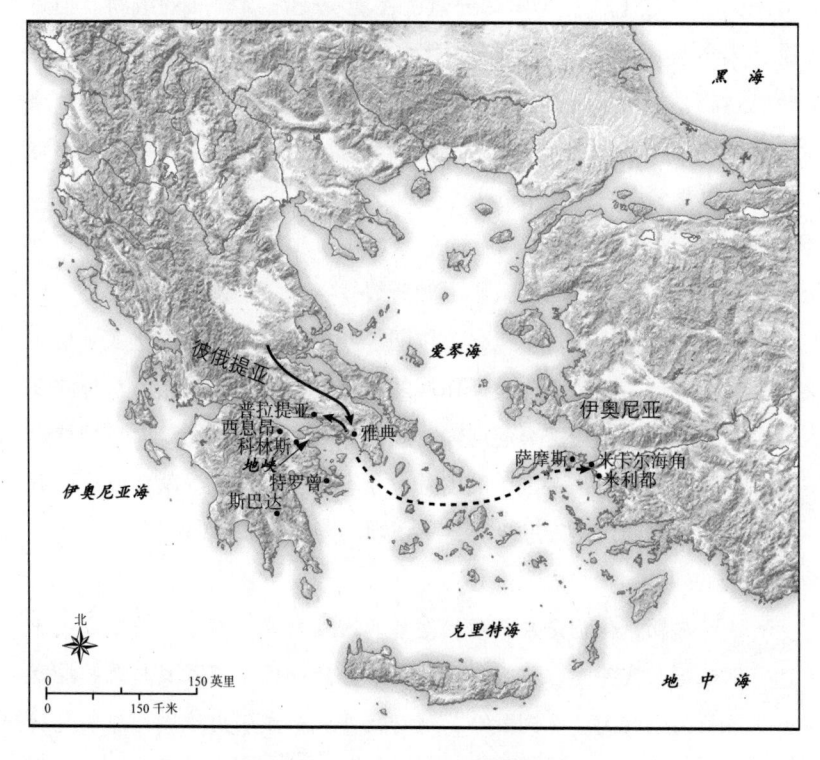

图 12.5　公元前 479 年的爱琴海战争

希腊方面拥有独立城邦所能集结起来的最庞大的军队,包括 4 万重装步兵、7 万轻装步兵,不过(一如既往地)缺乏骑兵。波桑尼和马多尼奥斯都希望一决胜负。然而,当他们求神问卜时,两个人得到了同样的答案:防守则胜,进攻则败。

379

因此两支军队对峙了七天。波斯骑兵每天都出动，希望将希腊人从山上引诱下来，却没有成功。尽管如此，希腊人也感觉到了压力。在这个贫瘠的山头，他们只有很少的食物和饮水。在第八天，波斯人截获了一支由500头骡子组成的庞大的希腊补给队。两天之后，马多尼奥斯大量调拨骑兵，让希腊人很难靠近他们唯一的水源地。

希腊人处境危急。波桑尼命令军队连夜撤退到一条河流两处支流之间的一个点上，那里水源充足，并能免受波斯骑兵的威胁。但是没有人负责调配大军。部分恐慌的希腊人一路退回普拉提亚，一位斯巴达指挥官则拒绝撤退。雅典人静观事态发展。拂晓时分，波桑尼终于说服所有人往相同的方向转移。不过，此时一处陡峭的山脊将由5000名斯巴达重装步兵、35000名希洛人、1500名泰耶阿人（泰耶阿是伯罗奔尼撒半岛上的一座城市）组成的主力与8000名雅典人分隔开来，其他希腊人则不知所终。

马多尼奥斯抓住这个机会，包围了波桑尼率领的斯巴达人。与此同时，在山脊另一边，为波斯作战的希腊雇佣兵攻击雅典人。与波桑尼对阵的波斯人用盾牌竖起屏障，放箭如雨。仍然试图获得有利神谕的波桑尼打开一副又一副羊的内脏，令军队避而不战。就在波桑尼卜得好兆并命令斯巴达人进攻时，不耐烦的泰耶阿人冲向前去：

> 起初，他们是在藤盾的壁垒的附近作战，而这一道壁垒被冲倒以后，战斗先在得墨忒耳神庙本身的附近变得激烈起来并持续了长久的时间，直到最后，这场战斗竟形成了肉搏战；原来波斯军抓住了对方的长枪，并把它们折断了。波斯人论勇气和力量都是不差的，但是他们没有防护的武装，此外他们的训练不够，论战斗的技术到底也比不上他们的对手；他们总是单身地，十个一群或者是更多或更少的人一群地冲出来，杀到斯巴达人中间去，结果就都死在那里了。

马多尼奥斯本人骑着一匹白马，在身边率领着最精锐的一千名波斯军士兵作战的地方,也正是他们对敌人施加最大压力的地方。只要是马多尼奥斯活着,波斯军便守住了自己的阵地并保卫着自己,而把许多斯巴达人杀死。但是当马多尼奥斯阵亡,而他的卫队,也就是军队中最强的那一部分也都战死的时候,其他的士兵便也逃退并在斯巴达人的面前屈服了。原来使他们受到损害的主要原因是他们身上缺乏卫护的武装,而他们这样的轻装步兵(几乎等于毫无护身之具),却要和重装步兵作战(图 12.6)。

——希罗多德:《历史》,9.62—64

图 12.6 希腊士兵用枪刺波斯人,见于一只雅典红绘式双耳罐,制于约公元前 480 年。希腊人穿着青铜盔甲、带着盾牌,而波斯人身着皮制衣,戴长檐帽

资料来源:Image © National Museums Scotland

波斯军队被击垮,逃回设防的营垒中去了:

而在斯巴达人来到这里的时候,便展开了一场争夺城壁的顽强激烈的战斗。原来只要是雅典人还没有到那里,守军就可以保卫他们自己并且对斯巴达人占着很大的优势,因为斯巴达人是不

善于攻城战的。但是当雅典人到来的时候，争夺城壁的战争就激烈起来并持续了很长时间。但终于由于雅典人的勇敢和坚持不屈，他们攀登了城壁并在上面打开了一个缺口，而希腊军队就从这个缺口涌进去了……至于波斯军队这一方面，城壁刚一陷落，他们的阵势就乱了，他们中间没有一个人想进行抵抗；成千上万已经被吓得半死的人被压迫到一个狭小的地方去任人宰割，这给希腊人造成了这样一个尽情杀戮的机会，三十万人的一支大军，除去和阿尔塔巴佐斯一起逃跑的四万人，只不过有三千人活下来罢了。★ 在这一方面，斯巴达出身的拉哥尼亚人在战斗中死亡的一共是九十一人，泰耶阿人是十六人，雅典人是五十二人。

——希罗多德：《历史》，9.70

据估计在同一天，在爱琴海的亚洲那一边，另一场战斗也爆发了，规模比普拉提亚战役小，但影响同样深远。从萨摩斯来的希腊人为希腊舰队（此时位于基克拉泽斯群岛的中心提洛岛）带来了消息——伊奥尼亚全地都准备推翻波斯人的统治。舰队所要做的全部事情就是航行到萨摩斯，并击败那里为数不多的波斯战船。他们扬帆起航，但是提前收到警告的波斯人撤退到萨摩斯海岸附近的米卡尔海角（图 12.5），把船拖到海岸上，并在四周建起围墙。希腊人在其后追赶，将船驶进浅水区，然后登陆。他们冲波斯人的营地喊话，煽动波斯人的伊奥尼亚盟友弃暗投明。波斯人并不相信伊奥尼亚人，于是将他们中的大多数人打发走，独自迎战希腊人。

希腊人分两队前进。雅典人最先抵达：

当波斯人的藤盾直立在那里的时候，他们还能够保卫自己并且守住自己的阵地，但是当雅典人和配置在他们近旁的人们相互

★ 希罗多德夸大了波斯的损失，但后者的确损失惨重。

激励并且更加拼命地奋力作战，为的是表明他们雅典人，而不是斯巴达人才可以打胜仗的时候，战斗的形势立刻改变了。他们冲倒了盾壁之后，就全军杀到波斯人中间去，波斯人迎战，和对方相持了很久，但波斯人终于逃到垒壁里面去了。(在战线上依次排列起来的)雅典人、科林斯人、西息昂人、泰耶阿人紧紧地追在后面并同样一齐冲了进去。但是当垒壁也被攻克的时候，异邦军中除去波斯人之外，所有的人便不再抵抗而逃窜了；但波斯人则各结成少数人的队伍，仍然对像潮水一样冲进城壁来的希腊人作战……

当波斯人还在战斗的时候，斯巴达人和跟着他们来的人们赶来了，帮着结束了未完的战斗。希腊人方面这次也损失了许多人，特别是西息昂人和他们的将领培利拉欧斯。至于在波斯军中服务并且被解除了武装的萨摩斯人，从一开头他们看到双方不分胜负的时候，便一心想帮助希腊人而尽自己的力量去做；而当其他的伊奥尼亚人看到萨摩斯人做出了榜样的时候，他们于是也就对波斯人倒戈并向他们进攻了。

波斯人为了他们自身的安全曾指令米利都人看守通路，以便在万一发生他们真正遇到了的事件时，他们可以有人把他们引导到米卡列山地去。就是为了上述的理由，米利都人被分配以上述的任务，同时也是为了使他们不在军队里从而使他们不会发生哗变的事情。可是，他们所做的事情和交付给他们的任务完全相反，他们不单是把逃跑的波斯人引到通向敌人的道路上去，而最后他们自己竟然也变成了波斯人的最凶恶的敌人，并把波斯人杀死了。这样，伊奥尼亚就再一次背叛了波斯人。★

——希罗多德：《历史》，9.102—104

★ 当然，第一次背叛发生在公元前499年。

米卡尔来之不易的胜利消灭了波斯在爱琴海地区最后的生力军。伊奥尼亚人获得了自由。

结论

希罗多德说他写《历史》"是为了保存人类的功业，使之不致由于年深日久而被人们遗忘，为了使希腊人和异邦人的那些值得赞叹的丰功伟绩不致失去它们的光彩"（希罗多德:《历史》,1.1）。他比自己所能想象的还要成功。2 500年后，马拉松、温泉关、萨拉米跻身战争史上最著名的地名之列。人们不会忘记列奥尼达的勇气和薛西斯的狂妄自大。

在自己的宏大探索中，希罗多德想要解释希腊人如何以及为什么能够击败波斯人。从某种层面上说，希罗多德讲述了一个极具道德色彩的故事：财富和权力过剩带来的骄奢淫逸激起了诸神的妒忌，他们降下疯狂给人们，使得人们忘却了内心的约束，滥施暴力，并遭到报应。由是，克罗伊斯、波利克拉特斯、冈比西、大流士和薛西斯相继遭遇不幸。但是在另一层面上，希罗多德强调了非常现实的因素：重装步兵的坚甲、斯巴达人的纪律、雅典人的决心，以及地米斯托克利挥洒自如的天分。这些力量面对艰难险阻，击破了当时西方世界前所未有的最强大的军队。

这些牺牲是否值得？希腊人保住了他们的自由。薛西斯试图完全毁灭斯巴达和雅典，而这场战争拯救了后两者。然而只有31个城邦冒险与波斯人对抗，一些最大的城邦（西部的塞利努斯、东部的底比斯）则完全站在入侵者一边。

这些英雄事迹对希腊历史到底有多大影响呢？波斯人和迦太基人都不在乎他们的臣民做什么，只要他们交税就行。在公元前494年遭到野蛮的破坏前，伊奥尼亚在波斯治下繁荣了半个世纪。作为对税收的回报，波斯人带来了和平，以及免于肆意作为的暴力的自由。顶尖知识分子在效忠于波斯的城市里工作。公元前493年，伊奥尼亚人获得波斯人的允准，建立民主政体。如果波斯人在马拉松或萨拉米获胜，或者说迦太基在希梅拉获胜，那么希腊文化的境况会有很大不同吗？在西方，迦太基人获胜可能不会带来什么不同后果：哈米尔卡的目标仅在于恢复原来的格局。在爱琴海，只要波斯人继续实施不干涉臣属事务的政策，公元前490年获胜的大流士可能也不会对希腊文化的广泛发展造成不同的影响。尽管如此，在公元前480年，获胜的薛西斯肯定会妨碍我们将在第13章讨论的雅典思想、艺术成就的大爆发，从许多方面来说，这种爆发有赖于战争的胜利带给雅典的自信、财富以及力量。

公元前479年，叙拉古或为西西里的唯一支配力量，而在爱琴海，斯巴达和雅典以获胜但不稳定的盟国身份并立。盖隆想要的只是迦太基的让步；斯巴达和雅典需要保护伊奥尼亚免受波斯人的再次攻击，每个人都认为波斯人会卷土重来。不管迦太基人和波斯人的胜利会带来怎样的长期影响，就短期来看，希腊的胜利产生了一系列的新问题。

第 13 章
民主与帝国：雅典和叙拉古

（公元前 479—前 431 年）

公元前 479 年，随着天气转凉，夏去秋来，接下来会发生什么事情，希腊人拭目以待。在西方，盖隆成为希腊有史以来的最伟大的僭主，他看似下定决心要创建一种新的希腊国家类型，即一个国王统治着众多城邦，与波斯帝国有些相像。在东方，战争让雅典主宰了海洋，斯巴达主宰了陆地。不过，薛西斯一世一定会复仇的，这个联盟能维持下去吗？

从公元前 479 年的普拉提亚战争直至前 431 年伯罗奔尼撒战争的爆发，在近 50 年的时间里，爱琴海和西部的希腊人有相似的经历。叙拉古和雅典都扩大了自身国家权力，寻找筹资、养战以及控制周边民族的新方法。希腊的东部和西部都经历了（按照古代的标准）强劲的经济增长，并且雅典和叙拉古都成为伟大的文化中心。但从细节上说，这两个地区截然不同。叙拉古全盘主宰了西西里。相形之下，雅典通过领导一个反波斯联盟建立了自己的势力，它缓慢地在联盟中掌握了更多的职权，直到它在事实上成为一个城邦合众国的首都。尽管如此，雅典并没有统治希腊旧土，因为斯巴达仍是一个可怕且对雅典日益敌视的竞争对手。雅典和叙拉古在经济上也有不同：西西里通过出口谷物繁荣起来，雅典的昌盛则依靠进口谷物以及出售白银、加工品。

不同的财富根基将产生重要的影响。虽然底比斯诗人品达称叙拉古为"最美丽的希腊城邦",但没有人怀疑雅典是世界的奇迹。用伯里克利的话来说,雅典是"希腊的学校"。虽然以现代标准来看,雅典城不大,在约 2.5 平方千米的土地上,生活着 4 万居民,但雅典引领了无与伦比的思想、艺术革命。这一时期的发现至今仍影响着世界。

历史学家有时称呼这个令人振奋的时代为"黄金时代",但是它也有黑暗面。雅典、斯巴达和叙拉古都对奴工进行残酷剥削。经济和政治的发展推动了雅典文化的胜利,并对斯巴达构成了威胁。被卷入战争的不仅有雅典、斯巴达,还有叙拉古、波斯和迦太基。

让我们首先回顾一下希腊西部的政治、经济发展,然后转向爱琴海。篇幅有所不均是必然的,因为关于雅典的史料要远比叙拉古的多。

叙拉古国家的扩张(公元前 479—前 461 年)

在第 12 章中,我们对盖隆的叙述止于他的胜利时刻。在希梅拉击败迦太基后,他在公元前 5 世纪 70 年代多次用兵,以期说服爱琴海的希腊人相信他的胜利与他们击败波斯的胜利一样伟大。他甚至向德尔斐神庙奉献了一尊三足金鼎,以夸耀自己的成功。该鼎的石座留存下来,上面刻着"叙拉古人、狄诺米尼斯之子盖隆将此献于阿波罗"。此物与爱琴海希腊人的记功碑形成了鲜明的对比,该碑也含三足金鼎,鼎的足部由蛇形青铜柱支撑。部分青铜柱留存至今,保存在伊斯坦布尔,它是在 4 世纪时被运送到这里的(图 13.1)。柱上刻有简单的铭文:"这些城邦参与了战斗",其后是一份包含了 31 个城邦的名单。在爱琴海城邦以公民共同体的身份作战时,盖隆代表着一个城邦。

公元前 478 年,盖隆在其荣耀处于巅峰时死去。他盛大的葬礼吸引了来自整个地中海地区的吊唁者。他的兄弟希耶罗一世曾在公元前 485 年受其命统治革拉(图 13.2),此时,希耶罗一世移驾叙拉

图 13.1 德尔斐蛇形柱的复制品（立于 2015 年）。该蛇形柱原于公元前 478 年立于德尔斐，如今原物位于伊斯坦布尔的"大赛马围场"。君士坦丁大帝于 324 年将它从德尔斐运到拜占庭，然后安置在大赛马围场上的中心椭圆道上。该柱是用取自波斯人盔甲的青铜铸成的。直到 17 世纪，它还是完整的。该柱曾有三个头（其中一个现藏于伊斯坦布尔国家博物馆），支撑着一个用波斯黄金制成的金碗。三足鼎的三足也是用波斯黄金制成的，一样支撑着金碗的外缘。刻在底部线圈处的是大战波斯人的 31 个城邦的名字，以"这些城邦参与了战斗"作为开头。这份城邦名单与希罗多德的叙述不完全一致

资料来源：Didier Laroche（CC BY-SA 4.0）

古，将革拉交给另一个兄弟吕扎罗斯。盖隆和希耶罗一世推动着西西里，发展一种异于爱琴海的政治结构。在此结构下，僭主家族统治多个城邦合众国，任用亲属管治规模更小的城市，并将所有人都当作臣属。在情势需要之时，盖隆、希耶罗一世两位僭主都会清空整座城邦的人口，将他们转到叙拉古或卖为奴隶。在权力受到威胁时，他们就用雇佣兵来镇压公民，随后将雇佣军安顿在被清空的那些城邦中。丛林世界里，强者为王。

希耶罗一世与迦太基保持和平关系，没有对其采取任何行动，甚至也没对付在公元前 480 年曾站在迦太基一边的希腊富邦——塞利努斯。另外，公元前 474 年，希耶罗一世在那不勒斯湾库米附近的地方赢得了一场对伊特鲁里亚人的大海战，由此而复兴了盖隆时期西西里

图 13.2 本章提到的地中海西部的一些地方

的荣耀盛况。公元前 470 年，当他的体育团队在德尔斐赢得战车竞赛时，他雇品达为胜果写赞歌。诗歌称，希梅拉战役、库迈战役都是与普拉提亚战争、萨拉米海战齐肩并立的，盖隆、希耶罗一世两人是解救希腊脱离奴役的大恩人：

> 哦，克洛诺斯之子（宙斯），我向你乞求，
> 让腓尼基人、第勒尼安人★的战争叫嚣，

★ 伊特鲁里亚人又一名称。

沉寂在敌土上,
让他们记住库米一役的船只呻吟,
记住他们所受的种种苦楚。
叙拉古人的号令排山倒海,
从快速前进的船头,
将腓尼基人、第勒尼安人的年轻人抛入海中。
他们从痛苦的奴役下,
将希腊人解救出来。
赞美萨拉米一役将让我赢得雅典人民的感谢,
喀泰戎山★啊,在这里,
斯巴达把射箭的米底人击败。
在此之外,我还要歌唱,
为狄诺米尼斯的儿子们†献上一曲,
用这来歌唱希梅拉的精心胜利。
他们用自己的勇敢赢得歌颂,
成群结队的敌人被他们击退。

——品达:《皮提亚第一颂歌》,71—80

公元前470年之后,在叙拉古日益强大的势力面前,伊特鲁里亚人、迦太基人、西西里的腓尼基人,甚至叙拉古在西西里西部的长期本土盟友伊利米人都不敌。叙拉古僭主击败了非希腊人的敌人,然而,精英世仇、阶级冲突这两个老问题又回过头来困扰他们。已故的盖隆和在世的希耶罗一世的兄弟吕扎罗斯为自身滞陷偏远的革拉城感到恼火,他劝说叙拉古最重要的盟友、阿克拉加斯的僭主塞隆与他联手挑战他的兄弟希耶罗一世。在塞隆于公元前472年去世时,其子特拉绪戴乌斯攻打叙拉古,但以惨败告终,以至阿克拉加斯公民最终将他驱

★ 喀泰戎山位于普拉提亚背后,是公元前479年发生大战的地方。
† 这里指盖隆和希耶罗一世。

逐，并建立了一个民主政体。特拉绪戴乌斯的雇佣军担忧自己的报酬落空，于是试图占领阿克拉加斯。他们在战争中失利，却攻取了一个较小的城市并盘踞多年。对希耶罗一世来说，所有事情都在朝好的方向发展，不过叙拉古人厌恶僭主统治。因此，在希耶罗一世于公元前467年去世时，他们驱逐了希耶罗一世家族，随后与希耶罗一世前雇佣军展开了一场残酷内战。

随着混乱局面的扩大以及僭主在整个西西里的倒台，先前被迫流离于城邦之间的希腊人开始返回家园，并与那些占领了他们土地的人（通常是前雇佣军）展开内战。在新旧公民之间，残酷的战争从公元前466年进行到前461年。最后，所有的西西里城邦在公元前461年签署了一个共同解决方案。老公民赢得了返家权，前雇佣军赢得了部分公民权。叙拉古原有的联盟关系被破坏，由此，在理论上，西西里城邦再次获得了自由和平等。

西方的民主城邦（公元前461—前433年）

共同解决方案造就了多个大型城邦，它们是新旧公民、前雇佣军以及入公民籍的土著的混合体。许多城邦刚从僭主手下解脱出来就建立了民主制度，但是相比爱琴海地区的城邦，其公民团体凝聚力更小，且贵族在城邦里保留了更大的权力。在叙拉古，一个由被选举出来的将军组成的委员会尤为重要，且常常反对那些获得普通公民支持的民众领袖。公元前454年，官员们谴责一位民众领袖组建贫民卫队，冲突就此爆发，城邦因此创制了叙拉古版的陶片放逐法（即"橄榄叶放逐法"，因为被放逐者的名字被写在橄榄叶上，而不是陶片上）。

在长达约300年的时间里，希腊人接管了西西里最好的土地，驱逐土著或将他们贬为奴隶。和所有在帝国中处于边缘位置的欠发达民族一样，这些土著要么屈服，要么抵抗（有时照搬入侵者的制度）。

西西里土著这两件事都做了。在西西里西部，伊利米人放弃了自己的村庄，聚居于塞杰斯塔城，该城在公元前5世纪的地中海政局中发挥了主要作用。在西西里东部，富有魅力的土著领袖杜凯提乌斯用战争和说服的手段，打造了一个由土著西赛尔人组成的联盟。他们组建了一支军队，发行了钱币，并于公元前453年在一个非比寻常的圣地（在这里，硫黄泉形成了两个巨大的火山口）建立了一座新城市。

共同解决方案创造了权力真空，杜凯提乌斯试图填补，但失败了。到公元前440年战争结束时，叙拉古已击溃西赛尔联盟，将成千上万西赛尔人卖为奴隶。即便没有僭主，叙拉古仍是最大且最富裕的西西里城邦，这得益于对西赛尔人的课税以及因贸易繁荣而得的港口税。公元前439年，该城邦扩充了它的陆军、海军，并或恐吓或劝说西西里东部大部分说多利安语的希腊人支持它。在这个十年的末端，叙拉古对不说多利安语的希腊人也构成了威胁。

叙拉古的上述发展使雅典人感到惊慌。公元前433年，雅典与莱昂蒂尼（位于西西里东部）和雷吉翁（位于意大利靴状国土的底部）结成军事联盟。莱昂蒂尼被叙拉古再次组建起来的联盟环绕，处在巨大压力之下；面向墨西拿海峡的雷吉翁则长期以来都是叙拉古的对手。通过此举，富有进取心的雅典将东希腊西部人带入了对抗的轨道。

希腊西部的经济发展（公元前479—前433年）

尽管有上述政治动荡，公元前5世纪，西西里、意大利南部的希腊人还是享受了繁荣。人口大大增长，可能增加了一倍，约有超过100万希腊人生活在西方。到公元前415年，最大的城邦叙拉古约有4万居民（和雅典一样多），阿克拉加斯、塞利努斯至少各有2万居民。公元前5世纪的居所很宽敞，一般而言，一个居所拥有4~8间屋子，环绕在一个有树荫的庭院四周。很多房子有第二层。正如狄奥多罗斯（于公元前1世纪）所描述的：

> 一待叙拉古僭主被推翻、所有的西西里岛城邦都获得独立，整座岛屿就朝着繁荣迈开了大步。他们和平相处，居住在一块优良、肥沃的土地上。该地盛产果实，很快便让人们积累了更多财富，奴隶、家畜和所有财利，填满了这片土地。他们获取了巨额收入，且未在他们过去习以为常的战争上有任何花费。
>
> ——西西里的狄奥多罗斯，11.72

这些财富大部分来自农作物出口，土地则夺自土著。希腊人通常会密集耕作，使用奴工。他们向土地贫瘠的爱琴海和迦太基出售谷物、橄榄和酒，换回制成品和白银。我们对阿克拉加斯最为了解。与迦太基贸易所获得的税收支撑了希腊史上最辉煌的神庙建筑项目，一些土地所有者变得非常富有。狄奥多罗斯说，公元前412年，当这些人中的某一个人在奥林匹亚赛会上获胜时，

> 他乘坐一辆马车，在由300辆马车组成的游行队伍中被领进城。除此之外，每辆马车由两匹白马牵引，所有这些东西都属于阿克拉加斯公民。通常而言，这些人从很小的时候起就过着奢华的生活，他们的穿着极为华贵，黄金饰品极为精美，他们的刮身板*和装酒的瓶子都是用银子乃至黄金做成的。
>
> ——西西里的狄奥多罗斯，13.81

有一户人家是如此豪华，以至其酒窖里有

★ 刮身板通常用铁或铜制成。锻炼之后，运动员会在自己身上涂上油，然后用刮身板刮掉油、污垢和汗水。

300个切割出来的石桶，每桶约900加仑（约3.4立方米）的容量。在它们旁边有一个涂泥的大酒缸，容量为9 000加仑（约34立方米），酒就是从这里倒到桶里的。

——西西里的狄奥多罗斯，13.84

感到吃惊的狄奥多罗斯还记下：

阿克拉加斯被包围时（公元前406年），城邦通过了一项与在岗守卫有关的法令：他们不能拥有一个以上的床垫、一条以上的被子、一张以上的羊皮和两个以上的枕头。考虑到这是对床具的严格限制，你就能够想象他们在日常生活中是多么奢侈了。

——西西里的狄奥多罗斯，13.84

一个复杂的经济体系正在形成。随着城市中心在西西里的发展，各地的生活标准在提高，人口数也在增加。甚至土著也分享了这份新的财富。

西门和雅典帝国的建立（公元前478—前461年）

普拉提亚和米卡尔战役后，胜利的喜悦逐渐消失，斯巴达人显然认为情况会恢复到战前的局面。他们试图说服雅典不修筑新城墙，而依靠斯巴达的保护。不过，诡计多端的地米斯托克利一边与斯巴达协商，一边让雅典人秘密修筑了城墙。遭受挫败的斯巴达将注意力转向伊奥尼亚（图13.3）。只有靠舰队才能保护伊奥尼亚免遭波斯侵袭，不过，尽管斯巴达人是舰队名义上的指挥官，占据主导地位的却是雅典的船只。基于此，斯巴达建议伊奥尼亚人迁移到希腊本土，生活在斯巴达的保护之下。他们逃离波斯的代价是失去家园和土地！

当伊奥尼亚人拒绝迁移时，斯巴达人试图控制联合舰队。普拉提

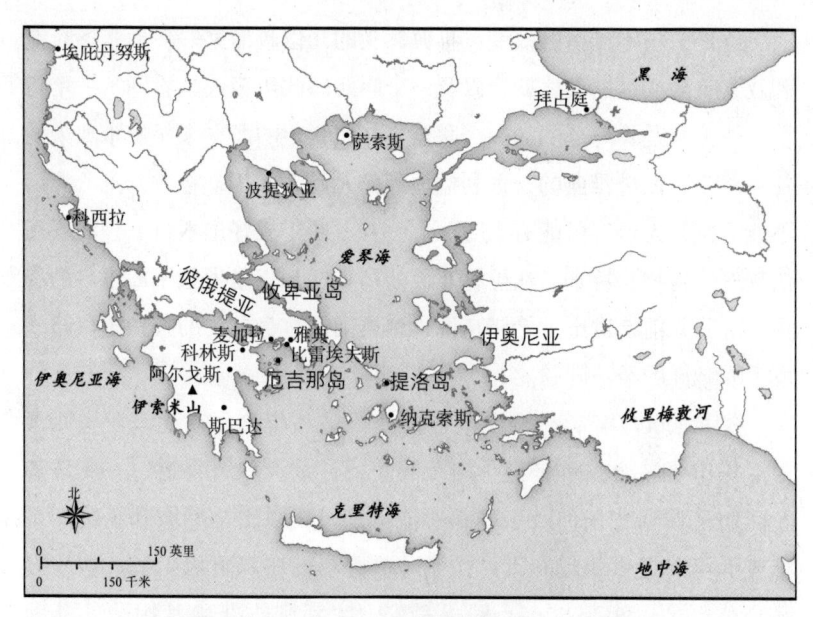

图 13.3 本章提到的希腊爱琴海域的一些地方

亚的英雄波桑尼在公元前 487 年掌理舰队,将波斯人从塞浦路斯岛上赶走,然后返航夺得了拜占庭,扼守通向黑海的门户。不过,波桑尼的傲慢深深冒犯了其他希腊人。据称,他写信给薛西斯一世,提出以背叛希腊为代价,换得求娶薛西斯一世之女,并在希腊归顺波斯帝国时担任希腊总督。监察官发现了波桑尼的通敌之举,将他撤职,并派出了一位继任官员。但伊奥尼亚人拒绝与另一位斯巴达人合作,结果,

> 斯巴达人……也就回国,以后斯巴达人也没有派遣其他司令官去了。他们担心他们的军官到了海外,生活腐化,如他们在波桑尼的情况中所看见的一样;同时,他们不想再负担反对波斯的战争了。他们认为雅典人完全能够指挥,并且当时雅典人对他们也是友好的。这样,雅典就取得了领导权。因为厌恶波桑尼的缘故,同盟国也愿意雅典取得领导权。
>
> ——修昔底德:《伯罗奔尼撒战争史》,1.95—96

395

这是一场不流血的政变。雅典领头的几位政治家——地米斯托克利及其政敌亚里斯泰德斯，以及一个叫西门的年轻人，看到了一个机会，能控制爱琴海范围的一个联盟，并用联盟的海军来保护雅典人的贸易路线，促进雅典的长远利益。到公元前500年，雅典自身资源已不能支撑其人口（可能有15万之众），即便年成好也不行。雅典现在依赖进口谷物，特别是从黑海北部的乌克兰和克里米亚半岛进口的谷物。对公元前5世纪的希腊来说，雅典确保自身重要的谷物进口路线成了战略性的经济问题。

公元前477年，雅典及其盟友在提洛岛集会，在此，亚里斯泰德斯提出了一个发动征波（斯）战争的计划。他解释道，一支常备舰队的耗费远非任何一个城邦所能承担，所以，一些城邦（特别是雅典）可以提供船只和人力，另一些更小的城邦可以出钱。他的方案是公平的：小邦出点小钱保平安，大邦则收获给其舰队的补助金。数十个城邦接受了这个提议，并相信雅典会做好领导的承诺（图13.4）。

指挥官的不二人选是萨拉米海战的胜利者地米斯托克利，但是他的公民同胞因担心他想成为僭主而不信任他。在公元前476—前471年的某个时候，他被放逐出雅典。与此同时，斯巴达长老会议发现波桑尼犯有叛国罪，由此将他饿死在其藏身的神庙里。长老会议后来宣称地米斯托克利同样暗通波斯，由此，雅典人同意不管地米斯托克利身在何处都要找到他，并将其处死。在一个民主社会里，太有野心的人是不被容忍的。在整个爱琴海遭到搜捕的地米斯托克利托庇于阿尔塔薛西斯一世廷下，后者继薛西斯一世为波斯国王。国王对地米斯托克利大行赏赐，礼遇有加。

勇猛、年轻的西门取得了联合舰队的指挥权，猛攻波斯在爱琴海北部的残余基地。他的战略是将波斯人赶出爱琴海，并尽可能多地斩获战利品，同时确保没有人能在不支付保护费的前提下享受到雅典舰队的保护服务。因此，西门攻打了拒绝加入联盟的城邦，当纳克索斯岛在公

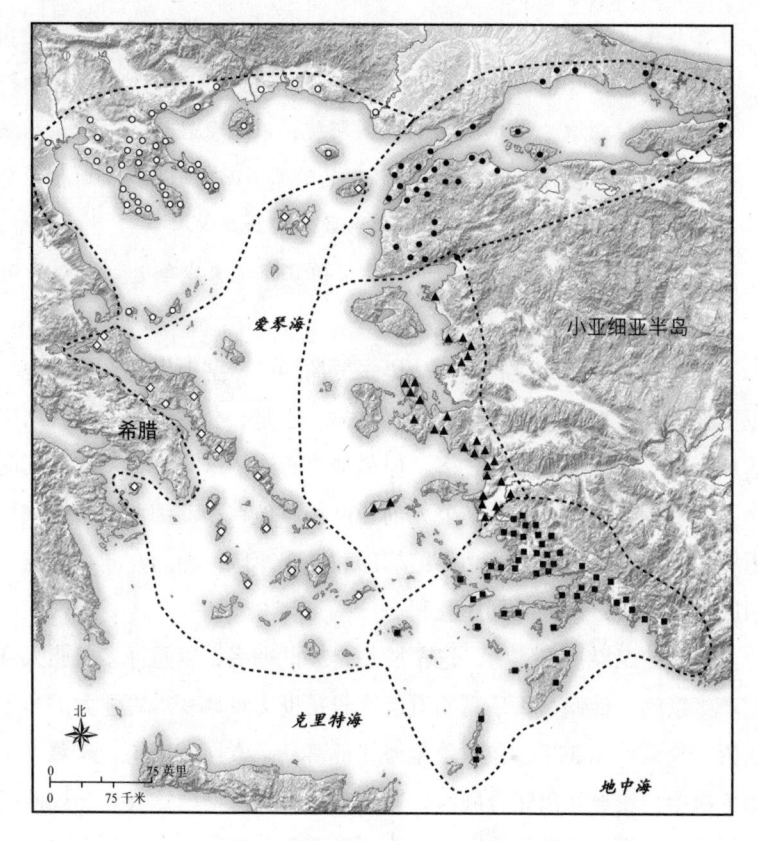

图13.4 雅典联盟中的城邦，公元前449年

元前476年决定退出联盟时，西门强迫该岛继续上贡：

> 纳克索斯岛是第一个由于违反了同盟宪法而被征服的城市，随着事件的升级，其他城邦也发生了类似的事情。这些暴动的主要原因是没有交纳贡款或法定数量的船舰，有时完全拒绝提交船舰。因为雅典人坚持严格履行义务；他们对于那些不惯于牺牲，也不愿意牺牲的同盟国进行严重的压榨，因此他们丧失人心。在其他方面，雅典人作为统治者的资格，也不如过去一样得到人心了；在实际战争中，他们的兵役负担超过了他们的应有份额；但是这样使他们更

397

容易强迫任何想叛离同盟的国家回到同盟来。这种形势之产生是由于同盟国自己的过失。因为它们不愿意服兵役,它们大多数是依照规定的数额缴纳金钱,而不提供船舰,以避免在海外服役。结果,雅典人利用它们的金钱,建造强大的海军,而它们暴动的时候,总是发现它们自己的武装力量不够和战争经验缺少。

——修昔底德:《伯罗奔尼撒战争史》,1.98—99

雅典人将盟邦变成属国。狄奥多罗斯说,一些斯巴达人认为他们犯下将海军指挥权移交雅典的愚蠢之举,于是,公元前475年,斯巴达长老会议商议进攻雅典之事,但是最终否决了这个方案。与此同时,薛西斯一世仍在计划复仇。公元前469年,他在小亚细亚南岸的攸里梅敦河(图13.3)集结了200艘战船和一支军队。西门在同一天与这两股力量交锋,获得压倒性胜利。

他大获全胜。事实上,这个胜利是如此彻底,以至许多希腊人开始产生疑问:他们是否还需要看起来只是助力雅典变得更强大的海军联盟。公元前465年,在与爱琴海北部富岛萨索斯就市场、矿藏产生的争执中,雅典派出联合舰队,并围攻萨索斯。斯巴达长老会议此时秘密投票决定入侵阿提卡,旨在迫使雅典舰队撤退。但是就在这次投票之后,一场大地震重创了斯巴达,很多斯巴达人丧生。希洛人和一些庇里阿西人叛变,这是斯巴达史上最激烈的反叛。别说攻击雅典了,此时斯巴达还得寻求雅典的帮助来对付希洛人。

雅典人的心态也在改变。这个城邦此时是世界上最强大的海上强权了,那些坚持认为雅典不需要斯巴达的新兴政治家赢得了公民大会的信任,但雅典最伟大的将军西门表示强烈反对:

在雅典人得势时,他们对西门过于支持斯巴达人感到恼怒。因为在雅典人与斯巴达人的比较中,他一直抬高斯巴达人,特别是在他因为某事责怪雅典人或敦促雅典人的时候。据作家斯特辛布罗特*观察,西门喜欢这样说,"但是斯巴达人不会那样做"。公民们因此对他充满嫉妒和憎恨。

——普鲁塔克:《西门传》,16

地震后,斯巴达于公元前464年向雅典寻求帮助,其时,

厄菲阿尔特†反对这个计划,力劝他们不要帮着那些和他们自身利益背道而驰的城邦重建。相反,他们要置之不理,要将斯巴达人的傲慢践踏在脚下。但是西门说服人们要把斯巴达的利益置于雅典扩张之上,并派出一支庞大的重装部队前去支援他们。伊翁◆留下了西门说服雅典人的话,"不要让希腊跛足或让雅典失去自己的伙伴"。

——普鲁塔克:《西门传》,16

西门帮助斯巴达将造反的希洛人赶回崎岖的伊托米山,对他们进行围攻。雅典围攻萨索斯与斯巴达围攻伊托米山是同时进行的。萨索斯在公元前463年被雅典人攻陷,隔年,斯巴达人不得不再次向雅典求助:

雅典人再次驰援斯巴达,但是斯巴达人惊恐于他们的勇敢和进取心,于是把他们当作阴谋者礼送出境,在所有盟友中,只有雅典人受此待遇。雅典人带着盛怒返回本土,公开将他们的不满发泄在那些同情斯巴达的人身上。他们用一个脆弱的借口,以陶片放逐法驱逐了西门,使其流离在外达十年之久。

——普鲁塔克:《西门传》,17

★ 公元前5世纪的一位作家。
† 一颗冉冉升起的政治新星(参见下文)。
◆ 一位来自开俄斯岛的历史学家,生活在当时。

第一次伯罗奔尼撒战争（公元前460—前446年）

正如我们在第10章中所看到的，雅典公民大会的领袖不得不没日没夜地在连续不断的争论中劝说公民大会支持他们的计划。到公元前462年，西门已失去民心，他的竞争对手厄菲阿尔特和年轻的伯里克利转而操控公民大会反对他。公元前461年，厄菲阿尔特说服公民大会将一些重要权力从战神山议事会（成员均为前执政官，终身任职）转到公民大会手中，以此削弱了保守派领袖的力量，拓展了民主。很多历史学家认为雅典就此走向激进民主。国内局势不稳，厄菲阿尔特于体制改革之后不久被谋杀，雅典走到了内战的边缘。

国内政策和对外政策是紧密联系在一起的，由此，激进的公民大会站在斯巴达的对立面。很明显，一些雅典人相信保护民主制度的唯一方法就是打破伯罗奔尼撒同盟，这样斯巴达就再也不能帮助雅典内部的反动派了。雅典的重装步兵永远不可能战胜斯巴达，但是通过与心怀不满的伯罗奔尼撒同盟成员结盟，雅典人希望能够包围并分裂斯巴达最重要的盟国科林斯（图13.3）。如果科林斯转投雅典一边，斯巴达将受到削弱。雅典的战略引发了第一次伯罗奔尼撒战争（公元前460—前446年），这是主要发生在雅典盟邦和斯巴达盟邦之间而非两大强国本身之间的代理人战争。到公元前457年，位于科林斯南部的阿尔戈斯和位于科林斯北部的麦加拉已自愿加入雅典阵营，厄吉那和位于雅典西北方的多个彼俄提亚的城市也投顺雅典。套在科林斯身上的绳索收紧了。

雅典并未将反波斯政策转变为反斯巴达政策，而是两面作战。公元前460年，埃及反叛波斯，雅典派出了一支由200艘战舰组成的庞大军队支援埃及起义。战争达六年之久，由此而使得雅典派出越来越多的舰船。尽管在与斯巴达的代理人战争、与波斯的公开战争中消耗了力量，雅典仍有余力建设名为"长墙"的防御工事，它将雅典及其约 8 千米以外的海港比雷埃夫斯连接起来。现在，即使斯巴达人入侵阿提卡，也无法阻止粮食将经由比雷埃夫斯港和长墙运至雅典，除非他们想攻击防御工事，但他们从不敢这么做。

在第 10 章中，我们引用了希罗多德的评论：公元前 508 年雅典人摆脱僭主的统治后，释放了公民的活力，成为强国。公元前 461 年前后的改革引起了雅典第二次非比寻常的能量大爆发。一份公元前 459 年的伤亡名单表明了雅典人那一年在整个地中海东部作战（图 13.5）。见雅典四面出击，科林斯人袭击了阿提卡，没想到遭受可耻的失败，为一群或小得可怜或老得可怜、远算不上军队的雅典人所破。

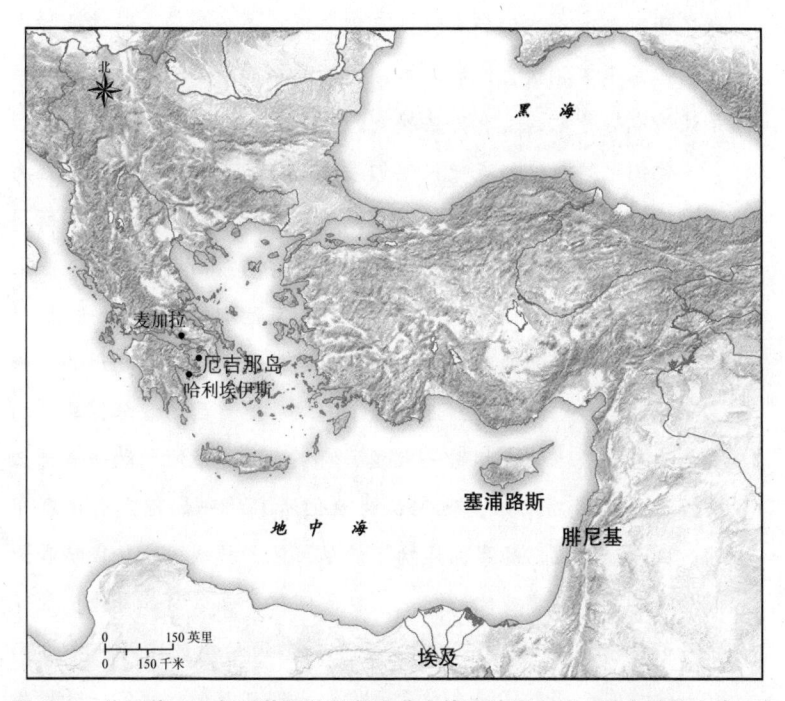

图 13.5　公元前 459 年伊莱西特部落雅典人战死沙场之地。其中某些人战死在本国附近（哈利埃伊斯、麦加拉、厄吉那岛），其他的则死在遥远的地方（塞浦路斯、腓尼基、埃及）。伊莱西特仅是雅典十部落中的一个，雅典战士还可能在我们不知道的其他战场战斗过

据修昔底德说，后来一个与斯巴达人交谈的科林斯人将雅典人的活力与斯巴达人的小心谨慎做了比较：

你们斯巴达人从来没有想到过，将来会和你们作战的这些雅典人是怎么样的一种人——他们和你们多么不同，实际上是完全不同的啊！一个雅典人总是一个革新者，他敏于下定决心，也敏于把这个决心实现。而你们是善于保守事务的原况；你们从来没有创造过新的观念，你们的行动常常在没有达到目的的时候就突然停止了。其次，雅典人的勇敢常常超过他们人力和物力的范围，常常违反他们的善良判断而去冒险；在危难之中，他们还能坚持自己的信念。而你们的天性总是想做得少于你们的力量所能够做到的；总是不相信自己的判断，不管这个判断是多么健全的；总是认为危险是永远没有办法挽救的。

你们也想想这一点吧：他们果决而你们迟疑；他们总是在海外，而你们总是留在家乡；因为他们认为离开家乡愈远，则所得愈多，而你们认为任何迁动会使你们既得的东西发生危险。如果他们胜利的话，他们马上穷追到底；如果他们战败的话，他们绝不退缩。至于他们的身体，他们认为是给他们的城邦使用的，好像不是他们自己的一样；但是每个人培养他自己的智慧，其目的也是为着要给他的城邦做一点显著的事业。如果他们做一点什么事情而没有成功的话，他们认为他们所有的一切都完全被剥夺了；但是如果他们的事业成功了的话，他们就认为这种成功和他们所将要再做的事业比较起来，就算不得什么了。如果他们做一件事情没有成功的话，他们马上把他们的希望放在另一个方面，以来弥补这个损失。只有对于他们，我们可以说，他们一开始想要一件东西，他们就马上取得了那件东西，他们的行动是这样迅速地和他们的决心相伴随的。所以他们一生的时间都是继续不断地在艰苦危险的工作中度过的，很少享受他们的财产。他们把一个假期只看作是履行一种义务而已；他们宁愿艰苦而活动，不愿和平而安宁。一言而蔽之，他们是生而不能自己享受安宁的生活，也不让别人享受安宁生活的。

——修昔底德：《伯罗奔尼撒战争史》，1.70

不过，对雅典而言，局势开始恶化。公元前454年，波斯在埃及摧毁了雅典的远征军，这让雅典舰队实力大减，以至同盟金库从位于基克拉泽斯群岛中心的提洛岛转移到了雅典卫城，以防波斯人的袭击。局势在公元前451年稳定下来，西门结束流放归来，并迅速在塞浦路斯岛击败了波斯人。公元前4世纪的作家说，在那之后，雅典和波斯签署《卡里阿斯和约》，正式结束了双方长达50年的战争。许多历史学家认为该和约实际上是这些事件发生100年后基于政治因由虚构的，但即便如此，西门在塞浦路斯的军事行动仍有力地为希波战争画上了一个句号。在公元前451年之后，希腊与波斯的战争渐趋消弭。

由此，雅典的盟邦自问：为什么还要为抵御一个不再存在的威胁掏腰包？公元前447年，彼俄提亚的一些城邦起而反叛，并击败了一支镇压他们的雅典军队。这让雅典显得虚弱，对雅典交通具有重要意义且是主要谷物产地的攸卑亚岛（图13.3）也于公元前446年举起义旗。接下来，麦加拉也将矛头指向雅典，斯巴达则准备入侵阿提卡。雅典公民大会的领导人物伯里克利在此危急时刻迅速展开行动。他在斯巴达干预之前重新征服了攸卑亚岛，随后于公元前446年与斯巴达签订了"三十年和约"。追逐权力的重大行动遭受挫败，雅典宣布放弃对希腊大陆的所有企图，看起来，时光倒流到斯巴达称雄希腊的那个时代了。

伯里克利与雅典权力的巩固（公元前446—前433年）

事实上，雅典并未如此打算。伯里克利采取了一个巧妙的策略：

避免纠缠、抓紧盟邦、收集贡赋、继续集权。他推断，最终雅典将拥有足够的资源，压倒斯巴达。

雅典正变得像一个首府城邦，以前爱琴海区域的独立城邦则被它降为区域中心。盟邦的贡赋实际上是它们支付的保护费。当一个城邦发生起义时，雅典就接管其法律和财政管理事宜，强行派驻守军，将土地没收并重新分给雅典公民。雅典不与相关城邦商议，自行决定外交政策，还坚持让所有人都使用雅典的度量衡和钱币。主要的案件都要在雅典城审判，即便犯罪行为是在雅典以外做下的。

伯里克利的成功让他成为雅典有史以来的最有权势的政治家：

> 伯里克利曾经说过，如果雅典等待时机，并且注意它的海军的话，如果在战争过程中它不再扩张帝国的领土的话，如果它不使雅典城市本身发生危险的话，雅典将来会获得胜利的……
>
> 因为伯里克利的地位，他的贤明和他有名的廉洁，能够尊重人民的自由，同时又能够控制他们。是他领导他们，而不是他们领导他；因为他从来没有从不良的动机出发来追求权力，所以他没有逢迎他们的必要；事实上他这样崇高地受人尊敬，以至他可以对他们发出怒言，可以提出反对他们的意见。无疑地，当他看到他们过于自信的时候，他会使他们感觉到自己的危险；当他们没有真正的理由而丧失勇气的时候，他会恢复他们的自信心。所以虽然雅典在名义上是民主政治，但事实上权力是在第一公民手中。
>
> ——修昔底德：《伯罗奔尼撒战争史》，2.65

雅典一直遵循着他的政策，公元前446—前431年，雅典唯一的一次大战事是在公元前440—前439年粉碎萨摩斯岛上的起义。

雅典国家权力稳定的扩张是古典时代的希腊最重要的历史进展。公元前8—前7世纪，斯巴达通过征服麦西尼亚使自己成为非常规意义上的城邦，而到了公元前6世纪，斯巴达的扩张停滞，并在伯罗奔尼撒同盟领袖的位置上稳定下来。公元前5世纪80年代，叙拉古、阿克拉加斯僭主在西西里岛创造了城邦合众国，但事实证明这并不稳固，并在公元前5世纪60年代土崩瓦解。而这时，雅典创造了一个全新、独特而又强有力的城邦合众国。

爱琴海的经济发展

公元前5世纪期间，整个地中海的希腊人口可能增长了一倍，公元前5世纪30年代的人口数量可能达到了500万。更多的人口意味着更多的财富，而雅典权力的增长则推动了生活水平的提高。

贸易

雅典从其他城邦那里得到的贡赋大部分都花在了舰队上。大部分船只都在雅典的港口比雷埃夫斯（图13.3）建造，并且大部分水手是雅典人。流入雅典的金钱最终落入了划桨手、索具工以及其他国家雇员之手。这些人中的一部分是兼职的农民，其他人则并不从事农业，但是所有人都需要食物。此外，由于雅典人有钱可花，外国进口商将食物运到比雷埃夫斯。由于谷物由西西里岛、埃及、乌克兰出产，雅典农民可专门种植一些更有利可图的农作物，如橄榄、水果及豆类，将它们卖到城市市场上并买回进口的谷物。由于雅典市场繁荣起来，工匠聚在那里生产纺织品、金属制品、陶器等，谷物贸易商可将它们买回其母邦销售，从而来去都可获利。事实上，在这个时期制作的雅典陶器遍布整个地中海世界。

大部分希腊人仍是农民，大部分自种作物都供自家食用。不过，地区间通过海上运输贸易不断融合，意味着每个地区可以专注于最适合自己的产业。大邦驱动着经济增长，其公民获得了最大的利益，乡村居民同样分得了一杯羹。小村庄此时也有了精心修建的房屋。

随着雅典购买力的提高，阿提卡的人口骤升到35万人左右，其中有4万人生活在城市里。舰队镇压了海盗，并确保了贸易路线的安全。约公元前440年，一位今名"老寡头"（以由其对民主的敌意得名）的匿名作者描述了得自海上力量的物质利益（图13.6）：

> 如果必须提到微不足道的事情的话，我要说，雅典人与各式各样的外邦人混在一起，以此找寻到各式各样的乐子。西西里、意大利、塞浦路斯、埃及、本都、伯罗奔尼撒——只要是美物，都会通过海上霸权被拢聚到一个地方。
>
> ——《雅典政制》[1], 2.7

老寡头描述了一个世界城邦雅典，但是即便是小的城邦也有从海外来的常客。许多从事贸易的希腊人选择定居在他邦而非母邦，希望有朝一日衣锦还乡。这样的人被称作"外邦人"。外邦人需支付居留税，并通常在居住地不得拥有房产。许多外邦人都是卑微的工人，但也有一些人成为富人。亚里士多德花了大半辈子的时间在雅典做外邦人，雅典主要银行的经营者（尽管银行的所有者常常是富裕公民）则是外邦人和奴隶（其中有些是女性）。

奴隶制

我们在第10章中看到，梭伦对债务奴隶的禁止使得使用外国奴隶成为一种顺理成章的措施，以满足对廉价劳力的需求。由是，在公元前5世纪，奴隶贸易兴旺起来。到公元前5世纪30年代，阿提卡1/4的人口（约7.5万人）可能是奴隶，他们主要来自巴尔干半岛、小亚细亚（图10.6）。大地主常常发现购买或租赁奴隶比雇用自由人更容易。在雅典，数百家小工坊都雇用了少量奴隶（图13.7）。任何负担得起的人都会有一两个奴隶做家庭佣人（图13.8）。与此同时，

---

[1] 亚里士多德著有同名作品。——编者注

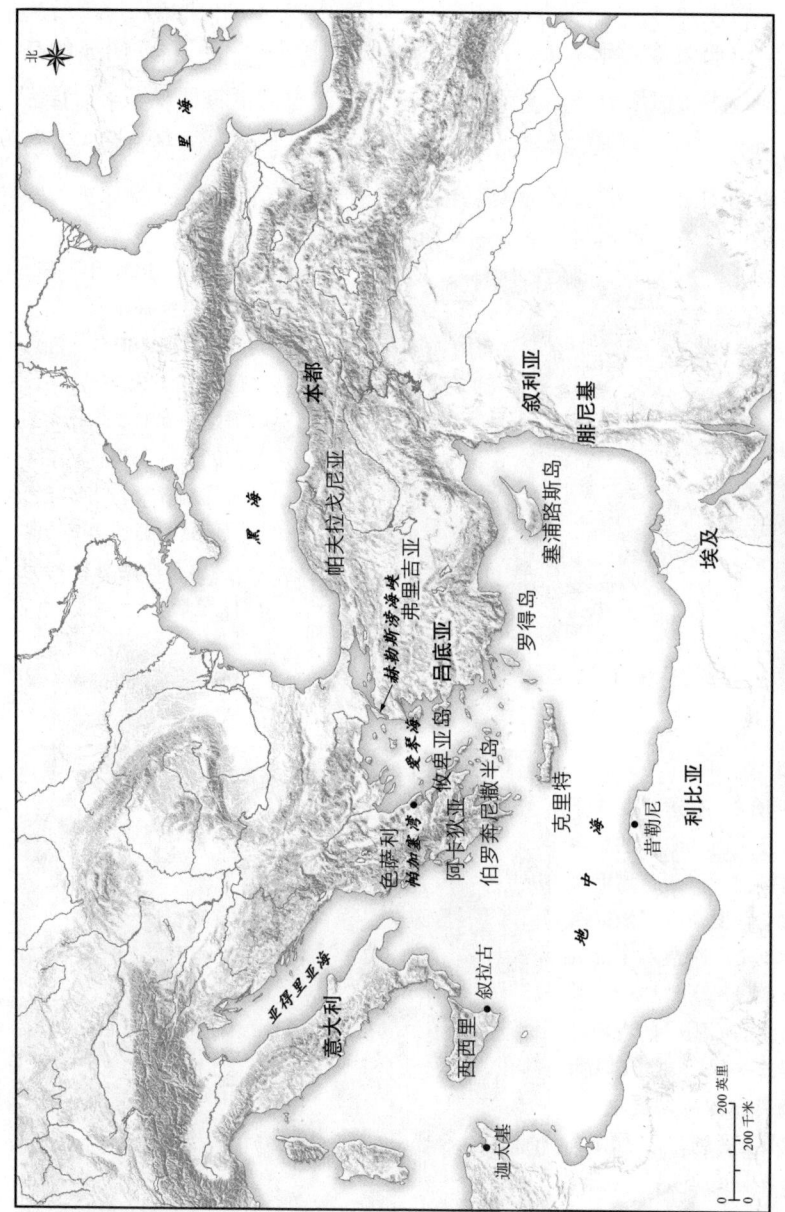

图 13.6 老寡头提到的雅典进口地

常常有多达两万人在雅典银矿狭窄、闷热的竖井以及严酷的环境下工作（图 13.9）。

希腊奴隶制和 1865 年前美国的奴隶制非常不同。最明显的是，美国奴隶主以所有非裔美国人比所有欧裔美国人低等的观点来为自己的制度辩护。至于那些被希腊人奴役的人，他们通常不是希腊人，说着不同的语言，并被认为天生低人一等。不过，希腊人并没像美国奴

图 13.7 描绘青铜铸造厂的红绘式花瓶，制于约公元前 480 年。注意悬挂在炉火旁的工人、锤造塑像的雕刻匠头上方的多种工具。很多工人都是奴隶。此画作者因该瓶得名"铸造厂画匠"，花瓶的直径约为 31 厘米

资料来源：ArchaiOptix/Wikimedia Commons（CC BY-SA 4.0）

图 13.8 在这只制作于约公元前 480 年的雅典酒杯上，一个色雷斯女奴（红发表明了她的出身，短发则显示了她的奴隶身份）扶住一个因为醉酒而呕吐的青年宾客的头部。该画被认为出自布里吉画匠之手。酒杯直径约为 31 厘米

资料来源：Daderot / Wikimedia Commons（CC0 1.0）

图13.9 科林斯出土的黑釉牌匾,描绘了奴隶在矿井中劳作的场景(制作于约公元前6世纪)。赤身裸体的工人们正在挖土,将矿石或黏土装入篮子。一盏灯垂下来,为他们照明

隶主那样有如此清晰的意识形态。公元前4世纪,亚里士多德提出了"自然奴隶制",认为神做出安排,让所有非希腊人都比希腊人低等,所以前者理应被后者奴役。但是,这个理论受到了很多批评(参见第18章)。除了在矿山,希腊的奴隶们一般以小组形式工作,通常和主人一起。希腊并不适合像19世纪美国棉花和甘蔗种植园那样,奴役数百劳动力。1850年美国的奴隶有3/4都是农场工人,而希腊奴隶从事着各式各样的职业,其中有一些是技术工人、教师甚至是银行家。修昔底德说,公元前413年,有2万名技术熟练的奴隶(可能占奴隶人口的1/4)从雅典逃走了。

富人

雅典巨富通过贸易、经营取自反叛属邦的土地而致富,公元前5

世纪是他们最富裕的时代，不过强烈的民主理念抑制了人们炫富。爱琴海的房屋通常宽敞、舒适，但没有一栋是以奢华而引人注目的。墓葬朴素且统一。公民很少建造纪念碑来表现自己的重要性。取而代之的是，富人承担"公共服务"，为节庆、祭仪或装备战船提供资金。富有的政治家在这些"公共服务"上大量撒钱，以此收买民心。例如，

> 西门拥有足以支撑一位僭主的财富。他在一般公务上作风很豪华，而且资助了很多与他住在同一居住区（拉西亚村）的人。该村的所有人每天都可以到他那里获得自己的基本生活需求品。他的土地并没有设置篱笆，因此无论谁有需要，都可以从那里摘取他想要的水果。
>
> ——亚里士多德：《雅典政制》，27

然而不是每个人都赞同这种制度。据老寡头说：

> 就合唱队的组织、运动场的设施配备乃至三列桨战船的装备而言，穷人们知道：富人组织合唱队，民众在里面跳舞；富人配备运动场设施、装备三列桨战船，穷人则在运动场工作、在战船里划桨。穷人们认为他们因唱歌、跑步、当海员而获得金钱是一件很正当的事，因为他们得了钱，富人则花点钱。
>
> ——老寡头《雅典政制》，1.13

在古代社会中，那些拥有财富的人通常也控制了政治职位。然而，在公元前5世纪的雅典，穷人们行使着巨大的政治权力。即便老寡头很不喜欢这一事实，但他也承认雅典的安全有赖于在舰队中划桨的贫穷公民。这些人有权通过民主制度管理城邦，甚至可以向属邦输出民主制度。在雅典，除了雅典与属邦之间的权力斗争，旧贵族和雅典的民众之间也有争夺权力的斗争。据老寡头解释：

关于雅典人的政制，我没有什么话好说，因为他们选择让穷人凌驾于富人之上。因为这，我不赞赏雅典人的政制。这些做法是由他们自己决定的，但对其他希腊人而言却是一个错误。现在，让我解释一下他们是怎样维持这些做法的。

首先，我要指出穷人和民众拥有比那些贵族、富人更多的权力正是出于下述原因：民众驾驶着战舰并给城邦带来了权力。舵手、摇手、船长、瞭望员、工匠，是他们而不是重装步兵、贵族、富人将权力带给了城邦。有鉴于此，所有人通过抽签或投票参与治理就是正当的了，每一个公民有表达自己愿望的权利也是正当的了……

谈到盟邦，我们要说，在雅典人航行到他们那里的时候，他们随意进行恶毒的控告，贵族是他们的眼中钉。他们非常清楚，被统治者一定憎恨统治者，而如果富人强大起来，雅典民众的权力会转瞬即逝。基于此，他们蔑视富人，剥夺他们的财产，放逐、杀害他们，以此而提升穷人的权力。不过雅典富人却竭尽全力保护盟邦中的富人，因为他们知道，保护盟邦中的上层人物对自己是有利的……

雅典人有一样不足。如果雅典人以海上统治者的身份居住在岛上，则只要他们统治着大海，就能任凭己意打击敌人，而不必为此承担任何损失。他们的国家不会遭人劫掠，也不会遭到敌人的攻击。不过事实是，农民、富人在敌人面前越发畏缩，没有任何东西可供敌人烧杀抢劫的雅典民众却活得很无畏，不去献媚……

既然没有机会一开始就在岛上居住，他们就采取下列做法：出于对自己在海上势力的信任，他们将自己的财富安置在岛上，一旦阿提卡罹受大难，他们会视而不见，并认为若对此表示怜悯，他们会遭受更大的损失……

在我看来，在城邦内部纷争不断时，雅典人偏袒下层民众是一个错误的决定。他们这样做是有自己的深谋远虑的。因为如果他们偏向上层阶级，他们就选择了与自己观点不一致的人。没有哪个城邦的上层阶级会对民众好心好意，对民众持友善态度的总是最下层的阶级。因为同类人总是惺惺相惜的。通过这种方式，雅典人追求着有利于自身利益的政策。

——老寡头《雅典政制》，1.1—2, 1.14, 2.14, 2.16, 3.10

雅典将权力、财富从原来的精英手中向下转移给广大民众，对外则从属邦向内转移到雅典。社会权力的民主化释放了巨大的能量和财富，不过也激发了精英内部、贫富之间的敌对情绪。我们将会看到，在公元前5世纪20年代，阶级敌对连同国际冲突已成血流成河之势。

悬崖边缘（公元前433—前431年）

到公元前5世纪30年代，雅典和叙拉古都已是杰出的城邦，在活跃、繁荣、强大的民主制度下，哲学、文学和艺术方面的突破几乎成了家常便饭。艺术家和学者在两城邦之间来往穿梭。如果有哪个社会配得上"黄金时代"的称号的话，那么它一定是公元前5世纪中叶的叙拉古和雅典，尤其是后者。人群日复一日地聚集到一起观看戏剧表演，两座城邦中的宏伟建筑拔地而起。有伯里克利掌舵，雅典这艘航船乘风破浪。城邦的城墙坚固，舰队称雄海上，国内歌舞升平。不过，在陆上强国斯巴达畏惧海上强权雅典时，雅典也对一个拥有海军的谷物出口富邦——多利安人的城邦叙拉古，感到恐惧。

公元前435年，雅典被卷入科西拉（位于今科孚岛上）和埃庇丹努斯（位于今阿尔巴尼亚）之间错综复杂的斗争中。前者是希腊西北海岸附近一个大岛上的科林斯殖民地（图13.3），埃庇丹努斯则是科西拉自己的殖民地。埃庇丹努斯成长为一个富邦，但其贵族与亲民主派爆发了内乱。埃庇丹努斯亲民主派向母邦科西拉求援，但被其拒绝，于是又求助于科林斯（母邦的母邦）。科林斯人非常乐意帮忙。他们派遣了新殖民者前往埃庇丹努斯，但科西拉对科林斯的干预非常不满，他们围攻埃庇丹努斯并占领了该地。于是科林斯发动了对科西拉的战争，忧虑的科西拉人向雅典寻求帮助。雅典人争论了很长时间，鉴于科西拉拥有自己的庞大舰队，且以后若对叙拉古行动，是个便利的基地，雅典最后选择支持它。他们打破了伯里克利避免新纠纷的准则，但看起来这个险值得冒。

我们已经看到，公元前433年，雅典同样与雷吉翁和莱昂蒂尼（图13.2）签订了条约，以制衡叙拉古在西西里东部再度复兴的力量。同年，支持科西拉的雅典舰队，与支持埃庇丹努斯的科林斯舰队打了一场海战。公元前432年，围绕科林斯另一个殖民地——爱琴海北部的波提狄亚（图13.3），雅典与科林斯又起纷争。波提狄亚既是科林斯殖民地，也是雅典的属邦。在雅典军队将其包围的同时，俘获了城里的一些科林斯游客。

波提狄亚战争加剧了斯巴达对雅典的愤怒，不过最后点燃斯巴达怒火的是雅典对斯巴达的一个小邻居麦加拉的处理方式。表面上看，事件的起因是麦加拉人侵入了女神得墨忒耳的领地，雅典人禁止麦加拉人进入其控制下的所有城邦的港口。和许多公元前5世纪30年代的城邦一样，麦加拉领土很小，但人口众多，因此要依靠贸易获得粮食。雅典的封港令意味着饥饿和绝望。麦加拉人的绝望却成为雅典喜剧中的笑料题材（参见第15章，阿里斯托芬调侃麦加拉人的饥饿就取材于此），但没有一个斯巴达人笑得出来。

斯巴达人不能容忍麦加拉落入雅典人的控制之中。斯巴达向伯里克利施压，援引阿尔克迈翁家族在近200年前雅典贵族库伦政变失败后所受的诅咒（参见第10章），要求雅典再次将（包括伯里克利在内的）阿尔克迈翁家族流放。斯巴达还要求雅典必须解除波提狄亚之围，最重要的是，如果雅典不想打仗，就必须取消对麦加拉的禁令。据普鲁塔克说：

事情的起因是怎样的,很难弄清楚。但是,不肯取消这项命令的责任,大家一致归之于伯里克利。只不过有些人说,他之所以反对取消这项命令是出于崇高的动机,是为城邦的最大利益着想;他认为取消不取消这项命令是个考验,如果自动让步就是示弱;另外有一些人则认为,多半还是出于他刚愎自用、好大喜功,要显示一下力量,对斯巴达人表示蔑视。

——普鲁塔克:《伯里克利传》,31[1]

阿里斯托芬喜剧中的一些笑话暗示,伯里克利是为了讨好其外国情妇阿斯帕西亚而拒绝取消禁令的,因为麦加拉人绑架了阿斯帕西亚手下的两个妓女。其他人则认为伯里克利挑起战争的目的是转移人们对他努力保护自己的密友、伟大的雕塑家菲狄亚斯(参见第14章)的行动的注意力,菲狄亚斯因盗用公款而被起诉。虽然伯里克利主导雅典政治近20年,但伯里克利之敌最近却成功地起诉了他的一些朋友(他们可能在菲狄亚斯一事上成功了,毕竟他死于狱中)。对于阿里斯托芬的幽默,我们很难说该以多严肃的态度去对待,但毫无疑问,斯巴达得出结论:除非他们此时与雅典作战,否则均势会朝着有利于雅典的方向倾斜。无疑,这是一个正确的评估,修昔底德也正是这样理解公元前431年爆发的战争的:

斯巴达人举行了民众会议表决,最后认为和约已经被破坏了。斯巴达人之所以认为和约已经被破坏,应即宣战,不是因为他们受了他们的同盟者发言的影响,而是因为他们恐怕雅典的势力更加强大,因为他们看见事实上希腊的大部分已经在雅典控制之下了。

——修昔底德:《伯罗奔尼撒战争史》,1.88

---

[1] 本书普鲁塔克著《伯里克利传》的译文参照:[古希腊]泰奥弗拉斯托斯等:《古希腊散文选》,《伯里克利传》,水建馥译,北京:商务印书馆2013年版。——译者注

第14章
公元前5世纪的艺术和思想

一直到波斯战争时,一个旅行者如果想遇见希腊顶尖的知识分子、艺术家,他得拜访许多城邦,从南部意大利的埃利亚到伊奥尼亚的以弗所,不一而足。但是到了公元前5世纪30年代,我们的旅行家只需停在雅典、叙拉古两站便能幸会上述人等的大多数。雅典成为伯里克利口中的"希腊的学校",所有重要人士都曾在此生活。公元前5世纪30年代,每15个希腊人中就有1个生活在阿提卡,而名字流传至今的文化名人有半数以上都是雅典人,且身为非雅典人的那些文化名人在雅典度过其职业生涯大半时光的也在半数以上。从阿提卡流传下来的公元前5世纪的碑文比希腊其他地方的总和还多,从而印证了当地非比寻常的高识字率。柏拉图的哲学对话让我们体会到了一个独特而国际化的理性王国,在这个国度里,苏格拉底能在友人家中遇到来自希腊各地的顶级艺术家和思想家。有人写了一部喜剧,描述他在雅典发达后再回到家乡生活是多么不适应。正如在我们的时代,西方演员、艺术家和音乐家齐聚纽约、洛杉矶,公元前5世纪条条大路都通向雅典和叙拉古。

在哲学、艺术、戏剧和历史思想领域,令人震惊的成就使雅典富于创造力的天才们的名字——埃斯库罗斯、阿里斯托芬、菲狄亚斯、苏格拉底、索福克勒斯、修昔底德以及许多其他人,在2 500

年后闻名遐迩。我们用两章来描写这个引人注目的文化大繁荣时期，展示希腊人是如何对自身特殊的问题做出回应，并创造出不朽的文学作品的。在本章中，我们审视叙拉古尤其是雅典如何取代旧的哲学和艺术中心。在下一章，我们将描述一种全新艺术形式——戏剧的发明。

哲学

最后的伊奥尼亚巨人：赫拉克利特和阿那克萨哥拉

公元前494年，可怕的波斯毁灭行动终结了伊奥尼亚作为希腊思想中心的地位。影响深远却不易理解的以弗所（图14.1）人赫拉克利特是该地最后一位重要的思想家。他在自己的城市遭劫前已长大成人，但其大部分作品都是在约公元前494—前475年完成的。他质疑过去关于宇宙的理论。他流传下来的作品比那些早期的伊奥尼亚哲学家要多（他将其中一本书放在以弗所的阿耳忒弥斯神庙中），不过，其简洁的格言（如"向上和向下的路其实是同一条路"）令人费解。

赫拉克利特批评他的前辈们注重感官知觉，他指出，"如果灵魂

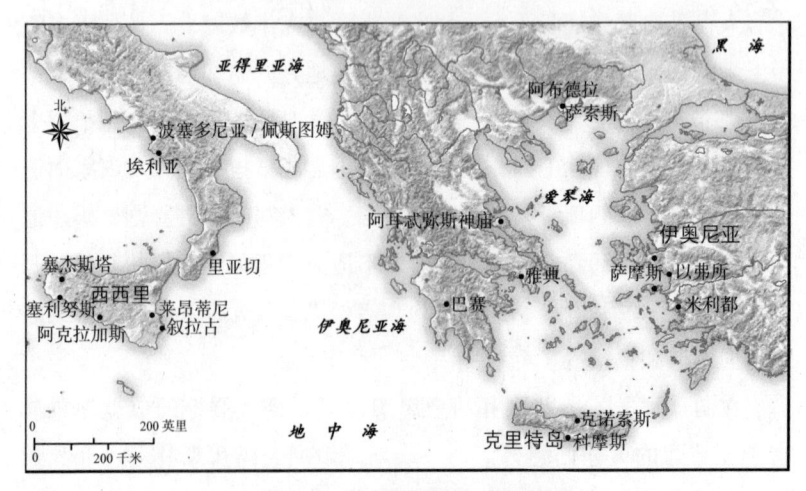

图14.1 本章提到的一些地方

没有开悟,眼睛和耳朵就是糟糕的证人",也就是说,我们不能通过感官来得到这个世界的现实。他主张,现实依靠的是逻各斯(logos),即"规律""言词"或"理性"。该哲学术语前景广阔:在继承伊奥尼亚思想的基督教《约翰福音》里,逻各斯被等同于上帝。看不见的逻各斯安排万物通过冲突而存在,这在赫拉克利特眼中是一桩美事。

对赫拉克利特来说,这个世界就像一张弓。弓弦拉满,挂在墙上,看似静态,但实际上弓的两端保持着一种对立的张力,一待弓弦绷断,这种情势就显露无遗了。在事物看起来处在静止状态时,对立和冲突的力量处在平衡之中。

"万物皆流",赫拉克利特在他最著名的论断之一中说道。世界是变化的,所以"你无法两次踏进同一条河",因为水处在不断的运动状态中。现实也是如此。

由于万物都处于变化中,所以所有存在的事物都要以其他事物为代价展开变化:"火死生气,气死生水,水死生土。"赫拉克利特关于火、空气、水和土作为基本元素的概念以阿那克西曼德的四元素说为源头(参见第9章)。和之前的米利都人一样,赫拉克利特确定了一个元素作为万物的基础。他称之为"火"(我们可能会称为"能量")。"这个世界是一团永生的火,以很多种方式点燃,并以同样的方式熄灭。"对赫拉克利特来说,火与逻各斯等同,它象征着这个世界的冲突和永不停止的流动。火通过消耗来生存,尽管它看起来一直未变,其实质却始终在变化。火就像逻各斯,它是推动世界运转的神圣智慧。

公元前494年的伊奥尼亚大劫重创了思想活动,但无论如何,到希波战争爆发时,开始于公元前6世纪的争论已经结束。赫拉克利特对毕达哥拉斯对宇宙本质的看法不以为然,但他没有任何方法弥合他们之间的分歧。随着知识分子纷纷涌向雅典,他们开始提出不同的问题。伊奥尼亚的克拉佐美尼人阿那克萨哥拉是一个关键的过渡人物。他出生于约公元前500年,可能在公元前456年移居雅典,并与伯里克利结交。他的很多理论肯定在伊奥尼亚已经成形,但他在雅典成名。和许多公元前 6 世纪时的伊奥尼亚人一样，阿那克萨哥拉也会问"万物从何而来"，他以"万物是联系在一起的"这句话作为其唯一著作的起首语：起初万物是一个整体，但努斯（"*nous*"，意即"纯粹心灵"）的活动将物质分离成我们现在看到的多样化世界。这个分离活动并没有彻底完成，所以每个事物都包含其他事物的一小部分。"由于万物在起始时的状况，"他写道，"所以现在它们全部联系在一起。"唯一纯粹的力量就是"努斯"，即"心灵"本身。

对于科学思想，阿那克萨哥拉所做的重要贡献是区别了"受动"的物质和"施动"的思想。不过，他在世的时候，更让他声名远播的是他挑战了传统的诸神信仰。在他看来，太阳并不是一位神灵，而是一块燃烧着的巨大石头。甚至连聪慧的雅典人都感到受了冒犯，于是，他们在约公元前 437 年以不敬神之名将他放逐。即便是伯里克利也不能将他从民主制的不宽容下拯救出来。

巴门尼德、芝诺

在赫拉克利特、阿那克萨哥拉施行教诲的时候，一个不寻常的哲学学派在意大利南部兴起。公元前 6 世纪，伟大的毕达哥拉斯自萨摩斯岛移居至此，建立了这个神圣的社团。该派顶尖的思想家之一、埃利亚（那不勒斯南部）人巴门尼德赞同赫拉克利特的感官误人的看法。不过，赫拉克利特的看法是感官误导我们，让我们认为"现实"是稳定的，而非变化的；巴门尼德的看法是感官误导我们，让我们认为"现实"在不断变化中，而事实上，"现实"从未变过。

巴门尼德通过研究语言中固含的模糊性，得出了自己惊世骇俗的结论。他以希腊语"*esti*"（是）作为出发点，该词在希腊语中也意为"存在"。我们可以用英语这样表述他的观点："是者"（希腊文是"*esti*"，意为"存在者"）很明显不是"不是者"（希腊文是"*ouk esti*"，意为"不存在者"）。因此，如果"是者"要变成其他事物的话，它会变成"不是者"。在此情况下，"存在者"将变成"不存在者"——这当然是无稽之谈。事物要么"存在",要么不存在,所以不可能有为变化概念所要求的、介于两者之间的阶段。因此,运动不可能存在,因为运动是变化的一种形式。空间也不可能存在,因为空间是"不是者",而"不是者"不可能是"是者"。

巴门尼德推崇纯粹理性,抛开了对感官的依赖,奠定了未来抽象思维的基础,那就是不依赖表面现象(有时候甚至是与之相悖)做出推论(许多现代科学就是这么做的)。巴门尼德的追随者埃利亚人芝诺(约公元前 490—前 430 年)走得更远,他提出了著名的芝诺悖论,"证明"运动(更进一步说,是变化)是虚幻的。想象一下,芝诺说,以捷足闻名的阿喀琉斯想赶上一只以慢著称的乌龟。阿喀琉斯永远追不上,因为首先他必须先到达乌龟出发的地方,而这时乌龟已经爬了一小段路了。当阿喀琉斯到达乌龟爬到的第二个位置时,乌龟应已再次移动了一段距离,如此以至无穷。同理,你从此处到彼处也是不可能的,因为你必须先抵达中点,再走剩下路程的一半,然后再走一半,如此以至无穷,你永远抵达不了你的终点。确实,箭看起来是向上穿破天空,但在任一个时间点上,箭都处在其飞行弧线的某个位置上,它也就没机会到达别处了。这支箭看起来在移动,其实并没有。芝诺悖论(它将空间看成一系列的点)存在的逻辑错误并不明显,直到 17 世纪,人们才阐明了个中原理。

多元论者恩培多克勒和德谟克里特

巴门尼德及其追随者排斥将多样世界归原于一种物质的伊奥尼亚思想,因为此种看法要求一种事物变成另一种事物。然而他们的结论——"世上万物并不存在"是不能让人接受的,这不可能是正确的。巴门尼德的直接继承者被称作"多元论者",因为他们推断,如果没有一种事物能派生出许多事物来,那么这个世界在起始时应是由许多事物组成的。最重要的多元论者是恩培多克勒、阿那克萨哥拉和德谟克利特。

非比寻常的恩培多克勒（约公元前495—前435年）生活在意大利中南部的著名富邦阿克拉加斯。他积极参与政治，同时也是一位奥林匹亚运动员。他表现得像一个巫师，宣称他的知识能够创造奇迹、控制风，甚至能让人起死回生。他用高度复杂的诗歌来解释自己的学说，以国际对话的方式，与毕达哥拉斯、巴门尼德交谈。

恩培多克勒确定了四种原始物质：土、气、火和水。在这个方面他重复了阿那克西曼德的理论，但是补充了万物皆由"四根"融合而成的观点。例如，骨骼是由两份土、两份水、四份火组成的。即使没有空间也可以实现运动，因为物体的移动就像鱼在水中游一样，水包围了它们，并始终接触它们。

伊奥尼亚人认为单一的原初物质是自身的动力源，阿那克西曼德的"无定"的固有摆动即属此类。不过，恩培多克勒（像阿那克萨哥拉一样）意识到需要一个外部力量来促成运动。这个力量是二元的，即爱和冲突，一个将元素结合在一起，一个将它们分离。然而这些力量都是元素所固有的，与它们不可分离：恩培多克勒说，爱"在长度、宽度上等同于世界"。

有感于"现实"背后的创造性智慧的缺失，恩培多克勒通过如下方式解释了世界上物质形式的复杂性，以及眼、耳一类器官的适应性。他说，通过随机交碰，历史上已存在过各式各样的不适应的生物、事物（例如长着牛头的人类），而唯独最适者存活下来。这是现代进化论令人惊异的先声（当然与达尔文不同，恩培多克勒既没提供证据，也没提出一个连贯的理论）。

这样优雅的知识论辩在遥远的西边盛行起来，而爱琴海的思想家紧随其后。色雷斯阿布德拉的德谟克利特（公元前460—约前370年）是一个籍籍无名的外乡客（他访问过雅典，但是他说，"没有一个人知道我"，所以又返回故乡，住在其父亲花园中的一个小房间里）。他构想了原子论，当然并没有实验依据，直到19世纪，该学说的形式也未有什么变化。与恩培多克勒所说的四根进行着持续的重组不同，德谟克利特假定，在万物内部永远存在着许多微小的"不可分割的"的物质，它们本身是永恒的，并与其他的这类物质重新组合，形成这个气象万千的世界。这些微小的物质就是"原子"，因为如果有人想把组成这个世界的微小物质分离出来，他须得不断切割，直到再也不能切割为止。最后剩下的不可分割的物质就是原子。

原子是相似的，但大小和形状不同。德谟克利特否认了巴门尼德关于空间并不存在的论据，他说，"'不是者'是存在的，且就像'是者'一样"。就像阳光中的微粒一样，原子在空间中漂浮，它们四处游离产生接触，粘在一起，然后形成世界上的万事万物。至于为什么原子会动，德谟克利特无力解释。

原子的密度和形状不同，组成的事物的特质亦不同。在柔软的物体中，原子间分得很开；而在坚固的物体中，原子紧密地结合在一起。尖锐的原子味道"苦涩"，平滑的原子味道"甜美"。物体的色彩取决于原子的形状及其对光线的反射状况，光自身就是一束原子流。灵魂亦由原子构成，它们是原子中最独特的。在死亡到来时，这些原子解体，灵魂散解成原是其组成部分的多个原子。由此，可能就没有毕达哥拉斯学派所相信的死后生活或者转世的问题了。

雄辩术、智者和苏格拉底

在这个独特的思想环境里，书面文献让生活在伊奥尼亚的思想家能和生活在西西里岛的思想家互相辩论，就好像他们在一个因特网上交流似的。两地的哲学学派都将公元前6世纪的哲学论辩推向新的复杂阶段，而到了公元前450年，雅典、叙拉古的哲学家都开始提出一个新问题：哲学能够帮助人们在借理性主义之力创建起来的民主社会中获得成功吗？

雅典人把聚集到他们城邦中的知识分子称为"智者"，意即"智慧的人"，他们是真正的教师，其教诲能提高公民影响一个城邦的概率。这些智者并没有组建一个哲学学派，不过他们共同的特点是热心实务。他们声称自己能够教授"美德"(aretê)。他们对传统的学说持怀疑态度，他们指出，有关"现实"之本质，相互冲突的看法是不可调和的。他们对人能否确切地知晓事物感到怀疑。我们通过我们的感官感知世界，然而感官是不值得信任的。我们的求知对象是这个世界，然而后者的本质甚至连是否存在都是有待商榷的。如果"热"和"冷"如德谟克利特所主张的那样并不存在，而是源于无形原子偶然的混合、相遇的话，那么"善""恶"也只是相对意义上的约定俗成的范畴了。智者的道德相对主义撼动了希腊理性生活的根基。当时的希腊人常把苏格拉底、柏拉图与智者混淆，但其实这两人奉献了自己毕生的精力，拒斥上述怀疑主义，并确立这个世界的道德基础。

在叙拉古，公元前5世纪60年代僭主倒台之后流放者的回归引发了数千起财产诉讼，哲学家们开始思考并教授雄辩术。你怎样能够在一些事情上说服某人？口才好坏与命运息息相关。民主制度假定，最好的决议方式是在公民大会或法庭议事说服大量公民。但如果外部世界未必存在，对错只是人们约定俗成的规范，那么雄辩术而非事实就成为在民主会议中取得权力的基础。雄辩似乎成了哲学的最高形式。

关于雄辩术（一门不论真假、只求巧舌如簧的艺术）的第一本手册在约公元前450年时出现在叙拉古。公元前427年，当著名的雄辩教师、莱昂蒂尼（近叙拉古）人高尔吉亚第一次在雅典发表演讲时，他引起了轰动并带动了一股模仿热潮。他的名言被人铭记：(1) 没有什么东西是存在的；(2) 即使它存在，你也无法知道它；(3) 即使你知道它，你也永远无法将此告知任何人。阿里斯托芬在自己的剧作《云》（公元前423年）中取笑了智者，他特别嘲弄后者大言不惭地说他们能让谬论看起来比真理还坚固的说辞。

希庇亚斯、普罗塔哥拉是最著名的智者。柏拉图书写的对话录有以他们的名字命名的篇章。多才多艺的普罗塔哥拉创造了名言——"人是万物的尺度"，意思是这个人以一种方式观察世界，另一个人以另一种方式观察世界,两者都不能说是正确的。真理是相对的,由此,善恶这两个道德范畴也是相对的,尽管普罗塔哥拉坚持认为一些行为方式比其他行为方式更具实用性。

普罗塔哥拉将以人类为中心的世俗主义推向极致。在巴比伦、埃及、以色列,人们都将法律、行为规范的正当性归原于神。到了公元前5世纪晚期,一些希腊人得出结论,法律实际上只是人们约定俗成的规范,由此能够为人所更改。在民主大会中,决议的裁决即属此例。普罗塔哥拉定义了我们今天赖以生存的世俗性社会契约:法律的存在是为了服务于社会利益,而非反映对错的永恒价值。如果传统、习俗和法律给我们带来不便,那么我们可以(事实上也应该)将它们扫进垃圾堆。

苏格拉底(公元前469—前399年)强烈地反对这种道德相对主义。虽然他自己没有留下任何文字,但他是柏拉图众多对话中的主要发言者。对于柏拉图归于苏格拉底的观点有多少真正是属于苏格拉底的,又有多少是属于柏拉图的,学者们存在分歧。但是大多数人都同意:苏格拉底坚持认为"美德即知识"。这句话矛头直指智者所谓的他们能教授美德("美德"实际上意味着"在一件特殊工作上卓有成效")的观点。在智者们持此观点时,他们却同时认为世上没有什么能被真正认识。

苏格拉底喜欢用朴素的表达方式,他会问:"什么是一个鞋匠的美德呢?"显然,答案是制作鞋子。为了制作鞋子,你需要知道制鞋的目的:为什么你要做鞋?还要知道脚软地硬的事实,以及当穿上鞋子时,我们会很舒服。随后,你就可以学习怎样制鞋了。当智者们宣称要将"美德"作为一个普遍的概念,一种丰富人的全部生活的品质来传授时,他们其实暗示了人类必须有目标、有目的、有"完成某种使命的工作效率"。但这种使命是什么呢?人类的功能又是什么呢?

苏格拉底从未回答过上述问题。他的方法意味着要让他的对话者相信当他们认为自己有了答案时,实际上他们并没有。由此,我们就很容易明白为什么雅典人不喜欢苏格拉底,并将他误归于智者一派。智者教导说没有什么可被认识,苏格拉底则显示了无人可认识万物,至少,在人们的脑子里充斥着正义、爱、勇气这样大而不明的概念时,情况是这样的。只有当你头脑清晰时才能获得真正的知识。做法很简单,你只需定义自己的术语。如果你知晓了什么是正义,就即刻能践行正义,而绝不是在此之前就践行正义。

由是而有了苏格拉底的第二句著名格言——"恶行是无知",这实际上是用反义方式重复了"美德即知识"。苏格拉底鼓励用归纳法来发现一般性定义。从人们思考"正义"所依据的大量行为中,你应该有能力提取出一个本质,也就是所有这些行为的共同点——"正义"。柏拉图最著名的对话录《理想国》(发表于约公元前360年)就是在探索这样一个定义。

结论

公元前6世纪,对这个现实世界的严肃思考,发端于先后由吕底亚和波斯治下的希腊人。到公元前6世纪晚期,相互竞争的思想流派在西西里岛和意大利南部发展起来,其他希腊城邦中也出现了一些重要思想家。公元前5世纪晚期,学术重心转移到雅典,其次是叙拉古。随着财富流向这些城邦,许多人花钱招徕顶级思想家,他们对雅典人、叙拉古人大有促进,但也招人厌烦。哲学家们的争论影响了这两个城市,而雅典、叙拉古的社会、政治和文化也影响了哲学。

知识分子转而关注在东道国具有重要意义的问题:如何在民主制度下追求真理和智慧,怎么运用真理和雄辩术去获得力量和财富?哲学演变为一种雄辩思想体系,这给予希腊政治其他古文明所缺乏的理性维度。亚述或埃及国王能够简单地宣称他们的行动出自神的旨意,而希腊政治家则有义务在哲学的基础上捍卫自己的地位,一如今日西方民主政体下的掌权者所做的那样。

物质文化

所谓经典就是不朽之物，它超越其创生时刻的具体情境，并为人类带来更广泛的意义。在城邦混战、私人仇恨以及有时赤裸裸的对财富和权力的追逐中，雅典、叙拉古的数百名艺术家突破了单调经验的常规条框，改变了这个世界。和哲学一样，在古典艺术中，创新日渐集中在雅典、叙拉古这两个城邦中，它们是大多数重要建筑家、雕刻家以及绘画家的聚集地。和哲学家一样，这些人对当时的问题做出了回应，包括雅典人和叙拉古人自封为将希腊文化从野蛮人的威胁下解救出来的救世主，以及此种自我认知和他们对其他希腊城邦行使赤裸裸的强权政治的事实之间的冲突。在处理具体的历史问题时，他们造就了伟大的作品，这些作品跨越了数百年的时间鸿沟。

雕刻

在公元前480—前479年希波战争后的几年里，雕刻家努力想创造一种"理想人类"的新思想。希腊人已摆脱了外敌威胁，艺术家努力在"端严风格"（图14.2）艺术中表达一种掌控世界的意识。这种艺术的特征是写实的身体和平静安详的面容，这与古风时代雕塑面容的僵硬形成鲜明对比。最重要的希腊雕刻家主要以青铜为制作材料，但大部分青铜雕塑早已被熔化后挪作他用，因此我们的相关认知主要来自大理石复制品。有关青铜雕塑，我们只能依靠偶然发现的沉船，正是这些沉没的船只使得青铜雕塑免于被回收利用。

雕刻家使用"失蜡法"来烧铸这些特别的青铜作品。首先，他制作一个黏土粗坯，然后用蜡把它裹起来。他在柔软的蜡上精雕细琢后，再用第二层黏土裹住，并在黏土外层的顶部、底部留洞。而后，他将熔化的青铜从顶洞灌入。青铜的热度使蜡融化，当蜡从底孔中流出来时，青铜完全填满了它原来占据的空间。之后，雕刻家将外层黏土敲碎，一尊美丽的空心薄壳青铜雕像就做成了（只要他不出差错）。至于里面的黏土，他可以将它留在铜像中，也可通过小开口将它抠出来。

烧铸大型失蜡青铜雕像需要卓越的技术和大量的金钱。青铜制作者分块烧铸精巧的雕像，然后将它们焊在一起。青铜比石头更轻巧、更坚固，给予雕刻家更大的自由度。图14.2中的雕像不可能由大理石雕刻而成，石头的强韧度不足以支撑其伸展的双臂的重量。如果要用石头，雕刻家将不得不让雕像的手臂下垂，或加上破坏美感的支撑物（通常是树干等），以支撑重量。

图14.2 宙斯（或波塞冬）青铜像，出土于阿耳忒弥斯神庙附近海域，约公元前460年制作，高约2米

资料来源：Ricardo André Frantz（CC BY-SA 3.0）

图14.2中的雕像是端严风格的上佳范例。其尺寸大过真人，极好地体现了优雅、克制、庄严、克己和完美的男儿气概，这些都被公元前5世纪的希腊人视作理想的品质。雕刻人物的右脚跟踮起，左手伸出去衡量目标，右手作举锤（或三叉戟）投掷状。雕像留着络腮胡，和古风时代的青年男性雕像一样全身赤裸，头发扎着辫子。就连雕像下体的毛发都雕刻得非常逼真。古风式的笑容已成为历史，取而代之的是充满威严感的平静。雕像优美身体的肌肉与雕像内在的力量产生着共鸣。

20世纪考古学上最非比寻常的发现之一是两尊端严风格的青铜战士像（图14.3），它们很可能是在意大利南部附近的一次风暴中为减轻船负而被扔出船外的。这些雕像没有署名，但是它们的年代、风格以及完美程度使得许多考古学家和艺术史家认为它们是最著名的雅典雕刻家菲狄亚斯的早期作品（图 14.7）。正如我们将在第 24 章中看到的，公元前 2—前 1 世纪，罗马人将很多希腊艺术珍品带到意大利，这些雕塑可能就在其内。这些雕像经八年的艰辛劳动才得修复，图 14.3 所示塑像隐晦地告诉我们：我们损失的古典雕塑是何其多。往昔，这些雕像左臂持盾，右手握矛或剑。雕像的眼睛由象牙和含铅玻璃制成，嘴唇和乳头成自红铜，其中一尊雕像的牙齿是用银板做的。雕刻家将头发、胡子的造型与非比寻常的自然主义手法结合起来，雕刻出腹股沟、手肘内侧、小腿以及双足的血管纹理。雕塑摆出一种漫不经心的

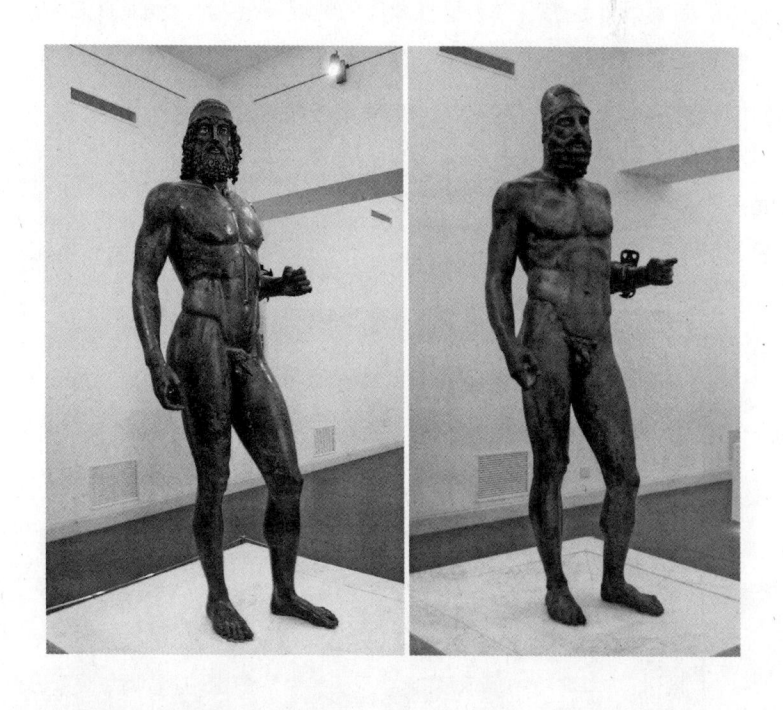

图 14.3 青铜战士雕像，可能由菲狄亚斯制作于约公元前 460 年。它们的尺寸大过真人，1972 年出土于意大利卡拉布里亚的里亚切湾。它们很可能是从德尔斐神殿得来的，高度都是约 2 米

资料来源：左图：Luca Galli/Flickr（CC BY 2.0）；右图：Effems/Wikimedia Commons（CC BY-SA 4.0）

放松姿势，重心放在右脚上，盆骨也相应地向一侧抬高，两尊塑像的身体呈优雅的 S 形曲线，它们跻身于最伟大的艺术成就之列。

到公元前 5 世纪 50 年代，雕塑家云集雅典，但并非所有人都来了。其他城邦有足够的财力来支持独立的学派，其中不乏出类拔萃者。叙拉古博物馆装满了公元前 5 世纪精美雕塑的残片，不过图 14.4 展示的是一块被称作"路德维希宝座浮雕"的镶板，完好保存于意大利南部的希腊城邦。它可能重现了阿芙洛狄忒在两个女性角色的帮助下从海中诞生的情景。包裹住阿芙洛狄忒的衣物就是人们所知的"湿衣"，显示出她的身体还在水中。"湿衣"这种发现于公元前 5 世纪雕塑中的图案设计是为了在不呈现裸体的情况下展示女性的身体。在一个雅典人眼中，这块镶板看起来会有点老土、古怪：它将中间人物最新的服装式样与过时的发型、两位侍女极为保守的衣着混在一起。

我们之所以可以对上述镶板的风格做出如此评论，因为雕塑在公元前 5 世纪发展得非常迅速。到公元前 450 年，雅典艺术家已柔化了公元前 5 世纪早期严肃的雕塑面孔，放松了雕塑的姿势，使身体比例

图 14.4 阿芙洛狄忒（?）的诞生，来自路德维希宝座浮雕，制于约公元前 460 年，大理石材质，宽约 1.4 米
资料来源：Becks/Flickr（CC BY 2.0）

更加协调，并使雕塑带有更大的统一性和目的意识。考古学家称公元前5世纪中期的艺术风格为"古典盛期风格"。对很多人来说，它是古代艺术的顶峰。有许多优美动人的作品流传下来，但其中最负盛名的还是来自雅典卫城的建筑艺术品。

在薛西斯于公元前480—前479年毁坏了卫城顶端的古风时代的神庙后，雅典人发誓直到他们彻底复仇之后才会重建神庙。但是在公元前449年之后，或许因为已与波斯签署了一份和约，雅典人大规模重建了他们的圣地。他们的守护女神雅典娜得到了一个壮观的新神庙——帕提侬神庙（Parthenon），有关它的建筑状况，我们将在下一部分研究。神庙里是一尊约12米高的处女神（Parthenos，意为"处女"）雅典娜雕像（图14.5）。雕像用木料做胎，衣物、武器等以黄金、象牙制成。雕像保存了一千多年，尽管上面价值连城的装饰物已被剥掉了。最后，它被带到君士坦丁堡，中世纪时在此遗失，我们现在只能通过罗马的仿制品了解它。

帕提侬神庙有附属的雕塑项目，即一系列高浮雕刻板。这些雕刻板装饰了山墙（神庙屋顶前后两端的三角形缺口）和内殿高墙的顶部，高墙顶部离地约12米，很难看见（图14.6、图14.7）。由于帕提侬神庙从公元前5世纪起一直被人们使用到现代（神庙在拜占庭帝国时期成为圣母马利亚的教堂，然后在15—19世纪成为奥斯曼土耳其人治下的清真寺），这些雕塑因此从未被拆解重新利用。它们在1687年威尼斯人围攻雅典时遭到破坏，那时一枚迫击炮弹引爆了土耳其人存放在清真寺中的火药。尽管如此，直到18世纪晚期西欧人首次对古希腊雕塑感兴趣时，神庙仍然大致保持完整。1799年，驻伊斯坦布尔的英国外交官额尔金勋爵获准挖掘卫城并带走了文物。他把能找到的雕像都拆下来，然后用船运往伦敦，希望能卖掉这些雕塑赚大钱。相比希腊原创艺术品更熟悉罗马仿制品的英国专家不知道拿这些珍宝怎么办。围绕国家是否需要这些东西，大英博物馆的管理者们争论了数年，以致额尔金死时穷困潦倒。最后，大英博物馆还是买下了这些雕

图14.5 瓦尔瓦凯翁的雅典娜,是3世纪上半叶由菲狄亚斯制作的罗马小型帕提侬神庙中的雅典娜雕像的复制品,1880年出土于瓦尔瓦凯翁学校(雅典的一所公立中学,得名于其创建者)附近。在对约公元前439—前432年那尊著名的黄金、象牙塑像的复制品中,这是保存最完好的。该塑像高约1米,是原作高度的1/12,用大理石制作,有使用颜料的痕迹。雅典娜穿着长袍,身系蛇形腰带,手持神盾,盾中心以蛇、蛇发女怪美杜莎的狰狞头颅为饰。头盔有三个羽冠,中心是斯芬克司雕像,两边则是珀伽索斯(天马)。她的左手放在盾牌的边缘,盾牌靠着雅典传奇建城者厄里克托尼俄斯的圣蛇标志。伸出的右手放在一根柱子上,手里托着的是有翼胜利女神奈基像(其头颅已失)

资料来源:Marsyas/Wikimedia Commons(CC BY-SA 3.0)

塑,额尔金大理石也因此变得举世闻名(许多年来,希腊政府一直要求英国归还这些希腊国宝,它们已成为国际紧张局势的根源之一)。

额尔金大理石于约公元前435年完成,它达到了无与伦比的技术水平,拥有无法超越的艺术魅力。图14.8展示了一项石头雕像的奇迹,它是神的信使伊里斯雕像的残存部分,来自帕提侬神庙的西山墙。雕刻家运用创新技巧,令伊里斯的身姿显得更为自然。在衣服紧贴身体的地方,人工雕刻的像高高的山脊一样的衣褶产生了一种透明感。日常生活中,当衣服覆在肢体上时,衣物是呈直线状下垂的,不

图 14.6 帕提侬神庙内楣上的运水工雕塑,这可能是四年一度的泛雅典娜节的一幕场景。每当此时,雅典娜的雕像会换上新衣袍。贵族少女在游行中扮演特殊角色,参见第 10 章所说的庇西特拉图家族的希庇亚斯被刺一事。该雕像刻于帕提侬神庙北端的第六装饰板,高约 1 米

资料来源:Sharon Mollerus(CC BY 2.0)

过,帕提侬神庙的雕刻家故意雕出褶皱,让它们看起来比直线条更具真实性。伟大的菲狄亚斯是该雕塑项目的督导,他本人并未雕刻该塑像。偶然留下来的铭文记载了雕刻的劳务费,使我们了解到在雕刻的每一个阶段,技艺娴熟的奴隶都与自由民一起工作。

建筑

到公元前 500 年,希腊建筑家在建筑的精巧程度上,可与埃及、近东的同行相媲美。在西西里岛上,许多公元前 6 世纪的希腊神庙比建造于公元前 5 世纪的所有神庙都要大,但是后者在手艺、美观以及花费上都超过了以往的任何建筑。通过自己的建筑,建筑家们表达了

图 14.7 《菲狄亚斯向自己的朋友展示帕提侬神庙的中楣》，出自画家劳伦斯·阿尔玛·塔德玛（1836—1912）之手。菲狄亚斯是中心位置的有须男性，背对着中楣。与他面对面的是伯里克利及其情妇阿斯帕西亚。站在画作左边的是男童亚西比得，此人以其后来的成就闻名。他的老师苏格拉底则稍转过身去。今日，帕提侬神庙的颜色都掉光了，只剩下一些残痕，不过它曾是光彩亮丽的

资料来源：Photo by Birmingham Museum Trust, licensed under CC0

图 14.8 伊里斯人体像，来自雅典卫城帕提侬神庙的西山墙，制于约公元前 435 年

资料来源：Former Elgin collection

432

作为公民共同体的城邦国家的理想，他们保持了平衡与和谐，既尊崇诸神，又自豪于对自然的掌控力。和公元前5世纪的哲学和雕刻一样，建筑反映了民主制度下新的社会力量以及大国的新财富。叙拉古以其公元前5世纪的神庙闻名，但是和叙拉古的雕刻一样，这些建筑未能幸存。最广为人知的建筑再次云集雅典卫城（图14.9a、图14.9b）。

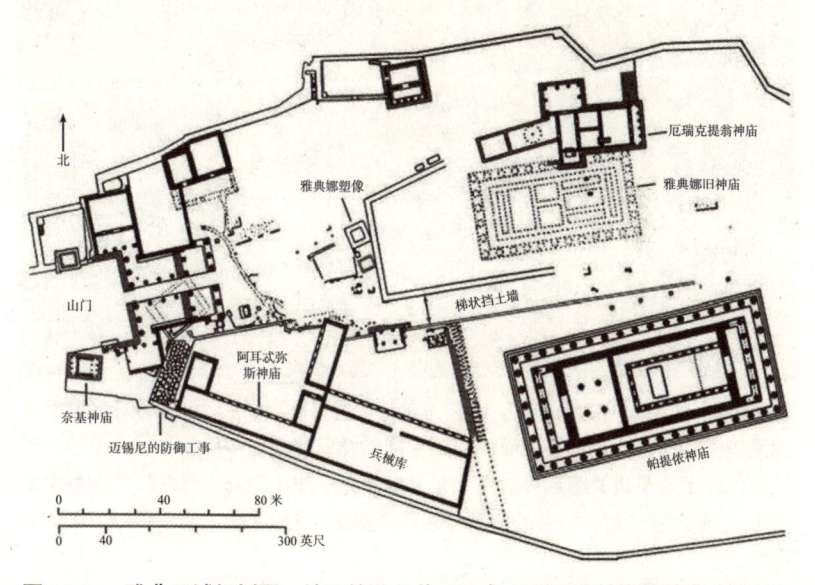

图14.9a 雅典卫城规划图，绘于约公元前400年，展示了帕提侬神庙（右下）、厄瑞克提翁神庙（右上）、山门（左边）和被波斯人破坏的旧神庙轮廓（中间虚线处）

资料来源：Granger Historical Picture Archive/Alamy Stock Photo

普鲁塔克在《伯里克利传》中解释道，这些建筑很多都是伯里克利政治计划的组成部分。无可否认的是，普鲁塔克创作于帕提侬神庙建成的600年后，所以我们不能确定他有什么证据。不过，很多历史学家认为，普鲁塔克应有可靠的资料来源：

> 没有编入行伍的百工人等，在伯里克利看来，不应该在这笔公款中没有份儿，也不应该什么事不做，游手好闲就得钱。于

图14.9b 雅典卫城的鸟瞰图。左前方是狄俄尼索斯剧场遗址，部分环形城墙可追溯到青铜时代。我们可以看到厄瑞克提翁神庙在帕提侬神庙右边，山门隐约可见，位于左手边的隆起处。左上角可以看到一座小剧场（现在仍用作表演舞台），它是由罗马时代富有的罗马金融家希罗德·阿提库斯（101—177）出资建造的

资料来源：A. Loxias

是，他就向人民提出一项规模宏大的建设计划；这项工作要用很长时间，要投入许多种工艺，这样一来，留在城邦的人，也不亚于水兵、戍卒、陆军，同样有了借口，可以从那笔公款中得到一份好处。因为，要用到的材料有石头、黄铜、象牙、黄金、紫檀、柏木，而制造和加工这些材料的行业又要有木工、铸工、铜匠、石匠、染匠、金匠、象牙匠、画匠、刺绣工、浮雕工，以及监督押运人员、商人，在海上有水手、舵工；在陆上又要有造大车的、喂牲口的、赶车的。还有编绳子的、织布的、制革的、筑路的、开矿的。各行各业，像将军带兵似的，都把自己召雇来的

工匠编成一个个队伍，有如乐器听任使用者运用或身体听从心灵指挥一样。这样一来，就能按照需要把财富分配和散发给一切不同年龄、不同天分的人。

——普鲁塔克：《伯里克利传》，12

新神庙象征着公元前5世纪雅典的权力，也受到这一权力的影响。在历史上，从未有城邦拥有如此财富或自信，去追求这样一种内在统一、引人注目的建筑奇观：

一座座建筑拔地而起，显得异常宏伟，外观优美得难以模拟，因为每个匠人都想用自己的精巧手艺把工作做得比计划更好，建筑的速度更是惊人。每一项工程，看来似乎都需要几代人才能完成，但是这一切都是在一届政权之下的全盛时期全部建成的……

由此看来，伯里克利的这项杰作尤其惊人，因为它在短期内完成，却能传之永久。每一项工程都十分完美，立刻成为古迹，但是又万古常新，直到今天仍像刚刚建成一样。它像是永世开放的鲜花，看来永远不受时间的触动，仿佛这些作品都被注入了永不衰竭的气息和永不衰老的灵魂。

——普鲁塔克：《伯里克利传》，13

公元前447年，伯里克利的政治计划随帕提侬神庙（图14.10）的建设而展开。伯里克利与众建筑家以及菲狄亚斯密切合作。神庙在公元前438年竣工，雕塑项目则完成于公元前432年。与此同时，被称作"山门"（图14.9a、图14.9b、图14.11）的大门建设工程于公元前437年启动，在公元前432年完工。风格奇异却令人惊叹的厄瑞克提翁神庙亦动工于公元前5世纪30年代（图14.13）。公元前431年爆发的伯罗奔尼撒战争带来的财政压力延缓了建设进程，由此，大部分建设工作是在公元前409—前406年完成的。最后，在公元前5世纪 20 年代建造了一座献给胜利女神奈基的美丽小庙（图 14.12a），人们之后还将广受称颂的胜利女神雕像（这尊雕像的姿态是女神在整理自己的鞋子）搬进庙里（图 14.12b）。身着透明的衣装，摆着复杂的姿

图 14.10 从西北角看帕提侬神庙的壮观遗迹。注意那些庙前阶石上的小黑点，他们是参观的游客

资料来源：Steve Swayne（CC BY 2.0）

图 14.11 雅典卫城西端。左上方建筑是一条艺术长廊，它是卫城山门的一部分。多利安式柱立在中间。右上方是胜利女神奈基神庙

资料来源：Creative Commons License 3.0 Share-Alike

图 14.12a 胜利女神奈基的伊奥尼亚式神庙（建于约公元前 425 年）。该神庙的石块后被用作填充材料，庙在现代被重建。注意圆柱上方的连续中楣，这是伊奥尼亚式建筑的特色［在多利安式神庙中，柱梁石块（名为"柱间壁"）隔断了中楣］

资料来源：George E. Koronaios（CC0 1.0）

图 14.12b 胜利女神奈基正在调整其凉鞋，雕刻于约公元前 410 年—前 405 年，来自奈基神庙

资料来源：Université Bordeaux Montaigne

437

势,该雕像将最佳的古典盛期艺术展现了出来。虽然奈基神庙是雅典卫城中最小的神庙,但它是一件结构紧凑的杰作,它优美的伊奥尼亚式柱很好地与山门处严肃的多利安式柱实现了平衡。

伯里克利的团队没有总体的设计可资依循,于是重新利用了卫城早期建筑的地基,之后的建筑格局显得杂乱无章。穿过山门,参观者首先看到的是一尊雅典娜巨型雕像,它是菲狄亚斯用从波斯人那里缴获的青铜甲铸成的。在雕像后面,位于参观者左边的较高地势上的是造型奇特的厄瑞克提翁神庙,即"厄瑞克透斯的宫殿",这个名字源起于一位传说中的雅典早期国王(图14.13)。厄瑞克提翁神庙的对面,即南端,是帕提侬神庙。奈基神庙矗立在山门南面,位于一块岩石上(图14.12a)。

帕提侬神庙是希腊人所建造的最昂贵的神庙,全部由美丽、晶莹剔透的大理石建成,这种大理石来自雅典附近的彭特利库斯山。从总体上说,这是一座多利安式神庙,其窄边有8根柱子,宽边有17根

图14.13 厄瑞克提翁神庙及右边著名的女像柱门廊,建于约公元前421—前406年。图左是后植的橄榄树(在墙后),它们立在古时橄榄树生长的地方,是雅典娜的化身,在神庙被波斯人劫掠后,这些树奇迹般地再生出来

资料来源:Jebulon / Wikimedia Commons(CC0 1.0)

柱子。在惊人的精妙手法的设计下，帕提侬神庙没有直线条。柱座在中间隆起，圆柱向内倾斜，神庙的上层结构则微微向外突出。最后几根圆柱比中间部分的圆柱稍微聚拢一些。这样的调整造成了视错觉，直线便呈现下弯的效果，并赋予帕提侬神庙一种其他任何希腊神庙所没有的轻盈、活泼感。它看起来像是从岩石中自然生长出来的。

帕提侬神庙将建筑美提升到新的高度，而厄瑞克提翁神庙这座由三个房间组成的建筑也非比寻常。一些学者认为，有三个房间是为了崇奉三位神灵：雅典娜、波塞冬，还有英雄厄瑞克透斯。其他人则认为该神庙的外形保留了一座昔日屹立卫城的迈锡尼宫殿的轮廓，古典时代的雅典人相信那座宫殿是厄瑞克透斯的居所。

厄瑞克提翁神庙（图14.13）是精美的伊奥尼亚式建筑，在以后的数百年里，罗马人常常模仿该神庙门口周围的精美雕刻。该建筑物最著名的特色在于其南门廊，那里的雕塑被称作"女像柱"[得名于斯巴达附近村庄卡鲁阿伊的阿耳忒弥斯神庙的女祭司]，它们取代了常规的圆柱。女像柱托起长廊，女郎们看起来像是提着篮子或水。后来的建筑家大量模仿，这些女郎伸出来的手很可能拿着圣杯，她们可能是雅典娜的女祭司。

在雅典以外，希腊人于公元前5世纪建造了其他数以百计、引人注目的神庙。甚至偏远的山巅之地都被美化，彰显神的荣耀。拿图14.14来说，它展示了阿卡狄亚巴赛的阿波罗·伊壁鸠鲁神庙，这片荒野之地位于伯罗奔尼撒半岛的中心，远离人烟。基于此，尽管神庙几乎完好无损地保存下来，但只有当地的牧羊人知道它的存在，直到1765年一个法国冒险家偶然发现它为止。公元前5世纪，像这样符合完美的古典标准的新神庙在希腊世界各个地方兴起。今天，去往西西里、意大利南部的旅行者能在波塞冬尼亚（帕埃斯图姆，位于意大利南部）、塞利努斯（位于西西里西部）、阿克拉加斯（位于西西里中南部）的大道上看到许多这类神庙，其保存状况远远好过爱琴海大多数同类神庙。在塞杰斯塔，西西里西部的非希腊人伊利米人在公元前

图 14.14　阿卡狄亚的阿波罗·伊壁鸠鲁神庙，建于约公元前 420—前 400 年。帕提侬神庙的建筑师伊克蒂诺是这座神庙的设计者。今天，一顶并不美观的帆布帐篷遮护着神庙。神庙的中楣现藏于大英博物馆，上面保存有重要的雕塑
资料来源：Carole Raddato（CC BY-SA 2.0）

5 世纪 30 年代建造了一座完美的古典盛期神庙，许多艺术史家认为他们聘用的就是设计帕提侬神庙的建筑家。

神庙不是公元前 5 世纪流传下来的唯一纪念碑。希腊人还建造了剧院、行政中心、连绵数千米的防御工事。这些建筑彻底改变了雅典、叙拉古这类大邦的容貌，将古风时代简单的纪念碑扫到一边，使它们成为有冠绝世界之感的民主公民的适宜居所。希腊人的理性、意志以及勇敢已改变了他们生活的世界。

绘画

古代文学书籍记载了许多公元前 5 世纪的壁画作品，但留存下来的作品很少。据罗马作家说，公元前 5 世纪最伟大的画家是波利格诺托斯，他在约公元前 500 年生于爱琴海北部的萨索斯岛。公元前 480 年，他迁居雅典，并在这里创作了自己最好的作品。据说波利格诺托

斯在自己的绘画中体现了个人风格（希腊人称之为"êthos"），它不同于古代近东和早期希腊艺术中的呆板表现手法。波利格诺托斯努力表达深度、真实性，尽管真正的透视画法还要等 1 800 年才能问世，但波利格诺托斯革命性地将绘画对象向上移，使之脱离地平线，并增添了风景画面。

从该时期位于意大利的希腊城邦波塞冬尼亚（今帕埃斯图姆）的墓葬中，我们可感受到这一时期画作的气息。在这里，希腊人将他们的一些死者葬在大石棺里，棺的内壁和墓顶板上绘有图画。图 14.15 展示的是一位姿势优雅、身形如弓的跳水者身在半空的情景，它展示了这个时期绘画的活力与能量。在水塘两边立着光秃秃的树，右边那棵树脱离了画面边界，长在地平线上方，与弯曲的湖面一样，这表现了绘画的进深。

当时的陶瓶为我们了解公元前 5 世纪的绘画提供了丰富资源。在第 9 章中，我们指出了瓶画和其他艺术之间的联系，以及最好的瓶画家集聚雅典的事实。这些艺人争先恐后地利用各种创新成果（不仅有波利格诺托斯的，也有其他雕塑家的），力图（有时显得笨拙）画出

图 14.15 跳水者之墓，见于意大利帕埃斯图姆，绘于一只石棺的墓顶板，创作于约公元前 480—前 470 年，高约 1 米

资料来源：Heinz-Josef Lücking（CC BY-SA 3.0 DE）

轻薄、半透明的织物，就好比帕提侬神庙雕塑上的织物。

在强手如林的画坛，雅典瓶画家不断创新，发展出了一种白底风格。这也许是为了模仿象牙陶瓶，不过一定比红绘式更适于模仿壁画的效果。艺术家用一种白垩似的白颜料涂抹陶瓶表面，然后以黑色线条描画人或物，再后用红、黄、蓝和其他颜色的稀薄水彩涂色。最好的这类陶瓶非常漂亮，很显然是为陪葬制作的。图 14.16 的瓶画描绘了一个女性用花环装饰墓碑的情景。

图 14.16 白底油瓶，出自"芦苇画家"之手，制于约公元前 420 年。瓶身画的是一名女性用花环装饰墓碑的情景

资料来源：Marie-Lan Nguyen (2006)

结论

公元前 5 世纪，资源、人才向叙拉古尤其是雅典集聚，推动了狂热的文化实验。这两个城邦都是在不断扩张的民主城邦，它们都视自己为希腊的救世主。戏剧家、历史学家、哲学家、雕刻家、绘画家、建筑家试图用各自不同的方式，展现一种新的愿景，即将胜利的人类置于宇宙的中心。他们问：希腊人怎么才能公正地行使权力？他们怎么才能明辨是非？伟大而有才华的男性怎样才能适应成功、平等的男性公民共同体？尽管 2 500 年过去了，这个世界已变得截然不同，但是就人类重点关注的一些问题，希腊古典时代取得的成就仍能给人以直接的教益。

第15章
公元前5世纪的戏剧

第14章中，我们评析了公元前5世纪希腊的艺术和思想。在本章中，我们重点关注公元前5世纪的戏剧，许多学者将戏剧视为古典时代希腊最高的成就。戏剧（在希腊语中意为"做成之事"）对我们来说是如此熟悉，以至我们很难想象它不存在的情形，然而据我们的了解，所有更早的社会都缺乏我们所理解的戏剧：在公共表演中，表演者扮成他人，以第一人称说话，参与冲突，并由始至终追随故事情节的发展。希腊人在公元前6世纪晚期发明了戏剧。这一成就有赖于希腊字母的运用，后者使产出同一版本的文本、戏剧成为可能，便于合唱团、演员记忆。字母文字或许让更早的合唱诗歌成为可能。在合唱队里，由15或24个人组成的群体同唱一首歌。事实上，悲剧看起来是从希腊合唱诗歌演变而来的。悲剧成为古代主要的艺术形式之一，并理所当然地以强劲的力量存续至今。尽管如此，很多学者仍认为公元前5世纪的戏剧是无人能够超越的巅峰，希腊人在那时创造了一种韧性十足、充满力量的艺术表现形式，用于反思个性、自由、责任以及历史事件的影响。

希腊人将戏剧分成两大类：悲剧和喜剧。悲剧虽由雅典人发明，但是到公元前400年时，悲剧正成为一种全希腊范围内的艺术形式。尽管如此，构成三座无法翻越的大山的仍然是雅典最伟大的三位悲剧作家——埃斯库罗斯、索福克勒斯、欧里庇得斯。此外,雅典也是主要的喜剧中心,不过它有一些竞争对手,尤其是西西里。

悲剧

这种艺术形式起源于何处非常模糊不清,不过它的主要创作中心是雅典和叙拉古。流传至今的33部悲剧作品都是雅典人创作的,其中埃斯库罗斯(约公元前525—前456年)7部,索福克勒斯(约公元前496—前406年)7部及一些残篇,欧里庇得斯(约公元前480—前406年)18部。欧里庇得斯现存12部作品的名字是以字母A—K开头的,它们很可能是按字母排序的欧里庇得斯作品的组成部分。上述三位悲剧作家每人都创作了八九十部戏剧,从总体上,约公元前530—前400年,总共上演了1 000多部悲剧作品。大部分古代戏剧都已遗失。原始的剧作规模极为庞大,流传下来的样本却又如此之少。这种情况让我们在理解悲剧的本质上处于尴尬的境地,但和往常一样,我们会尽力而为。

悲剧的一般特征

在希腊文中,悲剧直译应为"山羊之歌"。由于山羊与酒神狄俄尼索斯(雅典悲剧就是在春天的狄俄尼索斯节上演的)联系在一起,"悲剧"这个名字可能源自将山羊敬献给神时演奏的歌曲。

从某些方面来说,悲剧戏剧像现代的电影戏剧。它并不是用来读的,而是作为现场表演的提示书。表演过后,一些戏剧的复本会流传开来,甚至会在学校里被研究,在酒会上被人引用,以娱宾客。喜剧诗人阿里斯托芬喜欢征引在多年前上演的戏剧的台词,并期望观众能辨别出处。尽管如此,希腊文学作品一直是用来听而不是读的。

悲剧是受欢迎的娱乐活动,它们直接指向雅典公民所关心的问题,包括公民对爱国宣传、恐惧、暴力以及两性冲突等主题的看法。时至今日,这些主题仍能吸引大批观众。研究希腊悲剧作家,就是在研究现代娱乐活动的起源。埃斯库罗斯是最早有作品流传下来的悲剧作家。他喜欢长篇大论（在描写异国时尤其如此），也喜欢运用夸张的隐喻，其中含有许多他自创的词汇（现代希腊文学生的噩梦）。在三大悲剧作家中，他的风格是最老派的。他喜欢用神话来表达诸如个人意志与天命之间的冲突这样宏大的道德主题，但他的语言非常晦涩。由于情节不多，他的戏剧不经常在现代上演。他笔下的人物常常是体现了某些原则的类型化角色。

埃斯库罗斯亲历雅典走至巅峰的过程，他为自己写的墓志铭提到他曾参加马拉松战役，而未提及其文学成就。他的戏剧《波斯人》（公元前472年上演）是流传下来的唯一一部没有涉及神话主题的作品，虽然未流传下来的戏剧中有这类作品。将悲剧的背景设置在英雄时代，使得悲剧作家们能以观众耳熟能详的那些故事为素材，并在其中加入特色鲜明的国王、王后和神。在雄伟的宫殿和古代特洛伊战争的背景下，诗人陈列出民主社会所面临的核心道德问题，相比以自己所在的世界为背景讲述故事，这样更能突出自己的观点。更何况，希腊人所受的荷马和其他史诗诗人的教育已为希腊人创造了一个现成的想象世界，他们可以在这个世界里探索当代文学目标。

索福克勒斯的一生与雅典的政治权力巅峰期相吻合。他生在马拉松战役前六年，在雅典于伯罗奔尼撒战争中战败前两年去世。他笔下栩栩如生的人物形象一般都受困于痛苦的冲突。他喜欢展示拥有超凡力量（通常是神圣的力量）的高贵个体在生死困局中所显现的尊严。他笔下的英雄是不屈不挠的孤独者。他们学会如何作为时已为时太晚。索福克勒斯深受民间故事的影响，在他所有的戏剧中，预言或神谕会预测出一个令人意想不到的结果，和民间故事中经常发生的情节一样。他在伯罗奔尼撒战争中期进行创作，我们总是能从他的戏剧中看到对真实历史事件的反映。例如，在《俄狄浦斯王》中，一场重大的灾祸降临城邦，而故事就是对灾祸答案的追寻。事实上，就在戏剧上演前一年的公元前430年，一场巨大的灾难确实降临雅典,杀死了1/4雅典人,包括雅典之荣光的缔造者伯里克利。尽管如此,复杂的故事情节让我们不易理解这样的历史事件,且让我们心中充满疑问。

欧里庇得斯流传下来的作品比埃斯库罗斯、索福克勒斯两人加起来的还要多。欧里庇得斯对传统的神话进行了严格的审视(有时是刻薄的批评乃至嘲笑)。他笔下的人物通常是沮丧的英雄,他们完全是受困于世俗争吵的凡夫俗子。他的名作《美狄亚》讲的是一夫一妻制社会中的离婚问题。亚里士多德评论道,索福克勒斯展示理想的人,欧里庇得斯则展示现实的人。相比索福克勒斯和埃斯库罗斯,欧里庇得斯更多地反映了当时雅典雄辩术的状况。他的大多数戏剧聚焦于一次长时间的争论,这反映了雅典人在法庭和公民大会上的经历。他喜欢颂扬情感的力量胜过理性。

在埃斯库罗斯的戏剧中,传自祖先的诅咒和神的意志推动了情节发展;在索福克勒斯的戏剧中,命运在背后操纵事件;在欧里庇得斯的戏剧中,驱动情节的是激情(通常是性欲),特别是女性的感情。欧里庇得斯是最具现代性的悲剧作家。他的戏剧后来在古代常常上演,现在还常被搬上舞台表演。他在构造情节、描写人物上进行了大胆的创新,后来的喜剧情节和现代情景喜剧的情节都直接来源于此。

悲剧的起源

据公元前4世纪的哲学家亚里士多德(他的《诗学》是现存最早的文学评论著作)说,悲剧在公元前6世纪晚期由酒神赞歌发展而来,酒神赞歌由约15人组成的合唱团进行的歌舞表演(大概是为了配合山羊献祭),合唱团有一位领队。公元前5世纪,人们继续演出酒神赞歌,下面给出的约公元前470年由诗人巴克基利得斯创作的一首诗就是一个很好的例子。该诗是供公开演出用的戏剧,讲述了英雄忒修斯到达阿提卡的故事。合唱队唱歌跳舞,扮演忒修斯之父埃勾斯这一角色的领队对他们做出回应:

雅典合唱团：

神圣的雅典之王，奢华的伊奥尼亚人★的领主，

为什么铜铃喇叭奏出新的战歌？

是敌军战士大军压境，

还是充满敌意的入侵者用暴力手段，

驱赶抗议牧民的羊群？

是什么令你心忧？说吧。

因为在我们中间，

有你最勇敢的卫兵和战士。

告诉我吧，克鲁萨和潘狄翁之子（埃勾斯）。

埃勾斯：

最近来了一个健步如飞的信使，

他穿过横贯伊斯特摩斯†的漫漫长路，

告诉我们一个英雄伟人的丰功伟绩。

骄傲的希尼斯，迄今为止最强壮的凡人◆，

死在他的手下，

那是克洛诺斯的后代，

摇撼大地的莱塔厄乌斯°之子。

在遥远的树林里，

残害人命的克罗米翁牝猪，

也死在他的手下。

他用剑砍杀了傲慢的强盗斯喀戎。

★ 雅典人宣称自己是生活在伊奥尼亚的希腊人的祖先，他们的方言是伊奥尼亚语。

† 连接希腊大陆与伯罗奔尼撒半岛的狭长陆地。

◆ 我们现在知晓忒修斯做出的一系列伟绩，它们可与赫拉克勒斯的功业相提并论。在这个故事之外，希尼斯等人鲜为人知。

° 波塞冬之子。

447

他终结了刻耳库翁的摔跤游戏。
普罗科普特斯*远逊于他，
惊吓之下，他扔掉了自己的棒槌。
如此英雄业绩，我恐怕说不尽。

合唱团：
这个男人是谁？他从何处来？
他带了多少兵力？
他是率领大军，列队而战，
还是独自突进，只带着少数的随从，
就像探索未知国度的旅人？
他将权贵从宝座上赶下来，
谁能像他一样强大、勇敢，甚至鲁莽？
他必有神灵的推动，为不法者立下规矩。
像他这样忙碌的人，不时会遭遇不幸，
但上帝的意志终将实现。

埃勾斯：
信使告诉我只有两个随从跟着他，
他们说，他健壮的肩膀上挂着一把剑。
他手持一对精心打磨的长矛，
他火红的头发上戴着拉哥尼亚的帽子。
海蓝色的外衣裹住他的胸膛，
外穿一件色萨利羊毛外衣。
他眼睛里闪烁着利姆诺斯†的红色火光。
尽管看似一个刚刚成年的男孩，

★ 意为"截短者"，强盗普洛克路斯忒斯（"拉长者"）的别名。
† 利姆诺斯岛是古时一处烈火崇拜的发源地。

却对青铜兵器相接的战争感到兴奋。

他大步向前，来到我们荣耀的城邦雅典。

——巴克基利得斯：《酒神赞歌》，Ode 18

巴克基利得斯的歌谣创造了一种场景。10人或15人的合唱队熟记他的歌词，一边歌唱一边随复杂的节奏起舞。他们扮演成雅典公民，而合唱队领队扮演英雄神话中的人物埃勾斯，即雅典英雄忒修斯之父。演员和合唱队在悲剧中的作用相似：合唱队在询问和推测，埃勾斯则在解释和发号施令。故事的情节这样展开：一个陌生人来到镇上，他是埃勾斯的儿子，但自其出生以来，埃勾斯从未见过他，自然也认不出他来。在描述忒修斯的荣耀时，埃勾斯不知道他谈的是自己的儿子和继承人，所以在埃勾斯所知道的事情和观众所知道的事情之间，就存在着一种令观众紧张的局面。这也是希腊悲剧中常见的。如果这首酒神赞歌和早期的酒神赞歌相似，我们或许能够从中看到悲剧是如何发展起来的。荷马史诗以第三人称唱道"埃勾斯如此这般做"，但是现在一个人扮演成埃勾斯，并像他那样说话。许多希腊人将这项激进的革新归功于公元前6世纪一位伟大的科林斯歌人阿里昂，但他的作品无一留存至今。阿里昂游历了西西里和意大利（据说，无良的水手将他从船上扔到海里，一只海豚听到了他优美的歌声，将他安全地送回家乡）。然而，大部分评论家将这些重要的革新归于雅典人泰斯庇斯（英文为Thespis，由此衍生出了指称演员的"thespian"一词），他活跃于公元前6世纪30年代庇西特拉图当僭主的时候。但他也没有任何成文作品流传下来。

我们可以猜测，泰斯庇斯（如果真的是他）从合唱队中走出，戴上面具，扮演一个神话角色。面具在悲剧和狄俄尼索斯崇拜（图15.1）中的应用十分引人注目。这或许可以支持亚里士多德关于悲剧源自狄俄尼索斯庆典的说法。无论如何，面具也满足了一项实际需要。最初的独角戏演员选取英雄生涯中的一个特别时刻，从而为呈现其内

图15.1 黑绘式水罐，上面绘有与狄俄尼索斯崇拜有关的面具，其两侧分别绘有避邪眼，由画家安提米尼绘于约公元前520年。该面具有浓密的胡须，头发上缠着常青藤，常青藤条在后面飘动着

资料来源：Carole Raddato（CC BY–SA 2.0）

心冲突创造机会：我应该这样做，还是那样做？通过更换面具，独角戏演员能在同一个故事里扮演第二个角色，同样以第一人称说话。这样，个体之间的冲突就成为可能（虽然他们不能够面对面相见）。"处在内心冲突中的英雄"是希腊悲剧的基础情节，而泰斯庇斯似乎发现了呈现这种情势的方法。在上面引用的酒神赞歌中，不存在选择和冲突，因此也没有戏剧性。

几十年以来，悲剧都是高度程式化的表演，由一个戴着面具的演员回应合唱队的歌唱。亚里士多德说埃斯库罗斯在公元前5世纪70年代改变了这一形式：他增加了第二个演员，并削弱了合唱队的地位。主角（字面意为"第一位演员"）现在能够与另一位英雄（他的对手戏演员，"第二位演员"）直接展开面对面的冲突，而不是只与合唱队你来我往。埃斯库罗斯现存的戏剧呈现了一个演员与合唱队（或合唱队领队）的对话，但在他最著名的三联剧《俄瑞斯忒亚》(Oresteia，意为"俄瑞斯忒斯的故事"，公元前 458 年上演）中，他起用了第三个角色，这项革新被亚里士多德归于索福克勒斯。令人惊讶的是，希腊悲剧中的演员从来没有超过三个，尽管在埃斯库罗斯的一出悲剧《乞援人》中有 12 位角色有台词！面具使得这样一人多角的场面成为可能。

大多数悲剧都在城市酒神节上表演，这个节日是公元前 6 世纪 30 年代掌控雅典的庇西特拉图从一项古老仪式中改良来的。纪念酒神的城市酒神节是为全体民众举办的大型公共宴会，僭主庇西特拉图由此获得了民众的政治支持。正如诗歌点缀了私密的贵族酒会，悲剧和其他诗歌也装点了民众的宴会。也正如贵族们在一个私密的"男人的房间"形成、巩固政治盟约，酒神节也能将全部民众聚集起来，使之成为庇西特拉图领导下的一股统一的政治力量。

如果泰斯庇斯确实创造了新的悲剧类型，庇西特拉图则对其创造加以利用，以激起人们的爱国心。公元前 510 年最后一位雅典僭主倒台之后，广受欢迎的悲剧表演继续发展和传播，最后传散至整个希腊世界。在雅典，悲剧成为典型的民主艺术形式。与此同时，叙拉古僭主也像庇西特拉图一样赞助悲剧。公元前 476 年，僭主希耶罗一世雇埃斯库罗斯编写戏剧，庆祝他创建了一个新殖民地，并让《波斯人》在叙拉古上演。埃斯库罗斯晚年时，西西里僭主已被推翻，他返回西西里，并于公元前 456 年逝于该岛的革拉。

悲剧的形式

戴面具的演员从不超过三个，且都是男性。不像从罗马时代起为人们所熟悉的那种嘴角上扬或下垂的"喜剧"或"悲剧"面具，早期的面具并不夸张，而且很逼真。它们很可能由模压亚麻布制成。由于演员类型是固定的，如老人、少女、青年、国王、奴隶（图 15.2），戴面具的演员只能够通过语言和姿势而不是面部表情来传达感情。

在公元前 5 世纪的悲剧中，合唱歌曲仍是一个重要的元素。给舞

图 15.2　2 世纪的罗马镶嵌画，从中可见戏剧面具，其中一个少女面具很可能是用于悲剧的，另一个萨提洛斯面具很可能是用于喜剧的。尽管这幅镶嵌画制作于埃斯库罗斯之后六七百年，但在戏剧表演中使用面具的现象有增无减

资料来源：From the Baths of Decius on the Aventine Hill, Rome

者伴奏的是被称作"阿夫洛斯管"（*auloi*，一种带空心振簧的双簧管）的双管乐器。音乐之于古代戏剧的重要性就好比音乐之于当今电影的重要性，只是这种重要性确实没在现存文本中体现出来。大部分悲剧都有五首合唱颂歌（*stasima*，单数形式为"*stasimon*"，意为"在适当的地方唱的歌曲"），穿插在其间的对话部分被称作"插曲"［episodes, 意为"旁支歌曲"，"episode"（剧集）源起此］。动作发生在对话中，而合唱曲则反映了情节中的事件，但并非总是密切相关。合唱曲的出现常常标志着时间的流逝。

　　合唱段落的韵律是复杂的，它们反映了古代的舞步，我们对此一无所知。合唱曲是抽象的印象主义歌曲，其间充斥着其他地方所没有的词汇。现代学者与其说是在阅读希腊合唱曲，还不如说是在解释它们,并就它们的可能含义形成理论(比较埃斯库罗斯的《俄瑞斯忒亚》的不同译本就会很快发现这一点)。

悲剧的插曲韵律简单,这与合唱曲迥然相异。对话通常是格式化的,每个发言者都精确地轮流说一句话[这叫作"轮流对白"(stichomythia),意为"逐次发言"],当两个发言者唱挽歌或赞歌时,会让人感到像是一种仪式。但悲剧并不是仪式,而是娱乐活动。

城市酒神节

执政官("统治者")主持城市酒神节主要的悲剧节日,该节日反映了雅典民众的民主意愿。每年,执政官都会挑选三个悲剧诗人、五个喜剧诗人,并为每个诗人配备一支合唱队。公民大会要求八位富人参加节日礼拜,并让他们每人为一个诗人承担演员的服装、培训费用,这笔开销可不小(参见第13章)。如果为戏剧演出付费的人有政治野心,他可能会花巨资营造奢华的效果,以期打动民众。

城市酒神节在3月下旬春收时节举行,持续五天,这是城邦的年度盛会。在节日前两天,诗人向公众公开剧情大要,并介绍演员。在节日前一天,人们将狄俄尼索斯像从靠近剧场的小神殿中移出,送往乡间,然后运回城市,安放在剧场中,让其坐镇观看演出。节日的第一天会举行壮观的游行。一些游行者抱着巨大的勃起阴茎模型,用来称颂狄俄尼索斯的生育伟力。游行结束时,人们会宰杀公牛,将肉吃掉,还要喝很多酒。接下来,合唱的歌声响起,男性和男孩载歌载舞。第二天以另一场献祭开始,接下来是对那些有功于国者进行奖励的仪式。为城邦战死者的青年儿子穿着由国家提供的崭新盔甲游行。随后,戏剧上演。

唯一一组完整保存下来的三联剧是埃斯库罗斯的《俄瑞斯忒亚》,公元前458年在酒神节上表演了一整天。该三联剧讲述了阿伽门农被妻子谋杀及其子俄瑞斯忒斯的复仇和命运。不过,其他诗人的三联剧在内容上联系不多,至多在主题上有松散的关联。到第五天,五部喜剧都演完了。节日之后两天，公民大会在剧场召开，评判节日的成果。

由于诗人与诗人、赞助人与赞助人之间的竞争，城市酒神节上的娱乐活动与体育竞赛（参见第 8 章）有很多共同点。在这两种情况下，富人之间的竞争都给民众带来了娱乐；在这两类活动中，胜利者获得的都是象征性的奖品，尤其是花环，而从来不是金钱。真正的竞争以尊严和荣誉，而不是财富为标的。以抽签的方式从十个雅典部落中选出十人担任裁判。当然，他们的评判并不总与我们相合：欧里庇得斯在他漫长的一生中只得过四次第一名，而很多人心中绝无仅有的最佳戏剧、亚里士多德视为悲剧典范的索福克勒斯的《俄狄浦斯王》（公元前 429 年首次上演），只获得了第二名。

狄俄尼索斯剧场

最早的悲剧在雅典卫城的南坡上表演。公元前 6 世纪晚期，剧场还不存在，只有狄俄尼索斯小神殿外的一个环形舞场 [*orchêstra*，"orchestra"（表演区）源于此]。位于"舞场"中央的是一个圆形祭坛。观众最初坐在斜坡上，后来就坐在"观演区" [*theatron*，"theater"（剧院）源于此] 的固定石凳上。

舞场后方设置了一间更衣棚屋或名为"*skênê*" [意为"帐篷"，由此而有了后来的"scene"（场景）]，它很可能是用木头搭的。在这里，演员可以更换面具。这间棚屋有一扇门面对观众，演员由此门进出，屋里还有一个能滚动到舞场的推台。这个设置很可能用于表现埃斯库罗斯的《阿伽门农》（《俄瑞斯忒亚》三联剧中的第一部）中的一幕著名场景：克吕泰涅斯特拉在舞场外的棚屋里面谋杀了丈夫阿伽门农，然后突然出现，欣喜若狂对着他的尸体说："我已经杀了他！"

公元前 6—前 5 世纪的时候可能还没有舞台，不过特效已经存在。一种被称作"麦卡尼" [*mêchanê*，意为"装置"，由此衍生出了"machine"（机器）] 的起重装置被安在舞场顶部，不过我们不清楚人们是怎样用它的。正是通过这种方式，在欧里庇得斯的《美狄亚》中，杀子的女人被一辆"由龙拉着"的战车带走了。一些悲剧用"麦卡尼"让一个扮演神的演员从天而降，去了结复杂的故事情节。常见的拉丁短语"*deus ex machina*"（意为"天降神兵"）就源于这项手法，它指代故事陷入僵局时，突然以人为的、非自然的力量扭转大局的做法。例如，在索福克勒斯的《菲罗克忒特》中，希腊人为攻下特洛伊而需要菲罗克忒特的弓，但是他太厌恶他们，不想把弓交出来。此弓曾经的主人、英雄赫拉克勒斯突然通过"麦卡尼"现身，并解决了争端。

起初，并没有任何类型的舞台布景。亚里士多德认为索福克勒斯发明了彩绘布景，我们猜想，它可能是附在棚屋前面的木板。不过，布景在悲剧中从来不重要。

狄俄尼索斯剧场的废墟让我们大致了解了公元前5世纪剧场的面貌，尽管剧场的大部分都是在罗马时期重建的。在图15.3中，按照罗马人的偏好，昔日的环形舞场变为马蹄的形状。从背景中，我们可以看到公元前4世纪棚屋的废墟。

图15.3　今狄俄尼索斯剧场，从雅典卫城往下看。马蹄形的舞场是罗马时期改建的，而座位是公元前5世纪的。图中间偏左处树木生长的地方是古代狄俄尼索斯神殿的所在地。在剧场背后，可见棚屋的地基
资料来源：Berthold Werner（CC BY-SA 2.0）

455

叙事结构

在第 6 章中，我们解释了《伊利亚特》和《奥德赛》的情节分三部分。它们以阐述剧情的设定作为开始，然后解释情况并引出第一个剧情转折点，其中发生的事情引发了冲突。冲突主导了故事的中间部分，直到第二个剧情转折点开启终段，或结局部分。我们发现同样的基本结构（或 "*muthos*"，即 "情节"）反复出现在现代小说和电影中：女孩遇到男孩（开始），女孩失去男孩（中间），女孩重新得到男孩（结局）。尽管每出悲剧的结构复杂，但内在套路都一样。

例如，在索福克勒斯的《安提戈涅》（作于约公元前 441 年）的设定中，国王克瑞翁颁布了一项严厉的法令：埋葬英雄波吕涅克斯属重大罪行。波吕涅克斯引外邦军队攻击母邦底比斯，且与自己的王弟埃忒奥克勒斯决斗，导致二人双双殒命。但二人的妹妹安提戈涅还是埋葬了自己的兄弟波吕涅克斯。她被抓获、逮捕，并被押解到克瑞翁面前（第一个剧情转折点）。

在中间部分，索福克勒斯在多个层面上制造冲突：安提戈涅年少，她的对手克瑞翁则是个中年人；她是女性，而他是男性；她是臣民，而他是国王；她援引家庭的权利及其义务，他代表国家权力。他们在一件事情上是相同的：他们都不会屈服。当安提戈涅的未婚夫、克瑞翁之子海蒙为未婚妻求情时，进一步的冲突发生在子与父之间。先知忒雷西阿斯透露出不祥的征兆，但克瑞翁认为他收受了贿赂，由此而又出现了宗教与国家之间的冲突。

克瑞翁判处安提戈涅死刑。她走进即将成为其生命终点的那个山洞，这是第二个剧情转折点。冲突有两种结果。要么冲突各方达成协议，冲突解决，要么是冲突的一方销声匿迹或被毁灭。在悲剧中，我们发现两种结果都有，尽管第二种比较常见 [由此衍生出了 "*tragic*"，（悲剧的）]。在《安提戈涅》中，迟来的醒悟者克瑞翁此时意识到了自己的错误，并试图阻止自身行为所引发的后果。不过，他到达山洞时已经太迟了，安提戈涅已然自杀，终结了她与克瑞翁之间的冲突。海蒙到达山洞，在狂怒之下，他意图杀死自己的父亲，最终自杀，终结了克瑞翁与海蒙之间的冲突。克瑞翁返回宫殿，结果发现自己的妻子已上吊自尽，这似乎是索福克勒斯后来加进去的，好像他要竭力扩大克瑞翁的痛苦。无论如何，冲突的解决让克瑞翁成了一个伤心欲绝的男人。悲剧落幕。

欧里庇得斯的《酒神的伴侣》（很可能创作于公元前 405 年）提供了一个更复杂的例子。这一次，我们通过序幕了解了故事背景，这种手法是欧里庇得斯发明或加以深化的。一位神灵来到舞台上，告诉我们在故事开始之前发生的事情，也就是"前情"。在《酒神的伴侣》中，伪装成陌生人的狄俄尼索斯解释了他如何在去往东方的长途之旅后返回故里底比斯，向母亲的姐妹们复仇。她们中伤他的母亲，拒绝相信她的爱人和床伴正是宙斯。由此，这场复仇剧展开了。

公民们，包括前任国王卡德摩斯、先知忒雷西阿斯（他们怀着虔诚之心，做的事情却很可笑），进入山中狂欢并敬拜狄俄尼索斯的力量。陌生人（伪装的狄俄尼索斯）被逮捕送到底比斯王彭透斯面前，这是第一个剧情转折点：情节转向彭透斯和狄俄尼索斯之间的冲突，他们在一场漫长的"对抗"（*agôn*，或"争论"，这种正式的辩论在希腊悲剧中很常见）中进行较量。从修辞学上讲，"*agôn*"与公民大会和法庭上的争论相似，在这两个地方，争论各方都有机会陈词。他们以轮流念对白（"逐次发言"）的方式进行争论：

彭透斯：来吧，首先告诉我，你是哪个民族的人。

狄俄尼索斯：不用吹牛；这容易回答。你或许听说过鲜花遍地的特摩洛斯山★。

彭透斯：我知道，那山脉环绕萨狄斯城。

★ 吕底亚萨狄斯城后方耸立的一座山。

狄俄尼索斯：我从那里来。吕底亚是我的故乡。

彭透斯：你为什么把这仪式带来希腊？

狄俄尼索斯：宙斯之子狄俄尼索斯叫我来传教。

彭透斯：那里也有一个生育新神的宙斯吗？

狄俄尼索斯：不，就是在这里同塞墨勒结婚的那位。

彭透斯：你是在梦中不是醒着时被逼着来的？

狄俄尼索斯：他是当面把教仪传授我的。

彭透斯：你的教仪有什么特征？

狄俄尼索斯：不能告诉教外的人，他们不能知道。

彭透斯：它给信徒带来什么好处？

狄俄尼索斯：不能告诉你，虽然值得知道。

彭透斯：一篇漂亮的鬼话，激起我的好奇心。

狄俄尼索斯：这位神的教仪憎恶不敬神的人。

彭透斯：你说你清楚地见过这神，他是什么模样？

狄俄尼索斯：什么模样由他高兴，不由我决定。

彭透斯：又是个圆滑的躲闪，等于什么也没回答。

狄俄尼索斯：对傻子说明智的话，我看也是傻子。

彭透斯：是你首先带着这个神来这里的吗？

狄俄尼索斯：所有的外邦人都举行这仪式。

彭透斯：因为他们比希腊人愚昧得多。

狄俄尼索斯：这事情倒是他们聪明些，虽然风俗不同。

彭透斯：你是夜间还是白天举行仪式？

狄俄尼索斯：大都在夜间，因为黑暗显得庄严。

彭透斯：好引诱和奸污女人。

狄俄尼索斯：白天里人也是可以想出法子来做丑事的。

彭透斯：无理狡辩，你该为此受到惩罚。

狄俄尼索斯：你无知，对这神不敬，才该受罚。

彭透斯：这个巴克科斯（狄俄尼索斯的别名）的祭司多么大

胆并且善于狡辩!

狄俄尼索斯：告诉我，你要叫我吃什么苦，受什么可怕的刑罚？

彭透斯：首先我要剪掉你的漂亮头发。

狄俄尼索斯：我的长发是神圣的，是为神蓄起来的。

（彭透斯剪掉犯人的头发）

彭透斯：其次，把梯耳索斯神杖★交出来（图 15.4）。

狄俄尼索斯：你自己来从我手里拿走吧，我携的是狄俄尼索斯的神杖。

图 15.4 狄俄尼索斯拿着酒杯、神杖，报信的狮子在他的手臂上。这个红绘式水罐出自"柏林画家"之手，制于约公元前 480 年。这位有须的神戴着一顶用常青藤叶子做的王冠

资料来源：Carole Raddato（CC BY–SA 2.0）

★ 由狄俄尼索斯信徒拿着的男性生殖器状的手杖。

（彭透斯抢走神杖）

彭透斯：我将把你关进牢房，看管起来。

狄俄尼索斯：神会亲自来放我，在我想要的时候。

彭透斯：在你站在巴克科斯的女信徒中呼他名字的时候。

狄俄尼索斯：此刻他就在我近边，看见我受苦。

彭透斯：他在哪里？我的眼睛为何看不见？

狄俄尼索斯：在我身边；你是个不敬神的人，因此看不见。

彭透斯：（向卫队）把他抓起来！这厮嘲弄我和底比斯城。

狄俄尼索斯：我警告你，别绑我！这是一个聪明人在对糊涂人说话。

彭透斯：但是我说"绑起来"，我比你有权。

狄俄尼索斯：你不知道你过的什么生活，你在做什么，你是什么人（凡人）。

彭透斯：我是阿高厄的儿子彭透斯，父亲是埃克昂。

狄俄尼索斯：你叫这名字，就该受苦难。★

——欧里庇得斯：《酒神的伴侣》，460—510[1]

这场"争论"展现了戏剧的中心冲突：传统宗教（彭透斯）与革新宗教（狄俄尼索斯）的冲突，表亲与表亲（彭透斯之母阿高厄是狄俄尼索斯之母塞墨勒的姐妹）的冲突，无知者（彭透斯）与有智慧者（狄俄尼索斯）的冲突，希腊人（彭透斯）与野蛮人（狄俄尼索斯）的冲突，白天（彭透斯）与黑夜（狄俄尼索斯）的冲突，国家（彭透斯）与宗教（狄俄尼索斯）的冲突，阳刚（彭透斯）与阴柔（狄俄尼索斯）的冲突，显性（彭透斯）与隐性（狄俄尼索斯）的冲突，从理智变为不理智（彭透斯）与从不理智变为理智（狄俄尼索斯）的冲突，从强壮变为虚弱

★ "彭透斯"（Pentheus）听起来像希腊词语"penthos"（意为"伤心"）。

[1] 参见［古希腊］欧里庇得斯：《酒神的伴侣》，载《古希腊悲剧喜剧全集》第5册，张竹明、王焕生译，南京：译林出版社2007年版，第237—242页。——译者注

（彭透斯）与从虚弱变为强壮（狄俄尼索斯）的冲突。这种精心设计的对立就是诡辩思想和雅典理性主义的内容。因狄俄尼索斯言辞精妙，并持相对主义立场，认为不同的人看重不同的事物，欧里庇得斯含蓄地将他比作具有破坏性的诡辩家。在没有自知之明的彭透斯之辈的眼中，这些人就是城邦的毁灭者。在那个盛行对传统的诸神说法进行质疑（他们的邪恶怎么会是真的？）的时代，欧里庇得斯粗暴地嘲笑了将神灵从世界中请出去的理性行为。该剧的创作年代是约公元前407年伯罗奔尼撒战争末期，基于此，我们在剧中更有望看到的是欧里庇得斯对世上非理性力量的歌颂，正是这些力量让雅典走向了失败。

彭透斯监禁了狄俄尼索斯。但狄俄尼索斯逃跑了，并在第二场"争论"中引诱彭透斯，引诱他到森林中窥探酒神的女伴。神志不清的彭透斯落入圈套（第二个剧情转折点），它导致的故事结局是，彭透斯被自己的母亲和姨母肢解，而他的母亲抱着自己儿子血淋淋的脑袋，得意洋洋地返回城邦。

角色与悲剧的其他维度

悲剧有情节，也有角色，"角色"（characters）来自一个意为"印记"的希腊词语。我们可以认为悲剧角色是人们做出的选择的总和。悲剧作家很少凭空创造角色，他们的角色借自传统。奥德修斯是一个依靠智慧而不是武力达到自己目的的聪明人，阿伽门农是一个高度自负而不顾惜手下人利益的夸夸其谈者，赫克托耳是注定不得好死、无法拯救家庭的爱家的人，阿喀琉斯是一个不会为自身利益牺牲理想的战士兼思想者。然而在这些角色的范围内，诗人有创造的自由。和对其他人一样，对欧里庇得斯来说，海伦是一位可爱的风流女郎，虽自伤自怜却富有风韵，出于对另外一个男人的热爱，她抛弃了丈夫、家庭和名誉。在《特洛亚妇女》（作于公元前415年）中，欧里庇得斯笔下的海伦拒绝为自己的选择负责。她把责任推到阿芙洛狄忒（即性和爱的女神）身上。而在欧里庇得斯的另一部作品《海伦》中，这个风流女郎则从未去过特洛伊——整场战争不过是为争夺一个幻影！海伦这个角色有了两种不同的呈现。

在神话中，角色包括神、人乃至说话的动物，而悲剧角色几乎总是人（埃斯库罗斯笔下的普罗米修斯是一个例外）。这些角色大部分是国王、王后。就我们所知的而言，在约公元前530年—前400年，在数以千计的悲剧中，没有一部只关注男神和女神的作为。相比之下，在更早的近东（非戏剧）文学作品中，主角通常是男神、女神（只有人类国王吉尔伽美什例外）。悲剧中的角色的高级社会地位给他们的选择带来了重要意义和后果。因此，安提戈涅违反国王克瑞翁的命令埋葬她哥哥的选择就成为一个国家问题，而不只是家庭争端了。彭透斯因为否认新神灵而令自己的国家覆灭。

亚里士多德对悲剧的结构和性质有强烈兴趣。他在自己的论著《诗学》中写道：

> 悲剧是对一个严肃、完整、有一定长度的行动的摹仿（mimesis，"表现"之意），它的媒介是经过"装饰"的语言，以不同的形式分别被用于剧的不同部分。它的摹仿方式是借助人物的行动，而不是叙述，通过引发怜悯和恐惧使这些情感得到疏泄（katharsis，"释放"之意）……
>
> 悲剧必须包括如下六个决定其性质的成分，即情节、性格、言语、思想、戏景和唱段……形成悲剧艺术的成分尽列于此。不少诗人——或许可以这么说——使用了这些成分，因为作为一个整体，戏剧包括戏景、性格、情节、言语、唱段和思想。
>
> 事件的组合是成分中最重要的，因为悲剧摹仿的不是人，而是行动和生活。人的幸福与不幸均体现在行动之中；生活的目的是某种行动，而不是品质；人的性格决定他们的品质，但他们的幸福与否却取决于自己的行动……由此可见，事件，即情节是悲

剧的目的，而目的是一切事物中最重要的。性格则在其次。

——亚里士多德：《诗学》，1449b—1450a

亚里士多德的"摹仿"（意为"表现"或"模仿"）概念很可能是文学批评中讨论得最多的词语。"（悲剧是）对一个严肃、完整、有一定长度的行动的摹仿"，通过这句话，亚里士多德指出，"行动"（即"drama"，正如我们在前文所指出的，它意为"做成之事"）是悲剧这种诗歌形式的核心。其他类型的诗歌展现的是观点或思想状态，而不是行动。由于悲剧中的角色社会地位高，"所做之事"就带有英雄色彩且会产生重大后果，这不同于专注描写无权无势的小人物的某些现代文学形式，这些人的行为不会产生超出个人生活领域的重大影响。"摹仿"是"完整的"，因为在情节中间部分（冲突激烈上演之处）产生的问题会在情节的第三部分得到解决。

我们把悲剧的结构与现代的电影相比，现代电影是在剧情背景下用画面叙说带有对白的故事，而希腊悲剧故事，正如它们向我们所展现的那样，是通过言语叙述出来的。在这个方面，悲剧和电影非常不同。亚里士多德区分了插曲（行动在插曲中展开）语言与伴有舞蹈的合唱曲。我们可以说，与史诗（第三人称讲出来的）或电影（用对白和画面讲述故事）不同，悲剧故事是"演出来的"。

当观众观看情节表演时，人们对角色的遭遇寄予同情，他们还担心同样的命运会降临在自己身上。悲剧让观众感受到强烈的、有时甚至令人不安的情感，这种情感在现实生活中若不付出可怕代价是体验不到的。这可能就是亚里士多德所指的"疏泄"（意为"释放"）的意思，它是一种净化。在体验一场扣人心弦的戏剧所产生的强烈情感后，人们能感觉到这种净化作用。人们前往电影院是为了体验紧张和释放。产生不了紧张感的戏剧艺术是乏味的戏剧艺术。因此，悲剧是一种无痛苦的扩展人类体验的方式。纵观人类历史，自以为是的审查官们总是对娱乐活动加以管制，使之符合他们先入为主的正当观念。就这方面来说，悲剧可谓是最符合条件的一种娱乐活动了。

除了亚里士多德深具洞察力的评论，我们还可以补充一些观点。推动情节发展是主角的戏剧性需求（也就是他或她想要什么）。没有了戏剧性需求，也就没有了行动，由此也就没有了情节，没有了戏剧。在《俄狄浦斯王》中，俄狄浦斯的戏剧性需求是去发现国王拉伊俄斯的死亡真相，也就是灾疫的起因。安提戈涅的戏剧性需求是埋葬她的哥哥。彭透斯的戏剧性需求是阻止新宗教的发展。悲剧作家们从荷马那里学到了讲故事的技巧。在《伊利亚特》中，阿喀琉斯的戏剧性需求就是为他所受的侮辱复仇。奥德修斯的戏剧性需求是返回家园。在情节的第三部分，即大结局的地方，戏剧性需求要么得到满足，要么没得到满足，行动在此终结。俄狄浦斯知道了杀死拉伊俄斯的凶手，安提戈涅埋葬了她的哥哥并付出了代价，彭透斯则未能阻止新的宗教。

悲剧的情节

令人吃惊的是，事实上，悲剧作家很少从《伊利亚特》和《奥德赛》那里借鉴故事题材。与此相反，悲剧作家从更易把握、被称作"早期史诗"的散佚史诗中借取材料，这些史诗讲述了特洛伊战争剩下的故事。悲剧情节分成几种类型。推动埃斯库罗斯《俄瑞斯忒亚》（该三联剧包括《阿伽门农》《奠酒人》和《复仇女神》）的是复仇主题：克吕泰涅斯特拉杀死丈夫阿伽门农是因他杀死了他们的女儿。俄瑞斯忒斯杀死母亲克吕泰涅斯特拉是为了报杀父之仇，复仇女神对俄瑞斯忒斯展开迫害是为了报应其弑母。直到第三部剧时，一个雅典法庭做出开明判决，双方的冲突才得以解决。在欧里庇得斯的《酒神的伴侣》中，狄俄尼索斯因为母亲受到的诽谤而向姨母们复仇。复仇是一种原始的正义形式，无论在过去还是现在，它都能激发观众的道德本能。好的复仇故事能让观众激动不已，并给予他们想要的紧张、释放的感觉。

另一种常见的主题是恳求，即流亡者祈求外国君王的怜悯，索福克勒斯的《俄狄浦斯王在科洛诺斯》就采用了这个主题。在故事中，年老的俄狄浦斯来到雅典忒修斯处，寻求庇护以躲避自己的儿子。在埃斯库罗斯的《乞援人》中，达那俄斯的50个女儿为躲避与她们的表亲结婚而向阿尔戈斯国王寻求庇护，随后除一人外，其他女儿均遵从父命在新婚之夜将新郎杀死。

在希腊悲剧中，一个反复出现的情节要素是弃儿。俄狄浦斯是一个弃婴，在异国他乡被人拣到、长大，然后被人发现身份。弃儿的故事能揭示自我探索的痛苦。在欧里庇得斯的《伊翁》中，伊翁在襁褓中被人遗弃，幸存下来，但在他成年之后，差点被自己的母亲处死。作为一项骇人听闻的活动，人祭有着很高的娱乐价值，由此而能构成一个重要的情节要素。在欧里庇得斯的《在奥利斯伊菲革涅亚》中，阿伽门农准备杀死女儿伊芙琴尼亚（即伊菲革涅亚），后者接受了这一命运。而在欧里庇得斯的另一部作品《伊菲革涅亚在陶洛人里》中，伊芙琴尼亚（在奥利斯被阿耳忒弥斯从献祭中救下来）试图献祭自己的兄弟。人祭自然导致"死神之新娘"的状况，在此情况下，被献祭的处女哀叹命运，抱怨自己所知道的唯一的丈夫就是死神。当安提戈涅进入其命运终点的那个山洞时，她也发出了这样的怨言，尽管这条路是她自己选择的。

这样的主题和情节要素推动着行动（戏剧情节就是对行动的摹仿）发展，而主角则从开始、中间一直活动到结尾。亚里士多德分析了这一剧情发展轨迹可能采取的形式。起先，悲剧中的王公、贵族角色命运亨通，而后，"命运逆转"，伴随着人们的"发现"，这些人落入"困境"［*katastrophê*，"*catastrophe*"（灾难）源于此］，他们的命运发生转折。亚里士多德对"困境"的起因做出推测，他强调了"判断错误"（*hamartia*，意指"失手"或"犯错"，该词最早被用于射箭）的作用：

既然最完美的悲剧的结构应是复杂型的而不是简单型的,既然情节所摹仿的应是能引发恐惧和怜悯的事件(这是此种摹仿的特点),那么,很明显,首先,悲剧不应表现好人由顺达之境转入败逆之境,因为这既不能引发恐惧,亦不能引发怜悯,倒是会使人产生反感。其次,不应表现坏人由败逆之境转入顺达之境,因为这与悲剧精神背道而驰,在哪一点上都不符合悲剧的要求——既不能引起同情,也不能引发怜悯或恐惧……

介于上述两种人之间还有另一种人,这些人不具十分的美德,也不是十分公正,他们之所以遭受不幸,不是因为本身的罪恶或邪恶,而是因为犯了某种错误。这些人声名显赫,生活顺达,如俄狄浦斯、梯厄斯特斯★和其他有类似家族背景的著名人物。由此看来,一个构思精良的情节必然是单线的,而不是——像某些人所主张的那样——双线的;它应该表现人物从顺达之境转入败逆之境,而不是相反,即从败逆之境转入顺达之境;人物之所以遭受不幸,不是因为本身的邪恶,而是因为犯了某种后果严重的错误——当事人的品格应如上文所叙,也可以更好些,但不能更坏。事实证明,我们的观点是正确的。起初,诗人碰上什么故事就写什么戏,而现在,最好的悲剧都取材于少数几个家族的故事。

——亚里士多德:《诗学》,1452b—1453a

早期的学者将"hamartia"误译为"缺点",并导致了现今仍有一些入门书中提到"悲剧人物缺点"理论。不过,亚里士多德很可能是用这个词表达"错认"之意,比如,伊芙琴尼亚将她的兄弟俄瑞斯忒斯错认成一个陌生人和潜在的祭品。尽管如此,许多解释者认为"hamartia"一词含有更广泛的思想或道德缺陷的意思,并在对悲剧

★ 阿特柔斯的兄弟,阿特柔斯把梯厄斯特斯孩子的肉给他吃。

角色的研究中找寻这些缺陷。无论如何,在亚里士多德看来,悲剧中的主角不应当遭受不幸,他们只是判断失误才招致噩运。所以,俄狄浦斯会把在道路上袭击他的人错认为盗匪,而没有意识到那是自己的父亲。他的轻率放大了这个失误的后果,不过在道德上,他对降临在自己身上的灾难是没有责任的。俄狄浦斯并不想杀死自己的父亲。不过,话又说回来,如果他当初能不那么倾向暴力,他可能就不会做出那样的事。从这个意义上说,他的"*hamartia*"(将父亲错认为盗匪)致使其在危急时刻做了错误的决定。同样,阿伽门农虽在特洛伊大肆烧杀抢掠,却也不该落得在浴缸中被妻子杀死的下场。他眼中的妻子可爱、深情,但这是个错误的判断,事实上,她是个杀人的淫妇。希罗多德创作于雅典悲剧的全盛时期,当然也是悲剧演出的亲历者,对于我们所说的"历史事件"的结构,他有着与亚里士多德相似的见解。由此,大流士一世和薛西斯一世在他们的征希(腊)之战中遭遇了命运逆转,克罗伊斯在率军征讨波斯时亦是如此。波斯国王们并不是坏人,不过他们错误地认为弱小、无力的希腊人绝对无力抵抗有史以来最强大的军队。

悲剧的情节是家族史交织成的一张网络。悲剧作家们对伟大的创世神话、泰坦神与奥林匹斯神的战争、诸神的诞生和爱情不感兴趣。他们关注的焦点是家庭的感情生活和一些骇人听闻的事故。子弑母;妻弑夫;子弑父;母杀子;父杀子女或自己所有的孩子;女弑父;兄弟互相残杀;子弑继母;母弃婴,致其死亡;男女自杀……一切可能都被考虑到了。和暴力一样,性侵犯的情形也是五花八门:母子私通,父亲强奸女儿,通奸猖獗,荡女引诱有名有誉的男人(从未有相反的情况),丈夫抛弃妻子、情妇。对这些极端可耻的行为构成补充的是兄妹或姐弟间、兄弟间、父子间、夫妻间以及父女间的强烈爱意和忠诚。

结论

自阿里昂或泰斯庇斯在戏剧中引入面具、指导自己的合唱团以来，已过去了约 2 500 年时间。对现代观众来说，希腊悲剧似乎显得陌生和僵化。不过，那些熟悉悲剧创作技巧的人仍能体验亚里士多德所描绘的强大的"疏泄"作用。表面看来，悲剧对民主城邦来说是不太能接受的艺术形式。因为悲剧中的角色是王公贵族，且常常是女性，表达和行动极端情绪化，始终拒斥平等城邦的合作价值观。尽管如此，悲剧作家却从英雄时代选取阿伽门农、安提戈涅这样的角色，并在自己时代价值观的背景下重现了他们的生活，而他们时代的价值观是合唱团频频颂赞的对象。悲剧作品提出了一个问题：像奥德修斯这样的伟人怎样适应真实的日常社会？结果证明，他们并不能很好地适应。

喜剧的起源

我们通常认为"喜剧"是某种能让我们捧腹大笑的事物，就像单口相声或每季更新的电视情景喜剧一样。但正如我们在第 6 章中所解释的，文学评论家是在更专业性的意义上使用这个词的，用以指称结局圆满的故事，它与故事是否好笑无关。从这个意义上说，《奥德赛》（不同于《伊利亚特》）是一出喜剧，尽管它很少让人发笑。不过，意为"狂欢者之歌"的希腊文"kômoidia"["comedy"（喜剧）源于此]还有更具体的含义。

亚里士多德对喜剧的分析著作很不幸失传了，我们只知道他说喜剧来自"生殖崇拜歌的领唱者"（《诗学》，1449a），正如他声称悲剧来自"酒神赞歌的领唱者"。我们可以确定，生殖崇拜歌是在为狄俄尼索斯举行的游行中演唱的，游行人员还可抱着巨型人造生殖器，喜剧合唱队则常将大型生殖器图像作为自己服装的一部分。喜剧的一个古怪特征是合唱队致辞（*parabasis*，意为"跳出合唱"），在这个部分，表演暂停，合唱队有时候会走向前去，与观众开玩笑。我们可以想象，这个举动源自生殖崇拜游行期间的类似行为。

不过，相比悲剧，有关喜剧起源的证据更不清楚。零散的记载表明，在公元前6世纪晚期的雅典、叙拉古还有一些其他城邦，表演者开始将"狂欢"（有些陶瓶展示了醉酒狂欢的场面）转化为真正的戏剧。然而，我们并不知道个中细节。希腊西部人可能在这种文学形式的演变中起到了带头作用。到公元前500年或其后不久，埃庇卡摩斯活跃在叙拉古，创作喜剧。根据记载，他笔下的角色都是神话人物，他还创作了有关奥德修斯和赫拉克勒斯的诙谐作品，不过仅有片段流传下来。一些古代学者认为雅典西南部的小邦麦加拉是喜剧的发源地。尽管如此，所有流传下来的作品都是雅典的，由此，从实际出发，我们可以把雅典当作喜剧的发源地。

第一部在城市酒神节上获奖的喜剧作品是在公元前486年被人们记录下来的，但在公元前450年之前的记录没有流传下来。第一部完整的喜剧是阿里斯托芬（约公元前448—前380年）创作于公元前425年的《阿卡奈人》，他是有史以来最风趣的男人之一。阿里斯托芬有11部喜剧作品被完整保存至今。我们知道他其他31部作品的名字，不过公元前5世纪许多其他雅典喜剧作家的作品仅余残篇流传至今。学者们称公元前5世纪的雅典喜剧为"旧喜剧"，以区别于公元前4世纪晚期的"新喜剧"，我们将在第23章中讨论。一些学者认为还存在一种名为"中喜剧"的过渡喜剧形式，不过我们对它知之甚少。

旧喜剧的情节

悲剧从英雄神话中取材，叙拉古的埃庇卡摩斯在他早期的一些喜剧作品中也使用了同样的方法。而阿里斯托芬更像一位现代剧作家，他总是在创造具有原创性（虽然是粗糙的）、以当时的时代为背景的情节。阿里斯托芬通常会设定一个荒诞的情境，在这个情境里，一个普通公民站在他周围的癫狂世界的对立面，然后通过某些彻底疯狂的情节设计战胜所有人。

在《阿卡奈人》中，喜剧主角厌恶了雅典与斯巴达之间的战争，他签订了一份私人和约。他立起标志和平区的界石，并径直行事，好像战争没有发生一样（对他来说，战争就是不存在）。他宣布开办一个自由市场，并赚了很多钱。在《云》（作于约公元前423年）中，有一个雅典人由于儿子极度沉迷赛马而贫困潦倒，于是，他把儿子送到苏格拉底的智慧所去学习雄辩术。那样，他就能通过雄辩把账给赖掉了！在《和平》（作于约公元前421年）中，英雄乘着蜣螂飞向天堂，解救了一个被囚禁在山洞中的裸体女子，她的名字叫"和平"。在《鸟》（作于约公元前414年）中，两位怀才不遇的雅典人逃离混乱的城邦，到达鸟儿们的美丽家园——云中鹁鸪国，他们在那里设计了一个乌托邦式的新世界。当鸟儿们阻止献祭的烟火到达奥林匹斯诸神处时，后者俯首称臣。由此，鸟儿们在雅典顾问的指导下成为世界的主人。在《吕西斯忒拉忒》（作于约公元前411年）中，我们发现了另一个令人忍俊不禁的情节设计：雅典妇女们为结束伯罗奔尼撒战争，拒绝与她们（不在场的）的丈夫同房。在《蛙》（作于约公元前405年）中，狄俄尼索斯为悲剧的衰落感到忧心，他前往冥界，要将一年前去世的欧里庇得斯带回来。经过一番较量，狄俄尼索斯带回来的却是埃斯库罗斯，这令欧里庇得斯懊恼不已。

就所有情况而言，喜剧情节都假定这个世界已变得疯狂。喜剧主角通常是具有常识、秉持传统公民价值观的男人（偶尔是女人）。不过由于这个世界已陷入癫狂，他或她不得不做同样癫狂的事情去纠正它。在《吕西斯忒拉忒》和《公民大会妇女》（作于约公元前392年）中，女性成了雅典的主人，从而让全是男性的雅典观众感到十分滑稽。在第一幕中，女人组织了性罢工；在第二幕中，女人引进了财产公有制（包括性伴侣）。

随着这类故事的展开，剧中人物和合唱团开始对知名政治人物进行猛烈的人身攻击，而这些政治人物就坐在几步之外的观众席上。在失传的作品《巴比伦人》（作于约前 426 年）中，阿里斯托芬猛烈抨击杰出的政治家克莱翁（参见第 16 章），以致后者对他提起诉讼。在公元前 424 年写的《骑士》中，阿里斯托芬将克莱翁描写成无法无天的奴隶，抢劫、欺骗自己善良而懒惰的主人"德谟"（意为"民众"），后被一个香肠小贩打败，这个小贩比可憎的克莱翁更粗俗，也让民众乐不可支。

阿里斯托芬取笑那些自命不凡的雅典人和热心得过了头的民主派。愚人和聪明人、富人和穷人、青年和老人都被阿里斯托芬讽刺了。他的主角怀有善意，但充满了虚荣心和愚蠢。阿里斯托芬让人回想起在伯罗奔尼撒战争、法庭、诡辩家和当时的其他罪恶摧毁一切之前的美好往昔中的理想雅典。

旧喜剧的结构

悲剧的结构比较简单，包括间隔出现的对话部分（插曲）与合唱（合唱颂歌），旧喜剧的结构却相当复杂。在悲剧中，合唱团很少与演员进行互动或参与行动，但在喜剧中，合唱队经常参与表演。演员与合唱队领唱会进行对话。戏剧不同部分的韵律模式高度程式化，且复杂得令人困惑，这样的东西在后世的译文中消失了。

戏剧的第一部分是序幕。在这一部分，领头演员使观众活跃起来，并介绍大致剧情。然后合唱队登场。在悲剧中，合唱队有 12 位或 15 位成员，但在喜剧中，有 24 位。合唱队成员通过唱歌及与已在舞台上的演员互动（有时候是激烈的互动）的方式介绍自己。

接着发生的是"争论"，它与悲剧中的"争论"一样激烈。一位发言者的胜利解决了在戏剧第一部分出现的冲突，在某种程度上，喜剧情节在喜剧的中间部分就结束了。喜剧主角已完成了他的戏剧性需求。

接着到来的是合唱队致辞,这是以第一人称进行的歌唱,演唱者要么是合唱队的领唱,要么是整个合唱队。在合唱队致辞中,剧作家以第一人称代表自己发言,就与喜剧情节完全无关的时政、社会问题发表看法,将人们从看戏的时间和环境中拉出来。这是一场政治演说。你需要知道许多与当时的政治、生活相关的情况,才能理解阿里斯托芬在合唱队致辞期间发表的看法。基于此,他的戏剧成了历史学家的宝贵资料来源。合唱队致辞之后上演的是一系列插曲(它们探索主角成功所产生的后果),它们穿插在单个讽刺观众中的名流的合唱中。

这里有一段典型的喜剧插曲,就是《阿卡奈人》中的合唱队致辞后首次出现的插曲。在成功地签订一份私人和约后,主角狄凯奥波利斯(其名意为"正义之城")管理自己的自由市场。一个男人从科林斯地峡附近的城邦麦加拉赶来,在雅典封闭该城邦的贸易港口(伯罗奔尼撒战争的导火索之一,参见第13章)时,麦加拉遭受了巨大损失。在此人的艰难处境背后,是严酷的政治现实,但在喜剧中,饥饿的前情却成了调笑的主题。被难处压得抬不起头的麦加拉人试图在狄凯奥波利斯的市场上把女儿们伪装成猪卖掉。希腊文"*choiros*"(复数为"*choiroi*")的二重语义(它可以表示"小猪",也可以表示"女性生殖器",特别是少女无毛的生殖器)产生了不恰当的政治幽默效果。此剧的下流猥亵以及不经意间流露的厌女意味完全是旧喜剧的特征:

> 狄凯奥波利斯:这是我市场的边界。所有的伯罗奔尼撒人、麦加拉人和彼俄提亚人*都可以在这里和我买或卖……
>
> (狄凯奥波利斯走到台下去,一个贫困的麦加拉人带着他的两个女儿登场。)

---

* 雅典人已将麦加拉人、彼俄提亚人从自己的市场中驱逐出去,以此作为一种政治报复手段。

麦加拉人：雅典的市场，你好！麦加拉喜爱你。友谊之神作证，我想念你，像想念母亲。不幸父亲的两个可怜的女娃啊，找吃的吧！也许有地方能找得到。听着，肚子有没有对你们说：被卖掉比饿死好？

女儿甲乙：卖掉，卖掉。

麦加拉人：我也这么说。但是，有谁这么傻，有钱没处花，想买你们两个？幸好我还有点麦加拉人的计谋。*我把你们化装成小猪来卖。快套上这些猪蹄子。要显得你们出自高贵的母猪，赫耳墨斯在上，如果你们不得不回家，可就要饿死啦。再戴上这猪面具，手脚利索地钻进这口袋。你们要叽溜叽溜咕咕地叫，像祭神†时的小母猪那样。我去把狄凯奥波利斯叫出来。喂，狄凯奥波利斯，你要买小猪吗？

狄凯奥波利斯：你是谁？一个麦加拉人？

麦加拉人：来做买卖的。

狄凯奥波利斯：生活如何？

麦加拉人：坐在炉火边一阵阵饥饿。◆

狄凯奥波利斯：宙斯作证，很快乐，如果听听音乐……那你带来了什么？

麦加拉人：秘仪中献神的小母猪。

狄凯奥波利斯：很好，拿出来看看。

麦加拉人：很漂亮的。如果想要，就称一称；又肥又美。

狄凯奥波利斯：这是什么东西呀？！

麦加拉人：宙斯作证，是小猪呀。

狄凯奥波利斯：你说什么？什么地方出产的？

麦加拉人：麦加拉出产的。怎么，难道不是小母猪吗？

---

* 麦加拉人以他们卑劣的手段而闻名。

† 在厄琉西斯秘仪中，猪被献祭给得墨忒耳和普西芬尼。

◆ 因为他们没有吃的。

473

狄凯奥波利斯：我看不是。

麦加拉人：不奇怪吗？请看他心病有多重！他不信这是小母猪。如果愿意，让我们来赌一点茴香和食盐，看依希腊的法律这是不是小母猪。

狄凯奥波利斯：但那是"人"的。

麦加拉人：是我的。你以为它们是谁的？你想听听它们叫吗？

狄凯奥波利斯：众神作证，我想听。

麦加拉人：小猪，你赶快说话呀！你不想说？小娼妇，你不说话吗？凭赫耳墨斯发誓，我马上就把你带回家去。

女孩甲和乙：咕，咕！

麦加拉人：这是不是小母猪？

狄凯奥波利斯：现在真像。养五年真会成为一个娼妇。

麦加拉人：请放心，过五年不会差似她的母亲。

狄凯奥波利斯：但是不适于献神。

麦加拉人：为什么？怎么不适用于献神？

狄凯奥波利斯：没有尾巴。★

麦加拉人：因为还小，再喂几年就会长出一条又长又粗的红尾巴。如果你想听她的叫声的话，这里有另一头小猪（他指向另一个女孩）。

狄凯奥波利斯：它们的阴部多么相像呀！

麦加拉人：它们是同一父母生的，等到养肥了，毛长长了，就是用来献给阿芙洛狄忒†的最好小母猪了。

狄凯奥波利斯：可小猪不是用来祭爱神的。

麦加拉人：猪不用来祭爱神？专祭这位神。它们的肉一戳在铁签子上，味道说不出的好吃呢。

★ 献祭品不能有残缺，"tail"（尾巴）和"penis"（男性生殖器）构成双关语。

† 有一些神灵是不用小猪来献祭的，包括性和爱的女神阿芙洛狄忒。

狄凯奥波利斯：没有母亲它们已经会吃东西？

麦加拉人：波塞冬作证，没有父亲也会吃。

狄凯奥波利斯：它们最爱吃什么？

麦加拉人：给它们什么都爱吃。你自己问问它们。

狄凯奥波利斯：小猪，小猪！

女孩甲：咕，咕。

狄凯奥波利斯：想吃鹰嘴豆★吗？

女孩甲：咕，咕，咕。

狄凯奥波利斯：无花果干†，爱吃吗？

女孩甲：咕，咕。

狄凯奥波利斯：你呢？你也爱吃吗？

女孩乙：咕，咕，咕。

狄凯奥波利斯：一听到无花果干，你们就尖叫。

——阿里斯托芬：《阿卡奈人》，729—804[1]

上述片段是阿里斯托芬插曲中的典型闹剧，以戏剧性的伪装展示喜剧主角如何利用自己的成功策略，在这个例子中，他在混乱的战争局势中创造出一个自由市场，并撤销了针对麦加拉的禁令。

结论

戏剧的演变非常迅速，它从公元前 6 世纪的合唱曲发展为公元前 5 世纪高度程式化、复杂且有力的表演。亚里士多德并不清楚为什么会发生这种情况。在约 2 300 年之后的今天，事态更模糊不清。哲学

★ *Chickpea*，希腊俚语中指男性生殖器的词。

† *fig stick*，希腊俚语中指男性生殖器的另一个词。

1 参见［古希腊］阿里斯托芬:《阿卡奈人》,载《古希腊悲剧喜剧全集》第6册,第58—67页。——译者注

家们试图理解自然,并弄清楚争论如何产生真理;戏剧家把目光放在理性、秩序崩溃的极端情况上,以此探索跟哲学家一样的问题。悲剧作家展现了陷入绝境中的强大个体所创造的奇迹,喜剧作家在探讨当时的政治问题的同时,也设想了对真实世界之荒诞的荒谬回应所产生的后果。和仪式一样,戏剧有助于在民主社会中创造团结的感情。尽管如此,戏剧仍与仪式不同,它是对人类之境况进行反思的一种有力工具。

第 16 章
伯罗奔尼撒战争及其余波

（公元前 431—前 399 年）

伯罗奔尼撒战争是一场彻底的灾难，它摧毁了成千上万的生命和几十年来积聚的财富。雅典向一个统一的爱琴海国家演变的历程中断，古希腊再无机会变成一个民族国家。波斯人再次进入爱琴海。西西里许多地方最终向迦太基进贡，而叙拉古则在希腊有史以来最强大的僭主统治下饱受煎熬。没有一位带领本国参战的政治家想要或预料到这样的战争结果。

不过，早在战争开始时的公元前 431 年，修昔底德就表明了正在到来的冲突的灾难性质。他详细记载了发生在伯罗奔尼撒同盟和雅典人之间的战争，以及他们是如何相互战斗的：

> 在这次战争刚刚爆发的时候，我就开始写我的历史著作，相信这次战争是一个伟大的战争，比过去曾经发生过的任何战争更有叙述的价值。我的这种信念是根据下列的事实得来的：双方都竭尽全力来准备；同时，我看到希腊世界中其余的国家不是参加了这一边，就是参加了那一边；就是那些现在还没有参加战争的国家，也正在准备参加。这是希腊人的历史中最大的一次骚动，同时也影响到大部分非希腊人的世界，可以说，影响到几乎整个人类。
>
> ——修昔底德：《伯罗奔尼撒战争史》，1.1

修昔底德是在公元前404年战争结束后不久书写或修订自己的著作的。他也许并不如书中所说的那么有远见。但有一些雅典人和斯巴达人从一开始就坚决反对战争，争论是非常激烈的。

公元前431年时，雅典统治着海洋，斯巴达统治着大陆。双方面临的挑战是将自己对一个领域的控制转换为在另一个领域的胜利。随后进行的27年战争错综复杂，但双方都在为此努力。

这场战争分三个阶段。第一阶段（公元前431—前421年）被称作"阿基达穆斯战争"，它得名于每年夏季入侵阿提卡的斯巴达国王阿基达穆斯二世。第二阶段（公元前421—前413年）被称作"尼西亚斯和平"，它始于雅典贵族首领尼西亚斯与敌方签订和约，终于雅典在叙拉古的战败。最后一个阶段被称作"伊奥尼亚战争"，因为大部分战斗发生在伊奥尼亚海岸附近，战事断断续续，从公元前412年一直打到前404年。雅典于公元前404年战败后爆发了内战，希腊最伟大的思想家之一苏格拉底于公元前399年被处决。公元前409年，在约650千米以外的地方，迦太基入侵精疲力尽的西西里，引发了贯穿下一个百年的激烈战争。这是一个令人兴奋而又可怕的时代，伯罗奔尼撒战争之后，一切都变了。

阿基达穆斯战争（公元前431—前421年）

伯里克利领导雅典参战，但要这么做，他必须让公民大会相信他能赢得战争。按照他的看法，阿基达穆斯战争爆发的原因是：斯巴达认为如果放任雅典不管，它将持续集聚权力，直至成为锐不可当的强大国家（图16.1）。因此，伯里克利得出结论：为了胜利，雅典只需避免失败。僵局将使雅典重新集聚权力，而这意味着斯巴达终将走向毁灭。

伯里克利提出了一个简单的两步计划。第一，固守城垣，让附属城邦支付舰队费用，并利用舰队保护粮食供应。第二，骚扰敌方海岸，夺

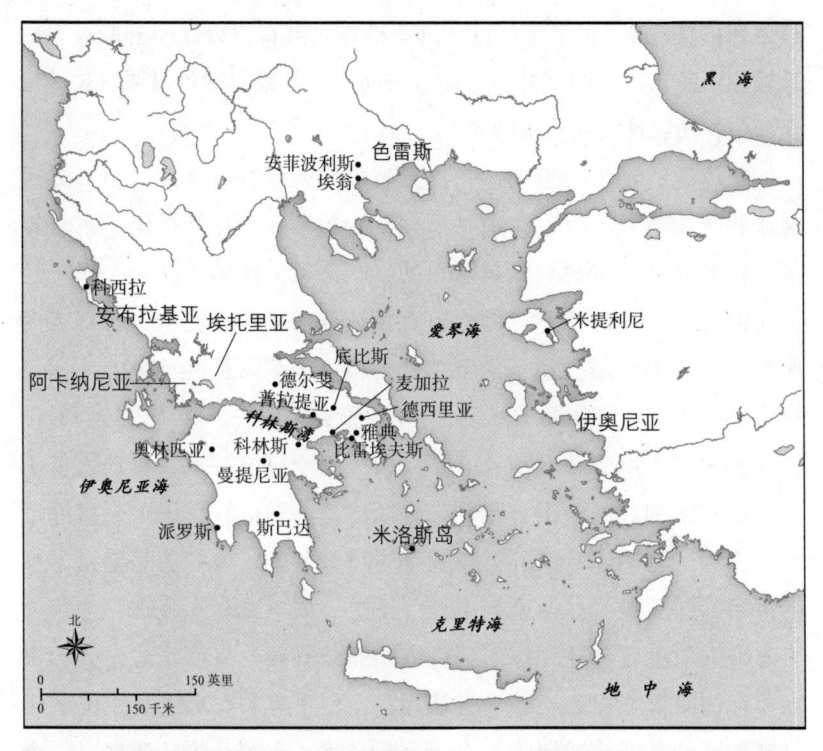

图16.1 阿基达穆斯战争和《尼西亚斯和约》：本章提到的爱琴海的一些地方

取近海岛屿作为基地，并持续保持军事压力。相比由几场关键战役组成的波斯战争，这会是一场消耗战。最后，斯巴达将会感到疲倦并撤退，雅典则能重新启动它那势不可挡的扩张大业。伯里克利是这么认为的。

第一场战争

公元前431年夏，作为侵略行动的第一枪，斯巴达军队入侵阿提卡，烧杀抢掠，然后屯兵城外。斯巴达的策略是挑衅雅典与之对阵作战，斯巴达的重装步兵精锐将在战争中取胜，从而瓦解雅典帝国。但是雅典人固守城墙、长墙，确保出海通道通畅。斯巴达焚烧抢劫了乡村后班师回国。他们还能做什么呢？公元前430年，然后是公元前429年，以至以后的每一年，斯巴达都卷土重来，但是（正如希腊对

479

特洛伊的围攻），他们在攻打防御工事方面没有获得任何进展。只要运输船不断从黑海前来并在比雷埃夫斯登陆，粮食就可以通过长墙运至城中，斯巴达就无法击败雅典。

在传统的希腊战争中，一支重装步军入侵敌方土地，另一方重装步兵会出击。不过，在阿基达穆斯战争期间，尽管斯巴达人烧掉了庄稼和农舍，考虑到其长远目的，雅典人（像奥德修斯一样）还是压制住了自己的愤怒。他们没有预见到的是，难民从乡村涌入两座长墙之间的区域，使生活环境变得极不卫生。公元前430年盛夏，瘟疫（或许是一种伤寒）暴发，1/4的雅典人死去。雅典人转而对伯里克利表示不满。公元前430年，战争刚刚打响一年，雅典人就士气低落并求和。由于没有收到来自斯巴达的回应，公民大会解除了伯里克利的将军职务，并处以罚金。尽管如此，他们还是坚持了他的策略，然后投票让他重新上任。不过，伯里克利本人在一年后死于瘟疫。伯里克利计划好了每件事，但没有预见自己正好在人们最需要他的时候死去。一些学者认为，在伯里克利死后不久上演的索福克勒斯的《俄狄浦斯王》直接反映了这一主题。俄狄浦斯是一个聪明而伟大的领导者，但是一场瘟疫降临城邦，一些意想不到的事情发生了，带来了毁灭：他杀了自己的父亲，并娶了自己的母亲。

修昔底德在伯里克利的意外死亡中看到了雅典战败的种子：

他的继承人所做的，正和这些指示相反；在其他和战争显然无关的事务中，私人野心和私人利益引起了一些对于雅典人自己和对于他们的同盟国都不利的政策。这些政策，如果成功了的话，只会使个人得到名誉和权利；如果失败了的话，就会使整个雅典作战的力量受到损失。

——修昔底德：《伯罗奔尼撒战争史》，2.65

在悲剧中，失败紧随"判断错误"这样的大错而来：

他的继承人，彼此都是平等的，而每个人都想要居于首要的地位，所以他们采取笼络群众的手段，结果使他们丧失了对公众事务的实际领导权。在一个统治着帝国的大城市中，这样的政策自然会引起许多错误，西西里远征（公元前415—前413年）就是这些错误之一。西西里远征不是一个判断上的错误，如果我们考虑到我们所要对付的敌人的话；这个错误是在于国内的人没有给予海外的军队以适当的支援。因为他们忙于个人的阴谋，以图获得对人民的领导权，他们让这个远征军失掉了它的动力；他们的不和开始使国家的政策发生紊乱。他们大部分的舰队和其他军队在西西里丧失之后，雅典内部已经发生革命，但是他们还支持了八年，以对抗他们原来的敌人（这些敌人已经有了西西里人的增援）；对抗他们自己的同盟国（它们大部分已经暴动）；对抗波斯王子居鲁士（他后来帮助伯罗奔尼撒方面，以金钱供给伯罗奔尼撒人建造舰队）。结果只是因为他们自己内部的斗争，毁灭了他们自己，他们最后才被迫投降。

——修昔底德：《伯罗奔尼撒战争史》，2.65

伯里克利死后，那些争吵不休的继承者放弃了他定下的有限战争目标。他们不再把目标仅仅放在努力使雅典比斯巴达支撑得更久上，而是实行高风险的策略，旨在真正毁灭斯巴达和伯罗奔尼撒同盟。

斯巴达在公元前5世纪20年代也探索过新的策略。从陆地入侵阿提卡无法获胜，所以斯巴达请求盟友科林斯提供强大舰队，以在海上击败雅典。公元前429年，即伯里克利去世的那一年，科林斯人与雅典舰队在科林斯湾交战。对雅典人的著名战法感到畏惧的科林斯舰队围成一个小圈，船头对外。雅典人环圈航行，偶尔冲过去威胁科林斯船只。科林斯船只一艘接一艘地向后退，以免被撞，最后这些船相互碰撞，船尾缠在一起，秩序大乱。然后，雅典人将他们扫荡干净。

此次海战后，斯巴达极力避免海战。公元前427年，当雅典的重要盟友米提利尼（小亚细亚海岸附近列斯堡上的主要城邦，与古代特洛伊相对）发起叛乱时，斯巴达表示支持。不过，出于对雅典舰队的极度害怕，斯巴达没有提供任何帮助。伯里克利的继任者变得更加富有侵略性，希望在希腊大陆西部的好战民族（阿卡纳尼亚、埃托里亚、安布拉基亚）中寻找盟友，他们可提供足够的军队，在陆战中击败斯巴达。富有想象力的雅典将军德摩斯梯尼（不是著名演说家德摩斯梯尼，我们将在第19章中讨论后者）明显希望利用这些新的盟友，迫使彼俄提亚和科林斯站在雅典一方，然后击败斯巴达。他的计划看似奏效，直到公元前424年，彼俄提亚人在一场对阵战中粉碎了雅典与希腊西部人的新联盟。

由于在希腊大陆西部受挫，雅典人把目光投向更远的西方，指向西西里岛（图16.2）。正如我们在第13章中看到的，公元前5世纪30年代，叙拉古重新崛起为一个主要强国。公元前427年，西西里岛的一场全面战争爆发。多利安城邦站在叙拉古（该城邦由多利安的科林斯人建立）一方，反对伊奥尼亚城邦。伊奥尼亚的莱昂蒂尼位于叙拉古北部，是叙拉古侵略的受害者。它援引公元前433年与雅典签订的条约，首次邀请爱琴海强权来调解西方的争斗。到公元前424年，雅典已在西西里拥有60艘战船和1万名士兵。伊奥尼亚人和多利安西西里人对雅典的帝国意图感到震惊，召开了秘密会议。修昔底德说，在这个会议上，叙拉古的赫摩克拉底（我们稍后将看到关于他的更多故事）传达了下述警告：

> 我们如果有头脑的话，我们应该知道这个会议不是纯粹为了各个城邦私自的利益而召开的；我们也应该想到我们是不是能够保全整个西西里的生存。照我看来，整个西西里的生存是被雅典人威胁了，我们应该把雅典人当作我们必须和平的一个最有力的论据，其力量远在我所说的言辞之上。雅典是希腊最大的国家，他们有少数船舰在我们这里，窥视我们的错误。虽然从性质上说

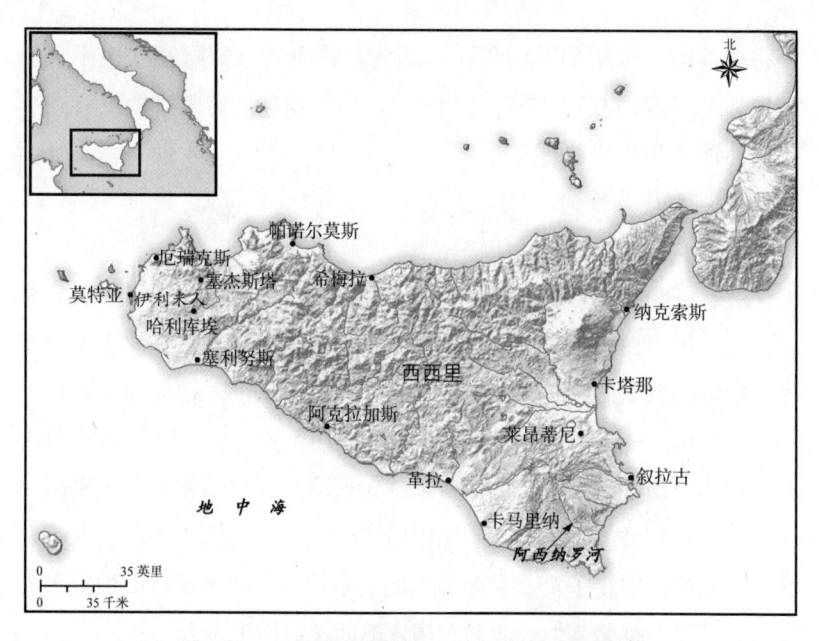

图 16.2 本章提到的西西里的一些地方和民族

来，他们一定把我们当作他们的敌人，但是他们总是借口法律上的同盟关系，想把事件安排得适合他们的心愿。假使我们自己攻击自己，招引雅典人来援助的话（他们不要招引也是准备干涉我们的），假使我们运用自己的资源削弱自己，替他们将来的帝国做初步工作的话，很可能的结果就是：雅典人看见我们精疲力竭了，有一天会带着更多的船舰来，设法把我们全体都放在他们的统驭之下。

——修昔底德：《伯罗奔尼撒战争史》，4.60

西西里诸城邦缔结了一项总体和约，并将雅典人驱逐出去。当雅典将军们回到国内，公民大会却以受贿的罪名起诉他们，因为很多雅典人确信腐败是唯一能解释失败的原因。出于一贯的自信，雅典试图在公元前 422 年组织另一个反叙拉古联盟，但是这项行动亦告失败。尽管在公元前 427 年，雅典创制了新税，并在公元前 425

年将属邦的贡金增加了两倍，但即使是雅典的巨额财富，也不足以支撑如此规模的战略举措。尽管做出这些努力，雅典依然没有在与斯巴达的竞争中占据优势。

派罗斯

最后，一次意外的好运让雅典在阿基达穆斯战争中占了上风。公元前425年，在执行一次骚扰伯罗奔尼撒海岸的常规任务时，德摩斯梯尼注意到派罗斯湾（今纳瓦里诺湾，图16.1）的北部岬角，它位于（荷马史诗中）著名的青铜时代宫殿涅斯托尔宫附近，可被用作袭击斯巴达和鼓动希洛人起义的优良基地。德摩斯梯尼带领一小支军队登陆，匆忙地用浮木筑起城墙，加固了岬角（图16.3）。斯巴达人听到这个消息后，中止了夏季对阿提卡的侵略行动，并迅速赶回伯罗奔尼撒半岛。担心雅典基地会激起希洛人的起义的斯巴达人

> 发表宣言，要求希洛人从自己的人中间选出那些他们自己认为战功最多的人来，暗示这些人可以获得自由。但是这只是一个试探，他们认为那些表现得最勇敢，首先起来要求自由的人就是那些最容易起来反抗斯巴达的人。结果，选出了大约二千人，他们头戴花冠，环绕神庙行走，以为他们将获得自由。但是不久之后，斯巴达人把他们都除掉了；甚至于这些人中，每个人是怎样被弄死的，也没有一个人确切地知道。
>
> ——修昔底德：《伯罗奔尼撒战争史》，4.80

斯巴达人指挥自己的小舰队驶入派罗斯湾。海湾出口被狭长的斯法克特里亚岛封住，只有岛两端有几条狭窄的通道。斯巴达的420名重装步兵在该岛登陆，希望封锁岛屿两端的航道，这样雅典的舰队就不能驶入海湾了。然后，斯巴达人航行至位于岛屿北端对岸大陆（今塞歧亚海峡）上的雅典要塞，试图强行登陆。斯巴达将军伯拉西达指

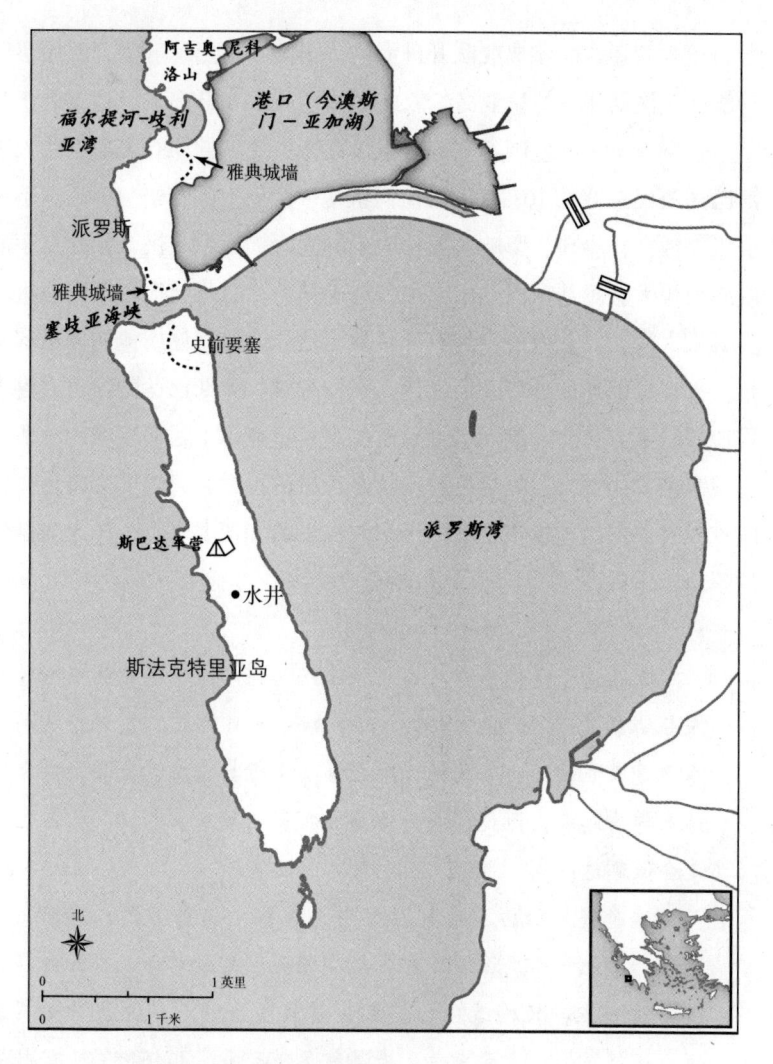

图 16.3 派罗斯战役的地图，公元前 425 年

挥着一艘船，在试图上岸时多次受伤。修昔底德注意到了这场战斗的特殊性：雅典人在陆上而且是在斯巴达的土地上作战，而斯巴达人则从海上攻打着对他们怀有敌意的他们自己的领地！

此前，雅典舰队将德摩斯梯尼留在海角，而后进一步向北航行。在经过三天毫无结果的战斗后，舰队返航。斯巴达人没有好好利用机

485

会封锁入湾通道。雅典舰队开进海湾，击毁了斯巴达舰队，并用自己的舰队包围斯法克特里亚岛，以此困住了岛上420名斯巴达重装步兵。

包围者沦为被包围者。被困斯法克特里亚岛的420名斯巴达人占斯巴达公民总数的10%，失去他们将是一个巨大的打击。斯巴达迅速请求停战。在雅典，影响力如日中天的大众演说家、民众领袖克莱翁说服公民大会拒绝斯巴达的求和。他确信，一旦雅典抓住斯巴达重装步兵做人质，将获得更多的有利条款。然而，要想俘虏他们并不容易。雅典人在派罗斯的处境和斯巴达人一样艰难。亲斯巴达的希洛人潜入雅典舰队下方，将食物和水带到斯法克特里亚岛上，而围城的雅典人在粮水两方面都日益捉襟见肘。随着危机的持续，公民大会将矛头转向克莱翁，因为他拒绝了斯巴达起初提出的和谈要求。公民大会激烈的争论迅速失控：

> 克莱翁于是指责当时身任将军而为他所仇恨的尼西亚斯（尼塞拉都的儿子）。他归咎于尼西亚斯，并且声言，如果雅典的将军们是真正的大丈夫的话，就应该马上带兵前去，把岛上的斯巴达人俘虏起来；他说，假如他是指挥军队的人员的话，他自己一定会做到这一点。

> 这时候，雅典人中有人埋怨克莱翁，如果问题真是那么容易的话，他就不应该不肯担负调查任务，躬赴前方。尼西亚斯知道了这一点，又知道自己是克莱翁所攻击的人，他就对克莱翁说，从将军们一方面来说，克莱翁尽可随意带领任何军队前赴海岛，研究自己应付军事的方法。起初克莱翁认为尼西亚斯的推荐不过是作为一个争论之点而提出的，所以他很畅快地接受了这个意见；哪里晓得认了真，指挥军队的任务真移交到他的身上，他于是又变了卦，说指挥军队的将军是尼西亚斯，而不是他。他现在真正惊慌了，他完全没有料到尼西亚斯会把自己的职务推让给他的。尼西亚斯一再地推荐克莱翁，并请雅典人们替他作证，他

是已经解除了指挥派罗斯作战之职的人。

克莱翁越推让躬赴派罗斯的任务,越想收回他自己所说的话,群众就越鼓励尼西亚斯移交军权。他们都大声叫唤,要克莱翁出发。结果,克莱翁知道,取消自己的诺言是不可能的,只好担负责任,扬帆出征。

——修昔底德:《伯罗奔尼撒战争史》,4.27—28

克莱翁并不知道自己在做什么,但他交上了好运。就在克莱翁抵达斯法克特里亚岛之前,岛上突然发生了一起火灾,将斯巴达人赶到了岛屿北端的悬崖上。令整个希腊震惊的是,断水断粮且无望再度获得供给的幸存斯巴达人投降了。这是史无前例之事。

色雷斯的伯拉西达

入侵阿提卡而一无所获,于是自公元前429年起,斯巴达开始避免在海上挑战雅典。公元前424年,它请求波斯赞助一支舰队,对抗雅典,但遭对方断然拒绝。但在同一年,曾在派罗斯攻打过德摩斯梯尼防御工事的聪明的将军伯拉西达想出了一个好主意。他意识到雅典最富裕的一些属邦位于希腊北部的陆地上,没有海洋的保护,于是他建议斯巴达军队将攻击矛头指向它们。由于对这位将军的策略有所怀疑,加上对他的个性感到担忧,且因派罗斯事件感到沮丧,斯巴达监察官拒绝让伯拉西达带兵北上。伯拉西达并没有因此却步,不管怎样,他还是带着仅仅700名希洛人和1 000名雇佣兵出发了。他悄然穿过亲雅典的领地,突然兵临希腊北部地区最重要的城邦(图16.1)安菲波利斯城下,并为该城的投降开出优厚条件。

雅典派修昔底德带领船队和人员去解救这座城邦,但是在他抵达前的几个小时,安菲波利斯向斯巴达投降。修昔底德冷静地写道:

安菲波利斯就这样投降了。当天傍晚的时候,修昔底德率领他的船舰驶入埃翁（位于斯特里蒙河的河口，该河发源于色雷斯内陆，从安菲波利斯顺流而下约5千米即入爱琴海）。至于安菲波利斯，伯拉西达刚刚取到手，只隔一晚，他就要攻取埃翁了。如果修昔底德的舰队不是及时赶到那里的话，在黎明的时候，埃翁可能就落在他的手里了。

——修昔底德：《伯罗奔尼撒战争史》，4.106

由于在安菲波利斯失利，公民大会将修昔底德流放了20年。他利用这段时间写出了他开创性的作品《伯罗奔尼撒战争史》，这是古典文化革命的一个伟大思想成就。

安菲波利斯的陷落震惊了雅典人，他们派克莱翁率大军收复该城。公元前422年，在安菲波利斯城外的一场大战中，克莱翁与伯拉西达双双阵亡。如阿里斯托芬在其喜剧《和平》中所说的，"搅浑战局的两根杵都坏掉了"，爱琴海北部的斗争就此结束。

雅典和斯巴达都已精疲力尽。尽管历经十年的流血牺牲，仍无一方找到克敌制胜的良策。公元前421年，雅典贵族尼西亚斯与斯巴达签订了一份和约，并让四年前在派罗斯被俘的斯巴达人返乡。这个解决方案被称作《尼西亚斯和约》。按伯里克利的说法，雅典已经获胜：斯巴达并未瓦解雅典帝国。然而，十年的阿基达穆斯战争已造成如此深的分歧，以至几乎没有希腊人真的认为战争已经结束。

迈向全面战争

随着雅典人和斯巴人达继续实施他们的无效策略，他们的绝望和冷酷之心日增。修昔底德认为，形势恶化至此是全面战争所导致的一个自然而不可避免的结果。公元前427年，伊奥尼亚海岸附近列斯堡的米提利尼城反叛雅典，雅典人迅速镇压了起义，但这让他们感到震惊和不安。他们无力镇压许多这类的起义。为杀鸡儆猴，公民大会愤怒地投票决定杀光米提利尼的男性，并将妇孺卖为奴隶——他们应为自己的背叛受到惩罚！公民大会派小舰队执行命令。

然后，在第二天，深感懊悔的五百人会议召开了第二次会议。克莱翁为最初的决定辩护，但是一个叫狄奥多托斯的无名之辈提出有力的反对意见。他指出，如果起义者知道他们无论做什么都会死，那么就没有任何意愿投降，他们将会战斗到死。这样的行动对帝国来说并非好事，而且，如果人都死了，也不会有人纳税了。

雅典人动了恻隐之心，撤销了屠杀令，并派出一艘快船去追赶早先出发的那艘船。第二艘船抵达米提利尼时，正好要开始行刑。根据新命令，现在他们准备只杀掉领头的1 000个公民，而拜雅典人民的慷慨大度所赐，其他人得以幸免。引人注目的是，克莱翁和狄奥多托斯都根据方便原则（什么能够帮助雅典赢得战争）而非正确与错误的标准或什么能取悦众神来提出自己的观点。修昔底德著作中的"权力政治"（也就是基于权力而非道德考量的政治）赋予他的故事以一种扣人心弦的现代性。

修昔底德在描述就米提利尼问题展开的冷血争论后不久，将笔头转向斯巴达在普拉提亚的罪行，在公元前490年的马拉松之役中，普拉提亚是唯一帮助过雅典的城邦。公元前427年，斯巴达占领了与雅典结盟的普拉提亚。斯巴达人对普拉提亚人进行审讯，问了每个人一个问题："在目前的战争中，你们为斯巴达人和他们的盟友做了什么呢？"当然，他们什么都没做。斯巴达人将被俘的225个男人处死，并将妇女、儿童卖为奴隶。在这场战争中，没有哪一方有道德边界。

战争日益增加的残酷性激化了自古风时代以来就在分裂城邦的贵族内争、贫富冲突。公元前427年，在希腊西北海岸附近的科西拉（今科孚）岛，亲雅典的民主派在巷战中击败了贵族对手，然后杀死了他们抓住的每一个人。修昔底德用极为生动的文字描述了在混乱的内战中传统价值的崩溃：

科西拉人继续屠杀他们自己的公民中他们所认为是敌人的人。被他们杀害的人都被控以阴谋推翻民主政治的罪名；但是事实上，有些是因为个人的私仇而被杀害的，或者因为债务关系而被债务人杀害的。有各种不同的死法。正如在这种形势之下所常发生的，人们往往趋于各种极端，甚至还要坏些。有父亲杀死儿子的；有从神庙中拖出，或者就在神坛上屠杀的；有些实际上是用围墙封闭在狄俄尼索斯神庙中，因而死在神庙里面的。

这次革命是这样残酷；因为这是第一批革命中间的一个，所以显得更加残酷些。当然，后来事实上整个希腊世界都受到波动，因为每个国家都有敌对的党派——民主党的领袖们设法求助于雅典人而贵族党的领袖们则设法求助于斯巴达人。在和平时期，没有求助于他们的借口和愿望；但是在战争时期，每个党派总能够信赖一个同盟，伤害它的敌人，同时巩固它自己的地位；很自然地，凡是想要改变政府的人就会求助于外国。

在各城邦中，这种革命常常引起许多灾殃——只要人性不变，这种灾殃现在发生了，将来永远也会发生的，尽管残酷的程度或有不同；依照不同的情况，而有大同小异之分。在和平与繁荣的时候，城邦和个人一样地遵守比较高尚的标准，因为他们没有为形势所迫而不得不去做那些他们不愿意去做的事。但是战争是一个严厉的教师；战争使他们不易得到他们的日常需要，因此使大多数人的心志降低到他们实际环境的水平之下。

这样，一个城市接着一个城市爆发了革命；在那些革命发生较迟的地方，因为知道了别处以前所发生的事情，引起许多革命热忱的新的暴行，表现于夺取政权方法上的处心积虑和闻所未闻的残酷报复上。

为了适应事物的改变，常用词句的意义也必须改变了。过去被看作是不瞻前顾后的侵略行为，现在被看作是党派对于它的成员所要求的勇敢；考虑将来而等待时机，被看作是懦夫的别名；

中庸思想只是软弱的外衣；从各方面了解一个问题的能力，就是表示他完全不适于行动。猛烈的热忱是真正丈夫的标志，阴谋对付敌人是完全合法的自卫……

由于贪欲和个人野心所引起的统治欲是所有这些罪恶产生的原因。一旦党派斗争激发的时候，激烈的疯狂情绪发生作用，这也是原因之一。许多城邦的党派领袖们有似乎可以使人佩服的政纲——一方面主张民众在政治上的平等，另一方面主张安稳而健全的贵族政治——他们虽然自己冒充为公众利益服务，但是事实上是为着他们自己谋得利益。在他们争取优势的斗争中，没有什么事可以阻拦他们；他们自己的行动已经是可怕了的；但在报复的时候，更为可怕。他们既不受正义的限制，也不受国家利益的限制；他们唯一的标准是他们自己党派一时的任性；所以他们随时准备利用不合法的表决来处罚他们的敌人，或者利用暴力夺取政权，以满足他们一时的仇恨。结果，虽然双方都没有正义的动机，但是那些能够发表动人的言论，以证明他们一些可耻的行为是正当的人，更受到赞扬。至于抱着温和观点的公民，他们受到两个极端党派的摧残，不是因为他们没有参加斗争，就是因为嫉妒他们可能逃脱灾难而生存下去了。

这些革命的结果，在整个希腊世界中，品性普遍地堕落了。观察事物的淳朴态度，原是高尚性格的标志，那时候反而被看作是一种可笑的品质，不久就消失了。互相敌对的情绪在社会上广泛流传，每一方面都以猜疑的态度对待对方。

——修昔底德：《伯罗奔尼撒战争史》，3.81—83

只有胜利是要紧的事情，屠杀、奴役以及背叛都不过是手段。希腊人越来越多地觉得：谁不用这些手段增进自己的利益，谁就是傻瓜。

《尼西亚斯和约》与西西里远征（公元前421—前413年）

公元前421年缔结的《尼西亚斯和约》结束了雅典和斯巴达的战争，但是留下了太多没有解决的事情，从而不能带给希腊真正的和平。和约要求斯巴达将安菲波利斯归还雅典，但安菲波利斯拒绝接受雅典的统治，基于此，雅典通过保持其在派罗斯的要塞给予回应。该和约无视拒绝签约的斯巴达盟友科林斯、底比斯和麦加拉。战争的阴影笼罩在一些地区的上空。斯巴达的盟友扬言与斯巴达决裂，甚至考虑投入雅典的怀抱。

在雅典，有一个二十来岁的年轻人叫亚西比得，他出身阿尔克迈翁家族。这个年轻人感到尼西亚斯与斯巴达签订和约是对自己的冒犯。他的家族曾是斯巴达在雅典的代表，因此，亚西比得认为与斯巴达签订和约的人应该是他，而不是尼西亚斯。他的家族还使他与其他城邦领导人建立了密切关系，他则开始暗中破坏脆弱的和平。亚西比得是这个时期非同寻常的一个人。

亚西比得在雅典公民大会之外独立运作，他把雅典、阿尔戈斯以及其他伯罗奔尼撒城邦聚合成一个联盟。他通过外交手段达成了雅典在阿基达穆斯战争中没有达成的目标，组建了一支具有很大威胁性的军队，以至公元前418年斯巴达感到有必要冒着生命危险与该盟军进行一场重装步兵战争。相比之下，雅典几乎没冒什么风险：在盟军中，只有1300名重装步兵是雅典人。

在伯罗奔尼撒半岛发生的曼提尼亚一役展现了斯巴达的优势和弱点。正如公元前479年的普拉提亚之役，斯巴达指挥官拒不听从他们不喜欢的命令，因此在两军交锋时，斯巴达阵线已散成几段。尽管如此，勇猛的斯巴达人还是守住阵地，并杀死了所有来犯的敌人。如果亚西比得的联盟赢了，或许会削弱斯巴达的力量，但是，斯巴达的胜利事实上恢复了它在派罗斯丧失的大部分威望和影响力。

米洛斯大屠杀

公元前416年，仍在动脑筋寻求破斯巴达良策的雅典决定强迫独立的米洛斯岛（属基克拉泽斯群岛）加入帝国，并缴纳贡赋。米洛斯人没做任何得罪雅典的事情，但雅典人还是担心一个独立岛屿的存在本身就暗示着雅典的无能。雅典给米洛斯下了最后通牒：要么加入联盟，要么被摧毁。米洛斯人回复说他们已与斯巴达结成了防御联盟，斯巴达会保护他们，并且因为他们并没有做错什么，所以他们相信会得到众神的庇护。在《伯罗奔尼撒战争史》中，在"米洛斯人的对话"中，修昔底德笔下的雅典使者用冷酷的话语回应了世俗权力世界中事物的存在方式：

> 关于神祇的庇佑，我们相信我们和你们都有神祇的庇佑。我们的目的和行动完全合乎人们对神祇的信仰，也适合于人们指导自己行动的原则。我们对于神祇的意念和对人们的认识都使我们相信自然界的普遍和必要的规律，就是在可能范围以内扩张统治的势力，这不是我们制造出来的规律；这个规律制造出来之后，我们也不是最早使用这个规律的人。我们发现这个规律老早就存在，我们将让它在后代永远存在。我们不过照这个规律行事，我们知道，无论是你们，或者别人，只要有了我们现有的力量，也会一模一样地行事。

——修昔底德：《伯罗奔尼撒战争史》，5.105

他们给米洛斯人提了一个建议：

> 我们建议，你们应该争取你们所能够争取的，要把我们彼此的实际思想情况加以考虑；因为你们和我们一样，大家都知道，经历丰富的人谈起这些问题来，都知道正义的标准是以同等的强迫力量为基础的；同时也知道，强者能够做他们有权力做的一切，

> 弱者只能接受他们必须接受的一切。
>
> ——修昔底德:《伯罗奔尼撒战争史》,5.89[②]

尽管如此,米洛斯人还是拒绝了雅典的条件。米洛斯遭雅典围攻、内部叛变,最终的结果很残酷:"雅典人将他们抓到的适龄参军的男子都处死,并将妇女和儿童卖为奴隶。他们自己接管了米洛斯,并派出了一支500人的殖民队。"(修昔底德:《伯罗奔尼撒战争史》,5.115)斯巴达什么也没有做。

决定进攻西西里(公元前415年)

公元前415年,雅典人决定要赢得伯罗奔尼撒战争。尽管公元前5世纪20年代在西西里受挫,公元前418年或前417年,雅典还是与西西里西部非希腊人的伊利米城邦塞杰斯塔、哈利库埃(图16.2)建立了新的同盟。以前与迦太基相友但现与叙拉古结盟的强大希腊城邦塞利努斯一直试图将领土扩张到伊利米的地界上,由是,公元前416年,伊利米人向自己的老盟友迦太基求助。迦太基人认为干预此事会导致与叙拉古开战,便回绝了。随后,塞杰斯塔转而接近新盟友雅典,表明只要雅典能够将塞利努斯从伊利米人的土地上驱逐出去,塞杰斯塔将承担所有费用。一个雅典使团前往西西里查探塞杰斯塔的资源状况,想看他们是否真能负担起这样一场战争的耗费。每天晚上,雅典使节在不同贵族的家中用金盘或银盘进餐。雅典人深受触动,以至他们没注意到这套盘子从一户人家传到另一户人家。接着,塞杰斯塔人向雅典人展示了他们位于厄瑞克斯山顶圣殿的金银宝库。在顶层的财宝下面只有石头,但雅典人并未查看。

对塞杰斯塔有利的使团报告让雅典人议论纷纷。谨慎的尼西亚斯反对在西西里冒险,但亚西比得并未被其早先的计划在曼提尼亚一役中的失败吓倒,他从伊利米人的请求中看到了一条征服整个西西里然后击败斯巴达的途径。公元前415年,亚西比得年轻、富有、英俊、

才华横溢而不好对付:

> 支持远征军最激烈的是亚西比得。他要反对尼西亚斯,过去他和尼西亚斯是从来没有在政治上面对面反对过的,而现在尼西亚斯在发言中攻击他私人。他有更强烈的动机,想获得将军的职位,他希望由他征服西西里和迦太基——这些胜利会使他个人同时得到财富和荣誉。因为他在民众的眼中有很高的地位,他对于赛马的热忱和他的奢侈生活已经超过了他的财产所能供给的。事实上,这和后来雅典城邦的倾覆是有很大关系的。
>
> 大多数人看到他有一种与众不同的品质,表现在他私人生活习惯上的违法乱纪,以及他在一切机会中行动的精神,因而感到恐慌。他们认为他的目的是做僭主,所以他们对他都有恶感。虽然在职务上,他领导战事的成绩是卓越的;但是他的生活方式使每个人都反对他的为人;因此,他们把国家的事务委托于他,不久就引起城邦的毁灭。
>
> ——修昔底德:《伯罗奔尼撒战争史》,6.15

尼西亚斯和亚西比得在公民大会激烈争吵,但亚西比得说服希腊人发动了他们历史上规模最宏大的一次远征。修昔底德暗示我们,就像之前的薛西斯一世一样,雅典人对自己能力的限度失去了认识。斯巴达虽遭重创却并未屈服,波斯伺机而动,叙拉古是希腊第三大邦。在这样的情况下,亚西比得大谈征服整个西西里、意大利南部乃至迦太基!据修昔底德说,雅典人对西西里的大小、居民人数(包括希腊人和土著)知之甚少,他们想不到自己要发动一场几乎跟他们与斯巴达的未完战争差不多规模的战争。

尼西亚斯试图通过强调这次远征所需的庞大军队来劝阻公民大会,但是这仅仅成功地助燃了雅典人的帝国梦想:

> 每个人都充满了远征的热情。年老一点的人认为他们将征服那些他们将航往的地方，或者，有了这样大的军队，他们至少不会遭到灾祸了；年轻一点的人希望看看远地的风光和取得一些经验，他们相信他们会安全地回来的；一般民众和普通士兵希望自己暂时得到薪给和扩大帝国使他们将来可以取得永久的薪给工作。
>
> ——修昔底德：《伯罗奔尼撒战争史》，6.24

尼西亚斯或亚西比得，任谁做唯一的统帅，公民大会都会感到不安。但是这两人不可能合作，所以公民大会最后任命了三位指挥官：尼西亚斯、亚西比得，还有一位白发苍苍的老兵拉马科斯。雅典人希望这三人相互弥补，不过与此相反，他们每个人都提出了一个不同的方案。尼西亚斯说他们应去塞杰斯塔，迅速解决它与塞利努斯之间的战争问题，然后班师回国。亚西比得认为他们应派使节前往除塞利努斯、叙拉古以外的所有西西里城邦，建立一个反叙拉古总同盟，并征服全岛。拉马科斯说他们应直接去叙拉古，出其不意地攻取、占领它。最终，他们同意了亚西比得的方案。

> 这第一次出发的远征军远远地超过过去任何一个单独城邦所曾派出的花钱最多、外观最美的希腊军队……在其他希腊人看来，它好像是一次表现雅典力量和伟大的示威运动，而不像是一支出发进攻敌人的远征军……这次远征之所以这样著名，不仅因为它表现出惊人的冒险和赫耀的外观，而且是因为它对于它所要进攻的敌人有压倒的优势，同时在雅典从来所派遣过的远征军中，这一次是航程最远的；它对于将来所抱的希望，和他们目前的资源比较起来，是最远大的。
>
> ——修昔底德：《伯罗奔尼撒战争史》，6.31

就在该舰队即将远航前的一个早上，一幕场景让雅典人感到震惊。在雅典人的房子外面，有被称作"赫耳墨斯神柱"的可驱邪的小雕像。"赫耳墨斯神柱"（与赫耳墨斯神有某种联系）就是有一张脸、一根勃起的男性生殖器的石柱（图16.4）。某天晚上，有人用凿子破坏了赫耳墨斯神柱。雅典人担心这是一个反对民主制度的阴谋，因为神柱象征着每个雅典公民作为一家之主的自由、男子气概、人人平等。公民大会逮捕了可疑分子，并严刑拷打奴隶，以求获得罪证。有关案情，他们一无所获，却发现一小股年轻贵族在自己家的醉酒宴会中可笑地模仿厄琉西斯的得墨忒耳祭仪（"厄琉西斯秘仪"）。亚西比得就是其中一员。

图 16.4 雅典赫耳墨斯神柱，建于约公元前 520 年。在西西里远征时，该柱已有 100 年的历史

资料来源：Zdenek Kratochvil（CC BY-SA 3.0）

亚西比得的竞争对手一直等到舰队起航，才说服公民大会将他召回，对他的不敬行为进行审讯。亚西比得的大部分支持者都在舰队中，因此没人能帮他。就在即将于意大利南部被捕时，亚西比得跳船逃往斯巴达，他在那里受到了热情的欢迎，但此事产生了灾难性的后果。

叙拉古围城战（公元前 415—前 413 年）

尼西亚斯和拉马科斯坚持亚西比得的战略。他们希望西西里城邦能加入雅典，叙拉古不战而降。西西里东部的一个伊奥尼亚城邦纳克索斯欢迎作为解放者的雅典人。不过，直到一些雅典人闯过一扇紧闭的大门，纳克索斯的邻邦卡塔那仍拒绝放他们进来，即便它也是个伊奥尼亚城邦（图16.2）。塞杰斯塔人仅仅支付了他们许诺的一半金钱，作为回应，雅典人对塞利努斯与塞杰斯塔开战袖手旁观。其他所有人都驱逐雅典人。西西里的希腊人虽担心叙拉古的入侵，但他们畏惧雅典人更甚。

拉马科斯的战略可能是正确的。很多叙拉古人并不相信雅典人会来犯，一次突袭本就可能突破年久失修的城墙。相反，尼西亚斯浪费了几个月宝贵的时间，沿海岸航行，却未能成功建立联盟。直到冬天，雅典人才进攻叙拉古。他们在城邦附近的地方登陆，并赢得了一场重装步兵战斗，但是城邦的城墙现已坚固得攻不下来。

冬天过去了。在复仇心切的亚西比得的建议下，斯巴达派出精力旺盛的将军杰里帕斯去帮助叙拉古人。同样，在亚西比得的建议下，斯巴达在距离雅典仅约19千米的德西里亚山建筑了防御工事，并全年派兵驻守（图16.1），数以千计的雅典农民被迫永久迁居雅典城内。

在西西里，尼西亚斯和拉马科斯决定用一座围墙包围叙拉古，同时，雅典海军在海上切断城邦与外界的联系（图16.5）。叙拉古和雅典一样大，有4万居民，且城里有许多便利的生活设施，包括一个大剧场（图16.6），由此，严密的围困很快将使其陷入饥荒。叙拉古城邦有一个小岛，即俄耳梯癸亚岛，它通过桥梁与大陆相连。桥的南边是大港，足能容纳一支大型舰队。叙拉古被海洋和防波堤围绕。就在雅典人到达之前，沿城北厄庇波利（意为"城市以上的地方"）的山脚，叙拉古人建了围墙以及相连的环形双层墙。谁控制了厄庇波利，谁就将控制叙拉古城邦。雅典人在厄庇波利边缘建了一座俯瞰叙拉古的环形要塞，然后开始建造从要塞两侧伸向海洋的围墙，用以切断城邦与外界的联系。

雅典人的围墙迅速建起来。叙拉古人曾两次试图以直角角度修建反制围墙（标准的防御措施），以此隔断敌人的围墙。不过，雅典人攻击并摧毁了这些围墙。拉马科斯在这次战斗中阵亡，但此时，雅典的围墙就快完工了。只有从穿过厄庇波利的环形要塞伸向北方那部分防线尚未完工。叙拉古看起来是在劫难逃了。

但尼西亚斯懈怠了。没有拉马科斯的催促，他竟让穿过厄庇波利的最后一段延伸围墙工程进度放缓了，慢得像蜗牛爬行。斯巴达指挥官杰里帕斯逼近城下，得知雅典人的围墙还未彻底完工。他没有直接进军叙拉古，而是航行到西西里西北部的希梅拉（图 16.2），在那里召集军队，然后返航至叙拉古，从背后袭击尼西亚斯，突破雅典还未

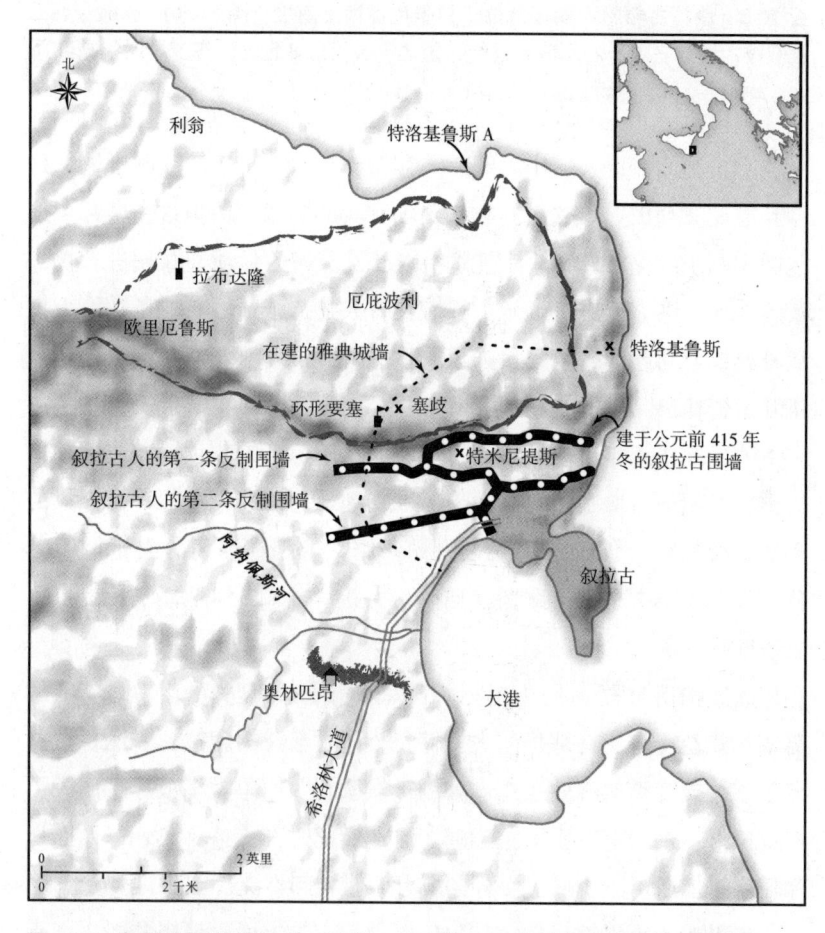

图 16.5 叙拉古围城战的第一阶段，公元前 415 年。雅典的城墙不断修建，而叙拉古的城墙建设失败了

图 16.6 叙拉古希腊大剧场，位于特米尼提斯山南坡（图 16.5），俯瞰今西西里叙拉古城。它建于公元前 5 世纪，重建于公元前 3 世纪，在罗马时代被翻新

资料来源：Nicolas Chadeville（CC BY–SA 4.0）

完成的包围圈，进入城中。此时，守军立刻建造了新的反制围墙，延伸到厄庇波利山上。这次，它切断了雅典的围墙，保护这座城邦免遭包围（图 16.7）。12 艘科林斯战船避过了雅典的封锁，并驶进叙拉古大港，在大港靠近城市的地方，叙拉古人建造了新船，准备在海上挑战雅典人。与此同时，雅典人没有泊船的优良海滩，泡在水中的船壳正开始朽坏。

公元前 414 年夏季结束时，尼西亚斯意识到围攻正走向失败。他给雅典发回最后通牒：要么派出另一支和最初的那支军队一样强大的军队，要么就让他撤退。无论哪一条路，他都将因病辞去指挥职务。公民大会投票决定派德摩斯梯尼率一支新军过来，但他们坚持让尼西亚斯继续指挥。

杰里帕斯收紧了手中的网，夺取了尼西亚斯扼大港南端之咽喉的要塞，并获得雅典在那里的大批储备，同时新建的叙拉古舰队拦截并摧毁了一支为雅典舰队运送木材的护航队。西西里大多数非希腊人已在叙拉古、塞利努斯手下饱尝痛苦，他们此时都支持雅典，但西西里除阿克拉加斯（图 16.2）以外的所有希腊城邦都支持叙拉古。

杰里帕斯不再把目标定在仅仅解救叙拉古上面，他想要毁灭整支雅典远征军。他以极大的热情投入工作，这大大鼓舞了叙拉古人。在

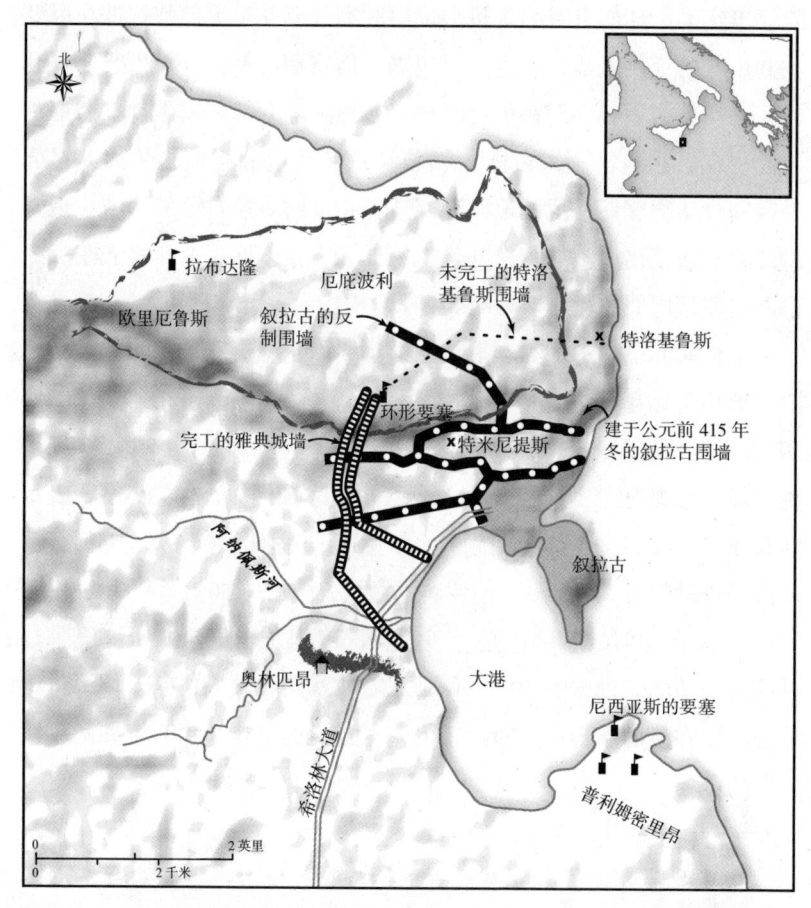

图 16.7 叙拉古围城战的第二阶段,公元前 414 年。叙拉古的反制围墙取得成功

大港的狭窄空间里,机动性对舰队作战而言并不重要。意识到这一点,杰里帕斯在叙拉古战船的船头增加了重木。在激烈的战斗中,叙拉古船只撞碎了雅典船只的船头,许多船只沉入海中,雅典军队被迫躲在陆地上的防御工事里求生。

在此重要时刻,德摩斯梯尼带着 73 艘雅典新船、5 000 名新重装步兵和很多轻步兵驶入大港。尼西亚斯军喜出望外,对雅典援军感到恐惧的叙拉古人撤退。但德摩斯梯尼很快就意识到雅典的处境仍很危险。事实上，他们只有一次机会取得胜利，那就是突破叙拉古在厄庇波利山上的反制城墙，然后完成包围。他将赌注押在一场夜袭上。起初，一切进展顺利，但在关键时刻，雅典人陷入混乱，重创下撤退了。

现在，雅典已不太可能占领叙拉古了。他们必须尽快离开，但是起初服从德摩斯梯尼的尼西亚斯选择在此时重申自己的权威。他坚持即将有叛徒出卖叙拉古，并且无论如何，他宁愿在西西里光荣战死，也不要以叛国罪在雅典被处决。

宝贵时间悄然逝去。在尼西亚斯最终承认不会有人出卖叙拉古之前，疾病开始蔓延，士气大落。尼西亚斯同意撤退，但在公元前413年8月27日晚上，正当军队整理妥当准备拔营离开时，出现了一场月食。修昔底德说："尼西亚斯过分地喜欢占卜和类似这样的事情，表示除非他们停留够预言家建议的27天，否则他是不会参与应当如何行军的进一步讨论的。"（参见《伯罗奔尼撒战争史》，7.50）

27天在任何战争中都是一段漫长的时间。当尼西亚斯沉浸于自己的迷信中的时候，杰里帕斯修建了一座横跨大港入口的浮桥，将雅典舰队困在里面。雅典人对浮桥发起了最后的绝望进攻，正如两军所目睹的：

> 当海上战斗胜负尚未决定的时候，两边岸上军队的情绪是极其紧张的，内心是很矛盾的……对于雅典人来说，一切都依靠他们的海军；他们对于将来的恐惧是他们过去所从来没有感觉过的……当战争的结果还没有决定的时候，从同一个雅典军队里可以同时听到各种不同的声音——悲伤和欢呼，"我们胜了"和"我们败了"的叫喊，以及一支大军队在危急的时候一定要发出的其他各种不同的感叹。船上士兵们的情绪也是很相同的。战斗持续了一段长久的时间；最后，叙拉古人和他们的同盟者粉碎了雅典人的抵抗，大声叫喊和欢呼，追逐雅典人，把雅典人明显地、决定性地赶回到海岸边。

> 现在除了在水上已经被俘虏了的船舰，整个舰队都跑到岸边来了，有些向这个方向跑，有些向那个方向跑，船舰上的人从船舰上向军营里逃跑。至于陆地上的军队，犹豫的时候已经过去了，现在有一个冲动使他们全体不能抑制，为着他们的遭遇而大声哭嚎和呻吟；有些人跑去帮助他们的船舰，有些人跑去防守他们所保存下来的那部分城墙，而大部分人开始想着他们自己，怎样才可以安全逃生。真的，这时候的恐慌比他们过去所经历的任何恐慌都要大些。
>
> ——修昔底德：《伯罗奔尼撒战争史》, 7.71

恐慌之下，雅典军中的4万名幸存者放弃了围攻，向北行军，希望能够杀出通往友邦卡塔那的道路。但叙拉古人已派兵把住道路，两天之后雅典人只得折回头来。此时，他们向西南进发，奔向位于西西里南部海岸的友邦卡马里纳。无论走向何处，都有叙拉古骑兵的袭扰。在9月太阳的炙烤下，粮、水短缺，他们挣扎着跑到流水湍急的阿西纳罗河：

> 雅典人匆忙地向阿西那罗河边跑，一则因为许多骑兵和其他成群的军队从各方面向他们追击，他们认为如果到达河边，情况可能会好一点；二则因为他们精疲力尽，太想喝水了。
>
> 他们一到河边，即冲入河中，现在一切纪律都没有了。每个人都想首先渡过河；但是因为敌人不断地攻击，渡河是很困难的。他们不得不挤作一团，跌下去时，人压在人身上，互相践踏，有些被他们自己的刀矛所刺死，有些在他们自己中间和行李中间互相纠缠着，被水流卷走了。对岸很陡，有叙拉古的军队驻扎在那里。他们把武器从上面向雅典人射击；当时，雅典人零乱成堆，正在很深的河床中喝水。伯罗奔尼撒人跑下来屠杀他们，特别是那些在河里的人。河水马上变为污秽了；河水虽然浑浊，又有血

水玷污，但是他们还是继续地喝；他们大部分人甚至于互相争斗着抢水喝。

——修昔底德：《伯罗奔尼撒战争史》，7.84

在撤退中死亡的人数比在西西里战役中战死的人数还多。叙拉古人俘虏了尼西亚斯和德摩斯梯尼，并当场将他们刺死，同时将大约7 000名幸存者赶进叙拉古城外深石矿场中（图16.8）：

他们人数很多，拥挤在一个狭窄的石坑中，上无屋顶；他们在白天里受太阳光热和空气闭塞的痛苦；相反的，当时正是秋天，晚间很冷；气候的变化给他们带来疾病。因为空地的缺少，他们不得不在同一个地方做一切的事情；并且那些因为受伤，或因为气候变化或其他类似的原因而死亡者的尸体堆积在一起，因而恶臭难当。同时，他们受饥渴的痛苦。八个月中间，每个人每天的给养是半品脱的水和一品脱的谷物。事实上，被幽禁在这样一个地方的人，凡是我们所能够想象到的一切痛苦，他们都尝受了……

这是这次战争

图16.8 昔日监禁雅典犯人的叙拉古石坑
资料来源：Zdenek Kratochvil（CC BY–SA 4.0）

中希腊人最大的一次军事行动，照我看来，是希腊历史中我们所知道的最大的一次军事行动——对于胜利者来说，是最光辉的一次胜利；对于战败者来说，是最悲惨的一次失败，因为他们是全军覆灭；他们的痛苦是很大的，他们的毁灭，诚如俗话所说的，是整个的毁灭，海军、陆军——一切都毁灭了。许多人中间很少有回到故乡的。西西里的事件就这样终结了。

——修昔底德：《伯罗奔尼撒战争史》, 7.87

西西里与迦太基战争（公元前412—前404年）

如果在大港征服了雅典人的强大叙拉古舰队在公元前412年以全力攻打雅典，它可能已切断雅典的粮道，从而终结伯罗奔尼撒战争。自公元前5世纪20年代起掌控叙拉古民主政治的老将赫摩克拉底极力主张这样做，无奈城邦已精疲力尽。和雅典一样，叙拉古的民主政治亦有内争，它的领导人因为内讧而令他们辉煌的成就付诸东流。雄辩家戴奥克勒斯在叙拉古围城战期间表现突出。此人成为叙拉古公民大会的领袖，并于公元前410年解除了赫摩克拉底的将军职位。但叙拉古未能成功介入爱琴海事务的主要原因是迦太基的战争威胁。如前所见，叙拉古与雅典的战争在公元前415年开始于西西里西部，那时塞利努斯袭击了伊利米人的塞杰斯塔城邦。塞杰斯塔向迦太基求助，在被拒绝后转向雅典求援。公元前410年，塞利努斯再次攻打塞杰斯塔，而这次，迦太基同意助伊利米人一臂之力。

和雅典不同，迦太基没有常规的军费筹集系统。它通过变卖财产和举债来支付战争所需，然后在短时间内尽可能多地聘用雇佣军。在此情形下，迦太基费了一年时间去往西班牙、意大利和利比亚招募人员，筹备军队。公元前409年，迦太基已准备好进攻塞利努斯。在雅典战败后，希腊城邦要么洋洋自得，要么走向崩溃，它们没做任何准备。迦太基指挥官汉尼拔（意为"巴力神赐予的荣耀"，他是公元前218—前201年与罗马作战的那个汉尼拔的远祖）用船载着约十万名士兵和先进的攻城器械前往西西里。九天之内，他就突破了塞利努斯的防御。西西里的狄奥多罗斯对那时发生的事情做了骇人的叙述：

> 那些逃进市集的塞利努斯人都战死在那里。野蛮人（迦太基人）深入城市的各个角落，洗劫城中居民。一些塞利努斯人被困在屋内烧死。其他人被驱赶到街上，不分性别和年龄都被杀死——儿童、婴儿、妇女、老人。他们没有表现出任何同情心。他们按照传统的方法肢解了这些人的尸体，有一些人将成串的手系在身体上走来走去。其他人则用标枪和长矛挑着头颅……
>
> 野蛮人大施暴行，自由的年轻人或妇女未得幸免，这些不幸的人蒙受了可怕的痛苦。一想到自己即将在迦太基为奴为婢，并预见到自己和孩子们将没有任何地位，要被迫忍受语言不通且性情暴虐的主人的虐待，她们就为自己还活着的孩子哀泣，就好像他们死了一样。
>
> ——西西里的狄奥多罗斯，13.57—58

叙拉古人集结了舰队，戴奥克勒斯率军急速前往阿克拉加斯，阻止迦太基人前进。但汉尼拔急于毁灭北方的希梅拉，为其祖父哈米尔卡71年前在那里的战败复仇（参见第12章）。随着他的推进，两万名土著加入他们的行列。西西里土著也在公元前415年加入雅典一方反对叙拉古，此时，投靠迦太基看似比投奔叙拉古更可取。汉尼拔在希梅拉城外赢得了一场激烈的战斗，戴奥克勒斯担心汉尼拔将对叙拉古发动一场突袭，于是带领一半希梅拉人返回叙拉古，这是他的舰队能承载的最多人数。然而，在他准备带回其他人之前，汉尼拔就攻占了该城，并在公元前480年哈米尔卡被杀害的地方处决了3 000名俘

房。然后，

> 在汉尼拔率军登上战船和商船，在留下足够军队满足盟友们的需要之后，他从西西里起航。当他带着很多战利品返航至迦太基时，人们都出来迎接他，并称赞他的成就超过了以往任何将军。
>
> ——西西里的狄奥多罗斯，13.62

迦太基战争本应到这里就结束了，这让叙拉古能够腾出手来报复雅典。但在公元前407年，赫摩克拉底这位领导叙拉古人反抗雅典，然后在公元前410年被戴奥克勒斯驱逐的将军流亡归来。他带着波斯的黄金返回，雇用了1 000名雇佣兵，召集了来自希梅拉的难民，然后试图借助武力打开他的回乡路。失败后，他占领了残破不堪的塞利努斯。他的队伍通过接收不断返乡的塞利努斯人得到壮大，很快就拥有了6 000名战士。为了筹集金钱，他抢劫了西海岸莫特亚岛，以及位处西北的帕诺尔莫斯（今巴勒莫）（图16.2）的腓尼基城邦。在一次出色的宣传活动后，他继而收殓仍留在希梅拉战场上的叙拉古人的尸体，将他们运回叙拉古妥善安葬，此举让他在叙拉古城里的对手戴奥克勒斯相形见绌。叙拉古人随后投票流放了戴奥克勒斯，正像赫摩克拉底所期望的那样，但他们仍拒绝召回赫摩克拉底。失望之下，赫摩克拉底在叙拉古发动了一场政变，但他在随后的战斗中被杀死。

赫摩克拉底的勃勃野心吓倒了叙拉古人，但迦太基所受的警示更甚。汉尼拔认为，只有完全战胜西西里的希腊人，局势才能稳定下来。他和希米尔科（很可能是汉尼拔的表兄弟）一起，又招募了一支10万人的雇佣军，并于公元前406年袭击了阿克拉加斯，这可能是所有希腊城邦中最富裕的一个。阿克拉加斯长期置身最近发生的战争之外，将酒和橄榄出售给迦太基让该国地主获得了巨大利益。

阿克拉加斯在一场为时八个月的围攻战中陷落。恐慌席卷了整个希腊人的西西里岛。一些更富裕的希腊人逃往意大利南部，叙拉古人则相互攻讦，将灾祸的责任推给对方。公元前405年早些时候，赫摩克拉底的前下属狄奥尼修（只有25岁），煽动起公众对将军们的愤怒，并说服议事会召回流亡者，赢得这些人对他个人的服从（历史学家称他为"狄奥尼修一世"，从而将他与其子狄奥尼修二世区别开来）。公民大会任命狄奥尼修为唯一的将军，拥有完全的权力和600名卫士（这一直是僭主统治即将到来的标志）。

在毁灭阿克拉加斯后，希米尔科开始围攻革拉，狄奥尼修前来解围时被他击败。狄奥尼修告诉革拉和卡马里纳的人民他无法拯救他们，他们唯一的选择是退回叙拉古。迦太基每毁灭一个希腊城邦，难民就逃往叙拉古，于是叙拉古变得比以往任何时候都强大。狄奥尼修玩起了狡猾的两面派游戏：如果叙拉古能从迦太基人即将发动的攻击下幸存下来，他将会成为西西里唯一的希腊大邦的唯一统治者。

这是十年里叙拉古第二次遭到围攻，但希米尔科发现形势很严峻，一如尼西亚斯曾面临的难题。瘟疫在迦太基军营爆发，公元前405年晚期或前404年早期，希米尔科与叙拉古缔和。希腊难民能返回塞利努斯、希梅拉、阿克拉加斯、革拉和卡马里纳，但不能建造防御工事，且必须向迦太基纳贡。其他希腊城邦和西赛尔土著将拥有自治权。

公元前409—前404年的迦太基战争让狄奥尼修统治了叙拉古，同时让叙拉古在希腊人的西西里占据了统治地位。尽管如此，此次战争也阻止了叙拉古毁灭雅典，从而给了雅典人赢得伯罗奔尼撒战争的最后一次机会。

伊奥尼亚战争（公元前412—前404年）

在公元前415—前413年的西西里远征中，雅典人损失惨重。公元前412年，雅典只剩少数重装步兵，船坞里没有船只，船员也不见踪迹，也没有钱购置新船。如果斯巴达能切断来自黑海的粮食供应，雅典将陷入饥荒；如果粮道不绝，则雅典还可能与斯巴达抗衡。此项策略的关键在于将黑海与爱琴海连接起来的狭窄海峡——赫勒斯滂（也叫"达达尼尔海峡"，得名于特洛伊传奇国王，图16.9、图16.10）。

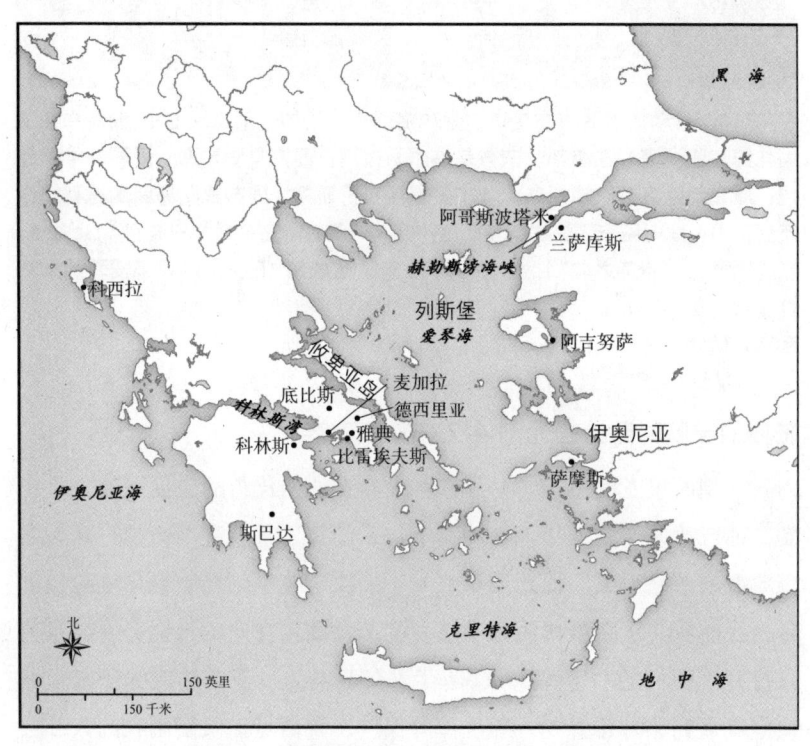

图16.9 伊奥尼亚战争：本章提到的一些地方

图 16.10　赫勒斯滂海峡亦名达达尼尔海峡（今恰纳卡莱海峡）。欧洲海岸在该图北部，亚洲海岸在南部。东方是马尔马拉海；西方是爱琴海。爱琴海中的岛屿：最北部是萨摩色雷斯岛，其南侧是因布罗斯岛，因布罗斯岛西侧是利姆诺斯岛，因布罗斯岛东侧是忒奈多斯岛。欧洲一侧的半岛今名加利波利（Gallipoli，希腊语意为"完美之城"）。1915—1916 年，温斯顿·丘吉尔领导下盟军的灾难性登陆便发生在此地

资料来源：NASA

雅典的至暗时刻（公元前 412—前 410 年）

从德西里亚的基地（公元前 415 年在亚西比得的敦促下建立）出发，斯巴达人年复一年地在阿提卡烧杀劫掠。趁着乱局，超过两万名雅典奴隶逃之夭夭。但德西里亚并不能决定战争结局。更具危险性的是公元前 412 年在雅典属邦中爆发的革命潮。在此危急情势下，雅典人打开了他们的"宝库"，这是存放在卫城的一千塔兰特的秘密宝藏。该宝藏直到那时还受到一项法律的保护，哪怕是提议使用它的人都会被判处死刑。

雅典人设法集结足够的船只，以威胁反叛的属邦屈服。斯巴达不能够帮助起义者，因为它仍没有舰队。所以，当叙拉古人未能提供船

只时，斯巴达转而求助波斯。20年来，波斯一直对雅典、斯巴达的请求置之不理，任由希腊城邦互相残杀至死。但在这时，波斯国王大流士二世同意资助斯巴达黄金，条件是斯巴达将伊奥尼亚割让给波斯。

斯巴达人欣然应允。在未损一兵一卒的情况下，波斯于公元前412年重新获得了它在公元前480年的大战之前的地位。不过，大流士二世没有兑现他承诺的黄金，他的两个西方总督把时间花在相互争执上，而不是帮助斯巴达击败雅典。当时仍在斯巴达的亚西比得带回了一些波斯的黄金，但当斯巴达国王亚基斯二世发现亚西比得与他的妻子通奸时，亚西比得只能逃亡波斯。

斯巴达-波斯联盟陷入了完全混乱的状态，但雅典人清楚地看到这个联盟对他们来自黑海的粮食供应的威胁。基于此，雅典贵族开始公开表示，如果大流士二世打交道的对象是一个寡头政府，而非一群愚蠢又不守规矩的暴民，那他支持的可能是雅典而不是斯巴达了。亚西比得也希望一个寡头政府能将他召回。寡头政权推翻民主的所有因素都已具备。

公元前411年，雅典舰队指挥官皮山大从舰队驻地萨摩斯出发前往雅典，旨在组织这样一场叛乱。皮山大的支持者穿过街道，杀害了民主领袖。然后，同年夏天，策划阴谋的寡头在城外召开了一次公民大会会议，他们知道反斯巴达的民主派不敢出席。残缺的公民大会投票废除它自身的存在，并授权一个由四百人组成的委员会负责城市的运转，由此而结束了自克利斯梯尼以来在雅典存在近百年的民主政府。

"四百人寡头政府"（公元前411年，它渐以此名为世人所知）表示，它将制定一份名单，包含5 000名有产人士（可能占公民人数的20%），他们将组成新的雅典政府。不过，阴谋者们并不急着做这件事，相反，他们残忍地将敌人处决，并没收他们的土地，同时与斯巴达进行谈判。四百人寡头政府认为斯巴达会向一个友好的雅典寡头政府提出有利的和平条件。但时代已经变了，斯巴达现在想要彻底的胜利。随着争论的持续，支持民主的萨摩斯水手起义反抗新的雅典寡头政府，并宣布自己成立一个流亡民主政权。水手们想要返回雅典并恢复民主政治，但如果他们这么做，斯巴达连同其由波斯财政支持的规模较小却不断发展的舰队，一定会切断他们的粮道并赢得战争。亚西比得仍在玩背叛和自我推销的复杂把戏，他从波斯偷偷返回萨摩斯岛，说服水手们留在原地（并成功当选为他们的将军之一）。

公元前411年，随着波斯黄金的流入，斯巴达建造了伊奥尼亚舰队之外的第二支舰队。这支新舰队此时航至靠近雅典的攸卑亚岛，并发动了一场叛乱。斯巴达的伊奥尼亚舰队对赫勒斯滂海峡造成威胁，而这支新舰队则叫嚣着要绕过阿提卡南部海岸并封锁比雷埃夫斯。胜利触手可及，然而斯巴达人并没有起航攻击其中任何一个目标！对此感到惊讶的修昔底德说，和许多其他时刻一样，在这个时刻，斯巴达人是雅典人所能遇到的最帮忙的敌人。

在斯巴达犹豫时，雅典民主派秘密地推翻了四百人寡头政府，并以官方名义召回足智多谋的亚西比得。伊奥尼亚海岸附近的斯巴达舰队最终展开行动，封锁赫勒斯滂海峡，但萨摩斯的雅典人在一场残酷的战斗中击败了他们。惊惧之下的斯巴达人将他们的两支舰队合而为一，并放弃了对比雷埃夫斯的威胁。出乎所有人的意料，到公元前411年秋，雅典不仅幸存下来，还重新获得了军事主动权。

雅典复兴（公元前410—前406年）

在这个关键时刻，修昔底德对战争的记述戛然而止，我们不知其因。在修昔底德搁笔的地方，随笔作家、苏格拉底之友色诺芬在约公元前360年开始了自己的《希腊史》的写作，不过在内容的详细乃至作者的理解力上，后者均无法与修昔底德的著作比肩。色诺芬告诉我们，战争集中在对赫勒斯滂海峡的争夺上。公元前410年，斯巴达派出了一支新舰队封锁赫勒斯滂海峡，而在大胆的冒险后（包括亚西比得被波斯总督俘虏并从后者的城堡中逃脱），亚西比得领导雅典人摧毁了斯巴达的新舰队。斯巴达海军司令送了一条绝望的消息回国:"舰队失败了。敏达罗斯(斯巴达前海军司令)阵亡。战士们忍饥挨饿,不知道该怎么办。"

斯巴达除了等待波斯的调停外没有任何办法。一个规模较小但富有效率的叙拉古舰队与斯巴达一同作战,但公元前409年,迦太基入侵西西里,斯巴达只能单独对付雅典人。雅典慢慢地赢回了反叛的属邦。公元前407年,亚西比得大胆地再次在雅典露面,他曾背叛了这个城邦,这个城邦也曾背叛他。这个引人注目的男人受到了英雄般的欢迎:

> 他起航回国,三列桨战船的四周挂满了盾牌和战利品。他们在战船后面拖着缴获物,甚至有很多从亚西比得击破、沉没的船上取来的船头人像。这些雕像合计起来不少于200个……
>
> 在他登陆时,人们似乎没看到其他将军似的,奔向了亚西比得,围绕在他身边,欢叫着包围了他。那些能够靠近他身边的人将花环放在他头上,而其他人从远处观望,长者向年轻人介绍他。现在的好运让他们想起了过去遭受的苦难,人民的欢声笑语中夹杂了许多泪水。他们认为,如果让亚西比得负责这次远征和其他事务,他们将永远不会在西西里或他们的任何其他行动中遭受失败。他发现这个城邦几乎被从海上驱逐出去,在陆地上,除了被国内冲突搅得四分五裂的郊区外,什么也没剩下来。尽管如此,他使它从辉煌的低谷中振奋起来,给它带来了海上和陆上的胜利,战胜了其各处的敌人。
>
> ——普鲁塔克:《亚西比得传》,32

即便在那时,不祥之事仍在铺展开来。波斯国王大流士二世对发生在手下两个西方总督(他们本应帮助斯巴达)之间的持续争斗感到厌倦,于是派王子居鲁士取代了他们。和这些年里那些有野心的人一样,居鲁士有自己的打算:即便他并非大流士二世的长子,但他能利用斯巴达与雅典的战争，将自己的长兄挤到一边，并为自己赢得波斯的王位。他抵达小亚细亚西部时恰逢来山得被选为斯巴达海军司令。聪明而又有魅力的来山得与斯巴达国王亚基斯二世同父异母的弟弟阿戈西劳交好，而在来山得遇见波斯的居鲁士时，后者也被其迷住了。居鲁士想要希腊士兵支持他夺取波斯王权，来山得想要波斯的财富击败雅典。这两个人有共同的利益。

最后在得到真正的财政支持后，来山得再次努力赢回雅典的属邦。公元前406年，当亚西比得外出搜刮钱财为水手支薪时，来山得小胜雅典舰队。这并不足以改变军事上的平衡，但已足够让亚西比得感到情势不妙。觉得返回雅典太危险的亚西比得逃往他在赫勒斯滂海峡附近修建的要塞。

有了波斯的黄金，斯巴达此时付给桨手的酬劳要比雅典的高，由此，雅典雇用的很多水手都逃跑了。到公元前406年春，雅典人有100艘战船，但只有70艘船的船员，而斯巴达舰队已增至140艘战船的规模。看起来，雅典要再次在劫难逃了，但是又一次，敌方将领的个人职务安排让情况变得复杂起来。斯巴达舰队司令服务期限只有12个月且不能连任，来山得的任期此时已结束。但居鲁士想让自己的亲密盟友来山得继续掌权，他由此拒绝与新的斯巴达舰队司令合作。斯巴达舰队现已增至170艘战船的规模，并将雅典人困在列斯堡的一个海港中。赫勒斯滂海峡门户大开，斯巴达人本可以轻易切断雅典的粮道从而赢得战争。但斯巴达、波斯领导者之间的混乱局面给了雅典另一次机会。孤注一掷的雅典人将众神的黄金雕像融掉以筹集金钱，并在30天内建造了110艘新战舰。他们给予任何愿划船的奴隶以自由（这是前所未有的举动）。公元前406年7月，他们在靠近赫勒斯滂海峡的阿吉努萨群岛与斯巴达人交战。这是希腊史上规模最大的一场海战，也是雅典最伟大的一场海上胜利。雅典人摧毁了斯巴达2/3的舰队，并杀死了其指挥官。

雅典人追击斯巴达的残余舰队，不过这导致他们自己有1 000多名水手溺水身亡。由于海上起了风暴,他们无法将死者的尸体打捞回来。在雅典城内,人们为胜利欢欣鼓舞,却对这些水手的遭遇感到震惊。公民大会以不敬神的罪名判处获胜的将军死刑,在一次非法的审判后,他们中的六位遭到处决(其中就包括伯里克利唯一幸存的儿子)。这就是对他们将雅典从毁灭中拯救出来的回报。

结局(公元前 405—前 404 年)

斯巴达人对胜利失去了信心,于是伸出橄榄枝,但雅典人又一次做出差劲的决定,轻率地拒绝了斯巴达人的提议,他们认为斯巴达无法弥补其所遭受的灾难性损失。斯巴达重新任用来山得,居鲁士不仅提供了建造一支新舰队所需的金钱,而且让来山得统治波斯西部诸省。有了波斯的全力支持,此时,斯巴达就能更新雅典人能摧毁的任何舰队。相比之下,任何一次失败都会给雅典造成致命打击。此时,波斯人掌握了生杀大权。

公元前 405 年年末,来山得乘船驶往赫勒斯滂海峡,他在海峡东边的兰萨库斯城占据了一个优良基地(图 16.11)。他等待着时机。为了重开海峡通道,雅典这次不得不应战,但距离最近、有水有粮的安全港口离兰萨库斯也有约 20 千米远,导致该安全港口派不上用场。由此,雅典人决定将自己的船只泊在阿哥斯波塔米("羊河")。隔着赫勒斯滂,这里与兰萨古斯隔岸相望,但缺乏粮、水。

巧合的是,亚西比得所住的家堡也在阿哥斯波塔米附近。他骑马来到雅典舰队,警告将军们他们已暴露。他们傲慢地回答道,"现在是我们指挥舰队,而不是你",然后打发他走了。雅典人连续四天极力诱来山得出战,而他固守不出。在第五天,来山得的耐心得到了回报。由于缺乏粮、水,雅典水手分散为多个寻粮小队外出寻粮。来山得对雅典营地发起猛攻,俘获了岸上的 171 艘战船以及带着补给返航的近 3 000 名雅典人。斯巴达的盟友坚持将他们全部杀光。想起一年前让雅典取得胜利的将军们的遭遇,所有幸存下来的雅典将军在惊恐

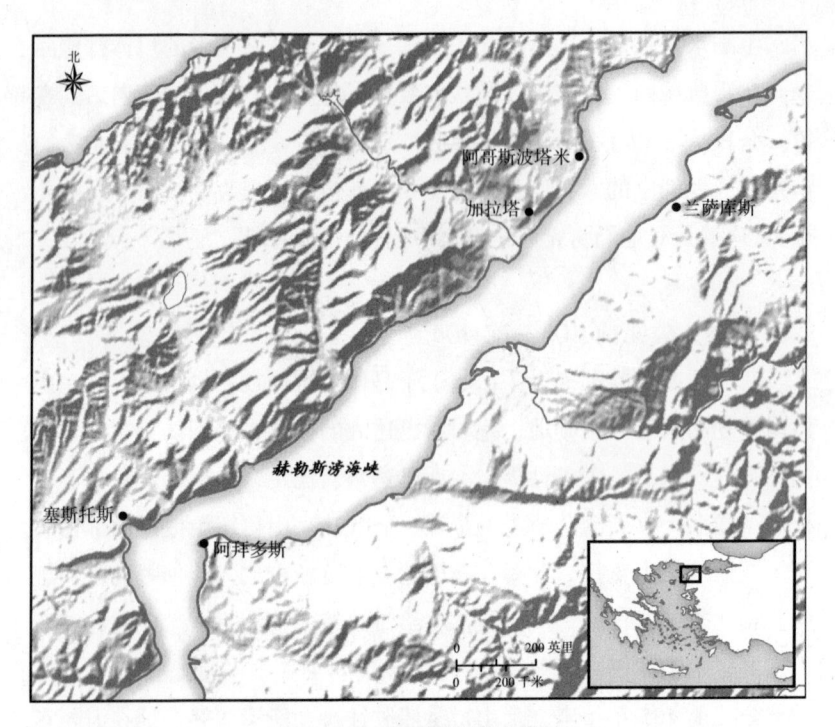

图 16.11　阿哥斯波塔米战役

中纷纷逃离，绝大部分人逃到波斯。

　　那时很可能在雅典的色诺芬说："当这个灾难性的消息到来时，人们口耳相传，哀号声从比雷埃夫斯扩散开来，然后穿过长墙，直达城里。那个夜晚没有人能够入睡。"（《希腊史》，2.2.9）来山得驶往雅典并将城邦紧紧围住。疾病和饥荒开始蔓延。色诺芬描述了如下情形：

> 海陆都被包围着，雅典人不知道能做什么。他们没有船只，没有盟友，也没有食物。他们设想着敌人会以眼还眼，以牙还牙，从前，他们因为权力的傲慢而伤害过其他的小城邦，这些小邦没得罪过他们，只是与斯巴达结了盟而已。因为这个原因，他们恢复了原先被剥夺公民权的那些人的权利，并继续抵抗。尽管城中

有很多人死于饥饿,却无人提出和谈。

——色诺芬:《希腊史》,2.2.10

公元前405年12月,饥肠辘辘的雅典人最终派忒拉米尼为大使会见来山得。斯巴达盟友科林斯和底比斯想彻底毁灭雅典,男人将被杀死,妇孺做奴隶。然而,来山得确信一个虚弱的雅典将比完全没有雅典更有用,此举可用以制衡底比斯人、科林斯人的野心。

谈判拖延了三个月之久。忒拉米尼为挨饿的雅典人争取到他能争取的最好条件。他们同意加入斯巴达联盟,拆毁长墙和比雷埃夫斯的防御工事,召回流亡的寡头执政者,只保留12艘船,其余都交出去。

在这次会面之后,来山得驶进比雷埃夫斯,流亡者们返回城邦。他们急切地在姑娘们的笛声中拆除长墙,每个人都认为那一天是希腊自由的开端。

——色诺芬:《希腊史》,2.2.23

余波(公元前404—前399年)

三十僭主统治和雅典内战(公元前404—前403年)

然而,雅典的磨难还没有结束。为了让整个城邦忠于自己一人,来山得设立了一个由三十人组成的寡头政府,并命他们恢复雅典的"祖制"。"三十僭主"(这是雅典人给他们的称号)对法治没有任何兴趣,对此,来山得并不在意。在斯巴达错综复杂的权力斗争中,只要三十僭主代表来山得的利益行事,他就不关心他们如何进行统治。故此,三十僭主杀戮他们的私敌,没收他们的土地。在短短几个月内,三十僭主杀害了1 500名雅典人(超过了在战争中幸存下来的公民数量的1/20)。

三十僭主的行为激起了强烈的反抗，三十僭主因此要求来山得设置一个斯巴达总督、一支斯巴达驻军来保护他们。他们内部开始分裂。苏格拉底昔日的伙伴、强硬派克里提阿斯日渐依赖武力，而忒拉米尼则走向另一个极端，意图妥协。忒拉米尼说服三十僭主拟定一个3 000人的富人名单（占公民人数的10%），并给予他们充分的权利。克里提阿斯随后宣称，单上无名的人可能会被杀死或被肆意折磨。于是，克里提阿斯控告忒拉米尼，当后者发表强而有力的演讲为自己辩护时，克里提阿斯将其从名单上删除了。忒拉米尼随后被拖走并被迫服毒自尽。

　　到公元前404年底，成千上万的雅典人逃离了城邦。甚至连雅典的死敌底比斯都为他们提供避难所，而就在三个月前，底比斯还要求斯巴达灭掉雅典。公元前403年1月，一群雅典民主派在靠近底比斯边界的地方建立了一座小要塞。他们的人数增至700人，并占据了另一座俯瞰比雷埃夫斯海港的山，那里生活着很多穷苦的民主派公民。一群三十僭主的拥护者攻占了这座山，但克里提阿斯在此战中身亡。此时，三十僭主幸存的成员请求来山得将他们从暴动中拯救出来，但斯巴达国王担心来山得在雅典的影响力，于是与雅典的反叛者达成协议，出乎所有人预料地恢复了民主制度。又一次令人意想不到的机缘巧合，斯巴达的国内冲突拯救了雅典的民主制度。

民主制的恢复与对苏格拉底的审判（公元前403—前399年）

　　自公元前431年伯罗奔尼撒战争爆发以来，雅典损失了1/3的人口。它的农业和贸易遭到毁灭。那些在战争、疾病以及饥荒中幸存下来的人同室操戈，即使三十僭主在公元前403年倒台，许多支持他们的雅典人还是留了下来。为了避免公元前427年在科西拉岛上发生的那类报复性屠杀事件，雅典人宣布"大赦天下"（amnêsteia，字面意为"不记住"），这是西方历史上的第一次大赦。雅典选择了和平，舍弃了正义，下令只处决在寡头统治下犯下罪行的三十僭主本人和几十个高级官员。想要报仇的雅典人被迫隐匿自己的意图。

伟大的哲学家苏格拉底成为城邦中的残酷仇恨的牺牲品。年近七十的苏格拉底在城中享有盛名,但也为人所普遍憎恨。由于他从未写过任何东西,我们只能依赖其他人对他的印象,而他的学生柏拉图(公元前427—前347年)告诉我们,苏格拉底将自己的麻烦追溯到友人之一前往德尔斐神庙求神谕之时。这个友人问是否有人比苏格拉底更聪明,神谕说没有。苏格拉底很震惊。他并不认为神明会说谎,然而他感觉自己并不聪明。他开始拜访那些被普遍认为具有智慧的人,去寻求神谕的真意。但是每一次,

> 我产生一种想法,就是虽然很多人认为某人很聪明,特别是他自己,但是实际上他并不是。当我试图向这个人解释,尽管他认为自己很聪明,但实际上他并不聪明的时候,他只会仇恨我,在场的很多人也仇恨我。我离开这个人,心里想着我比他更加聪明。也许我们当中没有人知道很多事。但无论如何,这个人认为自己知道某些事情,其实并不是。我也不知道任何事情,但我并不自作聪明。在这个方面,我比这个人聪明一点点,因为我并不认为我知道那些我并不知道的事情。
>
> ——柏拉图:《申辩篇》,21C—D

苏格拉底的哲学观点显然有着极为宽广的政治意义。民主政治假定每个公民都有政治智慧,而让智慧最大化的方式就是让尽可能多的公民讨论问题,直接参与公共事务。但是如果没有人精通世事,那么民主政治只是放大了无知和愚昧,正如它的敌人一直宣称的那样。柏拉图在苏格拉底被执行死刑的前夕的另一则对话中对此做了解释:

> 苏格拉底:但是我亲爱的克里托,为什么我们要对"大多数人"思考的事情加以注意?那些意见最为重要的人会按事情的真

相理解事物。

克里托：但是我认为你现在应该看到，有时候考虑到大众的观点是有必要的。我认为现在的环境让我们清楚地看到，大众不仅有能力制造小麻烦，如果与他们发生冲突，还会造成最大的伤害。★

苏格拉底：我只是希望大众事实上有造成最大伤害的能力，因为那样他们将有能力做最大的善事，这将是一件极好的事情。但是他们两者都不能做到。他们不能让一个人变得聪明或愚蠢。他们只是随性行事。

——柏拉图：《克里托篇》，44C—D

早在公元前423年，阿里斯托芬就在他的喜剧《云》中将苏格拉底作为主要的角色，将他描绘成一个狡猾古怪的哲学家，他让公民贻笑大方，蛊惑年轻人嘲笑传统的思考方式。当伯罗奔尼撒战争进展顺利时，这可成为人们打趣的事情。但到公元前399年，在战败和一场流血的寡头政变之后，就不再有趣了。更糟的是，苏格拉底还与一些坏人有勾连。亚西比得在苏格拉底朋友圈中很有名，三十僭主中的一些人包括克里提阿斯都是他的崇拜者和跟随者。尽管据柏拉图所言，苏格拉底认为寡头政治和民主制度一样糟糕；或者，他因为违抗了三十僭主的命令而被判处死刑（只是三十僭主倒了台，这才救了他的命）。而在这个时候，民主派眼中傲慢的、接受过多教育的思想英雄被人们指控"毒害年轻人"和"传播异说"。

雅典民主制下的法庭没有律师或法官。与此相反，所有年龄超过30岁的公民都能做陪审员。每天，那些想要做陪审员的人会去参与抽签。如果被选上，机器会把他们分派到一个法庭上。根据要审判的罪行，陪审团成员从201人到501人不等。陪审员就座，罪名宣

★ 他们刚判处苏格拉底死刑。

读，原告发言并传唤证人，被告发言并传唤证人，然后公民投票决定被告有罪或无罪。发言者引用相关法律，交互询问证人之事则是没有的。除了为案情事实作证，证人还得为原告、被告的总体生活状况作证。陪审员们通常通过嘘声、掌声或者辱骂中断审讯过程。如果他们判被告有罪，则一些罪行有固定的刑罚。对于其他罪行，起诉人和被告每人提出一种处罚方式，由陪审团投票决定施行哪一种。所有的审判都在一天内结束。法院就像戏剧一样，热爱争论、关切道德问题。

在自己的对话录《申辩篇》中，柏拉图笔下的苏格拉底发表了一篇内容丰富的演讲，来解释他的哲学思想，并嘲笑雅典的法律体系对肤浅的知识形式的依赖。投票结果非常接近，很可能是265票有罪对235票无罪。起诉人要求判处苏格拉底死刑。对上述被控罪名来说，死刑算得上严厉，但它反映了城邦里群情激愤的状态。苏格拉底没有提出缴纳罚款或处流刑的处罚建议，而是嘲讽地提出，作为"惩罚"，他应像一个奥林匹克运动员一样享受终身的免费晚餐，以此奖励他迫使公民思考如何生活。苏格拉底的一些朋友愿意为他出一笔巨额罚金免死，但是愤怒的陪审员批准了死刑判决。大约30天后，拒绝逃跑的苏格拉底喝下一杯毒芹汁，这是民主政治对哲学犯下的最大罪行。

结论

无论在东方还是西方，公元前480年的大战都使得一些城邦有机会获得比其他城邦更强大的权力，并去挑战整个城邦自治体系。不过，任何一个城邦要成为一个更大规模的希腊国家的中心，其所遭遇的阻力仍然非常强烈。在西方，叙拉古的权力有赖于其僭主压制民众的能力，但到了公元前5世纪60年代中期，叙拉古的权力崩塌了。在东方，雅典利用其他希腊人对波斯的恐惧，集中了前所未闻的资源，发展出一个复杂的税收系统，并集结了一支庞大的军事力量。雅典在公元前5世纪50年代对斯巴达的直接挑战失败了，但是中央集权化的进程继续进行，以至到了公元前431年，很多斯巴达人担心如果不阻止雅典就会造成无法挽回的后果。接下来的27年战争让整个地中海地区都变得动荡不安，它毁灭了无数生命和巨额财富储备。

雅典战败了，它的帝国解体了，这终结了一个城邦所拥有的成为一个更大规模的希腊国家的中心的唯一机会。在公元前413年之前，没有城邦能在财富、力量以及组织方面与雅典相媲美。但雅典对权力的追求迫使希腊人步入力量衰竭之境。迦太基和波斯在公元前479年之后休养生息，然后在公元前410年之后，重新将它们的意志强加在希腊城邦头上。70年后，马其顿摧毁了爱琴海的希腊城邦，又一个70年后，罗马在西方做了同样的事情。雅典的衰落是希腊的试验走向终结的起点。

第 17 章
波斯和迦太基之间的希腊人

（公元前 399—前 360 年）

两个故事主宰了公元前 5 世纪的历史：雅典和叙拉古控制其邻邦的努力，以及它们的新财富所支撑的文化革命。它们的失败、斯巴达的胜利、波斯和迦太基的回归，开启了一个更复杂的时代。一旦雅典帝国崩溃，无人能重建起来。公元前 399—前 360 年的 40 年里，充满了血腥而徒劳的争斗，其中，斯巴达（在波斯的支持下）、底比斯和正在复兴的雅典在爱琴海争斗，叙拉古和迦太基在西方争斗。没有城邦能够再度拥有公元前 5 世纪雅典拥有的金融实力，为了支付日渐昂贵的战争费用，城邦更多地将目光转向其最富裕的公民们。自公元前 800 年以来，在长达 400 年的时间里，权力平稳地转移到大量的普通男性公民手中，直到公元前 400 年，民主制在希腊的土地上成为一种普遍的政府形式。但在公元前 4 世纪，随着富人开始为国家的生存承担更多费用，贵族们获得了新的信心。民主宪政仍是普遍现象，但对于被穷人告知要做什么，富人变得越来越不情愿。

另一个主要的变化也在发生。伯罗奔尼撒战争期间，色萨利、马其顿以及其他面积广大但组织松散的北部、西部地区是希腊重大事件中的旁观者，其所做的不过是为雅典和斯巴达提供人力和物力。不过，作为回报，它们学到了城邦国家的组织方式和战争技术。公元前 4 世纪，它们运用这些希腊技术调动自身人力、财力。最终，一个北方国王赢得了对于城邦的优势,并将它们的政治独立带向了终结。

斯巴达帝国(公元前404—前360年)

伯罗奔尼撒战争结束时,人们欢歌载舞,雅典以前的属邦将长墙的拆毁视为自由的开始。但这些人将大失所望。

来山得、阿戈西劳与波斯帝国的复兴(公元前404—前387年)

雅典的权力遭到毁灭,但斯巴达无意解放希腊城邦。正如普鲁塔克所解释的:

> 来山得结束了民主制度以及(伊奥尼亚)其他的政府形式。他为每个城邦设置了一位斯巴达总督,在总督之下,设立了十位从来山得创立的政治组织中选出来的行政官员。来山得对昔日的敌人和盟友一视同仁。他从容地沿着海岸来回航行。在某种程度上,他掌控了整个希腊。他不以出身或财富作为挑选总督的标准,而是从自己的党羽和支持者中选人。他让他们负责决定谁将受到惩罚,谁将受到奖励。他参与了很多场屠杀。他驱逐了朋友们的仇敌,为受斯巴达统治意味着什么树立了一个不光彩的事例。喜剧诗人瑟俄彭珀斯将斯巴达人比作酒吧女侍,因为首先他们给了你关于自由的甜蜜设想,然后又在里面调了醋,这并不恰当。事实上这种滋味从一开始就让人痛苦、不好受,因为来山得不会允许不同的城邦掌管它们自己的事务,而是将它们移交给最具侵略性、最狂热的寡头政治派系。
>
> ——普鲁塔克:《来山得传》,13.3—5

斯巴达通过与波斯的交易击败了雅典,到公元前404年,斯巴达和波斯都得到了它们讨价还价争取的东西：斯巴达得到了雅典的帝国；而波斯收复了伊奥尼亚，并确保了其西北边界的安全。很多希腊人觉得斯巴达出卖了伊奥尼亚，事实上，的确如此。在斯巴达和波斯内部，情况也一样：在公元前404年，游戏的主要参与者看似都得到了他们讨价还价争取的东西。

在斯巴达，来山得成就了自己的威名。通过在雅典以前的属邦建立直接听命于他的寡头政府，来山得控制了巨额财政收入。他将1 500塔兰特的现款带回斯巴达，自己抽取了400多塔兰特，还另外确立了1 000塔兰特的年贡赋额。没有哪个希腊个人曾控制如此巨大的财富。他的权力似乎超越了人类，许多城邦确实为他设立祭坛，就好像他是一个神——这是希腊人首次如此尊敬一个活生生的人。数百年来，希腊人坚持认为，所有人都是大致平等的，没有人拥有通达超人类力量的渠道。这样的规制不可能轻易容纳像来山得这样有钱有势的人。数年后，来山得争取使斯巴达国王由选举产生，这是为了他自己能赢得选举。斯巴达的两位国王担心来山得比他们更加强大，且其追随者的暴行会使新秩序变得不稳定。由此，公元前403年，斯巴达国王们做出了惊人的决定，即恢复雅典的民主制。因为正如斯巴达国王们所认为的，来山得比雅典民主制更危险！

在波斯，来山得的密友居鲁士也有机会梦想成真。在伯罗奔尼撒战争最后的几个星期里，他的父亲大流士二世去世了。正如人们所预料的那样，大流士二世的长子（居鲁士的哥哥）阿尔塔薛西斯继承了波斯王位，但埃及很快发生了暴乱，居鲁士利用这个危机来挑战哥哥，问鼎王权。居鲁士向斯巴达求助，而斯巴达乐见居鲁士满怀感激地登上王位的前景，于是组织了13 000人的希腊雇佣兵前去支援他。这些重装步兵击破了阿尔塔薛西斯的防卫，在巴比伦附近的最后一场战斗中，他们取得了胜利（图17.1）。但命运弄人，居鲁士自己被杀死了。他的死亡令1万希腊人被困在距家乡1 600千米的敌境。苏格拉底之友、雅典人色诺芬（约公元前430—前354年）是希腊军官之一。

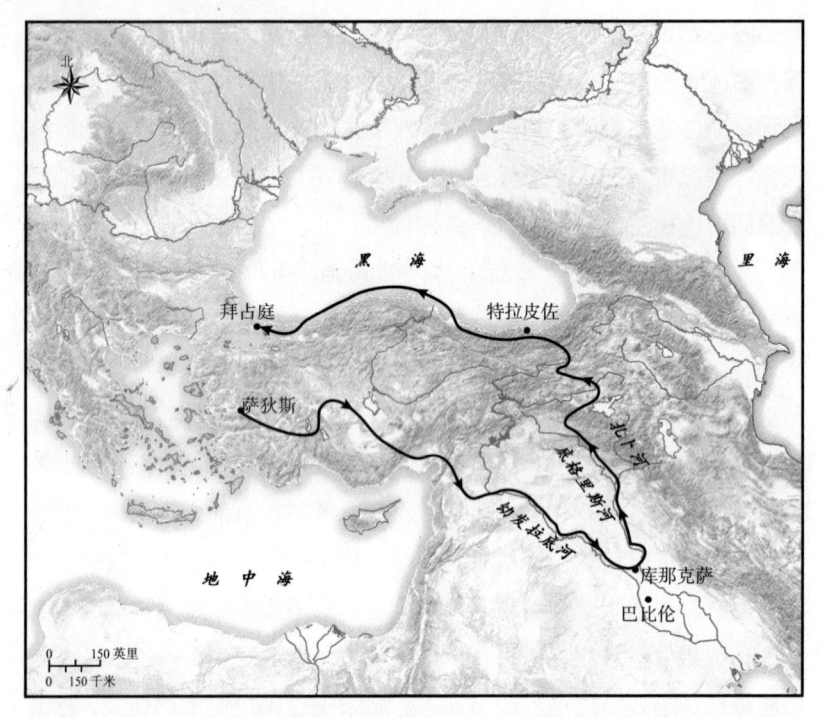

图17.1 万人大行军。居鲁士的雇佣兵在公元前401年春离开萨狄斯。他们在库那克萨赢得了一场战斗，但是居鲁士被杀死，希腊雇佣兵撤退。投敌的总督提萨弗尼在扎卜河俘虏了希腊指挥官，色诺芬领导余下的部队。他带领他们返回位于黑海边的特拉皮佐（今特拉布宗），并于公元前399年年初回到拜占庭

他受命带领军队返回黑海地区。

色诺芬写有一部著名的逃亡记（即便有些自吹自擂），名为《长征记》。很少有希腊人住在离海超过一天路程的地方，但现在雇佣兵们要走好几个月才能到达海边。此时，在历经数月的长途跋涉、步步苦战后，身经百战的希腊老兵奔进黑海海水中，发出有名的呼喊："Thalatta! Thalatta!"（"大海！大海！"）在色诺芬获胜的同时，雅典人正要以"毒害青年""传播异说"的罪名处死他的老师苏格拉底。色诺芬对这种暴行深恶痛绝，于是加入斯巴达雇佣军。

526

这场后来被称为"万人大行军"的战役再次证明，波斯军队无法在战斗中抵挡希腊重装步兵。那么，为什么斯巴达要遵守条约将伊奥尼亚割让给波斯呢？来山得认为这毫无道理。由此，公元前398年，在帮助朋友阿戈西劳（根据传闻，他是来山得的爱人）抢在更有资格的对手之前登上斯巴达王位之后，为伊奥尼亚争取自由便成为斯巴达的官方政策。

拥护阿戈西劳为王本可以稳固来山得无与伦比的权力。不过，事实上，来山得碰上了自己的对头，那就是心怀怨恨的阿戈西劳。阿戈西劳对来山得的建议置之不理，他撤销了后者的指挥权，并毁灭了后者的朋党。尽管早期得到来山得的支持，阿戈西劳还是决定破除来山得的权力，以拯救斯巴达的传统制度。最终，阿戈西劳将来山得放逐到一个小的战争舞台上，公元前395年，来山得死在那里。

阿戈西劳以解放伊奥尼亚为念。公元前396年，他向萨狄斯进军，击溃自己行军途中遇到的每一支波斯军队。波斯国王阿尔塔薛西斯正忙着镇压埃及的反叛，陷入了恐慌。阿尔塔薛西斯想出一项新策略：他不与斯巴达正面冲突，与此相反，他派手下携带黄金前往希腊。一些对斯巴达感到失望的希腊城邦接受了波斯的金钱，它们用这笔钱拉起了义旗。斯巴达监察官要求阿戈西劳从远征亚洲之行中返回，以在希腊作战。这样，阿尔塔薛西斯不费一兵一卒就达到了自己的目的。

接下来发生了科林斯战争（公元前394—前387年），之所以这么称呼是因为大部分战事发生在这个城市周围（图17.2）。在战争中，斯巴达为一方，反叛斯巴达的底比斯和科林斯（斯巴达在伯罗奔尼撒战争中最亲密的两个盟友）、复兴的雅典以及波斯为另一方。在神奇的命运逆转中，一位雅典海军将领指挥波斯舰队击败了斯巴达舰队，然后掳掠了希腊海岸！科林斯战争旷日持久，陷入血腥的僵持状态。斯巴达重装步兵能赢得战役，这是很明显的，但只有波斯的黄金能赢得战争。

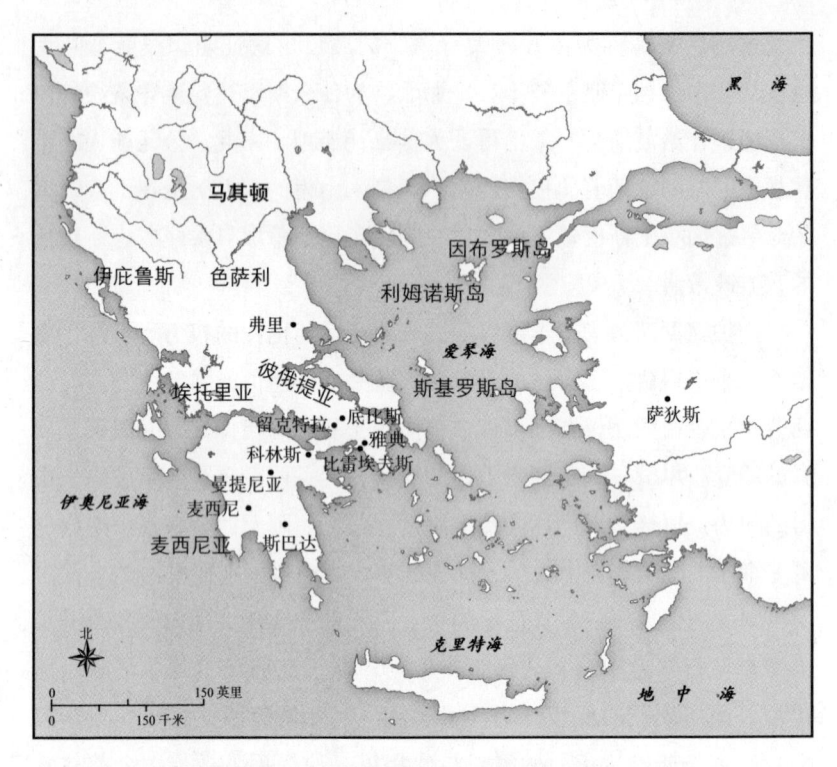

图 17.2　本章提到的爱琴海的一些地方

大王和平敕令（公元前 387—前 371 年）

公元前 387 年，斯巴达国王阿戈西劳痛苦地承认自己未能解放伊奥尼亚希腊人（早先，斯巴达自己还将他们叛卖给波斯），并寻求与波斯和解。色诺芬记录了阿尔塔薛西斯的条件：

> 我阿尔塔薛西斯，以为下述条件是公平的：亚洲城邦、克拉佐美尼岛、塞浦路斯岛皆属朕，其他希腊城邦，无论大的还是小的，除楞诺斯岛、因布罗斯岛（Imbros）、斯基罗斯岛（Skyros）外均得自治。这些城邦在过去皆属雅典所有。如双方中任何一

方*不接受此份和约，朕与同意此约者将用船只、资财在海陆兴师伐罪。

——色诺芬：《希腊史》，5.1.31

大王和平敕令（公元前 387 年）让许多当事方得偿所愿。波斯赢回了伊奥尼亚，并通过禁止多邦联盟（"其他希腊城邦……保持独立"，斯巴达的伯罗奔尼撒联盟除外）保护了自己的西部边界。这让阿尔塔薛西斯腾出手来，对埃及发动了一场大规模（但没有成功）的入侵行动。斯巴达也有所得。禁止联盟同样确保了斯巴达在希腊世界的权力。雅典亦是胜利者，因为它保住了自己重建的城墙和舰队。

不过，也有两个主要的输家。首先是伊奥尼亚人。他们力量太弱从而无法抗议，希腊大陆没有人愿意为他们而战。此时崛起的希腊次强底比斯是另一个主要的输家。自公元前 500 年前以来，它就控制着彼俄提亚大多数城邦，但此时，它的彼俄提亚联盟在大王和平敕令下解体了。底比斯将会让斯巴达为此奇耻大辱感到后悔。

大王和平敕令充满了讽刺意味。斯巴达志在让所有城邦获得自由，而事实上，希腊诸邦发动科林斯战争的真实动机是为了摆脱斯巴达的暴政。无论如何，阿戈西劳将这份和约解读为助其友、伤其敌（尤其是他的敌人底比斯）的全权委托书。公元前 382 年，斯巴达军官菲比达斯正率军经过底比斯，城中亲斯巴达派系给他提供了夺取该城的机会。菲比达斯这样做了，从而公然违反了大王和平敕令。甚至连他的斯巴达同僚们都震惊了。斯巴达对菲比达斯进行了审讯，但国王阿戈西劳为他辩护，说他的行为符合斯巴达的利益。阿戈西劳为菲比达斯支付了罚金。阿戈西劳保留了底比斯的斯巴达驻军，底比斯的亲斯巴达派系以勾结波斯的罪名处死了反斯巴达集团的首领。考虑到斯巴达和波斯在大王和平敕令下的合作关系，处死这些人的理由相当荒谬。

★ 指斯巴达和反对它的联盟。

公元前379年，反斯巴达的底比斯人发起了反击。七个男扮女装的刺客伪装成妓女混进亲斯巴达的底比斯总督的舞会，将他们全部刺死。仅仅25年前，伯罗奔尼撒战争结束时底比斯还在怂恿斯巴达杀光雅典公民。此时，雅典志愿者却跑来底比斯驱逐斯巴达守军，这是古希腊的典型反转！

为了报复，公元前378年，另一个斯巴达官员斯福德里阿斯决定重复菲比达斯的暴行，他对比雷埃夫斯（图17.2）发动了一场夜袭。然而，斯福德里阿斯低估了与此事相关的距离问题，当太阳升起时，他们还远在离比雷埃夫斯尚有几千米的地方。他们感到面上无光，撤退了。和菲比达斯一样，斯福德里阿斯受到审讯，但也和前者一样，被无罪释放。

到那时为止，希腊人一直容忍着斯巴达的傲慢自大，生怕反抗将引起波斯的干预。但斯福德里阿斯的偷袭未遂实在是做得太过了。公元前378年晚些时候，雅典人组织了一个新的海军联盟，约60—70个邦国加入该盟。雅典不遗余力地表示该盟不会危害波斯。它特别说明该联盟并非公元前5世纪的雅典联盟那样的联盟，而是一个帮助成员国在大王和平赦令下自治的"联合体"。这一次，雅典人坚持不在盟国夺取财产，也不会驻军和收取贡赋。

阿尔塔薛西斯全力于重新征服埃及，没有对雅典采取任何行动，新的雅典联盟武装起了一支舰队，在公元前376年摧毁了斯巴达海军。自公元前404年以来，在近30年的时间里，斯巴达、波斯舰队控制着爱琴海，雅典必须向这些强国低头，以保住自己的粮道。最终，粮道似乎安全无忧了。充满自信的雅典人决定，他们不再需要底比斯。公元前375年，雅典人抛弃了自己最近的盟友，促成了"总体和约"的签订，该协议要求所有希腊人遵守大王和平赦令，从而再次瓦解了底比斯的彼俄提亚联盟。

四年之后的公元前371年，雅典召开了一次全体会议，重新确认"总体和约"。所有希腊城邦都签了约，但轮到底比斯时，其代表伊巴密浓达以退席表示抗议。因为斯巴达坚持他只能代表底比斯签约，而不能以任何联盟头领的身份代表整个彼俄提亚签约。阿戈西劳病了，因此，其共王克里翁布罗特率领斯巴达军队进入彼俄提亚，迫使底比斯承认其彼俄提亚联盟不复存在。伊巴密浓达匆匆返回底比斯，准备防御事项。

经济、社会和战争

上述事件改变希腊的历史进程，因为它们与几个长期的社会和经济进程相吻合。100多年前，经济变革已开始令旧式重装步兵战法过时。无论斯巴达的重装步兵如何优秀，在公元前480—前479年，如果没有雅典舰队，他们不可能击败波斯，而雅典舰队则需要巨大的金钱支持。雅典只有通过建立一个有众多城邦进贡的城邦合众国才能维持舰队，并建造最新类型的防御工事。相对较轻的赋税供养了强大的舰队，降低了维护稳定的成本，使贸易更为便利，总体财富增加，并使比雷埃夫斯（图17.2）成为一个主要市场。

在伯罗奔尼撒战争中，军事支出激增。雅典收紧了自己的金融机构，但仍不断需要新的进账。它从神庙借取资金，与此同时，将军们从他们征伐的各民族中间压榨油水，还说要从奥林匹亚、德尔斐神庙宝库强行"借款"。大多数城邦将目光转向富有公民，向他们求取特贡。尽管如此，考古学表明，就在这个时候，即公元前425年左右，富有的希腊人也开始花费更多财富用于彰显个人的地位。在公元前5世纪的大多数时间里，富人的家都简单朴素，而到这时，他们要求精致的带廊庭院、镶嵌画地板和彩绘墙壁了。除此之外，在公元前425—前400年，还出现了昂贵的新式坟墓和大量其他的精英纪念碑（图17.3）。随着国家越来越依靠富人为防务付钱，后者要求拥有更大的自主权。

将军们狂热地尝试，寻找更廉价的作战方式，或是在手中有钱的情况下，考虑如何把现金转换成胜利。一些人转向了廉价的轻步兵（图 17.4），公元前 5 世纪 20 年代发生在多山的希腊西部的战争表明，标枪投掷者、弓箭手以及投石者能在合适的地形上击溃方阵。公元前 390 年，在科林斯战争中，在崎岖地形作战的雅典轻步兵击溃了斯巴达军团。

图 17.3 克特西里奥斯和其妻子西雅诺的大理石墓碑（高约 1.5 米），雅典，建于约公元前 400 年。图中，丈夫以一种放松的姿势站着，靠着山墙前面的一根石棍。坐在椅子上的妻子抬眼看着，同时懒洋洋地抓着裙边。他们的名字刻在山墙下："埃利色雷的克特西里奥斯之墓，西雅诺之墓"

图 17.4 持小皮盾的色雷斯战士，"小皮盾"得名于"*peltē*"，也就是一种半月状的轻柳条盾。图见于一个红绘式酒杯，制于约公元前 460 年。持小皮盾的战士不穿盔甲，但携带数根标枪，意在扰乱行动迟缓的重装步兵。该兵种在公元前 4 世纪的战争中变得重要起来

资料来源：Harvard Art Museums/Arthur M. Sackler Museum, Bequest of David M. Robinson

其他城邦试图通过招募更多骑兵的方式利用富人的资源。在公元前6世纪和前5世纪早期，没有几个城邦能召集数百人（或仅仅几十人）以上的骑手，但到公元前4世纪早期，在战场上投放1 000名骑兵已属寻常之事。一旦骑兵达到这样的数量，他们就能利用自己的速度，以机动优势胜过方阵。还有另一种尝试。早在公元前424年，底比斯就尝试将重装步兵聚集在狭窄的战线上，纵深25行，取代通常的8行，意图在敌人展开包围前冲破敌方阵线。然而，这样的战术只有在多兵种联合作战中用大量骑兵、散兵抑制敌人的两翼时才有效。

这些革新都推高了战争的成本，不过，防御设施的进步所费最甚。公元前5世纪50年代，雅典以其长墙引领了先进防御设施建设的潮流，公元前4世纪80年代，雅典尝试了一项更昂贵的革新——在国境四围广建要塞。希腊公民军队避免攻打防御工事，因为他们并不愿承受高伤亡，而且，由于受季节性战斗的限制，他们很少能在一个地方打长期的围攻战。公元前4世纪，城邦的应对方式是招募雇佣军，这些雇佣军可以做公民不愿做的事，但这些受聘的战士进一步增加了战争费用。随着公民的军事贡献下降，相对于为战争提供资助的贵族，他们在城邦内部的力量也下降了。

这样的经济、社会变革影响了斯巴达、雅典和底比斯之间的争斗。随着战争费用直线上升，没有一个城邦能筹集足够的金钱压倒其他城邦，除非它拥有波斯黄金。它们不分胜负的战争使各方都破了产，并让富人获得了更进一步的权力。

权力也经历了转移，从城邦转到希腊北部、西部边境的大而松散的联盟手中。早在公元前5世纪，色萨利、埃托里亚、马其顿、伊庇鲁斯（图17.2）就已是二流强国。这些族群（*ethnê*，意为"民族"或"国家"，单数形式为"*ethnos*"）拥有大量人口、丰富的自然资源，以及强有力的贵族阶层，但缺乏带领他们派遣重装步兵上战场、开动舰队上海洋的组织。随着伯罗奔尼撒战争的扩大，这些国家卷入冲突，制度和技术也开始迁移。凭借魅力、欺诈和高效，一个叫伊阿宋的弗里人在公元前4世纪70年代晚期控制了色萨利绝大部分地区。他好像是横空出世，突然以一个主要角逐者的面目出现的：

> 当伊阿宋回到色萨利时，他已是个伟人。他被合法地任命为色萨利领导人，麾下有大量雇佣军听命，既有步兵也有骑兵，这些人经过训练，达到了卓越之境。他的权力通过他的很多盟友和那些想要成为他盟友的人得到进一步提升。因为这个事实，没有人胆敢忽视他，你可以说他是他那个时代最伟大的人……希腊人非常担心他可能成为所有人的僭主。
>
> ——色诺芬：《希腊史》，6.4.28，33

然而，伊阿宋的权力很脆弱，他依赖的是自己的技巧和魅力，而非既定的制度。由此，当他在公元前370年被谋杀时，色萨利在他兄弟的互相争斗和仇杀中解体了。尽管如此，他的崛起揭示了未来的形势。

斯巴达的崩溃（公元前371年）

斯巴达在这个新世界中逐渐变得不合时宜。公元前400年左右，来山得试图推动斯巴达进行变革，但国王阿戈西劳挫败了他的计划。直到公元前4世纪70年代，斯巴达仍深为其过去和传统所困。由此产生的一个结果是，当希腊人口在增长时，斯巴达人的数量却在下降。这与法律的关系比与出生率的关系更大。只有能负担得起聚餐团体的费用，一个人才能成为斯巴达人。但斯巴达的财产继承法将土地集中在越来越少的人手中，这意味着能够成为完全公民的人越来越少。尽管这造成了危险，斯巴达的顽固领导人还是拒绝支持城邦制度的任何变化。公元前479年时，斯巴达有9 000名斯巴达人；到公元前371年时，就只有1 400名斯巴达人了。尽管他们都很凶猛，但如果没有波斯的支持和对斯巴达不可战胜的普遍信念，这个小得可怜的团体是不可能克敌制胜、约束盟友的。公元前4世纪，每次参战斯巴达都冒着失去一切的风险，但统治阶级仍拒绝拓宽斯巴达公民的人员基础。

因此，公元前371年，国王克里翁布罗特率区区700名斯巴达人、数千盟军进军底比斯，他相信重装步兵的斗志和技能可以弥补人数上的劣势。结果证明，这是一个错误。

以前，每当斯巴达人逼近时，底比斯人都躲在城墙后。但是这年夏天，他们的首领伊巴密浓达决定迎战。他知道如果不这么做，底比斯便会丧失对彼俄提亚联盟的控制权。他把军队部署在村庄留克特拉。

大多数城邦此时都已拥有强大的骑兵，斯巴达却没有。老练的底比斯骑兵将为数不多的斯巴达骑兵击退，后者的逃离使斯巴达方阵陷入混乱。伊巴密浓达将他的重装步兵排成前所未有的有50列纵深的队伍，这像是一种由人组成的破城槌。打先锋的是圣军，这是一支享有盛誉的精英军团，由150对宁可死也不会在对方面前丢人的同性恋人组成。和斯巴达人一样，圣军是得到公费支持的全职战士。斯巴达人一如既往地表现出惊人的凶猛和勇敢，但底比斯人对他们发起猛烈攻击，直到斯巴达人退回营地，在身后留下400多具斯巴达人的尸体。这个数目超过了斯巴达人总数的1/4，死者中不仅有斯福德里阿斯（他对雅典的失败袭击造成了很多麻烦），还有克里翁布罗特。

斯巴达遭到重击。它的盟友立刻变节投靠底比斯。更糟的是，内战似乎一触即发。根据斯巴达的法律，在战斗中撤退的人将被剥夺公民身份，且不能与斯巴达妇女结婚。阿戈西劳担心，如果他遵循法律并剥夺留克特拉之役的300名（几乎占幸存斯巴达人的1/3）幸存者的公民权，他们将发动叛乱。按照普鲁塔克的解释（《阿戈西劳传》，31），阿戈西劳没有改变法律并破坏自己的权威，而是"走进公民大会，宣布法律应获准在某一天失效，但在那之后，重新恢复效力"。

伊巴密浓达带着4万名重装步兵攻打斯巴达，这是敌军首次劫掠斯巴达领土。冬季的洪水让欧罗塔斯河上涨，这才阻止了伊巴密浓达洗劫斯巴达城。伊巴密浓达转而向西进发，翻山越岭后，解放了麦西尼亚的希洛人，并在那里建立了一个独立的城邦国家。

公元前400年，在阿戈西劳登上王位时，斯巴达正处在其权力的顶峰，它使雅典顺服，并让波斯帝国感觉到威胁。27年后，斯巴达失去了一切。阿戈西劳曾吹嘘说斯巴达妇女从未见过从敌营中升起的烟火，而在公元前371年之后，她们见得就多了。

爱琴海的乱局（公元前 371—前360年）

留克特拉之役毁灭了斯巴达，但它还不足以让底比斯成为一个主要强国。伊巴密浓达是一位出色的指挥官，但他没有战略眼光，不知道接下来要做什么。他在公元前367年阻止了斯巴达向波斯求助的企图，但他的反斯巴达联盟很快就瓦解了，小规模的战争四起。在伊阿宋被谋杀后，底比斯积极出力，让色萨利保持分裂状态；雅典努力在第二次雅典联盟中扩展其对盟友的权力；雅典和底比斯之间又相互争斗。各城邦频繁更换阵营。由于没有抵抗波斯或抵抗斯巴达大战的刺激，公民参与国事的热情稳步下降。失业的雇佣军团干起了抢劫勾当，他们很快成为公共安全的威胁。

阿戈西劳拒绝承认失去了麦西尼亚连同该地所有希洛人，继续与底比斯作战。公元前362年，他似乎真的能将麦西尼亚赢回来。曼提尼亚城邦是伊巴密浓达在伯罗奔尼撒半岛的重要盟友，它脱离底比斯并寻求斯巴达的支持。时年82岁的阿戈西劳派人数极少的斯巴达军队去援助曼提尼亚。伊巴密浓达趁斯巴达军队不在时进军毫无防护的斯巴达。阿戈西劳迅速返回，在一场拼死的肉搏巷战后，才拯救了这个城邦。普鲁塔克告诉我们：

> 我认为，菲比达斯★之子伊西达斯一定不仅令他的同胞震惊，

★ 就是在公元前382年占领了底比斯的那个菲比达斯。

也令他的敌人震惊。他非常英俊高大，正值花季妙龄，由一个男孩变成一个男子汉。他从房中（他刚刚在屋里往皮肤上涂了油）出来，一手握矛，一手握剑，赤裸着身体，没有穿衣服或盔甲。就这样，他冲进战斗的中心舞台，左右开弓，杀了一个又一个底比斯人。不管是因其勇敢而得到神的保护，还是因其高大、有力胜过所有人，他最后毫发未损。对于他的战绩，监察官以花环冠冕作为奖赏，随后，以其在战斗中没穿盔甲从而使自己的生命受到威胁，对他处以1 000德拉克玛的罚款。

——普鲁塔克：《阿戈西劳传》，34

然而，再多的勇敢或拼死的行动也不能掩盖斯巴达现已沦为二流国家的事实。数天后，双方主力在曼提尼亚交战，底比斯人再次大破斯巴达方阵。在斯巴达人转身逃跑时，一名逃兵击倒了伊巴密浓达。根据传说，他在临终时力劝底比斯放弃征服并与斯巴达讲和。

这是个好主意。希腊人已精疲力尽了。底比斯无法拿下斯巴达，斯巴达无法收复麦西尼亚，雅典无法重建其公元前5世纪的帝国。波斯此时本可强力介入希腊事务，但仍陷于试图收复埃及、镇压西方总督叛乱的泥沼。斯巴达的崩溃引起天下大乱，正如色诺芬所总结的：

（曼提尼亚）战役的结果恰与所有人的预期相反。整个希腊陷入内讧之中，所有人都期待，如果战役打响，胜者为王，败者称臣。但神灵带来的结果是，双方都自封为胜利者，双方又都没有反对对方的此种举动。双方都以胜利者的姿态出现，在停战协议下将死者交还对方；双方又都在停战协议下接受死者，好像他们是失败者。双方都宣称赢得了战争，但无论是领土、城邦或权力，各方在战后都好像和战前一样。相比从前，战后的希腊更不确定、更混乱。

——色诺芬：《希腊史》，7.5.26—27

迦太基与叙拉古（公元前404—前360年）

叙拉古的狄奥尼修一世重开战端，反对迦太基（公元前399—前393年）

从表面上看，叙拉古在公元前404年比斯巴达更虚弱（图17.5）。斯巴达打倒了雅典，而叙拉古却被迦太基羞辱了。但胜利的斯巴达面临着来自底比斯、正在恢复中的雅典以及波斯的挑战，而战败的叙拉古却没有真正的希腊对手。公元前405年，叙拉古与迦太基签订了一份屈辱的条约，但叙拉古强人狄奥尼修有理由感到高兴。他活了下来。其他希腊城邦比叙拉古受到了更大的削弱，而在叙拉古，他是唯一的统治者。

狄奥尼修需要保护叙拉古免受外部的攻击，并确保自己不受国内威胁（例如公元前405年几乎将他的统治推翻的骑兵起义）的伤害。他在俄尔梯癸亚小岛为叙拉古旧城设防，该岛与大陆之间隔着一条狭窄的海峡。在那里，狄奥尼修能依靠他最亲密的支持者和他的雇佣军避难。在大港，他为新舰队建造了一座船坞，并在城邦背后的高山厄庇波利修建了防御设施。这样，叙拉古就不会像它在公元前415年和前405年那么容易遭到威胁了。他为穷人提供了大量报酬，并表现得平易近人：

> 为了快速把围墙修建起来，狄奥尼修从农村集合了大量农民，从中选出6万名能人，逐一分配围墙每一部分的建设任务。每两百码（约182米）围墙任命一个工头，每一百英尺（约30米）围墙安排一个石匠。他给每一百英尺围墙分派了两百名从普通民众中选出的劳动者。在这些人之外，还有大量工人去切割天然石块。6 000头公牛将石块运到指定的地方。如此多的工人劳动的场景让每一个目击者都感到震惊，因为每个人都热切地想要完成他的任务。为了鼓动民众的热情，狄奥尼修承诺那些最先完成工

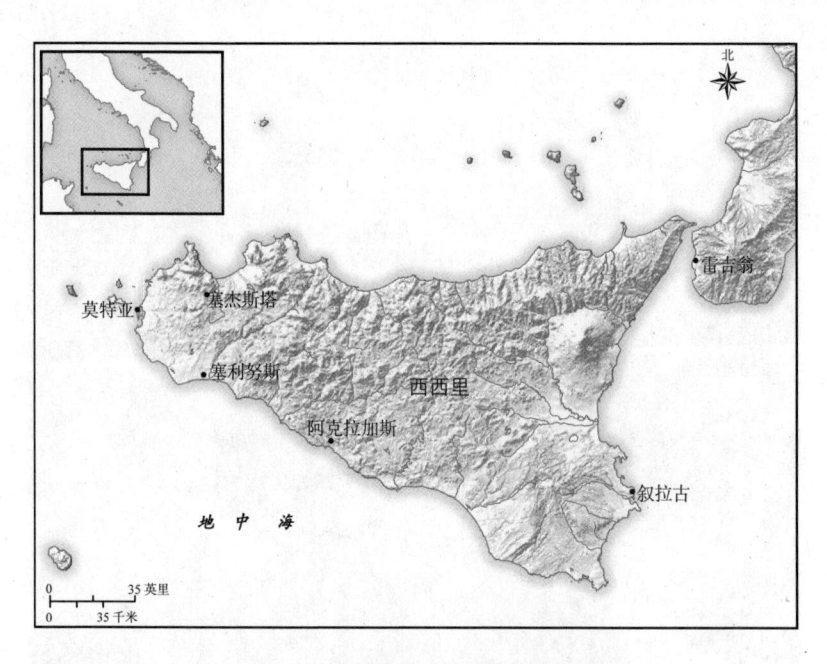

图 17.5　本章提到的希腊西部的一些地方

作的人可得到贵重的礼物，工头们可得到特别的礼物，石匠和普通劳动者有其他的礼物。他本人和他的朋友们一起，每天都来视察工程进度，对城墙的每一部分进行检查，并经常帮助那些辛苦工作的人。他将自己僭主的威严抛掷一边，让自己变成一个普通人，为最困难的工作提供帮助，承受着和其他人一样的痛苦。在这种情况下，激烈的竞争产生了，很多人甚至在白天工作之外加晚班，如此强大的精神力量注入民众心中。结果大出人的意料，围墙在 20 天内就建好了。它有约 6.5 千米长，并拥有相应的高度。由于墙壁坚韧，围墙不会被攻破。围墙上有很多高高的塔楼，以 1 米多长的切割石料建成。

——西西里的狄奥多罗斯，14.18

这座伟大的围墙甚至还有部分留存至今（图 17.6）。

图17.6 叙拉古城外的围墙，由叙拉古的狄奥尼修一世建造于约公元前402年

狄奥尼修的行事方式像公元前6世纪的僭主，但他所处的是一个非常不同的环境。由于控制了公元前4世纪最大的希腊城邦的资源，他能够招募庞大的雇佣军，给予他们从公民那里没收来的土地，从而打造一支长期性的前雇佣军储备队伍，以应紧急之需。他沿用了盖隆和希耶罗一世的政策，攻打更小的邻国，并将其公民迁至叙拉古。叙拉古变得更富有、强大。

公元前399年，斯巴达暗中支持居鲁士反抗波斯，狄奥尼修一世则公开准备与迦太基开战。不同于继承了雅典金融体系的斯巴达，叙拉古缺乏根基良好的征税基础，所以狄奥尼修采取了孤注一掷的方式，以求迅速征集大量资金：

叙拉古的狄奥尼修意图建造一支舰队，他知道他将需要大笔资金。他召集会议，解释说某个城邦将被叛卖于他，因此他需要资金。他建议每个公民捐助两个单位的金币★。公民们照做了。在两三天之后，狄奥尼修伪称敌人的计划失败，他对公民们致谢，并归还了每个人支付的金币。他用这种方式获得了他们的信任。当他再次向公民借钱时，他们把钱交出来，期待着能够收回。但这次他将这些钱留下来，用于建造舰队。

……当他又一次需要钱时，他要求捐贡。当公民们宣称他们没有什么钱可交时，他将自己宫殿里的所有家具标价出售，声称他这么做是因为缺乏资金。出售的时候，他记下谁买了什么东西、付了多少钱，一旦钱到手，他就命令每个人归还他们自己买到的东西。

——伪亚里士多德：《论经济》，2.1349a

狄奥尼修做了非比寻常的努力：

他将大量劳动力集合到一起，根据他们各自的能力将他们分门别类。他将这些人交给带头的公民管理，并承诺重赏那些能应时供应盔甲的人。他发布了每一种盔甲的模型，因为他从很多国家召集雇佣兵，他希望他的每个士兵使用自己母邦的盔甲，因为他认为在战斗中这些盔甲将给人深刻的印象，而且穿着自己习惯的盔甲的战士会发挥最大的战斗力。由于叙拉古人非常赞成这个计划，每个人都尽可能努力工作来制作兵器。不仅神庙的前庭和后院，连运动场和市场的柱廊里都满是工匠。除公共场所外，最显眼的房屋内都堆满了兵器。

——西西里的狄奥多罗斯，14.41

★ 波斯的黄金货币，每个价值大约20德拉克玛（足够供给一个四口之家三周的生活）。

和自己在围墙建设工程中的表现一样，狄奥尼修与普通工人同吃、同睡、同劳动，以此鼓舞士气。他在技术发明上不惜重金，包括首架有实际战力的投石机、新型攻城塔以及特型船只。他寻遍意大利最好的木材，很快就造了 350 艘战船，他的金属匠人制造了 14 万件盾牌、头盔、匕首和 14 000 副胸甲。他以重金吸引最好的雇佣军，包括来自斯巴达的勇士。

战争热情迅速升温。公元前 5 世纪时，希腊人和腓尼基人在西西里和平共处了很长一段时间，他们在一起做生意、过日子，但公元前 409—前 405 年的血腥战争改变了这种局面。公元前 398 年，叙拉古洗劫了城里的迦太基富户。历史学家西西里的狄奥多罗斯说，虽然希腊人憎恨狄奥尼修的僭主统治，但他们更痛恨迦太基人，因此，他们只要发现迦太基人，就杀害、折磨他们。

公元前 397 年，狄奥尼修入侵布匿人（布匿是"腓尼基"的罗马语形式，该词被用来指称迦太基人）属下的西西里西部地区。他洗劫了迦太基最强大的土著盟友塞杰斯塔（它在雅典的西西里远征中发挥了重要作用）周边的村庄，并围攻了西西里岛西端的防御要塞莫特亚岛。他的新式投石机和攻城塔发挥了很好的作用，经过长时间的围攻，他的士兵攻取了莫特亚城。随后的屠杀和十年前迦太基对塞利努斯、阿克拉加斯和其他希腊城邦的毁灭一样恐怖。

这时，狄奥尼修由于经费不足无法延续胜利。公元前 396 年，当狄奥尼修的军队瓦解时，展开复仇的希米尔科（在公元前 409—前 405 年的战争中获胜的迦太基将军）重新占据了西西里西部，并在 20 年内第三次围攻叙拉古。一年前，狄奥尼修的好战行为还很受欢迎，可是现在，迦太基人又在城墙外扎营，狄奥尼修差点被一次民众起义推翻。情况看起来对叙拉古不利，直到一场瘟疫在迦太基军队中爆发。和公元前 415—前 413 年的雅典人、公元前 405 年的迦太基军队一样，此时的迦太基军队将营地驻扎在卫生条件不好的沼泽地上：

> 疫病首先表现为黏膜充血，然后是喉咙发肿，接着是人感觉到灼热、背部神经疼痛以及四肢沉重。接下来是痢疾，还有全身长满脓包。对大多数人来说，以上所述的就是这种疾病的发病过程了。但也有一些人失去了理智或者完全忘记了所有事情，他们毫无知觉地在营地游荡，攻击任何靠近他们的人。一般来说，医生对此不起任何作用，这是因为病人异常痛苦，而且死得很快。通常，患者会在第五天或第六天死去，他们所受的折磨太过可怕，以至人们认为那些死在战场上的人是多么幸运。
>
> ——西西里的狄奥多罗斯，14.41

狄奥尼修击败了希米尔科此时已陷于瓦解的军队和舰队。希米尔科支付了巨额贿赂获准逃走，而他的雇佣军则被屠杀殆尽。回到迦太基后，希米尔科因战败而蒙羞，绝食而死。

迦太基和叙拉古之间的战争持续了几年，直至公元前393年双方讲和。公元前387年的大王和平敕令让斯巴达作为波斯的附庸控制了爱琴海，公元前393年的西西里和约则承认了迦太基人对西西里西部的控制，并承认叙拉古是希腊东部无可争议的统治者。

叙拉古的黄金时代（公元前393—前367年）

狄奥尼修并没有取得一场彻底的胜利，但他恢复了叙拉古作为西西里唯一重要的希腊城邦的声望，并有望成为他那个时代的伟大人物。他多次进行王室联姻，由此将更多的希腊西部人置于自己的统治之下。公元前388年，在经过长达一年的包围之后，他攻占了位于意大利靴状国土顶端的雷吉翁，它是叙拉古的百年劲敌。此时，狄奥尼修成为意大利南部大多数希腊城邦的保护者。50年前，雅典可能有4万居民；现在，叙拉古拥有5万~10万居民，是世界上最大的希腊城邦。

公元前385年，狄奥尼修在胜利的鼓舞下介入了亚得里亚海岸希腊城邦之间的战争，对希腊大陆西北部伊庇鲁斯城邦的事务也表示出兴趣。他还支持斯巴达强制执行大王和平敕令。正如斯巴达利用希腊城邦对波斯的恐惧增强其在爱琴海的地位一样，狄奥尼修利用民众对迦太基的恐惧控制西西里的希腊人。不过，与迦太基开战的费用极其高昂。在狄奥尼修判断失误，并被迫在公元前382—前374年与迦太基重开战端时，他吃了大亏。

和一个世纪前的盖隆、希耶罗一世一样，狄奥尼修想以自己的宏伟气势给希腊爱琴海地区留下深刻印象。公元前388年，他派自己的兄弟率几支装饰精美的战车队赴奥林匹亚赛会，随行的还有唱诵狄奥尼修自己的诗歌的专业歌手。遗憾的是，他的车队没有获胜，希腊人还公开嘲笑他的诗歌，一些人甚至要求禁止狄奥尼修参加奥林匹亚赛会。狄奥尼修没有气馁，他在叙拉古推广戏剧和艺术，将爱琴海的思想家带到他的宫廷。柏拉图在公元前388年或前387年造访过叙拉古。一个（可能是虚构的）故事记述道，柏拉图的哲学思维深深地激怒了狄奥尼修，以至他用锁链将柏拉图捆起来，在奴隶市场上出售，柏拉图的朋友为他赎了身。

公元前4世纪70年代，叙拉古是辽阔、富有、强大的世界性城邦。经过一生的冒险，狄奥尼修最终赢得了他渴望的文人身份：公元前367年，他的悲剧作品《赎回赫克托耳》在雅典的一个节日上赢得第一名。据一份材料说，狄奥尼修过于激动，以至狂饮作乐而死。

西方大乱（公元前367—前345年）

狄奥尼修一世对叙拉古的统治依靠其个人，他死后，这个僭主国家便解体了。狄奥尼修一世并不是公民共同体的领袖，而是一个土匪头子。他使用贿赂、威胁、欺骗的手段控制叙拉古人，当这些手段失败时，他让雇佣军掀起腥风血雨。他的儿子兼继承者狄奥尼修二世（出生于约前395年）和其父一样，都喜酒好诗，但缺乏其父的锋芒、干劲和政治技巧。他嫉妒叙拉古的主要外交官狄翁，后者和王室有姻亲关系。狄翁是柏拉图的热心追随者，他一直劝诫狄奥尼修二世保持哲学纯洁性。公元前367年，狄翁还劝狄奥尼修二世邀请其时正处在声望顶峰的柏拉图返归叙拉古。很明显，柏拉图希望将狄奥尼修二世造就成自己的对话录名篇《理想国》中所描写的哲学王，这样一个受过哲学训练的政治强人可以创造一个完美的社会。

对柏拉图和狄翁来说，不幸的是，狄奥尼修二世虽然喜欢成为一个理想统治者的想法，但他更喜欢女人和酒。狄翁及其朋友不厌其烦地敦促狄奥尼修二世接受柏拉图的理论，并放弃僭主统治，但狄翁的敌人抨击了这种荒唐的幻想。公元前366年，狄奥尼修二世得知狄翁与迦太基的头面人物秘密会谈。这带来了一个棘手的问题：如果狄奥尼修二世什么都不做，狄翁可能在迦太基的支持下发动政变；但如果狄奥尼修二世处死狄翁，很可能引起其他的宫廷阴谋。狄奥尼修二世可以放逐狄翁，但可能激起一个富有而又人脉广泛的批评者密谋反对他。他对此事做了折中处理，在驱逐狄翁的同时允许他保留自己的财产。狄奥尼修二世仍允许柏拉图留在叙拉古，但柏拉图一直敦促他放弃不义之财，并集中关注美德之事。狄奥尼修二世感到厌烦和愤怒，最终将柏拉图从宫中赶了出去，并让他与雇佣军一起生活在兵营中。公元前360年，失望的柏拉图返回雅典。

狄奥尼修二世与迦太基打了又一场血腥而毫无结果的战争，他延续其父介入意大利南部、亚得里亚海、爱琴海事务的政策，但为这些战争支出资削弱了他的权力。公元前357年，狄翁发动了等待已久的政变，引发了十年内战。在此期间，叙拉古失去了其对其他希腊西部城邦的统治权。迦太基与叙拉古的最后一场战争结束于公元前366年，在那之后，迦太基人（和波斯一样）发现，相比在战场上与希腊人交战，支持一派打另一派的策略更易于让希腊人保持虚弱状态。此时，在一个又一个城邦中，公民、雇佣军为争夺土地大打出手，与此同时，成群结队的前雇佣兵在乡间游荡，抢掠他们想要的任何东西。各方势力蹂躏大地，由此而使人口数量下降。普鲁塔克宣称很多西西里城邦在这个时候遭到废弃，在叙拉古，野生动物在市集四处觅食。公元前350年左右，和爱琴海一样，西方深陷混乱。

结论

希腊正在经历社会剧变，这在很大程度上是由疯狂的战争推动的。国家越来越多地依赖富人负担公共安全费用，一些具有惊人财富的人，如来山得、伊阿宋向整个城邦国家发起了挑战。希腊剧变的主要受益人是波斯和迦太基。然而，尽管身处战争、混乱、恐惧的背景下，大部分希腊人生活得比以前好。生活在民主社会中的人比以往任何时候都多（即便这些民主社会欠缺对富人产生威胁的能力），商人在市场上出售异域商品。希腊探险家造访了印度和不列颠诸岛，此外，正如我们将在第18章看到的，艺术家和思想家突破了想象力和理性的限制。尽管存在诸多问题，公元前4世纪中叶的希腊人仍可以当之无愧地把自己视为世界文明的中心。

第 18 章
公元前 4 世纪的希腊文化

第 17 章所描述的社会、政治变迁推动了重大的文化变革。最引人注目的是物质文化、哲学（这个时代最以其知名）上的发展。

物质文化

雕塑

物质文化在公元前 4 世纪变得更为复杂。大多数赞助人、匠人仍在上一个世纪发展起来的框架中活动，但也有一些人做了大胆的试验，尝试理解一个新世界。在这个世界中，一些大人物凌驾于广大普通公民之上。公元前 5 世纪古典盛期的雕塑已取得了很大成就。其人体比例、姿势以及主题的规范看起来近乎完美，在传统大家门下习得技艺的艺术家根本没想过要放弃古典主义，但改变其他一切事物的伯罗奔尼撒战争同样改变了艺术。公元前 404 年后，雅典和叙拉古不再主导艺术赞助事业的发展（图 18.1），而新的艺术中心如雨后春笋般兴起，它们为艺术创新、艺术多样性以及多姿多彩的晚期古典雕塑提供了更大的发展空间。一些雕塑家自觉回到他们知道已发展成熟的那种创作样式，创作出仿效公元前 5 世纪早期形式主义雕塑风格的雕像，唤起了人们对那个更为安全稳妥的年代的回忆。图 18.2 展示了一个如此

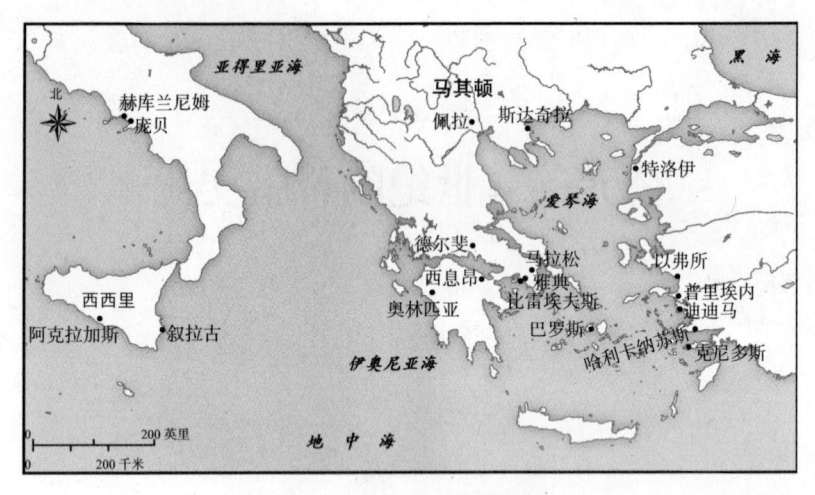

图 18.1　本章提到的一些地方

风格的雅典娜女神。伯罗奔尼撒战争时代紧贴着身体的打褶衣物没有了，她严实、厚重长袍的整齐衣褶及其严肃的表情都令人回想公元前 5 世纪早期，让她看起来高不可攀、庄严肃穆。雕塑者让她的头向右边倾斜，给她的姿势增添了轻盈的感觉。没有哪个专业雕塑家会将她误认为公元前 5 世纪的雕像。

公元前 4 世纪的一些艺术赞助人要求艺术家创作与公元前 5 世纪的雕塑杰作风格有所区别，但仍能表达出庄重沉静、平稳踏实的视觉观感的雕塑。其他人想要的则与此相反，他们希望雕塑形象充满活力，表现得悠然无虑，好像在庆祝它们从公元前 5 世纪严整的社会结构中逃离出来一样。图 18.3 展现了赫耳墨斯和儿童狄俄尼索斯的一座雕像，它可能由伯拉克西特列斯创作，是古代唯一幸存至今的古典时代的大家雕塑作品。伯拉克西特列斯没有打破古典模式，但他将它们运用于新的方向：他让赫耳墨斯伸出其右臀，以与其抱在左手的儿童形成平衡，以此夸张地展现雕塑的 S 形姿势。这幅雕像看起来不太稳定，内含动感，并给人们以这样一种感觉：我们抓住了一个更大的故事的瞬时片段。伯拉克西特列斯以赋予大理石一种流动感而闻名，这种流

图 18.2　比雷埃夫斯的雅典娜青铜塑像，雕塑者不详，约塑于公元前 350 年，高约 2.4 米

资料来源：Giovanni Dall'Orto

图 18.3　赫耳墨斯和狄俄尼索斯，可能由伯拉克西特列斯创作于约公元前 340 年。高约 2.2 米

资料来源：Pinchoff Wikimedia Commons（CC BY-SA 4.0）

动感几乎非常轻盈地聚焦于赫耳墨斯的躯干、双臀的交汇处，也体现于对下巴的柔和塑造上。伯拉克西特列斯给予其塑像长长的腿和小小的脑袋，这让它们看起来不那么真实，却更优雅。

伯拉克西特列斯最大的成就是让人们接受了女性裸体塑像。自公元前 700 年来，希腊雕塑家展示的一直是穿着衣物的女性塑像。伯拉克西特列斯的《克尼多斯的阿芙洛狄忒》取得了很大成功。该雕塑约作于公元前 350 年，其原作已下落不明，但罗马人的仿作留存了下来（图 18.4）。该雕塑立于小亚细亚西南部克尼多斯的一个露天环形神殿，它有着我们前面所说的柔和塑造感与 S 形姿势，但与大多数雕塑只有正面不同，伯拉克西特列斯的雕塑是全方位的。该塑像很快成为希腊最有名的雕像。琉善（约125—192年活跃于罗马帝国境内的希腊讽刺作家）或某个模仿其风格的人描述了该塑像给（男性）观赏者造成的震撼效果：

图18.4 伯拉克西特列斯的《克尼多斯的阿芙洛狄忒》的罗马复制品（原雕像刻于约公元前350年）。大理石材质，高约2米

资料来源：Meidosensei/Wikimedia（PD）

观赏完花草树木后，我们走进了（克尼多斯）神庙。女神正好立于中央，这件艺术品用巴罗斯大理石*塑成，她露出典雅的微笑，双唇微启。她所有的高贵典雅由此可见。她不着片缕，但漫不经心地用手盖住了私处。艺术家的高超技艺将坚硬、直挺的石头化成了她的每一只手、每一只脚。查里克利†好像疯了，大声叫道："跟这女神◆有染的阿瑞斯多么幸运啊！"他跑到雕像前，踮起脚，亲吻她那光彩亮丽的双唇。但卡利克拉提达斯呆呆地站着，他完全愣住了。

神庙的两面都有门，所以你能从另一面好好地观看这位女神，她身上的每一处地方都会引起你的无限惊叹。从对门进入的那些人从后面端详这位女神。我们打算看看这位女神的全貌，所以我们绕

---

* 产自巴罗斯岛的大理石质量最好，也最昂贵。
† 查里克利、卡利克拉提达斯和"雅典人"是故事中的角色。
◆ 荷马说阿瑞斯（战神）与阿芙洛狄忒有染，但她的丈夫赫菲斯托斯（跛足的匠神）用网套住了他。查里克利说，阿芙洛狄忒是如此美丽，以至活该受此羞辱。

到了另一边。当管钥匙的人打开门的时候，我们被这位女神所展露的美丽惊呆了。而那个雅典人，在他凝视她好一会儿后，一眼瞥见她的阴部，他迅即开始喊叫，比查里克利还要疯狂，"以赫拉克勒斯之名！看这后面的线条吧！多美的后臀！看不够！看他怎样刻画了那诱人的臀部，既不太瘦——只算皮包骨，又不太胖。她的后臀在发笑——笑得那样甜美！她的大腿，到小腿，直到脚踝，线条多么优美"……查里克利大为惊艳，被深深迷住了，热泪盈眶……

——伪琉善：《爱人》，13—14

其他人的反应则更为热烈。该塑像臀部有一处脱色，据传说，这是一个年轻男人为表示其赞叹而留下来的印记。

伯拉克西特列斯的大胆创作无疑震惊了保守派，但它与时代风潮合拍。其他雕塑家尝试创作类似题材，并运用一种更轻松、自然的表现形式。20年内，女性裸体塑像流行起来，其他一些雕塑家（特别是斯科帕斯和亚历山大大帝的御用雕塑家利西波斯）则放弃创作只有正面的雕塑。对生活于公元前5世纪的严格的平等主义社会中的赞助人和艺术家而言，下述观点可能是有道理的：观赏塑像只有一个方向，女性塑像应当有所遮掩。不过，在公元前4世纪更大胆、新潮和非常国际化的世界里，依观赏者观察视角的不同，相同的人体塑像呈现出完全不同的面貌。指导人们日常生活达400年之久的那些前提假设逐渐瓦解了。

建筑

一如雕塑家，建筑师同样处在公元前5世纪的遗产和时代提出的新要求之间。正如一些雕塑家加长雕像的腿以使雕像变得更优雅，一些建筑师延长了柱子，以建造更高、更轻且更通风的神庙。外饰叶子和旋涡的华美科林斯式柱头同样表达出了轻盈的效果（图9.7），从公元前5世纪中期的巴赛的阿波罗·伊壁鸠鲁神庙那里，我们可以找到科林斯柱头的一个最早的实例（图 14.14），不过，在约公元前 350 年时，科林斯柱头才真正流行开来。与朴素的多立克石柱、伊奥尼亚石柱相比，科林斯圆柱看起来轻佻、花哨，事实上，公元前 4 世纪的艺术就差不多是这样的风格。

建筑师们尝试用其他方法来增进优雅感。以小亚细亚以弗所一所巨大的新神庙为例，它位于 14 级台阶上，而其所取代的古风时代的神庙只有两级台阶。公元前 4 世纪晚期，以弗所南部迪迪马的建筑师们甚至走得更远：13 级台阶导向一片柱林，在柱林上的是一条建造精致的内部小道。随后，参观者没有进入在长达 400 年的时间里已成常规的那种覆顶"内殿"，而是从陡峭的梯级走下去，进入一个开阔庭院，在庭院尽头，有一个小小的"内殿"，那或许是古代的圣坛（图 18.5）。迪迪马的露天神庙抛弃了传统的宗教建筑样式，圆形神庙

图 18.5 迪迪马阿波罗神庙内堂，始建于公元前 313 年。图片展示了令人惊异的开阔内殿，前方是沿华丽入口向下铺开的台阶。在图中前景部位，可以看见内殿的地基，内殿中保存着神像

资料来源：Image by Lauren van Zoonen from Pixabay

（*tholoi*，单数形式为"*tholos*"，也用于指称青铜时代希腊人的地下蜂巢状圆顶墓，图18.6）也一样。

图18.6 德尔斐的大理石圆形神庙，建于约公元前360年
资料来源：Antonio De Lorenzo and Marina Ventayol（CC BY 3.0）

神庙的新形式使它们有了新的用武之地，一些圆形神庙不是用于敬拜奥林匹斯诸神，而是用于崇拜冥界神灵乃至有权有势的大人物。在这个世纪结束前，当时的马其顿王室家族在奥林匹亚当地的神殿里建了一座巨大的圆形神庙，用来崇奉他们自己。

人们对宗教建筑（诸如跻身古代世界七大奇迹之列的哈利卡纳苏斯城的摩索拉斯陵墓）尝试进行了改造，神人之间长存不变的界限也就此遭到了侵蚀。哈利卡纳苏斯是希罗多德的出生地，它从公元前395年开始处于波斯统治之下。约公元前370年，波斯人任命一个名叫摩索拉斯的非希腊人贵族出任该地的帝国总督，摩索拉斯以哈利卡纳苏斯为其治所。在于公元前353年逝世前，摩索拉斯雇用希腊匠人为他建造爱琴海地区有史以来最宏伟的陵墓。该陵被毁已久，但罗马人的描述和残存的陵墓部分让我们能大致将它复原（图18.7）。王陵将庞大的墓基、许多超过真人大小的塑像与类似神庙的第二墓层以及陡峭的墓顶结合起来，墓顶顶端有一辆大型的四马青铜战车。墓高约46米。来自爱琴海边缘的非希腊人国王运用了最好的古典建筑传统，不过却将它们转作新用，由此带来一些转变。公元前5世纪，伟大的建筑仅限于敬献神，凡人是不能拥有它们的。到了公元前350年，如果人们还对有权势的大人物能否挑战城邦存在疑问，那么，这些新的艺术样式会驱散他们的疑问。

图18.7 哈利卡纳苏斯的摩索拉斯王陵复原图，王陵建于约公元前350年—前340年。这座巨大的陵墓仅有底部的墓墙和部分雕塑残片留存至今

资料来源：Jona Lendering（CC0 1.0）

在长达400年的时间里，诸城邦将其最多的精力和财富投入宗教建筑中。但如今，希腊人开始耗费更大力量，用于兴建民用建筑。位于小亚细亚西海岸的普里埃内就是一个很好的例子，它于公元前350—前325年得到了彻底重建。该城统治者在城市最高处建了一个美丽小巧的神殿（长约37米，宽约19米），但他们耗费更大的力量用于兴建环绕广场的柱廊，与此一道的是一个会议室，以及沿会议室北边分布的其他公共机构。一个巨大的剧场雄视该城，一个更大的体育场和竞技场则占据了城市最低的区域空间（图18.8）。公元前4世纪，希腊城市的面貌随希腊社会的变化而变化。

图18.8　普里埃内城（建于约公元前325年）的现代模型。伊奥尼亚式神庙位于左上端。中央是广场，带柱廊，为民居所环绕；最前端是剧场；图中前景部分为体育场所

资料来源：Copyright 2020 vrcHost

绘画

我们对公元前4世纪绘画的了解多于以前的时代。和以前一样，瓶画向我们显现了壁画家失传的技艺，但在公元前4世纪后，用五彩石创作的镶嵌画同样展现出了绘画的效果，而在公元前350年后，我们有了来自马其顿陵墓的壁画真品。公元79年维苏威火山爆发时，意大利庞贝和赫库兰尼姆的许多壁画作品保存了下来，它们似乎也是公元前4世纪希腊壁画的仿作（虽然它们有时与真品相距甚远）。

公元前4世纪早期，在伯罗奔尼撒战争期间有两个艺术家在雅典学习，并取得了重要的技艺成就。宙克西斯以光影、色彩方面的高超技艺闻名，帕拉休斯则以对素描的精妙把握为人所知。但雅典只是数个艺术中心之一，艺术家走南闯北，用作品装饰从阿克拉加斯到以弗所的各个城市。公元前5世纪，壁画家主要从事重大公共纪念工程的修建，但在伯罗奔尼撒战争期间，富有的个人也开始雇用这些画家。亚西比得在雅典人中臭名远扬，因其将一位著名画家软禁在自己家，

直到这个画家将他家修饰得像城市纪念碑那样美妙。公元前4世纪的贵族更甚，他们修建更大的房子，用镶嵌画地板、地毯和雕塑装饰这些房子，以此让自己显耀于公民大众。为了追逐时髦，他们花大把钱雇用顶尖的艺术家。

这些私人资金改变了艺术家的地位。宙克西斯和帕拉休斯因高傲自大出名：帕拉休斯穿戴紫披风、金冠冕走来走去，侮辱他人；富有的宙克西斯则宣称，他的艺术是神圣无价的。这些人不再需要乞求公民大会给他们分派任务，因为他们有私人赞助人。最杰出的画家、雕塑家和建筑师越来越多地感觉到，他们跟其公民同胞的共同语言越来越少，而与欣赏他们艺术作品的少数受过良好教育的精英阶层更有话说。

红绘陶瓶展现出了新的发展气象，尽管在公元前4世纪，随着富人阶层使用的晚宴器皿从图饰陶器转换成金属盘甚至银盘、金盘，这种艺术风格走向了衰落。和雕塑家一样，一些瓶画家依赖公元前5世纪的传统，其他一些人则追求流动和典雅的感觉，他们添加更多的细节、新的颜色、浮雕装饰和金箔。从现代品位来看，它们的效果看起来很杂乱。图18.9展示了一个风格与巴洛克式差不多的例作，它制作于意大利南部，用来盛放骨灰。其颈部可见一个女子拿着火把，给乘车的胜利女神领路；双耳处可见

图18.9 意大利南部一尊装饰精美的涡状巨爵（因其双耳看起来像伊奥尼亚圆柱上的旋涡得名），被认为是画家卡波迪蒙特的作品，制作于约公元前320—前310年。该陶器被发现于1785年，那不勒斯国王将其购入卡波迪蒙特宫殿。它最初是意大利南部希腊殖民地的骨灰瓮。巨爵高约1.2米

资料来源：Fletcher Fund, 1956

年轻潘神的头像；位于下方的板块呈现的是诸神会聚的场面，从左到右分别是阿芙洛狄忒、阿波罗、雅典娜与赫拉克勒斯；再往下是与传说中的亚马孙女战士战斗的场景。艺术家将画中的各种形象叠置起来，将作为填充性修饰物的卷须装图案塞满画面，以此竭力营造出深度感。

结论

所有领域的艺术家同时反映、强化了公元前4世纪崛起的新型社会结构。他们在公元前5世纪的遗产和新生的愿望之间辗转徘徊，遗产以自己的独特方式让他们看到一个理想化的平等主义的男性社会与神分道扬镳，新生的愿望则要表达出差异、变化和大人物的权势。

柏拉图

和先前数个世纪一样，希腊知识分子所取得的成就与视觉艺术家的创造性努力齐头并进。公元前4世纪的思想家同样对以下两件事感兴趣：界定杰出的个人在一个平等主义城邦中的地位，在公元前5世纪的传统与新兴社会力量之间取得平衡。不过，与雕塑家、建筑师和画家寻求富有的赞助人不同，哲学家常常本身是富人。很大程度上是由于柏拉图（约公元前427—前347）的存在，雅典在哲学上的主导地位在公元前4世纪没有衰落，反而加强了。

柏拉图在伯罗奔尼撒战争期间成长于一个雅典富户，和许多有同样背景的人一样，柏拉图也受教于苏格拉底。公元前399年的苏格拉底之死对柏拉图打击很大，他用接下来的50年时间致力于系统化老师的思想，大力传播，并在其中加入自己的思考。由于苏格拉底没留下任何文字，我们很难知道柏拉图文本中所阐扬的观点究竟属于苏格拉底抑或柏拉图。

柏拉图想要追求美德。在城邦里,他看到了对美德的两种威胁。第一种是民主,在他看来,民主将权力授予判苏格拉底死刑的群氓。第二种是智者的错误教导,这些人说没有什么是永恒的,价值是相对的,知识是不可能的。柏拉图觉得,当时各个城邦的组成结构只会鼓励智者所鼓吹的那类虚无之物的产生,而城邦应该交由那些了解苏格拉底-柏拉图式看待世界的方式的哲学家来统治。

柏拉图篇幅最长的那些作品解释了他认为社会应该转变的想法。可能作于公元前 4 世纪 80 年代的《理想国》描述了柏拉图认为的理想国家,约作于公元前 360 年的《法律篇》描述了城邦在不能企及理想国家的情况下所能达到的最好状态。无论哪一种情况,柏拉图都坚持,应由一小群接受过哲学训练的精英进行统治,他们毕生都致力于公民的幸福大业,而自己没有财产和家庭。

柏拉图提出了世界上第一个内容连贯的有关知识的哲学理论,以此论证其观点。和苏格拉底一样,他问道,我们怎样才能了解万事万物?我们怎样才能知道我们知道它们?到公元前 360 年,全希腊的贵族(如我们在第 17 章提到的狄奥尼修)努力将柏拉图的理论付诸实践,而这些理论至今仍是哲学讨论的核心问题。

理念论

按照柏拉图的叙述,苏格拉底真正出类拔萃的地方在于他承认我们无法知道某个东西是不是善的、真的、美或正义的,除非我们能说出来善、真、美和正义是什么。柏拉图推论,"正义"是超越时间的永恒之物。日常的感官世界处于永不停歇的变动之中,故而正义的终极形式不可能存在于日常生活。据柏拉图的理念论["*eidea*",即"idea"(想法)],在我们生存的变动世界之上,存在一个不变的世界。我们看不见正义、善和美的真正形式,因为它们存在于我们不可见的另一个世界,但它们比我们经验中的任何事物都更真实。

柏拉图的解释综合了赫拉克利特和巴门尼德的看法。前者认为,世界处于不断的变动之中,后者的观念是,"真"是不变的,且人们只能经由思想认识它。变动的日常世界中的万事万物依赖于理念世界而存在,它们是对理念世界模糊的、不完全的反映。我们怎样才能说,一顿特别的晚饭"是一餐好饭",或美国摇滚巨星布鲁斯·斯普林斯汀"是一个好歌手"?除非饭食和歌唱共享一种不可见的永恒的"善"的本质,否则我们不能说它们为"善"。

柏拉图说,我们可通过数学把握理念。在希腊文中,"*mathêmatika*"指"人们认知的事物",即人们是通过思想知道它们的。没有人看见过$\sqrt{2}$,但它是存在的,并会永远存在,且独立于感官世界之外。柏拉图主张,善、正义和美的真实理念都独立于尘世之外,它们和$\sqrt{2}$一样是不可见的。

柏拉图用故事来说明他有时显得非常抽象的思想。他拒斥传统的神话,因其拿"真实"撒谎(说神是不道德的,还说了其他荒谬的事情),他创造自己的神话故事来解释"真实"。在《理想国》中,有一篇苏格拉底与其朋友格劳孔的著名对话——"洞穴隐喻"。在该对话中,柏拉图说明了永恒理念世界与日常变动世界之间的关系。苏格拉底先说,格劳孔做出简短回应:

苏格拉底(以下简称"苏"):接下来让我们把受过教育的人与没受过教育的人的本质比作下述情形。让我们想象一个洞穴式的地下室,它有一长长的通道通向外面,可让和洞穴一样宽的一路亮光照进来。有一些人从小就住在这洞穴里,头颈和腿脚都绑着,不能走动也不能转头,只能向前看着洞穴后壁。让我们再想象在他们背后远处高些的地方有东西燃烧着发出火光。在火光和这些被囚禁者之间,在洞外上面有一条路。沿着路边已筑有一带矮墙。矮墙的作用像傀儡戏演员在自己和观众之间设的一道屏障,他们把木偶举到屏障上头去表演。

格劳孔(以下简称"格"):我看见了。

苏：接下来让我们想象有一些人拿着各种器物举过墙头，从墙后面走过，有的还举着用木料、石料或其他材料制作的假人和假兽。而这些过路人，你可以料到有的在说话，有的没说话。

格：你说的是一个奇特的比喻和一些奇特的囚徒。

苏：不，他们是一些和我们一样的人。你且说说看，你认为这些囚徒除了火光投射到他们对面洞壁上的阴影，还能看到自己的或同伴们的什么呢？

格：如果他们一辈子头颈被限制了不能转动，他们又怎样能看到别的什么呢？

苏：那么，后面路上人举着过去的东西，除了它们的阴影，囚徒们能看到它们别的什么吗？

格：当然不能。

苏：那么，如果囚徒们能彼此交谈，你不认为，他们会断定，他们在讲自己所看到的阴影时是在讲真物本身吗？

格：必定如此。

苏：又，如果一个过路人发出声音，引起囚徒对面洞壁的回声，你不认为，囚徒们会断定，这是他们对面洞壁上移动的阴影发出的吗？

格：他们一定会这样断定的。

苏：因此无疑，这种人不会想到，上述事物除阴影外还有什么别的实在。

格：无疑的。

苏：那么，请设想一下，如果他们被解除禁锢，矫正迷误，你认为这时他们会怎样呢？如果真的发生如下的事情：其中有一人被解除了桎梏，被迫突然站了起来，转头环视，走动，抬头看望火光，你认为这时他会怎样呢？他在做这些动作时会感觉痛苦的，并且，由于眼花缭乱，他无法看见那些他原来只看见其阴影的实物。如果有人告诉他，说他过去惯常看到的全然是虚假，如今他由于被扭向了比较真实的器物,比较接近实在,所见比较真实了,你认为他听了这话会说些什么呢?如果再有人把墙头上过去的每一器物指给他看,并且逼他说出那是些什么,你不认为,这时他会不知说什么是好,并且认为他过去所看到的阴影比现在所看到的实物更真实吗?

格:更真实得多呀!

苏:如果他被迫看火光本身,他的眼睛会感到痛苦,他会转身走开,仍旧逃向那些他能够看清而且确实认为比人家所指示的实物还更清楚更实在的影像的。不是吗?

格:会这样的。

苏:再说,如果有人硬拉他走上一条陡峭崎岖的坡道,直到把他拉出洞穴见到了外面的阳光,不让他中途退回去,他会觉得这样被强迫着走很痛苦,并且感到恼火;当他来到阳光下时,他会觉得眼前金星乱蹦金蛇乱窜,以致无法看见任何一个现在被称为真实的事物的。你不认为会这样吗?

——柏拉图:《理想国》,7.514a—515c[1]

柏拉图让苏格拉底想象那个得到自由的囚徒的眼睛适应着阳光,直到他最终能够看见所有事物,囚徒由此意识到,在洞穴里,他将幻象误作真实了。苏格拉底继续说:

苏:如果他回想自己当初的穴居、那个时候的智力水平,以及禁锢中的伙伴们,你不认为,他会庆幸自己的这一变迁,而替伙伴们遗憾吗?

格:确实会的。

苏:如果囚徒们之间曾有过某种选举,也有人在其中赢得过

---

[1] 本书《理想国》的译文参照:[古希腊]柏拉图:《理想国》,郭斌和、张竹明译,北京:商务印书馆1986年版。下文不再标注。——译者注

尊荣，而那些敏于辨别而且最能记住过往影像的惯常次序，因而最能预言后面还有什么影像会跟上来的人还得到过奖励，你认为这个既已解放了的人他会再热衷于这种奖赏吗？

对那些受到囚徒们尊重并成了他们领袖的人，他会心怀嫉妒，和他们争夺那里的权力地位吗？或者，还是会像荷马所说的那样，他宁愿活在人世上做一个穷人的奴隶，受苦受难，也不愿和囚徒们有共同意见，再过他们那种生活呢？

格：我想，他会宁愿忍受任何苦楚也不愿再过囚徒生活的。

苏：如果他又回到地穴中坐在他原来的位置上，你认为会怎么样呢？他由于突然地离开阳光走进地穴，他的眼睛不会因黑暗而变得什么也看不见吗？

格：一定是这样的。

苏：这时他的视力还很模糊，还没来得及习惯于黑暗——再习惯于黑暗所需的时间也不会是很短的。如果有人趁这时就要他和那些始终禁锢在地穴中的人们较量一下"评价影像"，他不会遭到笑话吗？人家不会说他到上面去走了一趟，回来眼睛就坏了，不会说甚至连起一个往上去的念头都是不值得的吗？要是可以把那个打算释放他们并把他们带到上面去的人逮住杀掉的话，他们不会杀掉他吗？

格：他们一定会的。

苏：亲爱的格劳孔，现在我们必须把这个比喻整个儿地应用到前面讲过的事情上去，把地穴囚室比喻可见世界，把火光比喻太阳的能力。如果你把从地穴到上面世界并在上面看见东西的上升过程和灵魂上升到可知世界的上升过程联想起来，你就领会对了我的这一解释了，既然你急于要听我的解释。至于这一解释本身是不是对，这是只有神知道的。但是无论如何，我觉得，在可知世界中最后看见的，而且是要花很大的努力才能最后看见的东西乃是善的理念。我们一旦看见了它，就必定能得出下述结论：

它的确就是一切事物中一切正确者和美者的原因,就是可见世界中创造光和光源者,在可理知世界中它本身就是真理和理性的决定性源泉;任何人凡能在私人生活或公共生活中行事合乎理性的,必定是看见了善的理念的。

格:就我所能了解的而言,我都同意。

苏:那么来吧,你也来同意我下述的看法吧,而且在看到下述情形时别感到奇怪吧:那些已达到这一高度的人不愿意做那些琐碎俗事,他们的心灵永远渴望逗留在高处的真实之境。如果我们的比喻合适的话,这种情形应该是不奇怪的。

——柏拉图:《理想国》,7.516c—517d

柏拉图的观点攻击了民主制度的基础。一个民主政体已处死苏格拉底,因它不能接受苏格拉底的说法:苏格拉底说,在智慧的领域里,只有他一个人看明白了。但柏拉图不是个简单的寡头主义者:富人、贵族与穷人一样容易上当受骗。只有那些经受痛苦的哲学升华之路抵达"真实"的人才懂得真理,而他们不能将真理解释给并未经历这个过程的无知大众听。由此,宣称将智慧教给人们的智者就是一群骗子。苏格拉底向格劳孔解释,如果"洞穴隐喻"成立,那么教育实际上并不像某些人在自己的职业中所宣称的那样。智者们教授教育观念,他们宣称,他们能把灵魂里原来没有的知识灌输到灵魂里去,好像他们能把视力放进盲人的眼睛里去似的。(《理想国》,7.518c)

教育、灵魂和国家

柏拉图将其教育理论体系建立在他对灵魂的理解的基础上。早期的"*psychē*"("呼吸的灵魂"或"鬼魂")的概念被人们加上了不真实和不幸的存在的色彩,而在柏拉图那里,灵魂本身即一个理念,一个永恒、完美的理念。现代对永恒灵魂的看法就是柏拉图对灵魂的定义,它经过了早期的基督教神父和随后的柏拉图信徒的修饰和提炼。

一旦从永远变动的躯体中解脱出来,灵魂就直接感知到理念世界。每一个永恒的灵魂占有一连串生命躯体。当躯体死去时,灵魂受到审判,随后在长达千年的时间里,或被送上天堂得十倍奖赏,或被罚下地狱受十倍惩戒。随后灵魂进入一个新躯体,但必须先饮"忘川"("Lêthê")[1] 之水。哲学能够打破"遗忘"的限制,让灵魂回忆它前世已认识的事物,再一次把握那理念的世界。

柏拉图认为,城邦和灵魂都有三个要素,而"正义"是这三要素之间和谐作用的产物。理想的城邦就像一个大写的"个人"。在一个城邦里,第一组成要素是统治者,他们拥有智慧和理性。第二组成要素是战士,他们受统治者的引导。第三组成要素是工匠,他们从事农业、商业和手工业。在一个理想城邦里,统治者应像(柏拉图所赞赏的)斯巴达人那般组成公共团体居住在一起,而且不拥有个人财产。这样,他们就不会对在柏拉图看来会腐蚀灵魂并掩饰灵魂之真实本质的利益感兴趣。城邦之正义由这三个阶层组成,他们各负其责而不相互垂涎、怨愤。

同样,个人的灵魂也有三个组成部分:理性(如统治者)、欲望(如勇敢好斗的战士)和意志(如将事情办成的工匠)。由此而言,我们可能渴望饮水,但理性告诉我们水有毒,意志决定两者间冲突的结果。许多智者认为,世界源于偶然的无理性力量,但自然界的秩序、和谐使柏拉图确信,智力起着首要作用,此种非凡力量居于人的灵魂之中,并能让个人将灵魂的和谐与更广阔的外部世界的和谐协调起来。

柏拉图从未将其哲学呈现为一个从第一原则出发到达必然结论的体系。他认为,他的使命是要引领人们回忆其灵魂已于前世所知的事情。和苏格拉底已做的一样,他通过讨论或辩证法提出教诲。他在雅典城郊建立了一所名为"柏拉图学园"(阿卡德米)的学校(靠近献

---

[1] "忘川",又名"厉司河",希腊神话中的冥界五大河之一。喝了"忘川"河水的灵魂,将忘记前世所有的事,等待新的轮回。——译者注

给一位特洛伊战争英雄阿卡德谟的一座神庙），富家子弟聚于此处学习。哲学为学生们提供了一种完整的生活方式。讨论和推理过程本身就是他们所受的教育。在虚构的苏格拉底与其他思想家（通常是智者学派学者）的争辩中，柏拉图提出他的理论。就讨论的问题而言，大多数对话都没有得出结论，柏拉图的对话是在这种背景下被大声读出来充作人们讨论的基础的。哲学是一个进行中的过程，在此过程中，问题没有简单的答案，有时甚至根本没有答案。

在公元前4世纪，没几个希腊人喜欢柏拉图在《理想国》《法律篇》中所描述的极权主义世界，不过，使用严格逻辑审视当时思想缺陷的"苏格拉底方法"成为理性思想的核心柱石。无论文化背景如何，该方法的核心柱石地位至今未变。

亚里士多德

柏拉图最著名的门生是亚里士多德，他于公元前384年生于爱琴海北部的斯塔考拉小镇。其父是马其顿首都佩拉的宫廷医生，所以亚里士多德在王室宫廷的背景下长大，此种背景与影响柏拉图早期生涯的民主城邦背景是完全不同的。

亚里士多德在年仅17岁时就来到雅典。他在柏拉图学园崭露头角，但在柏拉图于公元前347年逝世后，学园其他成员选了其他人接替这位导师的位子。和公元前4世纪许多雄心勃勃的知识分子、艺术家一样，亚里士多德托庇于波斯帝国边缘的一个小国王荫下。他迁居特洛伊附近，和当地国王的一个侄女成婚。他在那里进行了重要的生物学研究，将2 000多种动植物分门别类。他精细的实验观察直到17世纪才有人赶上，直至19世纪50年代，他仍是查尔斯·达尔文最可靠的信息来源之一。

亚里士多德看起来注定要在一个偏远地方做教师，过着平静的生活，直到公元前343年。这一年，他被召回马其顿，担任国王13岁的儿子亚历山大的家庭教师。亚历山大于公元前336年即位，亚里士多德返回雅典并开办了一所新学校，即吕克昂学园［Lyceum，以附近的一座阿波罗-吕克俄斯"光明之神"（Apollo Lykeios）神庙命名］。1996年，在雅典新的现代艺术博物馆建设期间，该学园的遗存偶然被人们发现。公元前335—前323年（亚历山大大帝卒于该年），亚里士多德（图18.10）在这里完成了他最重要的工作。

图18.10 亚里士多德大理石像（创作于公元100—200年）。希腊原塑像出自利西波斯之手，这是罗马仿作，高约32厘米

资料来源：1807: purchased from Camillo Borghese

亚里士多德的思想

不同于自己的老师，亚里士多德将其哲学系统化了。但在他创作的150多部著作中，仅有25~30部流传下来（其中部分作品未能肯定是他所著），与此相反，柏拉图的全部作品留存至今。亚里士多德的现存作品枯燥、厚重，有一些可能是宣讲笔记，而非已完成的作品。它们涵盖广泛，分析性强，内容严谨，但趣味性不强。学者们通常将它们归为三大类：（1）逻辑学和形而上学，（2）自然、生活和思想科学（包括生物学、气象学、物理学和某种类型的心理学），（3）伦理学、政治学和艺术。

和柏拉图一样，亚里士多德主张，真正的认知应超越感官印象：在这个世界上，必定存在某些第一原则，它们构成了世界的多样性和变化的基础。然而，不同于柏拉图的是，亚里士多德坚持认为，感官世界是真实而非幻象。为了认知事物，他认为，我们应当从感觉材料开始。虽然经验看起来似乎不能为知识提供比较确定的认识标的，因为万事万物总在连续不断的变动之中,但通过将材料分门别类、将它们组织进不同的类型框架中,我们就能理解生命之无序状态,并且达至自然规律,它们是永不变更的普遍原则。

将观察得来的材料分门别类需要更为严密的逻辑法则。相互矛盾的叙述不能同时为真,"A 是 B"与"A 非 B"不能同时成立,亚里士多德以这个原则作为出发点。由此,认为相互矛盾的叙述可能在事实上为真的人就是自己反对自己:"相互矛盾的叙述能都为真"意味着与此项叙述相反的叙述亦为真,也就是"相互矛盾的叙述不能都为真",那么,任何此类的矛盾叙述都是"不合逻辑的",或者是无序的、自我反驳的。

在亚里士多德看来,我们不需要通过想象存在于时空之外且不可见的理念世界,来解释我们所见的事物。例如,我们能通过观察"狗"中的大多数来认识"狗",以此发现引导我们将其归类为"狗"的东西,探究我们认为一些动物(狼、大洋洲野犬)与狗相类而另一些动物(蜘蛛、鸟)与狗相异的原因。但是,并没有理想的"狗"的概念,在其中,所有存在的狗类不过是该理念的苍白反映而已。亚里士多德不能明白,柏拉图的"理念"怎样与真实的世界联系起来并对这个世界的变化做出解释。他同样反对公元前 5 世纪原子论哲学家的理论,这种理论认为,变化是偶然发生的,是随机运动的结果。他坚持认为,变化的真实动因或者说可解释它的力量,存在于它的"终极指向"(end),即其"目的"(*têlos*)中。哲学家将此观点称为"目的论",即"对目的的研究"。

亚里士多德认为,变化总是朝向某些终极目的的,所以是"目的"产生、导致了变化,此种论点被称为"潜能论"["*dynamis*","dyanmic"(思维活跃的)由此而来]。例如,一个胚胎,它不是一个人,但它可像其父母一样,有潜力成为一个人。胚胎拥有潜能,即其"本质"是生长为一个成人。"人"是胚胎的终极目的,它朝着这个目的生长,这也就是胚胎的成长遵循一定发展过程的原因。胚胎从潜能上看是一个成人，即便它死于子宫之中，仍是如此。万事万物都有一个终极目的，一个"*têlos*"。人类的"目的"是一起居住在公共团体里，公共团体的"目的"是最大限度地获得幸福，而城邦是能最有效地获得幸福的公共团体。

但促使"运动"朝向"目的"的力量是什么呢？在此，亚里士多德放弃了观察和分类，而转向纯粹的理论叙述。没有任何事物能自我运动、自成动力因，因为所有的变化都是朝向一个"目的"的生长过程，这个"目的"存在于正在变动的事物之外的地方。如果要生一个女婴，你首先要有一个成年女子，整个世界及其运转也必然如此。正如世界上的所有变化都有外在动力因一样，就这个世界本身而言，一定也有一个外在动力因，即第一推动者，它是居于宇宙之外的"非动因的动因"，它使其内部的所有事物得以生成。第一推动者是永恒的、万世长存的。它是万事万物奋进的完满终极。

运动是从潜能到现实的变动，但第一推动者是不包含潜能在内的完满，其内部不含任何运动。此种完满使得基督教思想家将其比为上帝，神学家托马斯·阿奎那（1225—1274）则将亚里士多德的观点作为上帝存在的一部分证据。但对亚里士多德而言，第一推动者是没有人格的。它是纯粹的思想，是生命自身，它通由思想而永久无疆地怀抱整个宇宙。第一推动者不知晓世界中的万事万物，甚至不知晓世界之存在，因为世界以运动、变化为其特征，而第一推动者是不知晓运动和变化的。

亚里士多德围绕着第一推动者组织其对宇宙的叙述。地球处在宇宙中心，由"以太"（它是继火、气、水、土之后的"第五元素"）组成的无形圈层包围着它。环绕地球的第一圈层是月亮，它将充满生长、变化、衰朽事迹的尘世世界与永恒完满、永在循环运动中的天国世界隔离开来。行星、太阳和月亮都是固定在各自的圈层中的光团，恒星则定位在最外方的圈层。圈层是旋转的，但以复杂方式绕不同中轴转动（这解释了行星的不规则运动）。在恒星圈层以外的是第一推动者，它被裹在永恒的自我沉思中,尘世万物渴望通过自己的"潜能"归向它。事实上,在尼古拉·哥白尼(1473—1543)之前,所有希腊、罗马、基督教和伊斯兰教的天文学者都接受了亚里士多德的宇宙模型。哥白尼认为,太阳是我们宇宙体系的中心,开普勒(1571—1630)、伽利略(1564—1642)的物理学和实验观察证明了哥白尼观点的正确性。

亚里士多德似乎并没特别注意到自己与柏拉图之间存在的某些观点差异,比如柏拉图的不朽灵魂在躯体之间来回的观点。不过,亚里士多德不得不正视他们对美德性质的不同看法。对柏拉图来说,与"理念"的亲近解释了什么是正义、善和美。而亚里士多德由于否认永恒以及永恒的标准,不得不将事物之对错归为纯粹的实际问题。在这种背景下,他说了一句名言——"人是政治的动物",即人类是依上帝规划过城邦生活的受造物。对城邦生活深有裨益的行为是"善行",妨碍城邦生活的行为则是"恶行"。

根据"经验法则","善"行跟着处于不同极端之间的"中庸"走,走极端则构成"恶"行。此种中庸之道是亚里士多德伦理思想的关键所在。勇气介于懦弱和鲁莽之间,节制介于自我放纵和自虐之间,慷慨存在于悭吝和挥霍之间。关于美德之行为,没有如柏拉图所认为的绝对的"善"行或"恶"行,在"中间之道"指导下的行为则深有益于城邦内的和谐:

> 首先我们来考察这样一点,即不及与过度都同样会毁灭德性。这就像体力与健康的情形一样(因为我们只能用可见的东西来说明不可见的东西)。锻炼得过度或过少都损害体力。同样,饮食过多或过少也会损害健康,适量的饮食才造成、增进和保持健康。节制、勇敢和其他德性也是同样。一切都躲避、都惧怕,对一切都不敢坚持,就会成为一个懦夫;什么都不怕,什么都去硬碰,就会成为一个莽汉。同样,对所有快乐都沉溺,什么都不节

制,就会成为一个放纵的人;像乡巴佬那样对一切快乐都回避,就会成为一个冷漠的人。所以,节制和勇敢都是为过度与不及所破坏,而为适度所保存。

——亚里士多德:《尼各马可伦理学》,1104a[1]

亚里士多德曾赞同柏拉图的观点,他将个人的美德(即伦理)与个人的群体性追求(即政治)联系起来。他认为,个人的伦理道德仅在城邦生活中才有意义:

> 由此可以明白城邦是出于自然的演化,而人类自然是一种"政治动物"……非常明显,城邦在本性上先于个人。因为个人与其城邦分离后不能自治自足,该个体与城邦的关系,正如整体(如城邦)相对多个部分(如公民)的关系。不需在公共团体中与他人协作或因其独立自主而无需城邦者,要么是动物,要么是神。由是,促使所有人类进行如此协作的动力来源于人之本性。我们最伟大的赐惠者是那首先创造出如此协作关系的人。作为达致完满状态的人类是所有动物中最伟大的动物,而当其脱离法律和正义时,亦由此堕为最坏的牲畜。

——亚里士多德:《政治学》,1253a

亚里士多德将城邦划分为不同的组成部分:个体、家庭、村落以及城邦自身。个体结成家庭,家庭结成村落,村落结成城邦,除此以外的城邦是不完整的。个体不是独立自主的,男人和女人、成人和孩童、自由人与奴隶都互相需要,并且他们只能在更大的联合体中才能形成和谐关系。所有这些和谐关系都是自然的,因为城邦是人类群体的"目的",由此而必然是"自然性"本身。孩童需要成人,非如此,

---

[1] 中译文见[古希腊]亚里士多德:《尼各马可伦理学》,廖申白译注,北京:商务印书馆2017年版,第40页。——译者注

他们不能自理；成人需要孩童，非如此，就不会有将来的成人。男人和女人互相需要以传宗接代，而自由人需要奴隶，因为奴隶是一种特殊形式的活财产：

> 自由人统治奴隶、男人统治女人、成人统治儿童是自然的。但三者是有差异的。奴隶没有思考的能力；女人有此能力，但任其沉寂不用；儿童有此能力，但其尚未发展充分。
>
> ——亚里士多德：《政治学》，1260a

对亚里士多德来说，社会是一套必要的等级制度，此种制度让一些社会成员（即男性公民）追求善的生活成为可能。男性对女性、成年人对孩童以及自由人对奴隶的优越地位不是来自文化，而是来自自然。一个国家有六种需求：食物、财富、艺术、防卫、宗教以及正义。产出前三者需要"奴隶似的"劳作，故而亚里士多德推论道，农业劳动力、商人和手艺匠应从公民群体中被驱逐出去。这些人当然可成为民主政体下的公民，但对亚里士多德来说，民主并不反映"自然"。

结论

公元前4世纪中期的希腊世界是富裕而复杂的世界。相比从前任何时候，这个世界中都有更多的人过着更高标准的生活，不过在此之外也有某种意义上的衰落存在。雅典帝国的权势和雄厚财力一去不复返，雄壮的斯巴达也虎落平阳。公元前404年后，代价越来越高、毫无意义的战争屠戮了成千上万的生命，并大量消耗了希腊的财富。斯巴达、底比斯和雅典使出浑身解数争做爱琴海霸主，西西里的僭主则将自己的城市变成武装军营。无休无止的争斗给了波斯和迦太基更多可乘之机，以将它们的楔子打进希腊世界：波斯资助斯巴达，并叫嚣着要阻挠任何可能统一爱琴海地区的势力；迦太基直接攻击叙拉古，并夺取了西西里西部。那些没有从附属城市抽取贡赋的雅典式税收便利条件的城邦，为支付战争开支，将更多特权让渡给富有公民。到公元前350年，精英阶层的房屋、墓室比以往更宏伟壮丽。新兴贵族在城内建造了大量纪念碑，以彰显自身荣耀。

公元前4世纪的艺术家努力为少数人的特殊性留出空间，而又不损害公元前6世纪、前5世纪已取得很显赫成就的艺术传统。哲学家则直面其老问题，并取代悲剧作家、历史学家成为知识界的领军人物，他们创造出我们至今仍在生活中使用的种种表达方式。相比前5世纪的艺术、建筑和绘画，公元前4世纪的这些东西给罗马人的印象更深，该世纪艺术作品的罗马仿作推动了18世纪西欧、北美古典艺术的复兴。同样，柏拉图和亚里士多德所问过的问题、他们所发展出来的方法以及他们所给出的答案为近代哲学思想奠定了基础。不过，尽管留下了丰富的遗产，公元前4世纪富有创造力而生机勃勃的希腊世界却徘徊在灾难边缘。公元前347年，在柏拉图去世时，自公元前8世纪起就繁荣起来的城邦体系仍可辨识，而在25年后亚里士多德去世时，这个世界远去了，并且永远地成为历史。

第 19 章
马其顿战神：
腓力二世与亚历山大大帝

公元前 4 世纪 50 年代，没有哪个城邦合众国取代了原来的雅典，从西西里到伊奥尼亚的诸城邦奋力解决财政问题，波斯和迦太基则指使混战的希腊人争斗内讧。公元前 4 世纪 60 年代，弗里的伊阿宋已做出垂范，展现了一个强人如何沿爱琴海周边地区组织一个地域更广大、组织更松散的国家，并将其人力和财富用于征服诸城邦。公元前 4 世纪 50 年代，马其顿腓力二世（图 19.1）则在伊阿宋失败之处成功了。腓力二世是个厉害角色，对佳酿、美色、权势、暴力颇为嗜好，而在公元前 4 世纪 40 年代，在向雅典公民大会做的数次演说中，腓力二世最精明的敌人——雅典的德摩斯梯尼（公元前 384—前 322 年，不要把他与参与伯罗奔尼撒战争并于公元前 413 年死于叙拉古的同名

图 19.1 一中年男子的微型象牙头像，发现于韦尔吉纳的马其顿王陵二号墓室。它可能是腓力二世的头像，其年代约在公元前 340—前 300 年。头像高约 2.5 厘米

将军弄混）将他描述为撒谎成性、残暴嗜血的僭主。德摩斯梯尼是希腊前所未有的最伟大的演说家。300年后，当罗马的西塞罗意欲诋毁其政敌马克·安东尼时，他将自身攻击言辞称为"腓力皮克"，它由德摩斯梯尼对腓力二世精彩、猛烈的攻击而来。而在20世纪30年代，当温斯顿·丘吉尔想唤醒英国直面德国的威胁时，他自比"德摩斯梯尼"，并将希特勒称为"腓力二世"，他要唤起他深受古典文化熏陶的听众的记忆，让他们想起那些许久以前发生的大事件。

不过，腓力二世也是一个勇敢、智慧、果决的人，事实上，他是古代世界最出色的领导人之一。他不惧使用暴力，但极少为使用暴力而使用暴力。他不守信誓，也撕毁条约，不过他的敌人同样如此。他是一个坚定的现实主义者，孜孜不倦地追逐权力。他第一次统一了爱琴海的希腊，并为征服波斯帝国打下了基础。虽然，他是一个马其顿人，且不被希腊人视为同胞，但他还是说希腊语，并坚称自己具有希腊血统。他获准参加奥林匹亚赛会，并为马其顿王室在奥林匹亚神庙附近修建了一座神殿，以此力图证明自己的希腊人身份。具有讽刺意味的是，腓力二世之子亚历山大把希腊文化远远扩展至地中海以外，而我们将把马其顿的将军们称为"希腊人"，他们会很高兴地接受这个称呼，尽管不是所有的希腊人都会赞同。

腓力二世以前的马其顿

公元前359年，当腓力二世践位为王时，马其顿仍是一个落后国家。它拥有一片广大领土，分为上马其顿（西部）和下马其顿（东部）（图19.2）。下马其顿是一片平原地区，大河流淌其中，城镇繁华，农业兴盛。上马其顿则山峦围塞，一片荒蛮。上马其顿气候更寒冷，且终年雨水不息。就文化而言，该地的部落酋长更崇尚北边、西边的巴尔干半岛的部落，而不是南边的希腊城邦。他们是牧人，而非希腊人那样的务农者，在冬天时他们将牲群赶至低地，在夏季期间又返回

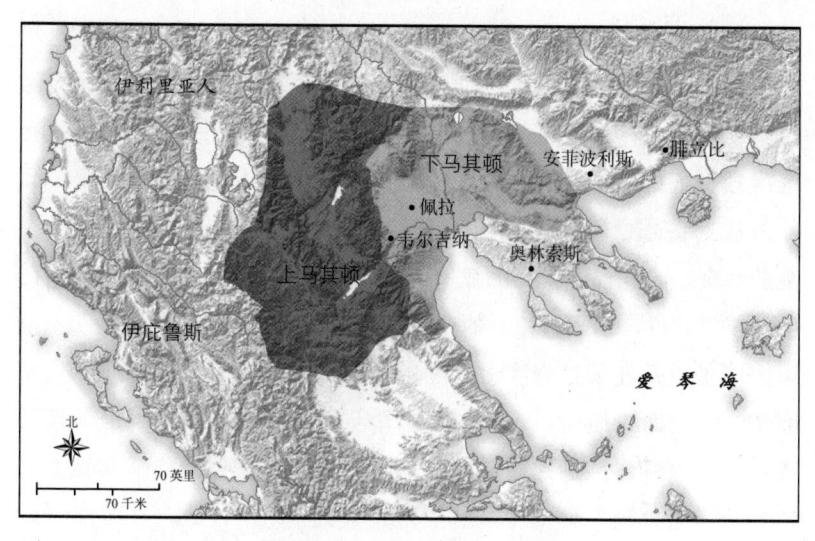

图19.2 本章提到的希腊北部和马其顿的一些地方

山地。马其顿及其粗蛮居民为希腊城市做了屏障，抵挡住巴尔干地区的危险流动，但上马其顿的好战首领会视情势需求而左右作战，或抵挡山地劫客，或与他们联合行动。

波斯人在公元前5世纪90年代征服马其顿，而在公元前479年以后，马其顿产的上好造船木料使其对雅典人来说具有重要的战略意义，他们掌控了软弱无力的马其顿国王。事实上，国王和围在他身边的贵族们没有太大区别：国王穿、吃、生活都与贵族相似，并依赖自己与贵族的私人关系和劝服手段动员后者参战。任何国王去世后，人们都期望其最年长的儿子能承继王位，但这并非一条恒久不变的原则。新王须取得由贵族主导的军队的拥立。马其顿不同于希腊诸城邦，它几乎没有什么公民团体组织，城市机构也很少，而农民出身的重装步兵则更少。大多数农民是农奴，他们的境况好于斯巴达的希洛人，但主要充作贫弱步兵。军队主力是由拥有马匹的马其顿上层阶级组成的精锐骑兵部队。

到公元前500年，王室银矿每日产出价值1塔兰特的银矿，它带给国王的收入约相当于公元前 5 世纪雅典帝国收入的一半。不过这笔收入并未多到使马其顿能像西西里的僭主那样聘请雇佣军,从而赢得独立。由此,尽管国王统治着 50 万人口,他们还是只能依靠只有区区数百人的贵族骑兵("伙友"骑兵),这些人更喜相互斗狠,而非遵从王室号令。只有一个兼具智慧与幸运的国王才能制止如此混乱的状况。公元前 5 世纪的亚历山大一世(公元前 498—前 454 年在位)就是这样一个幸运儿,他在约公元前 492 年成为波斯属下的一个附庸国王,并在某种程度上控制了手下那帮相互争斗的臣属。公元前 479 年波斯人撤走后,他加强了军队,并更好地控制了上马其顿。亚历山大鼓励贵族们说希腊语,仿希腊人行事,他坚称马其顿王室源自希腊城邦阿尔戈斯(这可能是正确的)(图 19.2)。在可能举行于公元前 476 年的一次庆典活动中,亚历山大一世参加了只有希腊人才能参加的奥林匹亚赛会。经过一番争论,奥林匹克的管事官员允许他加入竞赛,他以此作为他是真正的希腊人的"证据"(他与另一人并列冠军)。但迟至公元前 5 世纪 20 年代,修昔底德仍感觉马其顿是野蛮、落后的地区,而今日的学者对是否将古马其顿人视为"希腊人"仍存在争议。

雅典人想控制马其顿的资源,公元前 437 年,殖民安菲波利斯城(公元前 424 年,在伯罗奔尼撒战争期间,修昔底德未能从伯拉西达手下将该城解救出来)时,雅典人施加于马其顿的压力增强了。伯罗奔尼撒战争期间,马其顿国王频繁改换同盟者,以致马其顿人闹不清自己究竟身属何方,国王们则以此维护自己的独立地位。马其顿国王阿耳凯劳斯(公元前 413—前 399 年在位)在佩拉建造了一座希腊风格的新都(这是一座真正的城市),以此重启了亚历山大一世的希腊化大计。他还将许多艺术家、思想家带到这里,其中包括欧里庇得斯。阿耳凯劳斯拓展了王国领土,但在公元前 4 世纪 70 年代,时任马其顿国王阿敏塔斯(公元前 392—前 369 年在位)屈从于色萨利强人伊阿宋的摆弄。阿敏塔斯对垂涎马其顿木材、金属财富的底比斯人、雅典人让步，并将上马其顿的大片领土让给一个马其顿西北方的山地民族伊利里亚。阿敏塔斯向伊利里亚人交纳年贡，以免遭更多劫掠。

阿敏塔斯希求男嗣继后，他由此娶了年轻的妻子欧律狄刻。在阿敏塔斯六十多岁时，她给他生了三个儿子，天命所归的腓力二世是最小的儿子，他生在亚历山大二世和另一位兄长佩狄卡斯之后。随后，据说欧律狄刻和一个叫托勒密的年轻贵族生有私情。她安排托勒密娶其女欧利诺埃（该名很恰当地意为"心胸宽广"），以便自己能和托勒密继续私密往来。两人的成功私通给他们壮了胆气，他们开始密谋杀死阿敏塔斯国王，篡位夺权。但该谋划遇到了一点儿意外：欧利诺埃风闻其事并告诉了她父亲。惊怒之下，阿敏塔斯一命呜呼，国王年龄最长的合法继嗣亚历山大二世于公元前369年继位。遵照习俗，军队拥戴他继位，但欧律狄刻的奸夫兼野心家托勒密准备发动政变。为避免内战发生，置身宫廷争斗外的贵族们提请底比斯（在公元前371年的留克特拉战役后，它成为希腊最高强权）仲裁其事。驻马其顿的外邦使节更喜欢亚历山大二世而非托勒密。

亚历山大二世将13岁的腓力送往底比斯作人质。这在古代是寻常安排，如若亚历山大行为不端，底比斯人可杀掉腓力报复，而若亚历山大老老实实的，腓力就可得到底比斯和底比斯人的荫庇，并成为他们的盟友。不过，底比斯的计划没考虑到狡猾的托勒密，他假意屈从底比斯的仲裁，而在底比斯人前脚刚踏出马其顿时，他就安排在一次民间舞会上刺死亚历山大二世。托勒密就此与王后欧律狄刻成亲（她不幸的女儿欧利诺埃就此杳无音信），并宣布自己为亚历山大二世之弟佩狄卡斯的摄政王。

正当这幕肥皂闹剧上演时，腓力在底比斯过了两年。他和一位高级将领生活在一起，并在希腊最杰出的军事思想家圈子中活动。他的王室教师信奉提倡素食、和平与禁欲的毕达哥拉斯主义，但腓力很明显没受其影响。公元前367年，底比斯将其送返马其顿。此时腓力之兄亚历山大二世已死，将其留为人质很难约束与底比斯没什么关联的托勒密。

王后欧律狄刻和摄政王托勒密不寻常地流露了一次家庭亲情，他们留下了腓力之兄佩狄卡斯的性命，但在公元前365年，当佩狄卡斯年满18岁并亲政时，他没犯与哥哥同样的错误。他迅速杀掉谋杀者托勒密，并任命腓力为一行省总督。腓力在底比斯时已然知晓优秀重装步兵的重要性，此时他为其兄佩狄卡斯培养出了一支步兵部队。以底比斯的战法为榜样，腓力训练自己的军队使用近6米的长矛和小盾牌。后排队形中的步兵手持的长矛凸出于前排队形之外，由此，敌人面对的是一片矛头组成的矛尖森林。他们以24排或纵深更长的队形作战，而非传统的8排或12排队形（图19.3）。

图 19.3　马其顿方阵

资料来源：Dorling Kindersley/Getty Images

公元前4世纪60年代，以这支受训的新军为倚靠，佩狄卡斯决定停止向居住在马其顿西北的伊利里亚人支付保护费，并对他们发动攻击，但在随后的一次战役中，佩狄卡斯及其4 000名将士战死沙场。马其顿由此面临怒气冲天的伊利里亚人的报复。

腓力的困境求生（公元前359—前357年）

佩狄卡斯留下一个儿子，但因他还年纪幼小，由此，佩狄卡斯之弟、时年二十二三岁的腓力成为合情合理的王位继承人。刚开始时，他可能担任的是佩狄卡斯之子的摄政王，但军队很快拥立他做君主。

腓力面临各处棘手难题。好几个对手对其王位虎视眈眈；伊利里亚人和其他邻近民族聚集兵马，入侵这个衰弱的王国；佩狄卡斯的失败则使马其顿无兵可调。但腓力冷静、小心地应付局面。首先，他杀掉佩拉新城中所有挑战其王位的对手；其次，他意识到，威胁马其顿的游牧民族要的是钱而不是权力，他再次贿赂伊利里亚人，并同意迎娶一位伊利里亚公主。

利用以上举措争取来的时间，腓力开始重建军队。底比斯人可能还将腓力当作他们从前的"客人"，但腓力看到，雅典人在北方的势力强于底比斯，且雅典人需要他的木材。公元前4世纪60年代，雅典和底比斯争夺对北方的影响力，在此复杂的斗争过程中，马其顿人驻防原雅典的安菲波利斯殖民地，腓力意识到，在一局复杂的外交诈骗游戏中，这座城市可充当讨价还价的关键砝码。

公元前359年，雅典派出3 000名重装步兵，帮助腓力的一个竞争对手争夺王位，并与强大的希腊北部城市奥林索斯展开谈判，后者提出帮助雅典人从马其顿手中收复安菲波利斯。腓力成功化解了竞争对手对其王位的挑战，但他小心翼翼地避免伤害那些来到马其顿援助其竞争对手的雅典人。事实上，他大方地将抓获的雅典人送回家，甚至还给他们提供旅费。据此，雅典人愿与腓力和解，只要腓力交还安菲波利斯。腓力同意交还，但在签订条约前，他狡猾地将驻军撤出安菲波利斯。当雅典人要其履行诺言、交还城市时，他指出，他不再据有安菲波利斯，故而不能将其交还（这绝对没错）。但他保证会帮助雅典人夺回这座城市。事实上，雅典人再也没将安菲波利斯要回来。

腓力在与雅典人的对抗中暂缓了口气，保住了王位，现在，他重新组织起一支有 1 万步兵和 600 骑兵的新军。他练兵严格，精益求精地改进优越的底比斯战术。他想创建能够将敌军阵线撕开口子的强大方阵，供占据优势的马其顿骑兵冲杀。腓力将其新战术试验于高山部落身上，马其顿的战术于此首露锋芒。早在公元前 358 年，腓力就击败了伊利里亚人并收复了上马其顿。在继承一个破败王国后的 18 个月里，腓力表现不俗，他和雅典人结盟，并战胜伊利里亚，这让他暂时摆脱了外部威胁。

腓力最大的本事在于其战略远见。相比自己的对手，他不过是看得更清楚罢了。公元前 359 年时，迫在眉睫的问题是生存，腓力给予雅典人和伊利里亚他们想要的东西，由此解决了问题。第二个是钱的问题，因此，在公元前 357 年，腓力占据色雷斯西部的潘盖戊斯富矿区，在那安设了当时最先进的技术设施，很快每年可获得 1 000 塔兰特，相当于雅典帝国在其最盛时期的收入。他在色雷斯建立了一座新城，以自己的名字为其命名为"腓立比城"，以保护此处的矿藏（许多年后圣保罗被囚于此）。同样在公元前 357 年，腓力缔结了两次婚姻，即他的第三次和第四次婚姻，据马其顿的多妻传统，这些是完全合法的。到那时为止，他所有的婚姻都没给他带来一个稳靠的子嗣，但他的第四个妻子，即翻山越岭嫁过来的伊庇鲁斯（大致是今阿尔巴尼亚）的奥林匹亚斯很快会给他生下一个非同凡响的继承人。

腓力巩固地位（公元前 357—前 352 年）

腓力已精明地处理好许多事情。到公元前 357 年，对其安全的主要威胁来自强大的奥林索斯城邦，但他知道，如若奥林索斯展开攻击，雅典会过来帮助他，因为他是唯一能帮助雅典战胜奥林索斯、收复安菲波利斯的人。但在公元前 357 年，局势再次开始发生变化。

公元前 378 年，当雅典建立起第二次海上同盟时，它承诺不会压榨同盟者，但其与斯巴达、底比斯的不断征战迫使其食言。公元前

357年，雅典最重要的三个盟友，罗得岛、科斯岛和开俄斯，退出同盟，由此引发了一场历史学家所称的"同盟战争"（Social War，源于拉丁文中意为"同盟"的"*socius*"一词，发生于公元前357—前355年）。正为此事忙得焦头烂额的雅典无力再压制奥林索斯，这使得雅典人对腓力来说不再有价值。公元前357年的冬天越来越近，腓力觉得没有理由去履行帮助雅典夺回安菲波利斯的承诺。因此，他使用叙拉古的狄奥尼修一世已于40年前发展起来并经自己完善过的新攻城器械，攻击并占领了该城。时代已经变了：在公元前5世纪时，除非叛徒开城投降，否则有城墙的城池是坚不可摧的，但是在此时，只要有能力负担高科技武器，就能攻入其中。

第二年，即公元前356年，是腓力的吉祥之年。奥林匹亚斯诞下了一个健康的男婴，即亚历山大（马其顿人反复使用同样几个名字：腓力大帝是腓力二世，亚历山大大帝是亚历山大三世）。腓力的战车队伍在奥林匹亚获胜，还再次击败了伊利里亚。气急败坏的雅典人向腓力宣战，要夺回安菲波利斯，但（正如腓力所料），他们忙于同盟战争而根本无暇他顾。

由于国内问题此时已在掌握之下，腓力觉得可以对希腊城邦间的混战加以利用了。靠近德尔斐阿波罗神庙的不同城邦（图19.4）组成了"近邻同盟"，它们的目的起先是保卫神庙，但随着时间推移，同盟变得高度政治化了。公元前356年，在底比斯的鼓动下，同盟以捏造的渎神罪名，对落后的福基斯（该地环绕着德尔斐）的领导人处以他们支付不起的高额罚款。在背后耍阴谋的底比斯希望此举迫使福基斯的反底比斯领导人流走他乡，由此增强亲底比斯一方的影响力，但福基斯团结起来，它占领了德尔斐，从该地宝库中"借款"以聘请雇佣军，并准备抵抗敌人。雅典和斯巴达一直想方设法削弱底比斯，它们介入战争，支持福基斯一方。

不过，底比斯无须担忧。雅典显然要输掉同盟战争。公元前355年夏，雅典人承认在同盟战争中战败，解散了第二次海上同盟。底比

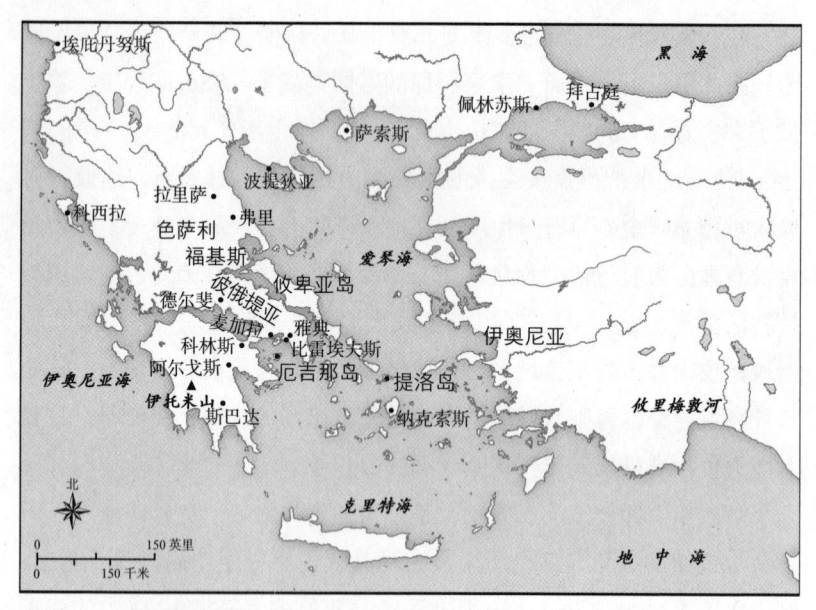

图19.4 本章提到的腓力统治时期（公元前359—前336年）爱琴海的一些地方

斯人看到，雅典人此时已元气大伤，根本无力帮助福基斯，于是，底比斯说服近邻同盟对福基斯人宣战，因"他们亵渎了德尔斐"。但福基斯人有神庙的财富在手，他们付给雇佣军高于正常价一半的价钱，这些耗费不菲的士兵击退了底比斯的公民军队。

公元前4世纪的诸城邦与令人迷惑的各种同盟联系在一起，由此，不同的城邦此时要么站在底比斯一方，要么支持福基斯。这就给了腓力可乘之机。色萨利的拉里萨是腓力第三个妻子的母国，它是底比斯的盟友。自15年前其邻城弗里的伊阿宋成为僭主以来，拉里萨即与其征战不休。在德尔斐之争中，弗里与福基斯结盟。但在拉里萨要求腓力助其对抗弗里时，腓力意识到，若击败弗里，它可能向福基斯求助，那时，腓力可以近邻同盟的支持者、对福基斯人渎神行为的报复者的面目出现，由此提升自己在希腊人中的地位。

开始时，腓力的计划进展顺利，但公元前353年春，福基斯人在战争中击败腓力，这是腓力一生中唯一的军事惨败。许多人认为，腓力用力太过，而富庶的北部城邦奥林索斯断绝了与腓力新近缔结的同盟关系，转而加入雅典阵营。但在公元前352年，腓力聚集一支新军占领了弗里，然后于色萨利摧毁了一支福基斯军队。腓力以渎神罪名淹死了3 000名福基斯战俘，并把他们阵亡统帅的遗体钉上十字架。

现在，没有任何力量能阻止以近邻同盟的拯救者形象出现的腓力挥军南下，跨越温泉关，直捣希腊中部地区。但腓力没有南下扫荡希腊，而是在夏季时将色萨利并入马其顿国家。当雅典、斯巴达及其盟邦守卫温泉关以待腓力时，腓力却另有他图。

腓力寻求希腊和平（公元前352—前346年）

腓力正在筹划一个雄心勃勃的攻击波斯的计划。在公元前352年时，他可轻而易举地征服底比斯、雅典和斯巴达，但他对集中储藏在波斯首都波斯波利斯和苏萨（图19.6）藏宝库中的庞大财富更感兴趣。回望公元前4世纪90年代，希腊军队已经证明，重装步兵可以杀出血路，直捣波斯心脏地带。到公元前352年，波斯帝国西部的总督们起而反叛，他们不会（对腓力）做什么抵抗。但如果腓力征服了希腊人，他们一定会想要复仇，此时他意识到，将希腊人当作利益共享的盟友会更好。在长达30年的时间里，很有影响力的雅典演说家兼作家伊索克拉底（公元前436—前338年）一直鼓吹，希腊人应忘掉彼此永无休止的分歧，并在一个城市（他认为应为雅典）的领导下团结起来反对他们真正的敌人波斯。到公元前352年，雅典不再是一个稳靠的领导者了，但为什么强有力的腓力不能扮演这个角色呢？

近邻同盟和福基斯人之间的战争旷日持久，它将希腊划分为两个阵营：亲底比斯阵营（反福基斯人）与亲雅典阵营（支持福基斯人）。雅典和底比斯各自都不能伤害到腓力，但若它们联合起来就危险了。腓力由此努力赢得在雅典的影响力，但演说家德摩斯梯尼激烈反对他。

公元前351年，德摩斯梯尼发表第一篇《反腓力辞》，他宣称，就是因其雅典城邦同胞的不作为，才产生了这个来自野蛮北方地区的混世魔王，他以此号召同胞们行动起来：

> 还会有比这更不寻常的事情吗？一个马其顿人在战争中征服了雅典人，并主宰全希腊人的一切事务？一个人说："腓力死了。"另一个人说："不，他只是病了。"这两者有何分别？如果此人遭遇不测，你们会很快给自己造出另一个腓力，如果你们继续像从前那样行事的话。问题并不在于腓力自己有多强大，而在于你们自己全然漠不关心的态度。
> ——德摩斯梯尼：《反腓力辞》，10—11

德摩斯梯尼认为，只要雅典坚决行动起来，它就会恢复其昔日荣光，但以事实而论，雅典不再有足够财源抗衡像马其顿那样的国家。公元前349年，腓力挥军攻打雅典盟邦奥林索斯，可能是要杀鸡儆猴：抵抗是没有用的。德摩斯梯尼的态度在三篇名为《奥林索斯辞》的演讲中达到顶峰，他宣称，腓力很快便会因其作恶多端而引火自焚：

> 当这些国家力图利用他（指腓力）的时候，没有一个国家不是反被他骗的。他利用了这些不了解他如何增强自己权力的人的愚蠢。由于这些笨蛋的功劳，他已经坐大，而这些人却认为，他们正利用他为自己的利益服务。腓力同样会毁于这些力量，如今他已展示出其无休止的自私自利心理。是的，雅典的公民们，情况已到了一个危急关头……
>
> 像腓力那样的人通过贪婪和作恶获得权力，而他最轻微的失误会将之引向毁灭。各位，一种延续长久的权力从来不会建立在不公、谎言和欺骗的基础上。这样的权力转瞬即逝。如果幸运的

话，怀抱美好的期望，它们可昙花一现，但它们很快会出现种种问题并走下坡路。就像一所房子、一艘船或任何此类事物，它们依赖于一个坚固的基础，人们生活中的行为亦如是——它们应建立于真理和正义之上。而腓力的所作所为，全不是那么回事！

——德摩斯梯尼：《奥林索斯辞》，2.7—10

德摩斯梯尼鼓动雅典人设法筹资并送去给奥林索斯救急。其他政治家却说，虽然腓力是一个暴君，雅典还是能同他合作。而雅典民众犹豫未决，因此什么也没干。恰在此时，腓力移动其攻城器械攻击奥林索斯的城墙。民主制下的雅典人最终投票派军参战，但没有攻击腓力，他们决定攻打近在家门口、邻近雅典的攸卑亚岛（图19.4）。就在那时，腓力的支持者们在此次事件中背叛了奥林索斯。腓力把在奥林索斯发现的雅典人禁锢起来，将奥林索斯人卖为奴隶，并将该城付之一炬，从此它再未兴起。对20世纪20—30年代挖掘废墟的美国考古队来说，这倒是个好事，此城的考古遗迹向我们最清晰地展现了古代希腊城市的生活场景。

腓力想通过谈判实现希腊的普遍和平，他想让雅典居于主导地位，但要依赖他的支持，并且愿意充当他的代理人，在他攻打波斯的时候，让其他希腊人听从命令。不过，反福基斯的"神圣战争"（它渐渐有了这个称呼）仍在继续，这使得普遍和平难以实现，因为大多数城邦要么支持底比斯，要么支持雅典。德摩斯梯尼推动成立一个广泛的反马其顿联盟，但其努力失败了，因为其他城邦不信任雅典。公元前346年，雅典的亲马其顿势力自行与腓力签订条约，以此暗挖德摩斯梯尼的墙脚。腓力释放了他在奥林索斯抓住的雅典战俘，而后劝服近邻同盟邀请他结束同盟与福基斯之间的战争。福基斯人已从德尔斐神庙劫走一万塔兰特的财富，这是一大笔钱，但到公元前346年，钱花光了，没等腓力发动攻击，他们就自行崩溃了。

腓力仍希望将和平带给希腊，由此他可腾出手来攻打波斯，他终结了战争以取悦底比斯（他们反对福基斯人），他将福基斯城镇散作村庄而非将它们全部屠灭，以此避免冒犯雅典人（他们支持福基斯）。双方都不满意他的妥协。近邻同盟邀请腓力主持德尔斐的皮提亚运动会，那会是他无比荣耀的时刻，但雅典受德摩斯梯尼激烈言辞的鼓动，抵制运动会，这对马其顿君主来说是令人十分不快的冒犯。

腓力为希腊和平奋斗（公元前346—前338年）

雅典与腓力签订的条约造成了城邦的分裂。反马其顿势力群情激愤。公元前348年，在马其顿王宫生活过的亚里士多德感到离开雅典是明智的选择，而许多亲马其顿的政治家亦效仿亚里士多德而去。伊索克拉底（已年届七旬）已用30年时间鼓动雅典领导一次希腊人反波斯的征服运动，此时他留在雅典并写了一本新的小册子，请求腓力领导征服运动。伊索克拉底建议，腓力能从希腊成千上万的失地人群和以前的雇佣军中创建一支军队，而在击败波斯后，他能将这些雇佣军安置在波斯土地上，此举可使希腊摆脱不断增长的社会问题的困扰（大量失业的前雇佣军暴徒在乡村大肆烧杀劫掠）。

公元前345年，希腊西部为伊索克拉底萦绕在心的那件事提供了一个极成功的范例。叙拉古陷入混乱有些年头了，它深为内战和不断减少的人口所苦。公元前345年，叙拉古人恳请母邦科林斯（图19.4）派一些新殖民者过来充实他们的各社会阶层。科林斯人敷衍了事，派声名狼藉的政客提莫莱昂率领700名雇佣军过去。但提莫莱昂令所有人大吃一惊：他在西西里积攒钱财，而到公元前338年时，他降伏了所有的希腊僭主，并将迦太基人赶回西西里西部。形势也一度非常危险：在一次决定性的战役中，一场大雷雨将提莫莱昂救出困境，大雷雨裹着雨雪冰雹，向迦太基人迎面砸去。短短数年内，提莫莱昂再次向人们证明，只要一个雄心勃勃的男子汉有钱聘请雇佣军，什么事情都可以做成，至少在西西里是这样：

> 提莫莱昂已取得了他那时举世公认的最伟大的成就。他是唯一实实在在做了为希腊公民大会颂赞不已的许多善事的人,这是演说家们[*]鼓舞其城邦同胞努力去做的……他向野蛮人和僭主们展现了勇气和公义,而对其希腊同胞和朋友,他待人公正且处事温和。他建立了许多功业而没让叙拉古或科林斯的公民们流血泣泪、哭天喊地。在仅仅八年时间里,他将西西里夺还给西西里居民,并为长久困扰该岛的争斗、混乱画上了句号。
>
> ——普鲁塔克:《提莫莱昂传》,37

提莫莱昂遵循伊索克拉底的号召和腓力的夙愿,率领成千上万的希腊人从爱琴海远渡重洋踏上新土地,开始新生活。

尽管提莫莱昂在西方取得了成功,腓力自己在东方下手的机会却在公元前4世纪40年代晚期从指间溜走。在团结希腊人支持他这方面,他没取得什么进展。在许多城市,"腓力党"与志愿爱国者(也就是"城邦党")不断掀起争斗。与此同时,在波斯,国王阿尔塔薛西斯三世(公元前359—前338年在位)镇压了烦人的西部叛乱总督,并改善了帝国自我防护的能力。腓力加紧对上马其顿、色雷斯和色萨利的控制,他将人口移居进新城市,并组织他们更有效地成军。但在彻底把控希腊前,他不敢攻击波斯。

对腓力的诸项改革,我们所掌握的当时的原始资料极少,由此,我们不得不极大程度地依赖其后400多年写成的一些书。这些后来的作家通常拥有能回溯到腓力时代的材料,但现代历史学家对他们的可信程度有很大争议。在这类资料中,有一份是阿利安(公元95—175年)的《亚历山大远征记》。据该书,腓力之子亚历山大大帝对马其顿人作了如下演讲,历数腓力的功业:

---

[*] 如德摩斯梯尼。

腓力起初看到你们的时候，你们不过是些走投无路的流浪汉，大多数只穿着一张老羊皮，在小山坡上放几只羊。为了这几只羊，还常常和边界上的伊利里亚人、特利巴利人和色雷斯人打个不休，而且往往吃败仗。后来，是腓力叫你们脱下老羊皮，给你们穿上大衣，把你们从山里带到平原上，把你们训练成能够对付边界敌寇的勇猛的战士。因此，你们才不再相信你们那些小山村的天然防卫能力，而相信了你们自己的勇气。不仅如此，他还把你们变成城市的居民，用好的法律和风俗把你们变成文明的人。腓力使你们当上了原先那些欺压你们、抢劫你们财物和亲人的部族的主子，再也不当他们的奴隶和顺民。他把色雷斯大部并入马其顿版图，夺去了交通便利的沿海城镇，给你们的家乡带来了商业，使你们能安全地开发自己的宝藏。

——阿利安：《亚历山大远征记》，7.9[1]

亚历山大（或阿利安）夸大了腓力的成就，但无可置疑的是，腓力大大加强了马其顿的力量。公元前340年，他觉得要为行动做出准备。首先，他将矛头指向拜占庭、佩林托斯（图19.4），这两座城市不仅控制进入波斯帝国的通道，还主导了从黑海到雅典的输粮路线。攻打这两城意味着与雅典开战，但是腓力下定决心非如此不可。腓力动用30多米高的攻城塔和快速投石的弹射器，并命军队挖出复杂隧道以挖穿墙角，不唯如此，传统技艺也被他派上用场。正如他所下的结论，无人建造过如此之高的城墙，连黄金（也就是贿赂）都不能翻越。不过，就此处的情况而言，无论是投石，还是贿赂，都无法战胜拜占庭、佩林托斯的先进防御设施，这些防御设施现在由阿尔塔薛西斯王派波斯雇佣军（和金钱）坚守。

雅典适时对腓力宣战，到公元前340年秋，形势看起来越来越明

---

[1] 本书《亚历山大远征记》中译文参见［古希腊］阿里（利）安：《亚历山大远征记》，李活译，北京：商务印书馆2007年版。下文不再标注。——译者注

显：腓力拿不下这两座城市。不过他意识到，也许他不一定要拿下它们。雅典现在成了一个大麻烦，即使腓力夺取佩林托斯和拜占庭，他最终还是不得不面对雅典。而如果他击败雅典，佩林托斯和拜占庭应会立即投降。他由此劫持、阻截一支驶往雅典的庞大运粮船队，给这座城市造成了极大的困难。公元前339年，他说动近邻同盟以雅典先前曾与福基斯结盟为名，也向雅典宣战。此后，他声称自己是近邻同盟的代理人，并直接攻打雅典。

公元前338年春，腓力转向内陆以避开温泉关，在距底比斯还有两天行军路程时，他突然现身，要求底比斯加入近邻同盟并助其惩罚雅典，但德摩斯梯尼劝服底比斯人与雅典站在一起。公元前338年8月，腓力投入其训练精良的军队，攻打喀罗尼亚（一个靠近底比斯的村庄）备战充分的雅典—底比斯阵地。关于这次战役，我们只知道18岁的亚历山大冲在国王近卫骑兵队之前，并击垮传奇性的底比斯"圣军"、将他们差不多杀得干干净净（图19.5）。雅典人同样有千人丧命。为腓力发声者说，演说家德摩斯梯尼以重装步兵身份参战，却丢掉护甲并逃之夭夭，以此而令自己蒙羞。普鲁塔克（约三百多年后生于喀罗尼亚）说，德摩斯梯尼逃跑时，其披风被荆棘挂

图19.5 喀罗尼亚之狮。底比斯人塑造了这只巨大的狮子，其高约6米，以守卫公墓，该公墓埋葬的是公元前338年阵亡的底比斯圣军将士。塑像在现代已经重塑并被安置在一座现代台座上。在1879年对附近一座陵墓的挖掘中，挖出排成7列的254具遗骸

资料来源：Philipp Pilhofer（CC BY-SA 3.0）

住，他双膝跪地，乞求棘木放他一条生路，直到他发现自己弄错了。

腓力已击破希腊人能集结起来的最优良的军队。一个故事说，他在战后醉得不省人事，并在底比斯战死将士的尸堆上翩翩起舞；另一个故事却说他看着底比斯圣军的成群尸体伤心流泪。他将千具雅典阵亡将士的尸体送回故土，使其得以厚葬，并提出无偿释放2 000名战俘。因雅典仍拥有舰队和长墙，围攻将会非常困难，并付出惨重代价。在一个信使到来并在公民大会上宣布腓力宽大的条件时，绝望的雅典人正在释放奴隶以备作战、加固城墙并准备做最后抵抗。雅典"民众"一致接受条款，将雅典公民身份授予腓力和亚历山大，并在市集竖立了一座腓力塑像。

另一方面，底比斯却必须以高昂代价赎回其战俘。其将领或被驱逐，或被处死，一个马其顿领导下的傀儡政府成立，而一支守军驻扎在卫城之巅。底比斯沦为一个二流国家。腓力推想，雅典此时应会与之交好，并在其出征波斯时保证爱琴海的稳固。

腓力的最后时光（公元前338—前336年）

腓力孜孜以求被人看作希腊人的合法领袖。公元前338年，他小心谨慎地扮演了近邻同盟盟主的角色。公元前337年，他又在科林斯召开一次会议，讨论希腊的前景问题。未出席的只有无关紧要的斯巴达。腓力提出了总体和约（类似公元前371年的"总体和约"），诸城邦发誓不采取行动反对马其顿。不过，后以"希腊之镣"闻名的马其顿驻军占据了一些战略要地，以武力捍卫上述条款。腓力同样推动了伊索克拉底的"泛希腊主义"，并计划对波斯约150年前对希腊神庙的破坏罪行展开报复。在大肆劫掠波斯的承诺的吸引下，该次会议指定腓力及其继承人担任军队统帅。

到公元前338年，波斯阿尔塔薛西斯国王已弥补了诸多缺陷（这些缺陷让波斯在公元前4世纪40年代成为一块诱人的大肥肉），腓力看起来已然错过了良机,但正值腓力在喀罗尼亚大破底比斯、雅典军队时,阿尔塔薛西斯被其宰相巴高斯(一个宦官)谋杀了。在长达两个月的时间里,巴高斯追捕、残杀有权继承王位者,只留下一个幸存者,即巴高斯喜欢的阿尔塔薛西斯的少子阿西斯,此时的波斯事实上已经大乱。直到公元前338年12月,巴高斯方恢复秩序,但波斯已受到严重削弱。

如腓力先前所料,拜占庭和佩林索斯在其击败雅典时迅即投降,而公元前336年春,一万人的马其顿先头部队越界进入亚洲,他们没遇到什么抵抗。伊奥尼亚人再次反抗他们的波斯主人,而公元前336年6月,宦官巴高斯再次谋杀了波斯国王阿西斯,将王室家族的一个小角色扶上王位,称"大流士三世"。大流士三世首先采取的明智举措就是给巴高斯服下他用于其他人的毒药。最终,腓力迎来了天赐良机:波斯重返混乱状态。

腓力派遣使者到德尔斐,向神询问他能否征服波斯。神谕回答道:"祭牛已被套上花环。万事俱备。献牛人整装待发。"腓力将"祭牛"当作大流士三世,将"献牛人"当作他自己。和许多敬拜德尔斐神庙的人一样,腓力看起来会错了神谕的意思,事实证明的确如此。

在开展入侵波斯的行动前,为了结最后一档家庭纠纷,腓力安排其女与其第四任妻子奥林匹亚斯的兄弟(令人混乱的是,他也叫"亚历山大")成婚。希腊所有的荣耀聚集此处。在喜庆高潮时,12尊奥林匹斯神巨型塑像被搬进婚礼场地,尾随其后的第13尊塑像是与神像同样大小的腓力本人的塑像。随后腓力亲临,其子亚历山大与其内弟亚历山大都身着白装,护住其侧翼。所有人都明白腓力要传达的信息:他并非凡人。腓力已命其卫士退后数米,以便让每个人都能好好看着他们入场。在没有任何征兆的情况下,一个名叫波桑尼的护卫跨到腓力跟前,将一支短剑刺进其心脏,迅速结束了他的性命。腓力终究是凡人。

腓力的卫士当场砍杀波桑尼,故而没人能够审问他。从那天起,围绕波桑尼刺杀国王的原因,人们展开了许多争论。最简单的说法是,波桑尼出于个人原因刺杀了腓力,但也有更耸人听闻的说法流传下来。公元前1世纪的历史学家、西西里的狄奥多罗斯说,波桑尼曾是腓力的情人,但国王将其抛弃,喜欢上了另一个男友,也叫波桑尼。被抛弃的那个波桑尼大吵大闹,新来的那个波桑尼严重受辱,以致这位新欢自杀身亡。而后,情况变得更加复杂:自戕的那个波桑尼是名为阿塔罗斯的强大贵族的密友。此时,阿塔罗斯邀请原来的那个波桑尼赴宴,把他灌得烂醉如泥,带领余下的宾客轮奸他,然后将波桑尼交给马童们,他们再一次轮奸了他。深受侮辱的波桑尼请求腓力主持公道,但国王不想与阿塔罗斯起冲突。波桑尼于是自己动手解决问题。

不过,另一个故事版本将罪责归于腓力的第四个妻子奥林匹亚斯,即亚历山大大帝之母。根据该版本,当腓力在公元前338年或前337年宣布要迎娶名为克娄巴特拉(与波桑尼的故事有关的那个阿塔罗斯的侄女)的新妻之时,奥林匹亚斯怀疑腓力计划抛弃亚历山大,另立储君。在腓力和克娄巴特拉的婚礼上,阿塔罗斯发表了愿腓力拥有合法继承人的言论,暗示亚历山大是私生子。醉酒的亚历山大将自己的酒杯掷向阿塔罗斯,后者也扔了自己的酒杯作为回敬。喝得比任何人都醉的腓力拔出自己的剑猛扑上去——不是扑向阿塔罗斯,而是扑向自己的儿子亚历山大!公元前336年夏,腓力的新婚带来了一个继承人,亚历山大的继承权看起来面临着迫在眉睫的危机。是不是奥林匹亚斯(或许还有亚历山大)谋划了腓力之死,说服愤怒的波桑尼去做这件脏事,而后杀人灭口、掩盖真相?我们很难理清这些阴谋论。故事有很多,事实却少得可怜。

亚历山大大帝

腓力去世的消息传到希腊,诸城邦起而反叛。雅典宣布全国庆祝一天。大家都认为,觊觎王位者会群起争位,而内战将把马其顿带入万劫不复之境。和公元前359年的腓力一样,年仅20岁的亚历山大面对着王位挑战者、敌对的希腊人和来自巴尔干人的威胁。对其权力最大的威胁事实上来自他的亲戚阿塔罗斯,以及腓力的高级将领帕米尼奥。不过对亚历山大而言,幸运的是,这两人与其所率的前锋部队都远在伊奥尼亚(图19.4)。亚历山大快速行动,他说服马其顿军队拥其为王,并在其势力范围内杀掉他所有的潜在对手。亚历山大之母奥林匹亚斯杀掉克娄巴特拉为腓力生的两个孩子,据说两个孩子被脸朝下压在烧红的火炭上。命运悲惨的克娄巴特拉自缢身亡。

亚历山大身边的老兵警告他不能同时解决剩下的所有威胁。他们说,他应放弃希腊,并保卫马其顿不受巴尔干人的攻击。但亚历山大害怕帕米尼奥会宣称,在此危急时刻,马其顿需要有经验的统治者而不是一个黄毛小子,从而推选亚历山大更年长的堂兄为王。亚历山大意识到,他须在帕米尼奥或阿塔罗斯开始谋划之前,立即证明他作为一个统帅的卓越才能。他由此挥军南下镇压希腊的叛乱。

叛军守卫着进入色萨利的重重关卡,但亚历山大抄近路翻越高耸的奥萨山,将他们远远抛在后面。色萨利迅即投降,而底比斯人猛然惊觉,亚历山大已在其城下安营扎寨。喀罗尼亚的往事历历在目,他们也投降了。一周之前,德摩斯梯尼让雅典人相信:亚历山大不过是"一个黄毛小子",然而此时,这个著名的城市不战而降。

亚历山大在科林斯召集了一次希腊诸邦大会,大会任命其为远征波斯大将军,顶替其被刺父亲的位置。在六周时间里,亚历山大不费一兵一卒赢回希腊。帕米尼奥承认了亚历山大的领导地位,但坚持让他自己的亲戚担任军中要员。亚历山大暂时同意了。

公元前335年年初,山中大雪仍然深积,亚历山大挥师北上,进入内陆追击敌对部落并跨过多瑙河。他一去数月,流言说他死了。底比斯和雅典联络波斯,再次叛离马其顿。但亚历山大没有死。结束其北方行军后,他率军直返底比斯。在亚历山大距离底比斯只有一天行程时，底比斯人才获知以上消息。在接下来的几个小时内，他们仍拒绝相信那会是他。随后，亚历山大现身，提出了宽大的条款。但底比斯人拒绝了，称他为僭主。在惨烈的战斗后，亚历山大攻入城中。他斩杀 6 000 名底比斯男人，将另外 3 万名底比斯人卖为奴隶，并将城中除品达（其诗深受亚历山大的喜爱）家以外的所有房屋焚毁。劝说无效后就转用暴力，这就是亚历山大的政策。底比斯未能从此次打击中恢复过来。雅典再次投降（自公元前 338 年以来这是第三次了）。这位屠杀底比斯人的刽子手（指亚历山大）虽人神共愤，但不必再担心其后院起火了。

亚历山大的战略

到公元前 355 年，亚历山大可能已决定取代大流士并亲自统治整个波斯帝国。这是一个巨大的挑战：波斯人相信，阿胡拉·玛兹达神已选择阿契美尼德家族代表光明对抗黑暗，拯救这个世界并统治帝国，亚历山大将来需要扮演同样的角色。他将不得不杀掉或俘虏大流士三世，与他的一个女儿或其寡妻结婚，并争取有势力的祭司人员，即贤哲的支持。征波（斯）之战将是通过庞大军队展开的个人之争。

亚历山大同样不得不击败他自己的将军们，特别是其对手帕米尼奥，他曾是腓力的左膀右臂，军中遍布其任命的官员。亚历山大需要证明，他自己决定着成功或失败。他必须亲自上阵并做出英明决策。在其整个征战生涯中，亚历山大一往无前，勇气过人。他或许是战争史上最伟大的战地指挥官。

亚历山大同样需要钱财奖赏手下的将士。这笔费用每年将高达 3 000 塔兰特（3 倍于公元前 5 世纪时雅典帝国的年均收入），而亚历山大从腓力处承继的唯一遗产是一笔 500 塔兰特的债务。他不得不用王室土地作抵押，向他最富有的臣属借钱。事实上，他押上了整个王国。清偿债务后，亚历山大只带了 80 塔兰特的财富和 30 天的补给，便向波斯进发。

大流士的战略

大流士不得不选择如何抵抗：他可努力在战斗中击败亚历山大，或可尝试刺杀亚历山大。不过，起初，他没有做其中任何一件事情，他没有理睬手下杰出的希腊雇佣军将领门农的建议。公元前335年，这位将军赢回前年转投帕米尼奥的一些伊奥尼亚城市，但大流士并没听从他的建议乘胜追击或努力拦截亚历山大的越境。大流士极有可能没太把马其顿当回事，并认为他的西部总督们会轻易地碾碎亚历山大。当亚历山大证明他错了的时候，大流士犹豫不决，他既不鼓动爱琴海地区在亚历山大的背后捣乱，也不发动任何决定性的战役。他似乎没太明白亚历山大带来的这场战争的意义，而作为对他愚钝理解力的回报，他将输得干干净净。

征服波斯（公元前334—前330年）

开局之战（公元前334年）

亚历山大宣称，他是为波斯于公元前5世纪80年代对希腊的入侵复仇而来，他还强调他会循薛西斯的进军路线反击波斯。他是第一个在亚细亚海岸将自己的矛掷入沙滩表明要用征服获得土地的人。阿塔罗斯和帕米尼奥领导下的一万先锋队与亚历山大合兵一处，向古代特洛伊所在的地方进击。在这里，亚历山大和他最亲密的朋友赫费斯提翁（一些人认为他是亚历山大的情人）将花环放置在被认为是阿喀琉斯与帕特洛克罗斯坟墓的土堆上，随后他们一丝不挂地绕坟奔跑。看起来，亚历山大认为他与赫费斯提翁的友谊类于其偶像阿喀琉斯和帕特洛克罗斯之间的友情。他将自己的盔甲敬献给（建于古代特洛伊遗址上）的雅典娜女神神庙，并从神庙中取出另一副据说为特洛伊战争遗物的盔甲（这不太可能是真的，因为即便有这样一场战争，它也早在900年前就结束了）。亚历山大喜欢将自己看作新的阿喀琉斯，而且无论走到哪里都随身带着《伊利亚特》抄本。

亚历山大财源紧张，他从伊奥尼亚人那里搜刮钱财，不过他需要打仗并抢夺战利品。意识到这一点后，大流士的将军门农劝说帝国西部的总督们避免迎战，而是在亚历山大到来前撤退并破坏乡村，但总督们不想告诉大流士国王，说他们对亚历山大避而不战并烧毁了他们自己的辖土。由此，波斯人否定了门农的意见，在并不宽广的格拉尼库斯河旁对阵亚历山大（图 19.6）。

在希腊雇佣军的支持下，成千上万的波斯骑兵（人数为马其顿军的三四倍）挫败了亚历山大强渡河流的行动。亚历山大耍了个屡试不爽的花招：他在入夜后悄悄溜走并从上游渡河。次日清晨，亚历山大的军队迎面冲杀位于河流约 1.6 千米外的山丘之间的敌人（战场确切地点不详）。

据说，亚历山大屯兵右翼，身穿其从特洛伊取出的耀眼盔甲。他想让波斯人看见自己，并派出其最精锐的骑兵。那时他便会身处激战之中，而左翼的帕米尼奥只要稳住马其顿军队的阵脚就行。波斯人进攻了。西西里的狄奥多罗斯（公元前 1 世纪）记录了两军交锋的状况：

> 命运已将最好的战士安排在一个地方，以决定谁能赢得胜利。伊奥尼亚总督，即波斯国王的女婿斯庇特罗马特斯具有波斯血统，且英勇无畏，他此时率领一支强大的骑兵部队攻击马其顿人……因为攻势极为凶猛，亚历山大勒马朝总督奔去，发动攻击。
>
> 对这个波斯人来说，此次单打独斗的机会简直是天赐良机，它让他可以通过其勇敢，将亚洲从这些恐怖战争中拯救出来，并亲手抓住这个出了名的亚历山大勇士。由此，波斯的荣耀免于蒙羞。他第一击持标枪在手。他投射得如此激烈、勇猛，以至标枪刺穿了亚历山大的盾牌，并刺进了靠近肩膀的护胸甲。但这位国王甩掉刺入他手臂的长枪。他策马直进，携冲击力将长矛不偏不倚地刺入总督的胸部。两旁混战的军队为这惊人的男子气概而大

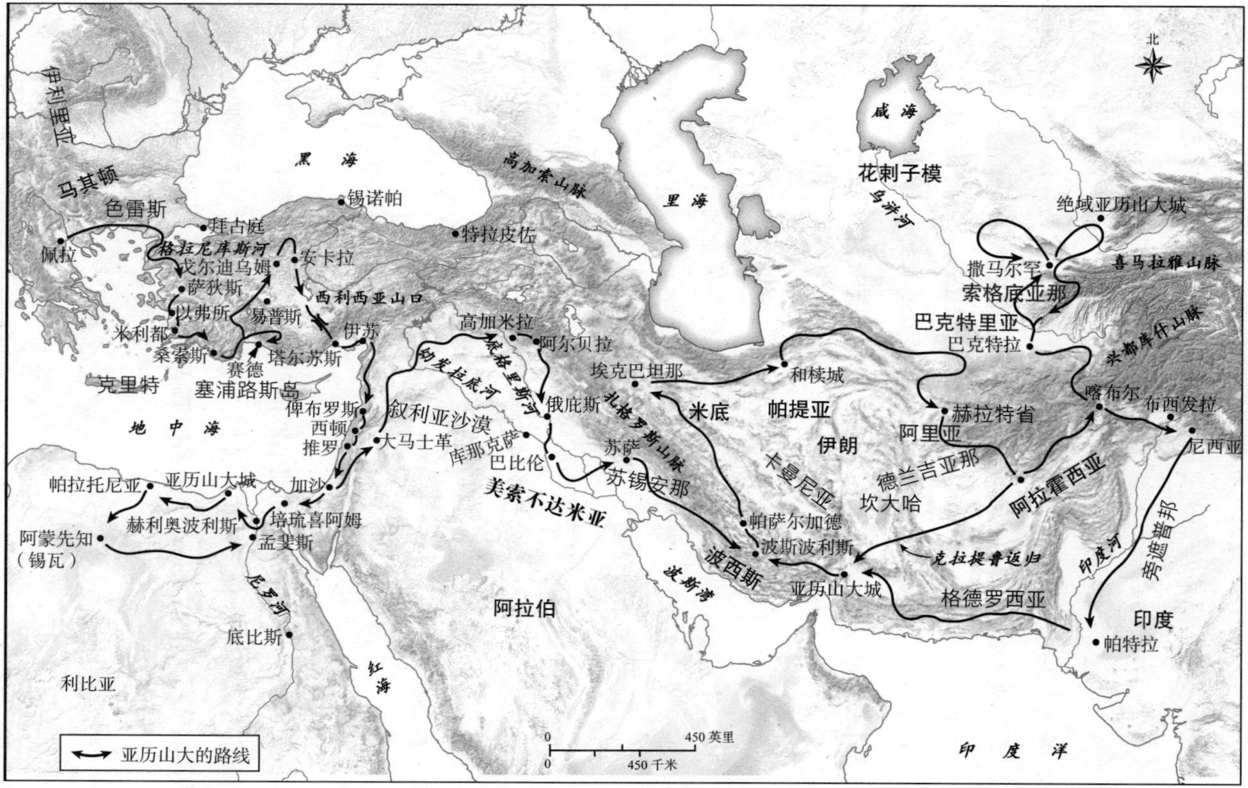

图 19.6 亚历山大入侵波斯帝国

声惊呼。

但（亚历山大的）护胸甲带子掉了，摇晃的长矛弹了回来，此时，这个波斯人正拔出剑来，攻击亚历山大。说时迟，那时快，亚历山大重新握住长矛，往这个波斯人的脸上戳，将后者的攻击挡了回去。当这个波斯人倒下的时候，他的兄弟罗塞斯骑马奔来并用剑给了亚历山大重重一击，其力量如此之大，以至弄破了亚历山大的头盔并击伤他的头皮。正当罗塞斯准备再击向亚历山大头盔的裂缝处时，"黑人"克雷塔斯骑马奔来并砍掉了这个波斯人的手臂。波斯精锐亲属骑兵队蜂拥而来并将这两个从马上掉下的人团团围住。开始时，他们向亚历山大投射标枪，随后大队人马出动要杀掉马其顿国王。尽管身遭反复的激烈攻击，他仍未被大队敌军击倒。他的护胸甲受两处创击，头盔受一处创击，而他从（位于古代特洛伊遗址的）雅典娜神庙带来的盾牌受了三处创击。他仍在奋战，靠他的勇气支撑而直面险境。此后，另外三个顶尖波斯勇士倒下……

波斯军的许多头领已然战死，所有的波斯骑兵为马其顿军队所摧垮，那些最先迎战亚历山大的军队被迫掉头逃窜，其他人亦随其后。大家一致认为，国王的勇气实在可嘉，他是此次胜利的主要功臣。

——西西里的狄奥多罗斯，17.20—21

亚历山大的方阵冲进崩溃的波斯军队阵线的一个缺口。门农的希腊雇佣军退至一座低矮小山。他们试图投降，但亚历山大把他们看作马其顿征服大业的叛徒，并将其中的3000人杀掉。门农则逃脱了。

争夺爱琴海（公元前334—前333年）

亚历山大现在有钱了，他渐渐消除帕米尼奥对军队的控制，但他的处境仍不太妙。大流士已派了400艘战舰到伊奥尼亚，而亚历山大的160艘战舰（大部分由忠诚度存疑的希腊船员组成）无法阻止他们。但是亚历山大不想尽力打一场他可能输掉的损失惨重的海战，而是想到一个更好的点子。古代的战船每天晚上不得不靠岸，如果亚历山大占领爱琴海岸，再占领地中海东部的每一座港口，波斯舰队将无法在爱琴海展开行动。亚历山大解散了自己的舰队（每个月能省下100塔兰特资金），并驱军直下小亚细亚西海岸，猛烈地攻下一座又一座港口城市，以防它们落入波斯之手。他常常捷足先登，先于波斯舰队数小时拿下港口，只有安纳托利亚西南端的哈利卡纳苏斯（这座古老的城市以希罗多德的出生地和巨大王陵闻名）是个例外，此处是门农和波斯舰队先到一步。在长达数周的时间里，亚历山大的攻城器械猛烈轰击该城城墙。最后，马其顿攻城部队攻破了城墙。门农与其希腊雇佣军死里逃生，爱琴海岸的所有城市此时都落入了亚历山大手中。

希腊人门农向大流士施压，要大流士任命他为帝国西部统帅，并提供资金使其可以把战争引向希腊。然而，波斯本土将领鼓动把一切希望放在另一次陆战上。当优柔寡断的大流士在遥远的苏萨聚集大量军队时，西部的门农聘用了新雇佣军。那个冬天（公元前334—前333年），一个又一个伊奥尼亚城市背叛波斯。门农计划带300艘船航向希腊大陆。雅典和斯巴达正准备反叛马其顿。

亚历山大是应该回过头来保卫希腊，抑或继续向前，将全部希望寄托在一次速胜上？在反复思虑这个意义重大的决定时，他带领军队从安纳托利亚的东南海岸翻过高山重重的内陆，跨越安纳托利亚平原，在戈尔迪乌姆（Gordium）过冬。此处补给更好，从这里亦可通往波斯王道，便于亚历山大在有需要时快速杀回去，保卫伊奥尼亚，抵挡门农的攻击。在戈尔迪乌姆城市中央有一架古老的牛车，据说它是伟大的国王米达斯（他是一个真实存在的人，生活于公元前8世纪晚期）敬献给宙斯的。阿利安告诉我们一个关于"不可能完成的任务"的民间版本：

此外，关于那辆战车还有另一个故事。说是谁要是能把车辕上的绳扣解开，他就应当成为亚洲的霸主。这个扣是用山茱萸树皮拧成的绳子结的，谁也看不出绳子的头和尾。亚历山大也想不出什么法子把绳扣解开，可又舍不得留下这个解不开的绳扣就离去，怕这样会在老百姓当中引起一些骚动。于是他就用宝剑把绳扣砸开，大声叫喊："我把它解开了！"——至少有些人是这么传说的。但阿里斯托布鲁斯*的说法不一样。他说亚历山大是把辕杆上的木栓取了出来（木栓就是穿过辕杆的一根一头细的木棍，是它使绳扣结在一起的），从而从辕杆上把轭卸下来了。

——阿利安：《亚历山大远征记》，2.3

从这个故事中产生了谚语——"斩开戈尔迪之结"["Gordian"（戈尔迪之结）由"Gordium"而来]，意思是快刀斩乱麻。

　　亚历山大决定，他必须同样快刀斩断乱麻。他打赌，爱琴海会在波斯的威胁下挺住。即便希腊反叛乃至叛军侵入马其顿，只要亚历山大占领波斯，那仍旧不成问题。公元前333年春，亚历山大挥军东南，越过安纳托利亚平原，翻过高耸的托罗斯山脉，抵达西利西亚的宽阔平原（图19.7）。

　　亚历山大交了好运。7月中旬，当亚历山大靠近叙利亚时，门农因病去世。在巴比伦的大流士的顾问们之间产生了分歧，波斯人劝说他放弃帝国西部，而国王手下尚存的希腊雇佣军将领坚持认为，大流士应攻击马其顿以从侧翼打击亚历山大。这个希腊将军对波斯军队之腐败无能颇为激愤，这导致大流士大为光火，马上将这个将军处死。大流士失去了他最优秀的两员领兵大将，此时他又犯了个大错误：他将他的雇佣军从爱琴海召回以与他正在集结的陆地军队会合。大流士已放弃了煽动希腊反抗亚历山大的计划。

---

* 阿里斯托布鲁斯参加了亚历山大的远征，并在公元前301年后书写了这段历史。其著作仅存残段。

图 19.7 高耸、崎岖的托罗斯山脉将安纳托利亚内陆高原与东南的西利西亚低地平原隔开。山脉高度超过 3 600 米，其东部延伸地带为底格里斯河、幼发拉底河之源。亚历山大于公元前 333 年翻越了这些山岭

资料来源：Zeynel Cebeci/Wikimedia Commons

争夺地中海东部（公元前 333—前 332 年）

亚历山大继续进军，而惊恐不已的大流士悬赏 1 000 塔兰特，承诺给任何能杀掉亚历山大的人。一日，亚历山大潜入一座冰湖中避暑热，结果因高度受寒而浑身抽搐，没有一个医生敢替他医治，因为他们担心如果国王死了，他们要担上叛国罪名。只有一个叫腓力的老希腊友人前来相救：

> 但是阿卡纳尼亚的腓力看到亚历山大处于这不幸的困境中时，出于对他们之间友谊的信任，决心哪怕冒天大的风险，也要尝试医术的最后的可能治一下。他准备了药物，劝说亚历山大，如果想恢复体力投入战争，就冒险一试。就在这时，帕米尼奥从军营

中给亚历山大送来一封信，提醒他提防腓力，因为大流士曾想将自己的女儿许配给他，并赠送他大量的礼物，以此收买他，希望他能杀掉亚历山大。亚历山大读完信后把它放在枕头下边，甚至没给任何最亲近的朋友看。到了约好的时间，腓力端着盛药的杯子走进来，亚历山大一面把枕下的信递给腓力，一面从他手里接过药，立即服下，毫无犹豫之情。当时场面极富戏剧性，令人惊悸感动，一个正在读信，一个正在喝药，两人同时转睛抬眼，四目相对，形容表情却大不相同；亚历山大显得从容愉快，眼光中透出对腓力的信任和善意，而腓力却对谣言指控极为震惊，一时举手向天，求神鉴其一片真诚无辜，一时又附在亚历山大的榻边，恳请他勇敢地接受他的治疗。药力很强，发生作用后好像把亚历山大的生命力驱赶到他的身体最深处之中，他的声音变得微弱，陷入昏迷，几乎完全丧失了感觉。但在腓力的治疗下他很快恢复了健康。当他气力恢复后就公开露面，让那些看不到他的面容就寝食难安的马其顿人安下心来。

——普鲁塔克：《亚历山大传》, 19[1]

没有人知道这个精彩的故事是不是真的，但不管怎样，亚历山大顽强地活了下来。帕米尼奥建议他在伊苏（靠近现代土耳其与叙利亚的边界，图 19.6）迎击大流士。大流士从巴比伦挥军西向，他可从三个关隘中的一个穿越叙利亚和大海之间的重重山岭，从伊苏望去，这三个关隘尽收亚历山大眼底。不过，亚历山大并不想看上去很依赖帕米尼奥的建议，他确信，大流士可能穿过最南边的关隘。亚历山大随即封锁这个关隘的入口，结果大流士从更北的那个隘口穿过，从亚历山大身后追上来，并俘获了亚历山大留在伊苏的伤员。为威吓马其顿

---

[1] 中译文见［古罗马］普鲁塔克：《希腊罗马名人合传：一、亚历山大传》，载《古典共和精神的捍卫：普鲁塔克文选》，包利民、俞建青、曹瑞涛译，北京：中国社会科学出版社 2005 年版，第 305—306 页。——译者注

人，大流士砍断俘虏的手，并用烧得滚烫的焦油封住伤口。

亚历山大此时困在北方的大流士和南方敌对的腓尼基城市之间。进入内陆的隘口被封了。大流士要做的一切就是据守不出，饿死亚历山大，赢得战争。不过他没这样做，而是鲁莽地挑起战斗，他在当地一条小河后面，沿一条三千米长的前线布置自己的军队。亚历山大调动军队迎战大流士。马其顿军队左翼的帕米尼奥再次压阵。马其顿方阵将从中央进击压制波斯人，而亚历山大将率近卫军斜向冲锋，直插波斯阵营的心脏。

大流士将最精良的骑兵大量置于己方右翼。当马其顿军队冲至弓箭射程内的河中之地时，他命骑兵攻击帕米尼奥，希望能够突破并席卷亚历山大的阵线。与此同时，亚历山大携其伙友冲锋。轻装波斯步兵在猛烈的攻击下崩溃，而在战线的另一翼，精锐的波斯骑兵击退了帕米尼奥。在中间，进行着一场典型的重装步兵战斗，马其顿方阵与大流士的希腊雇佣军相互混战、拼杀：

> 血流成河。两军紧紧纠缠在一起，他们的武器相互撞击，刀身剑刃互往对方脸上招呼。胆小懦弱之人无处可逃。他们腿脚相挨，仿佛是在单打独斗，在争斗中，任何一方都不能停下，直到其中一人死了而另一人获胜。他们只能杀掉对手往前冲，即便累得精疲力竭，也不得不强力支撑去面对新对手。受伤的人也不能像在其他战争中那样退出战场，因为敌军从前方压来，己方军队从后面拥上。
>
> ——昆图斯-库尔提乌斯·鲁弗斯：《亚历山大传》，3.11

当亚历山大的骑兵向前推进时，在他们与正和大流士的希腊雇佣军混战在一起的马其顿方阵之间，裂开了一个口子。大流士派军队冲进口子，攻击马其顿步兵防卫空虚的侧翼并杀了许多人。他可能希望亚历山大能放弃他的骑兵冲锋而急速回救他的方阵，但亚历山大没有返回救援，他与其骑兵继续冲锋，直扑大流士（图19.8）：

图19.8 亚历山大的镶嵌画，约5米长，出自79年为维苏威火山爆发毁灭的庞贝城中的一间房屋。该图像以一幅希腊化时代的伊苏战役图画为基础，它完全由切割成块的小五彩石组成。图左部分骑在战马上的亚历山大直扑图中心偏右的大流士，二者似乎双目对视

资料来源：Alexander Mosaic（CC BY-SA 2.0）

亚历山大既是统帅又是战士。他想获得杀掉波斯国王的胜利。大流士高高地骑在战车上，昂然而立，这迫使其手下将士保卫他，也为马其顿人树起了攻击靶子。

大流士之弟奥克塞斯里斯看见亚历山大正逼近国王，于是指挥骑兵部队直接奔到国王马前。奥克塞斯里斯以其臂力及生猛的战斗力雄冠波斯三军。他在那次战役中杀掉许多急于攻击他的人并将其他人救出生天，表现极为突出。但在亚历山大身边作战的马其顿军队相互关照，同仇敌忾，受此情绪的鼓舞，与亚历山大一起突入波斯骑兵阵线。两军残杀的场面惨不忍睹。波斯国王马身周围垫满了他最优秀的将军的尸体，他们光荣地为国王而战，面朝下倒在了尘土中，身体正面挂满伤痕……马其顿军死者很少，但阵亡者中有一些最勇武的将士，亚历山大的右股也被砍了一剑。

现在为大流士拉车的战马被长矛刺中，疼痛难耐。它们开始挣甩车轭，想要将国王从车上摔下来。大流士害怕被活捉，于是他跃上了为逃生用而系在战车后的一匹马。他甚至不顾体面，扔掉他的王袍，以免暴露自己的行踪。他余下的将士在惊恐中四散逃去，只要在战场上发现了一个出逃口就立马脱离战斗。他们扔掉不久前才拿起来保护自己的武器。恐慌甚至让人们对能帮助他们自己的东西都怕了起来。

——昆图斯-库尔提乌斯·鲁弗斯：《亚历山大传》，3.11

亚历山大将大流士逐出战场，极大地展示了自己的风采，它表明在两人之中他是更强的一个。他还将波斯营寨中的价值3 000多塔兰特的黄金洗劫一空，并在这位波斯王的金饰浴缸里沐浴、穿上对方的紫绸王袍（即便大流士身材远高过亚历山大）。最重要的是，亚历山大抓住了大流士随军的母亲、妻子和女儿们。亚历山大的胜利似乎表明，大流士无力保护他自家的女眷，更何况是波斯帝国了。亚历山大很客气地对待她们。一旦他杀掉大流士，他就可与大流士的寡妻结婚，以此方式合法承继波斯王位。

大流士此时向亚历山大提出了一项前所未有的交换建议：为换得家人与和平，他愿将安纳托利亚的大部让给亚历山大。据说，亚历山大把大流士的信藏起来，伪造了一封语气傲慢的信，这封信只提出用赎金交换。马其顿人大怒，而亚历山大回信给大流士：

因此，你应当尊我为亚洲霸主，前来拜谒。如果你担心来到之后我会对你无礼，那你就可以先派你的亲信来接受适当的保证。等你前来拜谒时，提出请求，就可以领回你的母亲、妻子和孩子以及你希望得到的其他东西。只要我认为你提的要求合理，就都可以给你。将来，不论你派人来还是送信来，都要承认我是亚洲的最高霸主。不论你向我提出什么要求，都不能以平等地位相称，要承认我是你的一切的主宰。不然，我就会把你当作一个行为不正的人对待。如果你想要回你的国土，那你就应当据守阵地，为你的国土而战，不能逃跑。因为，不论你逃到哪里，我总是要追的。

——阿利安：《亚历山大远征记》，2.14

亚历山大继续向南进军，夺取地中海海岸地区。他的主要目标是推罗［400年前，这座腓尼基城市创建了迦太基（在今突尼斯）］，推罗拥有地中海东部最优良的港口。波斯舰队从此处仍可威胁亚历山大的后方，故而，亚历山大要拿下它。不幸的是，这座城市建在离岸800多米的一座岛上，而亚历山大没有船。腓尼基推罗人对他提出的投降要求不屑一顾并嘲笑他。公元前332年2月，亚历山大开始建造一座近200米宽的人工陆桥伸向这座城市。马其顿人将数千吨石头、尘土和木材倒入海中，而陆桥缓缓伸向岛屿。

推罗人用尽一切装置阻止堤道的完工。他们发明了能攻击陆桥并将攻城器械烧掉的奇特船只，还有那能将烧烫的焦油倾泻到围城者身上的木塔。亚历山大的工匠设计了浮动攻城槌，但推罗人将瓦砾碎片倒进海中，让这些装置不能靠近城墙。马其顿人而后建造了浮动起重机排除障碍。最后，在7月时，堤道修到了岛上。在古代历史上最惨烈的投石机发射大战后，亚历山大使用40多米高的攻城塔攻击城墙。他亲自带兵攻击并占领该城。在一次可怕的大屠杀后，他将三万名幸存者卖为奴隶。推罗从此变得无足轻重。亚历山大的堤道今日尚存，将那个古代岛屿变成了半岛。

大流士已丧失了整个西部。他现在无法在爱琴海地区发动攻击了，而亚历山大通往埃及的道路大开。此时，大流士提出将幼发拉底河以西的一切奉送给亚历山大，让亚历山大与其长女合法成婚，并送给亚历山大一万塔兰特的财富：

这些建议在将领会议上宣读之后，据记载，帕米尼奥就肯定地说，如果他是亚历山大，他就会同意这些条件，停止战争，不再冒险。然后亚历山大回答说，如果他是帕米尼奥，他当然会这么办；但因为他是亚历山大，那他就要用亚历山大实际上要使用的语言去回答大流士。他是这样回答大流士的：他不需要大流士的钱；也不愿意得到他的国土的一部而非全部，因为大流士的全部财产和整个国家都已经是他的了；假如他愿意的话，当然他可以娶大流士的女儿，即使大流士不给，他还是可以娶的。至于大流士本人，如果他愿意从他手里得到友谊的话，那他就应当亲自前来。大流士接到这个回答之后，他把所有向亚历山大提出的建议一笔勾销，开始准备再战。

——阿利安：《亚历山大远征记》，2.25

　　亚历山大于公元前332年10月进入埃及，在以后的12个月里，他处理埃及事务，似乎他已取得战争的胜利。他规划了一座名为亚历山大城的新城市，用以取代推罗作为地中海东部的主要大港。亚历山大城命定成为古代世界最伟大的城市之一。

　　距波斯在埃及的一次叛乱后夺回埃及只过了11年之久，此时的埃及贵族将亚历山大当作解放者，欢迎他的到来。他们在古孟斐斯城将他加冕为法老。亚历山大被宣布为拉神之子和荷鲁斯的化身。埃及人将亚历山大颂为神，这成为其强大的宣传武器。如我们将在第20章中看到的，亚历山大会立刻开始相信他对自己的宣传！

　　公元前331年1月，亚历山大用长达1 200多千米路程的长途跋涉证明了自己神的地位：他前往远在沙漠深处的锡瓦绿洲里的阿蒙神庙（图19.9），然后返回。希腊人将阿蒙神与宙斯同等看待。据写作于400多年后的传记作者普鲁塔克的说法，阿蒙神的高级祭司想奉承亚历山大，决定用希腊语称呼这位征服埃及的国王。然而，他的希腊语说得不是很好，他犯了一个错误，该错误极大地改变了他的意思：

他原本要说："欢迎你，我的孩子"，而他事实上说的是："欢迎你，宙斯之子"！

这件事过后，亚历山大开始宣称，神庙已确认了他的神性。希腊历史的新篇章揭开了。

图 19.9　埃及锡瓦绿洲的著名阿蒙神庙附近的清真寺。公元前 331 年，在征服埃及后，亚历山大大帝造访此地。在伊斯兰教到来后，这座古代建筑被改建成一座清真寺

资料来源：©VascoPlanet.com http://www.vascoplanet.com/

第 20 章
"神"王亚历山大

亚历山大已在战争中击败大流士,并征服其半个帝国。此时,即公元前331年4月,他离开埃及向波斯帝国腹地进军。大流士已在巴比伦集结了当时规模空前的军队。我们不知道这支军队的确切人数,或许多达25万。为一决雌雄,大流士选择高加米拉(位于今伊拉克北部的库尔德地区)平原作为决战地点(图19.6)。

波斯大王大流士之死(公元前331—前330年)

当亚历山大抵达高加米拉时,大流士的军队人数约是亚历山大军队的5倍。大流士手下的骑兵之众几乎和亚历山大骑兵、步兵加起来的数量相等,而波斯军还有成千上万的重装部队。波斯军的阵线比马其顿的长约两千米。无论亚历山大如何行动,他都会被包抄。

帕米尼奥建议夜袭,但据说受到亚历山大的嘲笑,"我不会偷偷摸摸地取胜"。可以这样理解:亚历山大的目标是证明他个人要强过波斯大王,因此,他需要在沙场上公开将大流士击败。但他怎样达成这个目标呢? 9月30日晚上,部队已入睡,亚历山大辗转反侧。用什么方法获胜呢?对于他终于选定一个计划的情形,普鲁塔克精彩地描绘道:

> 据说亚历山大回到帐篷，陷入沉睡。第二天早上，他的军官惊讶地发现他仍在睡觉。他们下令让士兵首先吃早饭。之后，因为情况紧急，帕米尼奥走进帐篷，站在他的卧榻前，叫了他两三声才唤醒他。帕米尼奥问他怎么能睡得像他已经胜利了一样，而实际上他正要去打所有战斗中最大的一仗。亚历山大面带微笑，说道："请问，难道你不认为我们已经是胜利者了吗？现在我们不是可以不必再四处奔走，在这个广大荒芜的国家寻找那个逃避战斗的大流士了吗？"不论是在战斗之前，还是在白热化的战斗之中，亚历山大都显现出他的控制力和坚定性。
>
> ——普鲁塔克：《亚历山大传》，32

亚历山大想出了一个作战方略，深受2 000年后的拿破仑青睐。他将两翼撤后形成一个V形夹角，从而使两翼在表面上看来较弱，以诱使大流士进攻。当波斯人发现马其顿两翼比他们料想的更强大时，他们将更多兵力投入战斗（这是亚历山大所希望的），以期摧毁马其顿两翼。当波斯人调动军队攻击马其顿两翼时，他们最后会在自己的中心地带打开一个缺口，亚历山大从此缺口发动攻击。

该作战计划有赖于判断准确和把握时机。从大流士令其右翼部队向前进攻起，马其顿左翼的帕米尼奥承受很大压力。他很快顶住了十倍于他的军队的进攻。在马其顿军队的右翼，一些波斯骑兵径直突破马其顿军队的阵线，开始劫掠亚历山大的营寨。但亚历山大按兵不动，等待时机。

当大流士派出越来越多的骑兵进攻亚历山大吃紧的右翼时，如亚历山大早先所料，波斯大王的阵前力量减弱了。亚历山大将其骑兵作楔状部署，他自己及其伙友骑兵冲刺在前，于此时冲锋。25万军队布满战场，但区区数千人就决定了波斯帝国的命运。

伙友骑兵大肆砍杀，冲垮波斯士兵，逼使大流士落荒而逃。亚历山大及时转过身来援救帕米尼奥快撑不下去的军队。波斯军众仍远远超过马其顿,但随着大流士逃离战场和许多领军将领战死,他们开始溃不成军。亚历山大追了120千米,将大流士追至阿尔贝拉,大流士试图组织抵抗。失败后,大流士又向东逃,进入隔开美索不达米亚和波斯的扎格罗斯山脉。

大流士是阿胡拉·玛兹达神的代表,保护真理,对抗谎言,但他成了一个流亡者,带着数马车黄金和一些雇佣军流窜。位于幼发拉底河中游的巴比伦和极东处的苏萨(位于今伊朗产油区)先后向亚历山大投降。战争结束了吗?亚历山大已报了150年前波斯入侵希腊的一箭之仇,并大肆抢掠,仅在苏萨,他就抢了4万塔兰特!他将其伙伴们任命为世界上一些最富裕行省的总督,并被军队称为"亚洲之王"。

不过,波斯精英阶层并未接受亚历山大作为大流士的合法替代者。对他们而言,他是一个西方蛮族,一个未开化的人,甚至是一个疯子。取代大流士将比征服大流士更难。亚历山大向东南推进,指向波斯至圣之城波斯波利斯,他期望该地祭司承认他为主人。不过,在他挥军前进时,他见到了4 000名希腊人:

> 这4 000个希腊人受尽了波斯人的种种折磨。一些人被砍断双脚,另一些人则被砍掉双手和双耳。波斯人给他们打上怪异字母形状的烙印,长时间将他们当作取笑作乐的对象……他们看起来更像是离魂野鬼,而不像是人。他们仅仅还能说话。他们的悲惨遭遇催人泪下,见者比他们自己还要伤心难过。
> ——昆图斯-库尔提乌斯·鲁弗斯:《亚历山大史》,5.5

亚历山大被此惨状激怒了,他不顾波斯波利斯已然投降,而下令洗劫全城,男女老少,一个不留。随后他焚毁该城,包括其雄伟的宫殿(图20.1)。战士们或许认为,焚毁波斯波利斯意味着战争结束,他们现在能回家了。他们已行军超过一万千米,并抢到了比史上任何一支军队抢到的都要多的战利品。然而,战争远未结束。亚历山

图 20.1　大流士和薛西斯在波斯波利斯的觐见殿遗址（位于今伊朗），建于公元前 518—前 460 年，公元前 330 年为亚历山大所毁

资料来源：Carole Raddato（CC BY-SA 2.0）

大仍必须杀掉或抓获大流士以确证他的胜利。他率兵出发，向西北行军 800 千米，穿越崎岖的扎格罗斯山脉到达米底人的古都埃克巴坦那，据说大流士正在此处集结兵马。

　　大流士再次逃跑。亚历山大派帕米尼奥占领埃克巴坦那，而他自己带领最精锐的部队追击大流士。大流士希望到达富庶的东部总督辖区：巴克特里亚和粟特（大致在今乌兹别克斯坦）。他以前从未到访过这些地方，而该地的总督们虽在名义上受波斯国王统治，实则独立行事。作为大流士在高加米拉的骑兵指挥官和这些东方总督中的一员，贝索斯建议大流士暂时将指挥权交给他，以让他能够赢得其他总督的支持。当大流士拒绝时，贝索斯将他锁起来并自立为王，取的王号是"阿尔塔薛西斯五世"。亚历山大的兵锋越来越近，贝索斯下令杀掉大流士，随后向东逃去。普鲁塔克告诉我们：

由于长途艰苦地追逐大流士（在连续 11 天里骑马行军了 640 多千米），主要是因为缺水，他的许多骑兵都累垮了。正在这时，他遇见了一些用骡子驮着皮囊运水的马其顿人。当时正值中午，当他们看到亚历山大脱水严重时，立刻用头盔盛满水捧给他。他问他们是在为谁运水，他们回答说："是为了我们的孩子，但是如果您能活着，就算我们失去了我们的孩子，我们也还可以再有其他孩子。"听了这话，他接过他们手中的头盔，但是当他看到他周围那些骑兵都伸长了脖子看着他手中的水时，他把水还了回去，没有喝一滴；他感谢这些送水给他的人们，说道："如果我一个人独自喝了，那么我的骑兵就会失望。"

　　其他的人都被他这种自制和高贵的精神所感动，他们高喊着要在他的带领下勇往直前，并策马奔驰，还说他们只要拥有这样的国王，就感到一点儿也不渴不累，甚至感到自己也非凡人了。

　　虽然所有的人都倾力向前，但是据说当亚历山大冲入敌人的营地★时，只有 60 人跟在他身边。在那里，他们纵马越过撒得到处都是的金银，穿过一辆辆载着妇女和儿童、没人驾驭四处乱跑的马车，追杀那些逃在最前面的敌人，认为大流士就在他们之中。但是最后他们发现大流士躺在一辆车上，身上刺满了标枪，奄奄一息。尽管如此，他挣扎着请他们给他一点儿水喝；当波利斯特拉托斯给他喝了一些凉水之后，他对波利斯特拉托斯说："我的朋友，此时是我所有不幸命运的顶点：我从你手中得到的恩惠，我已无力报偿；但是亚历山大将会酬报你的善行，神将会因他善待我的母亲和妻子而报答他；我想通过向你伸出我的右手向他表示感谢。"他拉着波利斯特拉托斯的手，说完这些话后就死去了。

　　当亚历山大赶到时，他对发生的这一切感到十分悲伤，解

★ 此地靠近伊朗北部的赫卡顿比勒（意为"百门之城"）。

下自己的披风盖在大流士的尸体之上。后来，当他捉到贝索斯时，对他处以裂刑。两棵笔直的树被拉弯合在一起，然后把他捆到两棵树上，再把拉弯的树放开，借巨大的拉力把他撕成两段。而现在他把大流士的尸体按照皇家规格装殓，送给他母亲，并将他的兄弟伊克萨特雷斯看成自己的同伴之一。

——普鲁塔克：《亚历山大传》，42—43

亚历山大在东方（公元前330—前324年）

亚历山大将大流士风光大葬，并将他的兄弟编入伙友骑兵，借此表示将大流士当作自己的先辈国王看待，从而将自己打造为波斯的合法统治者。他还仿效阿契美尼德国王对弑君行为可能采取的行动，以一种非常波斯式的方式惩罚了贝索斯。随着大流士的死去以及他对亚历山大承继其地位表示祝愿的故事的流传，亚历山大只需将自己扮作波斯国王就能赢得帝国。最后，他希望，贤哲和其他人能够归顺。唯一的问题在于，如果亚历山大表现得太像一个波斯人，他会冒犯马其顿人，他们可能反叛甚至刺杀他。

亚历山大因此小心行事。他开始穿戴波斯王冠，但没戴附在上面的冠冕。他穿上波斯白袍、系上腰带，但没穿亚洲式长裤。他接收了大流士有365名美女（每一夜享受一个）的后宫，却高姿态地拒绝临幸她们。他用一个马其顿图章戒指封缄送返欧洲的文件，而用一个波斯图章戒指处理帝国事务。

这一妥协让所有人都不满意。他们希望一个国王就是"一个"国王。马其顿人也不买账，他们看不起在他们眼里花架子似的东方事物。亚历山大看似已经决定将军队从一支国家的军队（即马其顿的军队）变为一支只向他效忠的军队（即亚历山大的军队）。亚历山大将所有的非马其顿军队解散，赏给每个骑兵1塔兰特、每个步兵1000德拉克玛银币的财富（分别相当于他们8年和3年的薪饷），随后给每个人重新加入军队、领取另外3塔兰特赏金的机会。所有战士都发了财,并因亚历山大的赏赐而直接对他效忠。亚历山大的举措花了他1.2万塔兰特,照希腊标准,这是一大笔钱,但由于他获得了约18万塔兰特的财富,他付得起这笔款项。他是天下最富裕的人。

亚历山大将其老对头帕米尼奥"升"为埃克巴坦那总督,实则是将其调离权力中心,他以这种方式收拾了他。亚历山大严密监控帕米尼奥桀骜不驯的儿子菲洛塔斯,并借着菲洛塔斯没向他报告一起阴谋流言,在一次午夜突袭中逮捕菲洛塔斯。其罪证是帕米尼奥在写给菲洛塔斯的一封信上说,"首先顾好你自己,然后顾好手下人——如此方能达成我们的目的"。拷打之下,菲洛塔斯说其父正阴谋反叛。亚历山大派刺客骑骆驼日夜兼程穿过沙漠,在帕米尼奥听到其子招供的消息之前抵达埃克巴坦那。刺客们将两封信交给帕米尼奥,一封是他儿子的,另一封是他自己的死刑执行令。帕米尼奥撕开其子的信,而正当他拆信的时候,刺客们刺穿了这位伟大将军的咽喉,甚至在帕米尼奥断气后也未停手。马其顿人很难决断下述哪一种可能是更糟糕的:是亚历山大刺杀了他的老朋友帕米尼奥,还是帕米尼奥阴谋反叛他的老朋友?正如一个将军所说:"如果帕米尼奥阴谋反对亚历山大,那还有谁可以相信呢?而如果他没做的话,他将会做什么呢?"

亚历山大向中亚深处推进,以碾平仍然保持独立的中亚总督们。早在公元前329年时,他就踏过今阿富汗地区,夺取坎大哈和喀布尔。在2002年美国领头的入侵之前,没有哪支外国军队取得过类似的胜利。公元前329年6月,当他们抵达乌浒河(位于今阿富汗北部边界)时,在38℃的高温下,军队哗变并拒绝前行。亚历山大付清了老兵的军饷,并将他们送回家,随后征召那些对远征没有意见的当地部队,加入留下的热衷冒险的年轻马其顿人,继续向前推进。他将许多雇佣军留作偏远新城市(许多新城市被称为"亚历山大城")的驻军。

亚历山大与他的马其顿部队渐生嫌隙。公元前328年秋，冲突在撒马尔罕（在今乌兹别克斯坦）爆发。那天是酒神狄俄尼索斯的庆祝节日：

> 每年一到酒神节，马其顿人就宴饮作乐、过节庆祝。亚历山大每年也在这个节日向酒神狄俄尼索斯献祭。据说只有今年这次节日，亚历山大忽视了狄俄尼索斯，而向狄俄斯库里★献了祭，可能是因为他有某种理由才这样决定的。不过，因为这次宴饮拖长了——实际上，亚历山大早已养成了蛮族豪饮的习惯——人们在宴饮间展开了关于狄俄斯库里的争论。有人说他们的父亲不是廷达瑞阿斯，简直可以认为就是宙斯。参加宴饮的人群中有那么一种人，过去就曾有些行为损害了在位国王的利益，今后还会继续为害；但在这次宴会上，他们却为了讨好亚历山大，大肆吹捧亚历山大和他的功绩，说卡斯托和波拉克斯根本就不能和亚历山大相提并论。还有一些喝得酩酊大醉的人举出许多英雄，说他们都不如亚历山大，甚至连赫拉克勒斯都比不上他。他们说，在世的英雄之所以得不到同时代的人应有的尊崇，只不过是因为人们嫉妒他们而已。
>
> 克雷塔斯†感到亚历山大的作风越来越野蛮，对他阿谀奉承的人们说的那些话也真叫人恶心，这些情形他早已看不下去。这时，在酒力激动之下，他再也不能容忍这些人这样诬蔑神明；而且认为他们用贬低古代英雄的办法来讨好亚历山大，完全不怀好意。他感到亚历山大的成就并不像他们吹嘘的那样伟大和神奇。而且，这些业绩并不是亚历山大一个人创造的，大部分是马

★ 狄俄斯库里（卡斯托和波拉克斯的合称），他们是特洛伊的海伦的兄弟。据说，他们的母亲勒达与其凡人丈夫廷达瑞阿斯生下卡斯托，而与宙斯私通生下波拉克斯。兄弟俩都被尊为英雄。

† 在格拉尼库斯河战役中救过亚历山大性命的"黑人"克雷塔斯。

其顿人共同努力的结果。他把这些想法说出后,亚历山大深受刺痛。我并不是赞赏克雷塔斯这样直言不讳。我认为,在众人酗酒的场合,最好把自己的话咽到肚里,不去理会那些谄媚者的错误。但是,后来又有人甚至谈到腓力的成就,很不公平地说腓力并没有做出伟大的、惊人的成就,这当然也是为了讨好亚历山大。这一来,克雷塔斯可控制不住自己了。他大摆腓力的功劳,贬低亚历山大的成就。由于他当时酒力发作,甚至还滔滔不绝地指责亚历山大。甚至说,如果把话说到家,亚历山大的命还是他救的呢。在格拉尼库斯河上大战波斯骑兵时,如果不是他,亚历山大还活不到今天呢。最叫人吃不消的是,他竟然神气十足地把右手伸出来,大喊大叫:"那时,就是这只手救了你的命,亚历山大!"对于克雷塔斯的这番酒后狂言,亚历山大已经忍无可忍,顿时满脸怒火,立刻跳起来要打他。但被酒友们拉住。可是,克雷塔斯并不住嘴,仍然不停地污辱亚历山大。这时亚历山大大声叫喊,要近卫们下手,但无人听他。于是他就发起牢骚来,说自己现在正是处在大流士有过的逆境,即他的部下贝索斯一伙把他关在囚车里奔波。现在他自己也是这样,除了名义上还是个国王,什么都没有了。这时,他的朋友们再也拉不住他了。他一下子跳了起来,据说是从一个卫士手里夺过一杆长矛,朝克雷塔斯连刺带戳,当下就把他弄死了。

——阿利安:《亚历山大远征记》,4.8

当酒醉的亚历山大意识到自己做了什么时,他试图用同一支矛刺死自己。他哭着奔进自己的营帐,三天不吃不喝(正如阿喀琉斯受辱于阿伽门农时在自己的营帐里生闷气一样)。最后,一个希腊占卜者告诉亚历山大,他凌驾于世俗的法律和道德之上,他说:"你不知道宙斯身边坐着正义和法律,用以证明世界的统治者所做的一切事情都是合乎法律和正义的吗?"由此,他把亚历山大从烦闷中拉出来。或许，亚历山大信了他的话。

与乌兹别克斯坦崎岖山岭的要塞堡垒中那些蛮勇部落的战争持续了两年多，但这些部落酋长一个接一个投降了。公元前327年春，亚历山大娶了其中一个酋长的女儿罗克珊娜。据说她是亚洲第二漂亮的女人。美貌冠绝天下者是大流士的寡妻，她在公元前333年被亚历山大俘虏。两年后，在高加米拉战役前夕，她死于难产，许多人认为孩子是亚历山大的。

亚历山大小心谨慎地将马其顿、希腊和波斯的精英阶层融合起来，置于自己治下。自大流士死后，他已命3 000个马其顿人与波斯人成婚，而通过迎娶罗克珊娜，他想向世界展示，他的继承人拥有中亚血统。他还招募了3万名亚洲青年加入名为"继承者"的军团，让他们学习希腊语和马其顿军队的战术。

激进的平等主义是马其顿和希腊社会的特征。相比之下，波斯的等级划分非常严格（像大多数古代社会一样），它有一套严密的表达顺服之意的制度：两个地位相等的人互亲嘴唇表示问候；一位上级亲吻地位稍低于他的人的脸颊；而当一个人碰见一个大人物时，他要匍匐在地，他卑躬屈膝的程度依双方地位差别而定。在爱琴海地区，如此"跪伏"只对神适用，即便在那时，也不必这样跪拜。

亚历山大吸收波斯人进入自己的官员队伍，波斯人认为他们应拜倒在亚历山大面前，但马其顿人认为如此行为不符合一个真正男子汉的身份。亚历山大喜欢跪伏，因为波斯人认为这是一个大王应得的。如果马其顿人也拜倒在亚历山大面前，亚历山大在波斯人眼中更像一个国王，但马其顿人不会接受这个规矩。亚里士多德的外甥兼远征军官方史家卡利斯提尼斯公开嘲笑要他跪拜的命令。据说，亚历山大将他关在一个笼子里，并拽在部队后面跟着走，直到他死去为止。亚历山大像他的"父亲"宙斯/阿蒙神一样凌驾于一切法律之上。

许多马其顿人认为，他已完全变得不可理喻。

在印度的战争（公元前327—前326年）

220年前，波斯帝国的建立者居鲁士大帝曾进军今巴基斯坦地区，而亚历山大也决心打到那里。波斯人将该地称为"欣都什"，而希腊人称之为"印度"，但他们对该地状况不甚了了。据传闻，那里有长着狗头、狗尾的部族，有食人怪兽，还有生殖器和脚一样长的矮人（16世纪欧洲人对美洲情况有类似描述）。不过，最大的谬误是人们相信有一条俄刻阿诺斯河，它被认为绕着世界流动，其所在位置就在印度河前面。公元前327年春，亚历山大认为，行军一个月就能够到达世界边缘。一年前，他已告诉手下将士，他计划行军至俄刻阿诺斯河，如所料不差，沿这条环绕地球的河面航行，他们可回到希腊，随后他会展开对环黑海地区的军事行动。

公元前327年，马其顿人艰难地走过兴都库什山脉（位于今阿富汗）的开伯尔山口，进入印度河流域。在艰苦的战斗中，亚历山大再次受伤，肩部中箭。当7 000名印度士兵投降但拒绝作为雇佣军加入远征军时，他雷霆大怒，将他们连同其妻儿全都杀掉。在如今印度的史书上，凶残暴戾或许还有些精神失常的亚历山大主要是因此次屠杀而被人铭记的。

公元前326年4月，亚历山大进入该地区势力最强的波拉斯王的王国。波拉斯带领一支包括200头战象的庞大军队抵达杰赫勒姆河（图20.2），意图挡住亚历山大的前进势头。

亚历山大挥军南进以会波拉斯，正当此时大雨降临，打断了亚历山大的行程。倾盆大雨朽坏了马其顿人的装备，并使所有小河泛滥。疾病将军队搅得七零八落。军队在6月抵达杰赫勒姆河时，一条近两千米宽的奔涌洪流呈现在面前，它封住了唯一可过人的河滩，而波拉斯在洪流另一边。不过，亚历山大的军匠们仍在大雷雨中成功将半数军队送过河。

尽管随后的那次战役可被称为亚历山大最伟大的胜利之一，但即便

图 20.2 一枚来自东部行省的磨损的马其顿青铜硬币，制于约公元前 200 年，它画的是骑马的亚历山大攻击两个坐在象上的持矛者
资料来源：Classical Numismatic Group, LLC. http://www.cngcoins.com

是他本人也不得不在此战后承认，他的军队开始走向瓦解。他失去了最优秀的一些将士，而幸存者拒绝再次与象群作战。他心爱的战马布西发拉斯（"牛头"，此名来自战马身上的标记）——古代世界最著名的战马——战死。亚历山大在所有战争中骑着它冲锋陷阵，他还以它的名字命名一座城市（该城仍存于今巴基斯坦，他以其狗名为另一座城市命名）。

不过，在公元前 326 年 7 月初，亚历山大劝说其将士继续行进。但他们仍没找到俄刻阿诺斯河，反之，他们到了印度河的一条支流，即旁遮普的海法西斯河（今贝阿斯河）。连波斯军队也没行进得这么远。再往前就是恒河平原了：

> 亚历山大看到，将近八年历经困苦艰险的行军作战，其手下将士已经精疲力尽，而如果他要号召他们进攻"甘达拉人"（恒河平原居民），他就需要通过真挚感人的呼请，唤起他们的勇气。他们损失惨重，而且看不到尽头。战马的马蹄已在不断的奔驰战斗中磨损变薄。他们的武器、装甲损坏得差不多了，衣服也相当破旧。他们没办法，只好取印度人的衣服剪裁新衣。不幸的是，现在正是雨量最大的季节，而长达七十天，大雨伴着雷鸣电闪，下个不停。

——西西里的狄奥多罗斯，17.94

据另一位古代作家说,"亚历山大的野心盖过了理智"。他召开了一次会议,并在滂沱大雨中站在浑浊的海法西斯河边,发表了一次真挚感人的谈论光荣、名誉的演讲,他仍坚持认为他们正靠近俄刻阿诺斯河:

> 亚历山大就是这样地说了大致如上所述的一段话。然后就是长时间的沉寂。没有一个人敢于当场发言反对国王,但也不愿表示同意。在冷场期间,亚历山大又说,如果谁确实对他刚才所说的有相反意见的话,就请他发言。他这样表示了好几回。即使如此,还是沉默了很长时间。最后,科那斯(坡利摩克拉提斯之子]★才鼓起勇气说了这样一段话。
> ——阿利安:《亚历山大远征记》,5.27

科那斯描述了将士们精疲力尽的情形。他最后说:

> 啊,大王陛下!当我们一切都顺利的时候,需要有自我克制的精神,这一点比任何事情都可贵。因为您作为我们的领袖和这样一支军队的指挥官,对任何敌人都是无所畏惧的。但是,对任何人来说,好运气是不能预料的,因而也是无保障的。
> ——阿利安:《亚历山大远征记》,5.28

正如亚历山大杀死克雷塔斯后所做的那样,他气呼呼地退入营帐:

> 说完他就回到自己的帐篷里,整天不接见任何人,连他的伙友也不见。第二天,第三天,都是如此。他一直等着,看那些马其顿人和联军同事是否回心转意,因为在成群的战士里往往会出

★ 在杰赫勒姆河战役中战功卓著的一位勇敢的骑兵指挥官。

现这种情形,这样的变化出现之后,往往会使他们变得更加服服帖帖。但是,整个营地仍然是死一般的沉寂。明显地看出,官兵们对他的脾气感到很不服气,而且也决不会因此会有任何回心转意的表示。后来,据托勒密(拉加斯之子)★记载,他不管这些,仍然举行了祭祀,意欲渡河。但在祭祀中,牺牲显示了渡河不利的征兆。于是亚历山大就把伙友中年长的一些人、主要是跟他要好的一些朋友,召集在一起研究。结果是,既然都认为回去为好,于是他就向全军公开宣布,他已决定班师回国。

全军一听到这个消息,立即高声叫喊起来,就跟一大群乌合之众高兴得大声叫喊一模一样。接着多数人开始哭泣。还有一些人走到亚历山大的帐篷附近为他求神赐福。这是因为亚历山大在他们自己面前认输,承认他是被他们自己而不是被任何别的人打败了。

——阿利安:《亚历山大远征记》, 5.29

漫漫归程(公元前 326—前 324 年)

即便在此时,亚历山大也不会轻易回头。他创建了一支舰队沿印度河而下,意图让一部分军队乘坐舰船,一部分穿越大陆,沿今波斯湾返归美索不达米亚。正当舰队准备起锚时,3 万名步兵和 6 000 名骑兵作为生力军赶到,带来了药品和 25 000 副新盔甲。在行军一万多千米后,将士们得知,他们要回家了。不过,如果生力军想过打仗瘾的话,他们不会感到失望的。他们沿印度河航行而下时,遭遇了暴风雨、洪水和一个接一个的敌对部落。婆罗门(印度人中最高的种姓,被希腊人称作"一丝不挂的哲学家")鼓动发起圣战,他们称亚历山大为"野蛮的异教徒"。日复一日,马其顿人不断进行着小规模

★ 托勒密是亚历山大手下的一位将军,他曾写下有关远征情况的记录。亚历山大死后,这位托勒密自立为埃及国王,并建立了托勒密王朝。

战斗，并攻打堡垒要塞。将士们愈发精疲力尽，最后他们拒绝攀登攻城梯。只有在亚历山大这种不知疲倦的超人亲自登梯时，他们才跟着上。士气接近崩溃。一天，他们遇到了另一座城堡：

一个占卜师宣称亚历山大应该推迟攻城，因为他自己的生命有危险。亚历山大看着得摩丰（该占卜师的名字）说道："得摩丰，如果有人在你占卜并检查动物内脏时打断你的话，我猜你会觉得很烦的。"得摩丰回答说："一定是这样的。""那么，好了，此时我要考虑重要的事情，而非动物内脏这样的事，而且，我不喜欢迷信的占卜者提的意见。"

亚历山大毫不迟疑地给出上述回复，他命令将梯子架上城墙。当其他人犹豫的时候，他亲自登上城墙。该城墙没有一般城墙常有的城垛，它本身是一排矮墙，带有一个窄檐。亚历山大没有站在城墙上，而是一边用盾牌抵挡一次接一次的攻击，一边用手抓住城墙悬在上面。他成了从沿墙的高塔里飞出的长距离投射武器的唯一靶的。他手下将士无法接近他，因为投射物从上面如雨点般射来，不过到最后，当他们意识到一味迟疑不动会将亚历山大送入敌口时，羞愧心给了他们勇气。他们的急躁只妨碍了援救亚历山大，因为当他们全部抢着登上梯子的时候，梯子负载过重，然后他们跌在地上，结果断绝了他们统帅的唯一希望。亚历山大陷入孤立，面对一大群敌人。

到此时，亚历山大的手臂因为不断挥动盾牌挡开投射物而开始酸痛。他的伙伴们要他跳下来并准备接住他。

亚历山大跳了，但万万没想到跳进了城墙里面，他在那里占了一个位置，背靠一棵大橡树，它的枝干能保护他免遭投射物的攻击。支撑这位国王战斗的首先是"亚历山大"这个名字的光荣，其次则是身陷绝境让他极度渴望光荣战死。敌人像潮水般涌来，将投射物雨点般地朝他的盾牌打去，并用石头砸破了他的头

623

盔。他的膝盖因过度疲劳而站立不稳。最靠近他的印度人贸然闯向前而被他用剑杀掉了两个。

——昆图斯-库尔提乌斯·鲁弗斯:《亚历山大史》, 9.4

就在那时, 一支箭射穿了亚历山大的胸骨, 险些刺中心脏。

  当他被射中时, 一注浓血喷射而出。他扔掉了武器, 看起来好像要死了。已经射伤了他的那个人急忙赶来脱掉他的盔甲, 心急火燎, 还手舞足蹈。亚历山大感到这人的手摸他时, 他可能已经醒过来, 他对这最后的侮辱极为愤怒。他重新鼓起勇气, 从下面拔出剑并从暴露部位刺进这个人的身体。

  此时有三具尸体躺在国王的脚下, 而其他印度人往后退, 不知该怎么办……最后, 已在城中摆脱守城者纠缠的普塞斯塔沿亚历山大的足迹跟来。当亚历山大看见他时, 他想普塞斯塔给他带来了安心死去的安慰, 而不是活下来的希望。他精疲力尽地倒在普塞斯塔的盾牌上。过后不久, 蒂迈欧出现了, 不一会儿, 利奥纳图斯也来了, 然后是阿里斯通诺斯。

  当印度人知道国王深陷城中时, 他们不顾一切都在此时赶到这里, 攻击亚历山大的护卫者。蒂迈欧在光荣的战斗后胸部多处受伤, 倒下了。普塞斯塔也被标枪刺中三处, 但他不顾自己的安危, 继续用他的盾牌保护国王。利奥纳图斯颈部受伤, 倒在国王脚下, 只剩下半条命。亚历山大最后的希望寄托在阿里斯通诺斯身上, 但他也受伤了, 并且无力再抵御敌人的猛烈进攻。

  一则流言传到城外的马其顿人耳中, 说国王已经死了。这则让其他人灰心丧气的消息却激励马其顿人勇敢行动。他们不顾危险, 用斧子砍开一扇门并从缺口涌入。他们杀掉随处发现的印度人, 逃跑的人多, 敢抵抗的人少。他们杀掉所有印度人——老人、妇女、小孩。他们认为这些人都对亚历山大受伤负有血债。最后,在大肆屠杀之后,他们的愤怒才稍减。

——昆图斯-库尔提乌斯·鲁弗斯:《亚历山大史》,9.5

人们用一次紧急手术取出了亚历山大胸口那支箭,但他血流如注。一周时间里,他看起来好像要死去。马其顿人人心惶惶,他们想,没有亚历山大,他们绝无法渡过难关。那时,

……消息传来说亚历山大还活着,可是大家却很难相信,谁都不相信他还能活下来。后来又有人送来亚历山大的亲笔信,信里说他不久就回营地。甚至在这时,多数人仍然由于受惊太大,还是不相信。他们以为那封信是亚历山大的近卫和官长们伪造的。

亚历山大了解到这些情况之后,为了避免部队里发生骚乱,当他感觉好一些、能够走动时,就叫人把他抬到希德拉欧提斯河岸,然后乘船顺流而下,到达位于希德拉欧提斯和阿塞西尼斯二河汇流处的营地(赫费斯提翁在营地负责指挥地面部队,尼阿库斯负责舰队)。当国王乘坐的小艇驶近营地时,他马上就叫人把船尾的篷布掀开,好让人都能看见他。但是,部队甚至在这个时候还是不相信,交头接耳地说运来的必是亚历山大的尸首。直到最后小船靠了岸、亚历山大向人群挥手时,他们才爆发出一阵呼喊。有的还高举双手感谢苍天,有的把手伸向亚历山大。这意外的欢欣还使许多人情不自禁地流下眼泪。人们把他抬下船时,近卫队的人给他抬来一副担架,但他不要,叫他们把他的马牵来。他一骑到马背上,当大家都看见他的时候,全军掌声雷动、经久不息。河岸和附近的山谷都回响共鸣,震天动地。亚历山大到达他的帐篷旁边时,从马上下来,好让部队看见他走路。于是大家从四面八方向他跑来。有的摸他的手,有的摸他的膝盖,有的摸他的衣服,有的在附近注视着他,为他说句祝福的话就走开了。还有些人把当时正在印度土地上开放的鲜花摘来扔到他身上,有

的还编成花环扔过去。

——阿利安:《亚历山大远征记》,6.12—13

此时,马其顿人摧毁沿路一切东西,由此,他们沿印度河而下的征程成了一连串的屠杀。这支军队堕落成一伙病态的暴徒。随着亚历山大不可战胜的故事流传,印度诸部落屈服了,他们还将那些领导抵抗的婆罗门交出来。据普鲁塔克说,亚历山大询问他们,最后问到这个问题:"一个凡人怎样成为神?"(他们)回答道:"做一个凡人做不到的事。"他们的回答可能正中亚历山大下怀:他已征服波斯,侵入印度,而且,他相信他会很快航行在俄刻阿诺斯河上(所有这些看起来都是超凡的成就)——这难道不意味着他已真正成神了吗?

不管如何回答这个问题,一些非常现实的问题仍留待亚历山大解决。他所拥有的船只只够 1/3 的军队乘坐,故而其他人不得不穿过沿波斯湾漫漫延伸、可怕的格德罗西亚沙漠返归家乡。根据计划,亚历山大会跟大部队一起出发,用骆驼运载粮草。他的部将克拉提鲁会随舰队一起走,装载更多食物,并在绵绵雨季结束时赶上他们。先头部队每晚都会挖好井,供后行部队所用。据对当地地况探测,在亚历山大大军行至绵延山岭封住海路的地方时,船队正好在他们粮草告罄前追上他们。这支军队那时装上可供一星期用的粮草,转向内陆行进,穿越最恶劣的沙漠地带,翻过重重山岭到达苏萨周围的平原,那里的生活十分富足。

不过,雨季并未在预期的时间结束,船队出发晚了,错过了与陆路军队的会师。亚历山大等了他们好长时间,随后在没有多余粮草的情况下向内陆进发。他派快驼先行,命令各地总督准备粮草、饮水迎接他,但他一个总督的影子也没见着。白天烈日当空,晚上冰寒刺骨。沿路仅有的那些植物都有毒。一些将士因中暑和脱水而死,更多的则在一次迅猛的暴风雨淹没一座干河床时被淹死。在一次沙暴掩埋所有路标致使大军被困在沙漠里打转时，更多人死掉。85 000人的队伍进入沙漠（许多人不是战士），只有25 000人到达沙漠另一边。

自海法西斯河军队哗变以来，已经过去了一年多。那些在亚历山大宣布继续远征不利的神兆时欢喜流泪的老战士，很少有活到公元前325年年末的。那些活下来的人此时有各种不同的理由感到悲伤。

最后的时光（公元前324—前323年）

亚历山大的军队于公元前324年士气低落地回到苏萨。国王需要迅即组织他的远征并稳固其权威。在他花费六年时间在东方征讨时，他手下的总督们坐大了，他们侵吞巨额财产，聘用自己的雇佣军，并像独立的国王一般行事。亚历山大处死了他们中的许多人，首先是那些未在格德罗西亚沙漠为他提供补给的人，随后他命剩下的总督解散他们手下的雇佣军。这些被解散的亡命之徒遍布乡野，为甩掉他们这些包袱，公元前324年夏，亚历山大命所有的希腊前雇佣军返回家乡，并让所有希腊城市接纳他们。这产生了巨大的新问题：许多雇佣军都是被逐出家园的希腊逃犯，而且他们的财产被瓜分掉了。

回到巴比伦，亚历山大继续将其军队"波斯化"。海法西斯河的哗变表明，过度依赖马其顿老兵将亚历山大置于险境。他将波斯人提拔到军队的最高位置上，并将更多人吸纳进骑兵近卫军。他在正好位于巴比伦城外的俄庇斯召集马其顿人，并宣布他要遣散那些上了年纪的老兵。他给了他们巨额奖赏，但老兵们群情激昂：

> 他们感觉亚历山大现在已经瞧不起他们，认为打起仗来他们这些人已经毫无用处。因此，他们听了亚历山大这些话，很自然地感到厌烦。在整个远征过程中，使他们厌恶的事情已经不少：

他穿着波斯服装,叫人一看就气愤;还把他的东方"继承人"★装备得和马其顿部队一模一样;还把异族的骑兵编入伙友的行列。这一切,只能说明一个问题:他的心变了。因此,马其顿人再也控制不住自己,再也不能保持沉默。他们向他呼吁,要求把他们这些人都从军队里清除出去算了,请他在他的"老头子"(他们用这个头衔轻蔑地暗指阿蒙)的帮助之下继续打他的江山。和过去不同,现在亚历山大的脾气越来越大;东方人在他面前的卑躬屈膝使他不太喜欢马其顿人。

——阿利安:《亚历山大远征记》,7.8

正如公元前326年海法西斯河军队哗变后亚历山大所做的那样,他退进营帐,不吃不喝。第三天,他出来了,并开始让波斯人指挥军队:

但当他们(指马其顿人)听到波斯人和米底人受到器重,还听说指派了波斯人当指挥官,东方的官兵被选派担任各级职务,一个波斯中队改用马其顿番号,还有由波斯人组成的"步兵伙友"以及其他人组成的"伙友",还有一个波斯"银盾牌"†连和一支"伙友骑兵",甚至其中还有一个新成立的"皇家中队"等,再也沉不住气了。于是一起跑到皇宫门口,把武器扔在地上,对国王表示哀求。大家在门外呼喊,要求开门让他们进去。他们还说要把上回搞骚动的教唆者和带头叫喊的人交出来。实际上,他们已下定决心不论白天黑夜都不离开宫门,除非亚历山大对他们有了某种怜恤的表示。

——阿利安:《亚历山大远征记》,7.11

★ 指亚历山大于公元前327年征召的3万名波斯人,他们学习希腊语,采用马其顿战术。

† 一支精锐军队。

亚历山大抚慰了他们，但仍将 11 000 名马其顿人送回家，给了他们每个人 1 塔兰特财富（这笔钱足够他们买下一个农庄和一些奴隶，以养老过活了）。他征调更多波斯人取代他们的位置，并劝说离开的希腊人留下他已赐给他们的波斯妻子，连同这些女人所生的孩子。在 20 年时间内，这些男孩将成为一支新军队的中坚，只忠于他们唯一的国王——他本人。

亚历山大的考虑转到进一步远征的事项上去。早在公元前 324 年，他就说要攻打意大利、西班牙、西西里以及迦太基。他在幼发拉底河建造了 700 艘船，去探索印度的情况，并环航非洲，他还命组建于里海的一支舰队重启 200 年前大流士一世对斯基泰人的征服行动。他也想征服阿拉伯。他解散腓尼基人的船队，并让他们跨越重洋，从地中海来到波斯湾，探索波斯湾的海岸。公元前 323 年春，他在巴比伦聚集了一支军队，打定主意占领波斯湾地区的富裕王国，这些王国垄断了与阿拉伯沙漠地区的香料贸易。

亚历山大的野心似乎没有止境——他想成为超人类。在公元前 324 年的奥林匹亚赛会上，亚历山大宣布，希腊人此时应该尊他为"神"。在长达 500 年的时间里，希腊人坚持认为没有人能拥有如此特权。希腊人的反应和亚历山大所说的话一样让人震撼。没有反叛，也没有暴力抗议。一个斯巴达人简单说道："既然亚历山大想成为一个'神'，就让他成为一个'神'吧。""很好，"德摩斯梯尼说道，"让他成为宙斯之子吧，也让他成为波塞冬之子吧，如果他想的话。"希腊人被征服了，而且在亚历山大征服波斯帝国并挺进到已知世界的尽头后，认为他真是神的想法看起来不再那么疯狂了。亚历山大还在钱币上呈现自己配上羊角的形象，因为埃及阿蒙神（等同于宙斯）常以公羊的形象出现（图 20.3）。他自比为传说中的流浪英雄赫拉克勒斯，后者像亚历山大一样，是宙斯之子。艺术家常常将亚历山大呈现为赫拉克勒斯。在印度的时候，他还以为穿着兽皮、拿着棍子的土著部落是赫拉克勒斯的后裔。

到公元前 323 年 5 月 9 日，为这位"神"王的阿拉伯之征所做的准备工作进展顺利，亚历山大如往常一样参加了一个酒会。他想早早回宫，但好友们劝说他留下来，并参加另一场酒会。在那里，他将一大碗烈酒一饮而尽。突然间，他痛得大叫，并被送回宫。第二天，他病了，但最后起身洗浴，并喝了更多酒。数日后，他和手下将领讨论征讨阿拉伯的事宜，但他又发烧了。他上床休息，并在下一日，即感到他命不久矣的 6 月 6 日那天，授予

图 20.3 约公元前 242 年将亚历山大描绘为埃及阿蒙神的希腊钱币，阿蒙神常被描绘为公羊。阿蒙等同于宙斯，在公元前 331 年造访埃及锡瓦绿洲的神使之后，亚历山大自称"宙斯之子"

资料来源：Zeno of Elea/Wikimedia（PD）

部将佩狄卡斯统治权。谣言说他饮的酒被下了毒，他已经死了。他的将军们不得不叩开通往他房间的第二扇门，以便鱼贯而入，见他最后一面。他们问他将帝国传给谁，亚历山大低声道："给最强者。"

结论

亚历山大像一个可怕的噩梦扫过中东。从底比斯到印度河，他留下一连串的毁灭印记。把他劫掠的城市和在战争中的屠杀加起来，可能有 100 万人在其 13 年的战争生涯中死去。在他到来前，波斯帝国拥有约 2 500 万或 3 500 万人口，随战争而来的饥馑和混乱可能夺去了帝国近 200 万人（总数）的生命。他的入侵就相当于今日让 2 000 万人死去的美军入侵。亚历山大来了，看见了，毁灭了，随后随风而去。他没留下继承人，只有一个尚在罗克珊娜肚里的遗腹子。战争留

下的遗产将会是更多的战争。

不过,亚历山大不仅仅是一个破坏者。公元前340年,爱琴海地区是希腊世界的中心。到公元前320年,它衰落了。雅典、底比斯和斯巴达不再具有重要影响。而最先出现文明且自公元前3000年以来即为财富、学术中心的近东此时打开大门,供希腊人探索、开发利用。公元前330—前250年,成千上万的希腊人移居埃及、安纳托利亚和叙利亚,甚至中亚。生活水平提升了,自然科学和学术繁荣起来,人口激增。在埃及,讲希腊语的亚历山大城成为地中海和近东的文化中心。从许多方面看,公元前300—前250年的这段时期而非公元前5世纪是希腊人真正的黄金时代。没有亚历山大,希腊历史的走势将截然不同。

亚历山大是西方史上最伟大的军事家,他率领手下由多种族组成的军队年复一年地穿越异邦土地,他获得他们的忠诚,并凭借大胆、杰出的军事才能,赢得一次又一次胜利。他摧毁了当时空前的最大帝国——波斯帝国,并用其财富装满了希腊世界。他的胜利让他看起来超脱凡人,而在500年的时间里,许多希腊人第一次猜想,这个凡人可能真是神的儿子。有关其非凡能力的故事变得越来越复杂,直到他去世500年后,《亚历山大传奇》广为流传,将他变为一个彻彻底底的超人。人们用古地中海和中东的每一种语言反复讲述着《亚历山大传奇》,而它在中世纪时家喻户晓。近来还发现了阿拉伯语的一个《亚历山大传奇》新版本。即便在近代早期,许多欧洲旅客还很严肃地对待《亚历山大传奇》里的那些故事,认为在中亚荒原,他们还会碰见长生不老的亚历山大,他仍然制订着征服全世界的计划。从这个意义上说,在最低限度上,亚历山大的确永生了。

第 21 章
希腊化世纪的希腊诸王国

（公元前 323—前 220 年）

两百年来，希腊人一直生活在波斯帝国的西北边缘，但此时马其顿已征服波斯帝国。成千上万的希腊人向东方进发，创造了一个新世界。19 世纪以来，历史学家就用"希腊化"这个术语描述下述时期：从公元前 323 年亚历山大去世到公元前 30 年最后一位主要的希腊统治者（著名的克娄巴特拉七世）自杀。"希腊化"带有两重含义：（1）移居近东的希腊人将希腊文化带到那里，改变了当地文化；（2）这种新文化比不上古典希腊文明。在古典学家看来，希腊化文化是"像希腊的文化"，但是缺乏让古风、古典时代的希腊与众不同的那种光辉和活力。但今日大多数的历史学家并不认同此种观点。希腊化时代并非一个日暮沉沉的时代。在该时期内，由讲希腊语的马其顿人带领的希腊人统治了一个庞大的帝国，创造了新的文化形式，取得了杰出的自然科学发现，并通常生活得更好。从大多数方面而言，跟我们更亲近的是嘈杂纷乱的希腊化世界，而非那确定性的、等级划分严格的古典希腊。不过，此种复杂性同样使希腊化世界变得难以理解。

巨大的区域差异出现了。在本章中，我们探讨涌现于埃及、叙利亚和美索不达米亚的希腊文化新中心的情况，而在第 22 章中，我们将考察爱琴海和西西里的原希腊核心地带的情形。公元前 3 世纪，古典时代的伟大强权城邦——雅典、斯巴达、底比斯成为强大国王大棋局上的棋子。在很多方面，这些国王像青铜时代以来的近东统治者一样行事。与其说波斯帝国"希腊化"，不如说是希腊政治"东方化"。不过，在其他方面，希腊的传统比以往任何时候都要强大。如我们将在第 23 章中看到的，诗歌、历史写作、哲学、自然科学、工程技术、雕塑、建筑以及绘画都繁荣起来，只是在此时，它们为皇家宫廷服务。

继承者战争（公元前 323—前 301 年）

第一阶段（公元前 323—前 320 年）

亚历山大辞世时，没给他那些身经百战的将领留下多少时间去决定该做什么事情。从没有一个人如此迅速地创建了一个帝国，而没有人知道在亚历山大在没有稳靠继承者的情况下死去时，会发生什么事情。一位新王可能接管帝国；几个国王可能瓜分帝国；还可能群雄并起，互相争夺。与亚历山大血缘关系最近的男性亲属是他智商低下的同父异母兄弟腓力三世，即腓力二世和一个歌姬之子，比亚历山大大一岁。不过，亚历山大的遗孀罗克珊娜怀了孩子，在公元前 323 年，她生了一个儿子，即亚历山大四世。然而，他要掌权还得过很多年。此时，无论是腓力三世抑或亚历山大四世，都成不了一个合适的继承者。

为避免内战或帝国分裂，将军们同意由马其顿骑兵指挥官佩狄卡斯担任"监国（摄政）"。在亚历山大死前不久，他已派部将克拉提鲁返回马其顿，废黜"摄政"安提帕特，不过在这时，其他将军任命克拉提鲁担任有智力缺陷的腓力三世和未出生的亚历山大四世的监护人，并命他让安提帕特仍任原职。

佩狄卡斯、克拉提鲁、安提帕特三人决定组成"三人团"统治帝国，直至继承者上位，但其他将军觉得帝国太大而聚拢不到一起，而应在此时分掉帝国。托勒密坚持认为，亚历山大想让他统治埃及，于是他去埃及杀掉了在位的总督。托勒密用他在宝藏中发现的8 000塔兰特财富聘用了雇佣军。在一次成功的宣传造势中，托勒密截住将亚历山大遗体送返马其顿的送葬队伍，并将遗体带往亚历山大城。遗体被涂满蜂蜜，安放于玻璃顶的灵柩中，亚历山大城由此成为一个主要的游览圣地，直到遗体神秘消失。在为亚历山大举行传统的法老葬礼，并将遗体安放以永远展示后，托勒密开始像一个国王一样统治埃及。该王国是亚历山大继承者的诸王国中最成功的一个。

与此同时，安提柯（他在一次战争中眼睛受伤，由此以"独眼"知名）控制了安纳托利亚大部地区，莱西马库则坐拥约相当于今保加利亚地区的色雷斯（图21.1）。由此，在争夺亚历山大帝国的第一回合战斗中，主要参赛者（表21.1）有埃及的托勒密、安纳托利亚的安提柯、色雷斯的莱西马库和"三人团"（控制马其顿的安提帕特，加

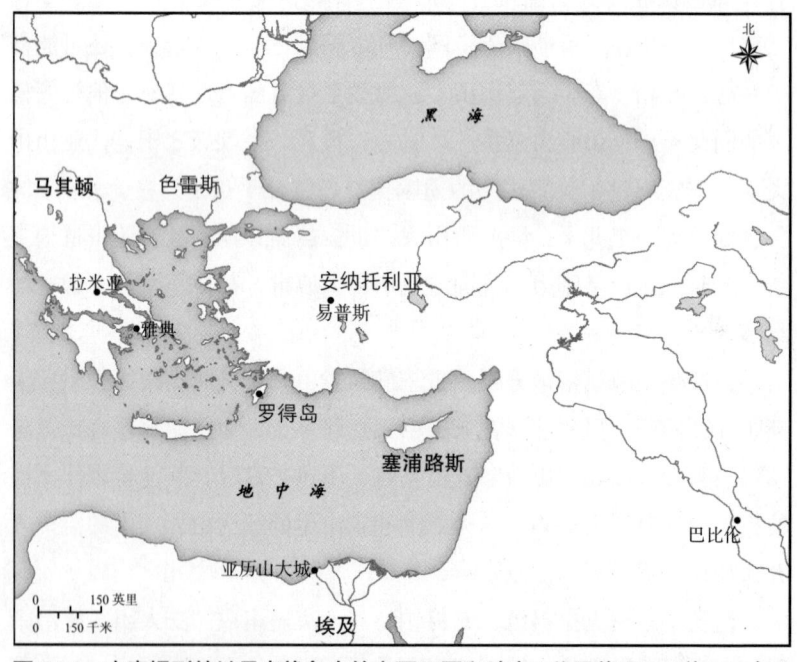

图21.1　本章提到的继承者战争中的主要王国和地方（公元前320—前301年）

表 21.1 继承者战争中的重量级人物（公元前 323—前 301 年）

帝国权势人物

克拉提鲁（死于公元前 320 年）：亚历山大四世和腓力三世的监护人
佩狄卡斯（死于公元前 321 年）："监国（摄政）"
亚历山大四世（公元前 323—前 310 ？）：亚历山大大帝与罗克珊娜之子
腓力三世（约公元前 357—前 317）：腓力二世之子，亚历山大大帝的同父异母哥哥，智力有缺陷

地方权势人物

马其顿

安提帕特（约公元前 397—前 319）：公元前 334—前 319 年的马其顿摄政王
奥林匹亚斯（约公元前 375—前 316）：腓力二世遗孀，亚历山大大帝之母
卡山德（死于公元前 297 年）：安提帕特之子，从公元前 315 年开始统治马其顿，约公元前 305 年自立为马其顿王
波利珀康（死于约公元前 300 年）：公元前 319—前 315 年的马其顿摄政王

埃及

托勒密一世（约公元前 367—前 283）：亚历山大部将，公元前 323—前 305 年为埃及总督，公元前 305 年自立为法老

色雷斯

莱西马库（约公元前 355—前 281）：亚历山大侍卫，公元前 323—前 305 年为色雷斯总督，有时兼任安纳托利亚部分地区的总督，公元前 305 年自立为王

西亚

"独眼"安提柯一世（约公元前 382—前 301）：亚历山大部将，他以安纳托利亚为基地，但在公元前 319—前 301 年控制了亚历山大帝国在亚洲的绝大部分地区，公元前 306 年自立为王
"围城者"德米特里一世（公元前 336—前 283）："独眼"安提柯一世之子，公元前 306 年自立为王，公元前 301 年失国，公元前 293—前 287 年为马其顿王，死于塞琉古一世的监狱
塞琉古一世（约公元前 358—前 280）：亚历山大部将，公元前 321—前 316 年为巴比伦总督，公元前 312 年续为巴比伦总督，约公元前 305 年自立为王，公元前 301 年后占据安提柯王朝的大部分地区

上佩狄卡斯、克拉提鲁)。在亚历山大驾崩(公元前323年)与克拉提鲁、佩狄卡斯死去(公元前321年)之间的短暂时期,这几个人展开了令人目眩、复杂又致命的博弈。

从理论上看,佩狄卡斯、克拉提鲁、安提帕特三人是在维护整个帝国的政治统一,但据阿利安说,"大家都怀疑佩狄卡斯,而佩狄卡斯也怀疑他们"。他们都没有很强的权威性。当佩狄卡斯派一位总督镇压一次雇佣军叛乱时,这位总督反而被诱入叛军。而到公元前323年9月,雅典领导了希腊众城反安提帕特(马其顿摄政王)的叛乱。色雷斯的莱西马库和马其顿的克拉提鲁(此时是腓力二世和年幼的亚历山大四世的法定监护人)忙得团团转,结果在希腊叛军于拉米亚的色萨利城围困安提帕特时,他们无暇对他施以援手。只是在克拉提鲁的一位部下于公元前322年击败雅典舰队后,克拉提鲁才真正给安提帕特送去了援助。

雅典在公元前322年8月投降,此次叛乱是一次灾难。许多富有的雅典人更喜欢马其顿治下的和平而非民主制下的自由,而安提帕特在此时处死了雅典的民主派政治家。伟大的演说家德摩斯梯尼自杀身亡。自公元前508年以来,雅典一直是一个民主国家,其间仅有公元前411年、前404—前403年这两次短暂的中断,但安提帕特此时在比雷埃夫斯驻扎了守军,建立了一个军政府,并剥夺了约2.1万名公民中1.2万人的投票权。雅典仍是一个哲学中心,并且仍然产生了一些著名的艺术家,但雅典的"政治辉煌"已然结束。

希腊人不是唯一烦扰安提帕特的难题。亚历山大之母奥林匹亚斯想让其尚在襁褓中的孙子、罗克珊娜之子亚历山大四世成为马其顿王,但厌憎奥林匹亚斯的安提帕特不想这么做。为构建自己的权力基础,奥林匹亚斯安排其女克娄巴特拉(亚历山大大帝之妹)和马其顿骑兵统领佩狄卡斯成婚,尽管佩狄卡斯已和安提帕特之女结婚,由此是反奥林匹亚斯一党的成员。奥林匹亚斯与佩狄卡斯赤裸裸的野心让其他将军警觉,但在他们能采取行动前,佩狄卡斯先在公元前320年春杀掉了克拉提鲁。随后，佩狄卡斯驶往埃及攻打托勒密，这做得过头了。佩狄卡斯的2 000将士淹死在渡尼罗河的途中，数百人被鳄鱼吃掉，此时，他手下的将官将他杀掉。当他们请求托勒密取代佩狄卡斯担任"监国（摄政）"时，托勒密拒绝了此项荣誉：他想要帝国瓦解，以使自己能统治富饶的埃及。

第二阶段（公元前320—前301年）

随着克拉提鲁、佩狄卡斯死去，亚历山大手下的将军们于公元前320年7月聚集商议，内容据称是决定由谁取代佩狄卡斯担负监护帝国的职责，但事实上，安提柯（统治安纳托利亚）、安提帕特（统治马其顿）、莱西马库（统治色雷斯），特别是托勒密（统治埃及），只想保住自己的地位。这些将军让安提帕特监护腓力三世和此时已经三岁的亚历山大四世。安提帕特（马其顿）、莱西马库（色雷斯）和托勒密（埃及）都因安提柯（安纳托利亚，即今土耳其）感到忧心，遂背着他进行筹划，安排亚历山大手下的另一位将军塞琉古接管巴比伦和东方之地（到那时为止，没有一个将军宣示对这片土地的所有权）。此举将让安提柯陷入包围圈，将他定在安纳托利亚不能动弹。

从理论上来说，自公元前323年亚历山大去世以来，什么都没变。帝国统一在大家推定的国王亚历山大四世（或可能是腓力三世）的领导下，兼有一位以前的将军（现在是安提帕特）充当未来国王的监护人。但在事实上，帝国四分五裂。安提帕特（马其顿）、莱西马库（色雷斯）、安提柯（安纳托利亚）还有托勒密（埃及）都有自己的权力根基，问题是安提柯相信他能用武力（如果有必要）重新统一帝国。

年近八十的安提帕特于公元前319年寿终正寝，他最后做出的灾难性举动是任命其同僚波利珀康做继承者，把自己的儿子卡山德晾在一边。愤怒的卡山德对此安排提出挑战，而托勒密（埃及）、安提柯

（安纳托利亚）和莱西马库（色雷斯）支持他。但波利珀康找到了自己的盟友，很快帝国各地都爆发了战争。安提柯费了三年时间击败波利珀康的盟友（他们散布于安纳托利亚到中亚的广大地区），还顺便将塞琉古赶出巴比伦。

在马其顿，不配为君的腓力三世置身于政治之外。但在公元前317年初，其妻欧律狄刻公开宣布，在安提帕特之子卡山德与波利珀康中支持前者。亚历山大大帝之母奥林匹亚斯仍然筹谋让自己的孙子亚历山大四世（此时已经5岁）有朝一日统治整个帝国。她得出卡山德必定会反对她的结论，因此与波利珀康结盟。她在伊庇鲁斯王国（今阿尔巴尼亚）聚集了一支军队，攻打卡山德的大本营马其顿。腓力三世之妻欧律狄刻披甲带领自己的军队与奥林匹亚斯作战，结果军队背叛了她。就在数十年前，女性领军都是不可思议的，更何况在一场战役中，双方领军的都是女性。不过，今时早已不同往日。奥林匹亚斯赢了战争，抓获了欧律狄刻，将其血淋淋的残忍展露无遗：

> 奥林匹亚斯首先将欧律狄刻和她的丈夫腓力（三世）监视起来，并开始折磨他们。她将他们困在狭窄的空间里，只留一个小孔可供送食物。此种情形持续了数天，直到奥林匹亚斯意识到她正丧失马其顿人的支持——他们同情那两个遭遇不幸的人。奥林匹亚斯此时命令一些色雷斯人刺死腓力。他做了六年零四个月★的国王。仍不放弃努力并称王国是属于她而非奥林匹亚斯的欧律狄刻得到了更惨的下场。奥林匹亚斯给她一把剑、一副绞索，还有一些毒芹，并命她选择自己的死法。奥林匹亚斯对这个她认为不合法的女人毫无尊重，也不顾忌主宰所有人的命运。当奥林匹亚斯自己倒过来面临同样的处境时，她为其残忍得到了相应的死

★ 狄奥多罗斯这样写，错误地认为亚历山大于公元前323年6月去世时腓力已成为国王。

亡报应。事实上,表示服从的欧律狄刻已求奥林匹亚斯大开恩典。欧律狄刻摆好她丈夫的身子,并在当时的情况下尽力擦净他的伤口,随后她用自己的腰带自缢而亡。她既没悲叹她的命运,也没为降临到她身上的不幸伤心难过。

——西西里的狄奥多罗斯,19.11

在可怕、复杂的争斗中,人们可以不择手段,但奥林匹亚斯的残忍实在过分了,这导致了她以前的支持者反对她。卡山德此时率军攻打马其顿,许诺如果奥林匹亚斯投降就赦免她。但在她投降时,卡山德用石头砸死了她。

除在希腊本土外,波利珀康及其盟友在各地都战败了,而在希腊,卡山德和波利珀康各自使出浑身解数劝说诸城邦支持自己。公元前318年,雅典人推翻马其顿人支持的寡头政权(它得到卡山德的支持),但在下一年,卡山德以饥饿胁迫雅典屈服。他对连续不断的争斗感到厌恶,由是立了哲学家法勒鲁姆的狄米特里乌斯做独裁者。此人的行为大反常规:他恢复了参与政治活动的财产限制,并通过了一些规范上层阶级行为的严厉法令。随后他将头发染成金黄色,开始化妆打扮,并卷入令人大跌眼镜的性恶作剧,跟男女娼妓胡搞一气。他当然不是柏拉图式的哲人王。(不过,他的确让雅典远离了战争,并修补了该城千疮百孔的财政状况。)

到公元前314年,看起来波利珀康已到了穷途末路。公元前312年,他最后的重要盟友塞琉古(美索不达米亚)被安提柯逐出巴比伦,逃到埃及。在埃及,他告诉托勒密(这可能是真的):统治安纳托利亚的安提柯想成为亚历山大帝国的唯一国王。莱西马库(色雷斯)和卡山德(马其顿)联合托勒密,让安提柯停止扩张。安提柯对他们不满,放弃和卡山德结盟,转而在希腊支持波利珀康。安提柯提出将马其顿驻军从希腊诸城邦撤走,并且说如果它们还支持波利珀康,就恢复其自治。作为反制,托勒密立即宣布,他同样想将希腊诸城邦从外部控制下解放出来。在此后长达150年的时间里,"希腊人的自由"成为反复高倡以凝聚人心的口号,对希腊人自己来说,它还成为引发持续不断的灾祸的根源。

波利珀康和卡山德在希腊的战争旷日持久,而在公元前312年的一次大战中,托勒密(埃及)与安提柯(安纳托利亚)之子"围城者"德米特里(不要与公元前317—前307年的雅典独裁者,即法勒鲁姆的狄米特里乌斯混淆)杀得难解难分。历史学家狄奥多罗斯说,错综复杂的胶着局面让主要参战者精疲力尽,他们在公元前311年举行首脑会议(不清楚在何处举行)。

> 卡山德、莱西马库和托勒密与安提柯讲和,并签订了一个条约。据此条约,卡山德在罗克珊娜之子亚历山大(四世)成年前占有欧洲,莱西马库占有色雷斯,托勒密占有埃及和那些与非洲埃及和阿拉伯交界的城市,安提柯占有亚洲(小亚细亚),希腊城市则根据它们自己的法律自行其是。
>
> 该条约并未持续长久,因为大家都提出种种貌似合理的借口极力扩展权力。卡山德看到罗克珊娜之子亚历山大日渐成长[*],他还知道一些人开始谈论亚历山大(四世)应脱离监护,并接管其父的帝国。担心自身安危的卡山德命负责小亚历山大人身安全的格劳西亚斯谋杀罗克珊娜,随后再杀掉亚历山大(四世),并掩藏他们的尸体,不告诉任何人。格劳西亚斯奉命而行,此举使卡山德、莱西马库、托勒密甚至安提柯免于为有关国王(即亚历山大四世)的事项烦心忧愁。此时没有一个人统治整个帝国了,每个控制民众或城市的人都会为此念头欢欣不已:他们自己能做国王,统治他们取自战争、好像王国一样的领土。
>
> ——西西里的狄奥多罗斯,19.105

---

[*] 公元前311年该条约签订时,亚历山大四世11岁。

于是，他们以秘密谋杀、无名坟墓的方式断绝了腓力二世和亚历山大大帝的光荣世系。卡山德杀掉了孤儿寡母，不过没人关心这事。

这些竞争者没有一个拿公元前311年的条约当真。安提柯（安纳托利亚）仍决心将帝国统一在他治下，遂尝试占领卡山德和波利珀康仍在拉锯中的爱琴海，并控制马其顿本土。为了阻止安提柯的行动，卡山德（马其顿）说服托勒密派一支埃及舰队驶向雅典。公元前307年，雅典人醒来看见250艘战舰正驶向比雷埃夫斯港。雅典人以为这些船是托勒密所承诺的埃及船队，于是欢迎它们的到来。他们稍后发现它们是安提柯（安纳托利亚）之子"围城者"德米特里的船队。此时，德米特里占领了雅典。德米特里及其父安提柯准备占领整个爱琴海地区。次年，他们甚至在塞浦路斯岛附近击败了托勒密的舰队：

> 此次胜利后，群众第一次称安提柯和德米特里为国王。安提柯的朋友们为他加冕，而他送了一顶冠冕和一封信给儿子德米特里，在信中，他称他为"国王"。
>
> 托勒密在埃及的追随者听说此事后，也称他为"国王"，以此显示他们并未因其海军的失败而灰心丧气。这一举动引发亚历山大的继承者们竞起相互追赶的心思，以此，莱西马库开始戴上王冠，而塞琉古在与希腊人打交道时也以国王自居。事实上，他早在与蛮族打交道时就这么做了。不过，卡山德仍在他回复别人的信中署上自己简单而没有头衔的名字，虽然他身边的人不论在信件还是在言语中都称他为国王。
>
> 头衔的变化不仅是增添了一个名字或仅是服饰上的变化而已。新头衔刺激了这伙人的野心，抬升了他们的视界，并在他们的日常生活和与他人关系的处理中注入了高傲庄严的气氛。一个悲剧演员就是以同样的方式，让他的走路方式、声音和言语习惯与他那身戏服相称的。由是，他们在处理事务时变得更强暴。他们抛

开那以前使得他们温和、仁善地对待臣民的权力面具。

——普鲁塔克:《德米特里传》, 18

此时,亚历山大的继承者们都成为独立的国王,而不是为亚历山大的后嗣保卫帝国的忠实仆人。

只有安提柯还认为用武力重新统一帝国是可能的。公元前305年,安提柯之子德米特里围攻小亚细亚西南角以外的罗得岛,此座有重兵守卫的城市是统治地中海地区的关键。德米特里在此处得到了其"围城者"的名号,他亲手设计了30多米高的装甲攻城塔,它用宽度近5米的轮子向前滚动。每座攻城塔装载3 400名战士,他们能朝任何方向进行发射。德米特里自己穿上了一副重约18千克的铁甲。"为验证这副盔甲的威力和抵抗力,制甲者佐伊卢从20步外的石弩上射出一支弩箭。盔甲受箭处仍完好无损,除一个可能像雕刻匠留下的小擦痕外,盔甲表面没留下丝毫印记。"(普鲁塔克:《德米特里传》, 20)

不过,守城技术还是比攻城技术进步更快,在一年残酷的战斗后,罗得岛城墙仍然挺立。德米特里和罗得岛人达成交易。为庆祝此事,罗得岛人建造了古代最高的雕像,即近33米高的铜制罗得岛巨像。它是古代世界七大奇迹之一(图21.2),在长达50年的时间里挺立在通往主要港口的通道上,直到被一次地震震垮。这座大得无法搬动的巨型雕像横在地上达8个世纪之久,654年,该岛的阿拉伯统治者将剩下的雕像残块当废物卖掉了。

安提柯和他凶猛的儿子从罗得岛向前推进,使爱琴海地区臣服在自己脚下,并拿下了马其顿。安提柯组织了一个新的反卡山德希腊诸邦联盟,而此时统治马其顿的卡山德与莱西马库(色雷斯)、塞琉古(美索不达米亚)合兵。公元前301年,这些盟军在安纳托利亚中部的易普斯小城附近与安提柯和德米特里交战。它是古代世界规模最大的战役之一。

图21.2 按照中世纪错误观念的构想，古代世界七大奇迹之一罗得岛巨像横跨罗得岛港口的入口，正如这幅富有想象力的插图[出自1911年出版的（*The Book of Knowledge*）]所表明的。实际上，它有可能只是一尊没有自由女神像那么高的直立塑像，有可能位于港口的岬角。不过，人们从未找到它的位置所在。该巨像所呈现的是罗得岛神灵赫里阿斯的形象，按照推测，它戴着光（从头部发出来）圈，正如当时的钱币上的景象。我们无法确定它的姿势

资料来源：Image by the MODIS Rapid Response team and NASA

双方都摆出了75 000人的军队，塞琉古还带来了400头印度战象。安提柯让其子德米特里指挥骑兵。德米特里领兵做了一次漂亮的

冲锋，并突破了敌军阵线，但他在之后追敌太远，从而将安提柯暴露给了塞琉古的战象。它们将安提柯的贴身护卫队踏在脚下，80岁的安提柯最后几乎是孤身一人死在一阵标枪投射中。安提柯死了，亚历山大建立一个从亚得里亚海直至印度的统一帝国的梦想也随之灰飞烟灭。

易普斯战役后的希腊化世界

易普斯战役结束了持续不断、残酷、复杂的20年战争。托勒密（埃及）、莱西马库（色雷斯）和塞琉古（美索不达米亚）瓜分了安提柯的帝国，如普鲁塔克所说，这种瓜分就像分掉"某只被杀巨兽的残骸"（《德米特里传》，30），而希腊化世界形成了大致的轮廓（图21.3），虽然爱琴海地区还要再折腾个几十年才能安静下来。希腊化世界有四大王国：托勒密统治埃及，塞琉古统治安纳托利亚、叙利亚和美索不达米亚，莱西马库统治色雷斯和小亚细亚部分地区，卡山德统治马其顿。"围城者"德米特里已在公元前306年自立为王，但易普斯战役让他成了一个没有王国的光杆国王。他以海盗王的新形象出现，虽然缺乏疆土，却能用手里的巨额财富雇佣陆军、舰队。在卡山德老死后，按照自己和父亲长久谋划的步骤，"围城者"德米特里在公元前294年杀掉卡山德之子，为自己夺得马其顿王位。新的麻烦很快摆在他面前（我们回头谈及），但到公元前281年，即塞琉古（美索不达米亚）在战场杀掉莱西马库（色雷斯）、灭掉后者的王国的那一年，极其复杂的希腊化世界的故事便可简化为三大家族——亚洲与美索不达米亚的塞琉古家族、埃及的托勒密家族、马其顿的安提柯家族（"围城者"德米特里的后代）的故事（表21.2）。我们将一个一个地考察它们。

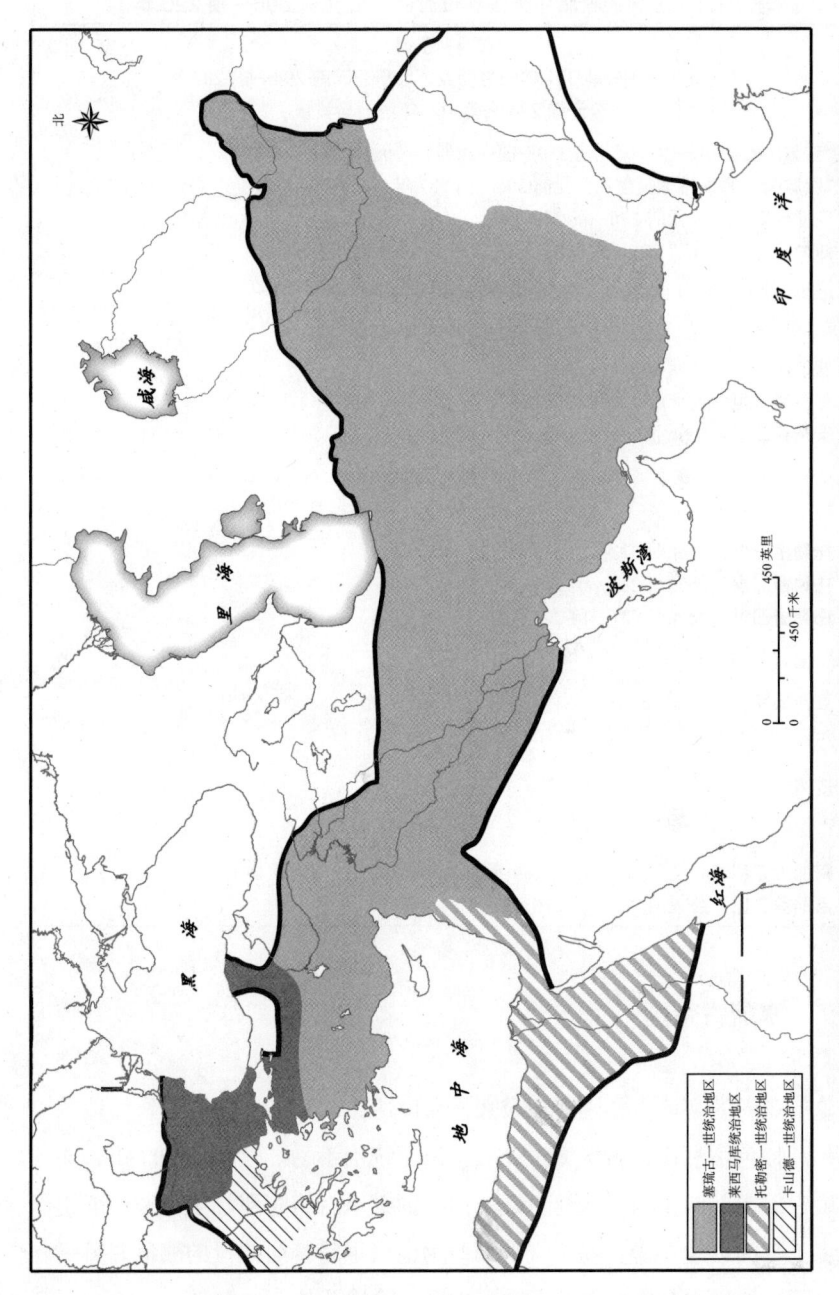

图 21.3 公元前 300 年的希腊化世界。粗线以内的是整个亚历山大帝国。一个世代后，他的四个将军统治了帝国的绝大部分地区，他们是托勒密、塞琉古、莱西马库和卡山德

645

表 21.2　主要的希腊化国王在位时间（公元前 306—前 220 年）

安提柯王朝

（公元前 319—前 301 年统治西亚，后于公元前 294—前 287 年、
公元前 276—前 168 年统治马其顿）

"独眼"安提柯一世：公元前 319—前 301 年，公元前 306 年称王
"围城者"德米特里一世：公元前 306—前 287 年
安提柯二世：公元前 276—前 239 年
腓力五世：公元前 221—前 179 年

塞琉古王朝

（公元前 312—前 64 年统治西亚）

塞琉古一世：公元前 305—前 280 年
安条克一世：公元前 281—前 261 年
安条克二世：公元前 223—前 187 年

托勒密王朝

（公元前 323—前 30 年统治埃及）

托勒密一世：公元前 323—前 283 年，前 305 年称王
托勒密二世：公元前 283—前 246 年
托勒密四世：公元前 221—前 204 年

色雷斯

莱西马库：公元前 323—前 281 年，公元前 305 年称王

伊庇鲁斯

皮洛士：公元前 307—前 272 年

叙拉古

阿加索克利斯：公元前 304—前 289 年
希耶罗二世：公元前 269—前 215 年

塞琉古帝国

亚洲的塞琉古领土面积最大，人口达 2 500 万~3 000 万，而地貌各具特色。然而，帝国太过庞大，以至统治不易。公元前 303 年，塞琉古以东部疆土与印度河流域波拉斯的继承者旃陀罗笈多，即印度孔雀王朝的创建者做交易，交换那些为他赢得易普斯战役的战象。另一方面，他极力加强对老波斯帝国地区（除埃及外）的控制。

波斯人统治这片广袤疆域的办法是，尽可能少地干涉在其治下广大地区的内部事务。他们悉心挑选各地总督，随后让他们像独立国王一般管理其行省，只要他们按时缴纳贡赋并在征召时提供军队即可。结果产生了一个"拼块帝国"，它由多种多样的地方机关、税赋和风俗习惯杂糅而成，不同官僚机构使用不同语言和不同文字管理帝国。

亚历山大、安提柯和塞琉古都用自己的手下取代了这些总督。塞琉古同样没收了大片土地，以使王室家族获得独立于总督们的税赋来源。他向农民征收新税。除此之外，不再干涉。成千上万的希腊人和马其顿人移进新疆土，有才能的人在此发家致富。在现存文献中提及的每20个管理者中，有19个有希腊名字，其中一些人是学习希腊文并取了希腊名的原地方统治精英阶层中的成员，但大多数人可能是移民。

希腊化

希腊化指的是被征服地区对希腊语言、文字书写和风俗习惯的采用，它部分由移民到近东的希腊人，部分由学习希腊文并采用希腊生活方式的当地人推动。在塞琉古王朝头两位国王塞琉古一世（公元前305—前280年在位）、安条克一世（公元前281—前261年在位）统治时期，成千上万的年轻希腊人和马其顿人来到东方成为雇佣军或行政人员。一些人英年早逝，一些人衣锦还乡，但绝大多数人在叙利亚、美索不达米亚或更东边的新城市得到了土地和公民身份。塞琉古王朝需要开拓这样的移居地，以控制人烟稀少的乡村殖民地。

体育场和广场在最不可能兴起的地方建起来了。一个城邦在今波斯湾的巴林岛兴盛起来（图21.4），还有一个富庶的希腊王国兴起于巴克特里亚（在今阿富汗）。位于今乌兹别克斯坦的阿伊哈努姆城（在阿富汗以北地区）不仅拥有标准的体育场和剧场，在其广场里，还刻有从远在4000多千米外的德尔斐神庙复制来的箴言！在巴克特里亚，文化的影响是双向的。约公元前258年，著名的印度阿育王（一个佛教徒）在印度河流域（今巴基斯坦）用希腊语、亚兰语（已

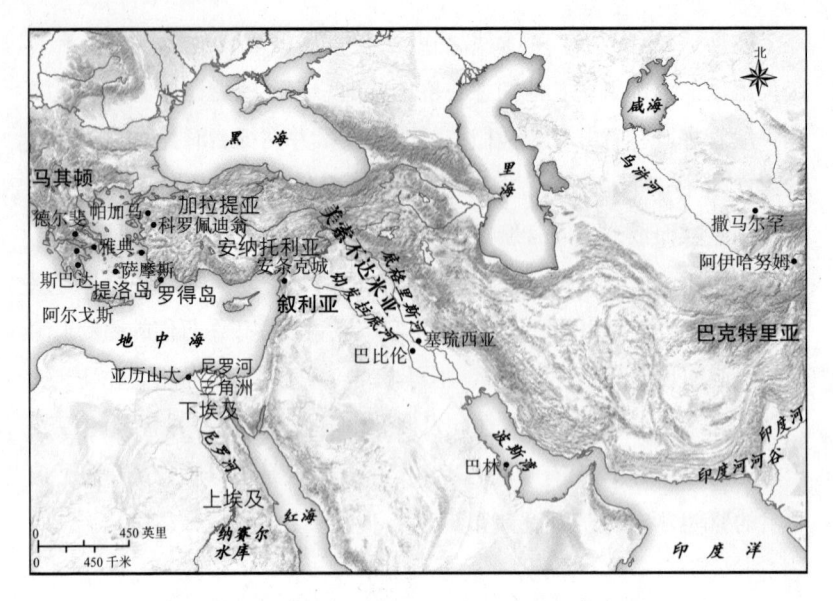

图 21.4 本章提到的公元前 3 世纪的一些地方

在塞琉古帝国广泛用于行政管理的一种语言和书写文字）刻有铭文，而在公元前 100 年左右，一个拥有地道的希腊名字"Heliodorus"（赫利奥多洛斯）的人在阿富汗刻下铭文，敬献给印度毗湿奴神。希腊东部似乎是文化大熔炉。

塞琉古、安条克在新王国的核心地带建立了更多规模更大的城市。他们仿效亚历山大用自己的名字给最大的那些城市命名，如接近今巴格达、位于底格里斯河旁的塞琉西亚城，以及位于叙利亚、靠近地中海的安条克城（有许多塞琉西亚城和安条克城）。这些城市的人口都膨胀至 10 万以上，很快超过了雅典和叙拉古。塞琉古王朝从安条克城和底格里斯的塞琉西亚城发号施令，管理富庶的大片土地，从税收、租金中取得资财并用于兴建宫殿、雇赏侍仆和建设城市公用设施。一批人口数万的其他城市以它们为中心纷纷涌现，到公元前 3 世纪，新的城市中心地带已在叙利亚海岸、安纳托利亚西部和美索不达米亚发展起来。希腊人和马其顿人主要移入这些城市，而不是乡村地带。

648

受过教育的希腊人此时能畅通无阻地在各个城市之间迁移,从叙拉古旅行至中亚撒马尔罕,他们一路上说相同的语言,讨论相同的哲学家,观赏类似的雕像,从头到尾还一直喝着同样的酒。他们即使完全离开希腊人的土地,也能在印度、迦太基找到用希腊语谈论柏拉图的人。不过,如果他们跨出底格里斯河边的塞琉西亚城或地中海边的安条克城,往乡村方向深入哪怕不到 20 千米,就会进入几乎没受到希腊影响的世界。亚述人、巴比伦人、米底人和波斯人统治者来了又走,他们说着完全不同于其臣民的语言,过着完全不同于他们的生活,对西亚大多数人来说,希腊人不过是最新来的征服者而已,他们注定有一天也要走人。

而事实上,他们确实走了。

塞琉古王朝的盛世:塞琉古一世和安条克一世

塞琉古属下城市的成长带给他充塞府库的大量财富,也使他信心倍增。和之前的安提柯一样,塞琉古相信自己能重新统一亚历山大的帝国。公元前 281 年,他占领了莱西马库(色雷斯)的王国。但就在绝对的权力近在咫尺时,塞琉古的盟友们背叛并谋杀了他。其子安条克一世(公元前 281—前 261 年在位)吸取了父亲的教训,放弃了对马其顿的所有诉求,有安纳托利亚、美索不达米亚和波斯就够了。

在若干年里,安条克事实上很难保住任何东西。公元前 3 世纪 70 年代,高卢人涌入马其顿、希腊,他们的祖辈从今瑞士、德国一路迁徙而来。他们几乎将德尔斐劫掠一空,而后进入安纳托利亚。安条克一世于公元前 3 世纪 70 年代晚期决定性地击败了他们,迫使他们定居下来。他们所据地方的名字取自其族名,为加拉提亚,它因圣保罗写给加拉提亚人的信闻名。当塞琉古之子安条克一世于公元前 261 年去世时,王国处于极盛时期,它的城市成长壮大,贸易繁茂,国王则乐享太平、安枕无忧。

危机与衰落

经济生活越发集中于以下地带：以地中海边的安条克城为中心的叙利亚城市群、小亚细亚海岸城市群、以底格里斯河的塞琉西亚城为中心的城市群。然而，公元前250年后，从爱琴海地区来的移民潮放缓了，带来严重的后果。希腊人对伊朗广阔地区的控制削弱了，而在约公元前250年，巴克特里亚的总督们大都脱离美索不达米亚和叙利亚，开始自立为王。一段时期以来，一支名为帕提亚人的游牧民族已从中亚南进至伊朗高原，而到公元前230年，他们控制了伊朗高原的大部地区。

东部收入的丧失使塞琉古君主维持庞大军队变得更困难，这反过来使其他总督更易强化自身的权力。到公元前240年，在爱琴海岸成长起来的城市帕加马的统治者也自立为王，他不只公然挑战塞琉古二世（公元前246—前225年在位），而且在事实上将他完全赶出安纳托利亚西部，并在曾属塞琉古王朝的核心区域建立了一个独立的王国。

托勒密埃及

托勒密在公元前323年占领的埃及迥异于塞琉古王朝广阔而形状不规则的王国。埃及从平坦、多沼的尼罗河三角洲延伸1 600多千米，向上溯至河谷地带，河谷宽度在16~24千米，两边则是险恶的沙漠（图21.5）。

在上埃及（位于南部，尼罗河由此流向北方）和下埃及之间，始终存在重要的文化差异，各有根深蒂固的当地传统，但尼罗河带来了令人羡慕的统一。托勒密王朝统治的700万~1 000万臣民集中居住于一地，王朝由此处统治并征收税赋，该地独特的地理条件让一年能有两次乃至三次的收成。

公元前323年，托勒密一世在到达埃及时将自己包装为新法老，宣称自己享有古埃及国王拥有的特权（虽然在公元前305年前，他不敢在希腊人中使用"国王"名号）。和塞琉古一样，他大体保留了地方行政管理的旧有架构,特别是由散布于上下尼罗河的大神庙发展起来的复杂赋税系统。希腊移民占据这些神庙的许多高级职位,并用希腊文书写王国公文。不过,土生的埃及书吏继续用埃及世俗(意为"民众的")体记录乡村活动,他们通常有希腊名字。相对任何其他地方,我们对埃及地方行政管理所知更多,因为干燥的气候保存了数百万份古文档纸草残片(图21.6)。

托勒密拒绝参与试图接管亚历山大整个帝国的高风险游戏,代之以努力经营地方政权。其子托勒密二世(公元前283—前246年在位)采用了一项古埃及传统(很可能出于人为的创造,因为这让精英家族能够防止外人继承他们的土地),娶了自己的姐姐阿尔西诺伊(图21.7),由此被称为"恋姐者"。就事实而言,在托勒密王朝治下(在埃及土著以及希腊人中间),兄弟姐妹间的婚姻变得比以往任何时候都要普遍。对接受这一传统的家族来说,基因上的后果必定是严重的。

和在亚洲一样,在埃及,希腊移民移入城市,最主要是亚历山大城。该城建于一片带状陆地及附属于它的一个T形半岛上,带状陆地将地中海与内陆的马留提斯大湖隔开,半岛东、西两方都有港口。这T形的柄原是向外延伸至法罗斯岛的防波堤,法罗斯岛则是T的那一

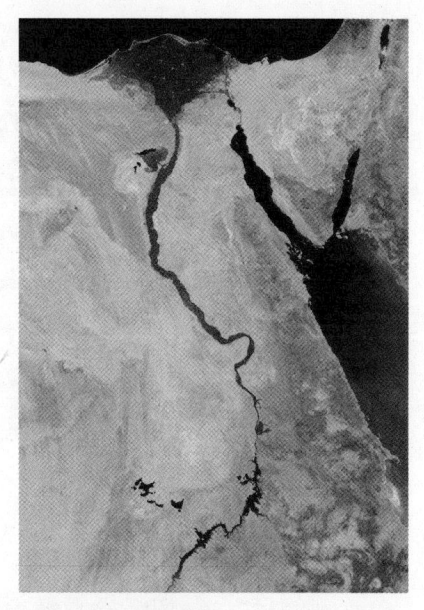

图21.5 埃及卫星图。尼罗河被沙漠环绕,这令其河谷成为宜农、能让人过上富足生活的绿洲。河谷呈一字长蛇状,从今纳赛尔湖(埃及南部阿斯旺大坝背后)延伸至地中海,在此处扩展为一片肥沃的三角洲

资料来源:Photograph by Rama, Wikimedia Commons,Cc-by-sa-2.0-fr

651

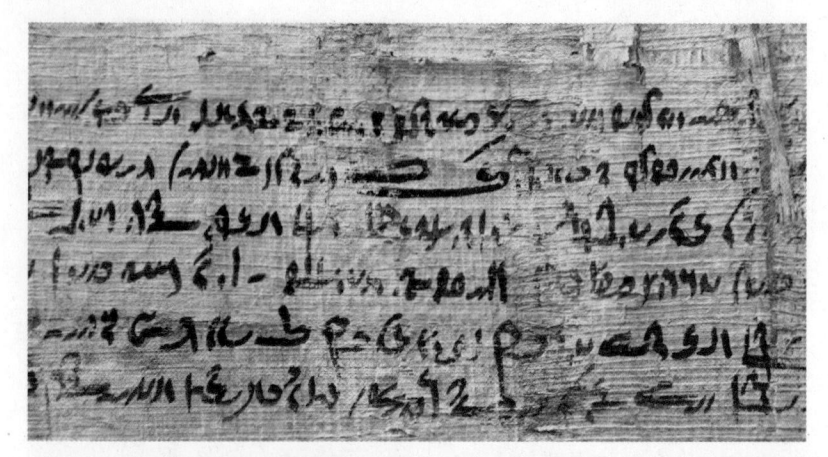

图 21.6　用世俗体书写的纸草商业信件，写于约公元前 100 年。在埃及沙漠中挖掘出了数以万计的用埃及文、希腊文写成的文件，其中许多用于包裹木乃伊化的鳄鱼

图 21.7　托勒密二世和阿尔西诺伊。托勒密被画为法老，头戴传统的埃及双王冠[1]，拿着传统的埃及权杖。他高举左手，像宙斯一般握住雷电的象征物。阿尔西诺伊同样综合了希腊和埃及的艺术表现传统。他们的名字被以象形文字书写在他们的刻像上方（石灰岩材质，制于约公元前 250 年）

资料来源：Alaa/Wikipedia Commons（CC BY-SA 3.0）

1　指红、白双王冠，它们合在一起象征上、下埃及的统一。——译者注

横。据传说，亚历山大在公元前 333 年亲自选定了该城的地址：

> 据说，在征服埃及后，他希望建立一个地域广大、人口众多的希腊式城邦，此城将以他的名字命名。根据他的设计师的意见，他已经打算为此丈量出地皮围起来。然而那天晚上当他睡下时，一幅壮丽的景象呈现在他眼前。一个两鬓斑白、神色庄重的老人站在他的面前，引用了《奥德赛》上的诗文：
>
> 在埃及的岸边，波涛汹涌的海面上，
> 浮现出一座岛屿；人们称他为法罗斯。★
>
> 听到此，亚历山大猛地从梦中跃起，向着法罗斯走去……亚历山大看到这个地点具有无与伦比的自然优势（这有一条宽阔的地峡，一边是一个巨大的礁湖，即马留提斯湖，另一边是海，并与一座巨大的海港隔海相望）。他不禁说道：荷马不仅在其他方面令人钦佩，而且是一位非常出色的建筑师。他下令根据地形来规划新城。因为手头没有灰笔，所以他们就将大麦粉撒在黑色的土地上，画出一个半圆形的区域；从内圆弧到外周画了几条线，把半圆分成了几个部分……
>
> 亚历山大王为这一设计而欣喜不已。突然，从尼罗河和礁湖中飞出无数只不同种类、不同大小的鸟，像乌云一样同时落在那片地上，把地上的大麦粉吃了个一干二净。这一征兆使亚历山大感到极为不安。但预言师的解释使亚历山大转忧为喜，他们说这预示着由他在这里亲自建立的城市会十分富庶，它的资源将像哺乳的母亲般滋养各民族的人们。听了这话，亚历山大下令修筑此城。
>
> ——普鲁塔克：《亚历山大传》，26

★ 普鲁塔克征引了《奥德赛》的内容（4.354—355）。法罗斯是距海岸数百米的一座小岛，但荷马认为从埃及到该岛需数日航程。亚历山大用一座防波堤将法罗斯与大陆连接起来。

亚历山大城很快成为古代世界最伟大的城市。在公元前200年前，其人口达到30万。一位希腊访客写道：

> 在这里有三种人：第一种是土著埃及人，他们急躁易怒，并总是在搞鬼；第二种是雇佣军，他们粗野、人数众多且专横傲慢（因埃及人久已习惯外国军队驻于此地，加之国王的软弱，这些雇佣军更常发号施令而不是听从号令）；第三种是亚历山大城人自身，他们并不特别文明（基于同样的原因），但仍好于那些雇佣军，他们虽是混血种族，不过终归还具有希腊血统，且未忘怀希腊式的做事方式。
>
> ——波里比阿：《通史》，34.14

希腊裔亚历山大城人看不起土著埃及人。公元前3世纪70年代移居希腊的西西里诗人忒奥克里托斯描述了一位希腊妇女推开人群，穿过人口拥挤的城市的经历，她抱怨道：

> 噫吁嚱，人何其众也！
> 可怕之地，如何得过、何时能过？
> 人群如蚁，数不可数！
> 哦，托勒密（二世）王，
> 自那先王不朽以来★
> 王已成就多少伟大之事：
> 现如今，行走街上，
> 无一人像先前的埃及人那般，
> 怀着恶意鬼祟走来。
> （先前）他们的言语饱含机诈，

★ 自其父托勒密一世于公元前283年去世以来。

他们玩弄着恶劣的把戏,

他们出口都骂骂咧咧,

此辈皆为一路货色。

——忒奥克里托斯:《牧歌集》, 44—50

在亚历山大城,城市动乱和种族冲突频发。在犹太地区以外,此处是最大的犹太人定居点,此外从多方面来说,亚历山大城是犹太文化的中心。在亚历山大城,《希伯来圣经》从希伯来文译成希腊文,称"七十子译本",即"七十人的劳动成果"之意,因为据说有70位学者参与此事。这些圣文是不同时代和不同风格的手稿汇集,在被流放于巴比伦时,希伯来学者于公元前6世纪将它们大略组织、编辑成形。"七十子译本"可能在托勒密二世统治时期汇编完成,在犹太人海外聚居区以及犹太本土,它使用得比《希伯来圣经》更广泛,它的文本比现存最古老的《希伯来圣经》还要古老。

亚历山大城的城市景致堪为奇观,但古城的大部分现已沉入海底。直到20世纪90年代晚期,考古学家才开始探索这些遗迹。在古代,水手们进入港口,首先看见用白色石头建造的著名灯塔,随后,是灯塔后分为几层的多彩宫殿(图21.8)。人们近来才发现了这座灯塔的部分残骸。该灯塔是古代世界建造的第三高的建筑,位居吉萨两座金字塔之后,一直屹立至14世纪。在没有其他标志的海岸线上,它十分亮眼。在约56千米以外的海上,都能看见它发出的灯光。

亚历山大城的一些大马路宽约30米。在这里,有旧大陆的所有商品:中国来的丝绸、阿拉伯来的香料、希腊来的酒和橄榄油以及埃及的小麦和大麦。你能听见哲学家们在街角讲话,能参观托勒密二世的大博物馆("*Mouseion*",意为"缪斯女神之家",它集图书馆、大学和艺术家沙龙于一身)。博物馆吸引了来自世界各地的知识分子,不仅有希腊人,还包括埃及本地人、犹太人和迦太基人。博物馆将希腊文确立为国际学习语言,它的图书馆管理员计划获得用

图21.8 今阿尔·蒙塔扎附近的纪念灯塔（可能从未被用作真正的灯塔），矗立在古代世界七大奇迹之一——托勒密二世的大灯塔的地基附近。部分雕像和其他来自原灯塔的残片近来在港口被发现。法罗斯不再是一座岛屿，而是与大陆连接起来

希腊文写成的所有书籍的副本，并收集用其他语言写成的巨量书籍。图书馆百万卷册的书就像是古代版的搜索引擎，它为人们提供了世界上第一个综合性的笔录知识储藏库。事实上，所有留存至今的古希腊文本都由亚历山大图书馆而来，包括本书引用的那些古希腊文本。在这里，这些文本被研究、盘点、复制和订正。所有现存的古希腊悲剧看似来自汇编于雅典的一套完整版悲剧文本，托勒密二世从雅典人那里借来了它，并予以保存。博物馆让亚历山大城的文化统治地位超越了公元前5世纪的雅典，我们至今仍能强烈感受到这种"地位"带来的影响。

托勒密王朝同样致力于大规模的土地复垦工程，由此增加国家税收，并开垦出土地。他们能够在不剥夺本土人口太多土地的情况下，妥善安置前雇佣军。公元前3世纪50年代一块大地产的记录资料表明，地产管理者尝试在亚历山大城出售无花果、核桃、桃子、李子和杏子。他的信件展现出了一个近代风貌的企业，它在竞争的市场上最大限度地获得利润。

虽然托勒密王朝从没试图重建亚历山大的帝国,他们还是常常介入海外事务(如在塞浦路斯和雅典)以维持有利于他们的势力均衡。然而,他们五次反塞琉古王朝的"叙利亚战争"造成了灾难性损失,托勒密三世还不得不镇压上埃及的土著叛乱。公元前221年,在23岁的托勒密四世登上王位时,他的王国看起来还很强大,但希腊移民潮的衰落使王国的扩张走到尽头。王国收入开始下降,一个黄毛小子治理国家,而且尽管亚历山大城的荣耀仍在,国家的权力在一步步地遭到削弱。

安提柯王朝:马其顿

对塞琉古和托勒密王朝来说,公元前3世纪的前半叶是一个黄金时代,不过对马其顿来说,情况并非如此,创造了亚历山大帝国的这个民族没从这个时代得到什么好处。马其顿总是比其东方对手更穷困。

马其顿问题的根源出在"独眼"安提柯一世之子"围城者"德米特里身上。在前面,他的故事讲到了公元前294年。彼时,他夺取了马其顿王位。塞琉古(美索不达米亚)和其他的王以马不停蹄之势聚集起来对付他,公元前287年,他们将其赶出马其顿。德米特里之妻绝望自杀,但是,德米特里本人拉起了一支新军反攻。不过,一切都归于徒劳。他的军队在公元前285年将他出卖给了塞琉古。在过了两年奢华的软禁生活后,德米特里死于酒精中毒。塞琉古则在公元前281年死于非命。公元前276年,"围城者"德米特里之子安提柯二世(公元前276—前239年在位,"独眼"安提柯一世之孙)击败了颠覆马其顿的高卢人,确保了安提柯家族对马其顿的继承权。这就不难理解为何希腊化作家说堤喀女神或者说"命运女神"(图21.9)是彼时最伟大的女神!

安提柯家族再次控制马其顿,这种情势一直延续至罗马时代,但他们的王国仍是最弱的。国中最具雄心的年轻人已移民东方,而到公元前3世纪,马其顿的税基只达到了亚历山大之父腓力二世统治时

657

图21.9 此处的命运女神可能代表了叙利亚海岸的安条克城。女神踏在一个男性泳者身上，该泳者可能是流经安条克城的奥龙特斯河的化身。女神戴着一顶城墙状的王冠，因为她是安条克城的保护神，她还手持一束小麦，因为她还是丰育之神。该塑像为罗马仿作，原希腊大理石塑像由西息昂的欧提基德斯（约公元前335—约前275年）创作

资料来源：Janmad/Wikipedia Commons（CC BY 3.0）

的1/5。公元前220年，安提柯王朝的腓力五世（公元前220—前179年）登上马其顿王位。17岁的他比安条克三世（当时的塞琉古国王，20岁）和托勒密四世（埃及国王，23岁）还年轻。这三个年轻、未经世事、初登王位的国王将很快被要求保卫希腊化文明，抵抗罗马旋风的侵袭。

结论

摧毁波斯帝国并将之收入囊中的亚历山大是一个无与伦比的征服者。然而，这片广阔领土不能由一个没得到强有力意识形态支持的人拢在一起，就像琐罗亚斯德教曾支撑波斯国王那样。崩溃和瓦解是必然的，而且用更实际的话说，这可能是人们乐意看到的。争夺被征服领土的马其顿将军们以令人震惊的愤世嫉俗和残暴追求自己的利益，而当他们的战争在公元前301年后渐渐缓和下来时，形势变得明朗了：一个新世界正在形成，在这个世界里，主导希腊人的生活如此之久的小城邦不再是权力和影响力的中心。

第22章
希腊化世纪的希腊诸城邦

（公元前323—前220年）

在亚历山大于公元前323年去世时，许多希腊人认为诸城邦能重拾其昔日的荣光，但这些城邦事实上太小了，以至它们根本不能与新兴的王国乃至亚历山大城、安条克城这样的超级城市抗衡。公元前314年后，所有的希腊化国王都发现推动诸城邦的自由能带来好处，但任何真的允许希腊人得到自由的国王会立刻发现一些城邦在积极帮助他的敌人。因此，国王们都对城邦严加管束。对许多古代城邦而言，适应这种新现实确实很难。

希腊大陆的经济窘困和人口危机

从爱琴海地区来的移民潮大大促进了东方新王国的成长。公元前250年后，因当时爱琴海地区的人口已停止增长，移民潮缓了下来。到公元前150年，该地区人口数逐渐下降。历史学家波里比阿（公元前200—前118年）评论道：

> 在我们的时代，有的希腊人没有孩子，因此人口减少了；城市荒废，农业产量下降，尽管它们并非由持续的战争或病灾引起……造成这种情况的原因很清楚，而扭转这种情形的方法掌握

在我们手上。邪恶突然间降临到我们身上,而我们从未预料到。男人们野心勃勃,贪图钱财,并追逐好逸恶劳的生活,由此不再想结婚,即便结了婚,也不再想抚养所生的孩子;或者在生下的许多孩子中,他们择其一二抚养,其余的弃之荒野,这样就可以继续挥霍财富。很明显,对于一个双子之家,一个孩子死于战争,一个孩子死于疾病,这个家庭算是后继无人了。正如在蜂巢所发生的情况,城市因此失去其人力资源及其更生能力。

——波里比阿:《通史》,36.17

公元前800—前300年,人口激增吸引商人们来到爱琴海。此时,随着人口衰减,商人把目光转向亚历山大城和安条克城,而非雅典和科林斯。罗得岛得因其身处爱琴海和东方之间的便利位置而繁荣起来,位于基克拉泽斯群岛中心的圣提洛岛成为一个国际奴隶市场,每天能进行一万笔奴隶贸易。随着经济活动转移到了新地点,老的经济中心逐渐萎缩、衰败。一本公元前3世纪的旅行指南描述了雅典的凄凉情景,此时的雅典已退化为某种类型的主题公园、一个偏僻的大学城:

> 该城很干燥,没有良好的水源供应。街道狭窄、曲折,一如多年前建成的那样。许多房屋是偷工减料建的,很少有几个能达到更高的标准。开始时,一个初来乍到者很难相信这是伟大的雅典城,但他们慢慢会相信。你能在此找到世上最美的景观:一座漂亮的剧场和在它上方的雅典娜帕提侬神庙,它总是给人以深刻印象,以其非比寻常和美妙无比值得一看。这里有宙斯神庙★。虽然该神庙只完成了一半,它的设计还是大有看头的;如果完工,它会非常宏伟壮观。这里有三座学校:阿卡德米学园、吕克昂

★ 庇西特拉图约于公元前530年兴建的敬献宙斯的巨型神庙。没人能够承担完成神庙建设的工作,直到130年,在罗马皇帝哈德良的干预下,神庙才最终建成。

学园和"快犬"学园（Cynosarges）。[1]学园都植以绿树，并有花园装扮。雅典人庆祝各种各样的节日，在节日里，从各个地方来的哲学家在那里高谈阔论，并弄点乐子娱乐大家。这里的休闲活动、表演丰富多彩。当地土产虽然供应不足，但味道很好。不过，雅典人习以为常的外国人的出现让他们忘却了腹里空空，并让自己转到其他乐子上去了。因这些奇观壮景和乐子的缘故，一般人不觉得饥饿，因为他们已经忘记了食物。那些有钱人在该城其乐无穷。

——克里特的赫拉克利德斯，1.1—2

由于诸城邦衰落下去，无力巡航海面，海盗猖獗起来。而当贸易衰减时，商人们无力雇用保护人员，抵制海盗侵袭。海盗的袭击让贸易走向衰落，进一步削弱了城邦。当诸城邦开始互相掠夺时，海上劫掠和战争的界限模糊起来，而且在公元前290年的某个时候，诸城邦还不得不在"围城者"德米特里变成一个海盗国王时与其周旋。

城邦的贫困使其愈加依赖于一小撮富人的善心。希腊人将这些富有的地方贵人称为"善行者"（意为"做好事的人"）。善行者不仅以馈赠、借款给自己的城市救急，还在希腊化国王的宫殿代表自己的城邦。在诸多事务都取决于统治者的心血来潮时，与国王有私交的人常常比官方大使更重要。许多希腊化时代的城市刻制了公共铭文，赞美"善行者"对改善城市公众生活的贡献。萨摩斯的一份铭文可做例证，它记录了富有的布拉戈拉斯怎样与托勒密一世周旋、修缮体育场、派使节到托勒密一世那里以及为食物供应提供资金支持。布拉戈拉斯无疑是出于对其公民同胞的关怀而做这些事的，但"善行"将政治运作从公民集体之手转移到私人个体手上。拥有更多权力的富人积累了更多财富，贫困的诸城邦也就更需要他们。

不过，新兴的超富阶层没有颠覆民主政体。或许是因为，他们不

---

[1] "Cynosarges"源于"Cynos-argos"（意为红犬或白犬）。相传犬儒学派创始人安提西尼曾在此讲学，犬儒学派（Cynics）由此得名。——译者注

需要这样做。布拉戈拉斯和其他善行者虽认可公民应集体管理自己的城邦（公元前3世纪以"民主"自谓的城市胜过以往任何时候），这些大人物的行动却凌驾于普通公民阶层。此时，真正的掌权者身在马其顿和埃及，善行者（很像现代的政治说客）与他们有直接的联系。

城邦依然重要，但它们越来越无力与王室的财富和军力抗衡。它们做出的一个回应是组建更大规模的政治体。公元前4世纪，埃托里亚和亚加亚诸民族组成了松散的埃托里亚同盟和亚加亚同盟。这些同盟和诸城邦一样有公民大会和议事会，它们由诸城邦派驻代表组成，代表们选举将军和其他官员。这些同盟是一种联邦组织（图22.1）。

公元前3世纪80年代，亚加亚人意识到，通过一致行动，亚加亚同盟能与马其顿抗衡。他们同意采用统一的度量衡、货币和法律，并在公元前245年选举英勇、年轻、富有的亚拉图做他们的将军。他

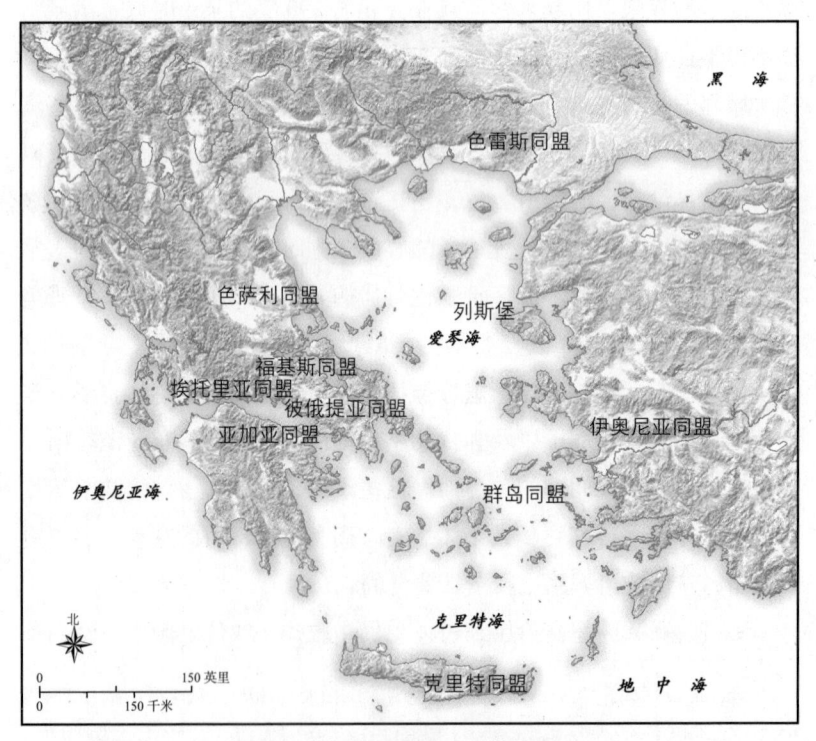

图22.1 公元前3世纪的同盟

着手将马其顿驻军逐出希腊全境。埃托里亚同盟如法炮制,甚至掌握了德尔斐的控制权。情势变得明朗了:要使诸城邦存活下去,要么向大王国屈服,要么组成有竞争力的多城市联合组织。由此,更多的同盟在克里特岛、伊奥尼亚、彼俄提亚、色雷斯形成。然而,雅典、斯巴达可能由于它们都有辉煌的过去而抵制被吸收进联盟。雅典人学会了与希腊化国王共存,但斯巴达掀起了一次复古主义的起义,试图恢复过去的荣光,最后带来了灾难性的后果。

衰落中的雅典

在继承者战争期间,雅典经历了混乱的制度变动:公元前322—前318年,它是寡头政体的国家;公元前318—前317年是民主政体的国家;公元前317—前307年,它又是在法勒鲁姆的狄米特里乌斯统治下的寡头国家(尽管在事实上他直接控制了政治)。一位僭主在公元前301—前295年获得权力,然后"围城者"德米特里回来了。雅典于公元前3世纪70年代恢复民主政体,但一个小团体为雅典的节庆和防卫支付费用,并控制着这两项事务。他们还购买粮食,并说服托勒密二世慷慨赠施。一个由大财主组成、依赖托勒密的善意的秘密团体统治着雅典,而一支马其顿驻军占据着比雷埃夫斯港。这些安排让民主和其理念看起来显得可笑。

依附托勒密的代价便是:托勒密促使雅典、斯巴达和亚加亚同盟在公元前268年加入反马其顿战争。雅典承受了战争的打击,并于公元前262年在一次可怕的围攻战后向马其顿王国安提柯二世投降。安提柯二世驱逐了托勒密的党羽,并扶植了一个新独裁者,极具讽刺意味的是,他是50年前统治该城的法勒鲁姆的狄米特里乌斯的孙子,他也叫法勒鲁姆的狄米特里乌斯!公民大会经常召开,但除了祝安提柯二世及其家人安康之外无所事事。

公元前229年,一群雅典"善行者"贿赂马其顿驻军撤离。在一定程度上，公民大会再次获得了至高无上的地位。但是，富有的两兄弟优利克里戴斯、米西翁在接下来的30年里成为雅典的主宰者。他们明白雅典不再是一个强大的城邦，这是其成功之源。他们意识到：雅典无力与马其顿或亚加亚、埃托里亚同盟抗衡，而依赖任何一个强权都会毁掉雅典。他们还放弃了舰队和长墙，这两个举动均可节约资金，避免招致攻击。雅典人沉寂了。小小雅典的文化声望越来越多地被遥远的亚历山大城盖过，到公元前200年，这座伯里克利的城市靠它的过去活着，它作为某些历史大事的发生地成为旅游胜地。

斯巴达的复古革命

公元前8世纪，在斯巴达人征服麦西尼亚时，为控制希洛人，他们发展出我们在第10章中所描述的仪式化教育、公餐以及其他奇怪的习俗。在败于底比斯之手后，斯巴达于公元前371年失去麦西尼亚，保存这些习俗的基本理由也就不复存在。但由于斯巴达人不切实际地随时希望收复失地，他们极力保存自己的祖传习俗。公元前338年，他们坐视雅典人、底比斯人在喀罗尼亚对马其顿的最后抗击，结果，公元前331年他们自己发动的起义迅即被镇压。斯巴达的军事传统留存了下来，但它的年轻人越来越多地作为雇佣军在海外作战。

一些斯巴达人欢迎这样的变化。自公元前5世纪以来，一个富有的上层阶级已然兴起，他们通过战略联姻和将许多从前的公民撵出斯巴达人群体，将大量土地集中在自己手中。到公元前3世纪，这些富有家族拥有与其他城邦的"善行者"极相似的地位。然而，更多更贫困的斯巴达爱国者一直在问到底哪里出了问题。公元前4世纪70年代，斯巴达在希腊占据主导地位，而此时它只是一个地方角色。斯巴达人不明白人口和经济方面的变化（它们对他们的制度造成破坏），以及权力向更大规模政治体转变的趋势。在他们中的许多人看来，斯巴达衰落的根源只在于它已丢弃了来库古古老、尊贵的教诲。他们想重建祖先的制度，将土地重新分配给广大的斯巴达人，并重申古代的简朴和美德。如此要求与其他城邦穷人们的愿望类似，但有其独特的千禧年的幻想特质：他们幻想，如果重拾来库古给予他们的原始立法，斯巴达将再次称雄希腊。

斯巴达富人对现有秩序感到满意，另一些人则寻求进行一次来库古式的革新，在国王亚基斯四世（公元前244—前241年在位）短暂的统治时期，他们之间的紧张关系爆发为公开的斗争：

> 城市的财富迅速流入一小撮人手中，贫穷困扰着整座城市。人们没更多时间追求更高尚的目标，也没更多时间做一个自由人该做的事，人们对富人充满了嫉妒和憎恨。斯巴达人只剩下不到700人，其中有100人除他们的祖传份地外还有其他土地。大多数人在城市中没有任何资源和地位，他们被迫眼睁睁地看着一些事情发生而无能为力。他们没有热情或精力抵制对外战争，而是一直在盼望革命爆发或是改善当前际遇的机会。
>
> 亚基斯了解此种现状，他认为，在公民中重建平等并充实公民数量是一件好事（事实上确实是好事）。然后他询问大家的意见。出乎人们的意料，年轻人倾听亚基斯的意见，在他们抛弃所有追求道德，并追求自由的斗争中，他们像抛弃旧衣服一样丢掉他们以前的做事方式。而老一点的人却被腐化堕落所侵蚀，他们一听到"来库古"这个名字就害怕和颤抖，好像是逃亡的奴隶要回到主人身边似的，他们大骂亚基斯，说他将现在的状况贬得一无是处并想恢复斯巴达的古代声望。
>
> ——普鲁塔克：《亚基斯传》，5—6

亚基斯劝说母亲和他的女性朋友将她们的地产分给斯巴达人，以此展开了他的行动：

> 这个男人的雄心壮志极大地改变了这些女人的目标，她们渴望做正义之事，并敦促亚基斯走得更快，她们还派人联系自己的男性朋友，鼓励他们助亚基斯一臂之力，并与其他女人商议此事。她们知道，在斯巴达人中间，男人服从于女人，女人在公共事务上的发言权比男人在私人事务上的发言权更大。
>
> 此时斯巴达的绝大部分财富在女人手上，这让亚基斯的工作难以展开，前景黯淡。她们反对亚基斯，不仅是因为她们的奢侈品将被夺走（在她们缺乏优雅风度的情况下，奢侈品是唯一让她们感到高兴的东西），而且还因为财富带给她们的荣耀和权力也会被夺走。
>
> ——普鲁塔克：《亚基斯传》，7

亚基斯认为他正在恢复祖先的美德，并将斯巴达带回来库古的正确道路。他的反对者——包括与他共同担任国王的列奥尼达（与其同名的著名国王曾在公元前480年率三百勇士战于温泉关）——对此事的看法截然不同：

> 列奥尼达想帮助富人，但他害怕如此渴望革命的大众。由此，他没有公开反对，但在暗中竭尽所能地破坏和摧毁亚基斯的大计。他与行政官员商议对策，并指责亚基斯通过将富人的财产交给穷人而得以肆行暴政。通过分配土地和勾销债务，亚基斯为自己赢得了许多拥护者，但他没有为斯巴达赢得新公民。
>
> ——普鲁塔克：《亚基斯传》，10

亚基斯打算将斯巴达附近的土地分成 4 500 等块，分给斯巴达人，将离城更远的土地分成另 15 000 等块，分给庇里阿西人。列奥尼达策动元老们阻挠该项计划时，被亚基斯废黜。监察官予以反击，说取消债务、充分分配土地是非法的，但亚基斯宣布，监察官的意见只在两位国王有意见分歧时才起作用，而因其已将列奥尼达废黜，监察官的意见当然做不得准了。亚基斯得到武装团伙的支持，他在广场上将监察官撤职，并让自己的支持者取而代之：

> 但在事情进展顺利且无人反对或试图搞垮亚基斯的事业时，阿戈西劳*颠覆、毁灭了一切，他放纵他最可耻的贪欲，破坏了一项崇高而斯巴达化的计划。阿戈西劳是一个大地主，但欠了许多债。他还不起债但又不愿放弃自己的土地，于是就劝亚基斯说，如他同时推出两项重大改革的话会引起国家大乱，但如果通过勾销债务首先赢得那些有产者的支持，之后，他们会愿意接受土地的重新分配……于是他们将所有债务人的欠债文件带到广场，堆在一起并烧毁。在火焰腾飞时，所有富人和那些出借钱财的人心情沉重地离去。而阿戈西劳带着嘲笑的口气说，他从没见过比这更明亮的光、更灿烂的火焰。
>
> 在人们要求立刻分配土地时，两个国王同意了，但阿戈西劳一直以忙于其他事务为由推脱，直到过了很久，斯巴达盟友亚加亚人派人求助、亚基斯应求助请求奔赴战场。
>
> ——普鲁塔克：《亚基斯传》，12

更穷困的斯巴达人眼见土地的重新分配被搁置，以便亚基斯继续进行战争，他们感觉自己受了欺骗，亚基斯的政治同盟就此崩溃。受到迫害的亚基斯避难于雅典娜神庙，但有一天，他离开神庙去游泳。他的敌人抓住了他，将他扔进大牢，并在那儿绞死了他。为一劳永逸地根除这样的复古主义，他们将亚基斯的母亲、祖母也绞死了：

> 当这件惨事传出来、三具尸体被运走时，恐惧并没有阻止

---

* 不要与古典时代的国王阿戈西劳（约公元前399—前360年在位）相混。

人们表达对所发生的事情的悲痛,以及对列奥尼达和安帕里斯[*]的憎恨。人们认为,自多利安人最初迁徙到伯罗奔尼撒半岛以来[†],再没有什么事比这更可怕、邪恶的了……亚基斯是第一个被监察官杀死的斯巴达国王。但他选择了一项高贵且于斯巴达有利的事业。

——普鲁塔克:《亚基斯传》,《克里昂米尼传》(18)

由此,亚基斯恢复来库古的斯巴达的努力终结了。但谋杀并未粉碎复古主义:

列奥尼达此时强行将亚基斯之妻和她新生的儿子从屋里迁出来,并将她嫁给自己的儿子克里昂米尼,尽管克里昂米尼还没到结婚年龄,但列奥尼达不想让她嫁给别人。她是其父吉利普斯庞大地产的继承人,比其他希腊女子更年轻貌美,且性格开朗。她哀求列奥尼达不要逼她嫁给克里昂米尼,婚后她对列奥尼达的恨持续下去,与此同时,她成为克里昂米尼深情的好妻子。而就克里昂米尼来说,他们成婚后,他全心全意地待她,在某种程度上同情她对亚基斯的怀念。在妻子讲述往事以及亚基斯想要达成的目标时,他专心地听着。

——普鲁塔克:《克里昂米尼传》,1

克里昂米尼的家庭教师是一位斯多葛学派哲学家(参见第23章),他写下了一本《论斯巴达政制》的小册子。克里昂米尼受到这本小册子及其妻的影响,他觉得亚基斯的政策比其父维持现状的政策能更好地解决斯巴达糟糕的处境。当克里昂米尼于公元前235年亲登王位时,他准备展开行动。他觉得,战胜斯巴达此时的可恶敌人亚加亚同盟会给予其

---

[*] 犯下谋杀罪行的人。

[†] 也就是自斯巴达有史以来。

筹码去对抗保守的监察官,并赢得亚加亚城市的穷人阶层的支持。

克里昂米尼于公元前228年在战争中击败亚加亚人,随后发动了政变。他杀掉5名监察官中的4名,以及他们的10个支持者。次日早上,在全城为此事惊惶不安时,他放逐了80名最富有的人,包括亚基斯的许多敌人。他将监察官们的座位从广场上撤掉,只给他自己留了一个,由是,在追求恢复斯巴达古代传统的过程中,他推翻了这些传统!在妻子及母亲的女性朋友的援助下,他将自家和那80个新近被逐之人的土地分给4 000名新斯巴达人,并让他们拿着2米多长的矛,用马其顿方式训练他们作战。他以自己的方式扮演一个传统斯巴达国王的角色。他衣着简朴且对东方国王的虚华、铺张不感兴趣。从这方面来说,他为所有人做出了表率。

克里昂米尼的新军队得到雇佣军支持,横扫伯罗奔尼撒半岛。新斯巴达人奋勇作战,而其他城邦的穷人阶层欢迎他们。斯巴达看起来终于可以重现其昔日荣光。亚加亚同盟的加盟国家身处动乱中,它们的城市处在爆发叛乱的边缘,它们的民众希望分配土地、勾销债务。公元前226年,克里昂米尼占领了斯巴达的宿敌阿尔戈斯的土地,整个伯罗奔尼撒半岛看似处在革命的边缘。据普鲁塔克说:

> 人们赞赏克里昂米尼的敏捷和智慧。那些先前取笑他废除债务、平分财产,以此拙劣地仿效雅典的梭伦和斯巴达的来库古的人,此时心服口服,因为他的政策改变了斯巴达人的行为……没过多久,斯巴达人已重拾其传统习俗和著名的教育。他们还证明了自己的勇敢和严守纪律,并通过他们在伯罗奔尼撒半岛取得的胜利赢回斯巴达对希腊的领导地位。这取得的一切成果好像来库古本人在世并施行其政策一般。
>
> ——普鲁塔克:《克里昂米尼传》,18

然而强权政治的现实没有改变。斯巴达赢得了许多战役,但仍不及大王国的财富、人力。公元前224年,当安提柯三世最终派遣马其顿军队开往伯罗奔尼撒半岛时,斯巴达的唯一机会是指望埃及托勒密三世站在斯巴达一边而介入战争。托勒密确实接济了克里昂米尼。公元前222年,斯巴达与马其顿在斯巴达北部塞拉西亚决战。与马其顿人结盟的亚加亚同盟洗劫了斯巴达,克里昂米尼手下的200名新斯巴达人全数死于刀下。克里昂米尼的改革宣告终结。

克里昂米尼没有效法斯巴达古代国王与手下人一同赴死,而是逃到了亚历山大城,希望托勒密三世能帮他赢回斯巴达。但托勒密三世很快死去,而其继承者——无能的托勒密四世拒绝帮他。公元前219年,愤怒的克里昂米尼试图推翻托勒密四世,但克里昂米尼在混乱的巷战中受伤,流血至死。与此同时,安提柯三世占领了斯巴达本土(这事即便是公元前371年的底比斯也没做成)。安提柯三世推翻了克里昂米尼的革新措施,将斯巴达纳入一个亲马其顿同盟中,随后率军回国。斯巴达的大赌博失败了。

残酷的事实是,斯巴达的复古主义脱离了时代的步伐。即便克里昂米尼击败了亚加亚同盟,并在伯罗奔尼撒半岛全境重新分配土地,强权最终定会介入,只要强权这样做,斯巴达便会失去机会。"城邦是由基本平等的人组成的一个联合体"的古代理想彻底地走向衰亡。

希腊西部人:叙拉古的阿加索克利斯(公元前361—前289/288年)

茫茫大海保护着希腊西部不受希腊化国王的侵扰,而在西西里,我们熟悉的旧有冲突仍在进行,好像从没停过:迦太基打叙拉古,叙拉古打其他希腊人,僭主对付公民,富人对付穷人,土著反对迦太基人、希腊人,还有土著彼此攻击(图22.2)。而后,一个名叫阿加索克利斯的人重新安排了权力的均衡格局。公元前361年,阿加索克利斯生于西西里岛西半部(迦太基一方)。他来到叙拉古,捍卫穷人，煽动对迦太基人和西西里人的恐惧情绪，还利用穷人对富人的仇恨，获得在叙拉古的影响力。公元前316年，他们屠杀了4 000名富有公民，而另外6 000名富人向西逃往阿克拉加斯。公民大会选举阿加索克利斯为指挥官。他取消了债务，重新分配了土地，过着极其简朴的生活。

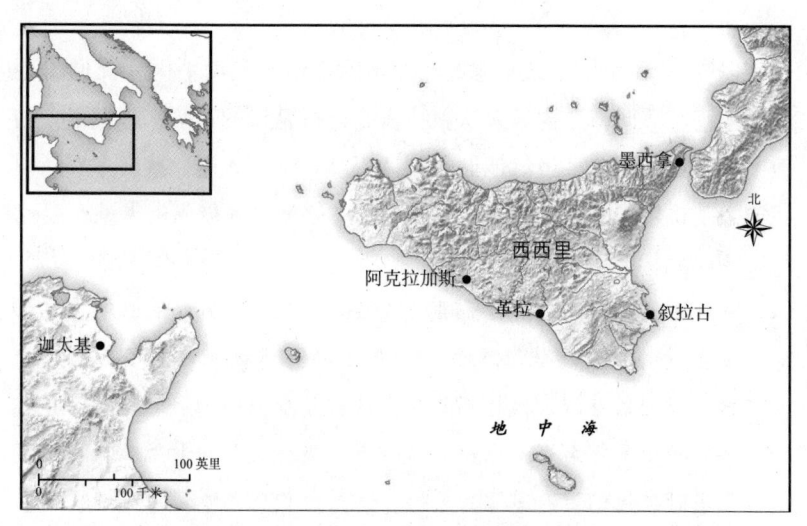

图22.2　本章提到的地中海西部的一些地方

阿加索克利斯日渐增长的势力令人不安，以至迦太基派出军队帮助希腊流亡者。在公元前311年的一次大战中，迦太基击溃了阿加索克利斯的军队，杀敌7 000人，并围攻叙拉古。阿加索克利斯大胆出击，只带了13 500人（大多数为雇佣军），就从迦太基人的海军封锁下突围，他们出海直奔迦太基本土，他们推想：

> 如果他做这件事，长期享受歌舞升平、豪华奢侈的生活且未受战争磨炼的那些人会任由那些久经艰险的人宰割。迦太基人的同盟者利比亚人★怨恨向迦太基上缴贡赋，他们会起而反抗，并站

★　希腊人用"利比亚"指称非洲西北部。

在自己一方。最重要的是，通过奇袭，他可以劫掠迦太基人久未遭战争破坏的富庶土地（正因如此，迦太基人的繁荣充满着美好的事物）。而总的来说，他率领这支野蛮的军队离开他出生的城市，离开西西里，并将整个战场转移到利比亚。

——西西里的狄奥多罗斯，20.3.3

以往从无他人攻击过迦太基。当阿加索克利斯消灭一支迎击他的迦太基军队时，迦太基人从叙拉古召回最精锐的军队，并撤走在陆地上对该城的围攻，虽然他们的舰队仍然封锁着大港。狄奥多罗斯说，在迦太基，绝望的迦太基人恢复了可怕的宗教仪式以驱走灾难：

迦太基人断言克洛诺斯★跟他们作对，因为以前他们将自己最尊贵的孩童敬献给这位神，但近些时候秘密地买了其他孩子，抬高他们的身份，代替那些尊贵的孩子献祭给他。调查显示，献祭的确实是冒名者。意识到这一点，当迦太基人看见敌人在城下扎寨时，他们堕入迷信的恐慌，认为他们已忽略了祖先确立起来的敬献给神的礼物。在他们弥补过失的狂热中，他们选出了城中 200 名最尊贵的孩童，并在一次公共仪式中将他们献祭。其他一些已堕进迷信深潭的人献祭了他们自己，这部分人总数不少于 300。城中有一座克洛诺斯的塑像，他的手心向上，手臂呈斜向下趋势，由此每个放在臂上的孩童向下滑进火堆。

——西西里的狄奥多罗斯，20.14.4—7

迦太基和其他腓尼基人的火葬儿童墓址被发掘出来，许多墓地刻有"献给巴力神"的文字，这支持了上述悲惨的叙述。

拿下迦太基会让阿加索克利斯跻身于托勒密、安提柯以及卡山

★ 希腊神话中的宙斯之父。狄奥多罗斯将克洛诺斯等同于腓尼基人的雷神巴力。从很早的时候起，闪米特诸族用成人和婴儿献祭该神。

德这类伟大国王之列,但转过头来看西西里,阿克拉加斯此时站在迦太基一方参战,并重新围困叙拉古。公元前307年年末,在战局不利时,阿加索克利斯将整个军队及其二子扔在非洲,仅带亲信从包围中偷偷溜走。被抛弃的雇佣军杀掉他的儿子,随后与迦太基签订雇佣条约。

多次征战后,阿加索克利斯与迦太基言和,并在公元前304年仿效希腊化君主称王。但是,他的战争只是再次收获了如下教训:叙拉古和迦太基都没有强大到能摧毁对方。他又活了15年。由于希望将意大利南部的希腊人纳入治下,而后利用他们解决迦太基,于是他入侵了意大利大陆。但他唯一影响长久的"业绩"是在意大利的希腊人着手与罗马展开斗争前夕削弱了前者。公元前289年,他痛苦地死去,很显然是死于颌骨癌。他在死前退位,结束了叙拉古的僭主统治,并解散了他辛苦创建起来的王国。希腊西部在此后的约50年时间里仍是多个独立城邦的世界。

伊庇鲁斯的皮洛士

伊庇鲁斯位于地势崎岖、遥远的希腊大陆西北部(图22.3),公元前4世纪时,它一直是一个二流国家。相比马其顿,这个国家采用希腊的战术和组织要慢一些,但在公元前3世纪80年代,伊庇鲁斯国王皮洛士在希腊舞台上扮演了一个主要角色。

皮洛士古怪而好战成性。和亚历山大一样,他因战争本身而喜欢战争,他还热衷单挑敌军指挥官,并将他人的争斗揽成自己的活儿。公元前281年,意大利兴起的罗马强权正威胁着一个位于意大利南部的富裕希腊城市塔拉斯(今塔兰托),而当塔拉斯人向他寻求援助以对抗罗马人时,皮洛士显然觉得自己有机会在西方复制亚历山大在东方的行动。

图22.3 皮洛士在意大利和西西里的征战

在差点溺死于渡往意大利途中之后,皮洛士(图22.4)于公元前280年5月进入意大利。塔拉斯人的懒惰、无能让他震惊,但他们的罗马敌人既不懒惰,也不无能。在由20头大象组成的一支部队的帮助下(罗马骑兵受到这支部队的惊吓),他艰难地战胜了罗马人。罗马人在战场上损失了7 000人,皮洛士损失了4 000人,许多意大利部族背叛罗马倒向皮洛士。皮洛士行进到距罗马约60千米的地方,他以为他的敌人此时会求和。他甚至释放罗马战俘,将它作为一个诱使手段推动罗马缔约。然而，罗马元老院顽强的元老们拒绝谈判。他们竟送回皮洛士释放的战俘，并发布命令：任何返归的人都会被处死。罗马随后聚集了一支新军。

两军再次交锋，战役持续了两天。皮洛士的大象再一次发挥了决定性作用。这次，罗马人阵亡6 000人，皮洛士一方则是3 500人。

图22.4 皮洛士的大理石头像，是罗马人对希腊原作（公元前250年）的仿品。无须的皮洛士戴着头盔。头盔上有重叠起来的怪异下垂物，顶部则是常青藤叶

资料来源：Marie-Lan Nguyen（2011）（CC BY 2.5）

> 据说，有人在胜利后祝贺皮洛士，皮洛士说："如果我们在与罗马人的另一场战争中获胜，我们就完了！"因为他已损失了所带军队的很大一部分，除少数人外，他所有的朋友和将军都死了。他无法从家乡征召军队补充损失，而且发现盟友们开始失去斗志。相反，罗马人就像从房子里涌出的泉水一样，通过源源不断的新兵轻松迅速地补充损失。
>
> ——普鲁塔克：《皮洛士传》，21

由此而有了我们所说的"皮洛士式的胜利"，意指得不偿失的胜利。

在此关键时刻，两位信使来到皮洛士这里。一个人告诉他马其顿处在混乱中，这是他夺取马其顿王位的一次机会；另一个人告诉他，如果他能保护西西里城邦叙拉古、阿克拉加斯和莱昂蒂尼免受迦太基侵扰，这几个城邦也愿意投诚。他做出了一个艰难的决定。

公元前278年，他放弃意大利（与罗马对抗的境况不妙），前往西西里，击败了那里的迦太基人，并猛攻位于西西里极西处、貌似坚不可摧的厄瑞克斯堡垒（图22.5）。以亚历山大为榜样，皮洛士第一个攀上城墙，并独自一人跳进城里，在一堆尸体中独力支撑，直到他可怕的军队杀到他那里。

公元前277年，迦太基提出了优厚的条款，但皮洛士拒绝了。他开始征召希腊人组成一支大舰队以入侵非洲，但他的傲慢将西西里的希腊人推远，以致他们与迦太基展开秘密谈判，以摆脱皮洛士。在处

图22.5　厄瑞克斯之巅，公元前278年皮洛士攻击此地。图中的城墙建于中世纪

境恶化时,皮洛士在公元前276年"适时"记起了他对塔拉斯所背负的责任。这个驶离西西里的借口很合理,所以他的撤离表现得不像是逃跑。但事实上,他没能征服西西里。

为摆脱困境,皮洛士再次打了一场惹人非议的硬仗;他接受了与一个大块头西西里人的单打独斗(即便当时他有伤在身)。皮洛士一击将这人从头骨到腹股沟分成两段。皮洛士前往意大利,并全速推进截击罗马人,他最后在那不勒斯北部的马莱文图姆(拉丁文意为"坏风")因失误而战败。罗马人已学会派出轻装散兵对抗皮洛士的大象,投射标枪折磨它们,直到它们受惊并跑回去践踏皮洛士自己的军队,从而引起混乱。罗马人将当地小镇重新命名为"贝内文图姆"(拉丁文意为"好风")。

皮洛士没为既失去西西里又失去意大利感到沮丧,他在公元前275年乘船驶回伊庇鲁斯。他迅即侵入马其顿,自立为王,而后向南急进,到达伯罗奔尼撒半岛,这让安提柯二世重新占据了马其顿。在公元前272年向阿尔戈斯开路的过程中,皮洛士与一位年轻人打起来。这个人的母亲躲在屋顶,用一块屋顶瓦片打昏了皮洛士,随后另一个阿尔戈斯人赶来砍掉了他的脑袋。这个伟大的男人死了。

关于皮洛士,普鲁塔克说:

> 人们认为,论军事经验、个人勇武和胆略,皮洛士是他那个时代最伟大的国王,但是,他在追逐徒劳无益的希望的过程中,失去了通过行动赢得的东西。他贪图自己没有的东西,没有做任何必要的事情来保住自己拥有的东西。因此,安提柯(二世)将他比作一个骰子手,他掷出了许多精彩的点数,但不懂得怎么运用它们。
>
> ——普鲁塔克:《皮洛士传》,26

皮洛士努力在西方创建一个新的希腊化王国。希腊人对罗马、迦太基的恐惧给了他一个切入口,但他在与两大强权作战时无力控制不驯服的城邦。如果他只是与罗马作战，他可能已经解救了塔拉斯；如果他只是与迦太基作战，他可能已经统一了西西里。但他不能同时与罗马和迦太基作战。当皮洛士离开西西里时，据说他感叹道："我的朋友们，我们给罗马人和迦太基人留下了一块多么激烈的角力场。"

希腊化社会：平等主义的式微

自公元前8世纪以来，城邦就由基本平等的男性所组成的团体构成。在公元前5世纪和公元前4世纪，城邦能组成民主政体或寡头政体自治，但城邦领导人总是隶属一个团体，在这个团体里，没有人优越到不需要倾听他人的意见，也没有人卑微到他的意见可以被忽略。财富、才能、教育或血统都不应在男性公共团体内部构成障碍，也不应有人宣称与神具有特殊、亲密的关系。女性几乎被当作一个特殊群体对待，而且就算具有财富或影响力，她们也不能直接行使政治权力。外邦人和奴隶永远是局外人，这两者几乎不可能成为公民。

在伯罗奔尼撒战争期间及以后，城市对金钱的不断需求使普通公民成为富人的债务人，上述观念遭到重大打击。随后，随着马其顿的征服使希腊世界拥有此前难以想象的财富，平等主义的意识形态开始瓦解。到公元前3世纪，旧有的观念——在所有男性自己的城邦里，他们是基本平等的——很难让人信服，而且在庞大的新王国中，城邦变得更无足轻重。从西西里延伸到中亚的希腊化世界，幅员辽阔且情势多样。当古风、古典时代严格的男性公民权观念松垮下来，自由贫民的权力衰落了，富人从剩下的社会群体中脱离出来，而超富的人宣称自己与神地位相当。

男性和女性

在古典时代，希腊女性没有什么政治、经济权力，但在希腊化时代，一些女性特别是王后、贵族家庭的女性开始享有更宽泛的权力。

我们已经见识过像奥林匹亚斯、欧律狄刻这样凶猛的战士型王后,她们杀出一条血路达到至尊地位,甚至亲率军队。我们还看到斯巴达的亚基斯、克里昂米尼身边的王室女性的影响。埃及的阿尔西诺伊在约公元前 275 年嫁给自己的弟弟,她事实上与他联合统治直到她在公元前 268 年去世。她出现在埃及的货币上,并建立了埃及的海军,其权威在整个希腊世界得到承认。王室女性的权力在软弱的男性在位时最为强大,而在强力的国王统治时,她们最可能充当外交工具:正如女性在青铜时代的遭遇一样,她们被嫁出去以加强政治同盟。

成千上万富有而非出身王室的女性同样享有新的机会。在斯巴达,不同于雅典的是女性可拥有土地。公元前 4 世纪 20 年代,女性控制了此项至关重要资源的 2/5,一个世纪后,这个比例更高。公元前 4 世纪早期,一支斯巴达女性的战车队已在奥林匹亚夺冠,而在公元前 3 世纪,全希腊的富有女性都加入了参赛队伍。随着权力向上层阶级转移,一些女性积累了数量庞大的资源。像男性"善行者"一样,她们出资建造公共建筑,并借钱给她们的城市,她们的城市反过来授予她们荣誉。在留存至今的埃及私人借款文件上,女性的名字占有突出地位。一份文件显示,一个丈夫在向别人借钱以前不得不先征求妻子的同意。增长的经济实力带来了政治影响力,而在公元前 3 世纪的城邦里,一些女性开始在政治决策上拥有发言权。相比之下,在公元前 5 世纪的雅典,女性在任何事情上都是没有发言权的。

人与神

在古典时代,凡人与神之间存在一道巨大的鸿沟。如果一个人做出了某些非比寻常的事情,比如创建一座新城,在他身后——以前从没有这类事情——他可能被抬升至"英雄"的位置。他不是一个神,而是一个被人尊崇的魂灵。甚至连伟大的领袖人物,如地米斯托克利和伯里克利也担不起被视为超脱凡人。(如果这样的话)它会破坏一个观点:所有男性都同样适合公共生活。

约公元前400年，斯巴达的来山得声势极盛，以至某些城市给他献祭。但是，腓力和亚历山大向传统的人、神之分提出了第一次郑重挑战，他们都宣称自己是神的后代。当亚历山大于公元前324年命所有希腊人尊其为神时，大多数人出于畏惧从命了，但在他死后不久，他们又迅即放弃了对他的崇拜。与此类似，当埃及人为托勒密一世加冕为埃及法老，并且确认他为太阳神拉的儿子荷鲁斯的时候，他对大多数希腊人而言仍只是一个将军而已。随后在公元前311年，一座伊奥尼亚城市建立了一座（"独眼"）安提柯一世的塑像，并像崇敬神的塑像一样崇敬他的塑像。

这样的崇拜很快传开了，普鲁塔克讲述了一个例子。公元前307年，安提柯之子"围城者"德米特里乘船驶进比雷埃夫斯港，并宣布他来是要赶走卡山德的傀儡统治者——法勒鲁姆的狄米特里乌斯的：

> 当这些事情被宣布时，大多数人将他们的盾牌扔在脚下，并开始鼓掌，他们高呼：德米特里（围城者）乘船进去，并将他称为救世主和恩人……德米特里慷慨赠予雅典人的好处让他声名显赫，但他也因雅典人通过投票赋予他的奢华荣耀而为人所嫌恶……雅典人是唯一将安提柯和德米特里称为"拯救之神"的民族，他们甚至投票罢免了自古以来每年都以其名命名的名年执政官，以便任命一位"拯救之神的祭司"，雅典人将这位祭司的名字写在公共法令和私人契约之前。雅典人投票将安提柯、德米特里的图像与神的图像一道，织进每四年一次敬献给卫城雅典娜神像的圣衣中。他们将德米特里最初从战车中下来的地方奉为神地，并在该址兴建一座"降临的德米特里"祭坛……
>
> 推动这些仪式的人是斯特拉脱克里斯，他提出的最怪异的建议是，无论何时，根据公共秩序，用公共资金派到安提柯、德米特里那里的使节都不应该叫作"大使"，而应叫作"圣使"，正如在重大节庆期间，各个城邦派"圣使"到德尔斐神庙或奥林匹亚

献上传统的祭品……

另一个人在热衷于奉承方面甚至超过了斯特拉脱克里斯，他提议，无论德米特里何时来到城镇，人们都应以得墨忒耳和狄俄尼索斯专享的礼节迎接他，而且，对隆重接待德米特里并为接待仪式花钱超越别人的人，人们应从国库里取钱给他，以表彰其奉献。最后，人们将"谋尼克翁月"[1]改为"德米特里月"，将每月末的单日称作"德米特里日"，还将"狄俄尼索斯节"更名"德米特里节"。

……但在所有加在德米特里身上的荣耀中，没有一个比斯法托斯的德罗摩克莱德斯所提出的那项荣耀更奇怪和骇人听闻。在雅典城准备将敬献德尔斐神庙的盾牌送出时，德罗摩克莱德斯建议雅典人直接向德米特里本人寻求神谕。我将他付诸表决的提案的内容记了下来：

"这可能是最好的。我们发布命令，让人们选出一个雅典人到'拯救之神'（即德米特里）那里，在预兆显示吉利后，让他问德米特里，如何以最尊敬、端正和迅捷的方式，将这些意图敬献给神的祭品放到适当的位置上。无论德米特里回答什么，人们都照做。"

雅典人这样的行为彻底摧毁了德米特里从一开始就不健康的心智。

——普鲁塔克：《德米特里传》，9—13

伟大的雅典曾经拥有的平等主义文化已堕落至此！

公元前287年，德米特里失势，雅典人适时收回他们的崇敬。不过到那时，希腊人的态度已经发生了巨大转变，大多数国王此时享有神的荣耀，虽然对一些统治者的崇拜只是出于宣传，希腊人的帮腔附和也常常带着嘲讽的意味。公元前302年，雅典将德米特里的三位助

---

[1] 雅典历法中的10月。——译者注

理官员尊为"英雄",这个原来属于"半神"范畴的尊称以前只为受到尊崇的死者享有。到公元前3世纪末,数百名活着的男性(还有一些女性)在铭文中自称为"英雄"。

随着有关"神"王和半神贵族的新观念的发展,公元前3世纪,敬献给旧神的新庙宇越来越少。不同的神(有时候是一些新神)取代旧神吸引了人们的眼球。医药神阿斯克勒庇俄斯是最受欢迎的神之一。他的信徒说他们得到了神奇的治疗,并刻文铭记:

> 雅典的安布罗希亚瞎了一只眼睛。她作为一个恳求者来到神面前,当她走到神庙时,她觉得一些人的治疗事迹很荒谬,不可信而且不可能,他们说瘸腿、瞎眼的人做一个梦就能康复。但当她睡觉时,她看见了一个幻象。她感觉到神就站在她邻近的地方。他说他会使她恢复健康,但她必须向神庙敬献一头银猪,以作为她愚蠢的见证。说完后,他切开她害病的眼睛,并灌了一点药进去。黎明时她醒过来,痊愈了。
>
> ——狄腾伯格,《希腊铭文总汇》1168,第34—41行

图22.6 被创造出来的塞拉庇斯神("奥西里斯-阿匹斯")以宙斯的形象出现,并戴了一个特色鲜明的 modius(象征丰育的一个小斗)

资料来源:Jastrow(2003)public domain

托勒密王朝甚至创造了一个叫塞拉庇斯的新神,他融合了古埃及的再生之神奥西里斯和丰育的公牛神阿匹斯,但其形象类似宙斯,以吸引希腊和埃及信徒(图22.6)。埃及的神灵崇拜,特别是塞拉庇斯的崇拜很快传播到埃及以外的地方。和阿斯克勒庇俄斯一样,塞拉庇斯

在信徒的梦里施展神奇的治疗。信奉者们通过秘密仪式（此时他们在日常生活中很重要的地位差别被忽略了）被吸收进塞拉庇斯的教派中。在公元前260年前，塞拉庇斯已传播到远至中亚的地方。

伟大的征服者通过他们的行动表明，他们与神同行。即便是普通的贵族也将自身描绘为半神的英雄，而成千上万被吸收进塞拉庇斯教派的男女信众相信，他们也能捷足先登，进入一个超自然的世界。希腊化世界的生活有别于古典世界的生活。我们可以说就全部的复杂性而言，希腊化世界更像现代世界。

结论

公元前323—前220年，希腊世界发生的变化与其在公元前750—前650年发生的变化一样巨大。在早先时代我们称为"城邦"的那个制度、习俗和观念的复合体逐渐成形。公元前3世纪，这些制度瓦解了。传统主义者仍抵制着像神一样的国王和有权势的女性，但巨量财富的流入、权力由穷人向富人的转移以及与非希腊人的文化交流不断加速，打破了古代种种具有确定性的事物。

不过从某方面来说，公元前3世纪是希腊成就的高峰时代。亚历山大摧毁了希腊的宿敌波斯，而直至公元前250年，从爱琴海地区来的移民潮推动了希腊化国家在东方的扩张。在那里，生活水平依然很高，虽然爱琴海和西方的生活水平停滞或衰落了。希腊化王国是最强大的军事强权，它们除了害怕彼此之外什么也不怕。它们的王室家族过着令人震惊的奢华生活。不过，此种情况也会变的。

第 23 章

希腊化文化

（公元前 323—前 30 年）

随着大王国、神一样的君主和超富的"善行者"逐渐成为公元前 3 世纪希腊社会的象征，以及城邦成为落后的事物，艺术家和思想家开始对新形势做出回应。希腊化时代见证了希腊数学、自然科学以及新形式的哲学、诗歌和具象艺术的最高发展水平。希腊文化变得更复杂，内容变得比以前更丰富，它从阿富汗延伸到大西洋海岸。公元前 5 世纪古典思想、艺术的遗产仍然坚固，但富有创造力的希腊人在新方向上推动了其文化的发展。

我们容易指出希腊化文化的开端，因为在公元前 323 年亚历山大去世后，事物变化很快，但我们很难界定它的终点。随着罗马在公元前最后两个世纪逐渐占据地中海东部地区，他们吸收了希腊化文化。我们由此将本章的故事截止到公元前 30 年，即罗马推翻最后一个希腊化国家统治者——埃及克娄巴特拉七世的那一年。而有的时候我们叙述得更远，甚至叙述到 2 世纪，希腊化文明和罗马文明于那时交汇、融合。我们先谈希腊化文学，随后再谈物质文化，最后转入希腊化时代的希腊人贡献最大的哲学和科学。

希腊化时代的历史学家

一位古罗马学者叹道,即便用一天时间也无法穷尽希腊化时代所有历史学家的名字。历史学家的数量大大增长,因为希腊人感到有必要解释他们的世界为何变化如此之大。他们发展出新文体,以适应发生变化的时代。一些学者写地方历史,忽略了大王国,但大多数历史学家赞美新的希腊化世界,他们为王室宫廷或日渐强势的罗马贵族写作。这样的历史学家并不像希罗多德写给普通大众看,也不像修昔底德写给有批判力、严谨的思想家看,他们写给有闲暇时间的富人看。为了描述战争、演说、灾疫之类的事件和其他带有强烈戏剧色彩的时刻,历史学家发展出标准化的、通常饱含深情的模板,然后不管事件是否真的发生过,就径直把模板套上去,其宗旨更多地指向道德教诲而非讲述过去的真相。他们从历史中挑出伟大的人物,从他们的生平中选择、美化甚或创造一些片段,为读者树立道德榜样。约写作于100年的普鲁塔克(这位作者的作品为我们所反复征引)很好地解释了这项传统:

> 我写的不是历史,而是人物传记;许多极为显赫的业绩并不一定就能彰显出人物的内在的善和恶,但是有的点滴小事,哪怕仅仅是只言片语、举手投足,却往往比伏尸千万的战役、铁马金戈的武备和攻城略地的征杀更能够显明人物的个性。画师在绘画中着力刻画展示人物的精神品格的面容眼神,而很少在意身体的其他部分,画像却能得其神似。同样,我也必须专注于特别能表现人物灵魂的那些事迹,以此描绘他们的生活,而把那些对伟大功业的记述留给他人去写。
>
> ——普鲁塔克:《亚历山大传》,1

传记作者对伟大个人的强调契合了国王和"善行者"的那个希

腊化世界，但普世史的兴起是最重要的发展成就。普世史学家对亚历山大（随后是罗马）以何种手段将先前孤立的地域通过征服聚到一起感到惊奇，他们寻求理解整个地中海世界。最重要的历史学家是波里比阿（约公元前200—前118年），他作为人质在罗马待了多年，并写了一部40卷的普世史，向希腊人解释罗马如何走到统治世界这一步。他的历史写作以文献、大人物的回忆录和旅行经历为基础，并嘲笑那些所谓的历史学家（他们从没见过他们写的那些地方）。对波里比阿来说，写历史是一门像医学一样的解析技艺，它与文学写作完全不同：

> 悲剧和历史的目标并非一样，而是相反。悲剧诗人希望通过他富有感染力的言辞，使观众一时间激动和兴奋起来，但历史学家希望通过叙述真实发生、真实说过的事情，教育、劝诫严肃的以史为鉴者，而且其叙述的效力将传之万世。悲剧作家的目标是表现可能乃至不真实的事情，供观众消闲、娱乐，而历史学家希望展现"真实"，旨在对严肃的以史为鉴者有所裨益。
>
> ——波里比阿：《通史》，2.56

没有几个希腊化时代的历史学家渴望达到这样严谨的程度。我们常征引的西西里的狄奥多罗斯比波里比阿更具代表性。狄奥多罗斯于公元前1世纪创作于埃及、罗马，他也写作了一部40卷的普世史，但他不加批判地从更早的作家那里抄录资料，常混合他们的叙述。他添加了自己的悲剧演说辞，并掺入一种浓厚的道德腔调，以褒奖在他看来行为正直的国王、领袖。

在他们的时代，希腊化的历史学家有巨大的影响力。到公元前200年，波斯、巴比伦、犹太、埃及、迦太基和罗马出现了本土（用希腊文书写）的历史学家（图23.1）。然而，只有波里比阿的五卷本和狄奥多罗斯的十五卷本从该时代浩如烟海的历史著作中留存下来。

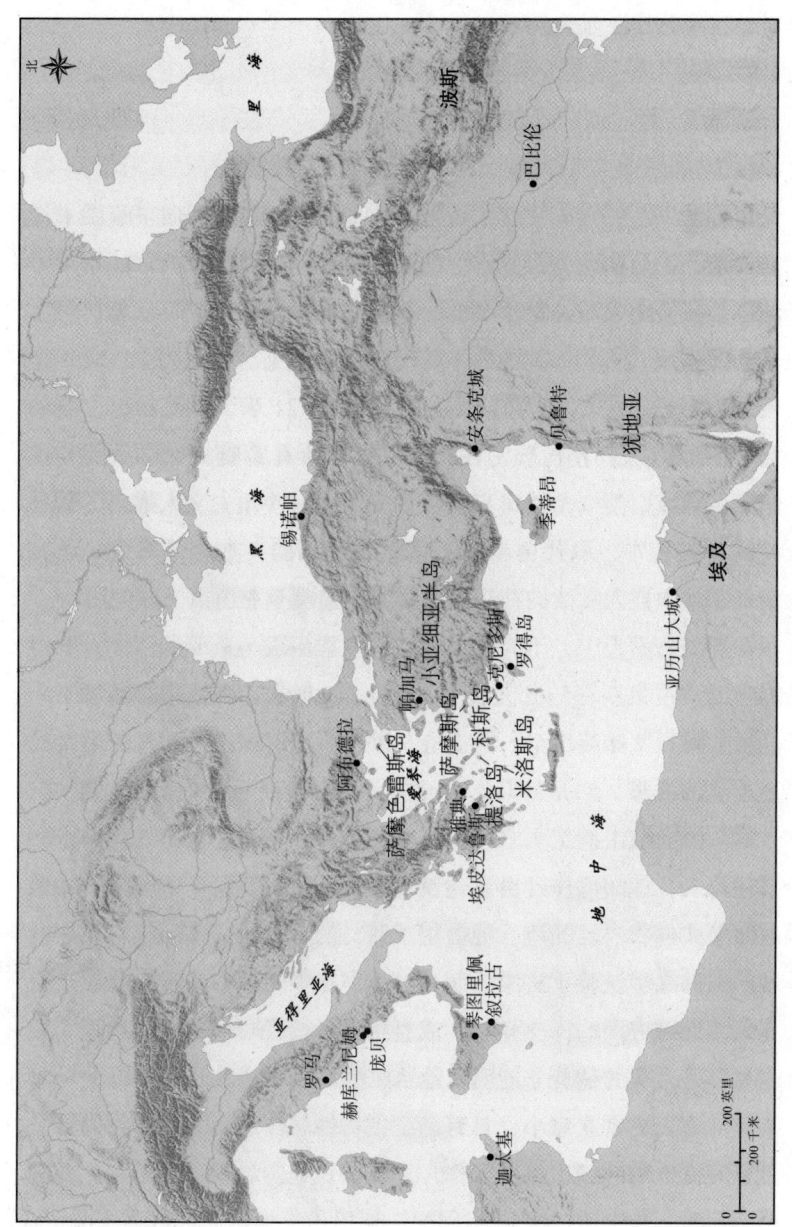

图 23.1 本章提到的一些地方

尽管历史学家在自己的时代获得了成功，但当人们不再阅读他们的著作时，这些著作还是失传了。

诗歌

新赞助中心的兴起改变了诗歌。才华横溢的诗人涌向皇家图书馆和博物馆，他们在此处得到丰厚的收入，为一小撮受过教育的精英分子创作。亚历山大城是最重要的创作中心。托勒密一世听从雅典僭主兼马其顿代理人法勒鲁姆的狄米特里乌斯的意见，在公元前300年之后不久，捐建了一座我们前面提到（参见第21章）的博物馆，或称"缪斯女神的神庙"。托勒密在此处收集了所有希腊文学作品的复本，并慷慨出资吸引整个希腊世界的顶尖文人。一些顶尖文人推出了荷马史诗的官方正本，取代更早的一些经常变动的文本。译成现代语言、在今日课堂中被人阅读的荷马文本可直接追溯至亚历山大城的版本。

在托勒密学者中，不时有人凭自己的能耐成为重要的诗人。罗得岛的阿波罗尼奥斯在约公元前270—前245年掌管博物馆，他写了一部名为《阿耳戈船英雄纪》的史诗，讲述了伊阿宋以及阿耳戈英雄找寻金羊毛的故事，它是荷马（公元前9世纪晚期/前8世纪早期）与维吉尔（公元前1世纪）之间的时代唯一留存至今的史诗。荷马是一个口述诗人，他的诗作经由讲述流传下来，阿波罗尼奥斯则是自觉地以书面形式创作自己的诗。他借用了荷马的古体语言，但将它与当时非常前卫的文学试验手法结合起来。他喜欢中断他的叙述，以展现有关礼仪或地理方面的深奥知识，或直接告诉读者写作史诗的难处。只有受过良好教育的精英才能明白他给出的典故和精妙的双关语。

其他诗人更喜欢短小、具有高度技巧性的作品，但他们为同样具备良好阅读能力的城市精英创作。来自利比亚昔勒尼（位于利比亚的希腊殖民地，约公元前630年创建于亚历山大城以西800多千米处）的卡利马科斯是公元前3世纪最伟大的诗人，他对罗马诗人产生了很大影响，并通过他们影响现代诗歌。

他是一个多产的著名诗人、文学批评家和学者，在"恋姐者"托勒密二世（公元前285—前246年在位）、"施恩者"托勒密三世（公元前246—前221年在位）统治时期任职于博物馆。卡利马科斯的出身尊贵之极，据说是昔勒尼创建者的后裔。他可能受教于雅典，而后去往亚历山大城，在新建的图书馆工作。

卡利马科斯以"大书即大恶"的评论闻名，学者们认为此话之意是：他反对像荷马史诗那样的长诗（或者，他所指的可能是纸草书卷的尺寸）。他还以其与罗得岛的阿波罗尼奥斯，即长诗《阿耳戈船英雄纪》作者之间的争斗留名青史。

卡利马科斯对亚历山大城图书馆（到那时为止世界最大的图书馆）的巨量藏书做了书目调查，他用一本内容全面、具有原创性的散文著作将相关看法写了下来。此书所用的纸草卷数多达120卷，著作取名《卷录》，是已知最早的图书馆藏书清单。他分类排列书名，包括每个作者的传记，并征引其著作开篇的几行文字。从总数上看，据说卡利马科斯创作了800本"书"（也就是纸草卷），涉及各种主题。他是严肃学术的奠基人，是知识巨人。

卡利马科斯的写作具有博学、隐晦的风格。仅在他的《颂歌》中，便有86个由他生造出来的新词汇；还有96个词汇是后世人所使用的，但最早出现在卡利马科斯的著作中。显然，他对词汇的使用影响了后人。虽然他的大多数著作已不存于世，他仍是希腊化时代所有诗人当中最多产的。他对罗马诗人卡图卢斯、奥维德和普罗佩提乌斯有很大影响。这些诗人对卡利马科斯有细致研究，他们的著作流传了下来。说到被后世作家引用的次数，能胜过卡利马科斯的只有荷马。完整保存下来的有卡利马科斯的6首颂歌、64首讽刺短诗（有关不同主题的短诗）。从评论家和著作残篇那里可知：他还创作了抑扬格诗歌（尤其是《朱鹭》，这是奥维德所效法的一首嘲讽诗），一首与忒修斯遭遇马拉松公牛（名叫赫卡勒，得名于一个帮助忒修斯的老妇）有关、长达 1 000 行的诗，颂赞托勒密王朝的诗歌，以及凯旋颂歌。他最著名的诗歌是《起源》(*Aitia*，意为"因由")，这是一首分为四卷的 6 000 行长诗，仅有残篇存世。《起源》作为诗歌集，颂赞了城市的建立、少有人知的信仰和宗教仪式，以及一些古怪的地方风俗。诗人想象着自己在梦里从利比亚被带到彼俄提亚的赫利孔山，他在那儿与缪斯女神交谈。《起源》中的诗歌是有固定模式的，首先是问一个问题，比如"在巴罗斯岛上，美惠三女神的信徒为何既不吹笛子，也不使用冠冕？"人们不太可能记住这些诗歌的内容，将诗歌在公共场合吟诵出来，但大声读给一小撮知识分子听却是有可能的，这些人理解并欣赏诗人创作的精湛技巧以及博学多识（它们常令现代读者感到困惑、懊恼）。

　　亚历山大城诗人创造了变字游戏，以娱乐、奉承他们的赞助人。例如，意为"从蜜中而来"的"*apo melitas*"就是对"托勒密"这个名字的希腊文拼写的打乱重排；意为"赫拉的紫罗兰"的"*ion Eras*"是对"*Arsinoë*"（托勒密二世的姐姐兼妻子的姓名）一词的打乱重排。谜语诗很受欢迎，在谜语诗中，谜语的答案由文字写下时诗歌呈现的形状揭示出来（诗人们创作了呈现出双翼状、斧状、祭坛状和蛋状的诗）。有时往下念诗歌各行的第一个字母时，就能得到一个离合词[1]，这个离合词拼出来就是一个名字。

　　读这样的诗很费脑子，不太符合现代读者的口味，但一些诗力求打动人心，它们用短句写成，每个词都仔细斟酌。这样的诗很难翻译好，但此处有一例，它是卡利马科斯写他的一位诗人朋友的：

> 一些人告诉我，哎，赫拉克利特，你，已经逝去，
> 当我想起那所有的时刻，你和我，言谈、言谈，
> 直到将太阳送下山，我的眼泪直从心里流淌。

---

[1] 以 "George eat od gray at pau's house yesterday" 为例，将句中各单词的首个或前两个字母抽出，可组成 "geography"（地理）一词，它就是离合词。——译者注

而此刻，从哈利卡纳苏斯[*]来的朋友，

你，在那长长、长长的时间里，只化作了灰烬。

但你的夜莺[†]飞舞不息，那笼罩万物的哈德斯也不能抓住它。

——卡利马科斯：《帕拉丁文选》，7.80—89

    在出现于亚历山大城的诸多文学创新中，有一种是忒奥克里托斯所创造的田园诗。此人是公元前3世纪来自叙拉古的移民。"田园诗"源于意为"与牧童有关"的希腊文，其中随处呈现的怀旧场景都与西西里、意大利南部宛若天堂的乡野有关。这个想象的世界从未真实存在过，但它似乎是纯粹的爱得以滋生的环境。忒奥克里托斯将自己的诗称为《牧歌集》，又译《诗集》（*Idylls*，希腊文意为"小图画"），这些诗为城市精英理想化了他们很少亲自见到的乡村。近来的"回归大地"运动同样受到了此种极有影响力的文学风格的激励。《牧歌集》产生于托勒密的博物馆，但在其中一首诗里，忒奥克里托斯突然放下乡村，写了一首赞美托勒密二世的宫廷诗，正是托勒密二世赞助了他的艺术创作，他才得以创作这类诗歌：

先人已逝去，今人尚建功，
托勒密独一，古今众生中。
先考与先妣，已成福佑神，
黄金、象牙塑，芬香祭坛献。
季节变换时，红色染祭坛，
肥膘大公牛，腿骨燃其上。
另有贤妻[◆]在，祭祖礼共襄。

——忒奥克里托斯：《牧歌集》，17.121—128

---

[*] 位于安纳托利亚西南部，希罗多德的故乡。
[†] 此处意指赫拉克利特的诗（或许赫拉克利特不为人知的诗就叫"夜莺"）。
[◆] 指托勒密二世的姐姐、妻子兼王后阿尔西诺伊。

691

另一种文学风格诞生于希腊化时代之末,也就是"小说"。加长的散文体叙事小说不是一种突出的文学形式,在没有便利印刷的条件下,文学作品要给一小撮听众大声读(或背诵)出来,小说就更难流传了。我们仍不清楚喜欢这些故事的是什么人,但听众在见识上有可能不及阿波罗尼奥斯、忒奥克里托斯的听众。许多这类故事为居住于罗马帝国的希腊人所写,故事主题浪漫而轻松。故事一般涉及坠入爱河的一个男孩和一个女孩。在婚前或婚后不久,命运将他们分开了。故事主角历经灾劫,包括监禁、诱惑、强暴、折磨和假死。但到最后,人们发现他们还活着,重新相会,从此过着幸福的生活,这像极了许多现代故事片。它们的受众或许同样分布广泛。

整个地中海地区的观众都看埃斯库罗斯、索福克勒斯,特别是欧里庇得斯的悲剧,但这些悲剧此时是"古典"的了,它们非常自觉地被当作过去留下来的伟大作品而不是活生生的文化形式搬上舞台。约公元前300年,通过"新喜剧",喜剧迎来了新的局面。不过,相比阿里斯托芬的老喜剧,这些新喜剧的情节与后来的希腊化小说有更多共同之处。新喜剧不包含在当时世界不再有影响的浓烈政治幽默,与现代情景电视喜剧相似,它有着浪漫、轻松的情节和家庭背景,它们通过一条曲折的道路直接从古希腊传统传下来。从后来为罗马人所作的那些作品,尤其是普劳图斯(约公元前254—约前184)和泰伦提乌斯(约公元前195—前159)的戏剧中,我们了解了新喜剧的大量信息。只有一部雅典新喜剧完整留存至今,即米南德(约公元前342—前291)创作的《恨世者》(*Dyskolos*,意为"性情乖戾的老男人"),人们是在1952年发现的一份纸草材料中将其复原的。米南德创作了100部戏剧。除荷马外,他是被征引最多的古代作家,而且其剧作世世代代上演着。

新喜剧运用了丑角(吹牛的战士、贪婪的皮条客、为爱情所伤的年轻人、好色的父亲、狡猾或忠诚的奴隶)和幽默的身份混淆(莎士比亚约作于1590年的《错误的喜剧》就以这些古代喜剧技巧为基础)。

一个典型的戏剧情节会包括以下内容：一个上了年纪的父亲和年轻的儿子争夺同一个妓女，这个妓女为一个无情的皮条客所有。这个妓女通过自己的聪明和吸引那位父亲的注意而脱离苦海。某些物件，如从小戴在该妓女身上的项链暴露出她出身高贵的真相，她由此得到了美满的婚姻。戏剧以她嫁给那个年轻人结束。

到公元前200年，戏剧不再吸引顶尖的希腊诗人，但在其他地中海地区的社会，它受到人们的热情欢迎。除了用拉丁文写作的普劳图斯、泰伦提乌斯，犹太作家以西结以欧里庇得斯的风格创作了一部有关摩西和出埃及的悲剧（可能创作于公元前2世纪）。公元前53年，在自己的军队已击败罗马人的消息传来时，亚洲帕提亚游牧民族的国王正观赏欧里庇得斯的《酒神的伴侣》呢！在最后一场，男主角将罗马将军的脑袋用作道具，作为剧中被谋杀的潘修斯的头颅！从伊朗到伊比利亚，任何想要学习文化的人都需通晓希腊文、知道希腊作家。

城邦丧失了重要地位，观众对与公民权有关的紧张局面（这对古典悲剧的情节来说是至关重要的）的戏剧化丧失了兴趣；诗人去往王宫，从西西里到巴克特里亚的傲慢贵族以诗人们的博学诗句为探究对象，大众文化——戏剧和小说——变得地位轻微，并越来越与真实的时代状况相分离。基于这些作品的轻佻以及有时矫揉造作的姿态，现代读者常批评希腊化时代的历史著作、新喜剧和小说，但相比公元前5世纪、前4世纪的文学作品，非希腊民族更广泛地模仿了这些著作。它们跻身于希腊人最成功的文化输出品行列，其影响力今日仍很强劲。

物质文化

希腊化时代的艺术家改进了已发展了500年之久的技艺，而且在西方，他们的技艺直到2 000年后的意大利文艺复兴时才被赶上。希腊化世界的庞大鼓励了地区的多样性，王国中心地带、老城邦和新神庙各自按照自己的道路发展。传统套路、夸张叙述、玩笑嬉闹、精湛技艺以及有时表现出的十足低级趣味搅在一起,使任何事情都变得可能的巨大财富刺激了此种局面。总体效果是,它使希腊艺术在服务于一个新世界时抛弃了古典的限制。

雕塑

将军们将自己变为国王,而后又变为"神",他们希望雕塑能将他们的新地位表现出来。这样的雕塑在亚历山大城、安条克城这类王家城市到处都是,甚至连城邦都制作出受人爱戴或身份显赫的公民的塑像。图23.2是雅典伟大的演说家德摩斯梯尼的华丽塑像,它约制作于公元前280年,当时,雅典人将马其顿驻军短暂地赶出雅典。塑像将德摩斯梯尼表现得哀伤忧愁甚至忧郁,他的眉头紧锁,在对雅典人承担的巨大责任面前,他显得矮小微弱。他的英雄主义是道德和智力上的,而非身体上的。雕像底座上印着:

图23.2 德摩斯梯尼雕像,罗马大理石复制品。青铜原作由雅典波里乌克特塑于约公元前280年。复原品的双手让人们看到了他将纸草展开的场景,但原作所呈现的似乎是他的双手握成杯状(以普鲁塔克的记述为依据)。雕像高约2米

资料来源:Gunnar Bach Pedersen

> 哎,德摩斯梯尼,如若你的力量能与你的意志比肩,
> 马其顿的阿瑞斯*绝不能统治希腊人。
> ——普鲁塔克:《道德论集》,847A

---

* 战神,此处指腓力二世。

公元前250—前150年有时被称为"希腊化盛期"。在该时期，一些雕塑家和历史学家、小说家一样追求戏剧的情感效果。最好的例证见于高踞伊奥尼亚海岸300多米之上的雄伟堡垒城市帕加马。帕加马国王阿塔罗斯一世（公元前241—前197年在位）脱离塞琉古帝国自立，并命人制作了一组20多米高的青铜塑像，以纪念他在公元前237年对高卢侵略者的胜利，塑像可能展示的是他的骑兵将入侵者践踏马下的情形。这组塑像已经遗失，但图23.3展示了其中一座塑像的大理石复制品，它以《垂死的高卢人》闻名。这位倒下的战士被表现得极为朴实逼真，他用一只手臂支撑着身体，在弥留之际，他痛苦地看着自己损毁的剑和小号。

原来的宙斯祭坛应当很雄伟壮观了，但帕加马欧迈尼斯二世（约公元前197—前160年在位）的宙斯大祭坛登峰造极，此祭坛现藏于

图23.3 垂死的高卢人（罗马大理石复制品）。约公元前220年，帕加马制作了青铜组像，此为其中之一。战士右身有一处致命伤，鲜血喷涌而出，他损坏的剑和号角在他身边。围在他脖子上的是一个金项圈，它是公元前3世纪从中欧入侵希腊的高卢人的典型饰品

资料来源：BeBo86/Wikipedia Commons（CC BY-SA 3.0）

柏林的一个博物馆（图 23.4）。传统的祭坛是建在神庙外的简单建筑，但这座彻底融建筑与雕塑于一身的祭坛取代了神庙。一排宽阔的台阶通向一座伊奥尼亚式柱廊，柱廊上的双门通往真正的祭坛。（传统）神庙的中楣很高，从地面几乎看不见，而此处创新的建筑将中楣正好呈现在观赏者面前。

图 23.4　帕加马的大祭坛，大理石制作，由欧迈尼斯二世开始兴建，其继承者阿塔罗斯二世（公元前 159—前 138 年在位）可能完成了建造工作。曾被认为是敬献给宙斯的这座祭坛可能是献给一位当地英雄忒勒福斯的。德国考古学家于 19 世纪将整座祭坛移至柏林

资料来源：Jan Mehlich（CC BY-SA 3.0）

柱子的中楣刻画了神话中神和巨人的战斗故事。佚名设计者用种种细节充满了中楣（艺术史家将此种风格称为"希腊化巴洛克风格"）。图 23.5 只展现了一块浮雕。在浮雕左面，一个两蛇作腿的浓髯巨人面对着黑暗女神赫卡特。该巨人右手顶一块巨石，而其蛇腿的一个蛇头咬住女神的盾牌。女神将一把燃烧的火炬挥动得如长矛一般。她的一条狗咬住巨人的一条腿。另一个人物的左臂和侧面在赫卡特身后清晰可见，营造出一种空间的深度感。在女神右边，另一位巨人（一个高大、戴着头盔、赤裸着的持盾男子）隐藏起来，弯弓欲射（弓箭已遗失）的女神阿耳忒弥斯正对着他。在巨人的双腿之下，有一个垂死巨人的半个身躯和他的蛇腿，他被阿耳忒弥斯的狗咬了脖子。这些形象几乎是连环不断地被刻出来的，而且他们的健壮躯体甚至要脱离框架、伸到台阶上。整体作品和其中人物都散发出宇宙战争的引人兴奋与戏剧性的效果。雕塑者将能想到的每一样图案填充进中楣中，他

图23.5 神与巨人之战,来自帕加马的大祭坛,刻于公元前2世纪。在左边,与巨人战斗的女神赫卡特以自己的火炬作矛。在右边,狩猎女神阿耳忒弥斯用弓箭与巨人战斗。她的猎犬咬住了另一个蛇尾巨人的脖子,把他咬死了

们用不同的漆、衣物和色调冲击观赏者的感官。雕塑最初用明亮的色彩绘制(如所有古代的神庙一样),它在古代焕发的光彩应当比今天更鲜亮。

各地的雕塑家都追求戏剧性的效果。图23.6展示的是萨摩色雷斯的胜利女神。从飞翔中着陆的那一刻,她驻足在貌似船头的一块基石上。雕像坐落在萨摩色雷斯(位于遥远的爱琴海北部)一座露天神庙的镜湖里。这座雕塑融合了古典特色(衣物令人想起了帕提侬神庙的中楣)和新的巴洛克风格(妖娆姿势、丰富乃至繁复的外观细节)。

其他雕塑家使用类似技巧创造非

图23.6 萨摩色雷斯的胜利女神,刻于约公元前190年,大理石制,高近2.5米

资料来源:Lyokoï/Wikimedia Commons (CC BY-SA 4.0)

常不同的风格。图 23.7 刻的是一个醉酒的萨提洛斯——他长着在画中看不见的尖耳朵、短马尾巴——正在睡觉。超级富有的希腊化贵族此时用如此怪诞的塑像装饰自己的门庭，这尊塑像可能是某人花园里的装饰品。为寻求新奇感，雕塑家转向那些在古典时代可能被人视为不庄重的题材（它与新喜剧的家庭场景和情景剧相对应）：醉鬼、老人、侏儒甚至雌雄同体者。

相比之下，其他赞助人拒斥这种怪诞的东西，并要求回归古典的严肃性。图 23.8 是著名的米洛斯的维纳斯（维纳斯相当于罗马神话中的阿芙洛狄忒）像，它是艺术史家所称的"新古典主义"的典范。这个阿芙洛狄忒很容易让人们想起伯拉克西特列斯的《克尼多斯的阿

图 23.7 沉睡的萨提洛斯，刻于约公元前 230—前 200 年。此为一座希腊原作的罗马大理石复制品。塑像反面有接上去的小马尾巴，这表明了他是萨提洛斯。该塑像因其过去的主人而被称为"巴尔贝里尼的农牧神"。塑像双腿与悬垂的左臂是复原品

资料来源：Klaus Bärwinkel（CC BY 3.0）

图 23.8 米洛斯的维纳斯，来自米洛斯岛的一座阿芙洛狄忒大理石塑像，约刻于公元前 100 年。1820 年，该像在巴黎展出时引起了轰动。雕像高约 2 米

资料来源：Micheal Espinola Jr.（CC BY-SA 3.0）

芙洛狄忒》（图 18.4），它有着柔和的 S 形线条和古典晚期的安详面庞。雕塑者将她的腰移高，以此改变了塑像的比例。与伯拉克西特列斯的阿芙洛狄忒抓住其衣袍相反，希腊化雕塑者让米洛斯的阿芙洛狄忒的袍子挂得非常松垮，由此增加了阿芙洛狄忒的诱惑力。

和希腊化文化的许多方面一样，希腊化雕塑极大地影响了非希腊民族，尤其是罗马人。罗马人对希腊原作的仿造让 18 世纪的希腊艺术复兴成为可能。

建筑

远比雕塑价值昂贵的建筑是展现国王们的"绝佳"工具。帕加马是王国中心城市辉煌壮丽的最佳体现。帕加马国王将王城建在一个壮观、高耸并有坚固防卫的山顶上（我们很难想象人们每日从山下爬到山上）。一个巨大的剧场占据城市高地，观赏戏剧、参加公共集会的观赏者则可一眼望尽伊奥尼亚的肥沃平原（图 23.9）。该城的一切设

图 23.9　帕加马剧场及从剧场看到的伊奥尼亚平原图

计旨在突出戏剧性的效果。剧场上面的露台很快建起了小而设计精巧的神庙、带着巴洛克式中楣的宙斯大祭坛，还有仅次于亚历山大图书馆的大型图书馆［"*parchment*"（羊皮纸）一词由"Pergamum"（帕加马）这个地名演变而来，羊皮纸在此被发明出来，以代替纸草］。王宫和王室护卫军的营寨位于城市最顶端。剧场下面的一个大型阴凉廊道或曰柱廊为人们提供了一个逛街、交谈和俯瞰平原的地方，此种设计体现了建筑的统一性。柱廊是希腊化城市的典型建筑。

像雅典一样的老城邦缺乏钱财与王国的中心城市竞争，但一些国王出钱在雅典建造新建筑，以展示他们的财富和"善行"。帕加马的阿塔罗斯二世在雅典建造了一条100多米长、两层楼的柱廊，包括42个店铺（图23.10），表示对自己受教于此的谢意。美国古典研究学会在20世纪50年代重建柱廊，现在此处为广场博物馆。

图23.10　美国雅典古典研究学会（1953—1956年）复原的雅典广场阿塔罗斯柱廊，活动得到了小约翰·D.洛克菲勒的资金支持。约公元前150年，帕加马的阿塔罗斯二世建此柱廊，作为礼物献给雅典，感谢雅典曾给予他的教育。柱廊地面上是一排多立克式石柱，上面则有带栏杆的伊奥尼亚式石柱。柱廊走道背面是鳞次栉比的商铺。今日，该柱廊是收藏美国在广场所发掘的物品的博物馆。阿塔罗斯柱廊是雅典人聚会、谈话、经商的场所。日耳曼人的一个部落赫鲁利人在267年毁灭了它，其废墟成为罗马晚期防卫性城墙的一部分
资料来源：George E. Koronaios(CC BY-SA 4.0)

绘画

正如我们对新喜剧、雕塑的了解大多来自罗马仿制与改进的作品，有关绘画的最佳证据也来自意大利，并再次验证了希腊艺术对不同文化领域的影响。79年，维苏威火山爆发，将庞贝、赫库兰尼姆埋在火山灰下。自1738年以来，考古学家已在此发掘众多罗马风格的希腊化图画、镶嵌画。图23.11展示了罗马人所作的奥德修斯历险系列壁画中的一幅，日期约为公元前50年，它描绘了奥德修斯在冥界所见的栖息者。该画可能仿制了公元前2世纪的一幅希腊原作。在景观

图23.11 来自一间罗马居室的壁画，作于约公元前50年。它是奥德修斯历险系列画中的一幅。这些画是人们在挖掘格拉齐奥萨大道（今加富尔大道）上的一座房子时发现的（1848年）。这些壁画在1851年被献给教皇庇护九世
资料来源：Sailko/Wikipedia Commons（CC BY-SA 3.0）

701

的映衬下，神话角色变得矮小起来。在顶部，"狩猎者"俄里翁的身影在渐渐靠近野兽；在他下面，西西弗斯推着他那永远会沿着山坡滚回去的石头；在右边，提梯俄斯伸展开来的身体覆盖了很大一片地方，他的肝脏每日被秃鹫啄食，因为他试图强暴勒托，即阿波罗与阿耳忒弥斯之母；在底部，达那俄斯的女儿们——达那伊得斯姐妹竭尽全力，用漏水的桶提水填满水池，因为她们在自己的新婚之夜杀害了自己的丈夫。一系列画面呈现了《奥德赛》第10—12卷当中的若干片段，它们也许是用来装饰门廊上部的。

和戏剧家、雕塑家一样，此时的画家喜欢家庭题材乃至轻浮的题材。取自新喜剧的场景很流行。图23.12是在庞贝发现的公元前100年的一幅镶嵌画，制作它的希腊人萨摩斯的狄奥斯库里得斯在画上签上了自己的大名。它可能也是一幅仿作，取自公元前2世纪受到某些

图23.12 来自庞贝的镶嵌画，萨摩斯的狄奥斯库里得斯设计于约公元前100年。狄奥斯库里得斯可能从公元前2世纪的一幅画中仿制了图画场景。它画的是来自不明新喜剧中的街头乐师

资料来源：Marie-Lan Nguyen（2011）（PD）

新喜剧启发的原画作。这位镶嵌画师仿效先进的绘画技术——阴影、高光以及多色彩的运用——以描绘一个轻松愉快的场景：戴面具的演员在一个狭窄的舞台上饰演街头乐师。他运用花纹镶嵌的新技术，用按规格裁剪出的方块石而非卵石创造场景。第一个男人拍着手鼓，第二个男人敲着小铙钹，第三个男人吹着双长笛，一个披着斗篷的男孩则在一旁观看。

镶嵌画在希腊化的希腊成为一种重要的艺术形式。帕加马匠人索苏斯以创造魔幻场景闻名。一幅有名的镶嵌画画了几只鸟从一个盆子中饮水，而另一幅看起来像洒满晚餐剩饭残羹的不干净的地板。索苏斯的镶嵌画没有流传下来，但一幅来自罗马皇帝哈德良乡下庄园的镶嵌画（120年，即图23.13）可能效仿了索苏斯饮水鸽子的形象。

图23.13 镶嵌画（绘于约120年），来自罗马皇帝哈德良在意大利蒂沃利的别墅。它可能仿制了公元前2世纪的画家帕加马的索苏斯的一幅著名镶嵌画。该画长约1米
资料来源：Carole Raddato（CC BY-SA 2.0）

我们特别看重瓶画，以了解有关古风、古典壁画的信息，但在希腊化时代，绘有图画的陶器都消失不见了。富人此时可以使用金

银盘，这些盘子少有留存，因它们在后来的时代被熔化后循环使用。穷人使用模制的黑釉优良器皿，它们最先是仿效金属器皿制作的。黑釉器皿很漂亮，但它当然告诉不了我们有关那个时代的绘画的任何事情。

希腊化哲学

怀疑主义与犬儒主义

亚里士多德曾经提出，"人是政治的动物"，但此时人们生活在一个大王国、超富的"善行者"和神一般的统治者的新世界，哲学家开始探问人们怎样在此情况下过一种好的生活。一些人对世界乱象泰然处之，以此追求内心的平静，其他人则通过对社会传统的拒斥寻求创建替代当前社会的美丽新世界。

在公元前260年前，雅典仍是文学、雕塑的中心，它同样主导了早期希腊化哲学的发展。柏拉图的阿卡德米学园产生了怀疑主义，它相信：关于这个世界，我们不能确切地知道任何东西。不过，怀疑论者认为，形成"合乎情理的印象"并把这些"印象"视为真实、展开行动仍是合乎理性的。以此方式，怀疑论者可在社会中充分行动起来，同时在环绕其周身的混乱环境下保持心平气和。

锡诺帕（位于黑海南部海岸的一个小镇）人第欧根尼（公元前404—前323）是古代一种反主流文化——犬儒主义（英文"cynicism"与此意义非常不同）的重要代表人物。在一定程度上，他也是它的创始者。第欧根尼被称作"像狗一样的人"（*kynikos*，意为"似狗的"），因为他罔顾社会风习，并像他被人们所称的那样像一条狗一样生活。他没有衣服，住在一个大桶里，随心所欲撒尿、排便，在心血来潮时手淫。他拒斥私人财产和物质财富。据一个流传很广的故事说，亚历山大特意到锡诺帕来看第欧根尼，许诺给他想要的任何东西，而这位哲学家想从亚历山大处得到的唯一事物是让这位国王走开，因为国王挡住了太阳!

第欧根尼教导说,财富、地位和荣誉尽皆空幻,一个人应追求"美德",即便没有上述三样东西,"美德"仍能给人带来幸福。一些犬儒主义者穿行于诸城邦之间度日,以一种名叫"恶骂"(*diatribe*)的讲话方式嘲弄权威。

伊壁鸠鲁主义

在伊奥尼亚海岸外的萨摩斯岛,伊壁鸠鲁(公元前341—前270,图23.14)出生于一个雅典家庭。伊壁鸠鲁一生大部分时间在雅典度过,他在此与柏拉图主义者一起学习,随后在公元前307年把他的家变成了一所学校——"花园"。在此,他的信从者(既包括富人,也包括女人、奴隶)与世隔绝,听从导师的教诲。

我们对伊壁鸠鲁主义所知甚多。79年,维苏威火山爆发,令一座别墅里的1 785份有关伊壁鸠鲁哲学的纸草卷得以保存下来,这座别墅为尤里乌斯·恺撒(他本人也是一位伊壁鸠鲁主义者)的一位亲戚所有。尽管已经炭化,仍有部分卷轴能够阅读,对它们的研究工作持续至今。不过,我们有关伊壁鸠鲁哲学的最重要资料来自一首拉丁长诗《物性论》,它是公元前1世纪罗马人卢克莱修的作品。美国《独立宣言》宣

图23.14 伊壁鸠鲁的一尊大理石塑像的罗马仿作,原作刻于约公元前270年。雕塑者将他刻画得眉头紧皱,展现了公元前3世纪的多种问题让他产生的力不从心之感

资料来源:Marie-Lan Nguyen(2011)/ Public Domain

称:"我们认为下述真理是不言而喻的:人人生而平等,造物主赋予他们若干不可让与的权利,其中包括生存权、自由权和追求幸福的权利。"《独立宣言》的这些内容是在呼应伊壁鸠鲁的一项主要信念,伊壁鸠鲁同样坚持认为幸福是生活的目的(犬儒主义者也这样认为)。如果幸福不是快乐,那它又是什么呢?不过,从一个更高范畴的"自然"理论出发,伊壁鸠鲁以非常具体的方式界定了"快乐"。

伊壁鸠鲁接受了德谟克利特的原子论(参见第14章),他主张,宇宙由无数个飘浮在空间中的原子组成。这些原子有大小、形状和重量,并像一场无尽的雨一般坠落。如任其自落自降,它们绝不会碰在一起,因为它们以相同的速度降落,但(由于不明原因)它们偏离了坠落方向,并相互撞击。因方向偏转不可预测,伊壁鸠鲁的宇宙不是完全机械式的宇宙。他未加解释的方向偏转构成了我们所称的"自由意志"的根源,这是人们在一个机械论的宇宙里尝试解决自由意志问题的第一次努力。

伊壁鸠鲁的宇宙是无限的,并由不定数目的"kosmoi"(世界)组成,这些"世界"通过原子的随机碰撞产生。每一个"世界"最后分解、还原为原子,它们继续下坠,直到一些原子偏转方向并重新组合,形成一个新"世界"。

和所有事物一样,心灵也由原子组成,但此种原子比组成身体的原子要好一些,我们在一层薄薄的原子作用于我们的感觉器官时感知物体。我们的思想也是物质性的,它们由在我们心中的那些原子组成。甚至诸神都是物质性的,只是他们和思想一样是由好原子组成的。他们居住在星际空间里,且因他们生活在永恒且不受叨扰的幸福中,他们对我们烦乱的尘世不感兴趣,并从不干涉它的运转。对伊壁鸠鲁来说,真正的幸福意味着不受干扰,就和神一般(这种状态名为"ataraxia",意为"不受干扰")。

因为我们完全是由物质组成的,所以当我们死的时候,组成我们身体的原子四散而去,我们便停止存在。由是,恐惧死亡是愚蠢的:

因为我们停止存在了，任何令人不快的事都不会发生。在给朋友的一封信中，伊壁鸠鲁讨论了这个问题：

> 有一件最大的忧心事困扰着人类的心灵，它是这样一种恐惧：天体虽神圣而永不消逝，人类却有欲望，他们会并且能做出一些行动，引发某些事情。此外，人们还在一种恐惧中畏缩，好像他们命定要经历一场无止境的邪恶，毫无疑问，这是受到了他们听过的神话故事的影响。他们在恐惧中等待着死亡的虚无，好像那就是他们全部的命运！他们遭受痛苦，并不是由于他们对事物深思熟虑，相反，他们陷入了无意识的恐慌。事实上，相比仅对这些"事物"投以偶然一瞥的人，花最多时间思考它们的人所受的苦与他们一样多，甚至更多。人们只有让自己摆脱这些邪恶的事物，并将连续不断的永恒真理贮存心中，才能得到真正的心灵安宁……
>
> 你应该习惯于这种观念：死亡根本不关我们的事。好与坏只在被感知时才存在，但死亡带走了一切知觉。一旦我们明白这个真理，死亡就不会烦扰我们了，那时，甚至我们的死亡宿命都会成为我们的快乐之源。我们放弃以永恒加于我们尘世生命的努力，由此我们能放弃追求永生的愚蠢愿望。对死无恐惧，生时万事空！此种最坏的恐惧——死亡之惧，不能奈我何。当我们存在时，死亡不存在；当死亡存在时，我们不存在。
>
> ——伊壁鸠鲁：《信件》，引自第欧根尼·拉尔修，10

我们可能无法确定死亡之必然性是否真的会给人带来安慰，但这就是伊壁鸠鲁的观点。他反对宗教对来世的描述。伊壁鸠鲁坚持认为，荷马《奥德赛》中谈到受诅咒者的可怕经历纯属无稽之谈。一个人看到的世界就是整个世界，而带来幸福的快乐最终源于组成我们自身的原子的和谐流动。

对伊壁鸠鲁来说，有两种快乐：积极的快乐，如享受美食、性事或音乐，还有消极的快乐（或称没有痛苦）。第二种快乐比第一种快乐更好，因为美食、性事和音乐给我们的仅是转瞬即逝的快乐，享受过后常有痛苦相继，而避免痛苦就其本身而言就是一个合适的追求目标。

新喜剧和一些艺术从纷乱的世界转入一个私人领域，而怀疑论者坚持认为我们永远都不可能知道何为"真"，他们通过这种方式从希腊化的动乱世界中解脱出来。"不受干扰"也与古风、古典的公民身份理念相对立。追求荣耀和权力只是扰动了原子并引起痛苦。对人们来说，在一个鲜花环绕的花园里追求一种安静、与世隔绝的生活是一个更好的选择。

斯多葛学派

芝诺（约公元前336—前264年，我们不要将他与公元前5世纪提出著名悖论的埃利亚的芝诺相混）来自塞浦路斯的腓尼基城市季蒂昂，他创建了希腊化时代最有影响力的哲学学派。他跟随犬儒学派的哲学家学习，从他们那里获取了一些激进观点，随后，他在雅典阿卡德米学园结业。公元前4世纪晚期，他在雅典广场边缘的"画廊"（*stoa poikilê*，意为"绘画装饰的柱廊"）开办了自己的学院。美国考古发掘者于20世纪80年代在连接雅典与比埃雷夫斯的现代铁道旁边发现了该学院的地基。因讲学场所名称（stoa），芝诺的哲学被称为"斯多葛主义"（Stoicism）。

芝诺的观点很简单：为了幸福，我们应遵循自然法。那些能遵循自然法的人不论在何种情况下都能幸福。斯多葛主义忽视快乐和痛苦。许多罗马皇帝自称斯多葛信徒，有一个皇帝马可·奥勒留（161—180年在位）还写了斯多葛学派的一本主要著作。

神圣的逻各斯（*logos*，意为"规律、言词、理性"）渗透于万事万物的创造过程中。逻各斯与命运相同，它是一种决定宇宙万物的智慧力量,此力量让所有事物应命而生,并将事物之属性赋予事物。斯多葛主义由此拒斥伊壁鸠鲁的理论,后者的理论认为原子的偶然结合解释了世界的性质,如石头之坚硬、冰之寒、大丹犬的光滑皮毛和人的个性。虽然逻各斯决定宇宙万物,人类仍然是自由的,并负有道德义务。斯多葛学派很喜欢这样一幅描述人类与道德选择关系的图画,它画的是一条狗被绑在一辆奔驰的马车上。这条狗能选择高高兴兴地与马车一起跑,或可选择走另外的道路,或跑到一边,或坐下来或被马车勒着脖子拖着往前走。不论狗如何选择,马车是畅行无阻的。你自主选择,你付出代价。在逻各斯渗透于事物创造的过程中并引发此种创造的情况下,你最好与自然法则和谐相处。通过让逻各斯主宰你的生活,你就与统治宇宙的智慧相一致。符合理性的选择构成了"美德",它是公元前5世纪的智者宣称能教给人们的非常之物(也是犬儒主义者教导人们应当渴望的事物)。有德的人生是幸福的人生,因"美德"就是对自己的奖励。当然,遵从理性的人少而又少,只有哲学精英,他们形成了一个跨越国界的超凡人群,与此同时,受苦受难的大众与理性作对。

斯多葛主义为受过教育的精英人物对希腊化东方的国王、罗马帝国贵族的认可做辩护。斯多葛主义最雄辩的拥护者之一是爱比克泰德,他于约公元50年生于一个奴隶家庭。在争得自由后,他在罗马教学。他没写任何东西,但其弟子弗拉维乌斯·阿利安做了笔记,并将之编为《爱比克泰德手册》公布。以下选录文字用一个政治上的案例解释了斯多葛学派教诲的必要性:

> 韦斯巴芗(69—79年在位)皇帝送话给普里斯库斯,叫他不要参加元老会议,此时普里斯库斯回应道:"你可以让我不当元老,但只要我是元老,我就必须参加会议。"
>
> "很好,来参加会议吧,但不要说话。"
>
> "如果你不问我的意见,我会闭口不言。"

"但我一定会问你的意见。"

"那我会说我觉得正确的事情。"

"如你那样做,我会让你去死。"

"我告诉你我是长生不死的吗?你做你的事,我做我的。杀我是你的事,毫无恐惧地死是我的事;放逐我是你的事,不怨天尤人地离开是我的事。"

普里斯库斯反抗皇帝有什么好处呢?对那位穿上披风的皇帝,这位穿着红袍的元老哪点做得好呢?除了用颜色凸出自己并为他人树立一个良好榜样,还有什么好处呢?

——爱比克泰德:《爱比克泰德手册》,1.2

结论

古典哲学家想弄明白,他们怎样才能解释世界的变化,以及实质与形式之间的关系,并知道他们何时找到了真理。他们的思考常产生政治影响,并与城邦的积极社会生活息息相关。希腊哲学家问道:在一个宣称自己超人类的国王统治的世界里,人们怎样才能过好的生活?城邦事务和城邦本身不再是哲学探究的重要主题。犬儒主义者将政治上的努力行为贬为一钱不值,而怀疑论者、伊壁鸠鲁派退到个人知识和美德的世界里。相反,斯多葛主义提供了与权势人物相处的方法,斯多葛主义就此很快成为传播最广、生命力最强的希腊化哲学。我们今天仍能理解面对困难要"坚韧不拔"的意义。

医学

亚历山大以后,医学和科学在王室大量财富的支持下快速发展。为了理解希腊医生的成就,我们须返回古典时代,返回我们在第 2 章简要谈到的公元前 5 世纪的思想家兼医学家、科斯岛的希波克拉底那里去。

希波克拉底学派

古代社会认为疾病为鬼、巫缠身所致,医生的工作就是驱鬼,或打破巫师的咒语。这样的观点在古典希腊仍然盛行(就和在当今世界的部分地区一样),但伊奥尼亚启蒙运动的医生反对这些观点,希波克拉底(约公元前460—前370年)的反对最有力。他创作了六七十部文献,他的名字还常被冠于其他医生所著的书籍上。一部有名的论著《论圣病》(可能是癫痫)阐述了希波克拉底对传统观点的看法。在一个人倒在地上、全身扭动并在事后记不起发生了什么事的时候,人们容易认为这个害病者被鬼上身了,希腊人因此将此病称为"圣病"。但希波克拉底说:

依我看,此病并不比其他疾病更神圣,它的起因与其他病是一样的。人们出于无知和好奇而认为此病的性质和缘由是神圣的,因为此病不像其他病。人们不了解此病,以及过去常用来医治此病的迷信疗法(如驱邪和念咒)对此病"神圣"的观念起到了加强作用。如果人们仅因此病离奇而以之为"神圣",那么其他许多病也是"神圣"的,并不仅限此病。如我将要证明的,其他疾病在奇异与非比寻常方面并不比此病更逊,没人想将那些病叫作"圣病"……

依我看,首先称此为"圣病"的人是信仰疗法者、古里古怪的艺术家和当今一些骗子,他们自称非常虔诚、博学多知胜过所有人。由于他们拿不出哪怕有那么一丁点儿价值的疗法,他们宁愿将自己隐藏在迷信的胡言乱语中,而不愿承认他们是因为对此病束手无策,才将之称为"圣病"……

"圣病"的发病因由和其他疾病是一样的,即那些进入和排出身体的物质、寒冷的天气、太阳光和气候变化。

——希波克拉底:《论圣病》,1.2.21

据希波克拉底的说法，医生的主要职责是确立"预后"，也就是比较一种疾病的演化过程与类似疾病的演化过程，来预测前一种疾病的病程。历史学家修昔底德从希波克拉底的思想中受惠良多。我们在第2章中看到，修昔底德如何运用一个医者的眼光，去描述公元前429年打击雅典的灾疫，他还将同样的思维进一步用于分析伤害希腊"政治体"的伯罗奔尼撒战争之"病"。修昔底德旨在预测战争进程，这可与希波克拉底诊断疾病的方法相提并论。希波克拉底的以下描述非常具有代表性：

> 阿布德拉（希腊北部城市）的阿波罗尼奥斯虽然长时间感到不舒服，但没有躺在床上休息。他的腹部肿胀，肝脏长时间剧痛。此时他害了黄疸病，胀气严重，脸色苍白。在轻率地用完一次牛肉餐并继以大量饮酒后，他感觉发热、不适，就上床休息。随后他喝了许多羊奶，既有绵羊奶也有山羊奶，既有生的也有煮过的，这个愚蠢之举产生了许多危害。他烧得更厉害了，而除掉一点点稀尿，他吃掉的东西几乎什么也排不出来。他睡不着，随后极度干渴。他陷入昏迷。他的腹部肿胀。恰好在肋骨下方右侧有一个引起疼痛的肿块。他的四肢冰冷。他口中喃喃说着一些事情，但完全失去理智，并不能记起自己说了些什么。
>
> 在卧床后大约第十四天，他发冷后又发烧，然后陷入谵妄。他喊叫并乱腾手脚，不断地说话。他又开始出汗，并再次陷入昏迷中。他的尿又黑又淡。他的肠道被各种恶臭、块状未消化的排泄物扰乱，这些排泄物或黑、或稀、或红、或油腻、或生硬或味烈。有时，排泄物呈乳白色。到第二十四天时，他感觉稍好。虽然症状依旧，他还是部分地恢复了知觉，但他不能记起自他卧床以来发生的任何事情。但他很快重新失去理智，病情急转直下。大约第三十天时，他排泄出来的东西稀而量大，他还发了高烧。他变得神经错乱，语无伦次，手脚变冷。在第三十四天时，他死

了。从我第一次见病人起,他的肠道一直处于紊乱状态。他的尿稀而黑。他不昏迷时,就不能入睡。他一直在说胡话。在整个这段时期,他的四肢都是冰冷的。

——希波克拉底:《流行病篇》,Ⅲ,系列2,案例13

阿波罗尼奥斯的轻率用餐加剧了他的致命疾病,但作者希波克拉底没有推测该病的最终病因。与进行抽象、不可验证的推理不同,他转而积累有朝一日能导向确定的病因知识的细节资料。其他文化(尤其是埃及文化)中的医生肯定也用类似的方法进行推理,但最早在著作中对自己的思想进行解释的是希腊医生,这让今日的读者都能追踪他们的诊断。将推理明晰化、显明事实与理论如何联系起来是现代实验科学的基础原则之一。

盖仑

希波克拉底的著作影响很大,但受过训练的医生与巫师、助产士、草药采集者和医药神阿斯克勒庇俄斯(与阿波罗并为医神)的祭司是混在一起工作的。那时没有医学学位或对医生的监管之类的事物。著名的希波克拉底誓言(参见第2章)只是加强医生自律的一个尝试而已。希波克拉底学派的写书者认为传统疗法就像梦疗一样,在梦疗过程中,病人睡在阿斯克勒庇俄斯的神庙里,接收神的治疗信息。

对希波克拉底和基督时代之间四个世纪的希腊医学,我们所知甚少。公元前3世纪,托勒密王朝支持在亚历山大城进行的人体解剖工作,这让医生希罗菲卢斯能够分辨不同的感觉神经。他描述眼睛的专业术语今日仍为我们使用。他仔细查看了人体内部器官和性器官,区分了静脉和动脉,并为心脏运作提供了一个貌似合理(但不准确)的解释。他的后继者对身体机能提出了越来越详细的解释,但他们受到了人眼视力限度的限制。在没有显微镜的情况下,他们能看到血液在动脉、静脉中流动，但他们无法明白血液怎样从动脉流向静脉。

在接下来的三个世纪，希罗菲卢斯的后继者和对手就生理学展开争论，并在某种程度上分裂成相互竞争的医学派别。我们最好的信息来源是后来的罗马作家盖仑（126—约200），他将所有可得到的医学知识收在一部百科全书里，它在现代图书馆中可占有一排数米长的架子。盖仑生于帕加马，他学习哲学、数学和医学。他在亚历山大城工作过，并在家乡小亚细亚做过角斗士的医生，后在162年移居罗马，并担任数个皇帝的御医。

盖仑深受希波克拉底、柏拉图、亚里士多德、斯多葛主义和希罗菲卢斯的影响，他总结了希腊罗马对人体健康600年的思考成果。他对疾病而非病人更感兴趣，并在将疾病分门别类方面显示出他受到亚里士多德的影响。和希波克拉底一样，他的目标是从个体中引出普遍性。他看到了将治疗建立在人体解剖知识和人体运作理论基础上的必要性。从这些观点来看，盖仑具有完全的现代性，尽管他的许多假设和结论都是错的。

盖仑同样受惠于希波克拉底，他采用了在后者一些著作中出现的四体液〔拉丁文为"umor"，相当于英文"liquid"（液体）〕理论。依据这些理论，身体健康是四体液和谐作用的结果，四体液与早期哲学中的四性质、四元素相对应：血液（性热，火元素）、黏液（性冷，土元素）、黄胆汁（性温，水元素）、黑胆汁（性燥，气元素）。四体液各自发挥主导作用，由此产生了四种基本的人类性格类型：多血质（sanguine，即"血色"）的活泼性格、黏液质（phlegmatic）的迟缓性格（就像你感冒，鼻子为黏液堵塞一般）、胆汁质（choler，即"黄液"）的急性子，还有抑郁质（melancholic，即"黑液"）的忧郁性格。盖仑认为，不同器官四体液之间的关系失调导致疾病产生，他首次将疾病定位于特定的器官。

盖仑用动物而非人体（人体解剖已被禁止）进行解剖工作，随后将解剖结果（有时是错误地）应用于人类。从哲学和解剖学上，盖仑对人体如何运作、器官所做的事情以及心脏如何跳动做了复杂而一致的精密描述。盖仑集实践与理论于一身，他的解剖学甚至在19世纪时仍是标准的教本。

希腊化时代的定量科学

在古希腊，数学在很大意义上意为几何学，它以比例而非数字为研究对象。希腊化时代早期，欧几里得（约公元前330—前275）集聚了所有已知的几何知识。一些希腊作家认为他生活在亚历山大城，但我们对他的生平一无所知。约公元前300年，他写就了《几何原本》，这本书是前所未有、被人阅读最多的书之一。西方高中几何事实上就是学习欧几里得《几何原本》，还有相关案例以及应用。

《几何原本》不同于希波克拉底推崇的归纳法，它是一个演绎体系，它主张从第一原理出发得出结论。最先给出的是一些定义，如：

- 点：没有大小；
- 线：有长度，没有宽度。

如此等等，它们用在有关平面、直角、锐角、钝角等的未经证明的陈述上。

随之而来的是公设，例如：

- 从任意点到另一点可引直线；
- 有限直线可无限延长；
- 所有直角都相等。

在以一个几何要素（如一个点）定义他要说的内容后，欧几里得得出有关几何元素的未经证明的不同陈述,即公设。第三步得到的就是欧几里得的"公理",或自明之理,它们要证明他所做出的陈述、假设。例如,有一条欧几里得公理:

- 等于同量的量相等

该公理证明了"所有直角都是相等的"。如果不是如此,若有"a"等于"b",且"b"等于"c",而"c"不必然等于"a",这会是荒谬的。亚里士多德很早就证明,这样的矛盾不合逻辑,由此也就是不正确的。

继这些"背景知识介绍"后,欧几里得在他的13卷书里提出他的命题,即从他的定义、公设和公理出发得出的结论。应用于平面、立体几何的命题能自生出更进一步的命题,产生更进一步的证据。在17世纪末以前,欧几里得的论证一直是自然科学论证的标准模式。

在欧几里得之后,有许多杰出的数学家出现,但其中最重要的是叙拉古的阿基米德(公元前287—前212年)。他受教于亚历山大城,并在叙拉古的希耶罗二世的宫廷中度过了大半生。阿基米德从公理出发进行演绎,以此促进了平面几何和立体几何、算数和机械学的发展。例如,他证明一个球体的体积是其外切圆柱体积的2/3。他解释了杠杆原理,并设计了第一个滑轮-液压螺旋扬水器。他对圆锥曲线的研究接近积分学。他因其在流体静力学(研究静止液体及其所施加的作用力之间的平衡关系)方面的发现最负盛名。今日我们仍称为"阿基米德原理"的科学发现来自一个有名的故事:

阿基米德在许多领域有许多创造性的发现,但在这所有的发现中,我下面要描述的一个发现最好地证明了他无尽的聪明才智。
叙拉古的希耶罗二世(公元前275—前216年在位)的帝国繁荣兴旺,他的权势增长了,因此,他决定将一顶金冠献给某座神庙,以表对不朽神灵的谢忱。

于是,他与一位金匠订约制作金冠,给了金匠一笔钱和刚好足够的金子造冠。不久,金匠将一顶漂亮的金冠献给希耶罗。称量金冠的重量发现,这位匠人看起来将给他的金子全用上了。但不久后,希耶罗听到流言说匠人将其中一些金子偷换成了等重的白银。希耶罗为受骗而雷霆大怒,但他找不到证明匠人做了手脚的办法。他命阿基米德想办法解决这个问题。

有一天,在阿基米德正想这事时,他走到城市澡堂。他进入一个带排水管的小池子。在池子里,发生了这样一件事:与他浸入水中的身体体积相等的水被排出了池子。他意识到了这个问题所依赖的原理。他兴高采烈的他跳出池子,一丝不挂地跑回家,边跑边大声宣告他找到了他要找的东西。他边跑边用希腊语喊道:"尤里卡!尤里卡!"(*Eureka! Eureka!*)★

阿基米德拿了一块白银和一块黄金,它们的重量都与金冠重量相等。而后他将一个罐子里装满水,并放进银块。流出的水与浸入水中的银块体积对等。取出银块后,他计算重新装满罐子所需的水量。以此方式,他发现了与已知流出水量相对应的白银重量。

下一步,他放入金块,将它取出,并计算溢出的水量。该溢水量大大少于放入白银情况下的溢水量。与重量相同的白银相比,浸入水中的黄金体积更小。

最后他放下金冠,并发现它比纯金块排出了更多的水,虽然金冠与纯金块的重量是一样的。根据金冠和纯金块排水量的不同,阿基米德计算出金冠里掺了多少白银,揭穿了金匠的骗局。

——维特鲁威:《建筑十书》,9.9—12

★ 因1849年的黄金潮,"尤里卡"(意为"我找到了")成为加利福尼亚州的州训。

天文学

天文学家介于医学家的精细观察与数学家的推演之间：他们观察恒星、行星的位置和运动，随后进行推论，得出解释其观察结果的理论。从某些方面来说，在与近代科学成就比较的时候，天文学是最成功的古代科学。毕达哥拉斯主义者和萨摩斯的阿里斯塔克（公元前3世纪）甚至算出地球围绕太阳旋转，虽然大多数希腊人抵制这种观点，认为它是对常识和亚里士多德宇宙学的公然侮辱。

制定可靠历法的需要在很大程度上推动了早期天文学的发展。早在公元前第三个千年，近东的天文观察者就意识到太阳年并不是月亮运行周期的偶数倍。约公元前425年，希腊人默冬改进了"默冬章"，从而让太阳和月亮的运行周期更紧密地相对应，但直到教皇格里高利十三世于1582年2月24日创制格里高利历（直到1752年美国才接受此历），一个与自然相对应的历法才被设计出来。格里高利历本身对尤里乌斯·恺撒于公元前46年创制的儒略历做了改进，而儒略历来源于有365天（但没有闰年）的埃及民用历法。

行星逆行运动（也就是看起来向后运动）是柏拉图的地球中心宇宙学的一个问题。它激起人们进行越来越多的复杂尝试，以将天文观察与地球中心模型融合起来。亚历山大城人克劳狄·托勒密（约90—168年，他与源出马其顿的托勒密王室没有关系）总结了早期的学术成果，并对其做了改善。托勒密的书就是赫赫有名的《天文学大成》(*Almagest*)，"almagest" 是 "最伟大" 一词的阿拉伯文讹用形式，源自中世纪时期翻译成拉丁文的阿拉伯文译名。托勒密的宇宙模型一直保持到1543年，那一年，尼古拉·哥白尼表明太阳应是我们的宇宙体系的中心，它在后来得到了约翰尼斯·开普勒（1571—1630年）的支持。开普勒是第一位认识到从太阳生出的一些力量使诸行星绕轨道旋转的天文学家。

不过，托勒密主张，球状地球是宇宙的中心，并保持不动。如柏拉图、亚里士多德所认为的那样，太阳、月亮和行星并不固定在看不见的天球表面，而是以完美的圆形轨道绕地球旋转。行星循圆形轨道绕地球旋转，与此同时，它们也在被称为"本轮"的更小的圆形轨道（以行星的绕地运行轨道为中心）上运动。由此，诸行星的实际旋转路线就呈螺旋形。这就是诸行星有时看似向后运动的原因，因为它们的本轮暂时将它们置于其绕地运行轨道的相反方向（图23.15）。

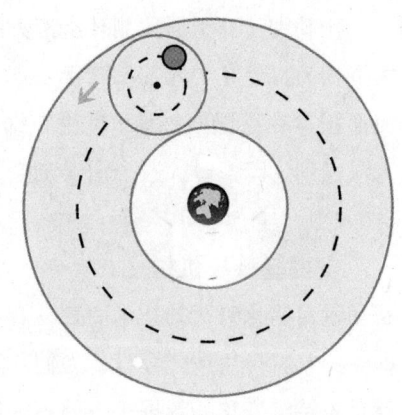

图23.15 托勒密对行星逆向运动的解释：行星绕地旋转，与此同时还沿着第二条轨道运转，因此表现出倒退的样子

《天文学大成》包含一个含有1 022颗星星（它们成群地聚集于48个星座区域）的列表。托勒密相信占星术，而他的权威赋予占星术以可信度。他还研究了光的折射。最后，托勒密写了地理学方面的书，制作了一张包含非洲部分地区、欧洲和亚洲的世界地图（复原图可参见图23.16）。

图23.16 雅各布·德·安杰洛所译拉丁文版克劳狄·托勒密著作中的世界地图，1467年出版于德国巴伐利亚赖辛巴赫修道院。拟人化的风环绕地球
资料来源：Copyright expired, PD-Art

719

托勒密计算了据猜测环绕诸大陆流动的俄刻阿诺斯河（亚历山大大帝认为自己在公元前327年发现了它）的面积，但他大大低估了河流面积。在克里斯托弗·哥伦布据托勒密的计算于1492年起航穿越大洋以到达印度时，这个错误产生了重大后果。

安提基特拉机构

就希腊化时代的技术而言，有一个非比寻常的案例仍未得到解释，即安提基特拉机构。今日，人们称其为世界上最早的模拟计算机，也就是对持续变化的数据进行处理的计算机。它似乎被用于提前数年预测天文定位，包括日食、月食，以及追踪以四年为周期的运动会。

1900—1901年，在距离希腊小岛（安提基特拉岛）不远的一艘古罗马沉海货船中，采海绵的潜水员发现了该机构，以及其他许多重要的文物。此船或许是从罗得岛驶向罗马，约在公元前70年沉没。但是，这件机构的历史可能古老得多。该机构最初被发现的时候，是一个受到腐蚀的青铜块（图23.17），后来，青铜块裂解为若干碎件，被忽略长达50年之久。而后，一个检查人员注意到有貌似齿轮的东西嵌在青铜里。X光和γ射线分析显示了碎件内部的情形，它们是看起来具有复杂结构的某个机械装置的组成部分。2008年，威尔士加的夫大学的一个团队使用电脑X光对碎件再做扫描，发现了许多模糊的铭文。它们是有所指的，比如，有的铭文表示黄道十二宫的名字，有的铭文表示不同的月份。

现在，我们知道了，该机构由一个手柄驱动，有37个齿轮。它不仅追踪日月运转的轨迹，还模拟了月球运转轨道。月球运转速度在近地点比在远地点更快。公元前2世纪，希腊科学家确立了月球的此种运动模式，安提基特拉机构可能就是受这一发现的启发。直至14世纪欧洲天文钟的出现，我们才发现了具有相似的机械复杂性的装置。对希腊化时代希腊科学所企及的异乎寻常的高度而言，这个机构是独一无二的证据。这是唯一一个案例，人们对它的研究持续进行。虽然

图 23.17 安提基特拉机构镶嵌青铜的部分。这是世界上最早的模拟计算机，制成于约公元前 200 年

资料来源：Marsyas/Wikimedia Commons（CC BY-SA 3.0）

如此，它不可能是独一无二的，而且必定代表了一个在古典世界终结时消失的传统。在雅典的国立博物馆，除了原始的碎件，还有对这个机构的若干复原件（基于假设）。

结论

认为雅典黄金时代后的希腊化文化腐化、衰落的观点是幼稚的。在医学、科学和工程学方面，希腊化思想家取得了远远超出古典时代的成就。在艺术、文学和哲学方面，他们在一个彻底改变的世界里重新诠释了他们非同寻常的古典遗产。亚历山大及其继承者将希腊文化带到阿富汗和印度，而希腊语成为雅典、迦太基、罗马的受教育人士所使用的通用语。非希腊民族热情地接受和适应了希腊文化，而希腊文化对犹太人、罗马人产生了深远影响。我们没法在希腊化文化与后来的文化之间画出一条固定的界限，通过我们在第 24 章中描述的事物进程，罗马贵族创造了自己的希腊化文化。他们和在 7 世纪及其后征服原希腊世界绝大部分地区的阿拉伯人将希腊遗产传诸后世。17 世纪之前，希腊化哲学、科学和数学一直主导着欧洲思想。

第 24 章
罗马的到来

（公元前 220—前 30 年）

在第 19 章中，我们看到曾被视为穷乡僻壤的马其顿如何在公元前 4 世纪成为一个主要强权。在意大利，罗马同样在公元前 4 世纪从一个小城成为一个强权。到公元前 280 年，罗马让意大利南部的希腊人深感惊惧，以至他们请皮洛士从伊庇鲁斯远道而来帮助他们。50 年后，罗马占领意大利和西西里的希腊城市，再过 50 年，罗马击败了马其顿和亚洲的安提柯、塞琉古王朝。公元前 2 世纪、前 1 世纪的希腊历史是回应永不止息的罗马侵略的一部历史（令人费解的是，这种侵略常是希腊人自己的行为招致的）。

罗马人是些什么人？他们为什么永不停息地扩张？这对希腊人来说意味着什么？罗马征服意味着屠杀、奴役、放逐、革命和一个先进的古代文明崩溃而陷入无政府状态——这与公元前 4 世纪马其顿人、希腊人的到来对波斯帝国的意味类似。数百万人死去，更多人被送到意大利田野或西班牙矿山做苦力。但在这场暴力盛宴中，罗马吸收、改造了希腊化的希腊文化，并将其作为现代西方文明的基础传于后代。他们是西方人的直系祖先，在许多方面是西方人的老师。

罗马之兴起（公元前753—前280年）

早期的故事说罗马史起于特洛伊战争，战争进行时，特洛伊王室成员埃涅阿斯（阿芙洛狄忒之子）在特洛伊陷落后西逃意大利。数百年后，他的后代罗慕路斯和勒莫斯在公元前753年（虽然其他故事给出了其他日期）创建了罗马城（图24.1）。

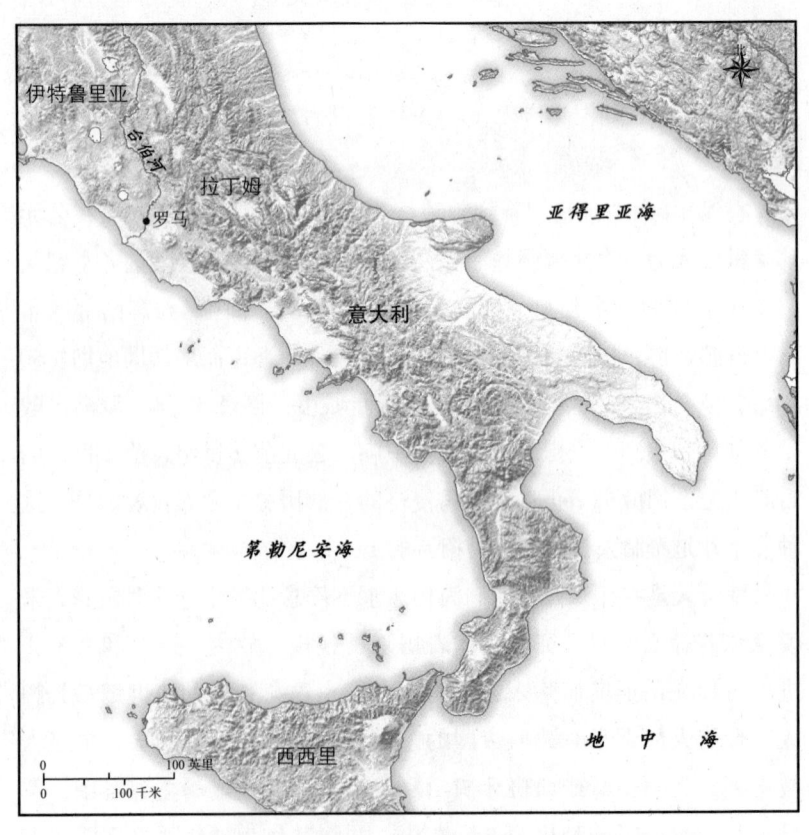

图24.1 本章提到的意大利的一些地方

考古学表明公元前8世纪确有一座村庄建于罗马（虽然此地有更早的居民居住）。根据传统，罗马有国王，直到公元前509年贵族叛乱者推翻国王，建立了共和国（*res publica*，意为"公共事务"）为止。

出于对君主的强烈反感，300 名贵族组成的元老院（"老人团"，他们终身在位）和一系列大会做重要决策。每年大会选出两名元老担任执政官（"深思熟虑者"），执掌战争、财务和法律事务。执政官每年一换，很难形成长期政策，但罗马人决意避免回到君主时代。绝不允许任何人手握重权。

由是，公元前 5 世纪的罗马政府以其有名的反对国王而与希腊的制度有某些相似处，但罗马的富有贵族比希腊贵族更强大。他们独霸元老院，在大会上握有多数票，并通过赞助网收买更多的支持。由此，公民权制度安排的作用相对较弱，比起希腊城邦，它给予公民的保护更少。在这种随意、有时显得自相矛盾的政治安排中，藏有罗马强大的秘密：通过将权力扩散至人数可观的精英阶层，使得（敌人）仅弄掉金字塔的顶端（当亚历山大取代大流士时，他在波斯所做的正是这件事）也很难摧毁整个制度。罗马在其对外战争中失去了一个又一个将军，但战争还继续打下去。在一个人最终让他自己成为一个独裁者之前，这种优越的制度延续了近 500 年之久。

罗马贵族的权力主要源于其在战争中的领导。公元前 5 世纪，罗马征战不休，征服了它的意大利中部邻居。劫掠让精英阶层富了起来，但元老院不像希腊人通常那样命战败的敌人缴纳贡赋，而是要求他们为接下来的战争提供军队。新战士也成了劫掠者的一分子。罗马从敌人那里获得土地，并将贫穷的罗马公民殖民于此，同时在战败国驻扎军队，将潜在的叛乱转移出去，模糊罗马人和非罗马人之间的界限。

到伯罗奔尼撒战争时，罗马已是意大利的一个主要强国，但和希腊一样，公元前 338 年（喀罗尼亚战役之年）对意大利也是一个转折点。在粉碎了一次意大利的叛乱后，元老院在公元前 338 年大大扩展了罗马公民权，将它给予被击败的叛乱者。罗马元老院总是比希腊城邦更实际，罗马让其邻居分一杯利益之羹，以此让他们成为自己的伙伴而非臣属。从前的敌人由此为罗马而战，分享战利品，同时给予罗马取之不尽的人力资源。这是一项绝妙的政策。与此同时，罗马城扩展至拥有 10 万人口，这让它成为欧洲最大的都市，虽然它比埃及亚历山大城这类希腊化城市仍要小一些。

在以后的 50 年，罗马军队势不可挡地推进到意大利南部。公元前 282 年，塔拉斯的希腊人向伊庇鲁斯的皮洛士求助。在皮洛士于公元前 280 年到达时，他为罗马人的纪律所震撼。如我们在第 22 章中所看到的，皮洛士能在战场上击败罗马，但最终败于罗马源源不断的人力资源。希腊人搞不懂罗马，即便在 115 年后，当希腊史学家波里比阿于公元前 165 年作为人质来到罗马时，他仍对罗马人的战争狂热感到震惊。希腊、罗马为战死者举行的公葬的极大差异，给波里比阿留下了深刻印象。希腊葬礼强调团体，将战死者视作一个无名群体，而罗马葬礼注重个体贵族领导人的勇武。波里比阿得出结论：

> （罗马）葬礼最重要的结果就是，它激励年轻人为公共利益和那给予最优秀者的好名声而承受一切痛苦。你可从以下内容认识到我所说的是事实。许多罗马人自愿进行单打独斗，以决定整场战争的胜负。不少人选择必死的命运，一些人参战是为确保他人的安全，一些人主张和平是为促进共和国的良好发展。一些人在身在公位时将自己的儿子送上战场（这与通常的习俗、法律相反），将团体利益置于最亲密的家庭亲情之上。在罗马历史上，许多这类人的这类故事世代相传……
>
> ——波里比阿：《通史》，6.54

罗马贵族为他们的道德严律和对奢侈的不屑一顾而骄傲，而且他们的礼仪对军事品格的强调远在希腊之上。公元前 3 世纪，罗马人发展出其著名的暴力游戏——角斗（图 24.2）。显然，该游戏可追溯至伊特鲁里亚人的一项风俗，一种在大人物葬礼上执行的人殉（不是杀掉许多人致敬死者，而是让这些人自相残杀），但此时它的宗教意味大大消减了。观众紧挨着角斗场地坐，当角斗士互将对方砍成碎片时，

图 24.2　角斗士，来自 4 世纪的一幅罗马镶嵌画。图中所绘似乎是网斗士（"*retiarii*"）做出的举动。网斗士是装备有网、长三叉戟、剑的角斗士。网斗士要用网套住自己的对手，用剑或三叉戟解决他。在左边，莱森提乌索斯（Licentiosus，意为"随心所欲"）准备将武器刺向一个对手，后者或许是一个追击士（secutor，意为"随从"），装备有盾、剑，是另一种斗士（角斗士有许多种类，此处呈现了不同种类的角斗士）。不过，莱森提乌索斯的对手肯定活了下来，因为在他的身体旁并无"φ"符号。这个符号意为"此人已死"，它或许出自希腊语"*thanatos*"（"死亡"）的首字母。下方的小图像再度呈现了莱森提乌索斯的形象。此时的他没有穿戴盔甲，而是举起一根棍子，棍子上挂着一块布，这意味着"我赢了"。三叉戟横在他的胸前，因为他是一个网斗士。再看右边，"紫带"恩提努斯（Purpureus Entinus，"缠紫色饰带的恩提努斯"）用武器刺向巴西巴斯（Baccibus，意为"与巴克斯有关系"）的后背。我们不清楚"恩提努斯"之名的含义，但他肯定系了一件紫色的饰带。再往右，网斗士阿斯塔西乌斯（Astacius，含义不明）准备将武器刺向阿斯提乌斯（Astivus，可能意为"城里的男孩"），后者旁边记有"φ"符号。注意这两人的右臂都有套甲。再往后，阿斯塔西乌斯在左上方再度出现，他的甲胄卸去了。他拿着胜利之棒，还有一块布。在右上方出现的是"投手"（Iaculator，"投掷标枪者"）。投手或许是一类人而非一个人的名字。作为角斗士的投手在模拟的狩猎场景中狩猎。在这幕选景（来自一幅尺寸更大的镶嵌画）的右下方，罗丹（Rodan，可能意为"美好的"）躺在地上，死了

鲜血、碎肉溅在观众身上，他们以角斗士互相残杀取乐。取乐的花样很多，有野兽互相残杀，有角斗士杀死野兽，又或有野兽杀死角斗士。在 18 世纪前，人们唯一一次在欧洲见到河马是在一只河马于罗马广场被人杀掉时。在公共场合杀掉野兽的需求使北非一些物种趋

727

于灭绝。

同时，罗马人发展出古代世界最壮观的场景之———凯旋式。如果一位将军在战役中杀 5 000 人以上，元老院会投票让他举行一次穿越罗马的凯旋游行，在游行中展示他的战利品和俘虏。胜利的将军获准骑在由白马牵引的战车上（这是人们想象神会做的事）。而且，据一份资料说，一个奴隶会站在他后面，在他耳边说，"记住，你是一个凡人"（参见马可·奥勒留《沉思录》，4.17）。此种具有象征意义的游行模糊了伟大战士和神之间的界限，但一旦游行结束，他们之间的正常界限又恢复了。在希腊，公元前 5 世纪、前 4 世纪的城邦否认有什么事情能让一个人像神一样，但希腊化时代的伟大征服者仿效亚历山大的例子，宣称他们是神。罗马人想出了一个折中方案：最伟大的将军可做一天的神，过后就不行了。

罗马、迦太基以及希腊西部人（公元前 280—前 200 年）

第一次布匿战争（公元前 264—前 241 年）

公元前 265 年，墨西拿（位于西西里东北角）内战扩大，两大强国叙拉古、迦太基被扯了进来，由此，两国之间的战争又一次突然爆发。然而，此次战争的特异之处在于墨西拿内战的一方请求罗马施以援手，墨西拿内部的另一方则寻求迦太基的帮助，从而引发了第一次布匿战争（罗马人将迦太基人叫作"*Poeni*"，或"腓尼基人"，英文是"Punic"）。这次战争标志着希腊西部独立的终结。

在长达 14 年的时间里，战争在不断变换的复杂同盟体系中进行，罗马、迦太基军队大肆蹂躏西西里。许多希腊城市被毁，阿克拉加斯再没从公元前 262 年罗马的一次劫掠中恢复过来，繁荣兴盛的唯有在精明僭主希耶罗二世治下的叙拉古，他明智地早早加入了罗马一方。迦太基、叙拉古相互征战达 150 年之久，但罗马将意大利的全部财力、人力投入战争。这使叙拉古先前所做的努力黯然失色，并激起了迦太基方面大规模的类似回应。最后，精疲力尽的迦太基求和，并放弃对西西里的所有权利要求。波里比阿解释道：

> 罗马人和迦太基人之间的战争持续了24年。这是我们所知的持续时间最长、最持久且规模最大的战争。除了其他战争和我先前描述的作战准备，在一次海战中，一方有500艘战船参战，而另一方是700艘。★在战争中，算上那些被击沉的船只，罗马人损失了700艘船，而迦太基人损失了500艘。如果你对安提柯、托勒密或德米特里的海上战争和远征印象深刻，那么当你叙述上述罗马、迦太基战争的规模时，你会颇感吃惊的。而当我们考虑到这些战船的规模，将它与波斯人用来对抗希腊人或者雅典人和斯巴达人为相互攻击而使用的三列桨船相比，我们会得出结论：史上从没有如此强大的海军力量相互对抗。从这些事实中可以看明白，我在本书开头提出的观点是正确的，也就是：罗马人不是在靠运气或不知道他们自己在干什么的情况下成为至尊强权的。相反，接受过如此或类似战事磨炼的他们理所当然地大胆追求统治世界，而他们的确做到了这一点。
>
> ——波里比阿：《通史》，1.63

罗马治下的希腊西西里

第一次布匿战争最终统一了西西里，但它由罗马人而非叙拉古人或迦太基人统治。希腊西部人的独立历史结束了，只有叙拉古保持名义上的独立，以作为对希耶罗二世在战争中支持罗马的回报。

元老院不得不对怎样处置此时在他们治下的希腊人、迦太基人和土著西西里人做出决策。罗马没有依惯例将战败的敌人征召入伍、投入下一步的战争，而是变更政策，将西西里变成它的第一个行省

★ 如果波里比阿给出的数字可信，那么第一次布匿战争有20万人参战，第二次可能有25万人。

[*provincia*，这个拉丁词语可能意为"征服之回报"，"province"（省）由此而来]，一个由罗马人直接统治的征服区。元老院将一套税收制度推广至全岛，该制度是叙拉古的希耶罗二世从托勒密埃及搬来并在叙拉古实行的。叙拉古不同于大多数城邦，它不但对货物征税，也对途经其港口的农作物和动物征税。叙拉古税吏办事得力、冷酷无情，而此时到罗马为之效力的那些税吏（他们因《新约》而臭名昭著）遵循着希耶罗立下的榜样。

希耶罗在世时，叙拉古享受了一个黄金时代。自公元前 4 世纪以来，该城已经衰落，但在约公元前 240 年，它还有 5 万人口。希耶罗建造了世界上最大的剧场（图 16.6），有一排美丽的柱廊立于其上，还有一个大得可同时在里面献祭 1 000 头牛的祭坛。诗人忒奥克里托斯和伟大的数学家阿基米德常拜访希耶罗的王宫，这让人们以为叙拉古或可挑战亚历山大城"希腊文化之都"的地位。挖掘者已在该时代的陵墓中找到了丰富的金银饰物。

相比之下，第一次布匿战争摧毁了西西里西部和南部。阿克拉加斯一蹶不振，一度风光的塞利努斯（其庞大的废墟至今仍让游客感到震撼）自公元前 250 年后被永久废弃了。乡村也变了样。随着罗马的成长壮大，它需要粮食，而意大利投资者买下被征服的西西里乡村地区，驱走农民，在被称为"大农场"（*latifundia*，意为"大块土地"）的大片地产上种植小麦，种植活儿由廉价而数量丰富的奴隶（因罗马的战争，他们沦为奴隶）承担。随后投资者在罗马市场上卖掉奴隶种植出来的小麦。许多希腊贵族分享收成。（用与罗马贸易所得的收入兴建的）奢华别墅在公元前 2 世纪大量涌现。不过，尽管第一次布匿战争很残酷，且罗马人对西西里土地极尽剥削压榨之能事，罗马征服仍带来了希腊人自己永远无法创造的和平。罗马终结了自公元前 5 世纪以来周期性地撕裂西西里城邦的阶级冲突。这些希腊西部人此时日益采用罗马的生活方式（图 24.3），与此同时，罗马精英接受了精妙的希腊文化。

图 24.3　叙拉古的罗马圆形剧场是叙拉古保存最好的帝国早期建筑之一。位于圆形剧场中心位置的矩形坑（内有用于展示的机械）曾经被掩盖住，现在却清晰可见。建筑物的石制上层结构几乎荡然无存
资料来源：Rabax63/Wikimedia Commons（CC BY-SA 4.0）

第二次布匿战争（公元前218—前201年）

尽管在第一次布匿战争中战败，迦太基还是东山再起，并在西班牙开拓出一个新帝国。从第一次布匿战争中，迦太基统帅、著名的汉尼拔［闪米特语"（雷神）巴力的恩赐"之意，图24.4］已了解到人力、金钱的决定性作用，于是他想出一项大胆战略：他推想，如果他切断讨厌的罗马与其盟友的联系，他就能让罗马得不到人力和金钱，由此而击败它。公元前218年，他大胆率领一支军队（包括大象）翻越阿尔卑斯山，从北面入侵意大利。罗马人被他打了个措手不及，到公元前216年，汉尼拔已赢得了三次压倒性胜利。如他所料，意大利和西西里许多地区倒向他这边。对罗马的胜利在望，而且在公元前215年，叙拉古和马其顿的腓力五世也加入了汉尼拔一方。看起来，希腊西部人很快可从罗马的套轭下解脱出来了。

然而罗马元老院镇定自若。罗马城太大，汉尼拔攻取不了，而且

许多盟友仍忠于罗马，故而元老院能继续作战。罗马人意识到他们不能在正面战场上击败汉尼拔，于是采取了一项巧妙的新战略：避免迎战而在不断奔走于整个意大利的过程中拖垮汉尼拔。与此同时，在元老指挥官率领下的罗马军队攻击汉尼拔的西班牙、西西里盟友。战争结果宣告了这些背叛罗马的希腊城市的灾难，包括曾经风光的叙拉古。在英雄式的最后挺立中，叙拉古顶住了罗马将军马塞卢斯的三年围攻。杰出的科学家、数学家阿基米德运用聪明到极点的防守机械帮助叙拉古挫败马塞卢斯的进攻：

图24.4 该半身像被认为是在汉尼拔在世时制作的本人塑像（约公元前200年），但其身份仍有争议。事实上，我们并不清楚汉尼拔的长相

资料来源：©1932 by Phaidon Verlag（Wien-Leipzig）

　　许多横杆从城墙伸出，悬在船上面。它们扔下巨石并将船砸沉，或有巨大的铁制钩状鸟嘴钩（你能在吊重机上找到的钩状物）吊下勾住一艘船的船头，再借助配重物将它吊起来，直到把它吊个底朝天。而后叙拉古人放下船，让它倾入海底，或从城里用一种旋转装置将船弄得团团转，再将它撞向城墙下面凸出的悬崖和岩石。船上的许多水手就此丧命。常有这种情形发生：一艘船完全被提出水面打转，直到所有人从四面八方被抛出去，随后这只空船被撞碎。

——普鲁塔克：《马塞卢斯传》，15

　　200年前，叙拉古人击败了从雅典来的一支可怕军队，但此次他们不能幸免了。罗马人的决心及其人力资源渐渐取得优势，甚至战胜了阿基米德的精巧装置。叙拉古于公元前212年陷落，此事永远终结了希腊西部人的自由历史。在这场可怕的屠杀中，一个罗马人杀了伟大的阿基米德（据一个有名故事的说法，他太过专注于计算，以致他没注意到兵士进了屋）。新一代罗马贵族马塞卢斯是希腊文化的公开倾慕者，当听说阿基米德已死时，他流了泪。随后他洗劫城市并将叙拉古众多最好的艺术品搬至罗马。

公元前212年后，主要的战场移至西班牙，充满活力的青年罗马人西庇阿（公元前236—前183年，图24.5）在此杀出一条血路。在残酷的战争中，罗马军队发展出更有效的毁灭技艺。他们在暴力上达到了登峰造极的地步。

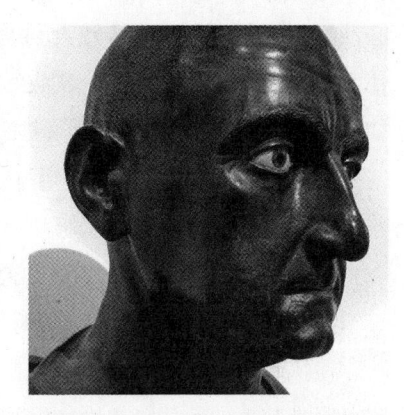

图24.5 老年的"阿非利加的西庇阿"的青铜半身像，刻于公元前1世纪。罗马将军西庇阿在对抗汉尼拔军队的扎马战役（战场在今突尼斯）中获胜后赢得上述美称，此战是第二次布匿战争的终局之战（公元前202年）

资料来源：Massimo Finizio（CC BY-SA 2.0 IT）

> 在西庇阿估摸着有足够的将士进入城市（迦太基人的一个基地）时，根据罗马传统，他放手让他们大杀居民，命令他们杀掉碰到的一切活物，一个不留。命令不到，杀戮不停。屠杀的目的在于制造恐怖。因这个原因，我们常看见，在罗马占领的城市，不仅有死人，也有死动物，狗被砍成两半，其他动物则被砍断四肢。在这次事件中，因此地人口众多，屠杀场景格外可怕。
>
> ——波里比阿：《通史》，10.15

到公元前205年，西庇阿将迦太基势力赶出西班牙。而后，西庇阿又以一招妙棋，将战火烧到非洲本土。公元前202年，他在一场惊心动魄的战争中击败了从意大利返回保卫迦太基的汉尼拔，这是这位伟大将军在战场上的唯一一次失败。因其胜利，西庇阿获赠"阿非利加的西庇阿"（这里的"阿非利加"大致在今突尼斯）的名号。迦太基交出其舰队和帝国，此时，罗马成为地中海西部地区的霸主。

罗马击破希腊化诸帝国（公元前 200—前 167 年）

在执政官每年一任的罗马旧制下，年复一年地在外保持大量军队变得困难起来，而在第二次布匿战争期间，马塞卢斯、西庇阿和其他一些领军人物成为"超级将军"，他们获得了罗马元老（或者可以说任何非君主身份的领袖人物）前所未见的财富和权力。保守的罗马人担心这些超级将军正打破"一日之神"的界限，朝着希腊化国家"半神国王"之类的目标奋进。其他元老想通过更多战争让自己成为"超级将军"，而这样的战争的理想之地，正是希腊化的希腊诸帝国。

如我们在第 21 章中所看到的，在公元前 3 世纪 20 年代晚期，三个未经世事的国王登上了三个主要希腊化王国的王位（表 24.1）。这些不谙世事的统治者不去做好准备迎战罗马，反而相互残杀，削弱自己的力量。安条克三世攻打埃及，托勒密四世靠征召土著埃及人入伍才将他击退。认识到自身力量的土著埃及人发动反抗托勒密四世的叛乱，在长时期的内战中，托勒密王朝的力量被耗尽了。

公元前 215 年，马其顿的腓力五世做出了错误的判断，与汉尼拔结成盟友。安条克三世为腓力提供支持，希望将托勒密王朝的势力赶出爱琴海。仰仗埃及保护的雅典惊惧之下在公元前 200 年寻求罗马的援助，以对抗马其顿的腓力。此时距罗马击败迦太基仅数月之久，但元老院仍投票支持发动反对腓力的新战争，因为后者站在汉尼拔一边。公元前 197 年，通过一场大战，罗马将军弗拉米尼在色萨利的辛诺塞伐利（意为"狗头"）粉碎了马其顿方阵（图 24.6）。波里比阿解释了罗马的策略何以战胜先前占有压倒性优势的马其顿军队：

表 24.1　希腊化时代的主要统治者的在位时期

马其顿
腓力五世：公元前 221—前 179 年在位
伯尔修斯：公元前 179—前 168 年在位
叙利亚
安条克三世：公元前 223—前 187 年在位
埃　及
托勒密四世：公元前 221—前 204 年在位
托勒密八世：公元前 169—前 164 年，公元前 144—前 132 年，公元前 126—前 116 年在位；
托勒密十三世，公元前 51—前 47 年在位
克娄巴特拉七世：公元前 51—前 30 年在位

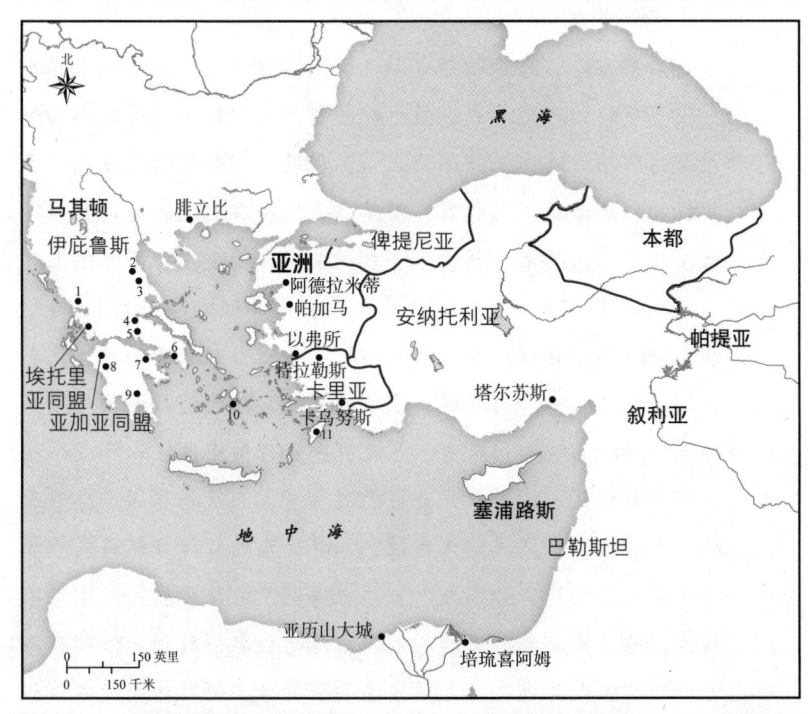

图 24.6　本章提到的地中海东部的一些地方。爱琴海地区的城市：(1)亚克兴、(2)辛诺塞伐利、(3)法萨卢斯、(4)温泉关、(5)德尔斐、(6)雅典、(7)科林斯、(8)奥林匹亚、(9)斯巴达、(10)提洛岛、(11)罗得岛。考姆翁布远在 560 千米（在本图南部边缘外）外的埃及南部尼罗河流域

从诸多因素中，我们容易明白，只要马其顿方阵保持其独具特色的阵形和威力，没有什么力量可与之面对面争锋或挡住它的进攻。当阵线收紧准备作战时，手持武器的战士站在不足0.3平方米的空间范围内。马其顿长矛（sarissa）有6米多长，战士需缩短其双手握矛处与长矛尾端之间的距离，用以平稳武器的重量。此段距离有近2米，由此我们可以看清楚：在重装战士甲双手握矛、迈步向前迎敌时，有近5米的矛杆会伸向他前面。这意味着，只要方阵保持标准阵形，第二、第三及第四排的长矛会在战士甲的前方伸出，而第五排的长矛仍伸出队形近1米……由此，在马其顿方阵以16排战士全力挺进时，我们可明了马其顿方阵的性质及其巨大威力……

看看罗马人，每个带甲的战士同样占据不足0.3平方米的空间，但据罗马的作战方式，每个战士都独自行动，他们在走动时转动其盾牌挡住攻击，并用剑砍杀、开路。因此种作战方式异于马其顿的作战方式，很明显，罗马战士需要在他周围有周转空间，如果按此要求做的话，同排战士之间要保持近1米距离。结果就是，罗马战士不得不独对两个攻击他的马其顿方阵士兵和10个矛头。一旦两军相接，罗马战士不可能砍断如此众多的矛头，也不易挡开它们……如前所述，我们容易明白，为何只要马其顿人保持他们独特的阵形和威力，就没有一支力量能抵抗方阵。

然而是什么原因使罗马能成为胜利者，而让马其顿方阵归于失败呢？答案在于，战场无定法，马其顿人的方阵只能施展于一种简单的地形环境。如果敌人被迫在有利于方阵施展的时空环境下作战，基于我前面给出的原因，方阵总会取得胜利。但如果避免方阵的冲击成为可能乃至很容易的事的话，那时你怎能继续认为这种队形势不可挡呢？

——波里比阿：《通史》，18.29—31

许多罗马元老不想与马其顿交战。他们更喜欢其传统的贵族生活方式，轮流担任执政官，享受财富和权力上的优待。他们不想让罗马成为一个超级强权，因为他们正确预见到，这会引来许多危险和诱惑，从而危及罗马的传统价值观。在辛诺塞伐利之战后，他们的目标因此变成避免进一步卷入希腊政治事务。弗拉米尼努斯不再尝试把马其顿变成一个类似西西里的行省，相反，他命马其顿王腓力五世放弃对希腊城邦的控制，罚了他一笔钱，并重申"希腊人的自由"的原则。但一旦罗马军队陷入希腊反抗运动的泥沼，就不可能脱身了，而且，一旦弗拉米尼努斯向人们展示一个将军可以在希腊赢得多少荣耀、财富，其他罗马人也想获得机会。弗拉米尼努斯将精美的艺术品带回家，用以纪念他的凯旋，而一些城邦建造塑像、发明崇拜仪式崇奉他（如崇奉希腊国王一样）。

叙利亚的希腊化国王安条克三世此时做了对罗马战争派有利的事情。他邀请汉尼拔（他在与"阿非利加的西庇阿"作战后逃掉了）担任顾问，攻打小亚细亚的希腊城邦，并于公元前192年进入希腊大陆，支持身在反罗马阵营中的埃托里亚同盟。罗马对安条克三世的上蹿下跳失去耐心，并用占据压倒优势的军队回应他。公元前191年，罗马军队在著名的温泉关碾碎了安条克军，随后在公元前189年跨入安纳托利亚，摧毁了塞琉古王朝的另一支军队。汉尼拔逃跑了，而安条克三世于公元前188年求和。罗马命他退出小亚细亚，交出其舰队和战象，并缴纳15 000塔兰特的赔偿金。在东方的战争进展顺利。

雄心勃勃的年轻罗马元老开始争夺军事指挥权，而爱琴海地区争斗不已的希腊城邦竞相争取罗马的支持以打击对手。在公元前2世纪70年代晚期，腓力五世之子、马其顿的伯尔修斯的敌人让元老院相信，伯尔修斯正储备武器，以攻击意大利本土。罗马军队又一次快速收拾了马其顿。他们没找到大量储存的武器，即便情报有误，罗马人还是消灭了马其顿王国。元老院仍热切避免吞并巴尔干半岛（设立行省），于是他们在公元前168年将马其顿分为四个小共和国，由傀儡国王统治。

同年，埃及和叙利亚之间一场旷日持久的战争不断升级，逐渐失控。塞琉古新王安条克四世侵入埃及并围攻亚历山大城。对希腊国王继续搅乱东方局势忍无可忍的元老院发布了一道命令，命安条克四世停止行动。他们派元老该犹斯·波披留斯带一些官员，去发布最后通牒：

> 安条克（四世）已攻打托勒密（五世），以求控制培琉喜阿姆★，此时罗马指挥官波披留斯在此会晤了他。安条克大声欢迎他，并伸出右手，但波披留斯展示了自己手中的折叠木简，上面记着元老院的命令。†他请安条克先看看木简。显然，在他弄清安条克的意图（是敌是友）之前，他不会表现出任何善意。国王看完木简后，说他想和顾问们商量这些新情况，但波披留斯做了一件傲慢无礼的事。他拿了一根葡萄枝，绕安条克周身画了个圈，并告诉他，在他离开该圈之前，请他对木简所载内容做出回复。国王被如此无礼的举动惊呆了。随后，在犹豫了一会儿后，他说他按照罗马的意思办，由此，波披留斯及其同僚用右手拥抱他，并致以亲切的问候。
>
> ——波里比阿：《通史》，29.27

由此衍生出了西方俗语"划清界限"（to draw a line in the sand，意即"在沙上画条线"）。仅以一根藤枝为武器的一个罗马人羞辱了一个伟大的希腊化国王。到公元前168年，虽然罗马既没吞并希腊的土地，也没在此驻军，但元老们事实上将希腊人纳入了帝国的统治范围内。

战争后果：希腊人

罗马对希腊化王国的战争蹂躏了希腊的土地。似乎有100多万人

★ 一个河口，位于尼罗河三角洲东北部。

† 该信应是用国际通用语言希腊文所写，安条克四世不可能读懂拉丁文。

被杀掉,或被奴役。公元前187年,仅在对希腊中部的埃托里亚的一次洗劫中,罗马人就抢走了超过5千克重的金王冠、近4万千克重的白银,约110千克重的黄金、130 322枚硬币、785尊青铜塑像、230尊大理石塑像,还有一大批装甲、武器和其他属于敌人的物品,除此之外,还有各种各样的投石机和器械。最耸人听闻的一幕是,一个罗马执政官在公元前167年决定惩罚希腊大陆西北部的伊庇鲁斯:

> 执政官(计划)召集(伊庇鲁斯)所有居民区的10个头面人物,并命他们拿出所有金银物事,放在一个公共场地。执政官派出10支步兵大队★到所有城镇去,他先将那些要去更远地方的大队派出去,以便所有大队同时抵达他们的目的地。带兵军官和百人队队长†被告知该计划。早上,白银、黄金被收聚起来;凌晨4时,劫掠城镇的信号发出。劫来的东西很多,每个骑兵获得了400狄纳里的劫掠物,每个步兵是200狄纳里◆,而有15万的俘虏被卖为奴隶。罗马人劫城无数,大约有70座城市被他们夷为平地。
>
> ——李维:《罗马史》,45.34

一天时间里,罗马人将伟大的皮洛士统治过的伊庇鲁斯从地面上抹去。

爱琴海地区苦于人口减少、海盗劫掠以及财富分配的极端不公。罗马人的战争助长了这些罪恶。赔款让城市破产。意大利放债人帮助城邦还债,却通过强加过高的利率榨取了更多财富。罗马有计划地洗劫希腊,并将这块土地变成不毛之地。在科林斯的一群愤怒暴民几乎将罗马使节撕成碎片后,元老院决定拿这个古代城市开刀,以儆效尤。公元前146年,在两天时间里,罗马军队劫掠、烧毁了这座被荷马称

★ 约有500人的军事单元。
† 不同级别的军官。
◆ 约为20个月的军饷。

作"富有的科林斯"的城市，役使幸存者为奴隶，并毁灭或抢夺希腊的艺术珍品。科林斯一蹶不振。

在罗马人眼中，希腊人不切实际、欠缺合作精神、颓废堕落，并总惹人讨厌。公元前148年，一个冒牌货在马其顿出现，自称是伯尔修斯之子，罗马元老院对此感到厌恶，最终将马其顿变成了像西西里一样的行省，给它配置了一位罗马总督（从元老精英中选出）监管行省事务。相比之下，跟罗马合作的希腊城邦在罗马治下过得不错。雅典自公元前200年以来就支持罗马，并在公元前167年获得奖赏，控制了免税的提洛岛上收益丰厚的奴隶市场。在罗马于公元前146年摧毁科林斯后，商人们重新在比雷埃夫斯港落脚，这让雅典变得更富裕。原来寡头派和民主派的争斗消失不见了，仿佛从未发生过似的。和罗马精英阶层一样，希腊贵族创建了使用奴隶劳动的大农场，建造了漂亮的别墅，并委人修建奢华的纪念碑显摆自己。城市的节日和机构继续存在，但公民大会真正掌握决策权的日子已成为遥远的回忆。

西西里的大农场比其他任何地方都要多，但剥削压榨的代价太惨重了。公元前134年，西方古代规模最大的奴隶起义在西西里爆发：

> 西西里人发了财，过着优雅的生活，他们购买了很多奴隶。他们从奴隶长大的地方大量买进他们，并在到手后马上将他们打上烙印。年轻的奴隶被用来放牧，其他奴隶则随需要而派发差事……奴隶们为繁重的劳动和抽打所苦，并受到极不合人性的虐待，最后，他们忍无可忍了。他们尽可能地碰在一起，并集体想出了一个计划……
>
> 起义是这样爆发的：在恩纳[*]，有一个名叫达摩菲罗斯[†]的人，他出手大方，但极度傲慢无礼。他待奴隶非常残酷，其妻密伽丽

---

[*] 西西里中部的一座山城，据西西里传说，冥王哈得斯在此强暴了普西芬尼。

[†] 具有讽刺意味的是，他的名字意为"待人友善"。

斯在残酷折磨奴隶和丧失人性方面的努力更甚于丈夫。这些受虐待的人就像被关在笼子里的野兽,他们决定反抗并杀死主人……

他们聚集了400名其他奴隶,并在时机完全成熟时在攸努斯(他为他们表演过玩火焰的戏法)★的率领下带着武器冲进恩纳。他们冲进房子里杀掉所有人。他们连吃奶的婴儿也不放过,把婴儿从母亲怀里夺走并摔在地上。你很难描述他们当着妇女丈夫的面怎样踩躏她们。一大群城里的奴隶加入他们的队伍。在杀掉主人后,他们加入大屠杀,杀掉他们能找到的任何人。

——西西里的狄奥多罗斯,34

罗马人最后镇压了起义。他们将成千上万的男人、女人和小孩钉上了十字架,他们残缺的尸体被钉上十字架,沿西西里的道路悬挂数千米之长。钉十字架之刑看似最初由腓尼基人发明,波斯人对其加以继承,最后罗马人将它定为刑罚。此刑为暴徒和叛徒而设(耶稣被定罪为一个叛徒),不能加于罗马公民身上。

到那时为止,罗马军队几乎未踏足塞琉古、托勒密王朝的国土,即便如此,希腊化的君主国正走向崩溃。在罗马人击败腓力五世后,塞琉古王朝在公元前188年将安纳托利亚输给罗马,罗马人还在公元前164年进入犹太。到公元前150年,中亚来的帕提亚游牧族扫荡了波斯大部地区,以至他们的首领开始自称波斯国王。帕提亚人甚至捉住了一个塞琉古王朝的统治者,公元前129年,帕提亚人在战场上杀掉了这位统治者的继承者,塞琉古王朝由此放弃了对美索不达米亚和波斯的全部权利。一度从爱琴海延伸至乌兹别克斯坦的马其顿帝国现在退缩到仅剩叙利亚北部的部分地区,而且还常发生数人争夺王位的事情。

自公元前170年以来,两个(有时是三个)托勒密王室成员也一

★ 一个沦为奴隶的叙利亚祭司。

直在争夺王位，他们之间的斗争日趋残酷。公元前131年，托勒密八世（外号"胖子"）及其妻克娄巴特拉二世（非著名的克娄巴特拉七世）在埃及争权夺利。克娄巴特拉二世煽动亚历山大城的叛乱，并劝服作乱者承认她与托勒密八世生下的12岁儿子为真正的国王。她这样做是因为托勒密八世和他们的儿子此时都在塞浦路斯，所以克娄巴特拉二世能在事实上成为埃及的唯一统治者。愤怒的托勒密八世将他们的儿子碎成四块，并用船将尸体碎块送给他母亲。奇怪的是，慈爱的父亲和母亲还是很快和好了，他们不计过往，并共享王权达九年之久！更奇怪的是，尽管顶层混乱不已，但塞琉古、托勒密王朝的经济照常运转，征收税款，建造神庙（图24.7），希腊化王国仍是诱人的肥肉，引诱着罗马捕食它们。

图24.7 埃及南部考姆翁布的大神庙，距今纳赛尔湖不远，它只敬拜两位神（鳄鱼神塞贝克和鹰神荷鲁斯），建于公元前2—前1世纪，此处呈现了它的两个入口。在建于托勒密时期的埃及神庙中，它是今日保存最完好的一座
资料来源：Olaf Tausch（CC BY 3.0）

战争后果：罗马人

　　罗马贵族将惊人的财富收入囊中，那些在军中服役者也发达起来。在公元前 225 年以后的两个世纪中，罗马每年军队规模一般为 15 万人，这意味着 8 个意大利农民就有 1 个在军中服役。平均服役年限是 7 年，这意味着在某些时候，有一半的罗马公民在军中服役。此事产生的效果与人口大规模迁出意大利相当。到公元前 146 年，大约 10 万名应征士兵战死，大约 20 万人移居海外。富有的罗马人买下由于这些人力流失而荒下来的意大利农庄，在意大利本土创建了大农场。贫困的意大利人离开他们的农庄，流落至城市。到公元前 1 世纪，罗马成为史上第一个拥有百万居民的城市。奴隶农庄出产的粮食多了起来，而在不可抵挡的恶性循环中，富人变得更富，而大多数穷人丧失了仅有的一点东西。

　　罗马巨富此时能过上希腊化国王一般的生活，尽管他们是普通公民。从来没有巨额财富流入如此之少的人手中。公元前 212 年，马塞卢斯将军洗劫叙拉古并"解救"了城中许多塑像和画作，将它们带回罗马，他在罗马的超富人群里引发了一种新时尚：

> 在此之前，罗马人甚至连这些优雅、美好事物的存在都不知道，而且他们对这类高贵、精致的艺术没有兴趣。与此相反，罗马城到处都是从蛮族手中抢来的沾满鲜血的武器和战利品，众多纪念碑和胜利奖杯彰显着它的荣耀。如果你对战争不感兴趣，或是喜爱美物，你会发现这座城市没一处是让你赏心悦目的……

　　马塞卢斯大大愉悦了罗马大众，因为他用高贵、充满魅力并具有天然风格的希腊艺术品装点着首都。相比之下，"拖延者"费边★

★ 一个保守的将军，他得名"拖延者"是因他总是避免与汉尼拔当面交锋，而是用游击战术拖垮敌人。

赢得了老一辈人的赞许,因为当他占领塔拉斯城★时,他将我们上面提到的东西扔在原地,没动它们。他带走城中所有金钱和有价值的东西†,但让塑像留在了原处。

——普鲁塔克:《马塞卢斯传》,21

普鲁塔克说,马塞卢斯认为他教会了无知的罗马人去欣赏、赞美希腊艺术的荣光,但像"拖延者"费边这样的传统派认为,马塞卢斯教罗马人成为懒惰的艺术鉴赏者,在"讨论美感的清谈"中蹉跎时光。怎样对待希腊艺术成为公元前2世纪的政治议题。一些欣赏希腊先进文化的贵族同样认为,凡人可与神比肩——不是像凯旋时那样只做一天的神,而是永远。一些将军甚至雇请希腊雕塑家将他们展现得像希腊化国王(图24.8)。

上层阶级的教育基本上成为希腊式的教育。一项彻底的希腊技艺"修辞"将对元老院的辩论产生非常实际的影响,在元老院,说服别人是争取票数的关键途径。不过,保守的罗马人认为,学习修辞(即"说服的艺术")会使统治阶层受希腊人弱点的影响。保守派领袖大加图(公元前234—前149,图24.9),

图24.8 将一位罗马将军塑造为一个希腊化国王的青铜塑像,刻于约公元前150年。该塑像是希腊风格的塑像,其姿势仿效了亚历山大大帝的一座著名塑像,但它看起来是描绘一个罗马人,因为人物形象缺少希腊化王家塑像常系的短篷,并有着典型的罗马人的短硬胡须和发型。健壮的肌肉遵循了流行于帕加马的一种风格。塑像高约2.2米

资料来源:©Photo:Wikipedia/Shakko

★ 费边于公元前209年从汉尼拔手中收复该城。
† 费边还将3万名塔拉斯人卖为奴隶。

图24.9 这位罗马贵族神情严峻、愁眉不展地注视着前方,我们不清楚他是谁。不过,许多人认为它是罗马政治家老加图的塑像。大理石制,刻于公元前1世纪

资料来源:Torlonia Collection, Vecchio da Orticoli, Torlonia Foundation, PH Lorenzo de Masi

> 担心青年人的欲望在这种引导之下将趋向于靠言辞来博得声望和名誉而不去从事征战建立功勋……他完全反对哲学并且出于爱国的热忱,讥笑希腊的一切文化和教育方法……他以预言家或占卜者的口吻宣布,如果罗马人受到希腊文字的影响,他们将失去他们的帝国。
>
> ——普鲁塔克:《老加图传》,2—23

大加图坚持认为,"希腊文学仅值一瞥,希腊人是一个邪恶、顽固的种族,他们的文学会腐蚀罗马,他们的医生会让罗马屈膝其下。希腊人已经发誓用他们的药杀掉所有的野蛮人,而这些野蛮人包括罗马人在内"(普鲁塔克:《老加图传》,24)。

尽管言辞犀利,让人尊敬的大加图还是打了败仗。为了在元老院的辩论中战胜受过训练的演说家,大加图自己也需要表达有力。事实上,大加图年轻时就认真学习希腊文学,他背诵修昔底德、德摩斯梯尼的作品以提升自己的"说服"力。罗马元老对抗希腊文化的唯一途径就是比希腊文化的拥护者做得更像希腊人。

到公元前2世纪30年代,罗马贵族彻底吸收了希腊化的希腊文化。具有讽刺意味的是,这是希腊史上取得的最重大成就之一。罗马人的艺术、文学和哲学品位,很大程度上决定了古希腊文化的存

续。最终，西方人成为罗马人和希腊人在文化、政治上的继承者。雄心勃勃的罗马人引用希腊诗歌（特别是荷马史诗），学习和传播斯多葛学派哲学（以为传统价值辩护的面目出现），并在每日的言谈中反复使用希腊语和拉丁语。尤里乌斯·恺撒对刺杀他的朋友布鲁图说的最后一句话就是希腊语 "*Kai su teknon*"（意为 "也有你在内，我的孩子？"），莎士比亚将它们译为拉丁文 "*Et tu Brute*"。正如罗马诗人贺拉斯（公元前65—前8年）所说（《书简》，II .i.156），"被俘获的希腊俘获了它粗野的俘获者，并将艺术带给质朴的拉丁人"。所以我们说 "希腊-罗马文化" 这个词是恰当的。

罗马的军事革命

公元前2世纪30年代，为满足统治一个庞大帝国的需要，旨在为一个城邦服务的罗马政府形式已不堪重负。罗马需要一支大型常备军维持和平，但传统上的军队是这样一支队伍：农民夏季服役，随后回家。然而，随着富有贵族在公元前2世纪购买意大利的土地，农民的数量减少了，这使军队发生了人员短缺。公元前2世纪30年代和20年代，改革者重新分配土地的努力引发了来自保守派的激烈抵抗，甚至政治暴乱。军队新兵的数量不断减少，公元前113年，日耳曼侵袭者大胜人数不足的罗马军队，并劫掠了意大利北部。国家处在危难之中。

因为富裕的元老们不会重新分配土地以增加新兵人数，用以维持保卫意大利和帝国的军队，由此，先前不起眼的一位战士马略（公元前157—前86年）劝说罗马公民大会采用一个新的方案解决人员危机：很简单，废除服兵役的财产限制。这项革命性的政策极大地增加了新兵的来源，扩大的军队很快赢得战争。然而，胜利埋下了百年内战的种子。以前，战士们想服完兵役后返归自家农庄，但大多数战士此时无农庄可归。他们转而指望他们的指挥官以战争劫掠养活他们，并给予他们能养老的土地。因此，为了成功，一个将军需要照顾好手下将士，这意味着他要为他的军队夺取土地,甚至是其政敌的土地。将军们成为战争狂人,只要有必要,他就能以没有土地、忠诚于他的重装军队反对国家。此时,对一个愿意冒一切险的人来说,凡事皆有可能发生。

爱琴海的苦难(公元前 99—前 70 年)

随着罗马政治变得越来越残暴和具有剥削性,罗马的意大利盟友于公元前91年发动叛乱,要求从统治精英那里得到更好的待遇。在双方惨烈争斗并极尽残酷之能事相互厮杀后,叛乱者才被打败。怨愤之火同样在希腊世界燃烧起来,西西里和雅典爆发了新的奴隶起义。希腊化国王实力太弱,以至不能利用混乱局势和罗马的弱点,但公元前88年,安纳托利亚黑海沿岸(图24.6)本都王国的非希腊人统治者米特拉达悌六世(公元前121—前63年在位)打了罗马一个措手不及,并给予其重重一击。

米特拉达悌是有波斯、希腊血统的君王,自称居鲁士大帝和亚历山大大帝手下将领之后。可以肯定的是,他说希腊语,可能还会说波斯语。他统治本都已有30年,时而是罗马的盟友,时而抵抗罗马。看到罗马为意大利战争和希腊对罗马人的愤怒所分心,他建立了一支军队,并横扫安纳托利亚的一个罗马附属国俾提尼亚。他击败两支派来迎击他的罗马军队,随后抓住、折磨并处死了一个罗马将军。战争随后变成种族清洗。米特拉达悌告诉希腊人,他将一劳永逸地将所有讨厌的意大利种族从世界上清除出去:

> (米特拉达悌)秘密写信给他在(小亚细亚)的(希腊)城市的所有总督和行政官员,命令他们在第三十天时发难,并杀掉他们城市中所有的罗马人和意大利人,包括他们的妻儿和具有意大利血统的自由人★。随后他们要将尸体扔在街上,并与米特拉达

★ 为意大利税吏充当助手的获得自由的奴隶。

悌国王共享这些人的财产。国王会惩罚埋葬死者或隐匿活人的任何人。对杀掉他们主人的奴隶，国王给予他们自由；对杀掉债权人的负债者，他免去他们一半债务。米特拉达悌将秘密信件同时送往各城市。

当约定的日子到来时，各式各样的灾难在亚洲*发生了，我可将其中几个描述如下：

以弗所的居民将避难于阿耳忒弥斯祭坛†、紧抱住女神像的那些人拉出来，并杀掉他们。

帕加马居民用箭射死避难于阿斯克勒庇俄斯圣殿、抱紧神像的那些人。

阿得拉米提乌姆人入海追赶那些想游泳逃生的人，杀掉他们，随后淹死他们的孩子。

考诺斯人◆……将意大利人赶进他们的高级住所，并将他们从那里的灶神维斯塔塑像旁边拉出来，再当着孩子母亲的面杀掉孩子，再杀掉母亲，再后杀掉男人。

特拉利兹○的公民们不想亲身承担责任，就雇请了可怕的帕夫拉戈尼亚的特奥菲卢斯。他将犯人带进协和女神庙，并在那里杀了他们，他砍掉那些紧抱住崇拜偶像的人的手。

这就是落到亚洲的罗马人、意大利人（男人、女人、小孩、自由人、奴隶和有着意大利血统的所有人）身上的可怕命运。

非常清楚，是对罗马人的憎恨而非对米特拉达悌的惧怕推动了亚洲的希腊人做此行为。

——阿庇安：《内战记》，12.4.22—23

---

* 指小亚细亚西部，它于公元前133年成为一个行省。
† 她在以弗所的大神庙是古代世界七大奇迹之一。
◆ 考诺斯位于小亚细亚南部海岸，与列斯堡相对。
○ 吕底亚的一座富裕城市。

有资料说,作乱者一日之内屠杀了八万名意大利人(事实上没人知道死了多少人,但死亡人数肯定很多)。米特拉达悌甚至袭击了神圣的提洛岛,因为岛上有很多意大利人。他杀戮了奴隶贩子,解放了成千上万的奴隶。他劫掠的财富如此之多,以至其可以勾销债务并且免掉破产的希腊人五年税收。希腊人将米特拉达悌当作救世主来欢迎。雅典、斯巴达和亚加亚同盟与他并肩作战。数月时间里,他解放了希腊人,并杀掉罗马压迫者。从罗马巨兽统治下解脱出来的东方黄金时代看来要开始了。

不过,罗马人反击了。具有创新精神的马略请求元老院派他率军迎击米特拉达悌,但元老院惧怕他的野心:他可能利用战争劫掠让自己成为罗马最有势力的人。保守的元老由此阻碍马略被任命为将军,并安排了一次新投票,派出更年轻、显然也更听话的苏拉(公元前138—前78年,图24.10)迎战米特拉达悌。

元老院中马略的盟友威胁要否决对苏拉的任命。此时,苏拉的支持者宣布全国放假一天,好让否决不能得逞,马略的盟友宣布以上声明非法。在马略的支持者赢得在元老院外的一次武斗胜利后,他们还双管齐下(否决+再次投票,)进行非法操纵,重新任命马略担任军队的指挥者。然而苏拉无视一切,他赶到南方,与五万等待驶往希腊、征讨米特拉达悌的军队会合。他在军队面前自立为将军,以此在事实

图24.10 应是卢奇乌斯·科涅利乌·苏拉的大理石像,刻于公元前1世纪。有人认为它是公元前2世纪的原作的仿制品

上变成一个非法者，拥兵反对国家，而且他没有带领军队前往希腊，相反，他回军罗马。马略逃跑了。深感害怕的元老院此时宣布马略为罪人，而苏拉是合法的将军。他们未经审判就宣布马略为一个罪犯，并在大街上杀掉他的支持者。

而后，苏拉坐船驶往希腊，但在公元前87年1月苏拉离开时，马略返回罗马。他的支持者迫使元老院推翻前案，宣布马略为执政官，而苏拉为罪犯！与此同时，在希腊，因元老院没为军队支饷，苏拉抢掠他能发现的所有东西，以筹集资金。他洗劫了奥林匹亚和德尔斐，围攻雅典，在公元前86年3月1日雅典陷落时，苏拉还放纵军队，对这座希腊最著名的城市施以疯狂的屠杀和抢掠：

> 在迪普利翁门和神圣之门之间的要塞被攻陷后，苏拉于午夜后亲自进城。号角齐鸣声以及当苏拉放手让兵士劫掠城市时他们的欢呼声，种种声响让那时那刻变得可怕。他们涌进狭窄的街道，拔出剑来，准备大开杀戒。我们没办法知道死了多少人，由浸在血泊中的地域面积之大，我们可以估计死的人很多。抛开城市其他地区不算，仅在广场上流的血就那么多，以致它流遍了迪普利翁门里面的陶匠作坊区，甚至流到门外的郊区去。许多人是这样死的，但还有一些人出于对自己城市的怜惜和热爱选择结束自己的生命。他们认为，他们的城市命该遭灭，这让他们坦然以对，放弃一切希望。他们甚至怕活下来，因为他们不认为苏拉会手下留情，甚至不认为他会有一点人性。
>
> ——普鲁塔克:《苏拉传》, 14

与此同时，米特拉达悌需要越来越多的钱对抗正逼近他的苏拉，于是，他也开始压榨希腊人，并大肆劫掠不肯付钱的所有城市。双方对当地人民进行了两年的烧杀奸掠、奴役，米特拉达悌和苏拉（他们甚至没直接开战）做了一笔私人交易。米特拉达悌给苏拉钱，以支付

苏拉手下将士的军饷,只要苏拉惩罚早先支持米特拉达梯但此时撤回支持的希腊人:

> 苏拉将军队调往(小亚细亚)其他地方,并命令为米特拉达梯所解放的奴隶必须回到主人的身边。因有许多人不听从他的命令,而且有许多城市掀起反抗,由此以各种理由对自由人和奴隶进行了屠杀。他拆掉了许多城市的城墙。他抢劫了许多人的东西并将居民卖为奴隶。他重重惩治了支持米特拉达梯的那些人(既包括个人,也包括城市),特别是以弗所人,他们对罗马给他们神庙的献礼不敬。
>
> ——阿庇安:《内战记》,12.9.61

苏拉召集希腊城市的领导人到以弗所,并对他们处以总计 2 万塔兰特的罚款(这是公元前 201 年罗马对迦太基罚款数的两倍):

> 说完后,苏拉将罚款分派给各个城市并派人征集。各城市都处在财政困境中,不得已,它们只好以高利率借钱,在苏拉士兵的监管下,抵押它们的剧场、体育场、城墙、港口和所有形式的公共财产。钱财就是这样收集并交到苏拉手中的,亚洲行省哀鸿遍野。
>
> ——阿庇安:《内战记》,12.9.63

苏拉于公元前 83 年返回罗马,身后留下爱琴海地区的一片不毛之地。米特拉达梯的权力未损,而许多东部城市破产且不再能保卫自己。海盗们勒索保护费,并奴役更多人。公元前 69 年,海盗攻击了提洛岛,并摧毁了古代神庙,此时,距米特拉达梯于此杀掉所有意大利人仅 20 年。曾经繁盛的市场一蹶不振。城市保护自己的唯一途径是继续借更多的钱(通常来自罗马放贷人且利率极高),以及雇请私人军队。更不妙的是，城邦有时被迫将意大利放债人尊为"善行者"。

到苏拉返归罗马时，年老的马略已然老死，但他的党羽仍盘踞在罗马，而苏拉从严格意义上说还是一个罪人。他的军队虽然是非法的，此时却锐不可当，而急切想站在胜利者一方的富裕公民聚集了私家军队（同样是非法的）助他一臂之力。苏拉再次进军罗马，并没怎么动粗就拿下它。他作为"独裁官"（该职位在以前是危机时期的合法官职，但此时基本上是独裁者的遮掩面具）进行统治达三年之久。他处死成千上万名敌人，占有他们的土地，并将12万老兵安置于此。显然，他真诚地相信，他的暴行会拯救罗马，将它带回平民派煽动者（如马略）毁灭一切（他是这样看的）以前的时候。公元前79年，他宣布取得胜利，说共和国得到了恢复。他退隐了，并在一年后去世。

数月之间，苏拉做出的安排付诸东流。以苏拉为榜样、年轻有力的将军们自己发动战争，由此创建只效忠于他们的军队。新一代人中最优秀的将军是格涅乌斯·庞培（他以"伟大的庞培"闻名，图24.11），他在公元前77年作为将军前赴西班牙。另一位将军卢库鲁斯在公元前74年赶往安纳托利亚，以结束与米特拉达悌仍在进行的战争。还有第三位将军、超级富有的克拉苏，他在公元前72年获得一支军队，镇压著名的斯巴达克起义。公元前71年，庞培和克拉苏赢得战争，但他们没有重演苏拉的进军罗马或自相残杀，而是强迫元老院选举他们担任公元前70年的执政官，并要

图24.11 伟大的庞培（大理石像，刻于公元前1世纪）

资料来源：Diagram Lajard/Wikimedia Commons（CC0 1.0）

求国家给予他们的老兵土地。庞培和克拉苏此时大权在握，元老院则接受命令，遵令而行。

庞培对希腊的殖民（公元前70—前62年）

苏拉将一个烂摊子留给爱琴海，局势异常混乱，以至元老院不得不派更多指挥官前往那里，打击此时控制海洋的海盗。在他们失利时，元老院于公元前67年交给庞培一项任务：剿灭整个地中海地区和离岸约80千米内的海盗。庞培以惊人的效率解决了海盗，他将地中海划分为13块区域，有条不紊地从西向东扫过去。仅三个月后，他就端掉了海盗在小亚细亚西南的主要巢穴。

罗马正常的惯例是支持代表罗马利益进行统治的当地贵族，但苏拉用债务摧毁了希腊上层阶级，后者不再能承担这一职责。整座整座的城市事实上成为罗马金融家的债奴。从公元前74年开始，卢库鲁斯就在安纳托利亚与米特拉达悌作战，他不喜欢上述做法，遂采取激进措施改革罗马金融家贷款的条款。他大获成功，以至在四年之内，大多数城市得免负债。

这自然激起了放债人的反抗，他们游说元老院，罢黜了他。公元前66年，他们得逞了，元老院派庞培代替卢库鲁斯并解决米特拉达悌。米特拉达悌被逼得走投无路，逃亡了。他梦想成为东方的汉尼拔，于是计划横渡黑海到达乌克兰，随后上行至多瑙河，招募中欧部落去杀更多的罗马人。不过，在他能够做出尝试之前，罗马人的代理人便抓住了他。此时已风烛残年的米特拉达悌先是尝试服毒，但没起作用，因米特拉达悌多年来一直服用小剂量的毒药（来使自己免疫）。他最后命手下的一个战士将他刺死。这甚至给A. E. 豪斯曼的《什罗普郡少年》（1896）中的有名诗句带来了灵感：

他们把砒霜放入他的肉里，

惊恐地看着他吃。
他们把士的宁倒进他的杯子里，
摇晃着看他喝光：
他们摇晃着，眼睛瞪得像衬衫一样白，
他们中毒了。
我讲的是我听到的故事。
米特拉达悌寿终而亡。

罗马金融家欢迎庞培来到东方，但庞培认识到，如果罗马想永远结束财政和社会动乱，它应该吞并塞琉古王国的残余领土。他创设了四个新行省，重建了诸多城市，并将杂七杂八的免税待遇和不正当的积习一扫而空。他保留了希腊化时代对享有特权的希腊人和土著人之间的区分，但让所有人都向罗马缴税。在降低大多数希腊人缴纳税额的情况下，他将罗马税收收入增加了一倍。他还进军巴勒斯坦（图24.6）结束了一场犹太内战，但据说他进入了耶路撒冷犹太神庙的至圣所，这个地方只有大祭司才能在每年赎罪日进入。因为此项亵渎行为，犹太人永远不会原谅罗马。

希腊人则将庞培奉为神。一个城邦将庞培称为"全亚洲的救世主和人民的大恩人、陆地和海洋的监护者，因他在这些方面展现出卓越才能和善良意志"。当他在公元前62年返回罗马时，元老院投票为庞培举行"冠绝整个宇宙"的凯旋仪式，并授予他独一无二的"伟大"名号：他是罗马的亚历山大。庞培在公元前80年代的灾难后重建了秩序，拯救了无数希腊城市，并带来了和平。

这也意味着酷虐的统治继续存在。比如，公元前56年，地位显赫的元老布鲁图（莎士比亚称他为"他们所有人中最高尚的罗马人"，12年后他将刺杀尤里乌斯·恺撒）强迫塞浦路斯的一个希腊城市以48%的利率向他借钱（这意味着债务量每18个月就会翻一番）。希腊人怨声载道，他们指出，卢库鲁斯已制定一项法律，利率以12%封顶，但布鲁图从元老院获得了特权。在该城长老们尽力还债时，尊贵的布鲁图使用罗马军队将他们赶走了。他想让他们一直还债。公元前60年，在写给其弟、亚洲行省总督的一封信中，伟大的演说家、政治家西塞罗（公元前106—前43年）描述了这种情形：

> 此处的大问题在于放债人。如果我们跟他们作对，我们会让一个给我们带来重大利益的团体跟我们疏远，跟共和国疏远，我自己所做的努力*已促成这个团体与共和国的良好关系。在另一方面，如果我们事事与他们走得太近，那时我们会损害我们必须保护的人†的利益，更不用说这会威胁他们的生存了。实事求是地说，这就是你的整个政府面临的大难题……
>
> 听闻意大利居民所受的税吏之苦后，我能了解远方受苦人的处境。为了让包税人满意（他们有时候执行让他们损失钱财的契约），也将其同胞从毁灭中拯救出来——解决这个问题要求人们具备一种恰可称为"神德"的美德，你具备此种美德。
>
> ——西塞罗：《致昆图斯的信》，1.1.11

西塞罗继续为罗马向希腊人的征税辩护：

> 希腊人从根本上质疑我们向他们征税的权利，他们视此为最大的痛苦，但事实上，在罗马人到来之前，他们就按照他们自己的法律缴纳税收。他们抱怨"金融家"也没什么意义，在那时，没有"金融家"，他们不能付清苏拉征收的所有税款……让亚洲人想想这事吧，如果不是因为罗马人的保护，他们就会陷在对外战争或内讧的灾难中。
>
> ——西塞罗：《致昆图斯的信》，1.1.11

---

* 西塞罗一直非常积极地调和元老院、金融家和包税人之间的关系。

† 此处指亚洲的希腊人。

换句话说，通过屠杀、奴役希腊人，劫掠他们的城市和勒索保护费，罗马带来了和平，而希腊人应该感谢他们。事实上，西塞罗欣赏希腊人，并将其成功归于他所受的希腊教育，但他提醒自己的兄弟：

> 不要对希腊人太过友善，除非在一些特殊情况下，可以和那些配得上古希腊荣光的人来往（如果你能找到的话）。由此，不可相信他们。他们为人不忠不实，且他们在长期受人奴役下习得了阿谀奉承。
>
> ——西塞罗：《致昆图斯的信》，1.1.5

希腊化埃及的终结（公元前61—前30年）

元老院在苏拉之乱后再未全面掌控权力，而从那时起，单个的强人主导了罗马历史。公元前62年，在庞培从希腊返回罗马时，他与击败斯巴达克起义军的富有贵族克拉苏、年轻大胆的尤里乌斯·恺撒（他的军事政治才能广为人知）举行了一次秘密会晤。庞培、克拉苏和恺撒汇聚他们的权力和财富，联手推翻古代政制的残余。人们将他们称为"三巨头"或"三头同盟"。他们发号施令，元老院奉命行事。每一个巨头都有所图：庞培想安置他的老兵并巩固他在罗马的地位，恺撒和克拉苏想创建自己的军队。

元老院授予恺撒在高卢（大致是今天的法国）作战的指挥权。他借了一大笔钱给将士发饷，并在公元前58年先于债权人离开罗马。恺撒是出色、坚定的战士（图24.12），也是宣传好手，他将叙述其军事经历的诱人故事传回罗马。他的拉丁文极为清晰、准确，以至数百万现代学童以它为拉丁文学习材料（他甚至在征战期间抽空做口述，写就了一部拉丁文语法教材！）。恺撒横扫高卢，进入日耳曼人之地，甚至侵袭了不列颠。当他走到这一步时，约100万土著人，即1/3的高卢凯尔特人或死或沦为奴隶。但是，恺撒缔造了一支伟大的军队，他们只对他效忠。

克拉苏也获得了他在东方的指挥权,但他犯了错误,于公元前53年在叙利亚沙漠陷入圈套。帕提亚人杀掉了他及其大部分军队。克拉苏死了,恺撒仍留在高卢,庞培借此主宰了元老院。他最后与恺撒敌对,质疑已打了多年的高卢战争的合法性。元老院与庞培达成一致意见,于公元前50年召回恺撒,让其以莫须有的罪名接受审判。恺撒知道,如果他按法律要求不带军队回到罗马,他的敌人会杀掉他;而如果他拒绝,他会成为一个罪人。和苏拉一样,他选择违背法律。他率军渡过卢比孔河(实际是一条溪流),即意大利与高卢在北方的法定边界。"木已成舟"(Iacta alea est)应该就是他说的话。

图24.12 尤里乌斯·恺撒半身像,青铜制。公元前44年,罗马元老院宣布:应在罗马和意大利的每一座神庙放置尤里乌斯·恺撒的塑像。这应就是其中一尊塑像

在一阵恐慌中,庞培带着200名元老退往希腊。但公元前48年,在靠近色萨利的村庄法萨罗(图24.6)所发生的大战中,恺撒击败了庞培军。恺撒可能因不得不杀掉罗马人而感到由衷的悲痛:看着罗马贵族血肉模糊的尸体,他悲伤地说道,"hoc voluerunt"("这就是他们想要的")。

此时,庞培逃过爱琴海到达亚历山大城,希望借助最后一个希腊化王国的力量继续战斗,但托勒密十三世的部下将他砍死在岸上,砍

下其头颅并放在一个坛子里。过了一些天,恺撒带了4 000名士兵来,发现埃及又处于王朝危机中。三年前,即公元前51年,10岁的托勒密十三世和18岁的克娄巴特拉七世(公元前51—前30年)成为联合统治者,但宫廷势力将克娄巴特拉七世撇在一边(图24.13)。恺撒处决了手上沾有庞培鲜血者,并且坚持让托勒密十三世偿还欠恺撒的2 000塔兰特。在托勒密十三世推迟付款时,恺撒秘密召见了克娄巴特拉七世,相信跟她合作更好办事。由此开始了史上最有名的浪漫故事之一:

图24.13 一尊希腊化王后的塑像,她可能是克娄巴特拉七世,制于约公元前40年—前30年。克娄巴特拉没有确切的塑像留存至今,但一些人认为这尊像就是她的塑像,因为鼻子的形状让人联想到硬币上的克娄巴特拉形象。她头戴王冠。该大理石塑像在意大利阿皮亚大道沿线的一个庄园被发现

资料来源:©José Luiz Bernardes Ribeiro/CC BY-SA 4.0

因此,克娄巴特拉只带上了西西里人阿波罗多拉斯,他们登上了一艘小艇,在夜幕降临的时候到达了皇宫。为了避人耳目,她笔直地躲在一个床罩中,阿波罗多拉斯再在袋子口打结,然后抬到了恺撒的屋里。据说这是克娄巴特拉的主意,而恺撒也一下子就被她的大胆和智慧所折服,此后又被她的风情万种迷倒,因此,他化解了她与她兄弟托勒密(十三世)的冲突,让他们共享王权。

——普鲁塔克:《恺撒传》,49[1]

---

[1] 中译文见普鲁塔克:《希腊罗马名人合传:二、恺撒传》,载《古典共和精神的捍卫:普鲁塔克文选》,24。——译者注

不过，托勒密十三世可不是这么看待问题的。公元前48—前47年的冬天，风流的恺撒和野心勃勃的克娄巴特拉七世在王宫里双宿双栖，而此时巷战蔓延于整个亚历山大城。在一次惨烈的港口海战中，恺撒的战船沉没了。恺撒游过巨大的港口才死里逃生。恺撒最终智取托勒密十三世，拿到了他的 2 000 塔兰特，并将怀着未出世儿子的克娄巴特拉七世留下，作为埃及的唯一统治者。他们的孩子将取名"Caesarion"（希腊文，意为"小恺撒"）。

当恺撒回到罗马时，他让人们看到其在军事天才之外的行政才能。在他的革新中有儒略历［Julian calendar，得名于 Julius Caesar（尤里乌斯·恺撒）］，稍加修改后，它成了西方现代历法的基础。热心的支持者们怂恿他做罗马国王，他两次公开推拒加给他的荣誉。不过，一些元老认为那是在做戏：恺撒计划待时机成熟，成为唯一的统治者。他们天真地认为，只要他们杀掉他，他们就能回到元老院统治国家的时代，一切都会好起来。

恺撒大度地原宥了他的敌人，希望他们也能不计前嫌，他拒绝让一支护卫队保护他。公元前44年3月15日，即罗马历的3月15日，在恺撒准备对元老院发表讲话时，布鲁图（曾盘剥塞浦路斯人钱财的那个强盗元老）和卡西乌、一伙元老（这些人有共同的高贵梦想）刺杀恺撒，具有讽刺意味的是，这个地方是在庞培剧场。他们疯狂的攻击让恺撒身受 30 处伤，流血至死。布鲁图和卡西乌希望罗马在他们的英勇举动之后起而反抗，迎接以前时代的回归，但这些作乱者的自由呼唤应者寥寥。

数个月的混乱接踵而至，直到马克·安东尼（恺撒的得力助手）、李必达（恺撒的主要骑兵将领）和屋大维（恺撒19岁的侄孙，被恺撒收为养子，是恺撒在遗嘱中指定的继承人）结成"后三头同盟"统治国家，混乱方才结束。元老院继续召开会议，但共和国在公元前43年，即恺撒被刺杀一年后，实际不复存在。新的"三巨头"追击布鲁图和卡西乌进入希腊北部，五年前，恺撒追击庞培至此。在靠近色雷斯腓立比（圣保罗后被囚于此）的地方发生的一次大战中，他们摧毁了布鲁图和卡西乌的军队。年轻精明的屋大维很快迫使李必达隐退，而他和安东尼瓜分了罗马帝国。屋大维留在罗马，控制西方，而安东尼向东进发，占领希腊世界，并报了帕提亚十年前毁灭克拉苏军队之仇。

因安东尼需要给将士支饷，他命令可怕的税吏向希腊人征集钱财，这在数周内将20年缓慢休养的成果毁于一旦。

> 最后，在他向诸城市第二次征税时★，代表全亚洲说话的希布里阿斯†大胆地（确切说是拂安东尼之意地）说道，"如果你能在一年之内让这个地方有两个夏天、两次丰收，那么你就能在这一年之内向我们两次征税"。随后他直白、大胆地补充说，亚洲已经给了他20万塔兰特。◆"如果你没收到这笔钱，那你应该问问拿了钱的人。如果你收到了钱，而现在没有了，那我们都完了。"这番话点醒了安东尼。因为他对其周身发生的事不甚了了，而且由于他性情随和，他非常容易相信属下。
>
> ——普鲁塔克：《安东尼传》，24

作为公元前41年集资之行的部分内容，安东尼召克娄巴特拉七世与他会面。开始时，她对他颇为不屑，随后

> 她坐着尾部建有一座镶金小屋的一艘平底大船，紫帆大张，驶向基德诺斯河○上游。桨手摇动银桨，在夹着排笛、七弦琴之音的双簧管声中，推船前进。她自己则躺在一顶金光闪闪的华盖

★ 安东尼第一次征税没收到足够的钱。
† 有关他的其他情形不明。
◆ 这是一个夸大的数目，尽管被征集的钱财的确不是小数目。
○ 位于小亚细亚南部。

下,装扮得如画里的阿芙洛狄忒一样。侍童的穿着打扮就像画中的丘比特[*],他们拿着扇子替她扇风。她最漂亮的侍女,盛装打扮得好似海洋神女和美惠三女神[†],站在舵边或风帆套具一旁。许多香炉发出迷人的清香,飘向河岸。成群的人沿着两岸,从河口跟着船走,还有一些人从塔拉斯城赶来,观赏此种壮景。集市上的人群渐渐减少,最后只剩安东尼一个人,坐在他的王座上。据说,阿芙洛狄忒为了亚洲的利益来到这里,与狄俄尼索斯共享欢乐。

——普鲁塔克:《安东尼传》,25

克娄巴特拉七世那晚为安东尼举办了盛大的宴会,

  第二天,安东尼做东宴请克娄巴特拉,希望在雍容、典雅上盖过她,但在这两方面,他的宴会都差远了。输掉排场的安东尼第一个起来调侃自己安排的拙劣、粗糙。克娄巴特拉从安东尼的玩笑中看出来,他是一个真战士而非一个宫廷中人,由此她以同样的方式待他,不畏缩,极大胆。我们知道,克娄巴特拉绝非有着无与伦比的天生丽质,见她的人也未必印象深刻,但与她的交谈有着不可抵挡的魅力。她的伶牙俐齿及其擅于人际往来的性格使她极具感染力。在她的声音里,甚至有着令人心醉的甜"蜜"。她的舌头像多弦乐器一般,能说出许多种不同的语言……

——普鲁塔克:《安东尼传》,26

安东尼没有攻打帕提亚,转而跟着克娄巴特拉七世到了亚历山大城。在他的放债人在希腊世界到处跑、疯狂搜刮的时候,他让自己沉醉在温柔乡里,至少(按照已成为劲敌的屋大维)在罗马散播的故事,情况是这样的。据普鲁塔克所说:

---

[*] 阿芙洛狄忒的男孩同伴,他射出爱情之箭。
[†] 女性魅力在希腊神话中的拟人化形象。

柏拉图描述了四种谄媚术，但克娄巴特拉知道一千种。不论安东尼是愁闷还是高兴，她都能想出法子取悦他，迷住他。她完全吸引了他的注意力，与他日夜形影不离。她和他掷骰子、饮酒、打猎，在他弄枪舞剑的时候，她看着他。

安东尼喜欢在晚上游荡城市，他站在市民的门窗边，并仿效里头人的样子。克娄巴特拉会打扮成一个侍女跟着他，并参与他的疯狂恶作剧，因为安东尼喜欢扮成奴隶出去。在这样的情况下，他在回到宫里前总受到人们的羞辱，有时还被打，尽管大多数人已猜出他是谁。事实上，亚历山大城人喜欢他的滑稽，并喜欢以一种精致、优雅的方式享受这些乐趣。他们喜欢这个人，并经常说，安东尼为罗马人戴上他的悲剧面具，而为他们戴上喜剧面具。

——普鲁塔克：《安东尼传》，27

当安东尼寻欢作乐时，屋大维则在密谋。屋大维告诉罗马民众，安东尼计划将帝国首都从罗马迁到亚历山大城，并将罗马人的权力交给希腊人。高贵的元老们会匍匐在地，吻一位马其顿/埃及女人的脚！

安东尼最后抽出时间攻打帕提亚，此次行动变成一场灾难，而他在亚历山大城庆祝的虚假凯旋在罗马进一步激起了公共舆论的愤慨。更坏的情况还在后面。公元前40年，安东尼曾迎娶屋大维之妹屋大维娅，以加强两人的政治同盟，但在公元前37年，他重婚娶了克娄巴特拉七世。三年后，他确认恺撒之子小恺撒和他自己的女儿以及克娄巴特拉七世的两个儿子为他的继承人，并宣布他会把希腊世界和美索不达米亚分给四个孩子。公元前32年，他与前盟友的妹妹屋大维娅正式离婚。

屋大维治下的元老院此时宣布安东尼为人民公敌。在17年的时间里，罗马内战的胜负将第三次在希腊见分晓。恺撒以前的大多数支持者站在安东尼一边，而克娄巴特拉七世派出了埃及军队。安东尼不敢将战火烧向屋大维势力强大的意大利，而是于公元前31年让一支陆军、一个舰队行军至亚克兴，即正好与意大利隔海相望，位于希腊西北部海岸的一个海角（靠近希腊与今阿尔巴尼亚边界，图24.6）。屋大维跨海来会安东尼，他封锁了安东尼的舰队，并切断了其地面军队的补给。

安东尼决定从海上打开出路，但他舰队中的多数人认识到潮汐对屋大维有利，他们拒绝了进攻的命令。惊恐的安东尼和克娄巴特拉七世带着40艘船逃回埃及，他们残余的陆海军随之转投屋大维。屋大维送信给克娄巴特拉七世，只要她能杀掉或驱逐安东尼，她想要什么都行。克娄巴特拉七世拒绝了。

屋大维侵入埃及。安东尼向屋大维挑战，打算单打独斗，但屋大维回复：安东尼可以其他方式自裁。在安东尼准备保卫亚历山大城时，他的船队和骑兵抛弃了他。据普鲁塔克的精彩描述，

> （安东尼）退入亚历山大城，哀叹克娄巴特拉背叛了他，投入他为了她而与之作战的敌人的怀抱。对安东尼的愤怒、疯狂感到惧怕的克娄巴特拉退入自己的墓中，并放下用门闩加固的吊门。她派信使告诉安东尼她死了。安东尼相信了他们，并对自己说："你还犹豫什么呢？堤喀女神将你想活下去的唯一理由收走了……"
>
> 此时安东尼有一位名叫埃罗斯的亲信奴隶。许久以前他就命令埃罗斯在必要时杀了他，此时安东尼命他做此事。埃罗斯拔出安东尼的剑，高高举起，好像是要杀掉安东尼，而后他转过脸自杀了。他倒在安东尼脚边。"做得好，"安东尼说，"你不该自杀，但你已经告诉我我该做什么。"他用自己的剑刺入腹部，倒在床上。但剑伤并未让他马上死去……
>
> ——普鲁塔克：《安东尼传》，76

在奄奄一息时,安东尼知道了克娄巴特拉七世还活着(在史上最有名的故事之一《罗密欧与朱丽叶》中,莎士比亚运用了同样的假传死讯的主题):

> 安东尼命奴隶将他抬起来。他们抬着他到了克娄巴特拉的墓门前。她没有开门,但在窗口露面,放下粗绳索。奴隶们把绳索系在安东尼身上,而克娄巴特拉在仅有的得她允许陪伴墓中的两位侍女的帮助下,拉他上来。在场的人说没有比这更凄凉的场景了。悬在空中时,浑身是血、已近死亡的安东尼向克娄巴特拉伸出手去。这活儿对女性来说可不好做,克娄巴特拉双手紧握绳索、满脸涨红,拉着绳子,勉强将他拉上来。下面的人出声鼓励,并和她一样痛苦伤心……
>
> 在她把他拉上来时,她将他放在一张床上,撕开衣服铺在他身上,她捶打、抓挠自己的胸脯,并将他伤口的血涂在自己脸上。她叫他主人、丈夫、皇帝,她对他的怜悯之情让她几乎忘掉了自己的痛苦。
>
> 安东尼……请求她将他的命运变化忘掉,而记住他过去赢得的荣耀,记住他获得的世界上任何男人都无法企及的最高名声和权力,还有此时他作为一个(被另一个罗马人征服的)罗马人的光荣死亡。
>
> ——普鲁塔克:《安东尼传》,77

由此,历史上最有名的浪漫故事之一迎来了结局。普鲁塔克告诉我们,安东尼之死甚至感动了心肠刚硬的屋大维。他准许克娄巴特拉七世亲手装殓安东尼的遗体,以备安葬。她尝试自杀,但失败后她开始与屋大维进行复杂的谈判,希望他允许她和小恺撒作为其代理人统治埃及。屋大维虽然不会应允,于是她又将自己关在墓中:

有种说法是，一条角蝰*被放在一个装满无花果的篮子里，它隐在叶子里，因为克娄巴特拉希望毒蛇在她没有看见它时咬她。但故事这样说，在她取出一些无花果时，她看见了它，所以她袒露了自己的臂膀，说"咬这里"，然后伸出手臂让蛇咬。据另一个说法，角蝰藏在一个坛子里，克娄巴特拉用一支金钗拨弄它，直到它跳出来咬了她的手臂。事实上没人知道真相。还有一种说法是，她带着隐藏在她发梳里的毒药。不管故事怎么说，她的遗体上从没见中毒引起的发炎或其他症状。人们也从没在墓中找到角蝰，但一些人说，在坟墓窗户朝海一边的海滩上，发现了角蝰的踪迹……

屋大维对她的死感到不快†，但他不得不承认她展现了高贵的精神。他下令将她以王室的尊荣下葬，并将她葬在安东尼旁边。

——普鲁塔克：《安东尼传》，86

屋大维下令绞死小恺撒。小恺撒当时 17 岁，他是托勒密家族的最后一人。如屋大维所说："只要一个恺撒就够了。"克娄巴特拉七世的其他孩子交给屋大维娅抚养。克娄巴特拉七世之女后来嫁给一个北非国王，那两个男孩则不知所终（罗马皇帝卡里古拉杀了该女之子，断绝了托勒密世系）。屋大维将埃及并为自己的私产，回军罗马。

尾声

春风得意的屋大维宣布共和国得以重建。万事万物一如其旧，也就是回复到罗马之为罗马以及每个人知道它就是罗马的那个时代。事实上每个人都知道，这个世界再不是以前的世界了，但掩盖总比争战不休好。为彰显屋大维重建古代秩序的荣耀，元老院投票决议尊称屋

---

* 似乎是一条眼镜蛇。
† 显然，他想在罗马举行的凯旋式中，让她戴着镣锁游街，然后再杀了她。

大维为"奥古斯都"("最受尊崇者"之意),并宣布他为"元首"(不是国王,而是"第一公民")。

事实上,一种君主制已然取代了元老院的寡头统治。历史学家把这一变革称为"罗马革命"。在这些传统名号的掩饰下,屋大维统治帝国达44年之久,其间帝国一片太平盛世的光景。尽管有来自元老们的批评(他们不再大权在握),大多数人看起来对罗马革命是持欢迎态度的。希腊人尤其从罗马在它的土地上打的内战中缓缓恢复过来。奥古斯都对征税人的敲诈勒索、元老们的腐败加以惩处。罗马建起了新城(促进了扩张、发展),带来了和平、贸易,以及财富(常常是和平、贸易带来的红利)。

原来的希腊独立确实成为历史,但一个崭新、更安稳和繁荣的城市社会发展起来。贵族仍然建造美丽的剧场,著名的希腊城市从罗马富人那里吸引了许多赠礼。雅典尤其出类拔萃(图24.14)。罗马对希腊文化、艺术进行了改造,促其蓬勃发展。从某些方面来说,诗人维

图24.14 雅典卫城下的奥林匹亚宙斯神庙,公元前6世纪由僭主庇西特拉图所建,600年后由罗马皇帝哈德良(117—138年在位)完成
资料来源:Carole Raddato(CC BY-SA 2.0)

吉尔（公元前 70—前 19 年）、贺拉斯（公元前 65—前 8 年）的文学成就从未被超越过。希腊哲学家和修辞教师不单在罗马，在高卢、不列颠这样的偏远行省也待遇不菲。皇帝们喜爱希腊发型和胡须，并写下有关斯多葛学派哲学的著作。

古典世界走到了尽头。基督教由一个希伯来小教派发展为影响遍及世界的一支文化力量，引发了惊人的变革。从一开始，基督教便是如下事物经过杂糅的产物：希腊哲学，希伯来神话、仪式、道德，保罗神学，耶稣的教训。但它最早是在说希腊语的人当中打下了根基。大多数犹太人早就通过希腊文的"七十子译本"阅读经文，因此，基督教的奠基性文献也用希腊文书写，并且通过希腊文得到研究。312 年，君士坦丁大帝成为基督徒。391 年，基督教成为帝国官方宗教。

3 世纪，西罗马帝国在中亚人口移民的压力下开始瓦解，但城市化了的希腊东部继续存活下去。330 年，君士坦丁皇帝创建了一座新城——君士坦丁堡，以统治罗马帝国的东半部分。该城位于古拜占庭（守卫着从地中海进入黑海要道的一座古代希腊城市）所在地，希腊世界再次成为亚欧大陆的政治权力中心之一。西罗马帝国在 5 世纪瓦解为多个日耳曼王国，但说希腊语的东罗马帝国坚持古典传统达又一个千年之久，实践与史学、哲学、戏剧有关的各种古代文学体裁。在漫长的中世纪里，落后、贫穷和人口稀少的西欧弃古希腊人于不顾，此时占据原来小亚细亚和埃及原希腊城市的阿拉伯人却抄录、翻译亚里士多德和修昔底德的作品，并传之后世。

第 25 章

结 语

从最后一个冰期到罗马帝国，我们走了很长的一段路。我们已看到，在公元前第一个千年，希腊人创造了引人注目的文化。我们已描述了希腊人在地中海盆地周边的扩张、与波斯和迦太基的斗争，和说希腊语的马其顿人如何在公元前 4 世纪占领希腊世界，还有希腊人最后屈服于罗马。我们以总结古代希腊史的主要篇章结束全书。

青铜时代（约公元前 3000—前 1200 年，第 4 章）

青铜时代揭开了一个序幕。公元前 3000 年左右，拥有大量人口、宏伟纪念碑、精美艺术和严重阶级分化情形的复杂文明首先在近东、埃及的土地上出现。有特殊渠道通达神权的精英阶级监管着复杂劳动分工，以及由精熟技匠、识字官员组成的网络。工艺、建筑上的成就令人震惊。即便用上现代的各种手段，要再造吉萨大金字塔仍是一个挑战。图坦卡蒙的死亡面具精美绝伦。统治者将权力集中在王宫的控制下，创造了命令人们生产何物、在何处以及何时生产的计划经济，随后根据地位和需求的差别，在人群中间进行产品的再分配。类似的经济体环绕宫殿和神庙组织起来，而到公元前 2000 年，这一制度向东方传播至伊朗高原，向西传播至爱琴海地区。米诺斯和迈锡尼社会虽立于近东世界的边缘地带，但的确是其中不可或缺的部分。

黑暗时代（约公元前1200—前800年，第5章）

约公元前1200年，地中海东部全境的青铜时代文明中心都化为灰烬。人口萎缩，许多发达的技艺消失了。起因不明的崩溃在爱琴海地区最为严重。到公元前1000年，小群的希腊人聚居于青铜时代的废墟周围，他们在很大程度上与外部世界隔绝开来。书写的艺术失传了，复杂的社会等级体系解体了。宫殿在埃及和近东或留存下来，或重现生机，但是在希腊，它们完全消失了。对黑暗时代，我们所知甚少，但古典时代以某种方式由它而生。

古风时代（约公元前800—前500年，第6—10章）

将黑暗时代与古风时代区分开来的历史事件是希腊字母的发明，显然，将口诵诗歌记录下来由此成为可能。青铜时代早期文化与从那时以来所产生的文化之间因此变得界限分明。在西方，我们今日使用的仍是约在公元前825年发明的书写体系。在青铜时代，能读会写的只有少数精英，因为这个时代的书写体系是复杂的、不明确的、生硬的。相比之下，希腊字母文字有许多使用者，起初是为诗歌创作提供支持，而后用在商业、管理上，最后是被用于记录历史、哲学和科学推测。到公元前700年，字母对希腊文化具有至关重要的意义。

公元前8世纪，整个地中海地区的人口有了增长。贸易兴盛起来。成千上万的希腊人向西西里、意大利南部和更远的西方地区移民，他们一道带去的是希腊字母。更多人移向黑海沿岸。新殖民地以及派人建立它们的古老公共团体分裂成了数百个小城邦，其管理方式迥异于青铜时代社会。男性公民平等原则占据了主导地位。希腊城邦激烈地反对与神权的亲密关系可转化为政治权力。人们信神，建造神庙，奉上祭品，但与古代近东文明不同，这里没有祭司阶层，也没有服务于国家、宗教的抄写员阶层。

从某些方面来说,希腊的宇宙是有些单调的:人类孤单独行,没有任何神的指引。希腊人问:如果靠我们自己的力量,我们怎样才能管理社会?为了回答这个问题,希腊人不断发出种种形式的理性问询,以确定自己在宇宙中的位置。他们得出结论,如果在人类思想之外没有别的智慧来源的话,那么,将尽可能多的男性而不是一小撮精英吸纳进政府中就是合理的。希腊人越往民主前进、打破男性公共团体内的界限,他们就越加强了自由公民与其他一切人(包括女性、外邦人和越来越多的奴隶)的界限。

在罗马帝国兴起与18世纪的欧洲启蒙运动之间的许多世纪里,很少有人关心古风时代的希腊人所面对的政治、道德、知识和宗教问题。直至18世纪后期,当西欧人也开始拒斥君权神授时,他们发现自己是在与有关理性、公民权和平等的类似问题做斗争。历史学家和政治家意识到,很久以前古希腊人就面临这些问题。由此,他们再次对古希腊的文学和艺术产生兴趣。这些人中有美国开国元老,他们有关解放、自由和幸福的许多思想是以罗马人对希腊人围绕这些问题的争论的解释为基础的。

古典时代(约公元前500—前350年,第11—18章)

当希腊成为经济和军事强权时,它吸引了东方波斯帝国和西方富裕的迦太基城的注意。古风文化在外部威胁很少的权力真空环境下发展起来。所有这一切到公元前480年结束了。为了抵抗波斯人和迦太基人的攻击,爱琴海和西西里的希腊人组成了更大的政治体。如果希腊人没有自发组成这样大的政治体,只要大帝国威胁他们,他们还是会很快以另外的方式组织成这样的政治体。

许多希腊人认为,在公元前480年以后出现的更大政治体只是暂时的,但它们不是。雅典和叙拉古创建了被其他城邦视为专制帝国的多城国家。财富涌入雅典和叙拉古,推动了史上最大的文化大繁荣之一。尤其是在雅典,艺术家、诗人和知识分子对下述问题发出疑问:由平等男性组成的民主城市如何公正地统治其他人,伟大的个体如何与由平等的人所组成的城市相适应?

城邦变得更复杂多样。它们扩展的权力越多,它们的战争就越暴力。雅典对斯巴达的战争将叙拉古卷了进来,随后是西西里和马其顿,最后是波斯和迦太基。战争规模远远超出单个城邦的战争支付能力,这迫使它们转向外部,向强大的帝国主义敌人求助,以及转向城邦上层,向富裕公民求援。公元前404年以后,当雅典帝国崩溃时,没有一个单独的城邦能在一个扩大的世界立足,而当富人为城邦的安全开支承担更多责任时,他们对公元前5世纪的限制性的平等主义理念感到恼怒。

18—20世纪,古典思想和艺术深深吸引了欧洲人、美国人。古典诗人、雕塑家和画家所表现出来的人类潜能的最高理想引起了强烈反响,与此同时,修昔底德展示了人性的黑暗,如果道德高尚的领导人想在权力舞台上生存下去,他们必须了解这些。政治家、记者和艺术家不但通过自己的时代棱镜看待希腊人,也通过研究希腊人的胜利和灾难认识自己的时代。在一些欧洲国家,教育家得出结论:对引导现代世界发展的年轻人而言,希腊文、拉丁文、历史、艺术和哲学是他们所需的全部,而且不了解古典希腊就不能称之为真正的教育。

马其顿征服时期(公元前350—前323年,第19—21章)

公元前5—前4世纪,渴望得到人力和资源的爱琴海城邦招来了北部邻居(如马其顿)介入它们的争斗中。这些规模庞大而组织松散的邻国先前在希腊事务中无足轻重,但在公元前4世纪,它们学会了征集赋税、驯服他们的贵族,还有组织军队。公元前4世纪70年代,色萨利的伊阿宋看起来有可能征服爱琴海地区。公元前350年后,马其顿的膂力事实上做到了这一点。公元前4世纪30年代，亚历山大大帝甚至征服了波斯帝国。小城邦要么结合成更大的政治体，如埃托里亚同盟和亚加亚同盟，要么堕至默默无闻的境地。

亚历山大横扫近东的胜利质疑了一项重要的希腊信念，即人神之间有巨大鸿沟。亚历山大认为，只有神才能达成他的成就，许多人同意他的看法。亚历山大的死终结了他至高无上的形象，但在公元前300年以前，即便是民主制下的雅典也将一些人奉为神。

希腊化时代（约公元前323—前30年，第22—24章）

公元前3世纪的艺术家和思想家探索着怎样才能将希腊的古代传统与强大国王统治数百上千万人（包括非希腊人）的现实结合起来。从某些方面来说，公元前3世纪是希腊城市历史上的顶峰时期，这些希腊城市扩展至整个西亚，达致空前规模，并将自己装扮得前所未有的美丽繁荣。而在城市内部，权力稳定地向富有的"善行者"转移，且城市的安全日益依赖于马其顿、叙利亚和埃及国王。

老城邦永远成为过去。一些城邦公开将公民权授予外邦人，而原来民主派与寡头派间的争斗成为明日黄花。小城邦如雅典和斯巴达间发生的争斗不再具有影响力。斯多葛学派、复杂的亚历山大城诗歌和帕加马大祭坛属于一个从古典时代以来已大大改变了的世界。

公元前2—前1世纪，罗马势不可挡的扩张推翻了复杂、富有的希腊化王国。说希腊语的人努力想弄明白这事怎么会发生，与此同时，他们的罗马征服者努力了解突然间落到他们手中的希腊世界。罗马贵族在他们的新世界秩序中吸收、再造了希腊化文化。他们学习希腊语，说希腊语，读希腊文著作，改造了希腊文学。

整个19—20世纪，希腊化的历史在很大程度上受到忽视。希腊化时代的国王、帝国、繁复的建筑和迂腐的学者与造就古典希腊的伟大事物正相反。但在21世纪，不断增进的全球化和社会流动让希腊化世界看起来跟西方非常亲近。而从某些方面来说，为罗马征服所造就的整个地中海世界更像西方今日的世界。

结论

我们可将希腊历史看作某种意义上的钟摆运动。运动起始于青铜时代，在这个时代的社会中，人们的社会地位沿一个延续的等级序列——从高贵的国王到被束缚在土地上的卑微的宫廷奴隶——分布。公元前5世纪，钟摆运动到达了另一端点，此时的社会存在着自由男性公民与所有其他人的尖锐区分。自由、平等的男性公民统治着城邦，他们否定自身等级内的任何差异，并统治着除男性公民外的所有人。约公元前400年，钟摆重新摆回到另一个世界——由神一般的国王和相互重叠的复杂阶层（它们建立在财富、性别、种族和宗教的基础上）构成。但仍有某些东西是恒常不变的。在钟摆运动之弧的每一个点上，权力、财富、影响力都只掌握在一小撮人手上。在充满无穷无尽且常常令人惊骇的暴力的故事中，这些人相互争斗不止。但科学、伦理学、文学和宗教领域的许多发现构筑了现代世界的知识基础。

希腊人演绎了一段引人注目的历史，他们在追求平等主义（它在最后的250年里指引了知识分子、艺术家和政治家）的道路上探索前行。我们此时叙述希腊史的方式迥异于约翰·济慈将希腊作为美和真之源的理想化套路（在本书开头，我们曾征引了他的看法）。和我们一样，古希腊人也是人，在一个危险、复杂的世界里，他们尽其最大能力找寻解决真正问题的真正方法。他们长达千年的尝试留下了影响长远的遗产，而在我们踏上自己的征程时，希腊人仍值得我们好好地思考一番。

致　谢

感谢在编写本书第一版时给予我们帮助的许多同事和学生，特别是埃里克·克莱恩（乔治华盛顿大学）和卡罗尔·托马斯（华盛顿大学），他们阅读了整部手稿，并提出了改进意见。理查德·扬科（密歇根大学）好心地审阅了第三版的校样，使我们免于许多错误，对此我们永远心存感激。

对于第二版和第三版，我们都收到了来自以下人士的许多详细且非常有用的反馈：本·阿克格（加拿大多伦多大学）、斯科特·阿瑟纳斯（美国蒙大拿大学）、杰克·戴维斯（美国辛辛那提大学）、本杰明·加斯塔德（加拿大格兰特麦克埃文学院）、伯里克利·乔治斯（美国森林湖学院）、约翰·科罗尔（美国得克萨斯大学奥斯汀分校）、大卫·莱唐（美国旧金山州立大学）、威尔弗雷德·梅约尔（美国路易斯安那州立大学）；萨拉·默里（加拿大多伦多大学）、布兰登·纳格尔博士（美国南加州大学）、约西亚·奥博（美国斯坦福大学）、弗朗西斯·波纳尔（加拿大阿尔伯塔大学）、克里斯蒂·雷诺德（美国迦太基学院）、凯瑟琳·辛莫森（加拿大纽芬兰纪念大学）和蒂姆·索格（美国斯坦福大学）。我们感谢他们的辛勤付出，并尽最大努力吸收他们的洞见。非常感谢！我们希望未来的读者能继续与我们分享他们自己的智慧和建议。

我们还要感谢牛津大学出版社编辑查尔斯·卡瓦利尔的耐心和指导，以及牛津大学出版社其他辛勤工作的员工。

延伸阅读

有关电子学习资源，请登录 www.oup.com/he/morris-powell3e。

第1章

拜伦与希腊人

St. Clair, Roger, *That Greece Might Still Be Free* (London, 1972)，很好的读物，它生动地描述了希腊独立战争以及参与其中的浪漫派诗人。

希腊史概览

Bintliff, John, *The Complete Archaeology of Greece* (Oxford, 2012)，一本出色的入门书，从远古史前史讲到现代。

The Cambridge Ancient History, 2nd ed., vol. III—VII (Cambridge, UK, 1982—1994)，对历史事实的大规模概述，其焦点在政治史的叙述上，但也包括一些经济、社会以及文化方面的内容。这本书虽不易读，但它是严肃学者的基本材料来源。

Cartledge, Paul, ed., *Ancient, Greece: A Very Short Introduction* (Oxford, 2011). 正如书名所言，它用短短 145 页篇幅提供了最重要的信息。

McInerney, Jeremy, *Ancient Greece* (London, 2018)，有精美插图的概览。

Pomeroy, Sarah, Stanley Burstein, Walter Donlan, and Jennifer Roberts, *Ancient Greece: A Political, Social, and Cultural Narrative*, 4th ed. (New York, 2007) 是一本综合性的概论著作，其叙述重心虽为政治史，但也对种种社会潮流做了精彩的叙述。

Waterfield, Robin, *Creators, Conquerors, and Citizens: A History of Ancient Greece* (Oxford, 2020)，出自单个作者之手的清晰叙述。

民族性

Gellner, Ernest, *Nations and nationalism* (Oxford, 1983) 突破性地分析了现代民族国家背后的逻辑以及这类国家在古代很少出现的原因。

Hall, Jonathan, *Hellenicity: Between Ethnicity and Culture* (Chicago, 2002) 对希腊民族性的演化进行了详细讨论。

McInerney, Jeremy, ed., *A Companion to Ethnicity in the Ancient Mediterranean* (Oxford, 2014)，出自顶尖学者的优秀论文集。

第 2 章

物质世界、人口状况、营养状况以及经济发展

Akrigg, Ben, *Population and Economy in Classical Athens* (Cambridge, UK, 2019), 对雅典人口状况及其经济后果所做的最新概述。

Bresson, Alain, *The Making of the Ancient Greek Economy* (Princeton, NJ, 2016) 对制度在希腊经济发展、衰落中的作用做了出色分析。

Ober, Josiah, *The Rise and Fall of Classical Greece* (Princeton, NJ, 2015),也对制度在希腊经济发展、衰落中的作用做了出色分析。

Scheidel, Walter, Ian Morris, and Richard Saller, eds., *The Cambridge Economic History of the Greco-Roman World* (Cambridge, UK, 2007), 顶尖专家的论文集,涉及古代经济史的方方面面。

Garnsey, Peter, *Food and Society in Classical Antiquity* (Cambridge, UK, 1999) 对古典时代的食物、营养、健康问题做了很好的概述。

Ober, Josiah, *The Rise and Fall of Classical Greece* (Princeton, NJ, 2015) 对制度在希腊经济发展、衰落中的作用做了出色分析的另一本著作。

日常生活

Garland, Robert, *Daily Life of the Ancient Greeks* (Westport, CT, 1998) 对日常生活的所有方面进行了精彩的考察,对于本章所述的诸多主题,这是最好的入门书。

Halstead, Paul, *Two Oxen Ahead* (Oxford, 2014) 是有关希腊农业的出色著作,融合了人类学、考古学的证据。

健康与疾病

Harper, Kyle, *Plagues Upon the Earth* (Princeton, NJ, 2021) 出自研究古代的顶尖史家之手,对传染病的全球史做了出色的概述。

Liston, Maria, *The Agora Bone Well* (Princeton, NJ, 2018) 对一口雅典古井中 450 多个新生儿、150 条狗的骸骨(源自约公元前 150 年)做了科学分析。

古代文献

Hesiod, *Works and Days*. In *Hesiod and Theognis*, trans. Barry B. Powell (Berkley, 2017) 是关于农业的诗歌。

Hippocrates, *Airs, Waters, Places*. In *Hippocratic Writing*, ed. G.E.R.Lloyd (New York, 1978) 记录了气候、疾病方面的内容,其写作时间可能是公元前 400 年左右。

Thucydides, *The Peloponnesian War*, trans. Rex Warner (Harmondsworth, UK, 1954) 是有关公元前 5 世纪晚期斯巴达、雅典之间的战争的出色论述。

第 3 章

Davidson, James, *The Greeks and Greek Love* (London, 2009). 这是一个有趣且见

识广博的研究，认为同性男性伴侣实际上比大多数学者想象的要普遍得多。

Eidinow, Esther, *Envy, Poison, and Death: Women on Trial in Classical Athens* (Oxford, 2016)，讨论了公元前4世纪雅典对妇女的审判。

Garland, Robert, *Daily Life of the Ancient Greeks* (Westport, CT, 1998) 对古希腊人日常生活的各个方面进行了很好的考察，就本章的诸多主题而言，它是最好的一本引介书。

Golden, Mark. *Children and Childhood in Classical Athens* (Baltimore, 1990) 是论据充分的上佳之作。

Kapparis, Konstantinos, *Prostitution in the Ancient Greek World* (Mainz, 2019) 是对证据进行的最新调查。

MacLachlan, Bonnie, *Women in Ancient Greece: A Sourcebook* (London, 2012) 收集了有用的古代证据。

Roisman, Hanna, *Tragic Heroines in Ancient Greek Drama* (London, 2021) 考察了希腊神话中的强悍女性。

古代文献

Aeschylus, *The Oresteia,* trans. Robert Fagles (New York, 1984) 是埃斯库罗斯有关阿特柔斯家族的三联剧。

Hesiod, *Works and Days, Theogony.* In *The Poems of Hesiod*, trans. Barry B. Powell (Berkeley, 2017) 是谈论人、神起源的重要诗歌文献。

Plato. *The Symposium*, trans. W.Hamilton (Harmondsworth, UK, 1951) 对公元前4世纪雅典的一次酒会以及性道德问题做出了有趣的论述。

Xenophon, *Conversations of Socrates*, ed. Hugh Treddenick and Robin Waterfield (New York, 1990) 对公元前4世纪早期的雅典日常生活、人们的价值观进行论述的最佳文献之一。

第4章

Broodbank, Cyprian, *An Island Archaeology of the Early Cyclades* (Cambridge, UK, 2000) 回顾了公元前第四个千年和公元前第三个千年基克拉泽斯群岛的种种社会进步。

——, *The Making of the Middle Sea* (London, 2013) 对史前早期至古典时代的地中海世界的叙述堪称丰富全面、画面精美。

Cline, Eric, *1177 BC* (Princeton, NJ, 2014) 对终结迈锡尼文明的灾难做了出色的概述。

Davis, Jack, *Sandy Pylos* (Austin, TX, 1998) 是与派罗斯这个重要遗址有关的论文集。

Feldman, Michal, and others, "Ancient DNA Sheds Light on the Genetic Origins of Early Iron Age Philistines," *Science Advances* 5 (2019) eaax0061 提供了将《圣经》中的非利士人与来自欧洲的移民联系起来的 DNA 证据。

Lazaridis, Iosif, and others, "Genetic Origins of the Minoans and Mycenaeans," *Nature* 548 (2017) 214–218 是与取自青铜时代希腊人尸骨的 DNA 有关的科学报告。

Middleton, Guy, *Collapse and Transformation* (Oxford, 2020) 是与希腊青铜时代终结有关的学术论文集。

Mithen, Steve, *After the Ice: A Global Human History, 20000—5000 B.C.* (Cambridge, MA, 2004) 对人类对冰期终结的种种回应做了精彩的回顾。

Murray, Sarah, *The Collapse of the Mycenaean Economy* (Cam-bridge, UK, 2017) 是有关迈锡尼世界之终结的深入研究。

Nakassis, Dimitri, *Individuals and Society in Mycenaean Pylos* (Leiden, The Netherlands, 2013) 是对出现在线形文字乙种泥版中的人物所做的先驱性研究。

Reich, David, *Who We Are and How We Got Here* (New York, 2018) 是对 21 世纪第二个十年里古人 DNA 研究的革命性突破（包括希腊人的到来）所做的出色叙述。

Salgarella, Ester, *Aegean Linear Script(s)* (Cambridge, UK, 2020) 是对米诺斯的线形文字甲种、迈锡尼的线形文字乙种所做的比较研究。

Shelmerdine, Cynthia, *The Cambridge Companion to the Aegean Bronze Age* (Cambridge, UK, 2008) 是有关大范围主题的专家论文集。

Van de Microop, Marc, *A History of the Ancient Near East,* 3nd ed. (Oxford, 2015) 是有关近东历史极好的简要概述著作。

Watrous, L. Vance, *The Minoans* (Cambridge, UK, 2021) 取代了所有先前的叙述。

第 5 章
黑暗时代

Dickinson, Oliver, *The Aegean from Bronze Age to Iron Age* (London, 2007) 调查了考古证据。

Erb-Satullo, Nathaniel, "The Innovation and Adoption of Iron in the Ancient Near East," *Journal of Archaeological Research* 27 (2019) 557—607 是讨论近来与转向铁的现象有关的多个理论的学术论文，尽管没有得出任何确切的结论。

Murray, Sarah, *The Collapse of the Mycenaean Economy* (Cambridge, UK, 2017) 是有关黑暗时代的经济如何运作的最佳著作。

Popham, Mervyn, Evi Touloupn, and L. Hugh Sackett, "The Hero of Lefkandi," *Antiquity* 56(1982) 169–194，是对公元前 10 世纪勒夫坎第出土遗物的简明发掘报告。

Snodgrass, Anthony, *The Dark Age of Greece* (Edinburgh, UK, 1971；2001 年

再版）. 尽管由于最近的考古发现而变得过时，但该书仍是最好的黑暗时代考古著作。

Whitley, James, *The Archaeology of Ancient Greece* (Cambridge, UK, 2001) 第5—10章对黑暗时代、古风时代的考古学状况做了全新的精彩概述。

公元前8世纪

De Angelis, Franco, *Archaic and Classical Greek Sicily* (Oxford, 2016) 是到目前为止论述西西里希腊人（涉及本章与之后多章）的最佳著作。

De Polignac, Francois, *Cults, Territory, and the Origins of the Greek Citystate* (Chicago, 1995) 对公元前8世纪宗教变革的重要性做了原创性分析。

Edwards, Anthony, *Hesiod's Ascra* (Berkeley, 2004)，是关于赫西奥德《工作与时日》的社会学研究著作。

Morris, Ian, and Barry B. Powell, eds., *A New Companion to Homer* (Leiden, The Netherlands, 1997) 第四部分的文章讨论了荷马时代的历史和考古状况。

Powell, Barry B., *Homer and the Origin of the Greek Alphabet* (Cambridge, UK, 1991)，提出字母文字是基于记录荷马诗歌的特别目的被发明出来的。

Powell, Barry B., *Writing and the Origins of Greek Literature* (Cambridge, UK, 2003) 讨论了字母提供的种种新可能性，以及艺术与歌曲之间的关系。

Snodgrass, Anthony, *Homer and the Artists* (Cambridge, UK, 1998) 是对公元前8世纪诗歌与视觉艺术之间的关系所做的经典分析。

第6章

现代文献

Dougherty, C., *The Raft of Odysseus* (New York, 2000) 是对《奥德赛》和西方历险故事的深层解读。

Edwards, M., *Homer: Poet of the Iliad* (Baltimore, 1988) 是内容最明晰的单本《伊利亚特》论著，其对一本接一本书的评论和列出的大量参考著作对我们很有帮助。

Latacz, Joachim, *Troy and Homer* (Oxford, 2004) 对20世纪90年代人们在特洛伊所取得的发现以及这些发现与荷马的关系做了振奋人心的评论。

Malkin, L, *The Returns of Odysseus* (Berkley, 1998) 对《奥德赛》、殖民和伊萨卡的位置做了很好的研究。

Morris, I., and B. Powell, eds., *A New Companion to Homer* (Leiden, The Netherlands, 1997) 是有关现代荷马研究方方面面的学术论文集。

Murnaghan, S., *Disguise and Recognition in the Odyssey* (Princeton, NJ, 1987) 对其所涉及的主题做了很好的研究。

Powell, B. B., *Homer*, 2nd ed. (Oxford, 2007) 是最新的学术成果简明综论，谈到

了两部史诗的起源和对它们的分析方法。这是最为人所广泛阅读的单本荷马论著。

———, *Tales of the Trojan War, with Illustrations from European Art* (Seattle, 2017) 以诙谐的方式复述特洛伊战争的故事，内含用彩色复印的从公元前650年至今的许多艺术插图。

Strauss, Barry, *The Trojan War* (New York, 1990) 对荷马的战争故事和历史事实做了精彩的叙述。

Tracy, S. V., *The Story of Odyssey* (Princeton, NJ, 1990) 是对复杂故事的提要。

古代文献

Homer, *The Iliad*, trans. Robert Fagles Barry B. Powell (New York, 2014) 有取自希腊陶器的插图的现代译本。

Homer, *The Odyssey*, trans. Barry B. Powell (New York, 2014)《伊利亚特》译本的配套读物，内含取自希腊陶器的插图。

Myths from Mesopotamia: Creation, the Flood, Gilgamesh and Others, 2nd ed., trans. Stephanie. Dalley (Oxford, 2000) 包含可追溯至公元前第三个千年的近东经典史诗《吉尔伽美什史诗》。

第7章
宗教

Boyer, Pascal, *Religion Explained* (New York, 2001) 是对人类为何虔诚的深入分析，出自一位顶尖的进化心理学家之手。

Burkert, Walter, *Greek Religion* (德文原作出版于1977年; Oxford, 1985) 是权威的单卷本历史著作，是非常有用的参考资料。

Connelly, Joan, *Portrait of a Priestess: Women and Ritual in Ancient Greece* (Princeton, NJ, 2007) 是对一个重要问题所做的有价值的新研究。

Eidinow, Esther, and Julia Kindt, eds., *The Oxford Handbook of Ancient Greek Religion* (Oxford, 2017) 是对宗教方方面面的综合考察。

Eidinow, Esther, Julia Kindt, and Robin Osborne, eds., *Theologies of Ancient Greek Religion* (Cambridge, UK, 2020) 是有关信仰在古希腊的作用的专家论文集。

Garland, Robert, *The Greek Way of Death* (Ithaca, NY, 1985) 介绍了希腊人对死亡、死者的态度以及相关的习俗。

Johnston, Sarah Iles, *Restless Dead: Encounters between the Living and the Dead in Ancient Greece* (Berkeley, 1999) 是关于冥界崇拜的上乘研究著作。

Kearns, Emily, *Ancient Greek Religion: A Sourcebook* (Oxford, 2009) 是与宗教有关的某些重要古代证据的有用汇集。

Mikalson, J., *Athenian Popular Religion* (Chapel Hill, NC, 1983) 研究了雅典普通

市民是怎样理解宗教的。

Norenzayan, Ara, *Big Gods: How Religion Transformed Cooperation and Conflict* (Princeton, 2013) 是有关公元前第一个千年宗教进化的突破性研究。

Parker, Robert, *On Greek Religion* (Ithaca, NY, 2011) 尝试深入研究希腊宗教思想，出自一位顶尖权威学者之手。

Rutherford, Ian, *Hittite Texts and Greek Religion* (Oxford, 2020) 阐述了近东对希腊宗教思想的影响。

神话

Powell, B. B., *Classical Myth*, 9th ed. (Oxford, 2020) 对所有希腊、罗马神话做了考察，包含解释、历史背景和许多插图。

——, *A Short Introduction to Greek Myth* (Cambridge, UK, 2022) 是古典神话的浓缩。

——, *The Poems of Hesiod* (Oakland, CA, 2019) 包括了《神谱》的现代译本。

Veyne, Paul, *Did The Greeks Believe in Their Myths?*（法文原作出版于 1983 年；Chicago, 1988) 是有关信仰本质的精深著作。

West, M. L., *Hesiod: Theogony* (Oxford, 1966) 是权威版的希腊文献，包含有价值的注释和介绍。

Woodard, Roger, ed., *The Cambridge Companion to Greek Mythology* (Cambridge, UK, 2007) 是涉猎广泛的专家论文集。

狂喜、神秘的宗教

Burkert, Walter, *Ancient Mystery Cults* (Cambridge, MA, 1987) 谈及俄耳甫斯教、厄琉西斯秘仪的内容。

Mylonas, G. E., *Eleusis and the Eleusinian Mysteries* (Princeton, 1961) 是有关这一主题的最佳著作，作者是厄琉西斯遗址的挖掘者。

古代文献

Aeschylus, *The Oresteia*, trans. Robert Fagles (Harmondsworth, UK, 1966) 是公元前 458 年上演于雅典的悲剧三联剧，包括《奠酒人》等。

Powell, B. B., ed. and trans., *Greek Poems to the Gods* (Oakland, CA, 2021) 收录从荷马、卡利马科斯、俄耳甫斯到普罗克洛的希腊颂诗。

Sophocles, *The Theban Plays*, trans. E. F. Watling (Harmondsworth, UK, 1947) 是有关传说中的底比斯王室的悲剧三联剧，包括《俄狄浦斯王》。

第 8 章

现代文献

Christesen, Paul, and Donald Kyle, eds., *A Companion to Sport and Spectacle in*

Greek and Roman Antiquity (Oxford, 2013) 是与古风、古典时代体育之多维度有关的专家论文集。

Davidson, James, *Courtesans and Fishcakes*: *The Consuming Passion of Classical Athens* (New York, 1997) 是对大众文化的生动研究。

Duplouy, Alain, and Roger Brock, eds., *Defining Citizenship in Archaic Greece* (Oxford, 2018) 是有关古风时代多样公民权观念的专家论文集。

Fisher, Nick, and Hans van Wees, eds., *Archaic Greece* (London, 1998) 是涵盖希腊古风时代方方面面的论文集。

Garland, Robert, *Daily Life of the Ancient Greeks* (New York, 1998) 是有关古希腊日常生活这一主题的最佳论著。

Hall, Jonathan, *A History of the Archaic Greek World ca.1200—479 BCE,* 2nd ed. (Malden, MA, 2013) 对这个时代（约公元前 1200—前 479 年）做了很好的介绍。

Lewis, Siân, *Greek Tyranny* (London, 2006) 是出色的总体研究著作。

Miller, Stephen, and Paul Christesen, *Arete*: *Greek Sports from Ancient Sources* (Berkeley, 2012) 是有关体育的很有价值的古文献合集。

Osborne, Robin, *Greece in the Making,* 2nd ed. (London, 2009) 对希腊古风时代做了全面考察，重点论述了考古证据。

Raaflaub, Kurt, and Hans van Wees, eds., *The Blackwell Companion to Archaic Greece* (Oxford, 2009) 是由权威专家撰写、有关希腊古风时代历史方方面面的最新论文集。

Simonton, Matthew, *Classical Greek Oligarchy* (Princeton, NJ, 2019) 聚焦于公元前 500 年以后的时期，对寡头政治做了最好的介绍。

Van Wees, Hans, *Greek Warfare* (London, 2004) 是很好的概论性著作。

Van Wees, *Ships and Silver, Taxes and Tribute* (London, 2016) 是有关古风时代财政的创新性研究。

古代文献

Herodotus, *The Hostories*, rev. ed., trans. Aubrey de Selincourt (Harmondsworth, UK, 1996) 虽写于公元前 420 年前后，却包含了许多关于希腊古风时代的故事。

Pindar, *The Odes*, trans. Maurice Bowra（Harmondsworth, UK, 1969）.译者翻译了这些有名、难懂的诗歌，可读性强。它们歌颂了体育运动的获胜者，写于约公元前 500—前 460 年。

Wender, Dorothea trans. The Poems of Theognis, 见 *Hesiod and Theognis*, (Harmondsworth, UK, 1973)，该诗集对公元前 6 世纪的社会有许多评论，其中包含了许多关于会饮的信息。

第9章

哲学

Barnes, Jonathan, *The Presocratic Philosophers*, 2 vols. (London, 1979). 巴恩斯以现代分析哲学为手段理解古代的哲学家。

Furley, David, *The Greek Cosmologists*: *The Formation of the Atomic Theory and Its Earliest Critics*, vol.1 (Cambridge, UK, 1989) 对米利都哲学作了精彩的分析。

Kirk, G. S., J. E. Raven, M. Schofield, *The Presocratic Philosophers: A Critical History with a Selection of Texts,* 2nd ed. (Cambridge, 1983; online publication, 2019) 是对前苏格拉底哲学家的权威研究。

Lloyd, G. E. R., *Demystifying Mentalities* (Cambridge, UK, 1990) 是研究希腊古风时代哲学与其他思想形式之间关系的最好作品之一。

——, *Early Greek Science*: *Thales to Aristotle* (London, 1970) 是内容很清晰的简明论著。

Netz, Reviel, Scale, S*pace and Canon in Ancient Literary Culture* (Cambridge, UK, 2020) 是对希腊文学与哲学文化兴起的开创性分析。

Wolfsdorf, David, *Early Greek Ethics* (Oxford, 2020) 是有关重要思想家和重要主题的专家论文集。

史学

Dewald, Carolyn, and John Marincola, *The Cambridge Companion to Herodotus* (Cambridge, UK, 2006) 是专家论文集。

Harrison, Thomas, *Divinity and History*: *The Religion of Herodotus* (Oxford, 2000) 对希罗多德历史著作中宗教的地位做了出色的重估。

Pelling, Christopher, *Herodotus and the Question Why* (Austin, TX, 2019) 是通俗易懂的希罗多德著史之道以及相关观念的入门著作。

Thomas, Rosalind, *Herodotus in Contert* (Cambridge, UK, 2000) 对希罗多德在当时的知识背景下所达到的成就进行了分析。

艺术

Hurwit, Jeffrey, M., *The Art and Culture of Early Greece, 1100—480 B.C.* (Ithaca, NY, 1985) 对希腊黑暗、古风时代的绘画、诗歌、雕塑、建筑做了精彩的解读研究。

Neer, Richard, *Greek Art and Archaeology,* 2nd ed.(London, 2018) 是收录了精美插图的总体研究著作。

Osborne, Robin, *Archaic and Classical Greek Art* (Cambridge, UK, 1998) 对希腊艺术进行了富有想象力的诠释。

Pedley, John Griffiths, *Greek Art and Archaeology*, 5th ed. (New York, 2011) 是标准的入门教科书，插图精美。

Spawforth, Tony, *The Complete Greek Temples* (London, 2006) 对神庙、神殿做了出色的总体研究。

Spivey, Nigel, *Greek Sculpture* (Cambridge, UK, 2013) 是对希腊雕塑的综合叙述。

古代文献

Graham, Daniel, *The Texts of Early Greek Philosophy* (Cambridge, UK, 2010) 提供了苏格拉底时代以前的所有材料。

Miller, Andrew, *Greek Lyric* (Indianapolis, 1996) 是古风诗歌选集的优秀译本。

第 10 章

斯巴达

Cartledge, Paul, *The Spartans* (New York, 2002) 是由世界顶尖权威学者所写的有关斯巴达史的概览，可读性很强。

Ducat, Jean, *Spartan Education: Youth and Society in the Classical Period* (Swansea, 2006) 是有关斯巴达与众不同的社会制度的新分析。

Finley, Moses, "Spartan and Spartan Society." *In Economy and Society in Ancient Greece* (New York, 1981) 最初发表于 1968 年，给现代研究斯巴达的著作带来灵感。该论文是把对斯巴达史前史的奇思幻想的研究转移到有关制度是怎样发挥作用的具体分析。

Hodkinson, Stephen, *Property and Wealth in Classical Sparta* (Cardiff, UK, 2000) 对斯巴达经济做了最好的论述。20 世纪 90 年代以来，霍德金森和若干合编者还发布了有关斯巴达的一些重要会议的记录。

Pomeroy, Sarah, *Spartan Women* (Oxford, 2002) 是有关于这一复杂主题明智的、坦诚的叙述。

Powell, Anton, *A Companion to Sparta*, 2 vols.(Oxford, 2017) 是与斯巴达历史方方面面有关的学术论文集。

Whitby, Michael, ed., *Sparta* (Edinburgh, 2002) 是有关斯巴达的经典论文集，其中所收录的文章时间跨度达 35 年。

雅典

Bradley, Keith, and Paul Cartledge, *The Cambridge World History of Slavery* vol. 1 (Cambridge, UK, 2011) 是论文集，一些论文与雅典有关，但也有论及斯巴达的。

Finley, Moses, *Ancient Slavery and Modern Ideology* (London, 1980) 第二章是有关梭伦危机的经典论述。

Gallant, Tom, *Risk and Survival in Ancient Greece* (Stanford, 1991) 再现了雅典农耕家庭的生活周期，非常合理地使用了现代比较农业的数据。

Hunt, Peter, *Ancient Greek and Roman Slavery* (London, 2017) 是出色的短篇介绍。

Lavelle, Brian, *Fame, Money, and Power* (Ann Arbor, MI, 2005) 是有关庇西特拉图的短篇研究。

Lewis, John, *Solon the Thinker* (London, 2006) 是对我们所知之梭伦的细致研究。

Raaflaub, Kurt, Josiah Ober, and Robert W. Wallace, eds., *The Origins of Democracy in Ancient* Greece (Berkeley, 2007) 收录了许多有关早期雅典的论文。

Teegarden, David, *Death to Tyrants!* (Princeton, NJ, 2013) 是对古希腊杀死僭主者,尤其是哈莫迪乌斯、阿里斯托格吞的研究。

Van Wees, Hans, *Ships and Silver, Taxes and Tribute* (London, 2015) 是对古风时代雅典财政的分析。

古代文献

Iambi et elegi Graeci ante Alexandrum cantata 2: Callinus. Mimnermus. Semonides. Solon. Tyrtaeus. Minora adespota, ed. M. L. West, rev. ed. (Oxford, 1992) 是有关早期诗人的希腊文献集。

Aristotle, *The Athenian Constitution*, trans. P. J. Rhodes (New York, 1984) 是有关公元前6世纪雅典历史的重要叙述,写于雅典,时间大约是公元前4世纪30年代或20年代。

Plato, *Protagoras and Meno*, trans. W. K. C. Guthrie (Harmondsworth, UK, 1957) 是公元前4世纪早期两篇重要的对话。

Plutarch, *Life of Lycurgus* 和 Xenophon, *Spartan Society* 都见于企鹅版一卷本 *Plutarch on Sparta*, trans. Richard Talbert (New York, 1988),是有关斯巴达社会最重要的材料。普鲁塔克大约在公元100年左右写作;色诺芬大约在公元前4世纪早期写作。

第11章

现代文献

Briant, Pierre, *From Cyprus to Alexander: A History of the Persian Empire* (Winona Lake, IN, 2002) 是有关波斯帝国极其优秀的论述详细的历史著作。

Jacobs, Bruno, and Robert Rollinger, *A Companion to the Achaemenid Persian Empire*, 2 vols.(Oxford, 2021) 是有关波斯史各个维度的专家论文集。

Krentz, Peter, *The Battle of Marathon* (New Haven, CT, 2010) 对这场公元前490年的战役进行了有见地的分析。

Kuhrt, Amelie, *The Persian Empire* (New York, 2007) 是价值非凡的资料集。

Morris, Ian, and Walter Scheidel, eds., *The Dynamics of Ancient Empires* (New York, 2009) 包含有关亚述帝国和波斯帝国的优秀导论文章。

Roosevelt, Christopher, *The Archaeology of Lydia, from Gyges to Alexander*

(Cambridge, UK, 2009) 是全面的研究著作。

Vidal, Gore, *Creation* (New York, 1981). 这是一部小说，以公元前 6 世纪末期波斯帝国为宏大的背景，涵盖范围自希腊到中国。扣人心弦，历史感强。

古代文献

Herodotus, *The Histories*, trans. Aubrey de Selincourt, rev. ed. (New York, 1996) 第 1—6 卷叙述了从波斯兴起到马拉松战役的历史。

第 12 章

现代文献

除了本书第 11 章所列的书籍，我们还推荐下列著作。

Brosius, Maria, *A History of Ancient Persia: The Achaemenid Empire* (Oxford, 2020) 第 8 章从波斯的角度对战争做了出色的论述。

Cartledge, Paul, *Thermopylae* (New York, 2007) 是出色的论述。

Hoyos, Dexter, *The Carthaginians* (London, 2010) 与 *Carthage* (London, 2020) 是覆盖了整个迦太基历史的精彩短篇论述。

Lazenby, J.F., *The Defense of Greece, 490—479 B.C.*(Warminster, UK, 1992) 是非常不错的概论性著作。

Strauss, Barry, *The Battle of Salamis* (New York, 2004) 是对这场重要战争的生动描述，作者是军事史方面的一位领军人物。

古代文献

Aeschylus, *The Persians*. In *Prometheus Bound and Other Plays*, trans. Philip Vellacott (Harmondsworth, UK, 1961) 是埃斯库罗斯的悲剧，于公元前 472 年在雅典完成，从波斯人的角度描述了萨拉米战役。

Diodorus of Sicily, *The History*, Book 11. In *The Library of History IV*, trans. C. H. Oldfather (Cambridge, MA: Loeb Classical Library, 1946) 是古希腊文与英文对照本。狄奥多罗斯在公元前 1 世纪从事创作，他描述了公元前 480 年在西西里岛发生的战争。

Herodotus, *The Histories*, rev.ed., trans. Aubrey de Selincourt (New York, 1996) 第 7—9 卷描述了公元前 480—前 479 年的战争，约公元前 420 年成书于雅典。安德里亚·普维斯译本 (Robert Strassler, ed., *The landmark Herodotus* [New York, 2007]) 或许不如塞林库特译本生动，但是前者附带的地图、附录很出色。

第 13 章

现代文献

Acton, Peter, *Poiesis: Manufacturing in Classical Athens* (New York, 2014) 是对雅典制造业、市场营销的创新性分析。

Balot, Ryan, *Greek Political Thought* (Oxford, 2006) 是很好的古典希腊政治理论的入门书。

Constantakopoulou, Chrissy, *The Dance of the Islands* (Oxford, 2020) 是从雅典帝国内部群岛的视角出发所做的帝国分析。

Davies, John, *Democracy and Classical Greece*, 2nd ed.(New York, 1993) 是有关公元前5世纪地缘政治的经典研究，重点关注了雅典、斯巴达以外的国家所发挥的作用。

De Angelis, Franco, *Archaic and Classical Greek Sicily* (Oxford, 2016) 对古风、古典时代希腊西部做了最出色的论述。

Hale, John, *Lords of the Sea* (New York, 2010) 是有关雅典帝国的精彩叙述。

Hasaki, Eleni, *Potters at Work in Ancient Corinth* (Princeton, NJ, 2021) 在考古学上还原了古代制陶业如何运作。

Lanni, Adriaan, *Law and Justice in the Courts of Classical Athens* (Cambridge, UK, 2006) 研究了雅典民主制度中的某些重要机构。

Ma, John, Nikolaos Papazarkadas, and Robert Parker, *Reinterpreting the Athenian Empire* (Oxford, 2006) 是有关雅典帝国的专家论文集。

Morris, Ian, "The Greater Athenian state." In Ian Morris and Walter Scheidel, eds., *The Dynamics of Ancient Empires* (New York, 2009) 对公元前5世纪雅典人、叙拉古人、斯巴达人的权力做了比较研究。

Ober, Josiah, *The Rise and Fall of Classical Greece* (Princeton, NJ, 2015) 是对公元前5世纪的经济的出色叙述。

Powell, Anton, *Athens and Sparta* (London, 1989) 可能是对本章所涵盖的时代做出考察的最佳概论性著作。

Pritchard, David, *Public Spending and Democracy in Classical Athens* (Austin, TX, 2016) 是对雅典财政的出色研究。

Scheidel, Walter, Ian Morris, and Richard Saller, eds., *The Cambridge Economic History of the Greco-Roman World* (Cambridge, UK, 2007) 第12—14章涉及了古典希腊。

古代文献

Diodorus of Sicily, *The History*, Books 11 and 12. In *The Library of History IV*, trans. C. H. Oldfather (Cambridge, MA: Loeb Classical Library, 1946) 是古希腊文与英文对照本，描述了西西里历史，作于公元前1世纪。

Plutarch, *Lives of Themistocles, Aristides, Cimon, and Pericles.* In *The Rise and Fall of Athens*, trans. Ian Scott-Kilvert (Harmonds-worth, UK, 1960) 是作于100年左右的传记集，其中包含了非常重要的有关公元前5世纪雅典的信息。

Strassler, Robert, ed., *The Landmark Thucydides* (New York, 1996) 包含大量的地图、精彩的脚注，让人们很容易理解修昔底德的叙述。

Thucydides, *The Peloponnesian War*, trans. Rex Warner (Harmondsworth, UK, 1954) 第 1 卷叙述的年份止于公元前 431 年。该书在公元前 5 世纪晚期作于雅典。

第 14 章

除了针对第 9 章所列的著作，我们还推荐下列著作。

一般性哲学作品

Buxton, R., ed., *From Myth to Reason? Studies in the Development of Greek Thought* (Oxford, 1999) 对古典时代的希腊思想进行了精彩的讨论。

Guthrie, W. K. C., *The Greek Philosophers: From Thales to Aristotle* (London, 1950) 虽问世甚早，但仍是一位伟大学者写就的上佳短篇评著。

前苏格拉底哲学家、智者、雄辩术

Barnes, J., *The Presocratic Philosophers*, 2nd ed. (London, 1979) 借助现代分析哲学讨论古代的哲学家。

Curd, Patricia, and Daniel Graham, *The Oxford Handbook of Presocratic Philosophy* (Oxford, 2011) 是涵盖广泛的专家论文集。

Kennedy, G. A., *The Art of Persuasion in Greece* (Oxford, 1961) 是从未被超越的经典之作。

Lloyd, G. E. R., *Early Greek Science: Thales to Aristotle* (London, 1970) 对公元前 6—前 5 世纪的思辨思想进行了很好的介绍，作者是古代哲学领域的顶尖学者。

Osborne, Catherine, *Presocratic Philosophy: A Very Short Introduction* (Oxford, 2004) 是用 130 页写就的基础性著作。

艺术

Boardman, John, *Greek Art*, 5th ed. (New York, 2016) 是世界顶尖的古代艺术史家之一写就的概论性大作。

——, *Greek Sculpture: The Classical Period* (New York, 1985) 是权威教材。

——, *The History of Greek Vases* (New York, 2006) 是对希腊陶器的专业叙述。

Hurwit, Jeffrey M., *The Athenian Acropolis: History, Mythology, and Archaeology from the Neolithic Era to the Present* (Cambridge, UK, 2000) 是关于雅典卫城的最佳著作。

Jenkins, Ian, and Victoria Turner, *The Greek Body* (Los Angeles, 2010) 有精美插图，论述了希腊雕塑家对人体的着迷。

Neils, Jenifer, ed., *Goddess and Polis: The Panathenaic Festival in Ancient Athens* (Princeton, NJ, 1992) 对泛雅典娜节这一重要节日进行了研究，书中配有精美插图。

Osborne, Robin. *Archaic and Classical Greek Art* (Cambridge, UK, 1998) 配有精美图片，分析力透纸背。

Pollitt, Jerome Jordan, *Art and Experience in Classical Greece* (Cambridge, UK, 1972) 是古代艺术文献的经典汇集。

古代文献

Kirk, G. S., Raven, J. E.and M.Schofield, eds., *The Presocratic Philosophers*, 2nd ed. (Cambridge, UK, 1983) 是希腊文本，配以优秀译文和对公元前 5 世纪哲学家的讲解。

Waterfield, Robin, *The First Philosophers: Presocrics and Sophists* (Oxford, 2009) 是短篇资料集，极有帮助。

第 15 章

一般性著作

Billings, Joshua, *The Philosophical Stage* (Princeton, NJ 2021) 论述了公元前 5 世纪戏剧与哲学之间的关联。

Bosher, Kathryn, *Greek Theater in Ancient Sicily* (Cambridge, UK, 2021) 是对雅典之外的戏剧的创新性研究。

Storey, Ian, and Arlene Allan, *A Guide to Ancient Greek Drama, 2nd ed.*(Oxford 2014) 是言简意赅的悲剧、喜剧、萨提洛斯戏剧导引。

悲剧

Easterling, Pat, ed., *The Cambridge Companion to Greek Tragedy* (Cambridge, UK, 1997) 是杰出的论文集，讨论了作为一种习俗的悲剧、戏剧的文学特征以及自古以来人们的接受状况。

Else, Gerald F., *The Origin and Early Form of Greek Tragedy* (New York, 1972) 将泰斯庇斯描述为希腊悲剧的创造者。

Goldhill, Simon, *How to Stage Greek Tragedy Today* (Chicago, 2020) 是实用指南，就古代的演出给出了许多信息。

Pickard-Cambridge, Arthur W., *Dithyramb, Tragedy, and Comedy*, ed. T. B. L.Webster, 2nd ed. (Oxford, 1962) 对史料做了深彻梳理，是该研究领域不可替代的佳作。

Rehm, Rush, *Radical Theatre: Greek Tragedy and the Modern World* (Bristol, UK, 1997) 对雅典悲剧为何仍对现代观众有所启示有深入讨论。

——, *Understanding Greek Tragic Theater*, 2nd ed.(New York, 2016) 是对戏剧如何上演的出色解释。

West, M. L., *Ancient Greek Music* (Oxford, 1992) 是权威的研究著作，只是有一定阅读门槛。

喜剧

Bowie, A. M., *Aristophanes: Myth, Ritual, and Comedy* (Cambridge, UK, 1993) .

Ehrenberg, V., *The People of Aristophanes*, 2nd ed. (Oxford, 1951) 将阿里斯托芬的人物角色视作分析雅典人日常生活的证据，仍然值得一读。

Fontaine, Michael, and Adele Scafuro, *The Oxford Handbook of Greek and Roman Comedy* (Oxford, 2014) 是有关多个主题的专家论文集。

古代文献

Aeschylus, *Prometheus Bound and Other Plays*, trans. Philip Vellacott (Harmondsworth, UK, 1961) and *The Oresteia*, trans. Robert Fagles (New York, 1966) .

Aristophanes, *The Frogs and Other Plays*, trans. David Barrett (New York, 1964), *Lysistrata and Other Plays*, trans. Alan Sommerstein (New York, 1973) , and *The Birds and Other Plays*, trans. David Barrett and Alan Sommerstein (New York, 1978) .

Euripides, *The Bacchae and Other Plays*, trans. Philip Vellacott (Harmondsworth, UK, 1954) and *Alcestis and Other Plays*, trans. John Davie (New York, 1996) .

Sophocles, *The Three Theban Plays*, trans. R. Fagles (Harmondsworth, UK, 1947) and *Electra and Other Plays*, trans. E.F. Watling (Harmondsworth, UK, 1982) .

第 16 章
现代文献

Connor, W. Robert, *Thacydides* (Princeton, NJ, 1984) 是对《伯罗奔尼撒战争史》这一重要文本的仔细解读，对细微的差别有敏锐的感知。

De Angelis, Franco, *Archaic and Classical Greek Sicily* (New York, 2016) 是从西西里的角度所做的最佳阐述。

Hoyos, Dexter, *Carthage's Other Wars* (Aldershot, UK, 2019) 第 4—6 章很好地叙述了迦太基的希腊战争。

Hanson, Victor, *A War Like No Other* (New York, 2005) 从士兵的视角描述了伯罗奔尼撒战争。

Kagan, Donald, *The Archidamian War* (New York, 2003) 是有关这场战争的一卷本优秀论著，作者是军事和外交史方面的大师。

Lewis, David, John Boardman, John Davies, and Martin Ostwald, eds., *The Cambrige Ancient History*, 2nd ed., vol.5: *The Fifth Century B.C.* (Cambridge, 1992) 是专家论文集，涵盖了从公元前 478—前 404 年爱琴海和希腊西部的历史。

古代文献

Aristophanes, *The Clouds*. In *Lysistrata and Other Plays*, trans. Alan Sommerstein (New York, 1973) 是对苏格拉底持否定看法的重要剧作，该剧首次上演于公元前

423 年。

Diodorus of Sicily, *The History*, Books 12 and 13. In *The Library of History V*, trans. C. H. Oldfather (Cambridge, MA：Loeb Classical Library, 1946) 是古希腊文与英文对照本，描述了西西里历史。

Plato, *The Last Days of Socrates*, trans. Hugh Treddenick (Harmondsworth, UK, 1954) 含《申辩篇》与《克里托篇》，是了解苏格拉底受审和战后希腊社会的重要文献。

Plutarch, *Lives of Nicias, Alcibiades, and Lysander*. In *The Rise and Fall of Athens*, trans. Ian Scott-Kilvert (Harmondsworth, UK, 1960) 中的人物传记包含了伯罗奔尼撒战争末期的信息。

Thucydides, *The Peloponnesian War*, trans. Rex Warner (Harmondsworth, UK, 1954) 第 1 卷描述了直至公元前 431 年的历史。*The Landmark Thucydides*, ed. Robert Strassler (New York, 1996) 虽算不上沃纳版那样的优秀译本，但大量的地图、精彩的脚注让读者很容易理解修昔底德的叙述。

Xenophon, *Hellenica*, trans. John Marincola. In Robert Strassler, ed., *The Landmark Xenophon's Hellenika* (New York, 2009) 从修昔底德断笔的公元前 411 年开始讲起。在付梓的这个版本中，包含极有价值的地图和附录。

Xenophon, *Socrates' Defense*. In *Conversations of Socrates*, trans. Hugh Treddenick and Robin Waterfield (New York, 1988) 记录了公元前 399 年苏格拉底在受审时说的话，这是一个与柏拉图不同的版本。

第 17 章

现代文献

Ameling, Walter, "Carthage." In Peter Bang and Walter Scheidel, eds., *The Oxford Handbook of the State in the Ancient Mediterranean and Near East* (Oxford, 2013) 是有关迦太基政治的出色论文。

Cargill, Jack, *The Second Athenian League: Empire or Free Alliance?* (Berkeley, 1981) 至今日已算年深日久的著作，但仍是最好的研究成果。

Cartledge, Paul, *Agesilaos and the Crisis of Sparta* (Baltimore, 1987) 是关于阿戈西劳国王的翔实传记，它对斯巴达的衰落作了社会学分析。

——, *Thebes* (New York, 2020) 是有关这个研究不足的城邦的出色简史。

Caven, Brian, *Dionysius I: War-lord of Sicily* (New Haven, 1990) 是第一本讲述这位重要历史人物的唯一英文著作。

Davies, John, K., *Democracy and Classical Greece*, 2nd ed.(Stanford, 1993) 的若干章节对公元前 4 世纪早期的希腊有精彩论述。

De Angelis, Franco, *Archaic and Classical Greek Sicily* (Oxford, 2016) 是有关公元前 4 世纪西西里的最佳概论性著作。

Flower, Michael, *The Cambridge Companion to Xenophon* (Cambridge, UK, 2016) 是近期的专家论文集。

Lewis, David M., John Boardman, Simon Hornblower, and Martin Ostwald, eds., *The Cambridge Ancient History VI: The Fourth Century B.C.*, 2nd ed.(Cambridge, 1994) 是对希腊世界的所有部分进行了考察的深度论文集。

Ober, Josiah, *The Rise and Fall of Classical Greece* (Princeton, NJ, 2015) 是有关公元前 4 世纪经济、制度、人口的最佳论述。

Strauss, Barry, *Athens After the Peloponnesian War* (Ithaca, NY, 1986) 很好地研究了伯罗奔尼撒战争中的人口灾难怎样影响了雅典社会。

古代文献

Diodorus of Sicily, *The History, Book 14*. In *The Library of History VI*, trans. C. H. Oldfather (Cambridge, MA: Loeb Classical Library, 1946) 是古希腊文与英文对照本，叙述了西西里的历史。

Plutarch, *Lives of Agesilaos, Pelopidas, and Dion*. In *The Age of Alexander*, trans. Ian Scott-Kilvert (Harmondsworth, UK, 1973) 中的人物传记包含许多有关公元前 4 世纪早期的斯巴达、底比斯、叙拉古的史料。

Xenophon, *Hellenica,* tr. by John Marincola. In Robert Strassler, ed., *The Landmark Xenophon's Hellenika* (New York 2009) 是色诺芬《希腊史》英译本，是公元前 399—前 362 年历史的主要材料来源。付梓的这个版本包含极为有益的地图和附录。

Xenophon, *The Persian Expedition*, trans. Rex Warner (Harmondsworth, UK, 1949) 是色诺芬《远征记》的英译本。这是一位亲历者的行军记，叙述了希腊雇佣军于公元前 399 年横穿波斯帝国的行军活动。

第18章
柏拉图

Benson, Hugh, *A Companion to Plato* (Oxford, 2008) 是有关柏拉图的专家论文集。

Ferrari, G. R. F., *The Cambridge Companion to Plato's Republic* (Cambridge, UK, 2007) 是有关希腊哲学最有名著作的细致研究。

Guthrie, W.K.C., *A History of Greek Philosophy*, vol.4, *Plato: The Man and His Dialogues: Earlier Period* (Cambridge, UK, 1975) , vol.5, *The Later Plato and the Academy*(1978) , 这些著作虽年深日久，但对柏拉图著作有精当的评论, vol.3, *The*

Fifth–Century Enlightenment（1969）全面叙述了我们所知的有关苏格拉底的内容。

亚里士多德

有关亚里士多德的大多数研究成果见于专门期刊上发表的文章，除此之外，有些介绍亚里士多德思想的书也颇有价值。

Anagnostopoulos, Georgios, *A Companion to Aristotle* (Oxford, 2013) 是专家论文集。

Barnes, Jonathan, *Aristotle* (Oxford, 1982) 是很好的概述书。

Deslauriers, Marguerite, and Pierre Destrée, *The Cambridge Companion to Aristotle's Politics* (Cambridge, UK, 2013) 是有关希腊政治理论核心著作的论文集。

Lloyd, G.E.R., *Aristotle*: *The Growth and Structure of His Thought* (Cambridge, UK, 1968) 是最好的短篇概论书籍。

古代文献

Aristotle, *Ethics*, trans. J. A. K.Thomson (Hamondsworth, UK, 1955), *The Politics*, trans. T. A. Sinclair (Hamondsworth, UK, 1962), *Rhetoric*, trans. P. J. Rhodes (New York, 1984), *The Athenian Constitution*, trans. P. J. Rhodes (New York, 1984), and *De Anima* (*On the Soul*), trans. Hugh Lawson–Tancred (New York, 1986) 均是重要文献。

Lucian, trans. K. Kilburn (Cambridge, MA: Loeb Classical Library, 1982). 萨姆萨特的琉善 (Lucian of Samosata, 约 125 年—180 年后) 是叙利亚讽刺作家、修辞学家，他的讽刺对象包括迷信、宗教以及超自然信仰。

Plato, *The Symposium*, trans. W. Hamilton (Hamondsworth, UK,1951), *The Last Days of Socrates*, trans. Hugh Treddenick (Hamonds-worth, UK, 1954), *The Republic*, trans. Desmond Lee (Hamondsworth, UK, 1955), *Protagoras and Meno*, trans. W. K. C. uthrie (Hamondsworth, UK, 1956), *The Laws*, trans. T. J. Saunders (Hamondsworth, UK, 1970), and *Timaeus and Critias*, trans. Desmond Lee (Hamondsworth, UK, 1971) 均是重要文献。

第 19 章

现代文献

Borza, Eugene, *In the Shadow of Olympus*: *The Emergence of Macedonia* (Princeton, NJ, 1990) 对铁器时代的马其顿做了考古学、历史学的研究。

Elis, J. R., *Philip II and Macedonian Imperialism* (Princeton, 1976) 提出腓力一直对征服波斯更感兴趣而非统治希腊的观点。

Goldsworthy, Adrian, *Philip and Alexander* (New York, 2020) 是出色的人物传记，尤其侧重军事史。

Hatzopoulos, Miltiades, *Ancient Macedonia* (Berlin, 2020) 提供了腓力和亚历山大一生的背景信息。

Lewis, D. M., John Boardman. Simon Hornblower, and Martin Ostwald, eds., *The Cambridge Ancient History VI*: *The Fourth Century B.C.*, 2nd ed. (Cambridge, UK, 1994) 第 14—18 章。

Roisman, Joseph, ed., *Brill's Companion to Alexander the Great* (Leidon, The Netherlands, 2003) 是对亚历山大一生的方方面面进行探讨的学者文集。

Roisman, Joseph, and Ian Worthington, *A Companion to Ancient Macedonia* (Oxford, 2010) 是有关腓力和亚历山大的背景信息非常有用的论文集。

古代文献

Arrian, *The Campaigns of Alexander*, trans. Aubrey de Selincourt (Harmondsworth, UK, 1958) 虽为罗马时代的历史记述，但使用了现已失传的一手资料。

Diodorus of Sicily, *History*, Books 16 and 17.In *The Library of History VIII*, trans. C. B. Welles (Cambridge, MA, 1963) 狄奥多罗斯有关提莫莱昂、腓力和亚历山大的叙述的古希腊文和英文对照本。

Greek Political Oratory, trans. A. N. W. Saunders (Harmondsworth, UK, 1970) 收集了德摩斯梯尼的一些演讲和伊索克拉底创作的一些小册子，它们讨论了雅典该如何应对腓力的权力增长。

Plutarch, *Lives of Demosthenes and Alexander*. In *The Age of Alexander*, trans. Ian Scott-Kilvert (Harmondsworth, UK, 1973) 是有关这些人物生平的重要记录，但并不总是可信的。

Quintus Curtius Rufus, *The History of Alexander*, trans. John Yardley (New York, 1984) 是另一部罗马时代的历史记述，它同样使用了现已失传的一手资料。

第20章

现代文献

Bosworth, Brian, *Conquest and Empire* (Cambridge, UK, 1988) 是最好的叙述亚历山大远征的学术书籍。

Cartledge, Paul, *Alexander the Great* (New York, 2004) 是出色的人物传记。

Green, Peter, *Alexander of Macedon, 356—323 B.C.* (Berkeley, 1973) 可能是叙述亚历山大一生的最生动的书籍，其内容引人入胜并受到人们高度好评。

Heckel, Waldemar, and J. C. Yardley, *Alexander the Great* (Oxford, 2004) 收集了有关亚历山大的关键性古代文献。

Pressfield, Steven, *The Virtues of War* (New York, 2005) 是有关亚历山大的有趣小说，叙事技巧高超，很贴近事实。

Wood, Michael, *In the Footsteps of Alexander the Great* (Berkeley, 1997) 是与一部电视连续剧相搭配的书，配有被亚历山大征服之地的图片。

古代文献

The Greek Alexander Romance, trans. Richard Stoneman (New York, 1991) 翻译了有关"超人"亚历山大的迷人故事。

第 21 章
现代文献

Bugh, Glenn, *The Cambridge Companion to the Hellenistic World* (Cambridge, UK, 2006) 是涉及所有主要论题的学者论文集。

Carney, Elizabeth, *Olympias: Mother of Alexander the Great* (London, 2006) 审视了奥林匹亚斯这位强有力的马其顿女性。

Chamoux, F., *Hellenistic Civilization* (Oxford, 2002) 是聚焦于文化史的优秀研究著作。

Champion, Jeff, *Antigonus the One-Eyed* (Aldershot, UK, 2014) 是出色的人物传记。

Fischer-Bouvet, Christelle, "Hellenistic Empires." In *The Oxford World History of Empire II*, eds. Peter Bang, Christopher Bayly, and Walter Scheidel (Oxford, 2021), 第 167–197 页对希腊化时代帝国主义做了出色的简要概述。

Grainger, John, *Antipater's Dynasty* (Aldershot, UK, 2019) 对亚历山大驾崩后的数年里马其顿的复杂历史做了精彩分析。

Kosmin, Paul, *The Land of the Elephant Kings* (Cambridge, MA, 2014) 对塞琉古帝国做了很好的概述。

Mairs, Rachel, *The Graeco-Bactrian and Indo-Greek Worlds* (London, 2020)。有关希腊化世界极东边缘地带的专家论文集。

Manning, Joseph, *The Last Pharaohs* (Princeton, NJ, 2012) 是有关托勒密王国的最佳论述。

Romm, James, *Ghost on the Throne: The Death of Alexander the Great and the War for Crown and Empire* (New York, 2011) 是有关复杂的继承者战争的精彩论述。

Scheidel, Walter, Ian Morris, and Richard Saller, eds., *The Cambridge Economic History of the Greco-Roman World* (Cambridge, UK, 2007) 第 15—17 章论述了希腊化时代。

Thonemann, Peter, *The Hellenistic Age: A Very Short Introduction* (Oxford, 2018) 用约 100 页篇幅讲述了基本事实。

古代文献

Austin, M. M., *The Hellenistic World from Alexander to the Roman Conquest* (Cambridge, UK, 1981) 是由人们翻译过来的必备的古代资料选辑。

Diodorus of Sicily, *History*, Books 18—20. In *The Library of History IX*, trans. Russel

Geer (Cambridge, MA, 1954) 。是流传下来的 15 卷材料，来自 40 卷的通史巨著。

第 22 章
现代文献

　　Cartledge, Paul, and Tony Spawforth. *Hellenistic and Roman Sparta,* 2nd ed., (London, 2001) 是研究古代斯巴达的顶尖学者所写的权威性概述书籍。

　　De Lisle, Christopher, *Agathokles of Syracuse* (Oxford, 2021) 是有关这位西西里史上核心人物的最新传记。

　　Kennell, Nigel, *The Gymnasium of Virtue* (Chapel Hill, NC, 2007) 对希腊化时代的斯巴达社会做了精彩论述。

　　Mackil, Emily, *Creating a Common Polity* (Berkeley, 2015) 是到目前为止有关希腊同盟组织的最佳研究著作。

　　Momigliano, Arnaldo, *Alien Wisdom*: *The Limits of Hellenization* (Cambridge, UK, 1975) 。这是一本有趣的书，它提出，在希腊化时代，希腊人、罗马人和犹太人有一种特殊的关系，此种关系保证了他们对西方文明的长期主导作用。

　　Oliver, Graham, *War, Food, and Politics in Early Hellenistic Athens* (Oxford, 2007) 对直至公元前 229 年的雅典做了精彩的论述。

　　Zambon, Efraim, *Tradition and Innovation: Sicily between Hellenism and Rome* (Wiesbaden, Germany, 2008) 是有关希腊西西里的论文集，从公元前 289 年阿加索克利斯之死讲到公元前 241 年此地被罗马吞并。

古代文献

　　Diodorus of Sicily, *History*, Books 18—20, trans. Russel Geer. In *The Library of History IX,* trans. Russel Geer (Cambridge, MA, 1954) 。西西里的狄奥多罗斯（约公元前 80—前 20 年）写了一部 40 卷的通史，其中，卷 1—4 与埃及人、亚述人、埃塞俄比亚人、希腊人有关，卷 11—20 与公元前 480—前 302 年的希腊史有关，它们都完整地保存下来了，其余的则内容不全。不过，他使用的材料来源很可靠，因独有的细节信息而具有宝贵价值。

　　Plutarch, *Lives of Demetrius of Besieger, Pyrrhus, Agis, and Cleomenes.* In *The Age of Alexander*, trans. Ian Scott-Kilvert (Penguin, 1973), and *Plutarch on Sparta*, trans. Richard Talbert (Penguin, 1986) 是有关这些重要领袖人物的重要文献，但有时会误导人。

第 23 章
史学

　　Champion, Craige, *Cultural Poetics in Polybius' Histories* (Berkeley, 2004) 对希

腊化时代最伟大的历史学家做了最新的研究。

Sacks, Kenneth S., *Diodorus and the First Century* (Princeton, 990) 对狄奥多罗斯这位主要的资料提供者做了重要研究。

Walbank, F. W., *Polybius* (Berkeley, 1972) 对波里比阿这位重要的历史学家做了经典评论。

文学

Clauss, James, and Martine Cuypers, *A Companion to Hellenistic Literature* (Oxford, 2014) 是专家论文集。

Feeney, Denis, *The Gods in Epic* (Oxford, 1991) 对希腊化和罗马诗歌中的宗教做了富有影响力和洞察力的研究。

Gutzwiller, Kathryn, *A Guide to Hellenistic Literature* (Oxford, 2007) 是有价值的研究。

Stephens, Susan, *The Poets of Alexandria* (New York, 2018) 是有关亚历山大城文学文化的最佳论述。

艺术与建筑

Fowler, B., *The Hellenistic Aesthetic* (Madison, WI, 1990) 介绍了希腊化的希腊人如何看待艺术以及他们的艺术享受。

Stewart, Andrew, *Art in the Hellenistic World* (Cambridge, UK, 2014) 很精彩。

哲学

Algra.K., J. Barnes, M. Schofield, and J. Mansfeld, eds., *The Cambridge History of Hellenistic Philosophy* (Cambridge, UK, 2000) 是不同的专家权威论述所有主要哲学流派的论文集。

Boys-Stones, George, *Post-Hellenistic Philosophy* (Oxford, 2020) 探索了斯多葛主义的胜利。

Long, Anthony, and David Sedley, eds., *The Hellenistic Philosophers*, vol. 2. (Cambridge, UK, 1999) 对希腊化哲学家做出了透彻的清晰评论。

医学

Nutton, Vivian, *Ancient Medicine* (London, 2012) 很出色。

Lane Fox, Robin, *The Invention of Medicine: From Homer to Hippocrates* (New York, 2020) 是对最早的医学思想家的研究,可读性强。

数学与天文学

Lloyd, G. E. R., *Early Greek Science: From Thales to Aristotle* (London, 1970) 追溯了希腊人受惠于近东的历史。

Netz, Reviel, *The Shaping of Deduction in Greek Mathematics* (Cambridge, UK, 2003) 是对希腊数学思想的开创性研究。

——, *Ludic Proof: Greek Mathematics and the Alexandrian Aesthetic* (Cambridge, UK, 2009) 对希腊化数学家与亚历山大城文学之间的关系做了极具原创性的考察。

Netz, Reviel, and William Noel, *The Archimedes Codex* (New York, 2008) 是有关阿基米德失落著作重见天日的有趣叙述。

第 24 章
现代文献

Alcock, Susan, *Graecia Capta* (Cambridge, UK, 1993) 在运用考古证物理解希腊化时代、罗马时代希腊的社会变化方面，做了开创性的研究。

Astin, A. E., *Cato the Censor* (Oxford, 1967) 对大加图的生平及其反对希腊文化的斗争做了经典叙述。

Beard, Mary, *The Roman Triumph* (London, 2008) 对这个与众不同的罗马仪式做了有趣的描述。

Eckstein, Arthur, *Mediterranean Anarchy, Interstate War, and the Rise of Rome* (Berkeley, 2007) 叙述了罗马兴起的历史背景。

Goldsworthy, Adrian, *Caesar* (New Haven, CT, 2007) 是杰出的人物传记，重点在军事史。

——, *Roman Warfare* (New York, 2019) 是非常清晰的研究著作。

Kallet-Marx, Robert, *Hegemony to Empire: The Development of the Roman Imperium in the East from 148—62 B.C.* (Berkeley, 1995) 对罗马向希腊世界的扩张做了很好的全面考察。

Lomas, Kathryn, *The Rise of Rome* (Cambridge, MA, 2018) 对直至公元前 264 年的罗马在意大利的扩张史做了出色的论述。

Mayor, Adrienne, *The Poison King: The Life and Legend of Mithridates the Great* (Princeton, NJ, 2009) 对罗马在希腊世界遇到的最大威胁做了引人入胜的叙述。

Miles, Richard, *Carthage Must Be Destroyed* (New York, 2011) 是有关迦太基历史的杰出概论性著作，聚焦于迦太基与罗马的斗争。

Monson, Andrew, *From the Ptolemies to the Romans* (Cambridge, UK, 2012) 是有关罗马占领埃及的最佳论述。

Strauss, Barry, *The Spartacus War* (New York, 2009) 对反对罗马的这场伟大奴隶起义做了精彩叙述。

Terrenato, Nicola, *The Early Roman Expansion into Italy* (Cambridge, UK, 2018) 是对罗马扩张外交面的创新性分析。

Woolf, Greg. *Et Tu, Brute?* (Cambridge, MA, 2007) 对恺撒被谋杀一事揭示的政治内涵做了杰出、有趣的研究。

古代文献

Appian. *The Civil Wars*, trans. John Carter (New York, 1996). 这份叙述晚期罗马共和国历史的资料很重要，但被低估了。

Austin. Michel, *The Hellenistic World* (Cambridge, UK, 1981) 是很好的古代资料选集。

Livy, *Rome and the Mediterranean*, trans. Henry Bettenson (New York, 1976). 李维《罗马史》的第 31—45 卷涵盖了公元前 201 年—167 年这个时期。

Plutarch, *Lives of Marius, Sulla, Pompey and Caesar.* In *The Fall of the Roman Republic*, trans. Rex Warner (Harmondsworth, UK, 1958). and *Lives of Fabius, Marcellus, Cato, and Mark Antony.* In *Makers of Rome*, trans. Ian Scott-Kilvert (Harmondsworth, UK, 1965) 是参与毁灭希腊化世界的主要罗马将领的传记集。

Polybius, *The Rise of the Roman Empire*, trans. Ian Scott-Kilvert (New York, 1979) 是波里比阿有关罗马、希腊人叙述的主要留存部分。

Suetonius, *Lives of Julius Caesar and Augustus.* In *The Twelve Caesars*, trans. Robert Graves (Harmondsworth, UK, 1957) 是一本很有趣的传记集。

关键词

A

Acarnania 阿卡纳尼亚，希腊大陆西北部的一个地区，479, 482, 601

Achaean League 亚加亚同盟，662-664, 668-670, 735, 749, 772

Achaeans (Akhaians) 亚加亚人，希腊人的一支，荷马用它来指称特洛伊的希腊人，017, 088, 111, 113, 128, 138-144, 148, 150, 151, 176, 177, 179-181, 191, 199, 662, 667, 669

Acropolis 雅典卫城，建于陡峭的山冈上，帕提侬神庙建于此，235, 260, 261, 292, 295, 300, 304, 307, 310, 371, 372, 403, 429, 432-434, 436, 438, 439, 454, 455, 510, 590, 680, 766, 790

Aegean Sea 爱琴海，位于希腊与土耳其之间的海洋，002, 010, 015, 016, 018, 021, 028, 029, 033, 039, 064, 065, 070, 073, 077, 078, 084, 096, 100, 105, 193, 211, 213, 230, 237, 243, 273-275, 292, 305, 313, 319, 321, 330, 340-342, 346, 356-361, 363, 379, 382, 384-388, 391, 393, 395-398, 404, 405, 407, 410, 413, 416, 420, 439, 440, 477, 479, 482, 488, 505, 509, 510, 522, 523, 528, 530, 536, 543-546, 548, 553, 554, 565, 571, 573-575, 582, 587, 590, 595, 598-600, 606, 618, 631, 632, 641, 642, 644, 650, 659, 660, 662, 683, 687, 697, 734, 735, 737, 739, 741, 747, 751, 753, 757, 768-771, 780, 792

Aegina 厄吉那，今爱琴海萨罗尼科斯湾的一座岛屿，211, 240, 346, 347, 361, 362, 373, 375, 395, 400, 401, 582

aegis（神盾），雅典娜和宙斯所使用的神盾，上面饰有蛇发女怪的图案，169, 185, 188, 191, 430

Aegisthus (Aigisthos) 埃癸斯托斯，梯厄斯特斯之子，克吕泰涅斯特拉的情夫，阿伽门农的谋杀者，被俄瑞斯忒斯所杀，157, 158, 163

Aeneas 埃涅阿斯，阿芙洛狄忒与安喀塞斯之子，赫克托耳之后最伟大的特洛伊战士，罗马人的祖先，724

Aeolians 爱奥利亚人，希腊人的一支，曾殖民安纳托利亚西北部，包括特洛伊，018, 320

Aeschylus 埃斯库罗斯（约公元前525—前456），雅典剧作家，012, 027, 055, 197, 351, 373, 375, 415, 444-446, 450-454, 462, 464, 465, 470, 692, 779, 783, 788, 792

Aetolia 埃托里亚，科林斯湾以北的地区，230, 479, 482, 528, 533, 662-664, 735, 737, 739, 772

Africa 阿非利加，733, 734, 737

803

Agamemnon 阿伽门农，阿特柔斯之子，墨涅拉俄斯的兄弟，特洛伊战争中的希腊联军统帅，080, 087, 111, 139, 140-147, 150, 157, 160, 162, 165, 176, 180, 193, 194, 197, 233, 453, 454, 461, 464, 465, 467, 468, 617

Agathocles 阿加索克利斯（公元前304—前289），叙拉古僭主，646, 670-673, 798

agathoi 贵人，社会上层人士，109, 210, 211, 220, 221, 224, 229, 232, 234, 264, 293, 307, 661

Agavê 阿高厄，卡德摩斯与哈耳摩尼亚之女，彭透斯之母，460

Agis 亚基斯，公元前3世纪的斯巴达国王，665-669, 679, 798

agôn 争论，希腊悲剧的一个元素，457, 460, 461, 471

Ajax (Aias) 大埃阿斯，特拉蒙之子，亚加亚英雄，128, 144, 269, 270

Alcestis (Alkestis) 阿尔刻提斯，希腊神话中弗里国王阿德墨托斯之妻，自愿替丈夫而死，792

Alcinoüs (Alkinoos) 阿尔喀诺俄斯，意为"内心强大"，淮阿喀亚人的国王，瑙西卡之父，他招待了奥德修斯，159

Alcmeon (Alkmeon) 阿尔克美昂，安菲阿拉俄斯之子，他领导后辈英雄出征底比斯，并杀了自己的母亲，231

Alexander the Great 亚历山大大帝（公元前356—前323），001, 012, 021, 051, 127, 303, 323, 551, 566, 573, 574, 581, 587-638, 641, 642, 644, 647-649, 651, 653, 657-659, 673, 676, 680, 683-686, 704, 710, 720, 722, 725, 728, 744, 747, 754, 772, 787, 794-798

Alexander 亚历山大，帕里斯的别名，138

Alexandria 亚历山大城，亚历山大大帝在埃及建的城市，002, 039, 167, 597, 607, 615, 631, 634, 651, 654-657, 659, 660, 664, 670, 687-691, 694, 713-716, 718, 726, 730, 735, 738, 742, 757-759, 761-763, 772, 799-800

Alexandrian poetry 亚历山大城诗歌，772

alphabet 希腊字母，一套能够发音的文字，006, 056, 082, 119-124, 134, 769, 781

Amazons 亚马孙人，希腊神话传说中的女战士族群，战神阿瑞斯的后裔，557

Amphictyonic League 近邻同盟，581-583, 585, 586, 589, 590

amphidromia 命名礼，罗马确认新生儿家庭成员身份的仪式，054

Amphipolis 安菲波利斯，希腊北部城市，018, 479, 487, 488, 492, 575, 576, 579, 580, 581

anagnorisis "发现"，希腊戏剧情节中的一部分，465

Analysis 分析，研究荷马的一种路径，旨在将荷马史诗分解成各自独立的组成部分，132, 133, 782

Analyst 分析派，希望确认荷马史诗由哪些小块部分组成的一类学者，他们是F. A. 沃尔夫的追随者，130, 133, 136

Anatolia 安纳托利亚，意为"太阳升起的地方"，亚洲最西端突出的土地，位于今土耳其，古称"小亚细亚"，067, 078, 090, 094, 097, 099, 297, 298, 319, 320, 325, 599, 600, 601, 605, 631, 634, 635, 637-642, 644, 648-650, 691, 735, 737, 741, 747, 752, 753

Anaximander 阿那克西曼德，公元前6世纪的米利都哲学家，245, 246, 250, 417, 420

Anaximenes 阿那克西美尼，公元前6世纪的米利都哲学家，245-247, 250

Antagonist 对手戏演员，希腊悲剧中的"第二位演员"，450, 456

Angra Mainyu 安格拉·曼纽，琐罗亚斯德教的黑暗神，330, 334

Antigonê 安提戈涅，俄狄浦斯之女，她违反城邦法令埋葬了自己的兄弟波吕涅克斯，

804

被国王克瑞翁判处死刑，456, 457, 462, 464, 465, 468

Antigonê《安提戈涅》，索福克勒斯创作的戏剧，199, 456

Antigonids 安提柯王朝，635, 646, 657, 658

Antigonus I "独眼"安提柯一世（约公元前382—前301），亚历山大大帝部将，634, 635, 637-644, 646, 647, 649, 657, 680, 797

Antiochus I 安条克一世（?—公元前261），亚历山大大帝部将，646, 647, 648, 649

Antiochus III 安条克三世（公元前242—前187），希腊化时代塞琉西王国国王，658, 734, 735, 737

Antiochus IV 安条克四世，希腊化时代塞琉西王国国王，安条克二世之子，738

Antipater 安提帕特（约公元前397—前319），亚历山大大帝部将，公元前334—前319年任马其顿摄政王，633-638

aoidos 歌人，复数形式为"*aoidoi*"，用以指称荷马、赫西奥德等口述诗人，与"诵诗者"相对，132, 134, 135, 449

Aphrodite 阿芙洛狄忒，希腊神话中的性欲女神，与伊南娜／阿什塔特／伊什塔女神相关，相当于罗马神话中的维纳斯女神，044, 051, 172, 186, 187, 193, 428, 461, 474, 549, 550, 557, 698, 699, 724, 761

Apollodorus 阿波罗多拉斯，生活在2世纪，希腊神话手册的作者，758

Apollonius 罗得岛的阿波罗尼奥斯，生活在公元前3世纪，《阿耳戈船英雄纪》的作者，688, 689, 692

Apotropaic 避邪眼，驱除邪恶的魔法物品，161, 450

Apsu 阿普苏，美索不达米亚人认为创世神阿普苏就是水，245

Aramaic 亚兰语，亚兰（大马士革）地区的一种西闪米特方言，在近东地区的官僚组织中得到广泛使用，它采用了一种西闪米特文字书写形式，647

Arcadia 阿卡狄亚，伯罗奔尼撒半岛中部的山区，023, 100, 104, 231, 407, 439, 440

Archaic Period 古风时代，公元前800—前480年，001, 003, 012, 013, 041, 108, 109, 124, 126, 154, 209, 210-212, 214, 219, 220, 224, 225, 229, 237-242, 250, 260, 262, 265, 266, 272, 273, 276, 286, 287, 289, 304, 307, 313, 321, 425, 426, 429, 440, 489, 552, 632, 678, 703, 708, 769, 770, 781, 784-785, 787, 789, 791-792, 794

Archilochus（Arkhilokhos）阿基洛库斯，公元前7世纪的希腊抒情诗人，253-255

Archimedes 阿基米德（公元前287—前212），西西里数学家，011, 716, 717, 730, 732, 733, 800

Areopagus 战神山，雅典的一座山，杀人犯受审之地，295, 400

Ares 阿瑞斯，希腊战神，148, 187, 188, 253, 295, 550, 694

aretê 美德，422, 423, 424, 557, 558, 709, 784

Argeïphontes 阿耳吉丰忒斯，"阿勾斯的屠杀者"，赫耳墨斯的称号，157

Argonauts 阿耳戈英雄，伊阿宋及其同乘"阿耳戈号"船的伙伴们，688

Argos 阿尔戈斯，意为"平原"，伯罗奔尼撒半岛东北部阿尔戈斯平原上的一座城市，018, 100, 104, 105, 118, 140, 180, 185, 189, 197, 230, 395, 400, 465, 492, 576, 582, 648, 669, 677

Arion 阿里昂，传说中的科林斯歌人，449, 468

Aristarchus of Samothrace 萨摩斯的阿里斯塔克（约公元前217—前145），亚历山大城学者，718

Aristophanes 阿里斯托芬（约公元前448—

805

前380），雅典喜剧作家，027, 051, 057, 353, 354, 413-415, 422, 444, 469-472, 475, 488, 520, 692, 792-793

Aristotle 亚里士多德（公元前384—前322），希腊哲学家，011, 026, 027, 034, 039, 149, 150, 163, 244, 245, 247, 291, 295, 297, 299, 406, 409, 410, 446, 449-451, 454, 455, 462-468, 475, 565-572, 586, 618, 704, 714, 716, 718, 767, 785, 787, 790, 795, 800, 804

Asclepius（Asklepios）阿斯克勒庇俄斯，阿波罗之子，希腊神话中的医药之神，033, 682, 713, 748

Aspasia 阿斯帕西亚，生活在公元前5世纪，伯里克利的情妇，050, 414, 432

Assyria 亚述，底格里斯河上游的一个地区，盛于青铜、铁器时代，097, 098, 114, 243, 244, 257, 262, 314-318, 332, 360, 424, 787

Assyrians 亚述人，美索不达米亚北部地区一个好战的闪米特民族，314, 316-319, 325, 329, 330, 649, 798

Athena（Athene）雅典娜，掌管战争、手工艺的处女神，044, 045, 089, 092, 112, 129, 135, 143, 145, 154, 158, 163, 182, 185, 187, 188, 191, 199, 204, 227, 294, 300, 302, 303, 332, 354, 429-431, 433, 438, 439, 548, 549, 557, 595, 598, 660, 667, 680, 790

Athena Nikê 奈基，胜利女神，430, 433, 436, 437, 438

Athens 雅典，阿提卡地区的主要城市。另见于雅典卫城、战神山、阿提卡、厄瑞克透斯、厄里克托尼俄斯、帕提侬神庙，007, 010-012, 014-021, 023, 024, 026, 028, 029, 032, 038, 039, 040, 041, 044, 046, 049-053, 056-058, 071, 081, 100, 101, 104, 105, 109, 117, 119, 123, 127, 129, 154, 161, 176, 178, 182, 186, 187, 189, 191, 197, 200, 201, 203, 205, 207, 211, 212, 215, 221-224, 226, 227, 231-235, 237, 238, 240, 243, 250, 260, 261, 262, 267-276, 287, 289-313, 322, 325-327, 339, 341, 342, 346-356, 361-363, 365, 366, 368, 371-373, 375-387, 390, 392, 394-418, 420-422, 424, 425, 427-431, 433, 435, 438-449, 451, 453, 454, 461, 464-467, 469-473, 477-491, 493-533, 535-538, 540, 542-545, 547-551, 555, 557, 564-566, 571-573, 575-577, 579-586, 588-595, 599, 631, 633, 634, 636, 639-641, 648, 656, 657, 660, 661, 663, 664, 669, 679, 680, 681, 682, 689, 692, 694, 700, 704, 705, 708, 712, 721, 722, 729, 732, 734, 735, 740, 747, 749, 750, 766, 770, 771, 772, 778-779, 782-784, 786-794, 796, 798

atomic theory 原子论，420, 567, 706

Atreus 阿特柔斯，希腊传说中的迈锡尼国王，珀罗普斯之子，阿伽门农和墨涅拉俄斯之父，梯厄斯特斯之兄，阿特柔斯为复仇杀死了梯厄斯特斯的诸子，并设宴让其弟食诸子之肉，139, 140, 142, 157, 466, 779

Attica 阿提卡，希腊中部地区，雅典城坐落于此，007, 046, 208, 232, 235, 260, 291, 293, 295, 298, 301, 304, 349, 353, 354, 361, 398, 401, 403, 405, 406, 411, 415, 446, 479, 481, 484, 487, 510, 512

Augustus 奥古斯都（公元前63—公元14），原名屋大维，古罗马帝国第一代皇帝，766, 801

Aulis 奥利斯，彼俄提亚港口，特洛伊远征由此起航，465

B

Baal 巴力，意为"神"，黎凡特风暴之神，505, 672, 731

Babylon 巴比伦，幼发拉底河中游的主要城市，073，098，102，128，130，189，219，242，243，247，314，315，318，320，328-330，332，333，335，355，423，525，526，597，600，602，609，611，627，629，634，635，637-639，648，649，655，686，687

Babylonians 巴比伦人，243，244，247，328，649

Bacchae (Bakkhai)《酒神的伴侣》，酒神狄俄尼索斯的女伴，欧里庇得斯创作的一部戏剧名，205，206，457，460，464，693，792

Bacchus (Bakkhos) 巴克科斯，酒神狄俄尼索斯的别名，罗马人更喜称这个名字，205，458，460

basileus 意为"国王"，复数形式为 basileis，101，111，112，115，116，140，141，158，163，209，211

black-figure 黑绘，希腊陶瓷装饰风格，036，046，154，178，268-271，450

Black Sea 黑海，又名本都海，006，010，015，018，040，064，098，100，105，108，124，211，230，243，275，298，315，322，346，361，379，395，396，401，407，416，479，480，509，511，526，528，548，582，588，597，619，634，645，648，662，687，704，735，747，753，767，769

Boeotia (Boiotia) 彼俄提亚，意为"奶牛的国度"，阿提卡北部地区，底比斯所在之处，035，186，350，379，395，400，403，472，482，528-531，535，582，662，663，690

Boreas 波瑞阿斯，北风之神，367

Brasidas 伯拉西达，公元前5世纪的斯巴达将军，484，487，488，576

Briseis 布里塞伊斯，希腊神话中阿喀琉斯的女俘，后被联军统帅阿伽门农强行夺去，144

Bronze Age 青铜时代，公元前3000—前1200年，008，027，063-067，069，070，072，073，076，081，087，088，090-092，097，101，108，110，119，125，136-138，140，145，183，209，219，225，257，265，266，275，434，484，553，633，679，768，769，773，780

Brutus 布鲁图，意为"愚蠢的人"（公元前85—前42），曾刺杀恺撒，746，754，755，759，760

Byblos 俾布罗斯，黎凡特的一个港口，希腊词语纸草（papyrus）由此而来，022，098，597

Byron 拜伦（1788—1824），英国诗人，005-007，014，317，777

Byzantium 拜占庭，即后来的君士坦丁堡，位于博斯普鲁斯海峡入口处的希腊殖民地，010，018，388，395，429，526，582，588，589，591，597，767

C

Cadmus (Kalkhas) 卡德摩斯，意为"自东方而来的人"，底比斯城的开创者，阿格诺尔的儿子，欧罗巴的兄弟，哈耳摩尼亚的丈夫，伊诺和彭透斯之父，底比斯王，103，200，363，457

Caesar, Julius 尤里乌斯·恺撒（公元前102或前100—前44），罗马将军和政治家，被其友谋杀，705，718，746，754，756，757-759，762，801

Caesarion 小恺撒（公元前47—前30），尤里乌斯·恺撒和克娄巴特拉七世之子，759，762，764，765

Calchas (Kalkhas) 卡尔卡斯，特洛伊之战中希腊军的卜师，141

Callimachus 卡利马科斯，公元前3世纪的亚历山大城诗人，688-691，783

Callinus 卡利努斯，公元前7世纪的抒情诗人，他是第一个提到荷马名字的人，787

Calydon (Kalydon) 卡吕冬，希腊西南部埃托

807

里亚地区的主要城市，卡吕冬野猪狩猎场的所在地，193, 243, 268

Calypso (Kalypso) 加里普索，意为"隐藏者、埋葬者"，女神，阿特拉斯的女儿，把奥德修斯留在海中央的俄古癸亚岛七年，158, 159, 161

Cambyses 冈比西（公元前 530—前 522 年在位），居鲁士大帝之子，波斯阿契美尼德王朝第二任君主，330-333, 337, 338, 384

Carians 加里亚人，特洛伊的盟友，位于特洛伊以南，078

Carthage 迦太基，腓尼基城市，位于今突尼斯，狄多的母国，罗马之敌，002, 011, 018, 019, 212, 313, 318, 330, 356-360, 363-365, 384, 385, 387-390, 393, 407, 477, 478, 494, 495, 505-508, 513, 522, 523, 538, 540, 542, 543-546, 571, 573, 586, 606, 629, 649, 655, 670-678, 686, 687, 722, 728, 729, 731, 733, 734, 751, 768, 770, 771, 788, 792-793, 800

Cassander 卡山德（约公元前 358—前 297），亚历山大大帝部将，635, 637-642, 644, 645, 680

Cassius 卡西乌，生活在公元前 1 世纪，刺杀恺撒的阴谋者，759, 760

Cato 大加图（公元前 234—前 149），古罗马政治家，745, 800-801

Catullus 卡图卢斯（约公元前 84—前 54），古罗马抒情诗人，689

cella 内殿，希腊神庙中安放祭祀塑像之地，262, 429, 552

Cephalus (Kephalos) 刻法罗斯，意为"头"，雅典人，国王，207

Cercyon (Kerkyon) 刻耳库翁，被忒修斯所杀的强盗摔跤手，448

Chaeronea 喀罗尼亚，位于彼俄提亚北部，腓力二世于公元前 338 年在此击败希腊联军，002, 589, 591, 593, 664, 725

Chalcis 卡尔基斯，意为"青铜、铜"，和埃雷特里亚一样是攸卑亚岛上的主要定居点，310

Chaos (Khaos) 卡俄斯，意为"缝隙"或"裂口"，宇宙最初之物，170, 171

Charybdis (Kharybdis) 卡律布狄斯，斯库拉对岸的危险漩涡，据说位于墨西拿海峡，155, 156, 161

China 中国，014, 068, 100, 335, 655, 788

Chios 开俄斯岛，靠近小亚细亚的希腊岛屿，常被称作荷马的诞生地，128, 211, 399, 581

choral lyric 合唱抒情诗，252

Christians 基督徒，136, 166, 206, 767

Chronos "时间"，204

Chryseïs 克律塞伊斯，克律塞斯之女，特洛伊战争期间作为战利品被送给阿伽门农，140, 180

chthonic cult 冥界崇拜，与生活在地下的力量有关，185, 194, 196, 200, 782

Cicero 西塞罗（公元前 106—前 43），罗马政治家、演说家，130, 574, 755, 756

Cilicia 西利西亚，小亚细亚东南部地区，010, 094, 597, 600, 601

Cimon (Kimon) 西门（公元前 510—前 450），雅典领导人，来太亚得之子，394, 396-400, 403, 410, 789

Circê (Kirke) 喀尔刻，意为"鹰"，赫里阿斯之女，女巫，在自己的岛上招待奥德修斯达一年之久，160-162, 195, 197

Cithaeron (Kithairon) 喀泰戎山，底比斯南部的山，酒神的伴侣在此漫游，也是狄俄尼索斯婴儿时被遗弃的地方，390

Claudius Ptolemy 克劳狄·托勒密（约 90—168），亚历山大城的宇宙学家，718-720

Cleomenes 克里昂米尼，公元前 3 世纪在斯

808

巴达推行改革的国王，304, 309-311, 668-670, 679, 798

Cleon 克莱翁，公元前 5 世纪雅典蛊惑民心的政客，471, 486-489

Clisthenes (Kleisthenes) 克利斯梯尼（约公元前 570—前 507），公元前 508 年创建雅典民主国家，229-232, 299, 304-307, 309, 311, 511

Clytemnestra (Klytaimnestra) 克吕泰涅斯特拉，意为"因其追求者而得名"或"因其狡诈而得名"，廷达瑞阿斯与勒达之女，阿伽门农之妻，她杀了阿伽门农，被其子俄瑞斯忒斯所杀，142, 157, 162, 163, 195, 197, 199, 454, 464

Cnidus 克尼多斯，小亚细亚西南海岸的希腊城市，100, 548, 549, 550, 687, 698

Cnossus (Knossos) 克诺索斯，青铜时代克里特岛的主要定居点，在此地发现了迷宫遗址，018, 064, 069-074, 076, 077, 083, 084, 086, 087, 100, 101, 104, 416

consuls in Rome 罗马执政官，739

Corcyra (Kerkyra) 科西拉，今科孚岛，位于希腊西北海岸外的一个岛屿，《奥德赛》中称其为淮阿喀亚，010, 155, 395, 412, 413, 479, 489, 490, 509, 518, 582

Corinth (Korinth) 科林斯，希腊中部和伯罗奔尼撒半岛之间地峡上的城市，010, 050, 109, 118, 155, 179, 211, 216, 223, 225, 229, 231, 235, 236, 239, 240, 243, 266-268, 275, 289, 310, 366, 371, 379, 383, 395, 400-402, 409, 412, 413, 449, 472, 479, 481, 482, 492, 500, 509, 517, 527-529, 532, 552, 582, 586, 587, 590, 593, 660, 735, 739, 740, 789

Corinthian order in architecture 科林斯式，263, 264, 266-268, 551

Cos 科斯岛，靠近小亚细亚的希腊岛屿，崇拜阿斯克勒庇俄斯神的发源地，033, 581, 687, 710

cosmogony 宇宙进化论，有序世界诞生的故事，204

Craterus 克拉提鲁（？—公元前 320），亚历山大大帝部将，597, 626, 633, 635-637

Creon (Kreon) 克瑞翁，意为"统治者"，底比斯国王，伊俄卡斯达的兄弟，海蒙的父亲，456, 457, 462

Crete 克里特岛，爱琴海最大的岛屿，宙斯的诞生地，010, 018, 063-070, 072-074, 076-079, 082-085, 095, 100, 101, 104, 121, 124, 173, 233, 243, 257, 258, 275, 407, 416, 597, 663

Creusa (Kreousa) 克鲁萨，埃涅阿斯的第一个妻子，在特洛伊大火中死去，447

Crimea 克里米亚，黑海北岸的半岛，396

Croesus 克罗伊斯，公元前 6 世纪的吕底亚国王，被居鲁士大帝领导的波斯人击败，231, 320, 321, 325-327, 384, 467

Crommyon (Krommyon) 克罗米翁，忒修斯曾在这个村庄中杀死一头危险的牝猪，447

Cronus 克洛诺斯，乌拉诺斯与盖娅之子，瑞亚之夫，被宙斯推翻，103, 170-173, 185, 186, 190, 193, 210, 389, 447, 672

Cumae (Kymai) 库米，希腊在意大利最早的殖民地，位于那不勒斯湾北部，埃涅阿斯由此处进入地下世界，388-390

Cybelê (Kybele) 库柏勒，弗里吉亚的伟大母神，206

Cyclades 基克拉泽斯群岛，爱琴海提洛岛周围的"环岛"，064-066, 077-079, 084, 094, 124, 258, 262, 275, 382, 403, 493, 660, 779

Cycladic figurines 基克拉泽斯塑像，065, 070

Cyclopes（Kyklopes, Kyklops，单数形式为"Cyclops"）塞克洛普斯，残暴的独

809

眼巨人们,包括被奥德修斯弄瞎的波吕斐摩斯, 106, 159, 162, 268

Cynics 犬儒学派,谴责世俗价值的哲学家, 661, 704-710

Cynoscephalae 辛诺塞伐利,意为"狗头",公元前197年罗马人击败马其顿人之地, 734-737

Cyprus 塞浦路斯,地中海东部地区的大岛,阿芙洛狄忒的故乡, 010, 040, 094, 095, 098, 101, 193, 342, 395, 401, 403, 407, 597, 634, 641, 657, 708, 735, 742, 754

Cyrus (Kyros) 居鲁士大帝(约公元前600—前529),波斯帝国的创建者, 619, 747

D

dactylic hexameter 长短短六音步,荷马的诗体, 131

daedalic style 代达罗斯风格,古代雕塑风格, 257-258

Daedalus (Daidalos) 代达罗斯,雅典工匠,曾为帕西淮建造一头空心木制母牛,也曾为克里特王米诺斯建造迷宫,后来他为了从迷宫逃出,给自己和儿子伊卡洛斯制作了翅膀, 257-258

Danaäns 得纳安奈人,达那俄斯的后代,荷马用以称呼希腊人的一个名字, 017, 088, 094, 140, 141, 177, 180

Danaüs (Danaos) 达那俄斯,希腊神话中埃及国王柏罗斯之子,埃古普托斯的兄弟,达那伊得斯姐妹的父亲,阿尔戈斯国王, 140, 465, 702

Danube River 多瑙河, 010, 061, 339, 593, 753

Darius II 大流士二世,公元前5世纪伯罗奔尼撒战争期间的波斯国王, 330-332, 355-356, 361, 384, 385, 525

Darius III 大流士三世,公元前4世纪的波斯国王,被亚历山大打败, 595-597, 600-620, 629-630, 725

Dark Age 黑暗时代,约公元前1150—前800, 001, 008, 012, 020, 027, 037, 039, 040, 067, 097, 099, 100, 101, 102, 104, 105, 109, 110, 117, 118, 121, 124, 126, 209, 243, 257, 262, 264, 276, 769

Darwin, Charles 查尔斯·达尔文(1809—1882),英国生物学家, 420, 565

Dawn 黎明之神厄俄斯,相当于拉丁语中的"Aurora", 193

Decelea 德西里亚,斯巴达人据守的阿提卡据点, 479, 498, 509, 510

Delos 提洛岛,意为"清晰",位于基克拉泽斯群岛中心的小岛,阿波罗与阿耳忒弥斯的诞生地, 100, 346, 348, 382, 395, 396, 403, 582, 660, 648, 687, 735, 740, 749, 751

Delphi 德尔斐,帕尔纳索斯山脚的阿波罗神庙,阿波罗在此杀死了巨蟒, 106, 118, 179, 225-228, 235, 325, 326, 362, 363, 371, 387, 388, 389, 427, 479, 519, 531, 553, 581, 582, 585, 586, 591, 647-649, 663, 680, 681, 735, 750

Demeter 得墨忒耳,克洛诺斯与瑞亚之女,普西芬尼之母,谷物与丰收女神,相当于罗马女神色列斯, 025, 092, 187, 188, 200, 201, 202, 207, 380, 413, 473, 497, 681

Demetrius of Phaleron 公元前4世纪法勒鲁姆的狄米特里乌斯(1)统治雅典人的哲学家和强人, 639, 640, 663, 680, 688(2)与上述人物同名的后代, 663, 683, 688

democracy (dêmokratia) 民主, 006-013, 117, 220, 224, 273, 295, 304, 306, 307, 308, 309, 310, 339, 341, 345, 347, 349, 358, 385, 386, 391, 396, 400, 404, 406, 410, 412, 418, 421, 422, 423, 424, 433, 440, 442, 445, 451, 453, 468, 471, 476, 489, 490, 497, 505, 511, 512,

518, 519, 520, 521, 523, 524, 525, 546, 558, 563, 565, 571, 585, 636, 661, 662, 663, 678, 740, 770, 771, 772

Democritus 德谟克里特（约公元前460—前370），多元论哲学家，提出了原子论，419

demography 人口统计学，从生物学角度看待人类社会，025, 058

dêmos 德谟，意为"民众"，208, 211, 299, 300, 305, 306, 471

Demosthenes 德摩斯梯尼（1）公元前5世纪的雅典将军，482, 484, 485, 487, 500, 501, 502, 504（2）雅典演说家（公元前384—前322），057, 482, 573, 574, 583-589, 593, 629, 636, 694, 745, 796

Deucalion (Deukalion) 丢卡利翁，普罗米修斯之子，皮拉之夫，大洪水的幸存者，016

deus ex machina "天降神兵"，指当故事陷入僵局时，突然以人为的、非自然的力量扭转大局的做法，455

Didyma 迪迪马，在小亚细亚的米利都附近，那里有一座阿波罗神庙，100, 548, 552

Diodorus of Sicily 西西里的狄奥多罗斯，公元前1世纪的古希腊历史学家，356, 364-365, 393-394, 398, 506-507, 539-543, 592, 596, 598, 620, 639, 640, 672, 686, 741, 788, 796, 798-799

Diogenes 第欧根尼（约公元前412—前323），犬儒主义的创始者，704, 705

Dionê 狄俄涅，"宙斯"名字的女性形式，宙斯的配偶之一，阿芙洛狄忒的母亲，186, 193

Dionysius 狄奥尼修斯，公元前5世纪古希腊的一个水手，他曾尝试训练小亚细亚的水手，343, 344

Dionysius I 狄奥尼修一世，公元前5世纪的叙拉古僭主，508, 538, 540-544, 581

Dionysius II 狄奥尼修二世，公元前4世纪的叙拉古僭主，狄奥尼修一世之子，508, 544-545

Dioscuri (Dioskouroi) 狄俄斯库里，宙斯和勒达之子，双子神卡斯托与波吕丢刻斯（相当于罗马神话中的波拉克斯），海伦的兄弟，水手的守护者，616

dithyramb 酒神赞歌，一支合唱歌，特别用于歌颂酒神狄俄尼索斯，446, 449, 450, 468

divine myths 神明故事，以神为主角，168

Dorians 多利安人，希腊民族的一支，017-018, 095, 263, 276, 320, 412, 668

Doric order, in Greek architecture 多利安柱式希腊建筑，263, 264, 436, 437-438

Dörpfeld, Wilhelm 威廉·德普费尔德（1853—1940），德国考古学家，曾参加海因里希·谢里曼的考古工作，085

dramatic need 戏剧性需求，150, 464, 471

E

Echion 埃克昂，阿高厄之夫，彭透斯之父，460

Eileithyia 厄勒梯亚，意为"帮助女性分娩的女人"，是分娩女神，300

Eleusis 厄琉西斯，举行崇奉得墨忒耳与普西芬尼的秘密仪式之地，位于雅典以西，160, 200-203, 305, 473, 497, 783

Elis 伊利斯，位于伯罗奔尼撒半岛西北部的区域，231

Elgin Marbles 额尔金大理石雕塑，是古希腊帕提侬神庙的部分雕刻和建筑残件，430

Elymians 伊利米人，西西里西部地区的土著，358, 390, 392, 439, 494, 505

Empedocles 恩培多克勒（公元前495—约前435），西西里的多元论哲学家，419-420

811

Enyalios 恩雅利俄斯，战神阿瑞斯的别名，253

Eos 厄俄斯，黎明女神，相当于罗马女神奥罗拉，186, 193

Ephesus (Ephesos) 以弗所，小亚细亚城市，这里有一座阿耳忒弥斯神庙，010, 100, 243, 265, 415, 416, 548, 552, 555, 597, 735, 748, 751

Ephialtes 厄菲阿尔特，公元前5世纪的雅典民主政治改革家，399-400

epic 史诗，以英雄为主题的长篇诗歌，016, 035, 036, 056, 065, 087-090, 101, 103, 121, 123, 127-141, 146-164, 207, 216, 225, 251-252, 301-302, 445, 449, 463-464, 484, 688-689, 746, 799, 782

Epictetus 爱比克泰德，1世纪希腊斯多葛学派哲学家，709, 710

Epicureanism 伊壁鸠鲁主义，教导以快乐为生活目的的哲学流派，705-710

Epimetheus 厄庇米修斯，意为"后知后觉者"，普罗米修斯的兄弟，娶潘多拉为妻，044-045, 308

Erebus (Erebos) 冥界，意为"黑暗"，塔尔塔罗斯的一部分，或者塔尔塔罗斯本身，196

Erechtheum 厄瑞克提翁神庙，雅典卫城祭祀厄瑞克透斯的神庙，433-439

Erechtheus 厄瑞克透斯，雅典早期的一位国王，438-439

Erichthonios 厄里克托尼俄斯，意为"生于大地"，早期的雅典领袖，被认为是厄瑞克透斯，430

Eros 厄洛斯，意为"爱欲"，源自卡俄斯，或是阿瑞斯与阿芙洛狄忒之子，相当于罗马神话的丘比特，170, 172

Erythrai 埃利色雷，彼俄提亚南部的一个城镇 532

Eryx 厄瑞克斯，西西里西部的腓尼基城市，483, 494, 674, 676

Eteocles (Eteokles) 埃忒奥克勒斯，俄狄浦斯之子，在七将攻底比斯时杀了兄弟波吕涅克斯，456

Ethiopians 埃塞俄比亚人，意为"脸烧坏的"，住在极南之地虚妄乐土的民族，波塞冬和宙斯曾到访那里，157, 330, 798

etiological myth 起源神话，与事物的起因相关，184

Etruscans 伊特鲁里亚人，罗马北部的伊特鲁里亚居民，010, 155, 357, 388-390, 724, 726

etymology 词源，一个名字或一个词的起源的"真实解释"，172

Euboea (Euboia) 攸卑亚岛，阿提卡东部的长岛，铁器时代强悍人群的居住地，字母表可能就在这里被发明出来，100, 101, 104, 106, 118, 121, 275, 342, 348, 359, 361, 366, 368, 369, 375, 395, 403, 407, 509, 512, 582, 585

Euclid 欧几里得（约公元前325—前250），亚历山大城数学家，715-716

Eumenides《复仇女神》，"善良女神"，与埃斯库罗斯的三联剧《俄瑞斯忒亚》中的《复仇女神》同名，172, 464

Euripides 欧里庇得斯（约公元前480—约前406），雅典剧作家，012, 027, 053, 054, 206, 444, 446, 454-465, 470, 576, 692, 693

Eurotas 欧罗达斯河，流经斯巴达的溪流，那里有一座阿耳忒弥斯神庙，285

Eurycleia (Euryklea) 欧鲁克雷娅，意为"名声广泛"，奥德修斯的乳母，089

Eurydicê (Eurydike) 欧律狄刻（1）俄耳甫斯的爱人，他曾试图将其从冥府带回现世，202（2）腓力二世之母，577-578, 638-639, 679

812

Eurylochus (Eurylokhos) 欧鲁洛科斯，奥德修斯的一个手下，195

Eurymachus 欧律马科斯，一位求婚者，114

Evans, Sir Arthur 阿瑟·埃文斯爵士（1851—1941），英国考古学家，072, 074, 076

evolutionary religion 进化宗教，建立在恐惧基础上，174-175

Exekias 埃克塞基亚斯，公元前6世纪，希腊瓶画家，008, 269-271

F

Fates 命运，被说出来的，就像斯多葛学派的逻各斯，184

Fertile Crescent 肥沃新月地带，呈弧形，从美索不达米亚南部穿过巴勒斯坦直到埃及的肥沃地带，059, 060

Flood 毁灭世界的大洪水，045, 153, 785

folktale 民间故事，既非神话也非传说的传统故事，156-162, 168, 445, 599

Fontenelle, Bernard 伯纳德·丰特奈尔（1657—1757），法国作家、评论家，167

formula 程式，口头诗歌的组成部分，131-134, 166

G

Galen 盖仑（126—约200），希腊医学家，054, 713-715

Gaugamela 高加米拉，位于美索不达米亚中北部，公元前331年，亚历山大与大流士三世在此决战，597, 609, 612, 618

Gaza 加沙，巴勒斯坦南部的一个地区，五座非利士人城市兴建于此，010, 095, 597

Genesis《圣经》中的《创世记》，128

geras "奖赏"，英雄荣誉的外在和可见的表现（参见 *timê*）140-149

ghosts 鬼魂，009, 185, 194-200, 205, 208, 563

Giants 巨人族（"地生者"），从乌拉诺斯落在盖娅身上的血中生出，172

Gibraltar 直布罗陀海峡，由大西洋进入地中海的入口，272

Gilgamesh 吉尔伽美什，美索不达米亚英雄，152-153, 462, 782

Golden Age 黄金时代，543

Gorgons 蛇发女怪，看到她们的人会变成石头，268

Graces (Charites) 美惠三女神，阿芙洛狄忒的侍女，女性魅力的传承者，045, 690, 761

Granicus River 格拉尼库斯河，靠近赫勒斯滂海峡，公元前332年，亚历山大与波斯人的第一战在此发生，596, 597, 616, 617

Grave Circle A 墓圈A，位于迈锡尼，079-081

Great Altar of Zeus 宙斯大祭坛，位于帕加马，695, 700

Greek alphabet 希腊字母，约公元前825年创制，006, 119-124, 134, 244, 249, 252, 443, 769, 781

Greek problem 希腊问题，即如何脱离宗教来确定价值，009-012, 165

guilt culture 罪感文化，罪感文化中的社会道德约束是内在的，139, 146

guslar 古斯里歌手，复数形式为 *guslari*，南斯拉夫的口述诗人，他们配合着一种单弦弓形乐器"古斯里"歌唱，132-136

Gyges 巨吉斯，公元前7世纪的吕底亚国王，254, 319, 320

Gylippus 杰里帕斯，公元前5世纪援助叙拉古人的斯巴达将军，498-502

gymnasium 体育场，意为"裸体之所"，希腊男性在此活动，052, 225, 226, 267, 554, 555, 647, 661, 751

813

H

Hadad 哈达，巴力神的另一个名字，迦南风暴之神，189

Hades 哈得斯，"看不见的神"，冥王，克洛诺斯与瑞亚之子，普西芬尼的丈夫，188, 196, 198, 201, 202, 740

hamartia 判断错误，雅典悲剧中的"罪错"，465-467, 480

Hannibal 汉尼拔，意为"巴力神的恩赐"（1）公元前 5 世纪的迦太基将军，505-508（2）公元前 3 世纪上述汉尼拔的后代，曾与罗马作战，731-744, 753

Hebê 赫柏，青春女神，在奥林匹斯嫁给了赫拉克勒斯，186, 193

Hebrews 希伯来人，亚伯拉罕、以撒及以撒之子雅各的后代，124

Hecate 赫卡特，十字路口和巫术女神，696, 697

Hector 赫克托耳，特洛伊之战中最伟大的勇士，娶安德洛玛刻为妻，被阿喀琉斯所杀，131, 146-151, 158, 198, 461

Hecuba (Hecabê) 赫卡柏，普里阿摩斯国王的妻子，147

hekatompeda 百尺神庙，古风时代的一种神庙，118, 238

Helen 海伦，宙斯和勒达之女，墨涅拉俄斯之妻，帕里斯的情人，103, 137-138, 152, 255, 275, 461-462, 616

Helicon 赫利孔山，彼俄提亚的一座山，赫西奥德曾在此见到幻象，该地是缪斯女神圣地，169, 185-188, 690

Helius (Helios) 赫里阿斯，太阳神，赫披里昂之子，153, 157, 161, 162, 193, 643

Hellas 赫拉斯，"希伦人之地"，016

Hellên 赫楞，皮拉与丢卡利翁之子，希腊人由此得名，016, 018

Hellenes 希伦人，希腊人，赫拉斯的居民，"赫拉斯"起初指色萨利南部，后指整个希腊，016

Hellenistic 希腊化文化，指从公元前 323 年亚历山大去世到罗马帝国兴起之间的希腊文化，576, 632-633, 644-647, 657-663, 670, 673, 677, 683, 684-722, 723, 726, 734-756, 757, 797-799, 801

Hellenistic Period 希腊化时代，公元前 330—前 30 年，001-003, 012, 013, 020, 027, 033, 038, 604, 632-633, 659-663, 678, 756, 772-773, 797-800

Hellenization 希腊化，633, 647, 798

Hellespont 赫勒斯滂海峡，今达达尼尔海峡，连接爱琴海与普洛海（今马尔马拉海），137, 313, 361-363, 376, 407, 509-516

helots 希洛人，斯巴达的国有奴隶，273, 275, 277-279, 296, 298, 380, 398, 399, 484-487, 536, 575, 664

Hephaestus 赫菲斯托斯，希腊铁匠神，宙斯与赫拉的儿子，或赫拉的孩子，不忠的阿芙洛狄忒的丈夫，相当于罗马神话中的伏尔甘，044-045, 231, 232, 550

Heraclitus of Ephesus 以弗所的赫拉克利特（公元前 535—前 475），前苏格拉底哲学家，416-418, 558, 690-691

Hercules 罗马神话人物赫丘利，对应希腊神话中的赫拉克勒斯，017

Hermes 赫耳墨斯，意为"石堆里的人"，宙斯与迈亚之子，希腊神话中旅行、诡计、商业和偷盗之神，044, 092, 147, 157-158, 160, 187, 188, 271, 308, 473, 497, 548-549

Herodotus 希罗多德（约公元前 484—前 425），古希腊历史学家，011, 018, 027, 168, 212-219, 229, 232, 235, 236, 249-252, 272, 297, 299-301, 304, 311, 319-321, 324-328, 333-334, 337-354, 355-356, 359, 362, 363, 368-

814

378, 381-384, 388, 401, 467, 553, 599, 685, 691, 785

Hesiod 赫西奥德，公元前8世纪的希腊诗人，著有《工作与时日》《神谱》，012, 022-025, 043-049, 102-117, 169-173, 183-194, 204, 209-211, 221, 262, 290, 781

Hestia 赫斯提，克洛诺斯和瑞亚之女，希腊的女灶神，相当于罗马女神维斯塔，054

hetaira 交际花，意为"女伴"，希腊高级妓女，050, 222

Hiero I 希耶罗一世（?—公元前467），叙拉古僭主，359, 387-391, 451, 540, 544

Hiero II 希耶罗二世（公元前269—前215），叙拉古僭主，646, 716-717, 728-730

Hieroglyphic 象形文字，意为"神圣的写作"，埃及文字，120-121, 168

high classical style in Greek art 古典盛期/古典盛期风格/古典盛期艺术，429, 438, 440, 547

Hipparchus (Hipparkhos) 西帕库斯，公元前6世纪的雅典领袖，庇西特拉图之子，希庇亚斯的兄弟，301-303

Hippias 希庇亚斯，生活于公元前6世纪，希帕库斯的兄弟，庇西特拉图之子，301-305, 310, 348-349, 422, 431

Hippocrates 希波克拉底，公元前5世纪的希腊医学家，710-715

historiē《历史》，对人类社会诸事缘由的"探询"，249-252

Hittites 赫梯人，位于安纳托利亚中部、属印欧族系的青铜时代好战民族，其首都哈图沙什在今安卡拉附近，091, 094, 097, 189

Homer 荷马，公元前8世纪的诗人，著有史诗《伊利亚特》《奥德赛》，另外参见"歌人""特洛伊"，16, 24, 003, 012, 016, 017, 035, 056, 065, 084, 087-091, 094, 101, 103, 106, 107, 108, 110, 111-114, 116, 117, 121, 123-133, 134-146, 149-159, 161-164, 167, 168, 176, 177, 178, 181, 183, 190-192, 195, 196, 198, 201, 207, 209, 216, 217, 225, 251, 252, 301, 302, 445, 449, 464, 484, 550, 562, 653, 688, 689, 692, 707, 739, 746

Homeric Question 荷马问题，真正意义上的"荷马研究"，即探寻荷马史诗文本的起源，126, 127

hoplites 重装步兵，意为"着甲者"，古典时代的重装希腊战士，214-218, 237, 238, 289, 291, 304, 318, 348, 349, 350, 352, 358, 363, 366, 368, 370, 379, 380, 381, 384, 400, 411, 479, 480, 484, 486, 492, 498, 501, 509, 525, 527, 531-533, 535, 575, 578, 579, 583, 589, 603

Horus 荷鲁斯，伊西斯与奥西里斯之子，607, 680, 742

human sacrifice 人殉，093, 726

humor 体液，714

Hygieia 海吉雅，意为"健康"，阿斯克勒庇俄斯之女，033

Hyperion 赫披里昂，"在天上巡行的神"，一位泰坦神，赫里阿斯、塞勒涅和厄俄斯的父亲，153, 157, 161

I

Iapetus (Iapetos) 伊阿珀托斯，一位泰坦神，普罗米修斯、厄庇米修斯和阿特拉斯的父亲，184, 186, 193

Icarus (Ikaros) 伊卡洛斯，不听从其父代达罗斯的教诲而去靠近太阳，坠海淹死，257

Ilium (Ilion) 伊利昂，特洛伊的希腊名，137

Illyria 伊利里亚人，位于伊奥尼亚海东北岸（阿尔巴尼亚、黑山的海岸地区）的民族，577, 578, 579, 580, 581, 588

815

Imbros 因布罗斯岛，爱琴海东北部岛屿，510, 528

Indians 印度人，338, 620, 622, 624

Indo-European language 印欧语，印欧语系的假设语言，067, 068

Indo-Europeans 印欧人，一个假设的讲原始印欧语（也称为印度-雅利安语）的民族，067

inductive method 归纳法，424, 715

Ion 伊翁，阿波罗之子，伊奥尼亚人由此得名，017, 023, 243, 399, 465

Ion《伊翁》，柏拉图的对话录，以荷马史诗吟诵者伊翁之名命名，465

Ionia 伊奥尼亚，位于小亚细亚的西海岸，010, 011, 018, 064, 100, 211, 230, 243, 247, 249, 258, 263, 264, 265, 271, 272, 275, 313, 319, 320, 321, 321, 327, 328, 337, 339, 342-346, 356, 358, 361, 379, 382, 384, 385, 394, 395, 415-417, 419, 421, 447, 478, 479, 482, 488, 497, 509, 511, 512, 524, 525, 527-529, 548, 573, 582, 593, 595, 596, 598, 599, 662, 663, 674, 680, 695, 699, 705

Ionian Enlightenment 伊奥尼亚启蒙运动，243, 247, 250, 251, 711

Ionians 伊奥尼亚人，希腊民族的一支，017, 018, 128, 244, 263, 319, 320, 321, 328, 339, 340, 342, 343, 344-346, 382-385, 394, 395, 418, 420, 447, 482, 529, 591, 596

Ionic order, in Greek architecture 伊奥尼亚式希腊建筑，263-265, 437-439, 555, 696, 700

Iphigenia 伊芙琴尼亚，阿伽门农与克吕泰涅斯特拉之女，被其父在奥利斯献祭，或送到克里米亚的陶里斯，193, 465, 466

Ipsus 易普斯，位于安纳托利亚中部，公元前301年安提柯一世在此地兵败身死，597, 634, 642, 644, 646

Iran 伊朗，105, 174, 318, 321, 323, 325, 331, 597, 611, 612, 613, 650, 693, 768

Iraq 伊拉克，008, 015, 060, 097, 314, 316, 318, 329, 609

Iris 伊里斯，意为"彩虹"，宙斯的信使，430, 432

Ishtar 伊什塔，阿卡得的生育女神，在苏美尔语里被称为"伊南娜"，316

Isis 伊西丝，埃及女神，奥西里斯之妻，她使奥西里斯复活，168

Ismenus 伊斯墨诺斯庙，靠近底比斯城，199

Issus 伊苏，位于叙利亚东北部，亚历山大大帝于公元前333年在此地击败大流士三世，597, 602, 604

Istanbul 伊斯坦布尔，起初叫拜占庭，后来叫君士坦丁堡，015, 127, 265, 343, 387, 388, 429

Italy 意大利，002, 006, 010, 015, 036, 040, 100, 105, 106, 154-156, 211, 215, 226, 230, 243, 248, 249, 269, 278, 356, 357, 360, 372, 389, 392, 406, 407, 415, 418, 420, 424, 426, 427, 428, 439, 441, 449, 495, 497, 505, 508, 542, 543, 545, 556, 629, 673, 674, 676, 677, 691, 693, 701, 723, 724, 725, 726, 728, 730-732, 734, 737, 739, 743, 746-749, 751, 752, 755, 757, 758, 763, 769

Ithaca (Ithaka) 伊萨卡岛，位于希腊西北海岸之外，奥德修斯的故乡，伊奥尼亚诸岛中的一个，135, 155, 158, 202

J

Japan 日本，052

Jason of Pherae 弗里的伊阿宋，公元前4世纪的色萨利强人，533, 534, 536, 546, 573, 576, 582, 688, 771

Jesus 耶稣（约公元前7—公元30），166, 167, 168, 174, 183, 741, 767

816

Joshua 约书亚，《圣经》中的领袖，约公元前 1100 年

Julius Caesar 尤里乌斯·恺撒，参见恺撒，705, 746, 754, 756, 757, 758, 759, 762

Jupiter 朱庇特，罗马神话中的众神之王，相当于希腊神话中的宙斯，185

K

kakoi 贱民，下层阶级成员，22, 210, 211, 223, 224, 229, 232, 234, 307

katastrophê 戏剧中的情节转折点，465

katharsis 意为"解脱"，希腊悲剧用语，462, 463

Keats, John 约翰·济慈（1795—1821），英国诗人，007, 773

Korê 古风时代着衣的青年女性雕像，259-262

Kosovo 科索沃，1389 年土耳其人与塞尔维亚人交战之地，该地在古斯里歌手的歌中受到赞颂，136

kouros 复数形式是 *kouroi*，古风时代的青年男性裸体雕像，259-262

L

Labyrinth 克里特岛迷宫，意为"双斧形宫殿"，弥诺陶洛斯之家，071

Lacedaemon (Lakedaimon) 拉哥尼亚，位于伯罗奔尼撒半岛南部的欧罗塔斯河岸，西面是泰格托斯山，东面是帕尼斯山，276, 278, 280

Laconia 拉哥尼亚，位于伯罗奔尼撒半岛南部的地区，环绕着斯巴达，275-280, 448

Laestrygonians 拉斯忒吕戈涅斯，摧毁奥德修斯的船队（只留下一艘船）的食人巨人，162

Laius 拉伊俄斯，拉布达科斯的儿子，伊俄卡斯达的丈夫，俄狄浦斯的父亲，在一个十字路口被杀，200, 464

Leda 勒达，廷达瑞阿斯的妻子，海伦、克吕泰涅斯特拉、卡斯托尔和波吕丢刻斯的母亲，616

legend 传说，意为"必读之物"，早期著名男性和女性的故事，077, 084, 118, 119, 226, 255, 268, 274, 557, 653, 740

Lemnos, 利姆诺斯岛，爱琴海北部岛屿，与赫菲斯托斯联系在一起，菲洛克忒忒斯被遗弃之地，029, 448, 510, 528

Leonidas 列奥尼达，斯巴达国王，公元前 480 年战死于温泉关，281, 367, 369-371, 379, 384, 666-668

Lerna 勒拿，阿尔戈斯平原的沼泽地，早期青铜时代的考古遗物留存至今，063, 065, 067, 069

Lesbos 列斯堡，爱琴海岛屿，在特洛伊附近，018, 043, 255, 321, 482, 488, 514, 662, 748

Leto 勒托，阿波罗和阿耳忒弥斯之母，176, 186, 192, 193, 702

Leuctra 留克特拉，伊巴密浓达于前 371 年在此击败斯巴达，528, 535, 536, 577

Libya 利比亚，北非富裕国家，006, 010, 029, 094, 330, 338, 356, 365, 407, 505, 597, 671, 672, 688, 690

Lion Gate at Mycenae 迈锡尼狮子门，085, 090

Livy 李维（公元前 59—公元 17），罗马史学家，739

logos 逻各斯，言词、规律、理性，斯多葛主义的神圣智慧原则，417, 708, 709

lost-wax technique 失蜡浇铸法，425

Lotus Eaters 吃忘忧果的人，他们用一种药诱惑奥德修斯的船员，以使他们打消归家的念头，159

Lycurgus (Lykourgos) 来库古，公元前 7 世纪

817

的斯巴达立法者，230, 274, 277, 279, 281-284, 286, 292, 293, 299, 665, 666, 668, 669

Lydia 吕底亚，安纳托利亚西部以萨狄斯为中心的一个地区，040, 211, 230, 239, 243, 254, 272, 311, 313, 315, 319, 320, 321, 322, 327, 363, 407, 424, 457, 458, 748

Lysander 来山得，公元前5世纪的斯巴达将军，514-518, 524, 525, 527, 534, 546, 680

Lysimachus 莱西马库（约公元前355—前281），亚历山大大帝部将，634-642, 644-646, 649

Lysistrata 吕西斯忒拉忒，意为"解散军队者"，阿里斯托芬戏剧中的女英雄，她领导了性罢工，470

M

magic 魔法，意为"麦琪的技艺"，027, 044, 168, 174-178, 199

Mantineia 曼提尼亚，公元前367年斯巴达战败之地，479, 492, 494, 528, 536, 537

Marathon 马拉松，靠近雅典的平原，公元前490年波斯人战败于此，275, 301, 305, 339, 346, 349-353, 355, 365, 384, 385, 445, 489, 548, 689

Marduk 马尔都克，巴比伦雷神，相当于恩利尔，189, 328, 329

Marius 马略（公元前157—前86），罗马将军，苏拉之敌，746, 749, 750, 752

Meconê (Mekone) 墨科涅，伯罗奔尼撒半岛北部的一个城市，普罗米修斯在这里欺骗了宙斯，183

Medea 美狄亚，来自科尔喀斯的女巫，伊阿宋之妻，遭丈夫背叛后为复仇杀了自己的孩子 054, 092, 455

Medes 米底人，波斯人的别名，318, 325, 368, 390, 612, 628, 649

Mediterranean triad 地中海三食，即面包、橄榄、葡萄酒，036, 062

Megara 麦加拉，位于科林斯和雅典之间的城市，211, 223, 234, 275, 291, 292, 299, 359, 395, 400, 401, 403, 413, 469, 472, 473, 474, 475, 479, 492, 509, 582

megaron 中央大厅，"大厅"，它的空间很大，中间是一个环形火炉，火炉上有一个小烟孔，085

Melos 米洛斯岛，基克拉泽斯群岛中的一个，公元前416年，雅典人毁灭了岛上人口，479, 493, 687, 698

Menander 米南德（约公元前342—前291），雅典喜剧作家，他创作新喜剧，024, 692

Mentor 门托尔，忒勒玛科斯的伊萨坎顾问，114-116

Mercury 墨丘利，罗马商业神，对应希腊神话中的赫耳墨斯，044

Mesopotamia 美索不达米亚，"两河之间的地方"，两河即幼发拉底河和底格里斯河，008, 013, 021, 065, 099, 117, 120, 137, 152, 207, 242-245, 250, 272, 314, 315, 318, 325, 328, 329, 334, 335, 597, 611, 622, 632, 639, 642, 644, 647-649, 650, 657, 741, 762

Messenia 麦西尼亚，位于伯罗奔尼撒半岛西南部的地区，100, 108, 275, 276, 278, 279, 290, 404, 528, 536, 537, 664

Messina 墨西拿海峡，位于西西里与意大利脚趾状国土之间，155, 156, 392

miasma 臭气，恶臭，伴随流血过程而散发出的污染，199

Midas 米达斯，弗里吉亚国王，传说受到触物成金的诅咒，319, 599

Miletus 米利都，伊奥尼亚的一座重要城市，010, 018, 211, 235, 243, 244, 246, 247, 250, 271, 322, 338-346, 379, 416, 597

Miltiades 米太亚得，马拉松之战中的雅典统

帅，339, 350

mimesis 摹仿，"再现"，据亚里士多德的看法，它是文学叙述的本质，462, 463, 465

Minoans 米诺斯人，青铜时代克里特岛的定居者，070, 076-078, 084, 085, 101, 108

Minos 米诺斯，克诺索斯的克里特国王，宙斯与欧罗巴之子，帕西淮之夫，冥府的审判者，069-073, 075-079, 081-085, 090-101, 108, 124, 257, 768

Minotaur 弥诺陶洛斯，"米诺斯的公牛"，帕西淮与一头公牛生的半人半牛的怪物，071, 257

misogyny 厌女，043, 472

Mithridates 米特拉达梯（公元前 134—前 63），本都国王，罗马之敌，747-754

Moerae (Moirai) 摩伊拉，命运三女神，命运就是每个人该得的份，184

moral relativism 道德相对主义，422, 423

motif 主题，民间故事的一个要素，073, 085, 156, 157, 161, 764

Motya 莫特亚岛，西西里西海岸外的岛屿，腓尼基人的拓居地，507, 542

Mouseion 埃及亚历山大城的"缪斯女神神庙"，655, 688

Muse 缪斯，歌唱的灵感来源，042, 056, 121, 153, 185, 186

Mycalê 米卡尔，小亚细亚的一个半岛，公元前 479 年波斯战败于此，363, 377, 379, 382, 384, 394

Mycenae (Mykenai) 迈锡尼，青铜时代阿尔戈斯平原最大的定居地，阿特柔斯的宫殿所在地，079-093, 104, 225

Myrmidons 蚁人，阿喀琉斯的手下，198

myth 神话，"词语、情节"，对群体而言具有重要作用的传统故事，165-174, 176, 177-179, 183-185, 190-193, 201, 202, 206, 208, 222, 245, 268, 308, 326, 445, 446, 449, 462, 467, 469, 559, 696, 698, 702, 707, 761, 767

mythos 神话，加强语气的声明，165, 167, 170

Mytilenê 米提利尼，列斯堡的城市，公元前 427 年反抗雅典帝国，315, 321, 479, 482, 488, 489

N

Naples 那不勒斯，"新城"，意大利南部的一个希腊殖民地，303, 418, 556, 677

Narmer 纳尔迈，意为"鲶鱼"，埃及的第一任法老，331

Naucratis 瑙克拉提斯，位于埃及三角洲的希腊贸易殖民地，258

Nausicaä 瑙西卡，意为"船女"，帮助过奥德修斯的淮阿喀亚公主，159, 162, 163, 191

Naxos 纳克索斯岛，基克拉泽斯群岛的一座岛屿，341, 396, 397

nectar (nektar) 神之佳饮，意为"不死的"，192

Nemea 涅米亚，迈锡尼西部的村庄，赫拉克勒斯杀狮之地，225, 226

Neolithic 新石器时代，以农业和石器为特征的时期，061, 063, 069, 124

Neoptolemus (Neoptolemos) 涅俄普托勒摩斯，"新战士"，阿喀琉斯之子，亦称"皮洛士"，181

Nestor 涅斯托尔，特洛伊的七旬希腊老翁，派罗斯的首领，爱唠叨，他有一个著名的杯子，082, 158, 484

Nicias 尼西亚斯，公元前 5 世纪的雅典将军，478, 479, 486, 487, 488, 492, 494-502, 504, 508

Nineveh 尼尼微，亚述人的首都，位于底格里斯河上游，毁于公元前 612 年，318, 319

Noah 挪亚，《圣经》中大洪水的幸存者，193

819

nymphs 自然女神，170, 175, 206

Nyx (nux) 尼克斯，夜神，卡俄斯之女，186, 193, 204

O

Oceanus (Okeanos) 俄刻阿诺斯，一位泰坦海神，环绕地球的河流泰西斯之夫，186, 193, 300

Octavian 屋大维，参见"奥古斯都"，759, 760, 762, 763, 764, 765, 766

Odyssey《奥德赛》，荷马的作品，012, 035, 087, 090, 103, 106, 107, 111-114, 116, 121, 127, 129, 135, 151-156, 158, 159, 161-164, 195, 196, 199, 456, 464, 468, 653, 702, 707, 781-782

Oedipus (Oidipous) 俄狄浦斯，意为"肿足"，拉伊俄斯与伊俄卡斯达之子，波吕涅克斯、埃忒奥克勒斯、安提戈涅、伊斯墨涅之父，弑父娶母，054, 103, 168, 179, 199, 200, 445, 454, 464, 465, 466, 467, 480

Oedipus the King《俄狄浦斯王》，索福克勒斯创作的戏剧，199, 200, 445, 454, 464, 480, 783

oikos 家庭，041, 050, 164

Old Testament《旧约》，329

oligarchy 寡头政治，"由极少数人统治"，520, 524, 784

Olympia 奥林匹亚神庙，伯罗奔尼撒半岛西部的宙斯神庙，奥林匹克运动会旧址，118, 574

Olympians 奥林匹斯诸神，187, 188, 206, 470, 553

Olympias 奥林匹亚斯（约公元前 376—前 317），亚历山大大帝之母，343, 580, 581, 591, 592, 593, 635, 636, 638, 639, 679, 797

Olympic games 奥林匹亚赛会，始于公元前 776 年，104, 118, 225, 227, 229, 234, 235, 291, 352, 393, 544, 574, 576, 629

Olympus 奥林匹斯山，位于希腊北部地区，在色萨利与马其顿之间，022, 045, 088, 090, 177, 191, 193, 210, 366

Orchomenus (Orkhomenos) 俄耳科墨诺斯，彼俄提亚北部重要的青铜时代遗址，145

Oresteia《俄瑞斯忒亚》，"俄瑞斯忒斯的故事"，埃斯库罗斯创作的悲剧三联剧，197, 451, 453, 454, 464

Orestes 俄瑞斯忒斯，阿伽门农与克吕泰涅斯特拉之子，他杀死其母及母亲的情夫埃癸斯托斯为父报仇，055, 157, 195, 451, 453, 464, 466

Orpheus 俄耳甫斯，阿波罗之子、音乐家，他试图从阴间带回他的妻子欧律狄刻，202, 203, 204, 783

Orphism 俄耳甫斯教义，据称来自俄耳甫斯的有关人类命运的教诲，174, 203

Ortygia 俄耳梯癸亚岛，"鹌鹑岛"，阿波罗与阿耳忒弥斯的诞生地，也是叙拉古一座岛屿的名称，498

Osiris 奥西里斯，埃及复活之神，伊西斯之夫，168, 682

Ossa 奥萨山，色萨利与马其顿交界的一座山，366, 593

Ostracism 陶片放逐，当时雅典人把他们想驱逐者的名字写在陶器碎片上，237, 306, 307, 391, 399

Ottoman empire 奥斯曼帝国，005, 006

Ovid 奥维德（公元前 43—公元 17），罗马诗人，689

P

Palamedes 帕拉墨得斯，瑙普利俄斯的儿子，奥德修斯的聪明的敌人之一，可能是希

腊字母的发明者的名字，119

Palestine 巴勒斯坦，亦称"迦南"，地中海东端地区的南部地带，因非利士人而得名，010, 095, 098, 120, 314, 735, 754

Pallas 帕拉斯，雅典娜的一个称号，089, 199, 227

Pan 意为"增加者"，森林之神

Panathenaic Festival 泛雅典娜节，每年在雅典举行的献给雅典娜的节日，在那里演出《伊利亚特》和《奥德赛》，129, 182, 302, 303, 431, 790

Pandion 潘狄翁，阿提卡早期君王，447

Pandora 潘多拉，"所有（神）的赠礼"或"所有赠礼者"，第一个女人，她将邪恶释放入世间，044-046

pankration 古希腊式搏击，"自由式摔跤"，包含不同的打斗技巧，225, 226

Papyru 纸草，埃及"王室之物"，因其售卖被王室垄断，paper 由此衍生而出，043, 086, 127, 186, 252, 253, 256, 651, 652, 689, 692, 694, 700, 705

paradoxes of Zeno 芝诺悖论，419

parchment 羊皮纸，用绵羊或山羊的皮制成的书写表面，起源于小亚细亚的帕加马，因此得名，700

Paris 帕里斯，普里阿摩斯的儿子，海伦的情人，138, 192, 275

Parmenio 帕米尼奥，亚历山大大帝部将，593-596, 598, 601-603, 607, 609, 610, 612, 615

Paros 巴罗斯岛，基克拉泽斯群岛之一，550, 690

Parry, Milman 米尔曼·帕里（1902—1935），美国古典学家，荷马作品的口头程式理论的创建者，130, 131, 132, 133, 134

Parthenon 帕提侬神庙，意为"处女神之地"，位于雅典卫城的雅典娜神庙，002, 012, 182, 187, 188, 207, 295, 429, 430, 431-436, 438, 439, 440, 442, 660, 697

Pasiphaë 帕西淮，意为"闪亮者"，赫里阿斯的女儿，米诺斯的妻子，弥诺陶洛斯的母亲，070

Patroclus (Patroklos) 帕特洛克罗斯，阿喀琉斯最好的朋友，被赫克托耳所杀，139, 146, 147, 149, 151, 198, 199, 225, 268, 595

Paul, St, 圣保罗（?—65），基督教会的创立者，来自西利西亚的塔尔苏斯，174, 183, 580, 649, 760

Peace of Nicias 尼西亚斯和平，公元前421—前413年，478, 479, 488, 492

pederasty 娈童之爱，051, 052, 227

pediment 山墙，希腊神庙前后的三角地带，263, 265, 429, 430, 432, 532

Pegasus (Pegasos) 珀伽索斯，从美杜莎的脖子上跳下来的生有双翼的神马，希腊英雄柏勒洛丰骑着它作战，430

Pelasgians 佩拉斯吉人，"海上民族"，在希腊人到来前居住在希腊的未知民族，016, 017

Peleus 珀琉斯，宙斯的外孙，埃阿科斯的儿子，忒提斯的丈夫，阿喀琉斯的父亲，138, 198, 300

Pella 佩拉，马其顿王国都城，100, 548, 565, 575, 576, 579, 597

Peloponnesian War 伯罗奔尼撒战争，公元前431—前404年，002, 017, 029, 031, 032, 078, 091, 107, 167, 168, 235, 236, 386, 395, 398, 400, 403, 404, 414, 435, 445, 461, 470-472, 477, 478, 480, 481, 483, 484, 487, 488, 491, 493-496, 503-505, 508, 518, 520, 523-525, 527, 530, 531, 533, 547, 548, 555, 557, 573, 576, 678, 712, 725

Peloponnesus (Peloponnesos) 伯罗奔尼撒半岛，意为"珀罗普斯的岛屿"，希腊大

821

陆的南部,通过狭窄的科林斯地峡与大陆北部相连,023, 104, 183, 239, 366, 380, 407, 439, 447, 484, 492, 536, 668-670, 677

Penelope 珀涅罗珀,伊卡里俄斯的女儿,忒勒玛科斯的母亲,奥德修斯忠实的妻子。Penelope 一词也指荷马史诗中的鸭子,111, 152, 160, 163, 164

Pentateuch《摩西五经》,《圣经》的头五经,128, 130, 174, 314

Pentheus 彭透斯,反对狄俄尼索斯的底比斯国王,被狄俄尼索斯的追随者撕碎,169, 206, 457-462, 464

Perdiccas 佩狄卡斯(公元前365—前321),亚历山大大帝部将,577-579, 630, 633, 635-637

Pergamum 帕加马,小亚细亚城市,希腊化王国的统治中心,648, 650, 687, 695-697, 699, 700, 703, 714, 735, 744, 748, 772

Pericles 伯里克利(公元前495—前429),雅典政治家,027, 029, 050, 054, 305, 387, 400, 403, 404, 412-415, 417, 418, 432, 433, 435, 438, 446, 478-481, 488, 679

peripeteia 命运逆转,雅典悲剧里的"转折点",465, 467

Persephonê 普西芬尼,亦称"科尔",得墨忒耳之女,哈得斯之妻,相当于罗马女神普罗塞尔平娜,196, 200, 201, 202, 473, 740

Perseus 伯尔修斯,公元前179—前168年统治马其顿,735, 737, 740

Phaeacia (Phaiakia) 淮阿喀亚,斯刻里亚岛,等同于科西拉岛,瑙西卡生活于此,155, 159, 162, 225

Phaeacians 淮阿喀亚人,一个居住在世界边缘的斯刻里亚岛的神话般的民族,159, 163

phalanx 方阵,古典时代一种阵型严密的战斗形式,方阵的纵深队列由重装步兵组成,215-219, 350, 369, 532, 533, 535, 537, 578, 580, 598, 603, 734, 736

Phanes 法涅斯,意为"出现者",俄耳甫斯的原始存在,204

Pharaoh 法老,意为"大屋",埃及国王,094

Pharos 法罗斯,亚历山大港中的一个岛屿,651, 653, 656

Phemius 菲弥俄斯,"有名的人",为求婚者歌唱的诗人,135

Pherae 弗里,色萨利城镇,528, 582, 583

Phidias 菲狄亚斯(约公元前480—前430),在帕提侬神庙工作的雕塑家,012, 027, 182, 414, 415, 427, 430, 431, 432, 435, 438

Philip II 腓力二世(公元前382—前336),亚历山大大帝之父,012, 573, 574, 577, 581, 633, 635, 641, 657, 694

Philoctetes (Philoktetes) 菲罗克忒特,他承接了赫拉克勒斯的弓箭,被蛇咬伤,并被遗弃在利姆诺斯岛,杀了帕里斯,455

Phocis (Phokis) 福基斯,位于希腊中部地区,德尔斐位于此,518, 582, 583, 585, 586, 589, 662

Phoebus (Phoibos) 福伊波斯,180, 185, 187, 192

Phoenicia 腓尼基,地中海东海岸地区,今黎巴嫩,010, 098, 104, 105, 119, 315, 317, 318, 401, 407

Phoenicians 腓尼基人,意为"红种人",因使其双手着色的染料得名,居住在黎凡特北部海岸的闪米特航海民族,104, 105, 106, 120, 121, 193, 251, 317, 318, 338, 358, 389, 390, 542, 629, 672, 728, 741

Phoenix (Phoinix) 菲尼克斯,阿喀琉斯的老师,128, 144, 146

Phrygia 弗里吉亚,小亚细亚的地区,生育宗教的发源地,010, 097, 098, 206, 315,

319, 407

Phthia 弗提亚，色萨利南部地区，阿喀琉斯的故乡，143, 144

Pindar 品达（约公元前 522—前 423），希腊诗人，227, 228, 387, 389, 390, 594

Pindus 品都斯，构成希腊脊梁的山脉，021

Pisistratus 庇西特拉图（约公元前 600—前 527），雅典僭主，129, 130, 296, 298, 299, 300, 301, 302, 304, 305, 306, 660, 766

Plataea 普拉提亚，位于彼俄提亚南部，公元前 479 年希腊人迎击波斯人的作战地点，346, 350, 377, 379, 380, 382, 386, 389, 390, 394, 479, 489, 492

Plato 柏拉图（公元前 428—前 348），希腊哲学家，011, 020, 027, 050, 052, 084, 129, 204, 205, 221, 308, 309, 415, 422, 423, 424, 519, 520, 521, 544, 545, 557, 558, 559, 561, 563, 564, 565, 566, 567, 569, 570, 572, 704, 714, 718, 762, 793-795

plot-point 剧情转折点，将一部戏剧的各部分区别开来，150, 151, 159, 163, 456, 457, 461

pluralists 多元论者，寻求不止一个基本元素的希腊哲学家，419

Plutarch 普鲁塔克（约 46—120），希腊散文作家与历史学家，026, 245, 274, 275, 277, 279, 280, 286, 293, 296, 399, 413, 414, 433, 435, 513, 524, 535-537, 546, 587, 589, 602, 607, 609, 610, 612, 614, 626, 642, 644, 653, 665, 666-669, 675, 677, 680, 681, 685, 694, 732, 744, 745, 750, 758, 760-765, 787

polis 城邦，"城市国家"，古典时代政治、社会组织的主要形式，008, 009, 011, 042, 109, 145, 199, 209, 210, 218, 233, 234, 237, 264, 287, 289, 325, 337, 339, 391, 392, 396, 421, 453, 468, 522, 523, 533, 554, 557, 558, 564, 568-572, 583, 647, 670, 683, 693, 710,

754, 773

pollution 污染物，参见 miasma，199

Pollux 罗马神话中的波鲁克斯，对应希腊神话中的波吕丢刻斯，231, 616

Polybius 波里比阿（约公元前 200—前 118），希腊历史学家，654, 659, 660, 686, 726, 729, 733, 734, 736, 738, 799, 801

Polynices (Polyneikes) 波吕涅克斯，俄狄浦斯之子，埃忒奥克勒斯的兄弟，为安提戈涅所葬，456

Polypemon 波吕佩蒙（普罗科普特斯），意为"麻烦者"，普洛克路斯忒斯的别名，忒修斯之敌，448

Polyperchon 波利伯孔（？—公元前 320），马其顿摄政王，635, 637-641

Polyphemus (Polyphemos) 波吕斐摩斯，意为"臭名远扬"，被奥德修斯弄瞎的独眼巨人，106, 107, 159, 160, 162, 268

polytheistic 多神教的，意为"信仰多神"，173, 174, 207

Polyxena 波吕克塞娜，特洛伊公主，在阿喀琉斯墓前被献祭，181

Pompey (Pompeius) the Great 伟大的庞培（公元前 106—前 48），罗马政治家、将军，尤里乌斯·恺撒之敌，752-754, 756-759

Pontus (Pontos) 本都（蓬托斯），黑海南部地区的王国，406, 407, 735, 747

Porus 波拉斯，公元前 4 世纪与亚历山大作战的印度领袖，619

Praxiteles 伯拉克西特列斯，公元前 4 世纪的希腊雕刻家，548, 549, 550, 551, 698, 699

Priam 普里阿摩斯，特洛伊国王，拉俄墨冬赫之子，赫卡柏之夫，赫克托耳与帕里斯之父，147, 148, 149, 181

primary sources 一手资料，071, 072, 079, 092, 136

823

Proclus 普罗克洛，新柏拉图主义哲学家，他对史诗诗人的总结流传至今，783

Procrustes 普洛克路斯忒斯，意为"将人拉长的人"，被忒修斯所杀，448

Prometheus 普罗米修斯，意为"先知先觉者"，一位泰坦神，人类的创造者和恩人，044, 045, 183, 184, 308, 462

prophecy 预言，147, 192, 445

Propylaea 山门，进入雅典卫城的"前门"，433-436, 438

proskynêsis 跪伏，在皇帝前"跪下亲吻土地"，618

Prostitutes 妓女，050, 221, 222

protagonist 主角，雅典悲剧中的"第一位演员"，450, 464, 465, 467, 470-472, 475

Protagoras 普罗塔哥拉（约公元前 490—前 420），希腊哲学家，308, 309, 422, 423

Protoattic 原雅典式，希腊陶器装饰风格，267, 268

Protogeometric 原始几何学，指公元前 1025—前 900 年的希腊陶器艺术风格，104

proto-Indo-European 原始印欧语系，067

psychê 复数形式为"psychai"，呼吸－灵魂，身体死后继续存在的魂灵，194-198, 205, 247, 563

Ptolemies 托勒密王朝，公元前 334—前 30 年统治埃及的马其顿/希腊王朝，622, 646, 650, 651, 656, 657, 682, 734, 742

Ptolemy I 托勒密一世（公元前 367—前 282），亚历山大部将，占领埃及，577, 578, 622, 634, 645, 637, 649-641, 644-646, 654, 661, 672, 680, 688, 729

Ptolemy II 托勒密二世（公元前 285—前 246 年在位），亚历山大部将之子，在亚历山大城建造了摩西神庙，646, 651-656, 663, 679, 689

Ptolemy III 托勒密三世（公元前 246—前 221），657, 670, 689

Ptolemy IV 托勒密四世（公元前 221—前 203），646, 657, 658, 670, 734, 735

publicani 税吏，罗马征税者，730, 747, 755, 760

Punic Wars 布匿战争，公元前 3—前 2 世纪在迦太基与罗马之间展开，728, -731, 733, 734

Pylos 派罗斯，伯罗奔尼撒半岛西南部的青铜时代定居点，涅斯托尔王国遗址，有重要的考古发现，064, 081-083, 086, 087, 092, 093, 095, 158, 479, 484, 485-488, 492, 779-780

Pyrrhus（Pyrrhos) 皮洛士，意为"红头的"，伊庇鲁斯国王，646, 673-678, 723, 726, 739

Pythagoras 毕达哥拉斯，公元前 6 世纪的希腊哲学家，205, 247-249, 272, 418, 421, 577, 718

R

rationality 理性，014

red-figure 红绘，希腊陶器装饰风格，042, 043, 044, 127, 129, 161, 186, 189, 197, 203, 205, 215, 226, 270, 271, 327, 381, 408, 459, 532, 556

Remus 勒莫斯，罗马城的双胞胎建立者之一，724

Republic《理想国》，柏拉图的对话录，424, 545, 558, 559, 561, 563

Republic, Roman 罗马共和国，801

res publica 共和国，意为"公共事务"，公元前 30 年奥古斯都击败马克·安东尼和克娄巴特拉之前的寡头政府，724

Revealed religion 启示宗教，它有一个创始者，174, 175, 207

rhapsode 诵诗者，"持杖歌手"，记诵成文诗歌的表演者，尤指荷马，与 aoidoi 相对，129

Rhea（Rheia）瑞亚，一位泰坦女神，克洛诺斯之妻，170, 173

Rhodes 罗得岛，靠近小亚细亚西南端的爱琴海岛屿，010, 407, 581, 634, 642, 643, 648, 660, 687, 720, 735

Roman myth 罗马神话，783

Romulus 罗慕路斯，罗马城的双胞胎建立者之一，724

Roxane 罗克珊娜，亚历山大的亚洲妻子，618, 633, 640

S

sacrifice 献祭，意为"宰割"，035, 074, 093, 117, 118, 172, 176, 179, 181-184, 193, 195, 196, 200, 207, 208, 286, 332, 446, 453, 465, 470, 473, 474, 616, 672, 680, 730

Salamis 萨拉米，靠近雅典港口的岛屿，公元前 480 年波斯海军战败之地，275, 292, 299, 361, 371, 372, 373, 375, 377, 378, 384, 389, 390, 396, 788

Samos 意为"山"，萨摩斯岛，爱琴海东部的岛屿，211, 239, 243, 322, 338, 344, 346, 379, 382, 383, 404, 416, 509, 511, 512, 648, 661, 687, 705

Samothrace 萨摩色雷斯岛，爱琴海北部的岛屿，510, 687, 697

Sanskrit 梵语，一种古印度语，067

Sappho 萨福，公元前 6 世纪的希腊诗人，042, 043, 219, 255, 256, 320

Sardis 萨狄斯，吕底亚首都，010, 311, 315, 321, 322, 326, 341, 342, 345, 348, 355, 361, 363, 376, 457, 526-528, 597

Scamander River 斯卡曼德河，位于特洛伊平原，147

Scipio, Africanus 阿非利加的西庇阿（公元前 236—前 183），第二次布匿战争时期的罗马将军，733, 734, 737

Sciron 斯喀戎，意为"岩石"，是被忒修斯杀死的强盗，447

Scliemann, Heinrich 海因里希·谢里曼（1822—1890），德国考古学家，79, 80, 136, 137

Scylla 斯库拉，意为"狗"，攻击奥德修斯的多头怪物，155, 156, 161, 162

Scyros 斯库罗斯岛，攸卑亚岛西部的一个岛屿，涅奥普托勒摩斯就是在那里长大的

Second Palace Period 第二宫殿时期，克里特的第二宫殿时期，约公元前 1700—前 1450 年，073

Secondary products revolution 副产品革命，062, 124

Secondary sources 二手资料，072

Selenê 塞勒涅，月亮女神，186, 193

Seleucus I 塞琉古一世（公元前 305—前 281），亚历山大部将，希腊化国王中最早叫安条克的，635, 637, 644-649

Selinus 塞利努斯，西西里西南部的强大希腊城市，010, 243, 265, 357, 364, 384, 388, 389, 392, 416, 439, 483, 494, 496, 498, 505-508, 539, 542, 730

Semelê 塞墨勒，卡德摩斯和哈耳摩尼亚之女，宙斯的情人，狄俄尼索斯之母，被闪电击为灰烬，206, 458, 460

Semites 闪米特人（闪语民族），挪亚的儿子闪的后代，说的语言带三辅音根的近东诸族，包括亚述人、巴比伦人、希伯来人和腓尼基人，98, 119, 123, 134, 317, 672, 731

Senate 元老院，古罗马"长老团"，709

Serapis 塞拉庇斯，意为"奥西里斯-阿匹斯-公牛神"，托勒密王朝创造的神，682,

825

683

Seven Wonders of the Ancient World 古代世界七大奇迹，265, 553, 642, 643, 656, 748

Severe style 端严风格，希腊艺术风格，425, 426

Shakespeare 莎士比亚（1564—1616），英国剧作家，152, 692, 746, 754, 764

Shame culture 耻感文化，该文化中的社会道德约束是外在的，139

Sicily 西西里，010, 011, 015, 016, 018, 039, 094, 100, 106, 108, 156, 211-213, 230, 236-238, 243, 249, 264, 265, 290, 356-360, 363-365, 386, 388, 390-394, 405-407, 416, 421, 424, 431, 439, 444, 451, 477, 478, 481-483, 492, 494-500, 502-509, 513, 539, 541, 542-544, 548, 571-573, 586, 587, 592, 632, 670, 671-678, 691, 693, 723, 724, 728, 729-732, 740, 741, 747, 758-771, 781, 788-789, 791-794, 796, 798

Sicyon 西息昂，伯罗奔尼撒半岛北部的城市，183, 211, 229-231, 379, 383, 548

Sidon 西顿，黎凡特的腓尼基城市，597

Sinis 希尼斯，被忒修斯杀死的扳树贼，447

Sirens 塞壬，通过美妙歌声引诱水手走向死亡的怪物，160, 161, 162

Sisyphus（Sisyphos）西西弗斯，埃俄罗斯的儿子，可能是奥德修斯的父亲，在冥府中受罚，702

Skepticism 怀疑主义，对知识的可能性表示怀疑的哲学流派，422, 704

slavery 奴隶 007, 014, 019, 028, 033, 039-041, 050-051, 054, 056, 108, 156, 197, 201, 203, 220, 272-273, 277, 291-294, 296-298, 306, 318, 337, 340-341, 345, 348, 359, 373, 388, 391-393, 406, 408-409, 431, 451, 471, 488-489, 494, 497, 510, 514, 517, 544, 562, 570-571, 585, 588, 590, 594, 606, 629, 660, 665, 678, 692, 705, 709, 728, 730, 739-741, 743-744, 747-749, 751, 756, 762-764, 770, 773, 786

Smintheus 史鸣修斯/鼠神，阿波罗的绰号，176, 177

Socrates 苏格拉底（公元前469—前399），雅典哲学家，以不敬神和腐蚀青年的名义被处死，002, 027, 046-047, 049, 053, 308-309, 415, 421-424, 432, 470, 478, 512, 518-521, 525-526, 557-559, 561, 563-565

Solon 梭伦（公元前638—前558），雅典立法者，291-297, 301, 304-305, 311, 326, 406, 669, 786-787

Song of Roland《罗兰之歌》，中世纪法国史诗，136

sophists 智者，230, 308, 321, 421-424, 558, 563-565, 709, 790

Sophocles 索福克勒斯（公元前496—前406），希腊剧作家，012, 027, 199, 200, 415, 444-446, 451, 454-457, 465, 480, 692

soul 灵魂，147, 185, 194-198, 204-205, 220, 247-248, 259, 416, 421, 435, 562-564, 569, 685

Sounion 苏尼翁，阿提卡最南端的海角，207, 243

Sparta 斯巴达，伯罗奔尼撒半岛南部的城邦，010-011, 016-018, 052-053, 057, 100, 108, 152, 211, 237, 273-275, 278-280, 282, 285-290, 293, 295, 299, 303-304, 310-313, 315, 322, 326-327, 342, 346, 349-350, 353, 356, 361, 363, 366-367, 378-379, 382, 384-387, 390, 394, 398-401, 403-404, 412-414, 439, 470, 478-482, 484, 486-489, 492-495, 497-498, 509-518, 521, 523-525, 527-531, 533-538, 540, 542-544, 571, 575, 580-583, 590, 599, 631, 633, 648, 663-666, 668-670, 679-680, 735, 749, 771-772, 778, 786-787, 789,

826

793-794, 798

Spartan mirage 斯巴达幻象, 274

Sphacteria 斯法克特里亚岛, 位于派罗斯湾的一个岛屿, 484-487

stoa 柱廊, 700, 708, 730

stoicism 斯多葛主义, 教诲追随者遵从自然法的希腊哲学流派, 708-710, 714, 799

Sulla 苏拉（公元前138—前78）, 罗马将军、政治家, 749-753, 755-757

symbolism 象征, 162, 257, 728

symposium 会饮, "饮宴", 220-224, 232, 252-255, 784

Syracuse 叙拉古, 西西里东部的强大城邦, 010-011, 038, 100, 108, 357-360, 363, 385, 386, 387, 388-393, 405, 407, 412-413, 415-416, 421-422, 424-425, 428, 433, 440, 442, 444, 451, 469, 477-478, 482-483, 494-508, 511, 513, 521, 523, 538-548, 571, 573, 581, 586-587, 646, 648-649, 670-675, 687, 691, 716, 728-733, 743, 770, 771, 794

Syria 叙利亚, 幼发拉底河上游周围的地区, 006, 019, 028, 060-061, 068, 072-073, 077, 093-094, 097-099, 104, 105, 120, 189, 210, 262, 294, 407, 597, 600, 602, 631-632, 644, 647-648, 650, 657-658, 735, 737-738, 741, 757, 772, 795

T

tablets 泥版, 用于书写, 063, 070, 073, 075-076, 079, 082-084, 086-087, 090, 092-093, 095, 101, 137, 187, 189, 780

taboo 禁忌, 166

talent 塔兰特, 数量很大的金钱单位, 212-213, 361, 510, 525, 575, 580, 585, 594, 599, 601, 605-606, 611, 614-615, 629, 634, 737, 751, 758-760

Taphians 塔菲亚人, 在西部海域游荡的海盗, 155

Tartarus (Tartaros) 塔尔塔罗斯, 冥府中接受惩罚的地方, 170

Taurians 陶利安人（陶洛人）, 现代克里米亚居民, 465

Taygetos 泰格托斯山, 位于麦西尼亚和拉哥尼亚之间, 276, 278, 284, 289

Tegea 泰耶阿城, 阿卡狄亚的一座城市, 380, 382-383

Telemachus (Telemakhos) 忒勒玛科斯, "远离战争的人", 奥德修斯与珀涅罗珀之子, 089, 090, 111-114, 135, 158, 163, 209

Tenedos 忒奈多斯岛, 靠近特洛伊的一个爱琴海岛屿, 176-177, 180, 510

Tethys 泰西斯, 美索不达米亚梯阿马特的变形, 泰坦神, 俄刻阿诺斯的妻子, 300

Thales 泰勒斯, 公元前6世纪的米利都哲学家, 认为水是世界的本原, 245, 250-251

Theagenes 特阿真尼, 公元前6世纪的早期希腊寓言者, 234-235

theater 剧场, 179, 278, 434, 453-455, 498, 500, 554, 555, 647, 660, 699, 700, 731, 751, 759, 766

Thebes 底比斯, 彼俄提亚的主要城邦, 公元前4世纪伊巴密浓达的故乡, 遭七位英雄攻打, 未果, 后被他们的儿子摧毁, 018, 051, 100, 103, 116, 145, 169, 199-200, 206, 275, 310, 350, 369, 371, 384, 387, 456-457, 460, 479, 492, 509, 517-518, 523, 527-531, 533, 535-538, 571, 577-583, 585-586, 589-591, 593-594, 597, 630-631, 633, 664, 670, 783, 794

Themis 忒弥斯, 意为"法律", 一位泰坦神, 宙斯早期的配偶, 在阿波罗之前掌管德尔斐, 113, 186

Themistocles 地米斯托克利（约公元前524—

827

前459），雅典政治家，307, 361-362, 368, 371-373, 376, 384, 394, 396, 679

Theognis 泰奥格尼斯，公元前6世纪来自麦加拉的希腊贵族诗人，223-224, 227, 229, 234

Thera 锡拉岛，基克拉泽斯群岛最南端的岛屿（今圣托里尼），064, 077

thermopylae 温泉关，公元前480年，列奥尼达率300位斯巴达战士战死在此，361, 366-368, 372, 384, 583, 589, 666, 735, 737

Theseus 忒修斯，波塞冬与埃特拉之子，希波吕托斯之父，他杀了弥诺陶洛斯，191, 446-447, 449, 465, 689

Thespis 泰斯庇斯，生活于公元前6世纪，悲剧的创造者，449-451, 468, 791

Thessaly 色萨利，位于奥林匹斯山以南的希腊地区，021-022, 143, 185, 231, 304, 361, 366, 376, 378, 407, 448, 523, 528, 533, 534, 536, 576, 582-583, 587, 593, 636, 662, 734, 757, 771

Thetis 忒提斯，涅柔斯之女，珀琉斯之妻，阿喀琉斯之母，144, 193, 300

thirty, the, an oligarchic cabal in Athens 三十僭主，雅典的一个寡头阴谋集团，517-518, 520

tholos（1）圆顶墓，青铜时代希腊大陆的一种蜂巢状地下墓室，081, 553（2）古典和希腊化时代的圆形神庙，552-553

Thrace 色雷斯，希腊东北部的地区，010, 100, 159, 203, 243, 298, 322, 340, 376, 408, 420, 479, 487-488, 510, 532, 580, 587-588, 597, 634-640, 642, 644, 646, 649, 662-663, 687, 697, 760

Thucydides 修昔底德（约公元前460—前395），雅典历史学家，012, 016-017, 027, 029, 031-032, 071-072, 077-079, 091, 155, 167-168, 234-237, 291, 395, 398, 402-404, 409, 414-415, 477, 478, 480-485, 487-489, 491, 493, 494-496, 502-505, 512, 576, 685, 712, 745, 767, 771, 778, 790, 793

thyrsus 梯耳索斯，狄俄尼索斯信徒拿着的神杖，206, 459

Tiamat 梯阿马特，巴比伦怪物，245

Timaeus《蒂迈欧篇》，柏拉图的对话录，624, 795

timê 荣誉，"价值、有价值之物"，它是英雄追求的荣耀，139-143, 145, 146, 149, 152

Tiresias 忒雷西阿斯，底比斯的盲眼预言者，160, 195, 196, 456, 457

Tiryns 梯林斯，青铜时代阿尔戈斯平原的城邦，063, 064, 069, 129

Titans 泰坦神，乌拉诺斯与盖娅的子女，奥林匹斯诸神之前的神，170, 184, 204, 467

Tmolus, Mount 特摩洛斯山，萨狄斯背靠该山，457

tragedy 悲剧，意为"山羊歌"，在雅典节日上表演的传说故事，054, 199, 206, 346, 443-446, 449-457, 461-471, 480, 544, 686, 693, 783, 788, 791

triumph 凯旋式，罗马的军事阅兵式，728, 737, 744, 754, 762, 765, 800

Trojan War 特洛伊战争，016, 091, 096, 103, 136-138, 152, 168, 178, 191, 251, 252, 268, 269, 275, 445, 464, 595, 724, 782

Trojan Women《特洛亚妇女》，欧里庇得斯创作的戏剧，461

Troy 特洛伊，位于小亚细亚西北部，063, 064, 079, 085, 087, 091, 100, 103, 111, 112, 121, 136-138, 140, 142, 144, 146-150, 152, 153, 158-160, 177, 190, 192, 225, 255, 275, 276, 462, 467, 482, 548, 564, 565, 595, 598, 724, 781

Tunis 突尼斯，位于北非，318

Turkey 土耳其，011, 015, 016, 060, 061, 068,

078, 085, 094, 136, 243, 265, 311, 325, 429, 602, 637

Tyndareus（Tyndareos）廷达瑞阿斯，斯巴达国王，勒达的丈夫，616

Tyranny 僭主政治，僭主个人统治，236, 237, 241, 254, 266, 289, 291, 299, 304, 310, 311, 338-342, 348, 358-363, 386, 388-391, 401, 449, 451, 663, 688, 728, 766, 784, 787

Tyre 推罗，黎凡特的腓尼基城市，098, 104, 315, 597, 606, 607

U

Ugarit 乌加里特，黎凡特北部青铜时代的商业中心，毁于公元前 1200 年，072, 073, 094, 098

Uranus（Ouranos）乌拉诺斯，"天空"，最早的神之一，盖娅的配偶，被其子克洛诺斯阉割，170-173, 204

V

Ventris, Michael 迈克尔·文特里斯（1922—1956），破解线形文字乙种的英国人，082

Venus 维纳斯，罗马女神，对应希腊女神阿芙洛狄忒，044, 698

Venus de Milo《米洛斯的维纳斯》，雕塑作品，698

Vergil 维吉尔（公元前 70—前 19），罗马诗人，688, 766, 767

Vesta 维斯塔，罗马女灶神，相当于希腊神话中的赫斯提，748

Violated prohibition 违反禁令，157, 161

Vulcan 伏尔甘，意大利火神，相当于希腊神话中的赫菲斯托斯，044

W

West Semitie writing 西闪米特文字，约公元前 1800 年产生的一个文字家族，包括腓尼基人、希伯来人和阿拉伯人的文字，120, 121

White ground style 白底风格，一种希腊艺术风格，442

Wolf, Frederick August 弗里德里希·奥古斯特·沃尔夫（1759—1824），提出了近代荷马问题的德国古典学家，128-130

Works and Days《工作与时日》，公元前 8 世纪赫西奥德写的诗，022, 023, 025, 045, 103, 111, 116, 117, 211, 290, 778-779, 781

Writing, a system of marks with a conventional reference that communicates information 书写，一种带有常规参考的符号系统，用来传递信息，006, 008, 052, 069, 070, 082, 083, 086, 090, 092, 108, 119, 131, 133, 134, 207, 252, 307, 422, 478, 600, 647, 648, 651, 652, 686, 767, 769

writing, alphabetic, a writing that can be pronounced 书写的文字，按字母次序，可以发音，006, 082, 119-124, 133, 769, 781

writing, Linear A 书写的线形文字甲种，075, 076, 079, 082, 083, 124, 780

writing, Linear B 书写的线形文字乙种，075, 082-084, 086, 087, 090-092, 096, 101, 119, 121, 187, 189, 780

writing, syllabic 书写的音节，082, 121, 134

Writing, syllabic, a form of writing in which the graphic symbols represent syllables 书写，音节书写，一种用图形符号表示音节的书写形式，082, 119, 120, 134

X

xenia 好客，"宾主互敬之礼"，主导主客关

829

系的礼仪，162
Xenophon 色诺芬（公元前 430—前 354），哲学家、散文家，苏格拉底之友，万人大行军的统帅，046, 049, 053, 275, 277, 286, 512, 516, 517, 525, 526, 528, 529, 534, 537, 779, 787, 793-794
Xerxes 薛西斯，波斯大王，公元前 485—前 465 年在位，323, 356, 361-363, 366-370, 372, 373, 376-378, 384-386, 395, 396, 398, 467, 495

Z

Zeno 芝诺，斯多葛学派创始人，418, 419, 708
Zeus 宙斯，意为"闪电"，克洛诺斯与瑞亚之子，希腊雷神，043-046, 088, 092, 103, 110, 113, 114, 118, 139, 142, 144-146, 153, 157, 158, 161, 164, 165, 169, 170, 172, 173, 175, 183-185, 187-190, 192-194, 199, 201, 202, 204, 206, 207, 210, 235, 238, 262, 308, 309, 389, 426, 457, 458, 473, 599, 607, 608, 616-618, 629, 630, 652, 660, 672, 682, 695, 696, 700, 766
zodiac 星座，719
Zoroaster 琐罗亚斯德，公元前 6 世纪的波斯先知，他创立了一个以他的名字命名的宗教，174, 329, 330, 658

译后记

西方学术界通常把有关古代希腊-罗马的知识称为"古典学",严格来说,古典学是关于古希腊-罗马文学、艺术、哲学、历史、科技乃至建筑、雕塑、音乐、绘画、舞蹈、陶器等方面的知识和学问。[1] 古希腊、古罗马人并不知道这种说法,这是后人的发明,是与东方学相呼应的便捷叫法。事实上,在东方研究被制度化以前,对古代地中海世界的研究也已经制度化了,出现了一门被称为"古典学"的学科,专门研究欧洲自身的古代。古典学就是要研究一种不同于现代欧洲的文明形式,不过人们并不把它与东方研究同等看待。相反,按照当时人们的看法,古典学展现了那些被确定为现代欧洲人祖先的民族的历史,完全不同于譬如说古代美索不达米亚或古代埃及的研究。古典文明被解释为一个单一、连续的发展过程的早期阶段,它发展到顶点,便产生出了"现代西方文明"。它被看成一部单篇英雄故事的一章:先是古代;随后是野蛮人的征服,经过教会确保了连续性;然后是文艺复兴,古希腊、古罗马的遗产被重新吸收进来;最后是现代世界的建立。在这个意义上,古典文明没有自身的历史,它不过是现代

---

[1] 参见玛丽·比尔德、约翰·汉德森:《古典学》,董乐山译,辽宁教育出版社/牛津大学出版社1998年版,第5—6页。"古典学"这一词条在国内常见的权威辞书中都没有收录,如《辞海》《大辞海》《世界历史词典》《中国大百科全书》等,也就是说,不论是学术取向还是一般意义,它都没有得到足够的重视。

社会的前奏而已。[1]

由于"古典"[2]一词获得了超越自身价值的普遍意义,所以后人就在把一种学说、一种主义、一种运动、一种艺术等诸如此类的东西当作不可企及的目标时使用该名词,因而"古典"一词,在不同情况下会有不同的含义,但无论如何变化,"古典"已成为"经典"的代名词。德国学者维拉莫威兹(1848—1931年)是这样定义古典学术的:

> 虽然"古典学"这一头衔不再暗示那种崇高地位,但人们仍旧这样称呼古典学研究——可以根据古典学的主题来定义:从本质上看,从它存在的每一个方面来看,都是对古希腊-罗马文明的研究。该文明是一个统一体,尽管我们并不能精确地描述这种文明的起始与终结;该学科的任务就是利用科学的力量来复活那已逝的世界,再现诗人的吟唱、哲学家和立法者的思想、圣殿的神圣性、信仰者和非信仰者的情感、市场与港口的热闹生活、海洋与陆地的面貌,以及劳作与休闲中的人们。在每一个知识门类中(或者按照希腊人的说法,在所有的哲学中),面对我们不理解的东西感到惊奇是研究的出发点,目标是对那些我们已经全面理解的真理和美丽事物的纯洁的、幸福的沉思。由于我们要努力探寻的生活是浑然一体的,所以我们的科学也是浑然一体的。把古典学划分为语言学和文学、考古学、古代史、铭文学、钱币学以及稍后出现的纸草学等各自独立的学科,这只是人类对自身能力局限性的一种折中办法,但无论如何要注意不要让这种分门别类窒息了专家心中的整体意识。

---

[1] 华勒斯坦等:《开放社会科学》,刘锋译,生活·读书·新知三联书店1997年版,第24—25页。

[2] 在中国,"古典"乃指古代的典章法式,《后汉书·儒林传序》:"乃修起太学,稽式古典。"

可见古典文明是一个整体，这个古典文明属于古代地中海文化圈（如果古代欧亚大陆确实存在一种文化圈的话），那么除古代地中海文化圈外，还存在楔形文化圈、印度文化圈及儒家文化圈，并且这几个文化圈在那时就彼此交流、互动。

如果说西亚、中亚（楔形文化圈）在东西方文化交流事业上单纯起着桥梁的作用，那也还算简单。但事实不是如此。西亚、中亚的古代国家在传播其他国家文化的同时，也发展了自身独特而灿烂的文化——有被称为"苏美尔文化"者，有被称为"巴比伦文化"者，有被称为"波斯文化"者，有被称为"希腊化文化"者，有被称为"阿拉伯文化"者，也有被称为"蒙古文化"者，等等，不一而足。因此，我们要想探明古代东西方文化交流的真实情况，就不能跳过或忽略这些文化的存在。这些"桥梁"渡送了东方文明到西方，反过来又渡送了西方文明到东方，同时"桥梁"自身独特的文化对东西两面又各自产生了很大的影响；就是属于"桥梁"本身的各文明之间也是互动的。游牧文明与农耕文明是古代世界的两大主要文明。从发展阶段来看，在多数地区，如中亚，是游牧文明先于农耕文明；在少数地区，如西亚，据近年来的研究，是农耕文明先于游牧文明。[1] 于是这个"桥梁"上的两个世界之间就发生着千丝万缕的联系，进行着和平的、有时也是暴力的交往。交往的过程也就是不同的文化在这里汇聚、升华的过程，形成了世界历史上独特的文化现象：人类物质文明和精神文明的创造可以随着时代的演进而络绎往返。[2] 这一过程如下图所示：

---

[1] 项英杰等：《中亚：马背上的文化》，浙江人民出版社1993年版，第1页。

[2] 吴于廑、齐世荣主编：《世界史》之吴于廑《总序》，高等教育出版社1994年版，第19页。

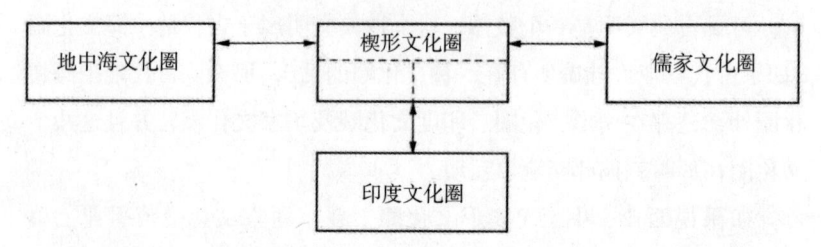

```
┌─────────┐      ┌─────────┐      ┌─────────┐
│地中海文化圈│ ←→ │ 楔形文化圈 │ ←→ │儒家文化圈│
└─────────┘      └────┬────┘      └─────────┘
                      ↕
                 ┌─────────┐
                 │ 印度文化圈 │
                 └─────────┘
```

事实证明，古代世界的地中海文化圈与儒家文化圈确实发生过交流。据考古发掘，在我国辽宁省西部距今 5 000 年的红山文化遗址中，发现了一种陶制妇女裸体小塑像，其造型与西方称作"早期维纳斯"类型的塑像颇有相似之处；[1] 从中国和西方青铜器时代遗存下来的器物，如兽角刀把头双刃剑、环型刀把头双刃剑等，也似乎可以看到两者之间存在着交流的痕迹；在辽宁省沙锅屯及河南省仰韶村发现的彩色土器同土耳其的亚那及希腊北部的加利西亚等地发现的彩色土器非常相似；[2] 在希罗多德笔下所记载的欧亚草原民族，人们可以见到至迟在公元前 6 世纪，欧亚草原之路实际上已经走通。[3] 这些都提示我们：古代中国与西方诸文明的发展虽各具特色，但从来就不是绝对封闭、老死不相往来的。

晋代在汲郡（今河南汲县）战国墓中发现的《穆天子传》一书，可能是公元前 3 世纪以前的著作。该书过去常常被人视为神话故事，但是，现代学者普遍认为它是中西交通史上的一首朦胧诗。讲述的是周穆王（？—前 922 年）向西巡狩，远至西王母居住的地方，那里有一个大湖，无数大鸟在湖滨卸脱羽毛。这似乎与希罗多德引用斯基泰人传说中的空中羽毛纷飞之地方吻合。西王母代表西方极远的地方，和觚竹、北户、日下并为四荒（《尔雅·释名》）。西王母是塞人部落，

---

1 《人民日报》，1986 年 7 月 25 日第 3 版。
2 张文奎主编：《人文地理学概论》，东北师范大学出版社 1993 年版，第 335 页。
3 黄时鉴主编：《解说插图中西关系史年表》，浙江人民出版社 1994 年版，第 3 页；黄时鉴：《希罗多德笔下的欧亚草原居民与草原之路的开辟》，载《内陆亚洲历史文化研究——韩儒林先生纪念文集》，南京大学出版社 1996 年版。

"西"字兼有音义,译出了"斯基泰"民族的首音。西王母很可能就是中亚地区某个伊朗部落的名称,或者是某个部落的女首领。甚至还有人猜想她就是希罗多德《历史》中提到的马萨革太部落女王托米丽斯。[1] 春秋时代,秦穆公归并了许多西北的游牧民族,并把翟(狄)人部落赶到漠北,即日后与秦汉为敌的匈奴。秦始皇又却退匈奴七百余里,追其西迁。汉武帝又加以打击,匈奴就进一步渗入欧洲。匈奴从东方跑向西方,自然会把秦的威名到处传播,使西方的人认为秦就是中国的国号,甚至汉取代秦之后一段时间,西方人还是把汉人称为"秦人"。"支那"一名就是这样来的[2]——这表明关于秦的消息已经向西传播。至于我国对古希腊的最早认识,章炳麟是这样说的:

> 汉时与大秦通,其后称欧洲诸国为大秦,前不知有希腊,后不知有日耳曼也。
>
> 始知希腊在西晋译《那先比丘经》时,彼经云:那先问弥兰王,王本生何国?王言:"我本生大秦国,国名阿荔散。"此所谓阿荔散者,即亚历山德府。自马其顿破波斯,别谴诸将分守印度,此弥兰王者即其后裔。然汉、梵皆称之为大秦,亦以种类近故。
>
> ……
>
> 若欧人知汉土,当自汉桓帝时大秦王安敦遣使入贡始,前此柏拉图书有愿学于马耆之语,马耆者,译为东方圣者,盖尤印度六师之流,非汉土儒先也。[3]

西汉以来,大秦(罗马帝国)和中国官方的、民间的、直接的、间接的交往日渐见于西方、中国的典籍。1世纪,一位居住在埃及红海边贝勒尼斯城的商人,在他撰写的《埃雷特里亚海的航行》一书中

---

1 李铁匠:《长河落日:巴比伦文明探秘》,云南人民出版社,1999年,第176页。
2 朱杰勤:《关于中外关系史研究的几点看法》,载《学术研究》1982年第4期。
3 章炳麟:《太炎文录初编·别录》卷二。

第一次提到了中国，指出到了秦国（This，即中国），大洋就止于此。还记载秦的北方有一座大城市，叫作"秦尼"（Thinae，也许他指的就是长安），秦尼的丝所织成的绸缎则经陆路过大夏而达印度。[1] 有趣的是，那时的西方竟把中国说成南北相接的两个国家。托勒密在《地理志》中说，亚洲最东边有两个国家，一名塞里斯（Seres），一名秦尼（Sina）。两国相邻，塞里斯在北，秦尼在南。古代波斯、印度和希腊等称中国为"支那"（Chin Sin Sinae），据史地学者考证，"支那"就是"秦"的对音。一般认为，欧洲文献中最早提到中国，是在耶稣纪元之前不久，在公元前1世纪横越帕米尔高原的丝绸贸易开通之后。[2] 秦论是到达中国且留下姓名的第一位大秦商人。吴黄武五年（226年），任交趾太守凡40年（187—226年）的苍梧人士燮因病去世，其子士徽自立为交趾太守，为此，吴派将军吕岱率兵讨伐士徽，事定之后以吴邈为太守。就在这时，大秦商人秦论来到了交趾。太守吴邈立即遣送秦论往武昌，受到吴大帝孙权的礼遇。孙权向秦论问大秦的"方土风俗"，秦论"具以事对"。秦论对山越"黝歙短人"感到稀罕，孙权便派会稽人刘咸送给他山越男女十人。由于刘咸在道病逝，秦论未能得到这份"礼物"而径自回国了。[3]

汉晋时期，随着佛教的传入，从印度传来的希腊化的犍陀罗艺

---

[1] 何芳川：《源远流长、前途似锦的中非文化交流》，载周一良主编：《中外文化交流史》，河南人民出版社1987年版，第805页；布尔努瓦：《丝绸之路》，耿昇译，新疆人民出版社1982年版，第75—76页；保罗·佩迪什：《古代希腊人的地理学》，蔡宗夏译、葛以德校，商务印书馆1983年版，第166页。

[2] 赫德逊：《欧洲与中国》，李申、王遵仲、张毅译，何兆武校，中华书局，1995年，第1页。公元前4世纪的克泰舒布斯有关于塞里斯人的消息："据传闻，塞里斯人和北印度人身材高大，甚至可以发现一些身高达十三肘尺（约6.5米）的人。他们可以寿逾二百岁。"但法国著名的东方学家戈岱司认为"这一段文字的真实性令人生疑"。见戈岱司编：《希腊拉丁作家远东古文献辑录》，耿昇译，中华书局，1987年，第1页。

[3]《南史·夷貊传》卷二八，《梁史·诸夷传》卷五四。又见黄时鉴主编：《解说插图中西关系史年表》，浙江人民出版社，1994年。

术[1]对我国的雕塑与绘画产生了深远的影响——新疆的早期佛教壁画就是犍陀罗艺术的移植——天山南路发现的古代西域画大都是附属于建筑物中的木版画、壁画和藻井（天花板）图画，单独成幅的有纸本、绢本、麻本和棉本图画。在木版画和壁画中，运用最多的是水粉画，多属于希腊罗马风格，与藻井图画、单幅绘画主要属于波斯、印度和中亚系统有显著的不同。[2]若羌县城以东的米兰遗址出土的壁画，是4世纪以前汉晋时代鄯善佛寺的遗物。其中有一套须大拏太子本生故事画，有一个画面是须大拏太子将白象施舍给敌人。在白象的腋窝上有一小段关于画家的佉卢文题记："蒂特作画，值3 000包马卡。""蒂特"（Tita）就是罗马文字中经常使用的Titus，意为"仿罗马皇帝提图斯式的画像"[3]。下面这则故事生动地说明了古典文明在中国社会传播的广泛性："1595年前后，利玛窦在南京一家古玩店里看见'一个非常精致的铜制小铃铛，上面刻着十字架和希腊文字，顶端有一座小小的教堂，教堂正面还有一个十字架，铃铛里边也刻了几个希腊文字'。古玩商说它是从河南弄来的，他们没有谈好售价，等利玛窦再去买时，已经售出了。"[4]

尤其是明清以降，随着众多西方传教士的到来，古典文明在客观

---

1 关于"犍陀罗艺术"是否受希腊文化的影响，这个问题是有争议的。原因之一是这个问题的回答要看有争议而模糊的年代而定。如果"犍陀罗文化"的年代是公元前1世纪，那么它对印度雕塑的影响是难以否认的。但如果它是1世纪或2世纪贵霜宫廷的一处现象，它就只能算作已经确定的风格的一种第二等混合物。之二是由于学者们的民族自豪感而得出的不同结论。参见W. H. McNeill, *The Rise of the West*, Chicago 1962, p.330。类似的现象在中国也曾出现：近代西方殖民者认为中国的文化起源于西方，在当时遭到了民族主义者的强烈反驳，虽则这时还没有事实上的依据；现在这种观点已为人们所唾弃。法国学者费切尔（1865—1952年）最早提出了犍陀罗艺术起源于希腊，见《犍陀罗的希腊佛教艺术》，主张这一说法的还有英国考古学家马歇尔爵士（1876—1958年），见其所著《犍陀罗的佛教艺术》（1960）。

2 沈福伟：《中西文化交流史》，上海人民出版社1985年版，第101页。

3 布尔努瓦：《丝绸之路》，耿昇译，新疆人民出版社1982年版，第118页。

4 裴化行：《利玛窦评传》，管震湖译，商务印书馆1993年版，第577页。

上也得到了广泛的传播,从《名理探》的译介到《几何原本》的最终译成,无不使国人认识到西方文明的源远流长。古典文明也随之对中国文学、历史、哲学、语言、艺术、科学等产生了重大的影响,对中国社会的影响就更大了。如,康有为仿照欧几里得《几何原本》的形式写了《实理公法全书》。该书每一章都按照"实理""公法""比例"三段式来架构,并加按语。"实理"相当于几何学的"公理"和"定义",它是康有为认为已被科学家证明或者已被人类社会生活实践证实的真理;"公法"相当于几何学的"公式",是根据实理和公理推导出来的法则,或根据人道的原则设计的社会生活的根本原则;"比例"也是借用几何学术语来列举古代和现行的社会制度、习俗;"按语"相当于几何学的证明,是对公法和比例所做的简要说明和评论。[1] 这样一种三段式结构,生硬模仿几何学乍看似乎显得荒唐,但从中折射出中国知识分子如饥似渴吸收西方古典文明和尽力摆脱儒学桎梏的可贵努力。只是这种状态自然会衍生出教条主义,以致毛泽东愤然批判这种"言必称希腊"倾向。

1949年后,中国受苏联影响极大,一般认为这一时期的中国学术界各个方面都表现出停滞的趋向。这种评价似乎有失公允。是的,由于受苏联的影响,中国的发展于众多方面呈现出不良的倾向,史学方面亦然,如过于强调阶级斗争的作用、过分夸张经济的决定性作用等。但这要考虑到当时的客观环境,那时的社会不可能有我们现在这样宽松的氛围。退一步来说,那一时期取得的成就也是极大的,不能以偏概全,错误地认为那一时期完全停滞。那一时期古代史研究的一个特点是翻译多于创作,众多古典作家及后世研究这一时期的名著都被翻译过来了。主要代表有希罗多德的《历史》、修昔底德的《伯罗奔尼撒战争史》、阿庇安的《罗马史》、亚里士多德的《雅典政制》

---

[1] 房德邻:《〈大同书〉起稿时间考——兼论康有为早期大同思想》,刊《历史研究》1995年第3期;关于该书的写作缘起,参见楼宇烈编:《康子内外篇》前言,中华书局1988年版。

等；研究著作主要有法国罗斑的《希腊思想和科学精神的起源》、法国杜丹的《古代世界经济生活》、苏联塞尔格叶夫的《古希腊史》、科瓦略夫的《古代罗马史》等。看到这些东西以后，你能说这一时期我们的世界古代史研究停止发展了吗？虽然可以认为"文革"期间的古代史确实是停滞了。

"文革"以后古典史学的发展取得了比以往任何时期都大的成绩，可以这样说，改革开放的三十多年是古典学研究在中国最辉煌的时刻，我们在古典史学、文学、美学、艺术、哲学等各个方面都取得了不俗的成绩，为中国的古典学深入发展打下了坚实的基础。这一时期的一个重要特点是，我们在这个时期真正建立了自己的古典学研究队伍。一个学科是否成熟在一定的程度上要看这一学科是否建立了自己的研究机构、是否有独立培养这方面人才的单位、是否有能表达自己观点的学术刊物等。1979年中国世界古代史研究会在长春成立，被誉为"中国世界古代史研究之父"的林志纯当选为理事长。三十多年来，研究会先后召开了一系列学术会议，起到了组织全国世界古代史工作者展开交流讨论与合作研究的作用，并促进了中外学者之间的学术交流。翻译越来越为人们所重视，尤其是从20世纪90年代以来，学术著作的翻译也越来越多。本书就是这股潮流的产物。

该书是西方学术界出版的比较受欢迎的一种教科书，美国、加拿大、澳大利亚等国的不少高校都把它作为教科书。之所以受欢迎，自有其特色。首先，这是一本非常规范的教科书。除常规的叙述外，还选取了大量原始文献、插图、表格，全书最后给出每章的关键词、阅读书目及相关原始文献，便于读者进一步深入研究。其次，本书的古代希腊史所涵盖的时间范围突破了传统，叙述时间自史前到公元前30年，改变过去教科书只讲到亚历山大大帝去世为止的叙述手法，这符合"去西方中心论"这一国际学术潮流，倡导文化多元主义。再次，本书视野开阔，叙述范围广泛，涉及这一历史时期文化、社会的方方面面，尤其是对地中海西部关注有加，特别是对西西里的关注，把希腊文明作为古代地中海文明的一个组成部分来考察,具有宏观、整体的观念。

著名历史学家伊恩·莫里斯以跨学科的、比较的方法研究人类社会的长期发展而闻名。他研究数千年来塑造不同文明轨迹的因素,尤其对了解社会复杂性的起源、技术创新等领域颇有心得。莫里斯勤奋高产,著有《西方将主宰多久》《文明的度量》《地理即命运》《战争》《历史的偏见》等书,为我们理解世界历史的发展做出了独特贡献。《西方将主宰多久》一书认为西方的统治地位在很大程度上是地理因素,而非文化、宗教、政治、遗传学或伟人等因素造成的。未来一百年的世界将发生惊人的变化,并在此过程中改变西方的统治。《文明的度量》是前者的姊妹篇,作者认为从公元前550年至公元1750年这段时间,东亚地区更为发达。只有到了18世纪末,当西北欧人利用化石燃料中蕴藏的能量时,西方才实现了跨越式发展。该书为确定过去、现在和未来的经济和社会趋势提供了新颖的思考路径。

另一位作者巴里·鲍威尔是威斯康星大学麦迪逊分校豪斯-巴斯科姆古典学讲座荣誉教授,在该校以教授古代文明、古代神话、埃及史课程以及组织多次荷马研讨会而闻名。他翻译的《伊利亚特》《奥德赛》等经典文本因其准确和易读而备受推崇。著有畅销书《古典神话》,该书在大学课程中被广泛使用。他最著名的作品是《荷马和希腊字母的起源》,该书主张,希腊字母是为了记录荷马的诗作而被发明出来的。他与伊恩·莫里斯共同出版了一部在国际上享有盛誉的作品《荷马新指南》。2007年,他深受欢迎的一本入门著作《荷马》(第2版)出版,他还著有大量其他书籍,包括一部仿史诗作品《特洛伊战争:真实的历史》。他还曾录制过《历史频道》的特别节目《特洛伊:真实的故事》。他的研究著作《书写:文明技艺的理论和历史》为"书写史"研究确立了科学的术语。

本书是大家共同协作翻译的:苗倩(第1—8章),贾斐(第9,12—17章),屈伯文(第18—25章),其余部分由我负责并校对。李尚君博士通读译文，仔细校对，提出了很多修改意见，为译文质量奠定了基础，在此表示感谢。该书中译本出版十年后，中信出版社又购得了该书的第三版版权，变动部分由出版社编辑细心比对后，全部标出，改动的文字由屈伯文负责翻译，并校对了先前的译文。

薪火传承，每代人都有自己的责任与任务，译介是我们这个时代主要基础工作之一，我们相信《希腊人》的问世能给古典爱好者、希腊史研究者带来一些阅读愉悦。这是我们期待的！

陈恒